깁더 삼국유사

增補 三國遺事

정호완 엮음

지문당

정호완

대구대학교 명예교수

길림대학 초빙교수

길림외국어대학 초빙교수

타이응웬대학 초빙교수

삼국유사사업위 대표

삼성현연구소 대표

세종대왕기념회 이사

시조문학 작가상

한글공로상

경상북도문화상

삼국유사 학술상

홍조근정훈장

삼국유사사전 외 50여 권

머리말

한맥이란 한민족의 맥이며 뿌리다. 그런데 한맥의 관점에서 본 우리 역사의 기술은 삼국사기 따로 삼국유사 따로, 따로 국밥이다. 이를 아우를 열쇠는 무엇인가. 그 열쇠 말은 삼국유사의 기이(紀異)라고 본다. 기이의 기(紀)는 삼국사기의 신라와 고구려, 그리고 백제의 본기(本紀)를 가리킨다. 삼국사기의 본기와 다른 점이 기이(紀異)라는 것이다. 마침내 서로가 같고 다른 점을 맥을 잇고 깁고 더하면 본래의 삼국사 곧 우리의 고대사가 된다. 마침내 이 책을 깁더 삼국유사라고 하였다. 깁고 더한 부분은 서울남산체(L)로 적었다.

단군조선은 허구이며 신화에 불과하다고 본 식민사학이나 동북공정의 역사 왜곡 날조에 바탕을 둔 담론들이 판을 친 것이다. 그런데 1990년 이후 만리장성 이북의 오랑캐 문화쯤으로 천시하던 요하문명(遼河文明)이 황하문명을 넘어 중국역사의 원류라고 온 천하에 공언을 하고 있다. 이 요하문명이 바로 고조선의 청동기 철기문화를 강변해 주고 있다. 따라서 고려 말엽에 나온 단군세기(檀君世紀)나 북부여기(北夫餘紀)에 실려 전하는 왕력을 발해(渤海)의 세계와 함께 아우른다면 올바른 우리역사의 진면목에 가깝다는 생각으로 <깁더 삼국유사>를 엮어 보았다. 아울러 신라 중심의 삼국유사에 고구려와 백제 임금의 세계(世系)를 깁고 더하였다. 찬술자에 대한 이견을 고려, 깁더본에서는 왕력(王曆) 편을 생략하였다. 관심 있는 분들의 꾸지람을 달게 받겠습니다. 올곧게 서는 늘 푸른 우리 역사의 그날을 그리며.

기해년 개천절에

정호완 두손

차례

권제2 기이 제2

권제3 흥법(興法) 제3

권제3 탑상(塔像) 제4

권제5 신주(神呪) 제6

권제5 감통(感通) 제7

권제5 피은(避隱) 제8

권제5 효선(孝善) 제9

원문

깁더 삼국유사

권제1 기이(紀異) 제1

첫 머리에 올린다. 옛날의 거룩한 성인은 거의가 예법과 음악을 바탕으로 나라를 세웠고, 어짊과 의리를 터 삼아 백성들을 이끌어 갔다. 마침내 괴팍한 세력이나 어지럽고 잡스런 신에 대한 일을 말하지 않았다. 그러나 제왕이 일어날 때에는 반드시 그에 걸맞은 하늘의 무지개 같은 징조가 앞선 뒤 제왕의 나타남에 대한 예언이 따른다. 어찌 보통 사람과 같을 수가 있겠는가. 그러고 나서야 큰 태동의 계기를 마련, 하늘의 천명을 이루어 나아갈 수가 있었다.

마침내 예언 기록인 도록에서 그림이 나왔고, 하남성을 걸쳐 흐르는 황하의 지류인 낙수(洛水)에서 글이 나옴으로써 성인의 나타남을 미리 보인 것이다. 무지개가 신령한 여인의 몸을 휘감더니 복희(伏羲)를 낳았고, 용이 여등(女登)과 관계하여 염제(炎帝)를 낳았다. 황아(皇娥)가 궁상들에서 놀고 있었다. 스스로 백제(白帝)의 아들이라고 하는 신령스런 젊은이가 와서 황아와 관계하여 소호(少昊)를 낳았다. 간적(簡狄)은 알 하나를 삼키더니 설(契)을 낳았고, 강원(姜嫄)은 웬 키다리 사내의 발자취를 밟고서 기(弃)를 낳았다. 요(堯) 임금의 어머니는 아이를 밴 지 14개월이 된 뒤에 요를 낳았고, 패공(沛公)의 어머니는 큰 연못에서 용과 관계하여 패공을 낳았다. 이 뒤로도 이런 일이 많았지만 여기에선 다 적을 수가 없다. 그렇다면 신라와 고구려, 그리고 백제의 시조가 신비스러운 데서 나왔다고 해서 무엇이 이상할 것인가. 그래서 기이편을 이 책의 첫 머리에 올림은 그 뜻이 참으로 높고 깊다.

고조선(古朝鮮) 왕검조선

위서(魏書)에는 이렇게 적고 있다. 지금으로부터 2천 년 전 제사장이자 황제였던 단군왕검(壇君王儉)이 있었다. 그는 아사달(阿斯達)[1]에 도읍을 정하고 새로운 나라를 세워 국호를 조선[2]이라고 불렀으니 조선 건국은 요 임금과 같은 때였다.

1 아사달(阿斯達)은 백악궁이 있는 구월산 어름을 이른다. 백악궁은 경기도 장단군 서북부에 자리한 궁전이었다. 아사달의 어원과 위치에 대한 여러 가지 주장이 있다. 위치로는 황해도 구월산 쪽의 가능성이 높다는 것이 통설이다. 어원으로는 처음 곧 아침의 의미로, 문화적으로는 철기 곧 쇠를 뜻하는 말로 볼 가능성이 있다. 아사(asi, 알타이어 阿斯, 阿尸)가 쇠를 가리키기에 그렇게 본 것이다. 철기문명을 열었던 공간이었음을 드러낸다. 한편 아사달을 오늘날 중국 요녕성의 조양(朝陽)으로 보기도 한다(이병도). 일설 중앙아시아의 카자흐스탄에서는 신성한 곳을 아스타나(阿斯塔那)라 하는데 이 말에서 아사달이 왔을 것으로 추정하기도 한다. 최근 들어 홍산(紅山, 746m) 문화가 중국의 시원문명으로 조명을 받고 있다. 일설에는 홍산 인근의 커라신치(喀喇沁旗)에 자리한 아사하투(阿斯哈圖)에 화강암으로 이루어진 곳을 아사달로 보기도 한다. 아사하투의 -하투(哈圖)는 고구려 지명에서 보이는 미추홀의 홀(忽)을 적은 것으로 보인다. 하투를 한 음절로 폐쇄음으로 적으면 '하투-핱-홑-혼-홀/골'의 대응이 가능하기에 그렇다. 또한 지명에서 -홀(忽)은 -달(達)과 같은 의미로 쓰였다. 아사(아시)는 처음이라는 의미로도 볼 수 있다. 하면 처음으로 정한 도읍을 말한다. 곧 신시(神市)를 말한다(삼국유사사전)

2 조선(朝鮮)의 어원에 대하여는 다양한 풀이들이 있어 왔다. 동국여지승람에 '해가 일찍 뜨는 동방의 나라'로 풀이한다. 좀 더 거슬러 오르면, 기자가 처음으로 조선이란 이름을 쓴 것으로 보인다. 우선 주채혁(동방학지, 2000)의 몽고 관련 조선의 어원을 들어보면 아래와 같다. 조선은 양과 순록을 치면서 유목 생활을 하던 선족(鮮族)과 조족(朝族)의 합성어로 본다. 조선의 조(朝)의 한자음을 3성으로 발음하면 '따라 간다'는 뜻이고 조선의 선(鮮-蘚)은 순록들이 좋아하던 풀을 뜻하니 유목생활을 드러낸다고 본 것이다. 그러니까 조선은 유목민들이 순록이 좋아하는 풀 곧 초원(草原)이 있는 곳을 따라서 이동하는 겨레들이라고 풀이할 수 있다. 한편, 이두로 풀이하면, 조선의 선(鮮)은 앞의 조(朝)를 '아ᄎᆞᆷ(두시 초7-7)'으로 읽으라는 말음첨기로 볼 수 있다. 중국발음으로는 미음(ㅁ)이 니은(ㄴ)으로 발음되니까 아ᄎᆞᆷ(아ᄎᆞᆫ)-아츰-아침으로 소리를 낸다. 당시의 우리 말에는 유기음이 자리잡지 못해서 아ᄎᆞᆫ-아ᄉᆞᆫ이 된다. 끝자음의 소리를 내지 아니하면 아ᄉᆞᆫ 아ᄉᆞ가 된다. 아ᄎᆞᆷ이 일본으로 건너가서 아지도 아침을 아사(朝,あさ,asa)로 쓰고 있다. 문화기호로 보면 아ᄉᆞ-아ᄉᆞᆫ-아ᄎᆞᆷ의 기반은 쇠라고 볼 수 있다. 아ᄉᆞ는 만주어로 아이신(aisin)인데 쇠를 가리킨다. 유목생활하는 겨레로서 철기문화를 지녔던 집단이라 할 수 있다. 그럼 조선이 가장 먼저 중국의 어느 사료에 나오는 것일까. 그것은 가장 오래된 역사지리서라고 할 수 있는 산해경(山海經)이다. 중국의 동해에서 자리한 북해 곧 발해의 모퉁이에 나라가 있었는데 그 이름을 조선이라 했다는 기록이다(東海之內北海之隅有國名曰朝鮮,天篤, 산해경 해내경18). 이로 보면 조선의 강역이 당시로는 발해만 서쪽으로 요서와 요동을 아우르는 강역이었을 것으로 보인다(심백강(2014) 우리역사 참조). 태평환우기(太平寰宇記)를 따르면, 하북성 진황도시 노룡현(盧龍縣) 특히 북대하(北臺河) 부근에 조선성(朝鮮城)이 있었음을 알 수 있다. 이병도(1976)에서는 아사달을 조산(朝山), 조광(朝光)이나 양곡(陽谷) 혹은 양지(陽地)로 보았다(삼국유사사전 참조).

또한 고기(古記)에는 이렇게 적었다.

옛날 환인(桓因, 일명 제석) 곧 천제의 아들 환웅(桓雄)이 있었다. 환웅은 자주 새로운 나라를 다스릴 뜻을 두고 사람이 사는 세상을 그리워하였다. 아버지는 아들의 뜻을 알고 나서 백두산에서 삼위산에 이르는 삼위태백산(三危太伯山) 아래의 세상을 살펴보매 사람들을 널리 행복하게 할만 했다. 이에 환인 천제는 천부인(天符印) 세 개를 환웅에게 주어 그가 꿈꾸는 세상을 다스리게 했다. 환웅은 따르던 무리 3천 명을 거느리고 태백산(현 묘향산) 마루턱에 있는 신단수(神壇樹) 아래로 내려왔다. 이곳을 신의 나라〔神市〕라 하고, 이 분을 환웅천왕이라고 불렀다. 그는 바람을 다스리는 풍백(風伯), 비를 다스리는 우사(雨師), 구름을 다스리는 운사(雲師)를 거느리고 곡식, 수명, 질병, 형벌, 선악 등을 다스리며, 모든 인간 세상의 3백 6십여 가지 일을 맡아 세상을 다스렸다. 이 무렵 범 족과 곰 족의 여인이 같은 굴속에서 머물고 있었다. 그들은 신령스런 환웅에게 간절하게 빌되 환웅의 사람이 되기를 원했다. 때 마침 환웅은 신비스러운 쑥 한 줌과 마늘 20개를 주면서, 그대들이 이것을 먹고 백 일 동안 햇빛을 보지 않고 견디면 곧 우리 겨레가 될 것이라고 했다.

이에 곰 족과 범 족이 마늘과 쑥을 받아서 먹고 스무하루 동안 기도했는데 곰 족은 환웅의 여인으로 변화했으나 범 족은 견디지 못해서 환웅의 겨레가 되지 못했다. 그러나 곰 족인 웅녀(熊女)는 함께 살 사람이 없으므로 날마다 신단에 나아가 아이를 갖게 해달라고 빌고 또 빌었다. 환웅이 문득 사람으로 변하여 웅녀와 관계하여 이내 아이를 가져 아들을 낳았다. 그 아들의 이름을 단군왕검(壇君王儉)이라 하였다.[3] 단군왕검은 요 임금이 즉위한 지 50년인 경인년에 평양성에 도읍하여 비로소 나라를 조선이라고 하였다.[4] 또 서울을 백악산 아사달로 옮겼다.

---

3 **단군(壇君)** : 고조선을 세운 첫 임금이자 제사장이었다. 비교언어로 보면 단군은 몽고어로 뎅그리, 만주어로 당걸이었다. 필자가 몽고에서 국립 무용단의 공연을 보았을 때 다른 말은 알지 못하였으나 뎅그리는 알아들을 수 있었다. 지금도 전라도 말에서는 당골(당구르, 당골레)이라 함을 보면 제사장으로서의 구실을 엿볼 수 있게 하는 보기이다. 오늘날 단골 또한 단군의 이형태로 보면 된다. 단군왕검에서 제사장 단군이 제사하던 대상이 바로 임금 곧 하늘신과 땅신이었다. 뒤로 오면서 고유명사처럼 쓰이게 되었다(정호완, 우리말로 본 단군사화). 벽화 그림은 중국의 산동성 가상현 무씨사당의 벽화에서 나온 화상석이다. 중국에서는 서왕모 관련의 화상석으로 풀이한다(삼국유사사전(2019) 참조).

4 요(堯)가 즉위한 원년은 무진(戊辰)년. 그러나 50년은 정사(丁巳)요, 경인(庚寅)은 아니다. 의문시 된다(삼국유사 주해). 환인이나 환웅의 환(桓)은 푯대를 뜻하는 말인데 일종의 칸(khan) 곧 황제를 뜻한다.

백악산 아사달은 궁홀산(弓忽山) 일명 방홀산(方忽山)이라고도 하고 금미달(今彌達)이라고도 했다. 그는 1,500년 동안 여기에서 나라를 다스렸다. 주(周) 나라 무왕이 즉위한 기묘년에 기자를 조선왕으로 삼았다. 이에 단군은 장당경으로 옮겼다가 뒤에 돌아와서 아사달에 숨어 살다 산신이 되었으니, 나이는 1,908세였다.[5]

당(唐) 나라 배구전(裴矩傳)에는 이렇게 올라 있다. 고려는 일명 고구려로 본디 고죽국(孤竹國, 중국 노룡현)이었다. 주나라에서 기자를 임금으로 공인해 줌으로써 조선이라 했다. 한(漢) 나라에서는 조선을 세 군으로 나누었으니 이것이 곧 현토, 낙랑, 대방(북대방)이다. 통전(通典)에도 역시 이 기록과 같다.[6]

고려 말엽 문하시중 이암(李嵒)이 지은 **단군세기**(檀君世紀, 이하〔단〕)에 실려 전하는 47명의 단군의 세계를 간추려 보도록 한다.[7]

시조 단군왕검(檀君王儉) 재위 93년, 경인이 원년(전2333)

고기(古記)에 일렀다. 왕검의 아버지는 단웅(檀雄), 어머니는 웅(熊)씨의 왕녀이며 신묘년(전2370) 5월 2일 인시에 신단의 숲에서 태어났다. 왕검은 거룩한 덕성이 있어 나라 안의 모든 사람들이 삼가 우러렀다. 14세 되던 원년(갑진, 전2357) 웅씨의 임금은 왕검의 거룩함을 듣고 그를 제사장이자 부족장으로 삼고 큰 성읍을 다스리도록 하였다. 무진년(전2333) 요 임금 때 단국(檀國)으로부터 아사달의 단목 터에 이르니 온 나라 사람들이 받들어 하느님의 아들로 모시게 되었다. 이에 환(桓)족 아홉 명이 모두 뭉쳐서 하나로 되었고 거룩한 덕치가 멀리 미치게 되었다. 이를 단군왕검이라 하니 비왕의 자리에 있기를 24년, 황제의 자리에 있기를 93년이었고, 나이는 130세까지 살았다.

재위 원년(무진, 전2333) 바야흐로 신시를 다스리기 시작하자 사방에서 모여온 백성들이 골골에 두루 퍼져 살며 풀잎으로 옷을 해 입고 맨발로 다녔다.

선국 1565(전2333) 10월 3일에 이르러 거룩한 왕검이 다시 겨레인 오가(五加 · 말,

5 고려 말 이암(李嵒)이 지은 단군세기(檀君世紀)에는 1,500년 동안 47명의 단군이 있었음을 적고 있다. 단군세기의 근거인 고기(古記)가 어떤 문헌인가는 확연하지 않다. 여기 단군이라 함은 제사장을 뜻하는 단골의 한자표기로 보인다.

6 한서(漢書)에는 진번(眞蕃), 임둔(臨屯), 낙랑(樂浪), 현토(玄菟)의 네 군으로 되어 있다. 그런데 여기에는 세 군으로 되어 있고, 그 이름도 같지 않으니 무슨 까닭인가.

7 단군세기의 원문 해석은 안경전(安耕田)이 역주한 환단고기(桓檀古記, 2012)를 바탕으로 하여 윤문하였음을 밝혀 둔다.

소, 돼지, 개, 닭 부족)의 머리로서 8백 명의 무리를 이끌고 와서 신시에 자리를 잡았다.[8] 왕검은 백성들과 더불어 삼신께 제사를 올렸는데 신성과 인성의 어진 마음을 함께 갖추었다. 마침내 하늘의 뜻을 잘 받들어 그 다스림이 반듯하였다. 9한의 백성들이 모두가 기꺼이 한 마음으로 받들어 천제의 자손으로 섬겨 그를 임금으로 삼았다. 신시의 옛 법규를 도로 찾고 서울을 아사달에 정하여 나라를 세우니 그 이름을 조선(朝鮮)이라 했다. 단군왕검은 말하였다.

"하늘의 법도는 하나뿐이고 그 문은 둘이 아니다. 그대들은 오로지 성심껏 법도를 지켜야 한다. 그러면 그대들이 곧 하느님을 만나게 된다. 하늘과 사람의 마음은 한 가지다. 이로써 다른 이의 마음도 헤아릴 수 있다. 사람의 마음을 움직여 하늘 규범을 잘 따를 수 있다면 이로써 하늘의 법도를 지키게 됨이니 세상 어디에서라도 어긋남이 없다. 그대들의 태어남은 오로지 어버이로부터 말미암았고 어버이 곧 조상들은 하늘이 내신 분들이다. 오로지 어버이를 섬김은 곧 하늘을 섬기는 것이다. 어버이 섬김은 또 나라에 대한 충성으로 이어진다. 이것이 바로 충성과 효도다. 그대들이 어버이를 잘 섬긴다면, 하늘이 무너져도 반드시 솟아날 구멍이 있을 것이다. 짐승도 짝이 있고 신발도 짝이 있다. 그대들 남편과 아내들은 서로 아끼며 섬김으로써 미워함이 없고 질투와 음란함도 없어야 한다. 열 손가락을 깨물어 아프지 않은 손가락이 있던가. 그대들이 서로 아끼며, 서로 헐뜯지 말고 서로 도우며 서로 다툼이 없을 때 집안도 나라도 더욱 튼실해질 것이다. 소나 말도 서로 먹이를 나누어 먹는다. 그대들이 서로 배려하며 서로 다툼이 없다면 집안과 나라가 더욱 번영할 것이다. 호랑이를 보라. 그는 사납기는 하지만 어질지 못하여 재앙을 불렀다. 그대들이 사나움으로써 사람을 다치게 하는 일이 없어야 한다. 성심으로 하늘의 규범을 따라 행하며 모든 것들을 품어라. 그대들은 약한 자를 붙들어 주고 업신여기지 말라. 그대들이 만일 하늘의 규범을 지키지 않는다면, 하늘이 돕지 않고 네 몸과 집안까지도 해를 입게 될 것이다. 그대들이 만일 논의 벼를 태운다면, 가을에 거둘 것이 없다. 신과 사람이 모두 분노할 것이다. 그대들이 아무리 잘 싸서 감춘다 하더라도 그 냄새는 반드시 풍겨 나온다. 그대들은 하늘을 우러름으로써 본을 삼아 못된 일을 하지 말라. 나쁜 것을 숨기지 말며, 재앙을 감추지 말라. 마음을 다스려 하늘을 삼가 우러르고 모든 겨레를 섬겨라. 그러면 그지없는 복락을 누릴 것이다. 그대 오가의 겨레들이여, 이런 뜻을 잊지 말지어다."

8 마가(馬加), 우가(牛加), 저가(猪加), 구가(狗加) 등은 진수가 역은 삼국지(三國志) 위서(魏書) 동이전에 실려 전한다. -가(加)는 가(家)의 뜻으로 쓰였다. 이두(力+口 구르, 겨레)로 읽어 겨레로 볼 수 있다.

이 무렵 팽우(彭虞)로 하여금 농토를 일구도록 하였다. 성조(成造)는 궁실을 짓게 하고, 고시(高矢)는 농사를 잘 짓도록 했다. 신지(臣智)에게 글자를 만들게 하였으며, 기성(奇省)에게는 병을 고치게 하고, 나을(那乙)에게는 가족을 돌보도록 하였으며, 희(羲)에게는 점치는 일을 다스리게 하고, 우(尤)에게는 군사를 다스리게 하였다. 비서갑(斐西岬, 하얼빈)의 하백녀(河伯女)를 맞아 아내로 삼고 누에치기를 돌보게 하니, 순방(淳厖)의 다스림이 두루 온 누리를 널리 잘 살게 하였다.

재위 50년(정사, 전2284) 큰 홍수가 나서 백성들이 살 수가 없었다. 황제께서 풍백 팽우에게 왕명으로 홍수를 다스리게 하고 많은 산과 강을 다스려 백성들을 마음 놓고 살게 하였으니 우수주(牛首州, 현 춘천)에 그 빗돌이 있다.

재위 51년(무오, 전2283) 임금이 구름 스승인 배달신에게 왕명으로 혈구(穴口, 현 강화)에 삼랑성을 쌓고 제단을 마니산에 쌓게 하였으니 오늘날 강화도의 참성단(塹星壇)이 바로 천제단이다.

재위 67년(갑술, 전2267) 임금이 태자 부루(扶婁)를 보내어 도산(塗山)에서 우사공(虞司空)을 만나게 하였다. 태자는 오행으로 물을 다스리는 일을 전하였고, 나라의 경계도 정하였다. 유주(幽州, 하북성)와 영주(營州, 조양)의 두 곳이 조선의 땅이었다. 또 회대(淮垈) 지방의 수장들을 포섭하여 지방 정부를 두고 이를 다스렸는데 우순에게 그 정사를 맡아 보도록 하였다.

재위 93년(경자, 전2241) 왕검이 버들 궁에 있을 때 흙 계단을 만들었다. 풀이 우거져도 베지 않았다. 박달나무 그늘 아래서 곰과 호랑이가 더불어 노닐고 소와 양이 함께 풀을 뜯기도 했다. 도랑을 파서 길을 내며 농사와 누에치기를 힘쓰고 물고기 잡이와 사냥을 배우게 했다. 백성이 쓰고 남는 게 있으면 나라 살림에 보태게 하였다. 10월 상달이면 나라의 큰 제천대회를 열었다. 온 겨레 모두가 즐거운 마음으로 더불어 참가했다. 이로써 단군왕검의 덕화가 멀리 탐라(耽羅, 현 제주)까지 미쳤다.

거룩한 왕검의 가르침은 아주 널리 퍼졌다. 이에 앞서 천하의 땅을 삼한으로 나누어 다스렸다. 삼한은 모두 5가 64족이었다. 이 해 3월 15일 보름에 왕검께서 봉정(蓬亭)에서 돌아가니 성문 밖 십 리 쯤에 장례를 모셨다. 모든 백성이 어버이 친상처럼 슬퍼하고 단기(檀旂)를 받들고 아침저녁으로 함께 모여 슬퍼하며 마음속으로 그 은혜를 잊지 않고 그리워하였으며 태자 부루(扶婁)를 임금으로 세웠다.〔단〕

2세 단군 부루 재위 58년, 신축이 원년(전2240)

임금은 어질고 복덕이 많아 나라의 농업 생산이 넉넉하였다. 백성과 더불어 농경을 힘쓰니 모든 사람이 배고픔과 추위에 시달리는 이가 없었다. 봄가을로 나라 안을 두루 살펴보시고 하늘에 제사를 올림에 의례를 다하였다. 여러 왕들의 잘잘못을 살피고 상벌을 고르게 하였으며 도랑을 파기도 고치기도 하며 농사짓고 뽕나무를 심어 누에치기를 권하였다. 또 배움터를 마련하여 백성을 가르치니 문화는 날로 발전하여 그 이름이 널리 알려졌다. 우순(虞舜, 우 임금)이 유주와 영주의 두 주를 남국(藍國, 산동성)의 이웃 지역에 마련하였다. 임금이 군사를 보내어 반역도들을 평정하였다. 그 우두머리를 모두 다 쫓아내고, 동무(東武)와 도라(道羅) 등을 특사로 보내서 그 공덕을 기렸다.

신시 이래로 하늘에 제사 지낼 때마다 나라 안의 사람들이 다 함께 모여 노래 부르고 큰 덕을 기리며 서로 우의를 다졌다. 이들은 어아가(於阿歌)를 부르며 즐겼다. 아울러 조상의 은혜를 고마워하였으며 신령한 임금에게 온 누리를 한 마음 되게 하는 제사를 올렸다. 이게 곧 세상이 하나 되며 온전한 사람됨을 힘쓰는 참전(參佺)의 계(戒)가 되었다. 그 노래 말을 어아가라 불렀다.[9]

재위 2년(임인, 전2239), 임금이 소련, 대련을 불러 다스림의 길을 물었다. 이보다 앞서 소련과 대련은 상례를 잘 치렀으니, 사흘 동안을 게을리 하지 않고, 석 달 동안을 옷을 벗지 않았고, 한 해가 지날 때까지 슬퍼하였다. 삼 년 동안 슬픔에 젖어 있었다. 이때부터 나라의 풍속이 변하여 상을 치름에 다만 다섯 달이면 멈추던 것을, 오래될수록 효행이라 여기게 되었다. 이 어찌 천하의 큰 효자라 아니 하겠으며, 덕으로 백성을 다스림이 달리는 말의 빠름과 같이 퍼지지 않을 것인가. 대련과 소련은 이렇듯 효로써 알려져 공자도 이를 기렸다. 무릇 어버이를 섬김은 세상을 다스리는 바탕이니, 온 누리에 두루 알려 거울로 삼게 되었다.

재위 3년(계묘, 전2238) 9월, 임금이 백성들로 하여금 머리카락을 땋아서 머리를 덮도록 하고 푸른 옷을 입게 하였다. 되와 저울 등을 모두 통일하고, 베와 모시의 값이 어느 곳에서나 같으며, 백성들 스스로 속이지 않고 공평하게 주고받았다.

재위 10년(경술, 전2231) 4월에 밭을 우물 정(井)자로 구분하여 고루 나누어 주고 백성들이 남몰래 이익을 취하지 못하도록 하였다.

---

9 어아어아. 우리들 조상신의 크신 은혜 높은 공덕, 배달나라 우리들 누구라도 영원히 잊지 말자. 어아어아, 착한 마음은 큰 활이고 나쁜 마음은 과녁이라, 우리들 모두가 큰 활이니 활줄처럼 똑같으며, 착한 마음은 곧은 화살 한 맘으로 같구려. 어아어아, 우리들 모두가 큰 활 되어 과녁마다 뚫어지고, 펄펄 끓는 마음, 착한 마음, 악한 마음 씻으리라. 어아어아, 우리들 누구라도 사람마다 큰 활이라, 굳게 뭉친 같은 마음 배달나라 기쁨일세, 두고두고 크신 은덕, 거룩한 한배검이여, 한배검이시여.

재위 12년(임자, 전2229) 신지(神誌, 사관)인 귀기(貴己)가 달력인 칠회력(七回曆)과 행정 지도인 구정도(邱井圖)를 만들어 올렸다.

재위 58년(무술, 전2183) 임금이 돌아갔다. 이 날 해가림이 있었다. 산 짐승들은 무리를 지어 산위에서 목을 놓아 울었다. 백성들은 매우 슬피 울었다. 이어 백성들은 집안에 제단을 마련하였으되 질그릇에 쌀과 곡식을 가득 담아 단 위에 올려놓았다. 이를 부루 단지라고 부르고 농사의 신으로 삼았다. 또 온전한 사람이 받는 계명이라고 하여 전계(佺戒)라고도 불렀고, 부루 단지를 업주가리(業主嘉利)라 하였으니 사람과 업이 함께 옹골차다는 뜻이다. 태자 가륵(嘉勒)이 새로 보위에 올랐다.〔단〕

3세 단군 가륵 재위 45년, 기해가 원년(전2182)

5월에 임금이 삼랑 을보륵(乙普勒)을 불러 신과 왕, 종(倧)과 전(佺)의 도리를 물으셨다. 을보륵은 엄지손가락을 엇물려 바른손을 올려놓아 세 번 절하고 아홉 번 조아리는 삼육대례를 행한 다음에 나아가서 말씀드렸다.

"검(神, 신자전)은 능히 만물을 만들고 각자 제 성품을 갖추게 하여 검의 깊은 뜻을 백성들이 알고 모두 평화롭기를 빕니다. 왕은 그 덕과 바른 도리로써 백성을 다스려 각각 그 삶을 평화롭게 함에 왕의 올곧은 다스림이 있습니다. 마침내 임금의 뜻을 백성들이 따르게 되는 것입니다. 종(倧)은 나라에서 가려 뽑은 이며, 전(佺)은 백성이 모셔 받든 사람입니다. 모두가 7일 동안을 삼신께 나아가 문득 세 번을 빌어 하나 되기를 다짐하면 구한이 반듯하게 다스려지게 됩니다.

무릇 그 다스림에서, 아비는 아비답게, 임금은 임금답게, 스승은 스승답게, 아들과 신하며 제자가 되고자 하는 이두 아들답고 신하답고 제자답게 해야 합니다. 마침내 신시 개천의 길은 역시 검으로 가르침을 베푼 것이니 자신을 알고 홀로 서기를 구하며 자신의 몫을 비운 다음 물질을 나누게 하면, 훈훈하고 좋은 세상을 만들어 갈 수 있습니다.

황제란 하늘을 대신하여 세상의 올바른 도리를 세우고 무리 가운데 한 사람이라도 타고난 천성을 잃는 일이 없게 해야 합니다. 모든 임금을 대신하여 인간을 다스리며 병을 없애고 앙금을 풀어주며 미물이라도 그 목숨을 해치는 일을 없게 하여, 사람들로 하여금 참된 길을 알게 하는 것입니다."

21일을 가려서 모든 사람을 모이게 하고 규범을 지키도록 하였다. 이로부터 조정엔 큰 가르침이 있고 백성들에게는 지켜야 할 규범이 있었다. 우주의 정기는 온 누리에 내리고, 해와 달, 그리고 별은 사람과 감응하여 그윽한 영적 누리를 이루게 되니 스스로 얻게 된다. 환한 햇빛으로 온 누리를 다스리니 이를 거발환(居發桓)이라 한다. 구한에 두루 베푸니 구한의 백성들이 제 스스로 한 결 같이 평화를 사랑하였다.

재위 2년(경자, 전2181) 아직 풍속이 서로 달랐다. 특히 지방마다 말이 서로 다르고 글자가 있다 하더라도 열 집 사는 마을에도 말이 통하지 않는 일이 많았다. 백 리 밖에 안 되는 나라에서도 글을 서로 알기가 어려웠다. 이에 임금이 삼랑 을보륵에게 왕명으로 38개의 글자를 만들었으니 이를 가림토(加臨吐)라 하였다.[10]

재위 3년(신축, 전2180) 글자를 다루는 벼슬인 신지 고설(高契)에게 왕명으로 배달유기(倍達留記)를 짓도록 하였다.

재위 6년(갑진, 전2177) 열양(列陽, 산동성)의 장관인 색정으로 하여금 약수(弱水, 흑룡강)로 유배지를 옮겨 평생을 거기서 갇혀 살도록 하였다. 뒤에 이를 풀어주고 곧 그 땅의 지방 수령으로 봉하니 그가 흉노의 시조가 되었다.

재위 8년(병오, 전2175) 강거(康居)가 반란을 일으켰다. 임금은 반란을 티베트에서 평정하였다. 4월이 되자 임금은 불함산(不咸山, 백두산)에 올라 집집마다 나오는 연기를 보았다. 연기가 적은 집은 과세를 줄이도록 하여 세금의 차등을 두었다.

재위 10년(무신, 전2173) 두지주(豆只州)의 예읍(濊邑)이 반란을 일으켰다. 여수기(余守己)에게 왕명으로 그 추장인 소시모리(素尸毛犂)의 머리를 베게 하였다. 이때부터 그 곳을 일러 소시모리라고 하다가 지금의 우수국이 되었다. 그 후손에 협야후라는 이가 있었다. 바다로 달아나 삼도에 자리를 잡고 스스로 천왕이라 하였다.

재위 45년(계미, 전2138) 9월 임금이 돌아가니 태자 오사구(烏斯丘)가 보위에 올랐다.〔단〕

4세 단군 오사구 재위 38년, 갑신이 원년(전2137)

황제의 아우인 오사달(烏斯達)을 몽고리한으로 삼았다. 어떤 사람은 지금의 몽고족이 바로 그의 후손이라고 한다. 임금은 겨울 10월에는 북쪽을 돌아보다가 태백산에 이르러 삼신께 예를 올렸다. 신통한 약초를 얻으니 인삼이라고도 하고 신선의 약이라고도 했다. 이 뒤로 산삼을 캐서 정기를 돋우는 영약으로 쓰였다. 간혹 이를 얻은 이들이 하는 말이 있으니, 매우 놀라운 효험이 많다고 했다.

재위 5년(무자, 전2133) 둥근 구멍이 뚫린 조개모양의 패전(貝錢)을 돈으로 만들었

---

10 단군세기에 전해오는 가림토 자모는 전해오나 전거를 확인할 수 없다.

다. 8월에는 하 나라 사람이 토산물을 바치고 신서(神書)를 구해갔으며 10월엔 조정과 백성에 대한 조야기(朝野記)를 돌에 새겨 백성들에게 숨김없이 알렸다.

재위 7년(경인, 전2131) 배 만드는 곳을 살수(薩水)의 상류에 마련했다.

재위 19년(임인, 전2119) 하(夏) 나라 임금 상(相)이 백성들에게 민심을 잃으니 임금은 식달(息達)에게 왕명으로 남(藍), 진(眞), 변(弁) 3부의 군대를 이끌고 가서 사람은 해치지 않고 갈등을 풀었다. 세상 사람이 소식을 듣고는 모두 따르게 되었다.

재위 38년(신유, 전2100) 6월 임금이 돌아가니 양가 구을(丘乙)이 보위에 올랐다.〔단〕

5세 단군 구을 재위 16년, 임술이 원년(전2099)

왕명으로 태백산에 단을 쌓고 사자를 보내 제를 올리게 하였다. 재위 2년(계해, 전2098) 5월 메뚜기 떼가 온통 밭과 들에 가득 찼다. 임금이 몸소 메뚜기가 휩쓸고 간 밭과 들을 살펴보고 메뚜기를 잡아 입에 넣은 채 삼신에게 아뢰어 메뚜기를 없애줄 것을 비니, 며칠 안에 몽땅 사라졌다.

재위 4년(을축, 전2098) 처음으로 갑자(甲子)를 첫머리로 하여 달력을 만들었다.

재위 8년(기사, 전2092) 신독인(身毒人, 인도인)이 해류에 떠돌다 동쪽 바닷가에 이르렀다.

재위 16년(정축, 전2084) 임금이 몸소 장당경으로 거둥하여 삼신 단을 쌓고 많은 무궁화를 심었다. 7월 임금이 남쪽을 돌아 살피시고 풍류강을 건너 송양에 이르러 병을 얻어 갑자기 돌아가니 대박산에 묻혔다. 우가(牛加)인 달문(達門)이 백성으로부터 추대를 받아 보위에 올랐다.〔단〕

6세 단군 달문 재위 36년, 무인이 원년(전2083)

재위 35년(임자, 전2049) 모든 한(汗, 왕)을 상춘(常春, 현 장춘)에 모이게 하여 구월산에서 삼신께 제사 지내고 사관인 발리로 하여금 다짐 글을 짓게 하였다. 그 글에 실었다.

"아침 해가 먼저 뜨는 땅에 삼신께서 밝히셨네. 환인께서 먼저 모습을 드러내시고 큰 뜻을 심으셨다. 뭇 신들이 환웅을 보내고자 의논하고 명을 받아 처음으로 나라를 세웠네. 단군 치우(蚩尤)는 청구에서 가장 센 황제로 그 이름을 떨치니 회대지방이 치우천왕에게 돌아왔다. 이에 온 누리에 아무도 넘볼 수가 없었다. 왕검은 대명을 받아 그의 이름이 구한에 메아리쳤다. 어수의 백성은 이에 되살아나고 민초들은 그 은혜를 골고루 입었다. 원한 품은 이 먼저 원한을 풀고, 병 든 자 먼저 낫게 하며, 한 마음으로 오직 어질고 효행과 선행을 힘쓰니, 온 누리에 그 빛이 가득했다. 진한(眞韓)은 나라 안이 평안하고 모한(慕韓)은 왼쪽을 돕고 번한(番韓)은 그 남쪽에 대비하여 마치 바윗돌로 성벽을 둘러쌈과 같았다. 거룩한 단군께서 신경에 나아가심은 마치 저울판의 저울대와 같았다. 저울판은 백아강이요, 저울대는 소밀랑이었다. 저울추는 안덕향이니 앞뒤가 균형을 이뤄 나란하고, 덕화를 믿고 신정을 지키며 나라를 세워 평화를 지켰다. 폭넓은 정치력으로 70개 나라를 통합하고 길이 삼한을 굳건히 지켰다. 왕업의 흥망이란 함부로 말하기 어렵다. 참으로 하늘을 섬김에 그 열쇠가 있다."

고 하였다. 마침내 뭇 한들과 다짐을 하고 말하였다.

"돌아보면, 나와 다짐하는 사람은 한국의 오훈과 신시의 오사를 오래도록 지켜나갈 바탕으로 삼는다. 하늘을 제사하는 의식이란 사람을 바탕으로 삼고, 나라를 세우는 길은 먹을거리 해결이었다. 농사는 모든 일의 뿌리요, 제사는 다섯 가르침의 근원이다. 이에 백성과 더불어 생산을 힘써야 한다. 먼저 겨레가 소중함을 가르치고 다음으로 죄인들을 용서하고, 아울러 사형을 없애고 고을 사이에 다투지 않는 제도를 마련, 국경을 지키고 모임의 내용을 널리 알린다. 함께 어울리는 마음으로써 자기를 낮춤으로써 스스로의 힘을 길렀다. 이것을 바로 어진 정치의 바탕으로 삼았다."

이 무렵 특산물을 바쳤던 곳은 대국이 둘, 소국이 스물이요, 마을이 3,624 곳이었다. 재위 36년(계축, 전2048) 임금이 돌아가니 양가인 한율(翰栗)이 보위에 올랐다.〔단〕

7세 단군 한율 재위 54년, 갑인이 원년(전2047)

재위 54년(정미, 전1994) 임금이 돌아가고 우서한(于西翰)이 보위에 올랐다.〔단〕

8세 단군 우서한 재위 35년, 무신이 원년(전1905)

임금이 20분의 1 세법을 실시하였다. 생활용품을 널리 돌림으로써 모자란 곳을 채워 주었다.

재위 2년(기유, 전1992)에 풍년이 들어 벼 줄기 하나에 이삭이 여덟 개씩 달렸다.

재위 4년(신해, 전1990)에 임금이 평민의 복장을 하고 국경을 벗어나 하(夏) 나라의 상황을 살펴보고 돌아와 관료 제도를 크게 고쳤다.

재위 7년(갑인, 전1987)에 세 발 달린 삼족오가 궁정으로 날아들어 왔는데 그 날개가 석 자나 되었다.

재위 8년(을묘, 전1986)에 임금이 죽었다. 태자인 아술(阿述)이 보위에 올랐다. 〔단〕

9세 단군 아술 재위 35년, 병진이 원년(전1985)

아술은 어진 덕이 있었다. 백성이 법을 어기는 이가 있어도 반드시 말씀하길,

"똥 눈 구덩이가 비록 더럽다고 해도 비나 이슬이 내릴 때도 있다."

그는 죄수를 교화하고 다시 말하지 않았다. 죄를 졌던 사람도 끝내 그 덕에 감화되었다. 이에 임금의 덕화가 널리 퍼졌다. 이날 두 개의 해가 나란히 떠서 나와 구경하는 이가 마치 긴 성과 같았다.

재위 2년(정사, 전1984) 청해의 장관인 우착(于捉)이 반란을 일으켜 궁으로 쳐들어왔다. 임금은 상춘(常春, 현 장춘)으로 몸을 피한 뒤, 구월산의 남쪽 기슭에 새 궁을 세우게 하였다. 우지와 우율 등으로 하여금 이들을 쳐서 죽이고 3년 만에 도읍으로 되돌아왔다. 재위 35년(경인, 전1951) 임금이 죽고 우가의 노을(魯乙)이 보위에 올랐다.〔단〕

10세 단군 노을 재위 59년, 신묘가 원년(전1950)

처음으로 큰 목축장을 만들어 들짐승을 길들였다. 임진 2년 임금이 몸소 마을로 거둥해서 사람들의 안부를 물었다. 임금의 큰 가마가 들판에 머무르니 많은 어진 이들이 다시 돌아왔다.

재위 5년(을미, 전1946) 궁성 밖에 신원목(伸寃木) 곧 일종의 신문고를 세워 백성들의 억울한 사정을 들으니 나라 안팎의 백성들이 정말로 기뻐하였다.

재위 16년(병오, 전1935) 동문 밖 십리의 땅에서 연꽃이 피어 질 줄 모르고, 백두산에 누워 있던 돌들이 스스로 일어섰다. 송화강(天河)에서 거북이가 그림을 지고 나왔고 그림이 윷판과 같았다. 발해 연안에서 금덩이가 나오니 그 수량이 13석이었다.

재위 35년(을축, 전1916) 처음으로 천문대인 감성(監星)을 두었다. 재위 59년(기축, 전1892) 임금이 죽고 태자 도해(道奚)가 보위에 올랐다.〔단〕

11세 단군 도해 재위 57년, 경인이 원년(전1891)

임금은 다섯 겨레이자 지방행정의 머리인 오가(五加)들에게 특명을 내려 열두 명산의 가장 아름다운 곳을 가려서 국선의 제단인 소도(蘇塗)[11]를 마련하였다. 소도 좌우에 많은 박달나무를 에둘러 심은 뒤 가장 큰 나무로 환웅의 상과 단을 모시고 제사 지냈으니 웅상(雄常)이라 불렀다. 이때 국자랑의 스승으로 있던 유위자(有爲子)가 자신의 생각을 말하였다.

"생각하건대, 우리의 신시는 실로 환웅천왕이 여시고 무리를 거두심에 하늘과 땅과 사람이 어우러지는 법도로 모든 겨레들을 이끌었습니다. 이에 천경신고(天經神誥, 천부경과 삼일신고)는 역대 성조들이 지으신 것이요, 의관을 갖추고 칼을 차고 다니는 모습은 백성에게 본을 보인 것이다. 법규를 어기는 백성이 없고 마을에는 도적이 없고 모두가 평화로웠다. 사람들이 오래 살며 굶주리는 이가 없고 산에 올라 흥겨운 노래를 부르며 달맞이하며 춤을 추었다. 어디에라도 이르지 못하는 곳이 없고 살기에 나쁜 곳이 없었다. 많은 이들이 임금의 거룩한 덕화를 기리는 소리가 온 누리에 퍼졌다. 10월에 대시전(大始殿)을 세우도록 하였으며 거기에 돌아가신 환웅의 영정을 받들어 모셨다. 그 머리 위로는 둥그런 원광이 마치 해 무리와 같았다. 둥근 빛은 온 우주를 비추며 박달나무 밑 환화 꽃의 위에 앉아 계시니 다시 살아나온 신이 둥근 원의 한 가운데 앉은 듯 했다. 하늘이 내려준 도장을 갖추고 대원일의 걸개그림을 궁궐에 걸었으니 이를 거발환(居發桓)이라 했다. 사흘 동안 삼가시고 이레 동안 그 뜻을 말씀하시니 온 누리가 서로 감응하는 듯 했다. 이를 절절한 마음으로 쓴 다짐 글이 전한다.[12]

재위 28년(정사, 전1864) 터전을 마련하여 온 고을의 특산물을 모아 올리니 온 누

---

11 소도(蘇塗)란 삼한 시대 하늘 제사를 지내던 특별한 성지를 이른다. 제단을 만들고 방울과 북을 단 큰 나무를 세우고 산천에 제사를 올렸다. 삼한 사회에서는 제사를 매우 중시하여 매년 한두 차례에 걸쳐 각 읍(邑)별로 소도에서 천군(天君, 제사장)을 선발하여 제사를 지냈다. 제사장은 질병과 재앙이 없기를 빌었다. 이 소도는 매우 신성한 곳으로서 제사에 참석하는 이는 비록 죄인이라도 처벌하지 않았다. 소도의 큰 소나무는 신의 악기의 구실을 하는 방울과 북을 달아서 신 내림에 대한 안내 또는 성역의 징표로 삼았다. 뒤로 오면서 무속신앙의 솟대도 여기에서 말미암은 것이다(위키백과 참조). 범어로 스투파(स्तूप, stupa, 塔)에 해당한다.

12 하늘은 깊고 고요함으로 훌륭하다네. 천도는 온 누리에 막힘이 없이 원만하리라. 모든 것은 다만 참된 것으로부터 말미암느니, 땅은 하늘의 뜻을 가득 품고 있어 온전하다네. 땅의 도는 하늘의 도를 본을 받아 원만하리니. 모든 일은 다만 부지런함에 그지없다네. 사람은 아는 힘이 슬기롭다네. 사람의 도는 어우름에 있느니. 모든 일은 다만 조화를 이룸으로부터 온다. 그렇기 때문에 삼신은 참된 마음을 주셨네. 본성은 밝고 명랑한 세상을 그리워해. 온 누리의 인간을 널리 이롭게 해야 하느니. 그 공덕을 돌비에 새겼다.

리의 사람들이 다투어 바치니 언덕처럼 쌓였다.

재위 38년(정묘, 전1854) 백성들 가운데서 튼실한 젊은이를 가려 뽑아서 나라를 지킬 군대를 조직하였다. 선비 20명을 가려 뽑아 하 나라 도읍으로 보내 처음으로 나라의 정체성을 알림으로써 반듯한 면모를 보였다.

재위 46년(을해, 전1846) 임금은 송화강 강변에 도읍을 정했다. 배를 비롯한 여러 가지 산물이 세상에 널리 퍼졌다. 3월에 산 남쪽에 삼신단을 마련, 제사를 올렸으매 술과 음식을 차리고 정성껏 별신에게 올리는 제사인 초례(醮禮)를 드렸다.

그날 밤 나라에서는 특별히 널리 제사 술을 내리어 여러 사람들과 더불어 술잔을 돌려가며 술을 마시면서, 온갖 놀이를 즐겼다. 이 자리가 끝나자 마침내 누대에 올라 천부경을 말씀하시고 삼일신고(三一神誥)를 풀이하시더니 다섯 겨레인 오가를 돌아보며 말하였다.

"앞으로는 아무 때나 산 짐승을 잡지 말고 잡은 것도 풀어주며 옥문을 열고, 배고픈 거지에게 밥을 주며 사형 제도를 없애겠다."

모든 사람들이 말씀을 듣고 매우 기뻐하였다.

재위 57년(병술, 전1835) 임금이 돌아가매 모든 백성이 어버이의 상을 당함과 같이 슬퍼하였다. 3년 동안 삼가 애도하며 온 누리에 노래 소리가 그쳤다. 뒤를 이어 우가 아한(阿漢)이 보위에 올랐다.〔단〕

12세 단군 아한 재위 52년, 정해가 원년(전1834)

재위 2년(무자, 전1834) 4월에 외뿔 가진 짐승이 송화강 북쪽에 나타났다. 8월 임금이 나라 안을 두루 살폈다. 요하(遼河)의 남쪽에 이르자 순수비를 세워 역대 제왕의 이름을 새겨 이를 전하게 하였다. 이야말로 빗돌로는 가장 오래된 것이다. 뒤에 저 창해역사 여홍성(黎洪星)은 이곳을 지나다 빗돌을 보고 시 한 수를 읊었다.[13]

재위 29년(을묘, 전1806) 청아의 장관인 비신과 서옥저의 장관인 고사침과 맥성(貊城)의 장관인 돌개를 임명하여 부족장으로 삼았다.

재위 52년(무인, 전1783) 임금이 돌아가고 우가 흘달(屹達)이 보위에 올랐다.〔단〕

---

13 변한이라 이르는 곳에 홀로 눈에 띄는 돌 하나 있었네. 받침이 깨진 자리 철쭉만 붉었구나. 글자는 보이지 않고 이끼만 푸르구나. 저 아득한 시절에 만들어져, 흥망의 역사를 지닌 채 홀로 서 있도다. 문헌은 없으나 이 또한 단군왕검의 발자취가 아닌가.

13세 단군 흘달(일명 대음달 代音達) 재위 61년, 기묘가 원년(전1782)

재위 16년(갑오, 전1767), 주와 현을 나누고 벼슬마다 맡은 일을 정하였다. 관리는 자리를 탐하는 일이 없고 정치는 법에 따라서 행하여졌다. 백성은 살 수 없어 고향을 떠나는 일 없이 일터에서 편안하게 살았으니 노랫소리가 온 누리에 퍼졌다. 이 해 겨울에 은(殷) 나라가 하(夏) 나라를 치니 하 나라 걸(桀) 임금이 도움을 청하였다. 이에 임금이 읍차인 말량으로 하여금 구환(九桓)의 군대를 이끌고 가서 하 나라 군대를 돕게 하였다. 은나라의 탕왕이 사신을 보내 용서를 빌었다. 이에 말량에게 명을 내려 군사를 되돌렸다. 이 무렵 하 나라 걸왕은 조약을 어기고 군사를 보내 길을 막고 약속을 깨려고 했다. 이에 은 나라 사람들과 함께 하 나라 걸왕(桀王)을 치기로 하여 몰래 신지 우량을 파견, 견(畎, 동이)의 군대를 이끌고 가서 낙랑과 합쳐서 협공하여 관중(關中, 섬서성) 빈기(邠岐)의 땅에 머물면서 조선식 관료제를 실시했다.

재위 20년(무술, 전1763) 많은 소도를 설치하고 천지화(天指花, 무궁화)를 심었다. 결혼 전의 젊은이로 하여금 글 읽고 활 쏘는 것을 익히게 하였으니 이들을 국자랑(國子郎)이라 부르게 하였다. 국자랑들은 돌아다닐 때 머리에 천지화 꽃을 꽂았으므로 사람들은 이들을 천지화랑이라고도 불렀다.

재위 50년(무진, 전1733) 오성이 누성(婁城, 서방의 별)에 모여들고 누런 학이 날아와 궁성의 소나무에 둥지를 틀었다.

재위 61년(기묘, 전1722) 임금이 죽었다. 백성들은 모두 밥도 먹지 않고 울음소리가 마을마다 끊이지 않았다. 마침내 왕명으로 죄인들을 풀어주고 산 것을 죽이지 않으며 잡았던 것도 풀어주었다. 해를 넘겨 장사지낸 뒤 우가(牛加) 출신인 고불(古弗)이 보위에 올랐다.〔단〕

14세 단군 고불 재위 60년, 경진이 원년(전1721)

재위 6년(을유, 전1721)에 큰 가뭄이 들었다. 임금이 몸소 하늘에 비 내림을 빌었다.

"하늘이 높다 하나 사람이 없다면 누구에게 베풀며, 비가 이롭다 하나 곡식이 없다면 어찌 소중하리오. 백성들은 밥을 하늘처럼 여기는 것이며 하늘은 사람을 머리로 섬깁니다. 하늘과 사람은 한 몸일진대 하늘은 어찌 백성을 버리십니까. 이제 넉넉한 비로 곡식을 잘 자라도록 때 맞춰 도와주소서."

빌기를 마치자 큰 비가 나라 안 곳곳에 흠씬 내렸다.

재위 42년(신유, 전1680) 9월 말랐던 나무에 새싹이 움트고 오색의 큰 닭이 성의 동쪽, 자촌에서 나오니 큰 닭을 본 사람들이 얼핏 보고는 봉황이라고 하였다.

재위 56년(을해, 전1666) 담당관을 동서남북으로 보내 집과 사람의 수를 헤아리니 모두 1억 8천만 명이었다. 재위 60년(기묘, 전1662) 임금이 돌아가고 대음(代音)이 보위에 올랐다.〔단〕

15세 단군 대음(일명 후흘달 後屹達) 재위 51년, 경진이 원년(전1661)

은(殷) 나라 왕 소갑이 사신을 보내와 정식 교류를 요청했다. 이 해 80분의 1의 세법을 다시 고쳤다.

재위 2년(신사, 전1660) 홍수가 크게 나서 많은 사람들이 엄청난 수해를 입었다. 이에 임금은 수재민을 돕기 위하여 곡식을 창해 사수의 땅으로 옮겨 굶는 이들에게 골고루 나눠 주었다. 겨울 10월 양운국과 수밀이국의 사신이 와서 특산물을 바쳤다.

재위 10년(기축, 전1652) 임금은 서쪽 약수(弱水)로 가더니 신지 우속에게 왕명으로 금과 철 및 기름을 캐도록 했다. 7월 우루국 사람 20집이 귀순하니 염수(鹽水)의 이웃한 땅에 살도록 하였다.

재위 28년(정미, 전1634) 임금은 태백산(太伯山, 백두산)에 올라 빗돌을 세워 역대 단군들의 이름과 역대 제왕들의 공적을 돌비에 새겼다.

재위 40년(기미, 전1622) 임금의 아우 대심(代心)을 남선비의 대인으로 삼았다. 경오 51년 임금이 죽으니 우가의 위나(尉那)가 보위에 올랐다.〔단〕

16세 단군 위나 재위 58년, 신미가 원년(전1610)

재위 28년(무술, 전1583) 구한의 여러 한들이 영안의 영고탑(寧古塔)에 모여 삼신과 상제에게 제사를 올렸다. 환인, 환웅, 치우 및 단군왕검을 모셨다. 닷새 동안 백성과 더불어 큰 잔치를 베풀고 불을 밝혀 밤을 지새우며 말씀을 외우고 마당 밟기를 하였다. 한쪽은 횃불을 나란히 들고 또 한쪽은 둥글게 모여 서서 춤을 추며 애환의 노래를 불렀다. 애환이란 곧 옛날 검에게 올리는 노래다. 선인들은 환화에 이름을 붙이지 않고 다만 꽃이라고만 하였다. 애환의 노래는 옛말 검 노래의 한 갈래였다.[14]

---

14 산에는 꽃이 피네. 꽃이 피네. 지난 해 만 그루 심고, 올해 또 만 그루 심었지. 불함산에 봄이 오면 온 산엔 붉은 빛. 천신을 섬기고 평강을 즐긴다네.

재위 28년(무술, 전1583) 임금이 돌아가고 태자 여을(余乙)이 보위에 올랐다.〔단〕

17세 단군 여을 재위 68년, 기사가 원년(전1552)

재위 52년(갑신, 전1501) 임금은 오가와 함께 나라를 돌아보았다. 개사성(蓋斯城)의 가까운 곳에 이르니 푸른 도포를 입은 노인이 있어 축하의 예를 올리면서 말했다.

> "오랫동안 신선의 나라에 살며 선인의 백성으로 머물고 있었다. 임금의 덕은 고루 미쳐 치우침이 없고 왕의 다스림은 차별이 없었네. 겨레여, 근심과 걱정이 없고, 국경을 굳게 지키고, 나라에 은혜를 베풀었다네. 성이며 나라에 미움과 대립, 큰 싸움이 없었네."

이에 임금은 다음과 같이 화답했다. "고맙도다. 짐의 닦은 덕이 모자라 백성들의 바람에 답하지 못할까 두려웠노라." 재위 68년(병자, 전1485) 임금이 죽고 태자 동엄(冬奄)이 보위에 올랐다.〔단〕

18세 단군 동엄 재위 49년, 정축이 원년(전1484)

재위 20년(병신, 전1465) 티베트 사람이 와서 특산물을 바치며 예방했다.

재위 49년(을축, 전1436) 임금이 죽고 태자 구모소(緱牟蘇)가 보위에 올랐다.〔단〕

19세 단군 구모소 재위 55년, 병인이 원년(전1435)

재위 24년(기축, 전1412) 남상인(南裳人, 월남인)이 벼슬을 받아 조정에 들어 왔다.(중략)

재위 54년(기미, 전1382) 지리숙(支離叔)이 주천력(周天曆)과 팔괘상중론(八卦相重論)을 지었다. 재위 55년(경신, 전1381) 임금이 죽고 우가인 고홀(固忽)이 보위에 올랐다.〔단〕

20세 단군 고홀 재위 43년, 신유가 원년(전1380)

재위 11년(신미, 전1370) 가을에 해가 무지개를 꿰뚫었다. 재위 36년(병신, 전1345) 영안의 영고탑을 다시 세우고 별궁을 지었다.

재위 40년(경자, 전1341) 공인 공홀(工忽)이 구환(九桓)의 지도를 그려 바쳤다.

재위 43년(계묘, 전1338) 세상이 아직 불안한데 임금이 죽으니 태자 소태(蘇台)가 보위에 올랐다.〔단〕

21세 단군 소태 재위 52년, 갑진이 원년(전1337)

은 나라 왕 소을(小乙)이 사신을 보내 예물을 바쳤다.

재위 47년(경인, 전1291) 은 나라 왕 무정(武丁)이 귀방(鬼方, 내몽골)을 쳐 물리치고 우리 군사에게는 무릎을 꿇고 용서를 빌고 예물을 바쳤다.

재위 49년(임진, 전1289) 개사원의 장관인 고등(高登, 색불루 단군의 할아버지)이 몰래 군사를 이끌고 귀방을 기습하여 빼앗았다. 일군국과 양운국의 두 나라가 사신을 보내 예물을 바쳤다. 이때 고등이 많은 군대를 손에 넣고 서북의 땅을 빼앗아 차지하였다. 그 세력이 매우 강성하였다. 이에 여러 차례 사람을 보내와 우현왕으로 임명해 주기를 청하였다. 그러나 임금은 이를 위태롭게 여겨 허락하지 않았는데 거듭 청하매 승낙하여 두막루(豆莫婁) 곧 북부여라 부르도록 하였다.

재위 52년(을미, 전1286) 우현왕 고등이 죽으니 그의 손자 색불루(色弗婁)가 이어 우현왕(右賢王)이 되었다. 임금이 나라 안을 돌아보다가 남쪽에 있는 해성에 이르러 어르신들과 더불어 하늘에 제사를 지내고 노래와 춤을 즐겼다. 그리고는 오가를 부른 자리에서 보위를 물려줄 것을 밝혔다. 스스로는 늙어서 보위를 지키기 어렵다며 정치를 서우여에게 맡기고 싶어 하였다. 이에 살수의 땅 백리를 둘러보시고 이를 그에게 주시고 명을 내려 영주로 삼아 기수(奇首)라 부르게 하였다. 우현왕은 소문을 듣고 사람을 보내 임금에게 권하여 이를 그만두게 하였으나 임금은 끝내 이를 듣지 않았다. 이에 우현왕은 주변의 여러 사람들과 사냥을 잘 하는 수천 명을 이끌고 마침내 부여의 신궁에서 보위에 올랐다. 임금은 어쩔 수 없이 존호를 올리기 위해 옥으로 만든 옥책(玉册) 국보를 전하고 아사달에 물러나 살다가 죽었다. 같은 해 백이와 숙제도 역시 고죽군(孤竹君)의 자손들로서 나라를 버리고 동해의 바닷가로 와서 농사를 지으며 홀로 살았다.〔단〕

22세 단군 색불루 재위 48년, 병신이 원년(전1285)

임금이 왕명으로 녹산(鹿山, 길림시의 백악산)의 성을 다시 쌓고 벼슬 제도를 고쳤다. 9월엔 몸소 장당경으로 거둥하여 종묘를 세우고 고등왕(高登王)의 제사를 모셨다.

11월에 몸소 9한의 군사를 이끌고 여러 차례 싸워 은 나라 도읍을 쳐부수고 곧 잘 지냈으나 또 다시 크게 싸워 이를 쳐부쉈다. 이듬해 2월 이들을 쫓아가 황하 어름에서 승전의 박수를 받고 번한의 백성들을 회대의 땅으로 옮겨 그들로 하여금 짐승을 집에서 기르고 농사를 짓게 하니, 나라의 위상이 반듯해졌다.

재위 6년(신축, 전1280) 신지 육우는, 천년 왕업의 땅이라 해도 나라의 운이 이미 약해졌으며 영고탑에 왕기가 짙어 백악산을 오히려 앞지르는 듯합니다. 청컨대, 성을 쌓고 이곳으로 서울을 옮기라고 아뢰었으나 임금은 이를 받아들이지 않고 말했다.

"새 서울에 이미 왕궁이 있는데 무엇 때문에 또 옮길 것인가."

재위 20년(을묘, 전1266) 이때에 남국이 매우 강해져 고죽군(孤竹郡, 하북성 노룡현)과 더불어 여러 적들을 쫓아내고 남으로 옮겨서 엄독골에 이르러 그곳에 머물렀다. 은 나라 땅에 이웃하여 가까웠다. 이에 여파달로 하여금 군사를 나눠 쳐들어가 빈(邠)과 기(岐) 땅에 머물면서 그곳의 유민과 하나로 뭉쳐서 나라를 세우니 여(黎)라 하고 서융과 함께 은 나라 제후들 사이를 차지하도록 하였다. 남씨의 세력이 매우 강하여 황제의 교화는 멀리 항산(恒山, 하북성 곡양)의 이남까지 미쳤다.

재위 36년(신미, 전1250) 변방의 장수 신독(申督)이 반란을 일으켰다. 이에 임금이 한 동안 영고탑으로 피하니 많은 백성이 뒤를 따랐다.

재위 48년(계미, 전1238) 임금이 돌아가니 태자 아홀(阿忽)이 보위에 올랐다.〔단〕

23세 단군 아홀 재위 76년, 갑신이 원년(전1237)

임금의 아우인 고불가(固弗加)에게 왕명으로 낙랑홀을 다스리도록 하였다. 웅갈손(熊乫孫)을 보내 남국의 왕과 함께 남쪽을 정벌한 군대가 은 나라 여섯 읍을 살펴보게 하였다. 은 나라 사람들이 서로 싸우면서 통일을 못하였다. 마침내 고불가 임금이 이를 잠재웠다. 7월 신독을 죽이고 도읍으로 돌아온 뒤 포로들을 풀어주었다.

재위 2년(을유, 전1236) 남국의 임금 금달(今達)이 청구의 임금, 구려의 임금과 주개에서 합치고 몽고리의 병력을 다시 합세하여 가는 곳마다 은나라의 나무 울타리를 부수고 깊숙이 오지로 들어가 회대의 땅을 빼앗았다. 포고씨를 엄 땅에, 영고씨를 서 땅에 방고씨를 회 땅에 각각 임명하니, 은 나라 사람들은 아홀단군의 세력을 두려워하여 감히 범하지 못하였다.

재위 5년(무자, 전1233) 이한(二韓, 번한과 마한) 및 오가를 불러 영고탑으로 천도 논의를 그만 하도록 하였다. 재위 76년(기해, 전1162) 임금이 죽고 태자 연나(延那)가

보위에 올랐다.〔단〕

24세 단군 연나 재위 11년, 경자가 원년(전1161)

황숙 고불가를 임금 대신 정사를 보는 섭정으로 삼았다.

재위 2년(신축, 전1160) 여러 한(汗, khan)들은 명을 받들고 소도(蘇塗, 솟대, स्तूप, stupa)를 더 마련하여 하늘에 제사를 올렸으며, 나라에 큰일이나 재난이 일어나면 소도에서 빌어 백성의 뜻을 하나로 모았다. 재위 11년(경술, 전1151) 임금이 죽고 태자 솔나(率那)가 보위에 올랐다.〔단〕

25세 단군 솔나 재위 88년, 신해가 원년(전1150)

재위 37년(정해, 전1114) 기자(箕子)가 서화(西華)에 옮겨가 머물면서 인사를 받지 아니하였다.

재위 47년(정유, 전1104) 임금이 상소도에 머물며 예로부터 전해오는 의례를 풀이하면서 간신과 충신이 무엇이 다른가를 물으셨다. 이에 삼랑 홍운성(洪雲星)이 앞장서 대답했다.

"의리를 지켜 굽히지 않는 자는 직신(直臣), 위세를 두려워하여 굽혀 순종하는 자는 영신(佞臣, 간신), 임금은 샘물이요, 신하는 흘러가는 물입니다. 샘물이 이미 흐렸으면 그 흐름이 맑기를 구하여도 어려운 일이기 때문에 임금이 성인이 된 뒤라야 신하가 바른 법입니다."

임금이 가로되,

"옳은 말이다."

재위 59년(기유, 전1092) 밭곡식에 풍년이 들어 벼 한 줄기에 다섯 개 이삭의 조가 달렸다.

재위 88년(무인, 전1063) 임금이 돌아가고 태자 추로(鄒魯)가 보위에 올랐다.〔단〕

26세 단군 추로 재위 65년, 기묘가 원년(전1062)

가을 7월 백악산(白岳山, 길림시)의 골짜기에 흰 사슴 2백 마리가 무리지어 와서 뛰

놓았다. 재위 65년(계미, 전998) 임금이 돌아가니 태자 두밀(豆密)이 보위에 올랐다.〔단〕

27세 단군 두밀 재위 26년, 갑신이 원년(전997)

천해(天海, 북해)의 물이 넘쳐 아란산이 무너졌다. 이 해에 수밀이국 양운국과 구다천국 등이 모두 사신을 보내 특산물을 바쳤다.

재위 8년(신묘, 전990) 오랜 가뭄 끝에 큰비가 내렸다. 백성들은 가을이 되어도 거둘 열매가 없었다. 임금은 국고를 열어 널리 나누어 주도록 하였다.

재위 26년(기유, 전972) 임금이 죽으니 해모(奚牟)가 보위에 올랐다.〔단〕

28세 단군 해모 재위 28년, 경술이 원년(전971)

임금이 아팠다. 흰옷 입은 백의동자로 하여금 하늘에 빌도록 하니 병이 곧 나았다.

재위 11년(경신, 전961) 4월 돌풍이 크게 불더니 폭우가 쏟아져 내리고 땅위에는 물고기가 가득했다.

재위 18년(정묘, 전954) 추운 빙해 지역의 여러 한들이 사신을 보내 특산물을 바쳤다.

재위 28년(정축, 전944) 임금이 죽으니 마휴(摩休)가 보위에 올랐다.〔단〕

29세 단군 마휴 재위 34년, 무인이 원년(전943)

주나라 사람이 특산물을 바쳤다. 재위 8년(을유, 전936) 여름에 지진이 있었다.

재위 9년(병술, 전935) 남해의 조수 물이 문득 석 자나 낮아졌다.

재위 34년(신해, 전910) 임금이 돌아가고 태자 내휴(奈休)가 보위에 올랐다.〔단〕

30세 단군 내휴 재위 35년, 임자가 원년(전909)

남쪽으로 나라 안의 삶의 현장을 둘러보고 돌비에 치우천왕의 공덕을 새겼다. 서쪽으로는 엄독홀(奄瀆忽)에 이르러 제후국의 여러 한(汗)들과 만난 뒤 군사를 돌보고 하늘에 제사지내고 주나라 사람들과도 국교를 맺었다.

재위 5년(병진, 전905) 흉노가 예물을 바쳤다.

재위 35년(병술, 전875) 임금이 돌아가고 태자 등올(登屼)이 보위에 올랐다.〔단〕

31세 단군 등올 재위 30년, 정해가 원년(전874)

재위 16년(임인, 전859) 봉황이 백악에서 울고 기린이 와서 상원에서 뛰놀았다. 재위 25년(신해, 전850) 임금이 죽자 아들 추밀(鄒密)이 보위에 올랐다.〔단〕

32세 단군 추밀 재위 30년, 임자가 원년(전849)

재위 3년(갑인, 전847) 선비산의 추장 문고(們古)가 예물을 바쳤다.

재위 12년(임술, 전838) 초(楚) 나라 대부 이문기가 조정에 들어와 벼슬을 했다.

재위 13년(계해, 전837) 3월에 해가림(日蝕)이 있었다.

재위 15년(병인, 전835) 가뭄이 들어 식량이 모자랐다. 재위 30년(신사, 전820) 임금이 죽고 태자 감물(甘勿)이 보위에 올랐다.〔단〕

33세 단군 감물 재위 24년, 임오가 원년(전819)

재위 2년(계미, 전818) 주나라 사람이 와서 호랑이와 코끼리 가죽을 바쳤다.

재위 7년(무자, 전813) 영고탑 서문 밖 감물산 아래 삼성사를 세우고 몸소 제사를 올렸다. 다짐하여 올린 글이 있다.

> "삼성(三聖, 환인, 환웅, 단군)의 존귀하심은 검과 더불어 그 거룩함이 나란하며 상제의 덕은 성현보다 더욱 크도다. 빈 것과 큰 것은 한 몸이고, 낱개와 모두가 하나이다. 지혜와 삶을 함께 갈고 닦으면, 몸과 얼이 함께 뻗어나간다. 참된 가르침이 반듯하게 설 때 믿음이 오래 감은 분명하다. 그 기세를 귀하게 여기고 스스로 살피고 되돌아보면 저 백악은 오래도록 푸를 것이다. 여러 성현들은 그지없이 이어나고 문화가 흥하고 예악은 그 제도가 크게 자리가 잡힌다. 도술은 그 유래가 깊어서 하나를 잡으면 셋을 포함하고 셋을 합쳐서 하나로 돌아온다. 크게 하늘의 법도를 펴시고 오래도록 본으로 삼을 것이니."

재위 24년(을사, 전796) 임금이 돌아가고 태자 오루문(奧婁門)이 보위에 올랐다.〔단〕

34세 단군 오루문 재위 23년, 병오가 원년(전795)

이 해 오곡이 무르익고 풍년이 들었다. 백성들 모두가 기뻐하며 도리가(兜里歌, 도솔가)를 지어 부르니 그 노래 말이 전한다.[15]

---

15 하늘엔 아침 해 밝은 빛 비치고 나라엔 성인의 큰 가르침 받았네. 큰 나라 배달나라 사람마다

재위 10년(을묘, 전786) 두 개의 해가 나란히 뜨더니 마침내 누런 안개가 사방에 가득했다. 재위 23년(무진, 전773) 임금이 죽고 태자 사벌(沙伐)이 보위에 올랐다.〔단〕

35세 단군 사벌 재위 68년, 기사가 원년(전772)

재위 6년(갑술, 전767) 이 해 메뚜기의 피해와 홍수가 있었다.

재위 14년(임오, 전759) 범이 궁궐로 들어왔다.

재위 24년(임진, 전749) 큰비가 내리니 산이 무너져 골짜기를 메웠다.

재위 50년(무오, 전723) 임금이 장수 언파불합(彦波弗哈)을 보내 바다 쪽의 웅습(熊襲)을 잠재웠다.

재위 66년(갑술, 전707) 임금이 조을(祖乙)을 보내 직접 연(燕) 나라의 도읍을 쳐들어갔다. 제 나라 군사들과 더불어 임치(臨淄, 영구) 남쪽에서 싸워서 이겼다. 재위 66년(병자, 전705) 임금이 죽으니 태자 매륵(買勒)이 보위에 올랐다.〔단〕

36세 단군 매륵 재위 58년, 정축이 원년(전704)

재위 28년(갑진, 전677) 지진과 해일이 있었다.

재위 32년(무신, 전673) 서촌의 어느 집에서 다리 여덟 개 달린 송아지를 낳았다.

재위 35년(신해, 전670) 용마가 천하(天河, Songariura, 송화강)에서 나왔는데 등에는 별무늬가 있었다.

재위 38년(갑인, 전667) 협야후 배반명(裵幣命)을 보내어 바다의 해적을 쓸어버렸다. 12월에는 삼도가 모두 평정되었다.

재위 52년(무진, 전653) 임금이 군사를 일으켜 수유(須臾, 기자)의 군대와 함께 연나라를 치게 하였다. 이에 연나라가 제(齊)나라에 위급한 상황을 알리자 제나라가 들고 일어나 고죽(孤竹)에 쳐들어 왔다. 아군의 복병을 만나서 싸웠지만 이기지 못하고 수교를 청한 뒤 물러갔다. 재위 58년(갑술, 전647) 임금이 죽으니 태자 마물(麻勿)이 보위에 올랐다.〔단〕

37세 단군 마물 재위 56년, 을해가 원년(전646)

재위 56년(경오, 전591) 임금은 남쪽을 돌아보시다가 기수에 이르러 죽으니 태자

나라 근심 없네. 향 맑은 노래 속에 그지없이 평화로워라.

다물(多勿)이 보위에 올랐다.〔단〕

38세 단군 다물 재위 45년, 신미가 원년(전590)

재위 45년(을묘, 전546) 임금이 죽고 태자 두홀(豆忽)이 보위에 올랐다.〔단〕

39세 단군 두홀 재위 36년, 병진이 원년(전545)

재위 36년(신묘, 전510) 임금이 죽고 태자 달음(達音)이 보위에 올랐다.〔단〕

40세 단군 달음 재위 18년, 임진이 원년(전509)

재위 18년(기유, 전492) 임금이 죽고 태자 음차(音次)가 보위에 올랐다.〔단〕

41세 단군 음차 재위 20년, 경술이 원년(전491)

재위 20년(기사, 전472) 임금이 죽고 태자 을우지(乙于支)가 보위에 올랐다.〔단〕

42세 단군 을우지 재위 10년, 경오가 원년(전471)

재위 10년(기묘, 전462) 임금이 죽고 태자 물리(勿理)가 보위에 올랐다.〔단〕

43세 단군 물리 재위 36년, 경진이 원년(전461)

재위 36년(을묘, 전426) 융안(隆安)의 사냥꾼 우화충(于和冲)이 장군을 스스로 일컬으며, 수만 명의 무리를 모아 반란을 일으켜 서북 36개 군을 빼앗았다. 임금은 군사를 보냈으나 이기지 못했다. 겨울이 되자 반군들은 도성을 에워싸고 기습을 해 왔다. 임금은 내전의 궁인과 함께 종묘사직의 신주를 받들어 모시고 배를 타고 피난하여 해두(海頭)로 갔으나 얼마 못 가고 죽었다. 이 해에 백민성(白民城)의 장관인 욕살 구물(丘勿)이 왕명을 앞세워 군대를 일으켜 먼저 장당경을 빼앗았다. 구지(九地)의 군사들이 이에 따라서 동서의 압록 18성이 모두 군사를 보내 왔다.〔단〕

44세 단군 구물 재위 29년, 병진이 원년(전425)

3월 큰물이 도읍을 휩쓸고 역적들은 큰 난리를 일으켰다. 구물(丘勿) 임금은 만 명의 군대를 이끌고 가서 이들을 평정하니 적군은 싸워보지도 못하고 스스로 망하니 마침내 우화충을 죽였다. 이에 구물은 여러 장수들의 추대를 받게 되었다. 드디어 3월 16일 단을 쌓아 하늘에 제사를 지내고 장당경에서 보위에 올랐다. 이에 나라 이름을 대부여(大夫餘)라고 고치고 삼한(三韓)은 삼조선이라고 고쳐 불렀다. 이때부터 세 조선은 단군을 받들어 모시고 구물 임금의 다스림을 따랐다. 싸움의 승패는 그냥 한 사람에게만 달리지 않았다. 7월에는 해성(海城, 요령성 해성)을 다시 짓도록 하여 평양이라고 부르도록 하고, 행궁을 지었다.

재위 2년(정사, 전425) 예관(禮官, 예조)이 청하여 삼신영고의 제사를 지냈다. 곧 3월 16일이었는데 임금이 몸소 자리하여 경배하니 첫 번째 절에 세 번 머리를 조아리고 두 번째 절에 여섯 번 머리를 조아리고 세 번째 절에 아홉 번 머리를 조아려 예를 올렸다. 무리를 거느리고는 특별히 열 번 머리를 조아렸다. 이를 삼육대례(三六大禮)라고 한다.

재위 17년(임신, 전409) 감찰 관원을 각 주와 군에 보내서 백성들을 살펴 효자와 올곧은 관원을 추천하도록 하였다.

재위 23년(무인, 전403) 연 나라에서 사신을 보내와 새해 문안 인사를 올렸다. 재위 29년(갑신, 전397) 임금이 죽고 태자 여루(余婁)가 보위에 올랐다.〔단〕

45세 단군 여루 재위 55년, 을유가 원년(전396)

을유 원년 장령(長嶺, 천문령, hadaling)과 낭산(狼山, 대릉하 상류)에 성을 쌓았다.

재위 17년(신축 , 전380) 연 나라 군사들이 국경을 쳐들어오자 수비 장수 묘장춘(苗長春)이 이를 물리쳤다.

재위 32년(병진, 전365) 연 나라 사람들이 재빠르게 쳐들어와서 요서를 점령하고 국경의 요새까지 쳐들어 왔다. 이에 번조선(番朝鮮)이 대장군 우문언에게 왕명으로 이를 막고 진조선(眞朝鮮)과 막조선(莫朝鮮)도 역시 군대를 보내어 이를 도와주러 왔다. 복병을 숨겨두고 연나라 제나라의 군사를 오도하(五道河, 하북성)에서 쳐부수고 요서의 여러 성을 남김없이 되찾았다.

재위 33년(정사, 전364) 연나라 사람이 싸움에 지고서 연운도(連雲島)에 머물면서 배를 만들고 장차 쳐들어올 기세였으므로 우문언(于文言)이 쫓아가 크게 쳐부수고 그 장수를 활로 쏴 죽였다.

재위 47년(신미, 전350) 북막(北漠, 몽고)의 추장 액니거길(厄尼車吉)이 조정에 찾아와서 말 2백 필을 바치고 함께 연나라를 치자고 했다. 마침내 번조선의 젊은 장수 신불사(申不私)로 하여금 병력 만 명을 이끌고 합세하여 연나라의 상곡(上谷, 하북성 회래현)을 쳐들어가 이를 도와 성읍을 쌓게 하였다.

재위 54년(무인, 전343) 상곡의 싸움 이후 연나라가 해마다 쳐들어 왔다. 이때 사신을 보내 용서를 청하므로 이를 받아들이고, 또 조양(朝陽, 하북성 상곡)의 서쪽을 국경으로 삼았다.

재위 55년(기묘, 전342) 여름은 몹시 가물었다. 아무 죄도 없이 옥에 갇힌 사람을 풀어주고 몸소 나아가서 기우제를 올렸다. 9월에 임금이 죽고 태자 보을(普乙)이 보위에 올랐다.〔단〕

46세 단군 보을 재위 46년, 경진이 원년(전341)

12월 번조선(番朝鮮) 임금 해인(海仁)이 연 나라가 보낸 칼잡이에게 죽자 오가들이 다투어 일어났다.

재위 19년(무술, 전323) 정월 읍차(邑借, 군왕) 기후(箕詡)가 군사를 이끌고 궁에 들어와 스스로 번조선 왕이라 하고 사람을 보내 승인을 청하매 이를 승낙하고 연나라의 침입을 튼튼하게 막도록 하였다.

재위 38년(정사, 전304) 도성에 큰 불이 일어나 모두 타버리고 임금은 해성(海城)의 행궁으로 대피하였다.

재위 44년(계해, 전298) 북막의 추장 이사(尼舍)가 음악을 바치니 이를 받으시고 후한 상을 주었다.

재위 46년(을축, 전296) 한개(韓介)가 수유(須臾, 기자)의 군대를 이끌고 궁성을 치고 스스로 왕이 되고자 하니 대장군 고열가(高列加)가 의병을 일으켜 이를 물리쳤다. 임금은 도읍으로 돌아와서 죄수들을 크게 풀어주었다. 이때부터 나라의 힘이 날로 약해지면서 나라의 살림이 제대로 돌아가지 않았다. 오래지 않아 임금이 죽었다. 그에게는 아들이 없었다. 고열가가 단군 물리(勿理)의 5세 손 곧 현손으로서 백성들의 정성어린 추대를 받아 또 공도 있었던 터라 마침내 보위에 올랐다.〔단〕

47세 단군 고열가 재위 58년, 병진이 원년(전295)

재위 14년(기묘, 전282) 단군왕검의 사당을 백악산(白岳山, 길림시)에 세우고 유사에게 명을 내려 사철 묘당에 제를 지내게 하고 임금은 한 해에 한 번 제사를 몸소 지냈다.

재위 44년(기유, 전252) 연나라가 사신을 보내어 새해 인사를 전해왔다. 이 해 북막(北漠, 몽고)의 추장 아리당부(阿里當夫)가 군사를 내어 연나라를 칠 것을 제안했다. 임금이 허락하지 않았다. 당부는 이때부터 등을 돌리고 공물을 바치지 않았다.

재위 57년(임술, 전239) 해모수가 웅신산(熊神山, 백두산)을 내려와 군대를 일으켰다. 그의 조상은 고리국(槀離國, 고려) 사람이었다.[16]

재위 58년(계해, 전238) 임금은 어질었으나 결정적 힘이 없었다. 명령을 내려도 씨가 먹히지 않았다. 여러 장수들은 자신들의 용맹만 믿고 쉽사리 반란을 일으켰다. 드디어 나라의 살림은 어려워졌고 백성들의 사기는 날로 땅에 떨어졌다. 3월 하늘에 제사 지내던 날 저녁에 마침내 오가(五加, 말, 소, 돼지, 개, 닭) 겨레들과 의논하였다.

> "옛 우리 선조 열성조께서는 나라를 여시고 대통을 이어가실 때에는 그 덕이 넓고 멀리까지 미쳤으며, 오랜 세월 동안 잘 다스렸다. 이제 왕권은 약해졌고 여러 왕들이 힘을 겨루고 있다. 짐은 덕도 없고 겁이 많아 잘 다스리지 못하니 어진 이를 불러서 타이를 방안도 없고 백성들의 민심이 떠났다. 생각하건대, 그대들은 어질고 좋은 사람을 찾아 추대하도록 하라."

라고 하면서 옥문을 열어 사형수 이하의 모든 죄수들을 풀어주었다. 이튿날 마침내 보위를 내려놓고 산에 들어가 신선이 되시니, 이에 오가의 부족장들이 나라 일을 함께 다스리기를 6년이나 이어갔다. 이보다 앞서 종실의 대해모수는 남모르게 수유(須臾)와 다짐하였다.

대해모수는 옛 도읍인 백악산을 쳐들어가 차지하고 천왕랑(天王郞)이라 일컬었다. 수유후 기비(箕丕)를 올려 번조선 왕으로 삼았다. 나아가 상하의 국경의 요새를 지키게 하였다. 무릇 북부여의 일어남이 이에서 시작되니 고구려는 곧 해모수의 태어난 나라이기 때문에 역시 나라 이름을 고구려라 일컬었다.〔단〕

위만조선(魏滿朝鮮)

전한서(前漢書)의 조선전에는 이렇게 적고 있다. 맨 처음 연(燕)나라가 진번과

16 웅심산(熊心山)은 웅신산(熊神山)의 오기로 보인다. 진해의 옛 이름이 웅신현(熊神縣)이었고 진산이 천자산인데 이를 웅산(熊山)이라고도 한다(삼국유사 권1 기이1 고구려 참조).

조선을 침략하여 관리들을 두고 변방의 요새를 쌓았다.[17] 그 뒤에 진(秦)이 연을 멸망시키자 이 땅을 요동군 변방에 소속시켰다. 한(漢) 나라가 일어나자 이 땅이 너무 멀어 지킬 수 없다 하여 다시 요동의 옛날 요새를 손질해서 쌓고 패수(浿水)로 경계를 삼아 연나라에 속하게 하였다(안사고는 말하기를, 패수는 낙랑군에 있다).

연왕 노관(盧綰)이 한 나라의 제후로서 한을 배신하고 흉노에게로 들어갔다. 그 때 연나라 위만은 따르는 무리 일천여 명을 데리고 요동의 요새지를 넘어 패수를 건넜다. 여기에서 진(秦)나라의 옛 터전인 상하의 요새에 자리를 잡고 살았다. 차츰 진번과 조선의 백성들과 또 옛날에 연과 제(齊)에서 도망해 온 이들을 받아들이고 왕이 되어 왕검성에 도읍했다.[18] 위만은 군사력으로 그 이웃의 조그만 읍들을 차지하였다. 이에 진번과 임둔이 모두 귀순해 와서 그에게 귀속되니 사방이 수천 리나 되었다. 위만은 아들에게 보위를 전하고 다시 위만의 손자 우거(右渠)에게 보위를 전하였다.

진번과 진국이 한(漢) 나라에 국서를 올려 천자를 뵙고자 했으나 우거는 길을 가로막고 지나지 못하게 했다.[19] 원봉 2년(전108)에 한 나라에서는 섭하(涉何)를 보내어 우거를 타일렀지만, 우거는 끝내 말을 듣지 않았다. 섭하는 그곳을 떠나 국경에 이르러 패수에 당도하자 말을 모는 부하를 시켜서 자기를 호송하러 온 조선의 비왕(裨王, 부족장) 장(長)을 찔러 죽였다.[20] 그리고는 곧 패수를 건너서 국경 요새를 넘어 자기 나라에 돌아가 이 사실을 황제에게 보고했다.

한 나라 천자는 섭하를 기용, 요동의 동부 도위를 삼았다. 조선은 섭하를 원망하여 갑자기 그를 쳐 죽였다. 천자는 누선장군 양복(楊僕)을 보내서 제 나라에서 배를 타고 발해로 건너가 조선을 치게 하니 병력은 5만이었다. 좌장군 순체(荀彘)는 요동으로 쳐들어가 우거를 쳤다. 우거는 지세가 험한 곳에 군사를 내어 그를 막았다. 누선장군은 제의 군사 7천 명을 거느리고 먼저 왕검성에 이르렀다. 이때 우거는 성을 지키고 있었다. 누선의 군사가 얼마 되지 않음을 몰래 알고 곧 나가서 누선을 먼저 공격하니 누선이 패해 달아났다. 누선장군 양복은 군사들을

---

17 안사고(顔師古)는, 전국 시대에 연나라가 처음으로 이 땅을 침략해서 범하였다고 말했다(삼국유사 기이1 고구려 참조).

18 이기(李奇)는 땅이름, 신찬(臣瓚)은 말하기를 왕검성은 낙랑군의 패수 동쪽에 있다(삼국유사 기이1 고조선).

19 안사고는, 진국은 진한(辰韓)이라 하였다.

20 안사고는, 장(長)은 섭하를 호송하는 자의 이름이라고 했다(삼국유사 기이1 고조선).

잃고 산 속으로 달아나서 죽음을 면했다. 좌장군 순체도 조선의 패수 서쪽을 쳤지만 깨뜨리지 못했다.

천자는 누선장군과 좌장군의 형세가 불리하다고 판단, 이에 위산(衛山)을 시켜 강한 군사력으로 우거를 타이르게 했다. 우거는 항복하기를 청하고 태자를 보내어 말을 바치겠다고 했다. 그리하여 일만여 명이나 되는 병력을 거느리고 바야흐로 패수를 건너려 하는데 사신인 위산과 좌장군이 혹시 반란을 일으킬까 의심하여 태자에게 일렀다.

이미 백기를 들었으니 무기는 가지고 오지 마시오. 태자도 사자인 위산이 혹 자기를 속여 해치지 않을까 의심하여 마침내 패수를 건너지 않고 군사를 데리고 돌아갔다. 이 사실을 천자에게 보고하자 천자는 위산의 목을 베었다. 좌장군은 패수 상류에 있는 조선 군사를 깨뜨리고 바로 쳐들어가 왕검성 밑에까지 이르러 성의 서북쪽을 에워쌌다. 누선장군도 역시 왕검성 밑으로 와서 군사를 합쳐 성 남쪽에 머물렀다. 우거가 굳게 성을 지켰기 때문에 몇 달이 지나도 점령할 수가 없었다.

천자는 이 싸움이 오래 되어도 끝이 나지 않자 옛날 제남 태수 공손수(公孫遂)를 시켜서 치게 하고, 모든 일을 상황에 따라서 처리하게 했다. 공손수는 우선 누선장군을 묶어 놓고 그 군사를 합쳐서 좌장군과 함께 조선을 급습했다. 이때 조선의 재상 노인(路人)과 한도(韓陶)와 또 이계[21]의 재상 삼(參)과 장군 왕겹(王唊)은 서로 의논하여 자진 귀순하려 했으나 왕은 이 말을 좇으려 하지 않았다. 이에 한도와 왕겹은 모두 달아나서 한 나라에 귀순했고 노인은 도중에서 죽었다. 한 무제 원봉 3년 여름에 이계(尼谿)의 재상 삼은 사람들을 시켜서 왕 우거를 죽이고 한 나라에 귀순했다. 하지만, 왕검성은 여전히 함락되지 않았다. 마침내 우거의 대신인 성기(成己)가 또 자기 나라에 등을 돌렸다. 좌장군은 우거의 아들 장(長)과 노인(路人)의 아들 최(最)로 하여금 자기들의 백성을 타이르고 성기를 죽이도록 했다. 이리하여 마침내 조선을 멸망시키고 그 자리에 진번, 임둔, 낙랑, 현토의 네 군으로 삼았다.[22]

---

21 안사고는, 이계는 지명으로 이들은 모두 네 명이라고 했다.

22 기원전 206년 무렵 전한(前漢)이 진(秦)나라를 꺾고 통일한 뒤, 연나라에서 고조선으로 망명한 위만이 세운 나라를 위만조선이라 한다. 준왕(準王)의 신임을 얻은 위만은 서쪽 국경을 지키는 역할을 맡았다. 박사에 임명되면서 백 리의 땅을 봉토로 받는다. 연 나라의 유민을 모아 세력을 기른 뒤 여세를 몰아 준왕을 폐위시키고 정권을 장악하였다. 위만조선은 고조선의 발달한 철기문화를 기반으로 이웃한 주변 나라들을 제압하고 한(漢)과의 중계무역으로 이익을

마한(馬韓)

위서(魏書)에 이렇게 적었다. 위만이 조선을 공격하자 조선왕 준(準)은 궁인과 좌우 몇 사람을 거느리고 바다를 건너 서쪽 한의 땅에 이르러 나라를 세우고 마한이라고 했다.

또 견훤(甄萱, 진훤)이 고려 태조에게 올린 글에, 옛적에 마한이 먼저 일어나고 뒤를 이어 혁거세가 일어났으며, 백제는 금마산에서 나라를 세웠다고 했다. 최치원은 이렇게 말했다.

마한은 고구려이고, 진한은 신라다. 사기(史記) 본기에 따르면, 신라는 먼저 갑자에 일어났고, 고구려는 그 뒤 갑신에 일어났다. 여기에 말한 조선왕은 준이다. 이로 본다면 동명왕이 일어날 때에 마한까지 차지했던 것을 알 수가 있다. 그 때문에 고구려를 마한이라고 부른다. 지금 사람들은 혹 금마산이 있다고 해서 마한을 백제라고 하지만 이것은 대개 잘못된 말이다. 고구려 땅에는 본디 읍산(邑山)이 있었기 때문에 이름을 마한이라 한 것이다.

사이(四夷), 구이(九夷), 구한(九韓), 예맥(穢貊)이 있는데, 주례(周禮)에 직방씨(職方氏)가 사이와 구맥을 다스렸다고 한 것은, 동이의 종족이니 곧 구이를 말한 것이다. 삼국사에는 이렇게 씌어 있다.

명주(溟州, 강릉)는 옛날의 예국(穢國)이었다. 농부가 밭을 갈다가 예왕의 도장을 주어서 바쳤다. 또 춘주는 옛날의 우수주(牛首州, 현 춘천)인데 곧 옛날의 맥국이다. 또 혹은 지금의 삭주(朔州)가 바로 맥국(貊國)이다. 혹은 평양성이 맥국이다. 회남자(淮南子) 주에는, 동방의 오랑캐는 아홉 갈래나 된다고 했다. 논어정의에는 구이란, 1은 현토, 2는 낙랑, 3은 고려, 4는 만식(滿飾), 5는 부유(鳧臾), 6은 소가(素家), 7은 동도(同屠), 8은 왜인(倭人), 9는 천비(天鄙)라고 했다. 해동안홍기(海東安弘記)에 구한(九韓)이란, 1은 일본, 2는 중화, 3은 오월, 4는 탁라(乇羅), 5는 응유(鷹遊), 6은 말갈(靺鞨), 7은 단국(丹國), 8은 여진(女眞), 9는 예맥이라고 했다.

이부(二府)

전한서(前漢書)에 이렇게 적었다. 소제 시원 5년 기해년 두 외부(外府, 관외 정

얻어 더욱 강해지기 시작하였다. 위만의 손자인 우거왕(右渠王) 무렵 한 무제(武帝)의 파상적인 공격을 받고 왕검성을 근거로 몇 달 동안 피 터지는 싸움 끝에 마침내 기원전 108년에 귀순하고 그 종말을 고했다.

부)를 두었다. 이것은 조선의 옛 땅인 평나(平那)와 현토군 등을 평주도독부(平州都督府)로 삼고 임둔, 낙랑 등 두 군의 땅에 동부도위부(東部都尉府)를 둔 것을 말함이다. 내 보기에 조선전에는 진번, 현토, 임둔, 낙랑 등 네 군으로 되어 있다. 그런데 지금 이 글에는 평나가 있고 진번이 없으니 대개 한 지방을 두 이름으로 불렀던 것 같다.

칠십이국(七十二國)

통전(通典)에는 이렇게 적었다. 조선의 유민은 모두 70여 나라로 나뉘어 있는데 이들은 모두 땅이 사방 백 리다. 또 후한서에는, 서한(西漢)이 조선의 옛 땅에 처음으로 네 군을 두었다가 뒤에 두 부를 두었다. 법령이 차츰 번거로워지자 이것을 78개의 나라로 나누니, 이들은 각각 만호라고 했다. 마한은 서쪽에 있어 54개의 조그만 읍을 가지고 있었는데 모두 나라라고 불렀다. 진한은 동쪽에 있고 12개의 작은 읍을 차지했는데 모두 나라라고 했다. 변한은 남쪽에 있어 역시 12개의 작은 읍을 차지했는데 이들도 저마다 나라라고 일컬었다.

낙랑국(樂浪國)

전한 때 처음으로 낙랑군을 두었다. 응소(應邵)는 말하기를 이것을 고조선국이라 했다. 신당서 주에, 평양성은 옛 한 나라의 낙랑군이라고 했다.[23] 국사에는 이

23 낙랑(樂浪)이 열수(洌水)에서 비롯하였음을 고려하면, 촐내-술내로 볼 수 있다. 술은 흔히 사이를 뜻하므로 나라의 국경을 이루는 강을 뜻할 수 있다. 술내-술수-술미-술매가 그런 보기들이다. 낙랑의 위치에 대한 학설로는 크게 두 가지로 나눌 수 있다. 하나는 대동강 낙랑설(이병도, 이기백, 노태돈)이 있고, 다른 하나는 요동낙랑설(신채호, 정인보, 윤내현, 심백강, 임찬경 등)이 있다. 전자는 식민사관에 기반한 일본학자의 주장과 같다. 현재 교과서에서는 한반도 대동강을 중심으로 한 낙랑을 포함한 한사군의 위치를 비정하여 이를 교과서에 싣고 있다. 후자는 그 동안 위서라는 논란의 중심에 섰던 환단고기(桓檀古記)가 불분명한 사료라 하여 강단사학에서는 외면하였다. 최근 심백강(2014, 한사군의 낙랑)에서 중국 사서(史書)의 결정판이라 할 사고전서(四庫全書)에서 믿을 만한 정통한 사료를 찾음으로써 중국 하북성 보정시 수성진을 중심으로 하는 요동중심설이 화두가 되고 있다. 그 사연은 이렇다. 망한 은(殷) 나라의 왕자였던 기자(箕子)가 조선으로 갔다. 이는 사기(史記)와 진서(晉書) 지리지 평주 낙랑군 조선현조를 보면,'주 나라가 기자를 봉한 것이다'로 적고 있다. 다시 당 나라의 두우(杜佑)가 엮은 통전(通典)의 평주(平州) 부분을 보면,'평주는 은 나라 시기에 고죽국, 춘추시기에는 산융(山戎), 비자(肥子), 진 나라 시기에는 우북평, 혹은 요서 2군, 전후한에서 위진 시기까지는 요서군이었다'고 적고 있다. 결국 낙랑군 조선현은 평주(平州)에 자리하였음을 알 수 있다. 그러다가 청나라로 들어와서 펴낸 대청일통지(大淸一統志)를 보면, 평주의 기자 조선을 한반도의

런 말이 있다.

혁거세 30년(전28)에 낙랑 사람들이 신라에 귀순했다. 또 제3대 노례왕 4년(전27)에 고구려의 제3대 무휼왕이 낙랑을 멸망시키니 그 나라 사람들은 대방(帶方, 북대방)과 함께 신라에 귀순해 왔다. 또 무휼왕 27년(44)에 후한의 광무제가 사자를 보내어 낙랑을 치고 그 땅을 빼앗아 군현을 삼으니, 살수(薩水, 청천강) 이남의 땅은 한 나라에 속하였다.[24]

또한 백제 온조왕의 말에는, 동쪽에 낙랑이 있고, 북쪽에 말갈이 있다고 했다. 이는 아마도 옛날 한 나라 때 낙랑군에 딸렸던 현일 것이다. 신라 사람들이 역시 이곳을 낙랑이라고 했기 때문에 지금 고려에서도 또한 여기에 따라 낙랑군 부인이라 불렀다. 또 태조가 그 딸을 김부(金傅)에게 시집보내면서 역시 낙랑공주라 불렀다.

북대방(北帶方)

북대방은 본디 죽담성(竹覃城)이다. 신라 노례왕 4년(전27)에 대방 사람들이 낙랑 사람들과 함께 신라에 귀순해 왔다. 이것은 모두 전한 때에 설치한 두 군의 이름이다. 그 후에 건방지게 나라라고 불러 오다가 이때 와서 귀순했다.

남대방(南帶方)

조위(曹魏) 때 비로소 남대방군(南帶方郡, 남원부)을 두었기 때문에 남대방이라 한 것이다. 대방의 남쪽은 바닷물이 천 리나 되는데 한해(瀚海)라고 했다. 후한 건안 무렵에 마한 남쪽의 황무지를 대방군으로 삼았다. 왜와 한이 드디어 여기에 속했다는 것이 바로 이것이다.

이서국(伊西國)

노례왕 14년(37)에 이서국 사람이 와서 금성(金城, 서라벌)을 공격했다. 예부

이씨조선으로 둔갑시키고 있다. 즉 평주의 낙랑군 조선현은 압록강 이남의 지역으로 비틀어 기록하고 있다. 이로써 낙랑 대동강 중심설을 넘어, 요동 중심설로 고쳐야 한다(심백강, 사고전서 사료로 보는 한사군의 낙랑(2014) 참조).

24 이상의 여러 글에 따르면, 낙랑이 곧 평양성이란 것이 마땅하다. 혹은 말하기를, 낙랑의 중두산(中頭山) 아래가 말갈과의 살피이고, 살수는 지금의 대동강이라고 한다. 어느 말이 옳은 지 알 수가 없다(삼국유사).

터 전해 내려오는 운문사의 제사납전기(諸寺納田記)에 보면, 정관 6년(임진, 632)에 이서군의 금오촌 영미사에서 밭을 바쳤다. 금오촌은 지금 청도 땅이니 청도군이 바로 옛날의 이서군이다.

오가야(五伽耶)

가락국기(駕洛國記)의 찬(贊)을 보면, 자줏빛 끈 하나가 내려와 둥근 알 여섯 개를 내려 주었다. 이 중 다섯 개 알은 각 읍으로 돌아가고 한 개는 이 성의 수로왕이 되었다. 각 읍으로 돌아간 다섯 개는 각각 다섯 가야의 주인이 되었다. 마침내 금관국이 다섯 개의 수에 들지 않은 것은 마땅하다. 그런데 고려사략에는 금관까지 그 수에 넣고 창녕까지 더 기록했으니 잘못이다.

아라가야(함안), 고령가야(함녕), 대가야(고령), 성산가야(성주 혹은 벽진), 소가야(고성)이다. 또 고려사략에는, 태조 천복 5년(경자, 940)에 5가야의 이름을 고쳤다. 즉 1은 금관(김해부), 2는 고령(가리현), 3은 비화(창녕이니, 고령의 오기)요, 나머지 둘은 아라와 성산이라고 했다. 위의 주와 같다. 성산은 혹 벽진가야라고 한다.

북부여(北扶餘)

고기(古記)에 이렇게 전했다. 전한(前漢) 효선제 신작 3년(임술, 전58) 4월 8일에 천제가 흘승골성(訖升骨城, 의주)에 내려왔다. 다섯 마리 용이 끄는 오룡거를 타고 내려와서 서울을 정하여 왕이라 일컫고 국호를 북부여라고 하고, 스스로 이름을 해모수(解慕漱)라고 했다. 아들을 낳아 이름을 부루(扶婁)라 하고 해(解)를 성씨로 삼았다. 왕은 뒤에 하느님의 명령으로 서울을 동부여로 옮겼다. 동명제는 북부여를 바탕으로 일어나서 졸본에 도읍을 정하고 졸본부여가 되었으니, 이 임금이 곧 고구려의 시조다[25].

고려 말 옳은 도리를 말하는 간의대부였던 범장(范樟)이 쓴 **북부여기**(北夫餘

25 고려 말엽 범장(范樟)이 엮은 북부여기(北夫餘紀)에 드러난 북부여와 고구려의 공백 기간을 이어간 부여계의 6임금의 세계를 들어 보였다. 실증사학의 검증을 기다려 본다. 이로써 우리 역사의'잃어버린 고리'라 할 부여와 고구려를 잇는 역대 임금들의 세계를, 고조선의 47대에 이르는 역대 임들의 세계를 재구성하고자 하는 화두를 마련해 본다. 안경전(安耕田)이 역주한 환단고기(桓檀古記, 2012)를 바탕으로 하였다.

紀, 이하〔북〕)에 실린 북부여 임금의 세계를 보이면 다음과 같다.[26]

시조 단군 해모수(解慕漱) 재위 45년, 임술이 원년(전239)

해모수 임금의 모습은 슬기롭고 용감하였다. 눈빛은 사람을 꿰뚫어 보았다. 그를 바라보면 정녕 하늘에서 내린 천왕랑(天王郞)이라 할 만하였다. 나이 23세에 하늘에서 내려왔다. 이는 47세 단군 고열가 57년(임술, 전239) 4월 8일이었다. 웅신산(熊神山, 일명 백두산)의 기슭 난빈(蘭濱)가에 궁실을 지었다. 까마귀 깃털의 모자를 쓰고 용검을 차고 오룡거를 탔다. 따르는 무리 5백 명과 더불어 아침에는 정사를 살피고 저녁엔 하늘로 오르다 마침내 보위에 올랐다.

재위 2년(계해, 전238) 3월 16일 하늘에 제사하고 연호법(煙戶法, 호구법)을 만들어 오가의 군사를 나누고 농사를 지어 스스로 자급자족함으로써 뜻밖의 상황에 미리 대비하도록 하였다.

재위 8년(기사, 전232) 임금은 무리를 이끌고 가서 옛 서울의 오가들을 설득하니 마침내 공화 정치를 접게 되었다. 이에 나라의 백성들이 추대하여 단군이 되었다. 겨울 10월 임산부 보호법을 만들고 사람을 가르침에는 반드시 태교부터 실시하도록 하였다.

재위 11년(임신, 전229) 북막(北漠, 내몽고)의 추장인 산지객륭(山只喀隆)이 영주(寧州, 길림성 부여현)를 기습하여 순사 목원등을 죽이고 재물을 빼앗아 돌아갔다.

재위 19년(경진, 전221) 기비(箕丕)가 죽으니 아들 기준(箕準)이 아비의 뒤를 이어 번조선(番朝鮮)의 왕으로 임명하였다. 관원을 보내 군사를 다스리고 연 나라의 침략을 대비하는 일에 더욱 힘썼다. 연 나라는 장수 진개(秦介)를 보내 북부여의 서쪽 변두리 땅을 쳐들어가서 만번한(滿番汗, 북경)에 이르러 그곳을 국경으로 삼게 되었다.

재위 20년(신사, 전220) 왕명으로 백악산 아사달에서 하늘에 제사 지내고 7월 새로운 궁궐 336칸을 지어 이름 하여 천안궁(天安宮)이라 하였다.

재위 22년(계미, 전219), 창해역사 여홍성이 한(韓) 나라 사람 장량(張良)과 함께

26 범장(范樟)은 고려 말의 사대부로서 휘는 세동(世東), 자는 여명(汝明), 호는 북애(北崖)로 금성(錦城, 나주) 출신이다. 통찬(通贊)을 지낸 후춘(後春)의 아들로서 포은 정몽주의 문하생이다. 공민왕 18년(1369)에 문과에 급제, 덕령부윤(德寧府尹)에 이어 낭사(郎舍)의 책임자인 간의대부(諫議大夫) 등을 지냈다. 고려가 망하자 두문동 72현 중의 한 사람이기도 하다. 벼슬길에 대한 뜻을 접고 정선의 만수산(萬壽山) 두문동에 숨어 살았다. 북부여기는 환단고기(桓檀古記)에 실려 전한다. 원문의 주석은 안경전(安耕田)의 환단고기(桓檀古記, 2012)를 바탕으로 하였다.

진나라 임금 정을 박랑사 가운데서 습격하였으나 빗나갔고 수레만 공격했다.

재위 31년(임진, 전209), 진승(陳勝)이 군대를 일으키니 진나라 사람들이 크게 움직였다. 이에 연, 제, 조 나라의 백성들이 달아나서 번(番) 조선으로 간 사람이 수만 명이나 되었다. 이들을 상하의 국경 요새에 나누어 살게 하고 장군을 보내어 지키게 하였다.

재위 38년(기해, 전202), 연 나라의 노관이 다시금 요동의 옛 성터를 손질하고 동쪽은 패수로써 경계를 삼으니 패수는 오늘날의 조하(潮河, 난하)이다.

재위 45년(병오, 전195), 연나라의 노관이 한 나라를 뒤로 하고 흉노로 달아나니 그의 무리인 위만은 북부여의 왕에게 망명을 요청했다. 왕은 이를 받아들이지 않았다. 그러나 임금이 병으로 스스로 결정적인 판단을 못하였다. 후에 번 조선의 왕 기준(箕準)이 크게 기회를 놓쳤다. 위만을 박사로 모시고 상하 요새 지역을 떼어서 위만에게 넘겨주었다. 이 해 겨울 임금은 죽고 웅신산 동쪽 기슭에 장사하였다. 태자 모수리(慕漱離)가 보위에 올랐다.〔북〕

2세 단군 모수리 재위 35년, 정미가 원년(전194)

번조선(番朝鮮)의 왕은 수유(須臾, 하북성 난하)에 오랫동안 살았다. 일찍이 많은 은혜를 베풀어 백성들의 삶이 모두 넉넉하였다. 뒤에 기준이 떠돌이 도적 위만에게 지고 망한 뒤 바다로 들어가더니 돌아오지 않았다. 오가의 겨레들은 대장군 탁(卓)을 받들어 모두 함께 산을 넘어 월지에 이르러 나라를 세웠다. 월지(月支, 인도 북서쪽의 토하라)는 탁이 태어난 고향이니 이를 가리켜 중마한(中馬韓)이라 하였다. 이에 이르러 변진한의 두 한도 역시 각각 자기들이 받았던 땅 백리를 가지고 서울로 정하고 나름대로 나라 이름을 정했는데 모두 마한의 다스림을 따르고 오랫동안 등을 돌리는 일이 없었다.

재위 2년(무신, 전193), 임금이 상장군 연타발(延佗勃)을 보내서 평양(平壤, 요령성)에 나무 울타리를 설치하고 도적떼와 위만의 무리를 막도록 했다. 이에 위만도 다시는 쳐들어오지 않았다.

재위 25년(신미, 전170), 임금이 죽고 태자 고해사(高奚斯)가 보위에 올랐다.〔북〕

3세 단군 고해사 재위 49년, 임신이 원년(전169)

정월에 낙랑왕 최숭(崔崇)이 해성(海城, 요령성 해성)에 곡식 3백석을 바쳤다. 이에 앞서 최숭은 낙랑산에서 진귀한 보물을 싣고 바다를 건너 와서 마한에 이르러 왕검성에 도읍을 정하였다. 이때가 해모수 단군 재위 45년(병오, 전195) 겨울이었다.

재위 42년(계축, 전128) 임금이 몸소 보병과 기병 일만 명을 이끌고 남려성(南閭城, 하북성 창주시)에서 도적 위만을 쳐부수고 유수관을 두었다.

재위 49년(경신, 전121), 일군국(一群國)이 지역 특산물을 바쳤다. 이 해 9월 고해사 임금이 죽고 태자 고우루(高于婁)가 보위에 올랐다.〔북〕

4세 단군 고우루 재위 34년, 신유가 원년(전120)

임금이 장수를 보내 우거(右渠)를 쳤으나 이기지 못했다. 고진(高辰)을 앞세워 서압록을 지키도록 하였다. 군사를 늘리고 많은 나무 울타리를 쳐서 우거의 공격을 막는 데 큰 공이 있었다. 고진을 승진시켜 고구려후(高句麗侯)를 삼았다. 재위 3년(계해, 전118) 우거의 도적떼가 크게 쳐들어 왔다. 북부여 군사가 참패함으로써 해성 이북의 50리 땅을 모두 빼앗겼다.

재위 4년(갑자, 전117) 임금이 장수를 보내어 해성을 쳐들어갔지만 석 달이 지나도록 되찾지 못하였다.

재위 6년(병인, 전115) 임금이 몸소 정예 군사 5천 명을 거느리고 해성을 차지하고, 이어서 뒤쫓아 살수에 다다랐다. 이로 하여 구려하(九黎河, 현 동요하) 동쪽이 모두 귀순하였다.

재위 7년(정묘, 전114) 임금이 좌원(坐原)에 나무 울타리를 세우고 남려(南閭)에 군대를 머물게 하여 뜻밖의 침략에 대비하였다.

재위 13년(계유, 전108), 한(漢)의 유철이 평나를 빼앗아 위만의 계승자인 우거의 나라를 쳐부수자 번조선인 최(最)가 우거를 죽였다. 뒤에 성기(成己)가 저항을 하였으나 그도 번조선인에 의해 죽었다. 이리하여 우거가 망하자 한이 4군을 두고자 군대를 머물게 하니, 이에 고두막한(高豆莫汗)이 의병을 일으켜 가는 곳마다 한의 군을 깨뜨렸다. 그러자 그 지역의 백성들 모두가 군사를 도와 힘을 합하여 크게 세력을 떨쳤다.

재위 34년(갑오, 전87) 10월 동명왕 고두막한은 사람을 시켜서 고하기를, 나는 하느님의 아들인데 장차 이곳에 도읍을 정하고자 하니, 왕은 이 땅에서 옮겨 가시오. 임금은 매우 당해내기가 어려웠다. 마침내 임금은 걱정하다 병을 얻어 죽었다. 아우인 해부루가 이어서 보위에 올랐다. 동명왕은 막강한 군대를 앞세워 이를 압도하매 군신이 매우 힘들어 했다. 이때 재상인 아란불(阿蘭弗)이 말하였다.

"통하(通河, 통하현)의 강가에 가섭(迦葉, 훈춘)의 벌판이 있는데 기름지고 농사가 잘 됩니다. 서울을 삼을 만한 곳입니다."

라고 하며 왕에게 권하여 서울을 가섭원으로 옮겼다. 이를 가섭원 부여라 하며 또 동부여라고도 한다.〔북〕

5세 단군 고두막 재위 22년, 계유가 원년(전108)

이 해는 북부여의 단군 고우루 13년이다. 임금은 됨됨이 탁 트이고 씩씩하여 군사를 잘 다루었다. 일찍이 북부여가 약해지고 한 나라 도둑들이 날뛰는 것을 보고 격분하여 세상을 구할 뜻을 세워 졸본(卒本, 북만주 혹은 동몽고)에서 즉위하였다. 스스로 동명(東明)이라 하였는데 어떤 이들은 동명왕을 고열가의 후손이라고 한다.

재위 3년(을해, 전106) 임금이 스스로 장수가 되어 포고문을 전하니 가는 곳마다 이겼다. 한 달이 채 못 되어 5천 명이 모여 한 나라 도둑들과 싸울 때마다 먼 곳에서 그 모습만 보고도 무너져 버렸다. 마침내 임금이 군대를 이끌고 구려하를 건너 요동의 서안평(西安平, 요의 상경 임황부)에 이르렀다. 여기가 바로 옛 고리국(槀離國, 내몽고)의 땅이었다.

재위 22년(갑오, 전87) 단군 고우루 34년에 임금이 장수를 보내어 배천(裵川)의 한 나라 도둑들을 쳐부수었다. 나머지 유민과 힘을 합하여 향하는 곳마다 한 나라 도둑떼를 쳐부수매 그 두목까지 사로잡았으며 군비를 잘 갖추어 적의 침략을 대비했다.

재위 23년(을미, 전86) 북부여가 성읍을 바치면서 귀순하였다. 여러 차례 왕실만은 보존하고자 간청하므로 임금이 이를 듣고 해부루를 낮추어 제후로 삼아 차릉(岔陵, 통하)으로 옮겨 살게 하였다. 북을 치며 나팔을 부는 이들을 앞세우고 수만 무리를 이끌고 도성에 들어와 북부여라 불렀다. 8월에 서압록하의 상류에서 한구와 여러 차례 싸워 크게 이겼다.

재위 30년(임인, 전79) 5월 5일에 고주몽이 차릉에서 태어났다.

재위 49년(신유, 전60) 고두막 임금이 돌아가고 임금의 유언에 따라 졸본천에 장사를 지냈다. 태자 고무서(高無胥)가 보위에 올랐다.〔북〕

6세 단군 고무서 재위 2년, 임술이 원년(전59)

고무서가 졸본천에서 보위에 올랐다. 백악산(白岳山, 길림)에서 부족장들과 함께 모여 조례를 따라 하늘에 제사할 것을 다짐하니 모두가 크게 기뻐하였다. 임금은 태어나면서부터 신성한 덕이 있어 능히 주술로서 바람과 비를 불렀다. 정사를 잘 처리하여 민심을 크게 얻어 소해모수라 불렸다. 이때 한 나라의 오랑캐들이 요하의 왼쪽에서 소란을 피웠으나 여러 차례 싸워서 이겼다.

재위 2년(계해, 전58) 임금이 영고탑(寧古塔, 흑룡강 영안)을 돌아보다가 흰 노루를 얻었다. 겨울 10월 임금이 죽었다. 고주몽이 임금의 유언에 따라 보위에 올랐다.

앞서 고무서 왕은 아들이 없었다. 고주몽의 뛰어남을 알아차리고 딸로서 그 아내를 삼게 하였다. 이에 주몽이 즉위하니 이해 나이가 23세였다. 이 무렵 동부여 사람이 그를 죽이려 하였다. 오이, 마리, 협보 등 세 사람과는 마음이 통하는 벗이었던 터라 어머니의 말씀을 따라서 함께 길을 떠나 차릉수에 이르렀다. 그러나 건너려고 하여도 다리가 없었다. 뒤쫓아 오는 군사들에게 잡힐까 두려운 가운데 물을 향하여 말하기를,

> "나는 하느님의 아들이요, 하백의 외손자이다. 오늘 도망 나오는데 추격자들이 다가오고 있으니 어찌하면 좋단 말인가?"

하니, 이때 물고기와 자라가 떠올라 다리를 만들었다. 주몽 일행이 강을 건너자 물고기와 자라는 문득 사라졌다.〔북〕

동부여(東夫餘)[27]

북부여의 왕인 해부루(解夫婁)의 대신 아란불(阿蘭弗)의 꿈에, 하느님이 내려와서 말했다.

---

27 부여의 어원에 대하여는 여러 가지 풀이가 있다. 밝에서 벌(伐)로 소리를 빌린 뒤 부여로(최남선), 평야를 뜻하는 부리(夫里)(이병도), 예(濊)의 중국 음인 후이(리지린)에서, 부리아트에서 부려-부여(강길운)로 되었다는 풀이다. 음운론과 민족 이동이라는 관점에서라면 부리아트와 후이라는 풀이가 가장 근접한 경우라고 할 수 있다. 엮은이의 생각으로는 후이(濊, 穢, hui)가 기본적인 풀이라고 본다. 예(濊)의 고대음이 세(쇠-수에이)였음을 고려하면 이는 예족이 철기문화를 주도했던 겨레라는 문화기호론적인 풀이를 할 수 있다. 이로 보면, 부여의 옛 땅은 예(濊)의 강역으로 보인다. 청나라 지리서인 '대청일통지(大淸一統志)'에는 예하(濊河)가 나온다. 예하를 달리 포오거(蒲吾渠)라고 한다. 곧 포오강이란 말이다. 중국 발음으로는 푸위이고 부여도 푸위니 소리의 같음을 가늠하게 된다. 그러니까 포오거-부여하-예하의 대응을 알 수가 있다. 이러한 현상은 금(金) 나라가 고려 인종 3년(1125)에 중국의 동북지역을 통일한 뒤 부여의 옛 땅에 포여로(蒲與路)를 설치하였다. 이 또한 푸위루이니 부여의 다른 표기이다. 마찬가지로 명나라에서 부여의 땅에 설치하였던 복여위(福餘衛)의 복여-푸위도 같은 맥락으로 볼 수 있다. 예하는 오늘날 하북성 보정시(保定市)의 호타하(滹沱河) 지류였으니 예맥의 예 지역이 부여하 유역을 포괄하는 지역이었음을 알 수 있다(심백강(2014), 우리역사 참조). 뿐만 아니라 부여의 강역은 오늘날의 동북 지방의 장춘과 사평, 송원과 길림에 이르는 송화강(松花江)과 눈강(嫩江) 지역에 만나는 삼차하(三叉河) 지역을 아우르는 드넓은 가슴을 지닌 영역이었다. 송화강의 '송화'는 만주어의 송아리(松阿里)로 하늘을 뜻하는바, 이는 백두산의 천지로

"장차 내 자손으로 하여금 이곳에 나라를 세우게 할 터이니 너는 다른 곳으로 옮겨 가도록 하라. 이 말은 동명왕이 장차 일어날 조짐을 이름이다. 동해 가에 가섭원이라는 곳이 있는데 땅이 기름지니 서울을 할 만할 곳이다."

이에 아란불은 임금에게 권하여 그곳으로 서울을 옮기고 국호를 동부여라 했다. 부루는 늙도록 자식이 없었다. 어느 날 산천에 제사를 지내어 후손을 구했는데, 이때 타고 가던 말이 곤연(鯤淵, 송화호)에 이르러 큰 돌을 보고는 서로 눈물을 흘렸다. 임금이 이상하게 여기고 사람을 시켜 그 돌을 들추어 보니 거기에 어린애가 하나 있는데 모양이 금빛 개구리와 같았다. 왕은 기뻐하여 말했다. 이것은 틀림없이 하늘이 나에게 아들을 주신 것이다. 그 아이를 거두어 기르면서 이름을 금와(金蛙)라고 했다. 아이가 차츰 자라자 태자로 삼았고 부루가 죽자 금와가 대를 이어 보위에 올랐다.[28] 그리고 다음의 보위를 태자 대소(帶素)에게 전했다. 지황 3년(임오, 22)에 이르러서 고구려왕 무휼(無恤)이 이를 쳐서 대소를 죽이니 이로써 나라가 없어졌다.

고려 말엽 범장(范樟)이 엮은 **북부여기**(北夫餘紀, 이하〔북〕) 상, 하에 드러난 북부여와 고구려의 공백 기간을 이어간 동부여계의 세 임금의 세계를 들어 보이면 아래와 같다.[29]

부터 흘러내리는 강을 뜻할 것으로 보인다. 눈강은 대흥안령으로부터 발원하여 부여현의 삼차하에서 송화강과 만나 드넓은 평원을 이루어내었다. 일설에는 부여의 수도가 송화강변에 자리한 녹산(鹿山) 곧 오늘날의 길림성 길림시의 용담산(龍潭山)으로 보기도 한다(李健才(1986) 東北史地考略 참조). 만주말로 녹산의 녹, 곧 사슴을 푸후(puhu)라고 하는바, 이는 부여(pu̇ü)와 그 소리가 같다는 것이다. 또한 그 주변에서 사슴의 뼈 등이 출토되었다는 보고가 있다. 송화강은 다시 서북으로 흘러 흑룡강과 합하고, 다시 러시아 동쪽에서 흘러드는 우수리강과 합류하여 가목사(佳木斯) 시의 삼강평원을 이루어낸다. 마침내 이는 세계 3대평원의 곡창을 빚어낸다. 삼국지(三國志)에 따르면, 부여의 왕조는 위구태(尉仇台)-간위거(簡位居)-마여(麻余)-의려(依慮)로, 다시 의라(依羅, 晉書)로 이어졌다. 부여국의 도성인 부여성은 현재 길림성 농안(農安)으로 추정한다(삼국지). 후한서(後漢書)에 따르면, 부여의 국왕이 아들 위구태(尉仇台)를 대궐로 보내어 우의를 두텁게 하였다(만주원류고).

28 지금도 중국의 길림성 길림시에 송화호 옆에 주작산이 국립공원인데 와석(蛙石)이 있다. 이와 함께 산의 어귀에 태양조 곧 삼족오를 기린 돌기둥이 있다.

29 여말의 선비 범장(范樟)이 엮은 가섭원부여기(迦葉原夫餘紀)에 드러난바, 동부여의 3임금의 세계를 들어 보인 사료이다. 북부여기의 속편이라고 볼 수 있다. 실증사학의 검증을 기다려 본다. 원문의 주석은 안경전(安耕田)의 환단고기(桓檀古記, 2012)를 바탕으로 하였다.

시조 해부루(解夫婁) 재위 39년, 을미가 원년(전86)

재위 원년(을미, 전86) 임금은 북부여의 압박 때문에 어려움을 겪다가 가섭원 혹은 차릉이라 하는 곳으로 서울을 옮겨서 살았다. 농사가 잘 되었는데 특히 보리가 많았고 또 범, 표범, 곰, 이리 따위가 많아서 사냥하기 안성맞춤이었다.

재위 3년(정유, 전84) 재상 아란불에게 왕명으로 원근의 백성들을 걱정 없이 먹고 따뜻하게 살 곳을 주며 또 밭을 주어 농사를 짓게 했다. 몇 해 안 가서 나라 살림은 넉넉해지고 백성들은 살기 좋아졌다. 때에 철 따라 비가 내려 차릉을 기름지게 하매, 백성들이 왕정춘의 노래를 지어 불렀다.

재위 8년(임인, 전79) 앞서 하백녀 유화(柳花) 부인이 나들이를 나갔다. 부여의 황손 해모수의 꼬임에 빠져 이끌려서 갔다.[30] 압록강가의 외딴 집에서 정을 나누고 해모수는 하늘로 가버린 뒤로 돌아오지 않았다. 유화의 부모는 유화가 어버이의 허락도 없이 해모수와 관계했음을 꾸짖고 마침내 딸을 내쫓아 버렸다. 해모수는 본명이 불리지이며 혹은 고진의 손자라고도 한다.

왕은 유화를 이상히 여겨 수레에 함께 타고 궁으로 데리고 돌아와 깊숙한 곳에 가두어 버렸다. 그해 5월 5일 유화부인은 큰 알 하나를 낳으니 한 사내아이가 알 껍질을 깨고 나왔다. 이름은 고주몽이라 불렀다. 생김새가 빼어났으며 나이 7세에 스스로 활과 화살을 만들어 쏘았는데 백발백중이었다. 부여 말로 활 잘 쏘는 사람을 일러 주몽(朱蒙)이라 하였으므로 이로써 이름을 삼았다.

재위 10년(갑진, 전77) 왕은 늙도록 아들이 없어 어느 날 산천에 제사 지내고 아들 얻기를 빌었다. 타고 있던 말이 곤연에 이르자 큰 돌을 마주보고 눈물을 흘렸다. 왕은 이를 이상히 여겨 사람들을 시켜 큰 돌을 굴리고 보게 하였더니 어린애가 있었는데 금색의 개구리 모양이었다. 왕은 몹시 기뻐하며, 이 아이야말로 하늘이 나에게 내리신 아기로다. 곧 거두어 기르니 이름을 금와(金蛙)라 하고 자라자 태자로 책봉하였다.

재위 28년(임술, 전59) 나라 백성들이 고주몽을 가리켜 나라에 해로운 인물이라 하여 그를 죽이려 했다. 고주몽은 어머니 유화부인의 명을 받들어 동남쪽으로 달아나 엄리대수를 건너 졸본천에 이르렀다. 이듬해 새 나라를 세우니 이가 고구려의 시조가 된다.

재위 39년(계유, 전48) 왕이 죽고 태자 금와(金蛙)가 보위에 올랐다.〔북〕

---

30 **해모수**가 고구려의 시조라고는 하나 정작 고구려의 건국신화 자료인 광개토왕비나 위서(魏書)에는 해모수가 보이지 않는다. 이는 본디 북부여의 시조로 내려오던 것을 5세기 무렵, 고구려가 부여를 통합한 뒤 부여인을 잘 아우르기 위하여 고구려의 건국신화와 융합하여 재구성한 줄거리로 볼 수 있다(삼국유사사전 참조).

2세 금와 재위 41년, 갑술이 원년(전47)

금와왕이 사신을 보내 고구려에 특산물을 바쳤다. 재위 24년(정유, 전24) 유화 부인이 죽었다.[31] 고구려는 호송병 수만 명을 풀어 졸본으로 모셔와 장사지냈다. 황태후의 예로써 왕릉 같이 만들고 곁에 사당을 짓게 하였다.

재위 41년(갑인, 전7) 왕이 죽고 태자 대소(帶素)가 보위에 올랐다.〔북〕

3세 대소 재위 28년, 을묘가 원년(전6)

봄에 왕은 사신을 고구려에 보내 국교를 청하고자 왕자를 인질로 삼고자 하였다. 고구려의 열제(烈帝)가 태자 도절(都切)로써 인질을 삼으려 하였으나 도절이 가지 않으매 왕이 그를 꾸짖었다. 겨울 10월 병력 5만을 이끌고 가서 졸본성을 침략하였으나 큰 눈이 내리고 추워서 많은 사람이 얼어 죽고 물러났다.

재위 19년(계유, 13) 임금이 고구려를 쳐들어갔는데 학반령(鶴盤嶺) 밑에 이르자 숨었던 복병을 만나 크게 패했다.

재위 28년(임오, 전22) 2월 고구려가 대대적으로 쳐들어오니 왕은 몸소 군사를 이끌고 출전하였다. 진흙탕을 만나 왕의 말이 빠져나오지 못하고 있을 때, 고구려 대장군 괴유(怪由)가 바로 앞에서 있다가 임금을 죽였다. 그래도 부여 군사들은 굴하지 않고 여러 겹으로 에워싸는데 짙은 안개가 7일 동안이나 계속되니 고구려 열제는 몰래 군사를 이끌고 밤에 벗어나 샛길을 따라 달아나 버렸다. 여름 4월 왕의 아우는 따르는 무리 백여 명을 데리고 길을 떠났다. 압록곡에 이르러, 해두왕(海頭王)이 사냥 나온 그를 죽이고 그 백성들을 차지하였다. 그 길로 갈사수(曷思水, 압록강)의 유역을 차지하고는 나라를 세워 왕이라 칭하니 이를 갈사(曷思)라 한다. 갈사는 태조 무열제의 융무 16년 8월에 이르렀을 때, 도두왕(都頭王, 갈사국 3세)이 고구려가 날로 강성해짐을 보고 마침내 나라를 들어 귀순하니, 무릇 3세 47년(계사, 33) 만에 나라가 망했다. 고구려는 도두를 우대라 부르도록 하고 살 집을 주었다. 훈춘을 그의 땅으로 삼게 하여 동

---

31 하루는 부루가 탄 말이 곤연에 이르렀는데, 말이 그곳의 큰 돌을 보고 눈물을 흘렸다. 왕이 이상하게 여기고 사람을 시켜 그 돌을 굴려보니, 금빛 개구리[蛙] 모양의 어린 아이가 있었다. 왕이 기뻐하며, 이 아이가 바로 하늘이 나에게 주신 아들이구나라고 말하고, 그를 데려와 기르며 금와라고 이름 지었다(삼국사기). 중국 길림성 길림시의 송화호(松花湖)와 이웃한 곳에 주작산(朱雀山, 817m)이 있다. 산의 8부 능선에 올라보면 신저석(神猪石)이라고 안내 글을 적어 놓았다. 일설에는 금개구리라 하여 와석(蛙石)이라 작은 글씨로 현지 지도에도 적어 놓았다(삼국유사사전).

부여 후에 임명하였다.

가을 7월 왕의 친척 아우가 여러 사람들에게 일렀다. 선왕이 돌아가고 나라는 기울어져 스스로 나라를 이루기 어렵고, 나 또한 재능과 지혜가 모자라 나라를 새롭게 일으킬 수가 없다. 차라리 귀순함으로써 살길을 택했다.

옛 도읍 사람 만여 명을 데리고 고구려에 백기를 들었다. 고구려는 그 나라의 왕으로 삼고 연나부(椽那部)에 살게 하였다. 그의 등에 띠와 같은 무늬가 있었던 까닭에 낙씨(絡氏)의 성을 주었다. 뒤에 차츰 홀로 서 개원 서북으로부터 옮겨 가 흰 여우골에 이르니 바로 연나라의 땅에 가까운 곳이었다. 문자열제의 명치 갑술(494)에 이르러 나라를 들어 고구려의 연나부에 들게 되니, 낙씨 때 와서는 문득 제사조차 끊기고 말았다.〔북〕

고구려(高句麗)

고구려는 곧 졸본부여(卒本扶餘)다. 혹은 말하기를 지금의 화주(和州), 또는 성주(成州)라고 하지만 이것은 모두 잘못이다. 졸본주는 요동[32]의 어름에 있었다.

---

32 요동이란 중국 요하(遼河)의 동쪽 지방을 말한다. 요하의 요(遼)는 요(燎)와 함께 횃불이라는 뜻을 공유한다. 한자의 자원으로 보아 불과 관련한 요(遼)의 가장 주요한 자소가 불 화(火)인데 작을 소자(小)자로 변형되어 쓰인 것이다. 갑골문(甲骨文)으로 보면, 요(燎)의 원 글자는 요(尞)인데 이는 화톳불위에 나뭇가지를 올려놓고 불꽃이 사방으로 튀는 모양을 형상화한 글자이다. 요(尞)는 다시 불 화(火-小)와 삼갈 신(愼)의 고자인 신(昚)의 합성자이다. 요(遼)의 소리는 랴오(Liao)인데 이는 불 화(火)의 소리 렬(熱)-르어 에서 비롯된 것이다. 하면 삼가서 천제를 올리라는 뜻으로 볼 수 있다. 요제(燎祭)와 함께 망제(望祭)가 있다. 흔히 망요제라고 하여 제사를 지내고 난 뒤 축문을 불사름도 요제에서 온 것으로 볼 수 있다. 망제는 명산이나 대천, 더러는 5악 같은 산천을 멀리서 바라보면서 조상에 대한 제의를 모시는 데서 말미암은 것이다. 요하의 요(遼)의 뜻으로 '멀다'고 함도 요제나 망제와 무관하지 않다. 주로 경자(庚子) 일에 우사(雨師)에게 요제(燎祭)를 올려 비가 오기를 기원하였다(明義士收藏甲骨, 釋文編). 홍산 문화 유물 가운데 친단이 밝혀진 비, 이는 여기서 요제(燎祭)를 드렸을 가능성이 높다. 오늘날 요녕성(遼寧省)의 동남부 일대를 일컫는다. 요하문명의 유물이 가장 많이 나온 적봉시는 한 때 열하성(熱河城)에 속하였다. 우리나라와 지리적으로 비교적 가깝고, 특히 중국으로 가는 중요한 육로였다. 각종 외교 사절과 상인들의 왕래가 빈번하게 이루어지기도 했으며 잦은 분쟁이 벌어지기도 했다. 1980년부터 요하문명이라 하여 요즘 중국 상고사의 시원으로 설정하여 새로운 조명을 받고 있다. 특히 요하지방 가운데서도 홍산 문화(紅山文化)라 하여 내몽고의 적봉시(赤峰市)와 요녕의 조양시(朝陽市) 사이에 어름 하는 지역을 말한다. 1980년 이후 본격적으로 유물과 유적을 발굴함으로써 홍산 문화를 가름하는 적석총(積石塚)과 신단(神壇)이며 여신묘(女神廟) 그리고 옥기(玉器)가 출토되어 세상에 선을 보였다. 특히 적석총의 석관에서 씨자(C)형 옥룡(玉龍)이 나왔다. 또한 돌 틈에서 제철 찌꺼기(鐵滓, sludge)가 나왔다. 청동기를 사용하던 나라의 사제가 묻혔을 가능성을 가늠케 한다. 이와 함께 이 지역은 고인돌

국사(國史) 고려본기에 이렇게 올라 있다.

"시조 동명성제(東明聖帝)의 성은 고씨(高氏)요, 이름은 주몽이다. 이보다 앞서 북부여의 왕 해부루가 이미 동부여로 피해 가고, 부루가 죽자 금와가 보위를 이었다. 이때 금와는 태백산 남쪽 우발수에서 한 여인을 만나서 물으니 그 여인이 말하기를,

"나는 하백의 딸로서 이름을 유화라고 합니다. 아우들과 함께 물 밖으로 나와서 노는데, 한 사내가 오더니 자기는 하느님의 아들 해모수라고 하면서 나를 웅신산(熊神山, 백두산) 밑 압록강가의 집 속으로 끌어들여 남몰래 정을 통하고 가더니 돌아오지 않았습니다. 부모는 내가 중매도 없이 혼인한 것을 꾸짖어서, 드디어 이곳으로 귀양 오게 되었습니다."[33]

금와가 이상히 여겨 그녀를 방 속에 가두어 두었더니 햇빛이 방 속으로 비쳐왔다. 그녀가 몸을 피하면 햇빛은 다시 쫓아와서 비쳤다. 이로 해서 태기가 있어 알 하나를 낳으니, 크기가 닷 되 들이만 했다. 왕은 그 알을 버려서 개와 돼지에게 주게 했으나 모두 먹지 않았다. 다시 길에 내다 버렸더니 소와 말이 그 알을 피해가고 들에 내다 버리면, 새와 짐승들이 알을 덮어 주었다. 왕이 이것을 쪼개보려고 했으나 아무리 해도 쪼개지지 않아 그 어머니에게 다시 돌려주었다. 어머니가 이 알을 천으로 싸서 따뜻한 곳에 놓아두었더니 한 아이가 껍질을 깨고 나왔는데, 뼈대와 외모가 뛰어나고 신이했다. 나이 겨우 일곱 살에 생김새가 뛰어

(支石, dolmen)의 분포와 맞물린다. 고조선의 문화를 떠올리기에 충분하다. 이전까지만 해도 황하문명을 기점으로 하는 역사 기술이었다가 1980년 이후부터는 요하문명이 그 중심에 서게 되었다. 이르자면 요녕성 박물관과 덕봉 박물관, 그리고 적봉시 박물관을 구심점으로 하여 유물과 유적을 관리 운영, 홍보하고 있다. 요하문명의 주요한 거점으로는 흥륭와(興隆洼), 하가점(夏家店), 사해(査海) 그리고 조보구(趙寶溝)와 홍산(紅山) 문화를 들 수 있다. 옥기의 경우, 신석시대와 청동기 시대를 나누는 분기점으로 상정할 수도 있다. 흔히 옥룡(玉龍), 옥저룡(玉猪龍), 옥조룡(玉鳥龍), 옥웅룡(玉熊龍)등으로 불리기도 한다. 여기 사용된 옥기들은 주로 압록강에서 가까운 수암(岫岩)에서 나오는 옥으로 추정한다. 옥기는 신과 인간이 소통하는 이른바 신탁(神託, oracle)의 상징이 된다. 그 대표적인 것이 임금의 징표로 쓰던 옥새(玉璽)나 옥결(玉玦)이 그런 상징이라 할 것이다. 주목할 만한 것은 요하문명의 지역이 빗살무늬, 적석총, 석성(石城) 비파형동검으로 대표되는 고조선의 신석기와 청동기문화의 특징이 드러난다는 점을 들 수 있다(정호완(2016), 요하문명과 불신 숭배).

33 단군기(檀君記)에는 단군이 서하(西河) 하백의 딸과 친하여 아들을 낳아서 부루라고 했다. 이 기록을 보면, 해모수가 하백의 딸과 사사로이 통해서 주몽을 낳았다고 했다. 단군기에는, 아들을 낳아 이름을 부루라고 했다 했으니 그렇다면, 부루와 주몽은 배다른 형제일 것이다(삼국유사 기이1 북부여 참조).

나서 범인과 달랐다. 스스로 활과 화살을 만들어 쏘는데 백 번 쏘면 백 번 다 맞추었다. 나라 풍속에 활 잘 쏘는 사람을 주몽이라고 하므로 그 아이를 주몽이라 했다. 금와에게는 아들 일곱이 있었다. 끊임없이 주몽과 함께 놀았으니 솜씨가 주몽을 따르지 못했다. 맏이 대소가 왕에게 말했다.

"주몽은 사람이 낳은 자식이 아닙니다. 만일 일찍 없애지 않는다면 뒤탈이 있을까 두렵습니다."

왕은, 그 말을 듣지 않고 주몽을 시켜 말을 기르게 하였더니 주몽은 좋은 말을 알아보아 적게 먹여서 여위게 기르고, 둔한 말을 잘 먹여서 살찌게 했다. 이에 왕은, 살찐 말은 자기가 타고 여윈 말은 주몽에게 주었다. 왕의 여러 아들과 신하들이 주몽을 장차 죽일 계획을 하니 주몽의 어머니가 이 낌새를 알아차리고 주몽에게 말했다.

"지금 나라 안 사람들이 너를 해치려고 하는데, 네 솜씨와 지혜를 가지고 어디를 간들 못 살겠느냐. 빨리 이곳을 떠나도록 해라."

이에 주몽은 오이(烏伊) 등 세 사람을 벗으로 삼아 엄수(淹水, 압록강)에 이르러 물을 보고 말했다.

"나는 천제의 아들이며 하백의 손자다. 오늘 도망쳐 가는데 뒤쫓는 자들이 거의 따라오게 되었으니 어찌하면 좋겠느냐."

말을 마치니 물고기와 자라가 다리를 만들어 주어 건너게 하고, 모두 건너자 이내 없어져 버려 뒤쫓아 오던 말 탄 기병은 건너지 못했다. 이에 주몽은 졸본주(卒本州, 현도군 경계)에 이르러 서울을 정했다. 그러나 미처 궁실을 세울 겨를이 없어서 비류수 가에 집을 짓고 살면서 국호를 고구려라 하고, 고(高)로 성씨를 삼았다.[34] 이때 나이 12살로서, 한(漢) 나라 효원제 건소 2년(갑신, 전37)에 즉위하여 왕이라 일컬었다. 고구려가 제일 강성하던 때는 2만 508호나 되었다.

주림전(珠琳傳) 제21권에 이렇게 실려 있다. 옛날 영품리왕의 계집종이 임신했다. 관상 보는 자가 점을 쳐 말하기를, 귀하게 되어 왕이 될 것이라고 하자 왕은 내 아들이 아니니 마땅히 죽여야 한다. 계집종이 말하기를 무슨 이상한 기운이

---

34 주몽의 본성은 해(解)였다. 그러나 지금 천제의 아들을, 햇빛을 받아 낳았다 하여 스스로 고로 성을 삼은 것이다(삼국유사 기이1 고구려 참조).

하늘로부터 내려오더니 임신했습니다.

드디어 아이를 낳자 왕은 아름답지 못한 일이라 하여 돼지우리에 아이를 내다 버리니 돼지가 입김을 불어 보호해 주고, 마구간에 내다 버리니 말이 젖을 먹여서 죽지 않게 해 주었다. 이 아이가 자라서 마침내 부여국의 임금이 되었다.[35]

삼국사기(三國史記, 이하〔기〕)에 실려 전하는 고구려 임금의 세계를 간추려서 보이면 다음과 같다.

시조 동명왕(東明聖王, 전37-전19)

성은 고(高), 휘는 주몽(朱蒙). 동부여 금와왕의 아들이다. 대소 태자의 음해를 피하여 압록강 연안인 졸본천(卒本川)에 이르러 나라를 세우고 고구려라 하였다.〔기〕

제2대 유리왕(瑠璃王, 전19-18)

기원 전19년에 어머니 예씨(禮氏)로부터 아버지에 대한 이야기를 듣고 졸본부여에서 남쪽으로 내려가 아버지를 만나 태자로 인정받고 고구려 제2대 왕이 되었다. 기원 전17년에 계비인 치희(雉姬)를 그리는 황조가(黃鳥歌)를 지었다.

3년에는 서울을 홀본(忽本)에서 국내성(國內城)으로 옮기고 위나암성(尉那巖城)을 쌓았다.〔기〕

제3대 무신왕(武神王, 18-44)

유리왕의 셋째 아들이며 14년에 태자가 되었다. 22년에 동부여를 공략하여 고구려에 통합시켰다. 그 해 개마국을 쳐서 영토를 살수 이북까지 넓혔다. 32년에는 왕자 호동이 낙랑군을 정벌하였다.〔기〕

제4대 민중왕(閔中王, 44-48)

대무신왕의 아우. 대무신왕이 죽자 태자 해우(解憂)가 어리므로 대신 즉위하였다.

---

[35] 고구려 국왕의 세계는 삼국사기 고구려 본기를 바탕으로 한다.

유언에 따라 민중원 석굴에 장사를 지냈다.〔기〕

제5대 모본왕(慕本王, 48-53)

대무신왕의 아들. 49년에 한 나라를 공격하였으나 요동태수 채동의 제안으로 국교를 맺었다. 성품이 포악하고 정사를 돌보지 않아, 백성들의 원성을 듣더니 마침내 신하 두로(杜魯)에게 살해되었다.〔기〕

제6대 태조왕(太祖王, 47-165)

유리왕의 손자이다. 56년에 동옥저를 정벌, 동으로는 창해, 남으로는 살수에 이르게 하였다. 72년에는 부족장인 달고(達賈)를 앞세워 주나(朱那)를 장악했다. 121년 한 나라의 요수현을 쳐들어가 서북면의 영토를 넓히고 중앙집권적 형태로 나라의 체제를 재정립하였다. 119세까지 살아 한국 역사상 가장 오래 산 왕이 되었다.〔기〕

제7대 차대왕(次大王, 71-165)

태조왕의 아우. 121년 유주자사 풍환, 현도태수 요광, 요동태수 채풍 등이 고구려를 침략하자 군사를 이끌고 나가 이를 크게 무찔렀다. 147년, 보위 계승을 반대하던 재상 고복장(高福章)을 죽이고, 148년 태조왕의 태자 막근(莫勤), 막덕(莫德)마저 죽인 뒤 보위에 올랐으나, 횡포와 학정을 일삼아 백성들의 원성이 치솟았다. 마침내 명림답부(明臨答夫)에게 죽었다.〔기〕

제8대 신대왕(新大王, 165-179)

태조왕의 막내 아우이며 어머니는 부여 사람. 둘째형인 차대왕이 사납고 모질어 숨어 살던 중 차대왕이 명림답부에게 살해되자 좌보, 어지류 등의 추대로 77세에 즉위하였다. 166년 좌·우보의 직제를 국상(國相, 재상)으로 고치고 명림답부를 임명하였다. 169년 한 나라의 태수가 대군을 이끌고 쳐들어오자 스스로 귀순하였다. 170년 경림의 후임인 공손탁(公孫度)을 도와 부산의 도적을 잠재웠다.〔기〕

9대 고국천왕(故國川王, 179-197)

신대왕의 둘째 아들. 184년 한 나라 요동태수의 침입을 막고 크게 이겼다. 191년 을파소를 재상으로 등용하여 선정을 베풀었다. 194년 굶주린 백성에게 양곡을 빌려주는 진대법(賑貸法)을 실시하여 백성들의 배고픔을 덜어주었다. 보위 계승을 형제 상속에서 부자 상속으로 바꾸었다.〔기〕

제10대 산상왕(山上王, 197-227)

신대왕의 아들이며, 고국천왕의 아우. 208년에 도읍을 환도(丸都, 길림성 통구)로 옮겼다. 217년에 한 나라 평주의 하요(夏瑤)가 백성 천여 호를 거느리고 와서 귀순했으므로 왕은 그들을 받아들여 지금의 중국 훈춘(琿春) 지방인 국경 요새에서 살도록 하였다.〔기〕

제11대 동천왕(東川王, 227-248)

산상왕의 아들. 236년 오나라 손권(孫權)이 국교를 청해 왔으나 사신을 죽여 위(魏) 나라에 보냈다. 242년에 중국과 낙랑군을 연결하는 교통의 요지인 서안평을 쳐들어가다가 관구검(毌丘儉)의 반격을 받아 환도성이 점령당했다. 남옥저로 피란하였다. 이때 용맹한 장수 밀우와 유유의 계책으로 적을 격퇴시켰으나, 환도성이 복구할 수 없을 만큼 파괴되어 247년에 수도를 동황성(東黃城)으로 옮겼다. 248년에는 신라에 사신을 보냄으로써 국교를 맺었다.〔기〕

제12대 중천왕(中川王, 248-270)

동천왕의 맏아들. 아우 예물과 사구가 일으킨 반란을 잠재웠다. 259년 위나라의 장수 위지계(尉遲階)의 침입군을 양맥곡(梁貊谷)에서 물리쳤다.〔기〕

제13대 서천왕(西川王, 270-292)

중천왕의 둘째 아들. 280년 숙신이 쳐들어오자 아우 달고를 보내어 이를 물리쳤다. 286년 반란을 일으킨 아우 일우-소발 등을 쳐서 죽였다.〔기〕

제14대 봉상왕(烽上王, 292-300)

서천왕의 태자. 임금은 백성들의 존경을 받고 있던 숙부 안국군(安國君) 달가(達賈)를 죽였다. 이듬해 아우 돌고(咄高)마저 사약을 내려 죽였다. 명신 창조리(倉租利)를 재상에 등용하여 연나라 모용의 침입을 물리쳤다. 300년에 쫓겨나고, 뒤탈이 두려워 스스로 죽었다.〔기〕

제15대 미천왕(美川王, 300-331)

서천왕의 손자. 큰아버지 봉상왕이 아버지를 죽일 때 민가에 숨어 화를 피하였다. 영토 확장에 온 힘을 쏟아 부어 302년 군사 3만으로 현도군을 쳐들어갔다. 311년 요동 서안평(西安平, 요동군 북쪽)을 빼앗았다. 313년 낙랑군을 점령, 낙랑군을 없애버렸다. 314년 대방군을 정벌하여 영토로 삼았다.〔기〕

제16대 고국원왕(故國原王, 331-371)

일명 국강상왕(國罡上王). 이름은 사유(斯由) 혹은 쇠(釗)이다. 미천왕 15년에 태자가 되었고, 32년 봄에 왕이 별세하자, 보위에 올랐다.(중략) 40년 진 나라 왕 맹이 연나라를 쳐들어갔다. 연 나라 태부 모용 평이 우리나라로 달아나 왔다. 왕이 이를 붙잡아 진 나라로 보냈다. 41년 겨울 10월, 백제왕이 군사 3만 명을 거느리고 평양성을 쳐들어갔다. 왕이 몸소 군사를 이끌고 싸우다가 화살에 맞았다. 이 달 23일에 왕이 죽었다. 고국 언덕에 장사지냈다.[36]〔기〕

제17대 소수림왕(小獸林王, 371-384)

일명 소해주류왕(小解朱留王). 이름은 구부(丘夫). 고국원왕의 아들이다. 그는 몸이 크고 뛰어난 지략이 있었다. 고국원왕 25년에 태자가 되었다. 41년에 왕이 죽자, 태자가 보위에 올랐다.

2년 여름 6월, 진 나라 왕 부견(符堅)이 사신과 중 순도를 보내서 불상과 경문을 가져 왔다. 왕이 사신을 보내 답례로 토산물을 바쳤다. 태학(太學)을 세워 귀족 자제들을 가르쳤다.(중략)

---

36 백제 개로왕이 위나라에 보낸 표문에 '소의 머리를 베었다'고 한 것은 지나친 말이다.

14년 겨울 11월, 왕이 죽었다. 소수림(小獸林)에 장사를 지내고, 호를 소수림왕이라 하였다.〔기〕

제18대 고국양왕(故國壤王, 384-391)

이름은 이련(伊連) 혹은 어기지(於只支), 소수림왕의 아우이다. 소수림왕이 재위 14년에 죽었으나 아들이 없었으므로, 아우 이련이 보위에 올랐다.

2년 여름 6월, 왕이 군사 4만을 일으켜 요동을 쳐들어갔다. 이에 앞서 연(燕) 나라 임금 수가 대방 임금인 좌로 하여금 용성을 막게 하였다. 좌는 우리 군사가 요동을 쳐들어갔다는 소문을 듣고, 사마 학으로 하여금 군사를 거느리고 가서 구출하게 하였다. 그러나 우리 군사가 이들을 무찌르고 마침내 요동과 현토를 쳐부수고 남녀 만 명을 사로잡아 돌아왔다. 겨울 11월, 연 나라 모용 농이 군사를 거느리고 쳐들어와, 요동과 현토 두 군을 되찾았다. 예전에 유주-기주 등지의 유랑민 다수가 우리에게 귀순했다. 모용 농이 범양의 방연을 요동 태수로 삼아 그들을 다독였다. 12월, 지진이 있었다.(중략)

9년 봄, 신라에 사신을 보내 우의를 다짐하였다. 신라왕이 자기의 조카 실성을 볼모로 보내왔다. 3월, 불교를 받들어 복을 받게 하라는 교서를 내렸다. 관리들에게 왕명으로 사직단을 세우고 종묘를 손질하게 하였다. 여름 5월, 왕이 죽었다. 고국양에 장사를 지내고, 호를 고국양왕이라고 하였다.〔기〕

제19대 광개토왕(廣開土王, 374-412)

광개토왕의 이름은 담덕(談德), 고국원왕의 아들이다. 그는 태어나면서부터 몸집이 크고, 생각이 깊고 넓었다. 고국양왕 3년에 태자가 되었다. 9년에 왕이 돌아가자, 태자가 보위에 올랐다. 가을 7월, 남쪽으로 백제를 쳐들어 가 10개의 성을 빼앗았다. 9월, 북쪽으로 거란을 공격, 남녀 5백 명을 사로잡고, 또한 본국에서 거란으로 도망갔던 백성 만 명을 달래어 데리고 돌아왔다. 겨울 10월, 백제의 요새인 관미성(關彌城, 강화 교동도)을 쳐들어 가 빼앗았다. 그 성은 사면이 절벽이고, 바다로 둘러싸여 있었다. 왕이 일곱 방면으로 군사를 나누어 쳐들어 간 지 20일 만에 빼앗았다.

2년 가을 8월, 백제가 남쪽 국경을 침략하자, 장수에게 명령하여 이를 막아내게 하였다. 평양에 아홉 개의 절을 세웠다.(중략)

22년 겨울 10월, 왕이 죽었다. 호를 광개토왕이라 하였다.〔기〕

제20대 장수왕(長壽王, 394-491)

장수왕의 이름은 거련(巨連, 혹은 거련(巨璉))이며, 광개토왕의 맏아들이다. 그는 몸집이 크고, 의기가 넘쳐흘렀다. 광개토왕 18년에 태자가 되었다. 22년에 왕이 별세하자, 보위에 올랐다.

원년, 장사 고익을 진 나라에 보내 표문을 올리고, 붉고 흰 말을 바쳤다. 진 나라 안제가 왕을 고구려왕 낙안군공(樂安郡公)으로 임명하였다.

2년 가을 8월, 이상한 새가 왕궁에 모여 들었다. 겨울 10월, 왕이 사천 벌에서 사냥하다가 흰 노루를 잡았다. 12월, 도읍에 눈이 다섯 자나 내렸다.(중략)

79년 여름 5월, 위나라에 사신을 보내 예물을 바쳤다. 가을 9월, 위나라에 사신을 보내 예물을 바쳤다. 겨울 12월, 왕이 죽었다. 그의 나이 98세였다. 호를 장수왕(長壽王)이라 하였다. 위나라 효문 황제가 이 소식을 듣고, 흰 색의 위모관을 쓰고, 베로 만든 심의를 입고, 동쪽 교외에서 애도의 의식을 차린 뒤, 알자 복야 이안상(李安上)을 보내 장수왕을 거기대장군태부요동군개국공고구려 왕으로 추증하고, 죽은 뒤 시호를 강(康)이라 하였다.〔기〕

제21대 문자왕(文咨王, 491-519)

장수왕의 손자. 494년 물길족(勿吉族, 말갈족)에게 멸망당한 부여의 왕과 그 일족의 귀순을 받아들였다. 497년에 신라 우산성(牛山城), 512년에 백제 가불성(加弗城)과 원산성(圓山城)을 빼앗았다. 광개토왕 이래 세력이 강해지기 시작하여 장수왕을 거쳐 문자왕에 이르는 동안 영토가 넓어지고, 세력은 강성해져 큰 나라로 발전하였다.〔기〕

제22대 안장왕(安藏王, 519-531)

이름은 흥안. 치세는 12년간이었다.〔기〕

제23대 안원왕(安原王, 531-545)

이름은 보영. 치세는 14년간이었다.〔기〕

제24대 양원왕(陽原王, 545-559)

안원왕의 맏아들. 동위-북제 등에 예물을 하여 친선을 힘썼다. 547년 백암성-신성 등을 다시 손질하였다. 551년 돌궐의 침입을 물리쳤으나, 신라와 백제에게 한강 유역을 잃었다.〔기〕

제25대 평원왕(平原王, 559-590)

양원왕의 태자로 559년 즉위한 뒤, 중국의 진-수-북제-후주 등 여러 나라와 교류하였다. 일찍이 장수왕이 평양의 북동쪽 대성산성으로 국도를 옮긴 뒤 양원왕이 장안성(長安城, 평양)에 대규모의 성을 쌓기 시작한 것을, 586년 완공하고 서울을 장안성으로 옮겼다.〔기〕

제26대 영양왕(嬰陽王, 590-618)

평원왕의 태자. 수(隋) 나라와 국교를 꾀하다가 왕 9년(598) 말갈 군사만을 이끌고 요서를 침략, 전략적 요충 확보에 나섰다. 이에 수나라 문제가 30만 대군으로 쳐들어왔으나 이를 물리쳤다. 600년 태학박사 이문진에게 왕명으로 유기(留記) 100권을 다시 엮었다. 608년 신라의 국경을 습격, 우명산성을 빼앗았다. 612년 수나라 양제가 문제의 참패를 씻고자 113만 수륙 양군으로 쳐들어오자, 명장 을지문덕이 앞장 서 살수(薩水)에서 수군을 물리쳤다.〔기〕

제27대 영류왕(榮留王, 618-642)

영양왕의 이복 아우. 당 나라와 국교를 맺고 수나라 침략 때 포로가 된 이들을 되찾아 왔다. 631년 부여성에서 동남쪽 바다에 이르는 천리장성의 쌓기를 시작, 왕이 연개소문에게 장성 쌓기의 감독의 전권을 맡겼으나 연개소문의 반란으로 죽었다.〔기〕

제28대 보장왕(寶藏王, 642-668)

고구려의 마지막 왕. 영류왕을 죽인 연개소문의 추대로 보위에 올랐다. 645년 당 나라 태종이 쳐들어왔으나 연개소문이 앞장 서 물리쳤다. 661년 당 나라 소정방이 신라군과 합세하여 평양성을 쳐들어갔다. 다음 해 연개소문이 다시 물리쳤다. 668년 나당연합군의 침입으로 평양성이 무너지고 보장왕은 당 나라로 잡혀갔다.〔기〕

발해(渤海) 말갈(靺鞨)

통전(通典)에 이렇게 적었다. 발해는 본디 속말말갈(粟末靺鞨, 길림성)이다. 그 추장 조영(祚榮)에 이르러서 나라를 세우고 국호를 스스로 진단(震旦)이라고 했다. 선천 현종 무렵에 비로소 말갈이라는 명칭을 버리고 오로지 발해라고 일컬었다.[37] 개원 7년(기미, 719)에 조영이 죽자, 그 시호를 고왕(高王)이라 했다. 세자가 대를 이어 보위에 오르자 명황(明皇)은 그를 임명하여 보위를 잇게 했다. 사사로이 연호를 고치고 드디어 해동의 큰 나라가 되었다. 그 땅에는 5경, 15부, 62주가 있었다. 후당 천성 초년에 거란이 발해를 멸망시켰다. 발해는 마침내 거란에게 지배를 받게 되었다.

삼국사에는 이렇게 말했다. 의봉 3년, 고종 무인에 고구려의 유민들이 그 나머지를 모아 북으로 태백산 밑에 터를 잡고 국호를 발해라고 했다. 개원 20년 무렵 당의 명황이 장수를 보내서 발해를 토벌했다. 또 성덕왕 32년(733), 현종 갑술에 발해, 말갈이 바다를 건너 당 나라 등주(登州)를 침입하자 현종은 이를 물리쳤다. 또 신라고기에 이렇게 일렀다. 고구려의 장수 조영의 성은 대씨(大氏)이다. 그는 남은 군사를 모아 태백산 남쪽에 나라를 세우고 국호를 발해라고 했다. 위의 여러 글을 살펴보면, 발해는 바로 말갈(靺鞨, 여진의 별칭)의 별종이다. 다만 그 갈

---

37 삼국유사(三國遺事)를 보면 말갈은 일명 물길(勿吉)이라고도 한다. 물길은 송화강 연안을 따라서 웅거하였던 여러 겨레들이다. 하면 물길의 물(勿)은 물(群) 곧 여럿이란 말이요, 길(吉)은 물길이며 더러 길리약 민족이 이동하여 온 것으로 보기도 한다(강길운 참조). 문자의 문화투영이라는 관점에서 보면 다음과 같다. 발해(渤海)의 '발(渤)'을 살펴보면, 형성글자로 핵심은 발(孛)이다. 여기에 물 수(水)와 힘 력(力)을 더한 형성글자이다. 발(孛)을 전문(篆文)으로 보면, 열매의 받침 꼭지 부분이 불룩 나온 모양을 이른 것이다. 달리 초목이 무성한 모습을 드러낸 것이다. 발해만이 산동반도와 요동반도를 싸고 있는 바다로 그 모양새가 열매의 받침 모양으로 생겼다. 발생론적으로 보면, 물(水)의 힘(力)으로 이루어졌으니 황하와 요하에서 내려오는 토사의 퇴적으로 말미암은 것으로 볼 수 있다. 그 열매가 요동반도와 산동반도로 보인다. 이두로 읽자면 발(渤)-발/벌(뻘) : 벋/받으로 물로 인하여 이루어진 벌판 혹은 뻘이라고 읽을 수 있다. 한편, 발(孛)은 이두로 '불'의 변이형으로도 보인다. 말하자면 요하문명의 요(遼)가 횃불을 피워놓고 하늘에 제사를 모시는 천단이 최근 홍산문화(紅山文化)에서 밝혀진 바 있다. 불 곧 태양이 핵심이다. 제 때에 비를 오게 하고 풍년을 기원하는 그런 제의문화의 맥락으로 보면 발해-요하의 상관성이 가늠되기도 한다(정호완). 중국에서는 발해의 10대 선왕(宣王) 대인수(大仁秀) 시기를 해동성국이라 하였다(新唐書 北狄 渤海).

라지고 합한 것이 서로 같지 않을 뿐이다. 또 지장도(指掌圖, 간이지도)를 살펴보면, 발해는 만리장성 동북 모퉁이 밖에 있었다.

가탐(賈眈)의 군국지(郡國志)에는 어떤가. 발해국의 압록, 남해, 부여, 추성 등 4부는 모두 고구려의 옛 땅이었다. 신라 천정군(泉井郡), 지리지에는 삭주의 영현에 천정군이 있었으니 지금의 용주(湧州))에서 추성부에 이르기까지 도합 39역이 있다고 하였다. 또 삼국사에는, 백제 말엽에 발해, 말갈, 신라가 백제의 땅을 나누어 가졌다고 했다(이 말에 따르면 발해는 또 나누어져 두 나라가 된 것이다). 신라 사람들은, 북쪽에는 말갈이 있고 남쪽에는 왜가 있고, 서쪽에는 백제가 있으니 이것이 바로 나라의 해로움이 된다고 했고, 또 말갈은 땅이 아슬라주(阿瑟羅州, 강릉)에 잇닿아 있다고 했다.

또한 동명기(東明記)에는, 졸본성은 땅이 말갈(혹은 지금의 동진(東眞, 동여진))에 잇닿아 있다. 신라의 제6대 지마왕 14년(을축, 125)에 말갈의 군사가 북쪽 국경으로 크게 들어와 큰 고개의 나무 울타리를 습격하고 이하(泥河)로 지나갔다고 했다. 후위서(後魏書)에는, 말갈은 바로 물길이라고 했고, 지장도에서는 읍루와 물길은 다 숙신이다.

흑수와 옥저에 대해서는 동파(東坡)의 간이 지도를 보면, 진한 북쪽에 남북의 흑수(黑水, 흑룡강)가 있다고 했다. 살피건대, 동명성왕은 보위에 오른 지 10년 만에 북옥저를 없애버렸다. 온조왕 42년(6)에 남옥저의 20여 집이 신라에 귀순했다. 또 혁거세 52년에 동옥저가 신라에 와서 좋은 말을 바쳤다고 했다. 그러니 동옥저란 땅도 있었던 것이다. 간이 지도에 흑수는 만리장성 북쪽에 있고, 옥저는 만리장성 남쪽에 있다고 했다.

신-구당서(新舊唐書, 이하〔당〕)를 바탕으로 한 발해 임금의 세계(世系)[38]는 다음과 같다.

시조 고왕(高王) 본명 대조영(大祚榮)

고왕은 고구려 유민이다. 고구려가 망한 뒤 당 나라의 영주(營州, 요령성 조양) 지

---

38 신당서(新唐書)의 발해전(渤海傳)에 실린 발해 임금의 세계이다. 신-구당서〔당〕를 저본으로 하여 발해의 왕력을 정리한 글을 바탕으로 하였다(한국민족문화대백과사전 참조). 뒷부분에서 원문은 생략하였음을 일러둔다.

방에 그 일족과 함께 옮겨와 살았다. 696년 이진충(李盡忠)-손만영(孫萬榮) 등이 이끈 거란족의 반란으로 영주지방이 혼란에 빠지자, 대조영은 말갈추장 걸사비우(乞四比羽)와 함께 그 지역에 잡혀 살던 고구려 유민과 말갈족을 각각 이끌고, 당 나라의 지배에서 벗어나 동으로 달아났다.

당 나라는 대조영에게 진국공(震國公)을, 걸사비우에게는 허국공(許國公)을 내렸으나 이를 뿌리쳤다. 당 나라는 거란군을 물리친 뒤, 성력(聖曆, 698-699) 연간에 추격군으로 좇았다. 당 나라에 귀순한 거란족 출신의 장군 이해고(李楷固)가 이끄는 당 나라 군사가 공격해오자, 걸사비우의 말갈족 집단이 앞장 서 싸웠으나 참패했다. 그러자 대조영은 휘하의 고구려 유민들을 이끌고 당 나라 이해고 군사의 예봉을 피하여 동으로 달아났고, 한편으로 흩어진 걸사비우가 이끌었던 말갈족과 고구려 유민들을 하나로 통합하였다.

당 나라 군사가 추격의 끈을 놓지 않자, 대조영은 지금의 혼하(渾河)와 휘발하(輝發河)의 분수령인 장령자(長嶺子, 哈達嶺)에 이웃한 천문령(天門嶺)에서 그들을 맞아 싸워서 크게 물리쳤다. 그 뒤 계속 동부 만주 쪽으로 옮겨 길림성 돈화현인 동모산(東牟山)에 산성을 쌓고 서울을 삼았다. 국호를 진(震)이라 하고, 연호를 천통이라 하였다(699). 당시 대조영을 따르던 겨레들은 당 나라의 오랜 억류생활과 이어지는 이동과정에서 겪은 조직력과 단련으로, 강인한 결속력과 전투력을 가진 세력으로 발돋움하였다.

건국 이후 곧 이어 당 나라와 맞서 있던 몽골 고원의 돌궐과 교류를 하고 신라와도 오고갔다. 그런 뒤 당 나라와는 중종 때 정식으로 오고갔다. 당 나라 현종 2년(713) 최흔(崔訢)을 보내 대조영을 발해군왕으로 공인하였다. 그때부터 발해라는 국호가 사용되기 시작하였다. 고왕 22년(719) 왕이 돌아가자, 그의 아들 대무예(大武藝, 무왕)가 보위를 이었다.[39]〔당〕

제2대 무왕 인안 본명 대무예(大武藝)

무왕은 발해국의 건국자 대조영(大祚榮)의 아들이다. 고왕 15년(713) 당 나라가 고왕을 발해군왕으로 임명할 때, 대무예도 같이 계루군왕(桂婁郡王)으로 임명하였다. 무왕 1년(719) 3월 고왕이 죽자 보위를 이었다. 인안(仁安)이라는 독자적인 연호를 세우고, 영토를 크게 넓히는 등 발해국의 기틀을 튼튼히 하였다. 무왕 2년(722) 송화강 하

39 고왕(高王)이 어느 민족인가에 대해서는 구당서(舊唐書)와 신당서(新唐書)의 기록이 서로 다르다. 고구려인으로 봄이 옳을 것으로 본다.

류에서 흑룡강 유역에 걸쳐 머물고 있던 흑수말갈이 발해 몰래 당 나라에 사신을 보내어 예물을 바쳤다. 당 나라는 그곳에 흑수부를 설치하고 장사(長史)를 두어 실질 지배를 하였다. 이는 흑수말갈이 발해와의 외교관계를 무시한 일이었다.

이 사실을 알게 된 무왕은 선수를 쳐서 아우인 대문예(大門藝) 등으로 하여금 군을 이끌고 흑수말갈을 공격하게 하였다. 일찍이 볼모로 당 나라의 수도에 머무른 바 있었던 대문예는 당 나라에 대한 발해의 공략이 승산이 없다고 판단, 고구려의 보기를 들어 반대하였으나, 무왕이 듣지 않았다. 그러자 무왕은 크게 화를 내어 종형 대일하(大壹夏)로 하여금 갈아치우고 대문예를 소환하여 죽이려 하였다. 이에 대문예는 당 나라로 달아나니 당 나라는 대문예를 좌효위장군으로 삼았다.

무왕은 당 나라에 대문예를 죽이도록 외교적 힘을 기울였으나 당 나라는 이를 단칼에 뿌리쳤다. 무왕 3년(723) 장군 장문휴(張文休)로 하여금 해적을 이끌고 당 나라의 등주(登州)를 공격하게 하여 자사 위준(韋俊)을 죽였다. 이로 하여 발해와 당 나라의 치열한 싸움이 벌어지게 되었다. 당 나라는 대문예로 하여금 유주(幽州, 하북성 북경)에 가서 군사를 모아 발해를 치게 하고, 한편으로는 사신을 신라에 보내어 신라로 하여금 발해를 치도록 하였다.

신라는 성덕왕 32년(732) 발해의 남쪽 국경지역을 공격하였으나, 추위와 내린 눈으로 반 이상의 군사를 잃고 되돌아갔다. 당 나라의 앞잡이로 돌변한 대문예를 없애기 위하여 무왕은 자객을 보냈으나 성공하지 못하였다. 마침내 무왕은 흑수말갈족을 휘어잡지 못하고 병들어 죽었다.〔당〕

제3대 문왕 대흥(大興) 본명 대흠무(大欽茂)

문왕은 무왕의 아들이다. 문왕은 고왕 대조영 이래 30년간의 수도였던 지금의 돈화분지 안에 자리한 오동성(敖東城)을 벗어나 두만강 하류인 해란하 유역의 중경현덕부(中京顯德府, 화룡), 목단강 유역에 상경용천부(上京龍泉府, 영안), 그리고 지금의 훈춘현 반랍성(半拉城)에 동경용원부(東京龍原府, 훈춘)를 만들어 서울을 옮겼다.[40]

신당서(新唐書) 발해전에 옛 나라로 적혀 있는 오동성은 좌우의 길이가 1,000m에

40 1980년에 중국의 돈화시에서 발견된 정효공주묘비(貞孝公主墓碑)에 따르면, 대흥보력금륜성법대왕(大興寶曆金輪聖法大王)의 존호를 사용하였다 한다. 1948년 돈화현(敦化縣) 육정산(六頂山)에서 출토된 정효공주의 묘비문을 보면 보력이라는 연호가 7년 이상 쓰였음을 알 수 있다.

못 미치는 넓이이므로 이미 그 이웃뿐 아니라 무왕 때 연해주 남부까지 합쳐 해상으로 일본과 교류하던 발해국의 수도로서는 어울리지 않아서 서울을 중경현덕부로 옮겼다. 경덕왕 14년(755)에서 문왕이 약 30년간 수도로 하였던 상경용천부를 다시 수도로 삼아서 멸망할 때까지 약 130년간을 보낸다.

문왕 대흥 25년(762)에 당 나라가 이제껏 발해군이라 하던 것을 발해국으로 바꾸고 문왕을 발해국왕으로 임명하였다. 그런 발해국의 국력을 인정하였다. 문왕은 일본과 여러 차례에 걸쳐 국교를 이어갔다.〔당〕

제4대 폐왕(廢王) 본명 대원의(大元義)

문왕 대흠무의 집안 아우였다. 성왕 원년(794) 문왕이 죽었다. 그의 맏이인 굉림(宏臨)도 일찍 죽어 대원의가 보위를 이었으나 의심이 많고 덕이 없었으므로 즉위하자 몇 달 만에 쫓겨나고 죽임을 당하였다.〔당〕

제5대 성왕(成王) 본명 대화여(大華璵)

할아버지는 문왕이고 아버지는 대굉림(大宏臨)이다. 폐왕 대원의(大元義)의 뒤를 이어 즉위, 수도를 동경용원부에서 상경용천부로 옮기고 중흥(中興)이라는 연호를 썼으나 곧 죽었다.〔당〕

제6대 강왕(康王) 본명 대숭린(大嵩璘)

제3대 문왕의 막내아들이다. 794년에 즉위한 제5대 왕 대화여(大華璵)가 그 해에 죽자 뒤를 이어 보위에 올랐다. 정력(正曆)이라는 연호를 썼다. 당 나라에서는 즉위 이듬해인 795년 2월 대숭린에게 발해군왕이 승인을 거두고, 798년에는 다시 발해국왕의 임명장을 주었다. 15년간에 걸친 치적은 네 차례에 걸친 당 나라에의 사신 파견과 잦았던 일본과의 사신내왕이 알려져 있을 뿐, 특기할 만한 것은 전해지지 않는다.〔당〕

제7대 정왕(定王) 본명 대원유(大元瑜)

강왕 대숭린(大嵩璘)의 아들이다. 영덕(永德)이라는 연호를 세웠다. 재위 기간이 4년인데 특기할 만한 업적이 전하지 않는다.〔당〕

제8대 희왕(僖王) 본명 대언의(大言義)

제7대 정왕의 아우이다. 주작(朱雀)이라는 건원 연호를 썼으며, 재위 동안 당 나라에 자주 사신을 보냈다. 희왕 3년(814) 당 나라에 불상을 보내기도 하여, 전성기를 맞이하였던 발해 불교의 단면을 보여주기도 하였으나 이밖에 특기할 업적은 없다.〔당〕

제9대 간왕(簡王) 본명 대명충(大明忠)

제7대 정왕의 둘째 아우이다. 형인 제8대 희왕이 죽자 뒤를 이어 보위에 올랐다. 태시(太始)라는 연호를 썼으나, 즉위한 다음 해에 죽었기 때문에 정치, 행정, 외교면의 업적은 따로 없다.〔당〕

제10대 선왕(宣王) 본명 대인수(大仁秀)

대조영, 곧 고왕의 아우인 대야발(大野勃)의 4세손으로 알려지고 있다. 건흥(建興)이라는 연호를 썼으며 발해국을 중흥시킨 군주이다. 발해국은 제6대 강왕 대숭린이 809년에 죽은 뒤 그를 이은 정왕 대원유(大元瑜)부터 희왕, 간왕에 이르는 3대왕의 재위 기간이 너무 짧아 정치적 불안으로 국력은 도리어 약해졌다. 선왕 원년(818) 가라앉은 나라의 면모를 되찾았다. 신당서에는 선왕이 바다 북쪽의 여러 부족을 쳐서 크게 영토를 넓혔다고 싣고 있다. 발해국과는 예로부터 대립적인 태도를 보여 왔던 송화강 하류에서 흑룡강 유역에 걸쳐 머물고 있던 흑수말갈이 희왕 3년(815)에 다시 당 나라에 예방하는 등의 독자적 움직임을 보이다가 선왕 대 이후 당 나라와의 예방을 하지 않았음은 당시 발해의 세력을 가늠할 수 있다.

선왕이 넓힌 영토의 자세한 지역은 알 만한 자료가 없으나 발해의 행정구역을 가리켜 5경 15부 62주라 하고 해동성국(海東盛國)이라 할 정도로 국세를 떨쳤다. 당 나라와의 관계를 보면, 2년 간 16회의 예방 사절을 보냈고 그 뒤에도 매년 사신을 보냈다. 한편, 일본과의 사신 교류도 매우 활발하였다. 일본에서도 발해의 사신을 맞이함에 많은 비용이 들어서 선왕 10년(827)에 이르러는 12년마다 한 번씩 사신을 제한할 정도였다. 이것은 발해가 일본과의 외교적 교류를 통하여 경제적 도움을 꾀한 것이었다.〔당〕

제11대 □□왕 본명 대이진(大彝震)

아버지는 신덕(新德)이며, 할아버지는 제10대 선왕(宣王)이다. 즉위하자 여러 사신과 학생을 당 나라에 파견하는 등 선왕에 이은 율령제 국가 정립에 힘을 기울였다. 당 나라와의 경제 · 문화 교류에 힘썼다. 왕자 명준(明俊)을 세 차례에 걸쳐 수행원 여러 명과 함께 당 나라에 보냈다.[41] 당 나라에서는 장건장이 서적을 가지고 발해에 들어오는 등 발해와 당 나라의 문화적 교류가 활발하였다.

한편, 일본과도 잦은 오고감이 있어, 선왕 때 이어 왕문구가 잇달아 파견되었고 하복연 등도 파견되었다. 그 목적은 주로 신라 견제와 경제적 이해관계였을 것으로 보인다.〔당〕

제12대 □□왕(□□王) 본명 대건황(大虔晃)

제11대 왕 대이진(大彝震)의 아우이다. 연호와 시호는 전하지 않는다. 사료의 부족으로 당시의 업적을 알 수 없다. 다만 당 나라와 일본과의 교류에 관한 기록만이 일부 남아 전한다. 당 나라의 경우, 당 나라 내부의 농민 폭동으로 교류가 활발하지 못했음에 비하여, 일본과의 교류는 이어졌다.

왕 2년(858) 겨울 정당성 좌윤 오효신 등 104인을 일본에 보냈고, 860년에도 이거정 등 105인을 일본에 보냈는데, 주로 신라에 대한 사전 제어가 교역의 목적이었을 것으로 보인다.〔당〕

제13대 □□왕(□□王) 본명 대현석(大玄錫)

현석왕이라고도 한다. 제12대 왕인 대건황의 아들이다. 신당서 발해전에는 당 나라 의종 때 세 차례나 당 나라에 예방의 사신을 보냈다고 하나 미심쩍다. 발해의 현석왕이 즉위한 다음 해에 당 나라의 의종이 죽었기 때문이다. 하지만 일본과의 교류는 매우 활발하여 경왕 6년(877)에는 공목관(孔目官, 문서관리관)인 양중원을 비롯한 105인으로 된 사절단을 보냈다. 경왕 11년(882) 배징 등 105인으로 된 대규모의 사절단을 일본에 보냈다. 대규모의 사절단을 자주 일본에 보냈던 것은 주로 무역과 문화 교류를 위한 것으로 보인다.〔당〕

---

41 왕자 광성(光晟), 연광(延廣), 대지악(大之) 등도 각각 당 나라에 보내서 당 나라의 문화수입을 적극적으로 하였다. 이때 유학생 해초경(解楚卿), 조효명(趙孝明), 유보준(劉寶俊), 이거정(李居正), 주승조(朱承朝), 고수해(高壽海) 등도 당 나라에 보냈다.

제14대 □□왕(□□王) 본명 대위해(大瑋瑎)

연호와 시호, 가계 등은 알 수가 없다. 당시의 치적에 관한 기록도 남아 있지 않으며, 다만 당 나라와 일본과의 외치에 관한 기록만이 있다. 일본에는 전대의 현석(玄錫) 때도 다녀왔던 문적원감 배정(裵□)을 894년에 보냈다. 905년 당 나라에 오소도를 보내기도 하였다. 한 동안 대위해는 발해왕계에서 빠져 있었으나, 김육불이 왕부의 당회요(唐會要)에서 그의 이름을 찾아내 발해의 제14대왕으로 밝혀졌다.

제15대 □□왕(□□王) 본명 대인선(大諲譔)

대인선은 발해의 제15대 마지막 황제였다.[42] 재위 동안 발해는 거란의 부족장이자 오성장군(五城將軍)이었던 야율아보기(耶律阿保機)의 세력이 강해짐에 따라서 신라 등 여러 나라와 합세하여 거란을 제압하려 하였다. 이에 야율아보기가 왕 19년(925) 12월 대원수 요골(堯骨) 등을 이끌고 궁성을 급습하자 발해는 손도 써보지 못하고 다음 해 정월에 수도 상경용천부가 함락 당하였다. 이로써 발해는 대조영으로부터 229년 만에 막을 내렸다. 그해 7월에 있었던 거란군이 돌아갈 때 황제는 왕후와 더불어 거란 본토로 붙잡혀 갔다.[43](당)

---

42 발해가 망한 뒤 거란이 정해준 상경임황부(上京臨潢府)의 서쪽에 성을 쌓고 살았다. 그 뒤 썼던 황제의 이름은 거란이 내린 오로고(烏魯古), 왕후는 아리지(阿里只)였다. 요사(遼史) 국어해(國語解)에는 야율아보기와 그의 왕후가 대인선이 귀순할 때 탔던 말의 이름이었다고 적고 있다. 대인선은 발해 제13대왕인 대현석(大玄錫)을 계승한 제14대왕으로만 알려져 내려왔다. 하지만 김육불(金毓紱)이 당회요(唐會要)에서 건녕 2년(895) 10월 발해왕 대위해(大瑋瑎)에게 칙서를 내린 기사를 찾아내게 되었다. 대위해를 현석왕을 계승한 제14대왕으로 하고, 대인선은 대위해를 계승한 제15대왕으로 고쳐야 한다는 것을 발해국 지장편에서 밝힘으로써 바로잡았다.

43 협계태씨족보(陝溪太氏族譜)를 보면, 발해의 시조인 대조영 역시 천통이라는 연호를 사용하였다고 한다. 발해는 시조 대조영을 비롯하여 모든 임금들이 연호를 사용하고 있었다는 것을 알 수 있다. 강단 사학에서 위서라고 일축하는 환단고기(桓檀古記)에서도 발해의 역대 제왕들이 연호를 사용하였다. 오늘날 요하문명의 유물유적이 나오는 1990년 이후 공식적으로 중국 정부에서 고조선의 터전인 요하문명을 공식화함으로써 새롭게 고조선과 발해의 역사가 조명되어야 할 과제로 떠오르고 있다(만주원류고 참조). 지금 경산에서는 영순 태씨의 후손들이 중심이 되어 발해마을을 조성하여 발해 역사의 새로운 인식을 촉구하고 있다. 협계나 영순은 같은 대조영의 후예로서 대조영을 태조영(太祚榮)이라 한 것은 고려 때 나온 동사통감(東史通鑑)에 따른 것이다.

백제(百濟) 변한

신라의 시조 혁거세가 즉위한 지 19년(임오, 전39)에 변한 사람이 나라를 가지고 귀순해 왔다. 신당서와 구당서에는 모두 변한(卞韓)의 후손들이 낙랑 땅에 있었다. 후한서에는, 변한은 남쪽에 있고, 마한은 서쪽에 있고, 진한은 동쪽에 있다고 했다. 최치원은 변한이 바로 백제라고 했다.

삼국사기 본기(本紀)를 살펴본다면, 온조왕이 일어나서 나라를 세운 것은 홍가 4년(갑진, 전17)의 일이라고 한다. 그렇다면 혁거세나 동명왕 시대보다 40여 년이나 뒤가 된다. 그런데 당서에, 변한의 후손들이 낙랑 땅에 살았다고 한 것은, 온조왕의 계통이 동명왕에서 나왔기 때문이라는 것이다. 어떤 사람이 낙랑에서 나서 변한에 나라를 세우고, 마한 등과 맞선 일이 온조왕 이전에 있었던 모양이며, 그가 도읍한 곳이 낙랑 북쪽에 있었다는 것은 아니다. 어떤 사람이 구룡산을 잘못 알고 역시 변나산(卞那山)이라고 불렀던 까닭에 고구려를 가지고 변한이라고 했다. 하지만 이것은 거의 잘못이다. 마땅히 옛날 현인의 말을 좇는 것이 옳다. 백제 땅에도 변산(卞山)이 있었기 때문에 변한이라 한다. 백제가 번성했을 때는 호수가 15만 2,300호나 되었다.

삼국사기 백제본기(이하〔기〕)에 실린 백제왕의 세계는 다음과 같다.

시조 온조왕(溫祚王)

온조왕은 동명왕의 셋째 아들이며 혹은 둘째 아들이라고도 한다. 계묘년(전18)에 나라를 세웠으며 45년 동안 나라를 나스렸다. 위례성에 도읍을 정하였고 달리 사천(蛇川)이라고도 하는데 오늘날 직산(稷山, 천안)을 말한다. 병진년(전5)에 한산(漢山)으로 서울을 옮겼으며 지금의 광주(廣州)를 말한다. 백제의 시조 온조왕은 아버지가 추모, 혹은 주몽이라고도 한다. 주몽은 북부여로부터 난을 피하여 졸본 부여에 이르렀다. 부여왕은 아들이 없고 세 명의 딸만 있었는데, 주몽을 본 후, 그가 비상한 사람임을 알고는 그에게 둘째 딸을 시집보냈다. 그 후 얼마 안 되어 부여왕이 죽고 주몽이 뒤를 이었다. 주몽은 두 명의 아들을 낳았다. 맏아들은 비류, 둘째 아들은 온조[44]라고 한다.

44 온조의 어원에 대하여는 실로 다양한 풀이가 있다. 그 대강을 들어 보이면 아래와 같다.
*박은용(1972)에서는 백제를 온조와 함께 əncə의 표기로 보고서 그 뜻을 廣/寬으로 풀이할

원년 여름 5월, 동명왕의 사당을 세웠다.

2년 봄 정월, 왕이 군신들에게 말했다.

"말갈이 우리의 북부 국경과 이웃해 있는데, 그 사람들은 용맹스러우나 거짓말을 잘 한다. 그래서 우리는 무기를 손질하고 군량을 준비하여, 그들의 침략을 막을 대책을 세워야 한다."

3월, 왕이 그의 재종숙부 을음이 지혜와 담력이 있다 하여 우보로 임명하고, 그에게 군사 관련한 임무를 맡겼다.(중략)

수 있다고 하였다. 본디의 의미는 선봉, 지도자를 의미하는 고유명사라고 하였다.

*온조를 시조 개인의 왕호로 보지 말고 溫祚-百濟와 같이 대응시킬 때, 溫-百(祚≒濟)이 성립함으로써 백(百)의 훈 *on을 생각할 수 있다. 만일 은조(殷祚)가 온조의 이표기라면 이것들은 음독이 가능하며 백(百)의 훈과 정확히 일치한다. 중세국어의 온(溫(百曰溫, 계림유사))과도 일치를 보인다. 결국 백제는 우리말 수사 온(百)의 소리와 뜻을 빌어 적은 표기일 수 있다(도수희, 1977).

*고대국어에서 온(溫)-의 종성이 외파음이므로 *ɔnə였다고 추측된다. 성(城)의 뜻으로 쓰인 경우가 있다. 행용이문(行用吏文)에 재(在)-성(城)曰재로 보아 백제는 ɔnə-cai ⇒ ɔnə-sai로 n이 모음 사이에서 r로 변동한 *ɔrə-sai로 추정한다(jərə(十濟)-ərəsai(百濟)-ərəsai(慰禮城)(이병선, 1988).

*계림유사(鷄林類事)에서도 百曰溫이었으며 중세어에서도 온(溫)으로 표기되었다. 백(百)의 온(溫)〔un〕 역시 고대인의 수 관념과 관련하여 십(十)과 마찬가지로 '많은 수' 곧 '온'이란 뜻으로 쓰인 것으로 보인다(천소영, 1990).

*토이기어 온〔on〕은 십(十)을 뜻한다. 십제(十濟)를 역상불역하(譯上不譯下)하면 온제〔once〕가 된다. 위례성(慰禮城)의 위례는 십(十)을 뜻하는 말로 현대어 열과 유사한 음의 표기라고 본다. 성(城)은 잣. 제와 기〔ki〕가 있어 제(濟)와 통한다. 중세국어로 온〔on〕은 백을 뜻한다. 이는 백제가 온제〔once〕의 석차이다. 따라서 '十濟-百濟-伯濟-慰禮城'의 등식을 얻고 이들이 건국자 온조의 이표기임 을 알 수 있다(강헌규, 1988).

*삼국사기(三國史記)의 백제본기의 십-백의 어원도 믿을 게 못된다. 十濟-百濟-溫祚는 모두 온제(onje-高氏 öndür, 몽고문어)로 읽어야 할 것이다. 십제(十濟)는 후기 신라의 지배층이 터키어를 썼던 만큼 백제인들이 왕을 온제(onje)라 하므로 자기들이 쓰는 말로 십을 온(on, turk)이라 하니 십(十)과 제(濟)를 붙여 십제(十濟-onje)라 했고 백제는 지배층이 몽고어를 썼다. 쟈군(jaɣun-百mong)에 비교가 될 수 있는 온(on-百훈독)에 제(je-濟음독)를 부가하여 백제(onje)라고 표기했던 것으로 추측된다(강길운, 1980).

*문화기호론적인 관점에서 백제의 백(百)은 힘쓸 맥으로 볼 수 있다. 온조와 비류 같은 부여족 곧 맥족(貊族)의 후예들로서 남하하면서 78국 소국가 시절의 많은 나라를 통합하면서 세운 나라가 백제다. 맥의 본질은 수조신앙으로서 곰 조상 숭배문화다. 백두산(일명 熊神山)의 백(白)이 그렇고 웅진(熊津, 고마ᄂᆞᄅᆞ〔公州〕, 용가3-15)이 그렇다. 춘천에 가면 삼악산성을 둘러싼 지역에 맥국(貊國)의 터가 남아 오늘날까지도 산과 마을의 이름에 살아 쓰인다. 말하자면 곰(고마)을 조상으로 섬기는 조상숭배 신앙이라 할 것이다. 백제가 아니라 맥제라 해야 온당하다. 지금도 우리말에 고맙다는 그런 문화기호로 쓰이고 있다(정호완, 1991). 맥족의 나라로 통일하였으니 온조라 한 것으로 상정된다.

45년, 봄과 여름에 큰 가뭄이 들어 초목이 바짝 말랐다. 겨울 10월, 지진이 일어나 백성들의 사는 집이 기울거나 쓰러졌다.

46년 봄 2월, 왕이 죽었다.〔기〕

제2대 다루왕(多婁王)

다루왕은 온조왕의 둘째 아들이며 무자년(28)에 즉위하였으며 49년 동안 나라를 다스렸다. 그는 도량이 넓고 명성이 높았다. 온조왕 재위 28년에 태자가 되었고, 46년에 왕이 죽자, 그 뒤를 이었다.

2년 봄 정월, 왕이 시조 동명왕의 사당에 예를 올렸다.(중략)

49년 가을 9월, 와산성을 신라가 되찾았다.

50년 가을 9월, 왕이 죽었다.〔기〕

제3대 기루왕(己婁王)

기루왕은 다루(多婁)의 아들이고 정축년(77)에 즉위하였다. 51년 동안 나라를 다스렸다. 기루왕은 다루왕의 맏아들로서 뜻과 도량이 넓고 커서, 자잘한 일에는 마음을 두지 않았다. 그는 다루왕 재위 6년에 태자가 되었고, 50년에 왕이 죽자 즉위하였다.

9년 봄 정월, 군사를 보내 신라의 국경을 쳐들어 왔다. 여름 4월 을사에 객성이 자미 별자리로 들어갔다.(중략)

49년, 신라가 말갈에게 침략을 당하자 서신을 보내와 구원병을 요청하였다. 왕이 다섯 명의 장수를 보내 구원하게 하였다.

52년 겨울 11월, 왕이 죽었다.〔기〕

제4대 개루왕(蓋婁王)

개루왕은 기루(己婁)의 아들이며 무진년(128)에 즉위하였다. 38년 동안 나라를 다스렸다. 그는 성품이 공손하고 품행이 반듯하였다. 기루왕이 재위 52년에 죽자 그가 즉위하였다.

4년 여름 4월, 왕이 한산에서 사냥하였다.(중략)

28년 봄 정월 그믐 병신 일에 해가림이 있었다. 겨울 10월, 신라의 아찬 길선이 반란을 꾀하다가 드러나자 백제로 달아났다. 신라왕이 글을 보내 길선을 돌려줄 것을 요청하였다. 그러나 그를 돌려보내지 않았다. 신라왕이 격분하여 군사를 일으켜 쳐들어 왔으나 모든 성이 굳게 막고 나아가 싸우지 않았다. 신라 군사들은 군량이 떨어져 돌아갔다.

39년 왕이 죽었다.〔기〕

제5대 초고왕(肖古王)

초고왕은 달리 소고(素古)라고도 하며 개루왕의 아들이다. 병오년(166)에 즉위하였다. 48년 동안 나라를 다스렸다. 초고왕[일명 素古]은 재위 39년에 죽자, 그의 뒤를 이었다.

2년 가을 7월에 숨겨놓은 군사로 신라의 서쪽 국경 두 성을 기습하여 점령하면서 남녀 천명을 잡아서 돌아왔다. 8월, 신라왕이 일길찬 흥선으로 하여금 군사 2만 명을 거느리고 와서 동쪽의 여러 성을 공략하게 하였다. 신라왕은 또한 몸소 정예 기병 8천 명을 거느리고 뒤를 이어 한수까지 쳐들어왔다. 왕은 신라군이 많아서 대적할 수 없다고 판단, 이전에 빼앗았던 성을 되돌려 주었다.(중략)

48년 가을 7월, 서부 사람 회회가 흰 사슴을 잡아 바쳤다. 왕이 길한 일이라 하여 곡식 백 석을 주었다.

49년 가을 9월, 북부의 진과에게 명령하여 군사 천 명을 거느리고 말갈의 석문성을 기습하여 빼앗게 하였다. 겨울 10월, 말갈이 정예 기병을 거느리고 쳐들어와 우술천에 이르렀다. 왕이 죽었다.〔기〕

제6대 구수왕(仇首王)

구수왕은 달리 귀수(貴須)라고도 한다. 초고왕의 아들로 갑오년(214)에 즉위하여 20년 동안 나라를 다스렸다. 그는 신장이 7척이고 풍채가 특이하였다. 초고왕이 재위 49년에 죽자, 그가 보위에 올랐다.

3년 가을 8월, 말갈이 적현성에 와서 에워쌌으나 성주가 굳게 수비하니 적이 물러났다. 왕이 정예 기병 8백 명을 거느리고 그들을 뒤쫓아, 사도성 밖에서 무너트렸는데, 죽이거나 사로잡은 적병이 많았다.(중략)

16년 겨울 10월, 왕이 한천에서 사냥하였다. 11월, 전염병이 크게 돌았다. 말갈이 우곡에 들어와 사람과 재물을 빼앗았다. 왕은 정예군 3백 명을 보내 막아내게 하였다. 그러나 적의 복병이 양쪽에서 들이쳐 백제 군사가 크게 패하였다.

18년 여름 4월, 밤알 크기의 우박이 내렸다. 우박에 맞은 새들이 죽었다.
21년 왕이 죽었다.〔기〕

제7대 사반왕(沙泮王)

사반왕은 사□□(沙□□)이라고도 한다. 구수왕의 아들인데 즉위하자 바로 물러났다.〔기〕

제8대 고이왕(古爾王)

고이왕은 초고왕의 어머니 아우로 갑인년(234)에 즉위하여 52년 동안 나라를 다스렸다. 고이왕은 개루왕의 둘째 아들이다. 구수왕이 재위 21년에 죽자, 그의 맏아들 사반이 보위를 이었으나 나이가 어려 정사를 잘 처리하지 못하였으므로 초고왕의 친 아우 고이가 보위에 올랐다.

3년 겨울 10월, 왕이 서해의 큰 섬에서 사냥하여 직접 40마리의 사슴을 쏘아 맞혔다.(중략)

50년 가을 9월, 군사를 보내 신라의 국경을 쳐들어갔다.

53년 봄 정월, 신라에 사신을 보내 국교를 요청하였다. 겨울 11월, 왕이 죽었다.〔기〕

제9대 책계왕(責稽王)

책계왕우 고이왕의 아들로 달리 청체(靑替)라고도 함은 잘못이며 병오년(286)에 즉위하여 13년 동안 나라를 다스렸다. 책계왕(일명 책체(責替))은 고이왕의 아들이다. 몸집이 큼직하고 의지와 기품이 뛰어났다. 고이왕이 죽자 그가 보위에 올랐다. 왕이 장성을 불러 모아 위례성을 손질하였다. 고구려가 대방을 치자 대방은 우리에게 구원을 요청하였다. 이에 앞서 왕이 대방왕의 딸 보과를 부인으로 맞이하였기 때문에 왕이,

> "대방은 장인과 사위 관계의 나라이니, 그들의 요청을 들어 주어야 한다."

고 말하고, 마침내 군사를 움직여 구원하였다. 고구려에서는 이를 원망하였다. 왕은 고구려의 침략을 고려하여 아차성과 사성을 손질하여 막게 하였다.

2년 봄 정월, 왕이 동명왕의 사당에 예를 올렸다.

13년 가을 9월, 한 나라가 맥인(貊人)들을 이끌고 와서 쳐들어 왔다. 왕이 직접 나

가서 막다가 적군의 칼에 목숨을 잃었다.〔기〕

제10대 분서왕(汾西王)

분서왕은 책계왕의 아들로 무오년(298)에 즉위하여 6년 동안 나라를 다스렸다. 그는 어려서부터 슬기롭고 풍채가 뛰어났으므로 왕이 그를 사랑하여 늘 옆에 두었다. 왕이 죽자 그의 뒤를 이어 보위에 올랐다. 겨울 10월, 죄수들을 크게 풀어주었다.

2년 봄 정월, 왕이 동명왕의 사당에 예를 올렸다.

5년 여름 4월, 낮에 빗자루별이 나타났다.

7년 봄 2월, 낙랑의 서현을 기습하여 빼앗았다. 겨울 10월, 왕이 낙랑 태수가 보낸 칼잡이에게 죽었다.〔기〕

제11대 비류왕(比流王)

비류왕은 구수왕의 둘째 아들이다. 성격이 너그럽고 인자하여 사람을 아끼며, 또한 힘이 세고 활을 잘 쏘았다. 오랫동안 백성으로 살면서 이름을 떨쳤다. 분서왕이 죽었을 때, 비록 여러 명의 아들이 있었으나 모두 어려서 왕으로 세울 수 없었기 때문에, 신하와 백성들의 추대에 따라서 그가 보위에 올랐다.

5년 봄 정월 초하루 병자일에 해가림이 있었다.(중략)

34년 봄 2월, 신라에서 사신을 보내와 예방하였다.

41년 겨울 10월, 왕이 죽었다.〔기〕

제12대 설왕(契王)

설왕은 분서왕의 맏아들이다. 그는 천성이 강직하고 용맹스러웠으며, 말달리고 활쏘기를 잘하였다. 이전에 분서왕이 죽었을 때는 설왕이 어려서 보위에 오를 수 없었는데, 비류왕이 재위 41년에 죽자 그가 즉위하였다.

3년 가을 9월, 왕이 죽었다.〔기〕

제13대 근초고왕(近肖古王)

근초고왕은 비류왕의 둘째 아들이다. 그는 몸집이 크고 용모가 빼어났으며, 많은 식견이 있었다. 설왕이 죽자 그가 보위를 이었다.

2년 봄 정월, 천지신명에 제사를 지냈다. 진정을 조정 좌평으로 삼았다. 진정은 왕후의 친척으로서 성정이 모질고 어질지 못하였다. 일을 처리함에 있어서도 까다롭고 잔소리가 많았다. 그는 권세를 믿고 함부로 행하여, 백성들이 그를 미워하였다.(중략)

28년 봄 2월, 진 나라에 사신을 보내 예방하였다. 가을 7월, 청목령에 성을 쌓았다. 독산 성주가 백성 3백 명을 거느리고 신라로 달아났다.

30년 가을 7월, 고구려가 북쪽 변방의 수곡성을 쳐들어와 빼앗았다. 왕이 장수를 보내 막아내게 하였으나 이기지 못했다. 왕이 다시 군사를 크게 일으켜 되갚으려 했으나, 가뭄이 들었기 때문에 행하지 못했다. 겨울 11월, 왕이 죽었다.(기)

제14대 근구수왕(近仇首王)

근초고왕의 아들로 을해년에 즉위하여 9년 동안 나라를 다스렸다. 이보다 앞서 고구려 국강왕 사유가 직접 와서 쳐들어갔다. 근초고왕은 태자를 보내 막아내게 하였다. 그는 반걸양(半乞壤, 황해도 백천)에 이르러 전투를 시작하려 하였다. 고구려인 사기(斯紀)는 본디 백제 사람이었다. 실수로 왕이 타는 말의 발굽을 상처 나게 하였다. 그는 이로 말미암아 벌을 받을까 두려워하여 고구려로 달아났다. 그가 이때 돌아와서 태자에게 말했다.

"고구려 군사가 비록 수는 많으나 모두 가짜 군사로서 수를 채운 것에 지나지 않습니다. 그 가운데 가장 강한 부대는 붉은 깃발을 든 부대입니다. 만일 그 부대를 먼저 들이치면, 나머지는 치지 않아도 저절로 허물어질 것입니다."

태자가 이 말에 따라 쳐들어가 크게 이기고, 날아나는 군사를 계속 뒤쫓아 가디 수곡성 서북에 이르렀다. 이때 장수 막고해가 말하였다.

"일찍이 도가의 말에, 만족할 줄을 알면 욕을 당하지 않고, 그칠 줄을 알면 위태롭지 않다고 하였습니다. 지금 얻은 바도 많은데 어찌 더 많은 것을 바라겠습니까?"

태자가 이 말을 옳게 여겨 뒤쫓기를 멈췄다. 그는 즉시 그곳에 돌을 쌓아 표적을 만들고, 그 위에 올라가 좌우를 돌아보면서 말했다.

"오늘 이후로 누가 다시 이곳에 올 수 있는가?"

그곳에는 말발굽 같이 생긴 바윗돌이 있는데, 사람들은 지금까지도 그것을 태자의 말굽 자국이라고 부른다. 근초고왕이 재위 30년에 죽자 그가 보위에 올랐다.

2년 왕의 외삼촌 진고도를 내신 좌평으로 삼아 정사를 맡겼다. 겨울 11월, 고구려가 북쪽 국경을 쳐들어왔다.(중략)

8년 봄부터 6월까지 비가 내리지 않았다. 백성들이 굶주려 자식을 파는 자가 나타나자, 왕이 나라의 곡식을 대신 그 값을 물어 주었다.

10년 봄 2월, 햇무리가 세 겹으로 둘러졌다. 대궐 뜰에 있던 큰 나무가 저절로 뽑혔다. 여름 4월, 왕이 죽었다.〔기〕

제15대 침류왕(枕流王)

근구수왕의 아들로 갑신년에 즉위하였다. 일 년 동안 나라를 다스렸다. 근구수왕의 맏아들이고, 어머니는 아이부인이다. 그는 아버지의 뒤를 이어 즉위하였다. 가을 7월, 진 나라에 사신을 보내 예방하였다. 9월, 인도 승려 마라난타가 진 나라에서 오자, 왕이 궁중으로 맞아들여 우대하고 공경하였다. 불교가 이때부터 시작되었다.

2년 봄 2월, 한산에 절을 세우고, 중 10명에게 승려증을 주었다. 겨울 11월, 왕이 죽었다.〔기〕

제16대 진사왕(辰斯王)

진사왕은 침류왕의 아우로 을유년에 즉위하여 7년 동안 나라를 다스렸다. 진사왕은 근구수왕의 둘째 아들이며, 침류왕의 아우이다. 그는 사람됨이 용맹하고 총명하며 지략이 많았다. 침류왕이 죽었을 때 태자의 나이가 어렸기 때문에 태자의 숙부 진사가 즉위하였다.

2년 봄, 국내의 15세 이상 되는 사람들을 불러 모아 관문의 방어 시설을 마련하였다. 그 길이가 청목령(靑木嶺, 개성)에서 시작하여 북으로는 팔곤성, 서로는 바다에 닿았다. 가을 7월, 서리가 내려 곡식을 해쳤다. 8월, 고구려가 쳐들어갔다.(중략)

8년 여름 5월 초하루 정묘에 해가림이 있었다. 가을 7월, 고구려왕 담덕이 4만 명의 군사를 거느리고 와서 북쪽 국경을 쳐들어와 석현성 등 10여 성을 빼앗았다. 왕은 담덕이 용병에 능통하다는 말을 듣고 맞서 싸우기를 피하였다. 한수 북쪽의 여러 마을을 빼앗겼다. 겨울 10월, 고구려가 관미성을 쳐서 빼앗았다. 왕이 구원에서 사냥하며 열흘이 지나도록 돌아오지 않았다. 11월, 왕이 구원의 행궁에서 죽었다.〔기〕

제17대 아신왕(阿莘王)

아신왕은 달리 아방(阿芳)이라고 하며 진사왕의 아들로 임진년(392)에 즉위하여 13년 동안 나라를 다스렸다. 그가 한성의 별궁에서 태어났을 때 신비로운 빛이 밤을 밝혔다. 그가 자라자 의지와 기풍이 호탕하였으며, 매사냥과 말 타기를 좋아하였다. 침류왕이 죽었을 때, 그는 나이가 어렸기 때문에 그의 숙부 진사가 보위를 이었는데 진사왕이 재위 8년에 죽자 그가 즉위하였다.

2년 봄 정월, 왕이 동명왕의 사당에 예배하고 또한 남쪽 제단에서 천지신명에게 제사를 지냈다. 진무를 좌장으로 임명하여 군사에 관한 일을 맡겼다. 진무는 왕의 외삼촌으로서 차분하고 굳세며 지략이 많았으므로 당시 사람들이 그를 따랐다. 가을 8월, 왕이 진무에게,

> "관미성은 우리나라 북쪽 국경의 요새이다. 그 땅이 지금은 고구려의 것으로 되어 있다. 이것을 과인은 안타까워 하니, 그대는 응당 이 점에 마음을 기울여, 이 땅을 빼앗긴 치욕을 씻어야 할 것이다."

라고 말했다. 왕은 마침내 만 명의 군사를 움직여 고구려의 남쪽 국경을 칠 것을 꾀하였다. 진무는 군사들보다 앞장서서 화살과 돌을 무릅 쓰고 석현 등의 다섯 성을 되찾기 위하여 먼저 관미성을 에워쌌다. 고구려 사람들이 성을 둘러싸고 굳게 지켰다. 진무는 군량의 운송로를 마련하지 못하여 군사를 이끌고 돌아왔다.(중략)

12년 봄 2월, 왜국에서 사신이 오자 왕이 이들을 맞이하고 위로하였으며, 특별히 정중하게 예우하였다. 가을 7월, 군사를 보내 신라 국경을 쳐들어갔다.

14년 봄 3월, 흰 기운이 왕궁 서쪽에서 일어났는데 마치 비단을 펼쳐 놓은 것 같았다. 가을 9월, 왕이 죽었다.〔기〕

제18대 전지왕(腆支王)

전지왕은 달리 진지왕(真支王)이라고도 한다. 이름은 영(映)으로 아신왕의 아들이었다. 을사년(405)에 즉위하여 15년 동안 나라를 다스렸다. 그는 아신왕의 맏아들로서, 아신왕 재위 3년에 태자가 되었고, 6년에 왜국에 인질로 갔다. 14년에 아신왕이 죽자 왕의 둘째 아우 훈해가 정사를 대리하며 태자의 귀국을 기다렸다. 왕의 막내 아우 첩례가 훈해를 죽이고 스스로 왕이 되었다. 이때 전지가 왜국에서 부고를 듣고 울면서 귀국을 요청하니 왜왕이 백 명의 군사로 하여금 그를 보호하여 귀국하게 하였다. 그가 국경에 이르자 한성 사람 해충이 와서 고하기를,

"대왕이 죽은 뒤에, 왕의 아우 첩례가 형을 죽이고 자기가 보위에 올랐으니, 태자께서는 가볍게 들어오지 마시기 바랍니다."

라고 하였다. 전지가 왜인을 머물게 하여 자기를 지키게 하면서, 바다 가운데의 섬에서 기다리고 있었다. 백성들이 첩례를 죽이고 전지를 맞이하여 보위에 오르게 하였다. 왕비는 팔수부인이다. 그녀는 아들 구이신을 낳았다.

2년 봄 정월, 왕이 동명왕의 사당에 참배하고 남쪽 제단에서 천지신명에게 제사를 지내고 죄인들을 크게 풀어주었다. 2월, 진 나라에 사신을 보내 예방하였다. 가을 9월, 해충을 달솔로 임명하고, 한성의 벼 천 석을 주었다.(중략)

15년 봄 정월 무술에 빗자루별이 태미 별자리에 나타났다. 겨울 11월 초하루 정해에 해가림이 있었다.

16년 봄 3월, 왕이 죽었다.〔기〕

제19대 구이신왕(久尔辛王)

구이신왕은 전지왕의 아들로 경신년(420)에 즉위하여 7년 동안 나라를 다스렸다. 전지왕이 죽자 그가 보위에 올랐다.

8년 겨울 12월, 왕이 죽었다.〔기〕

제20대 비유왕(毗有王)

비유왕은 구이신왕의 아들로 정묘년(427)에 즉위하여 28년 동안 나라를 다스렸다. 달리 전지왕의 서자라고도 하니 어느 것이 옳은지는 알 수 없다. 그는 용모가 훌륭하고 말을 잘 하여 사람들이 따르고 존귀하게 여겼다. 구이신왕이 죽자 그가 즉위하였다.

2년 봄 2월, 왕이 4부를 돌아보며 백성들을 다독이고 어려운 이들에게 정도에 따라 곡식을 주었다. 왜국 사신이 왔는데 수행자가 50명이었다.(중략)

28년, 별이 비처럼 떨어지고 빗자루별이 서북쪽에 나타났는데 길이가 두 발 정도 되었다. 가을 8월, 메뚜기 떼가 몰려들어 곡식에 해를 입혀 가뭄이 들었다.

29년 봄 3월, 왕이 한산에서 사냥하였다. 가을 9월, 검은 용이 한강에 나타났는데, 잠시 구름과 안개가 끼어 어두워지자 날아갔다. 왕이 죽었다.〔기〕

제21대 개로왕(盖鹵王)

개로왕은 일명 근개로왕(近盖鹵王)이라 하고 이름은 경사(慶司)로 을미년(455)에 즉위하여 20년 동안 나라를 다스렸다. 비유왕이 재위 29년에 죽자 보위를 이었다.

14년 겨울 10월 초하루 계유에 해가림이 있었다.(중략)

21년 가을 9월, 고구려왕 거련이 군사 3만 명을 거느리고 와서 수도 한성을 에워쌌다. 왕이 싸울 수가 없어 성문을 닫고 있었다. 고구려 사람들이 군사를 네 방면으로 나누어 공격하고, 또한 바람을 이용해서 불을 질러 성문을 태웠다. 백성들 중에는 두려워하여 성 밖으로 나가 귀순하려는 이들도 있었다. 상황이 어렵게 되자 왕은 어찌할 바를 모르고, 기병 수십 명을 거느리고 성문을 나가 서쪽으로 달아나려 하였으나 고구려 군사가 뒤쫓아 왕을 죽였다. 이보다 앞서 고구려 장수왕이 백제를 치기 위하여, 백제에 가서 첩자 노릇을 할 만 한 자를 구하였다. 이때, 중 도림(道琳)이 이에 응하여 말했다.

"소승이 원래 도는 알지 못하지만 나라의 은혜에 보답코자 합니다. 원컨대 대왕께서는 저를 어리석은 자로 여기지 마시고 일을 시켜 주신다면 왕명을 욕되게 하지 않을 것을 약속합니다."

왕이 기뻐하여 비밀리에 그를 보내 백제를 속이도록 하였다. 이에 도림은 거짓으로 죄를 지어 달아나는 체하고 백제로 갔다. 당시의 백제왕 근개로는 장기와 바둑을 좋아하였다. 도림이 대궐 문에 이르러 "제가 어려서부터 바둑을 배워 상당한 묘수를 알고 있으니, 왕께 보여드리고자 합니다"라고 하였다. 왕이 그를 불러 들여 대국을 하여 보니 과연 국수였다. 왕은 마침내 그를 상객으로 대우하고 매우 친하게 여겨 서로 늦게 만난 것을 아쉬워하였다. 도림이 하루는 왕을 모시고 앉아서 말했다.

"저는 다른 나라 사람인데 왕께서 저를 멀리 아니하시고 많은 은혜를 베풀어 주셨으나, 다만 한 가지 재주로 보답했을 뿐이오, 아직 털끝만한 이익도 드린 적이 없습니다. 이제 한 말씀 올리려 하오나 왕의 뜻이 어떠한지 알 수 없습니다."

왕이 말했다.

"말해 보라. 만일 나라에 이롭다면 이는 선생에게서 바라는 것이로다."

도림이 말했다.

"대왕의 나라는 사방이 모두 산과 언덕, 강과 바다이니 이는 하늘이 만든 요새이지 사람의 힘으로 된 지형이 아닙니다. 마침내 사방의 이웃나라들이 감히 엿볼 마음을 갖지 못하고 다만 받들어 섬기기를 원하고 있습니다. 마침내 대왕께서는 마땅히 숭고한 기세와 위대한 업적으로 남들을 놀랍게 해야 할 것인데, 성곽은 없고 궁실은 다시 세워지지 않았습니다. 또한 선왕의 유골은 들판에 임시로 묻혀 있으며, 백성의 집들은 자주 강물에 허물어지니, 이는 대왕이 취할 바가 아니라고 저는 생각합니다."

왕이 말했다.

"좋다, 내가 그리 하겠다."

이에 왕은 백성들을 모두 불러들여, 흙을 구워 성을 쌓고, 그 안에는 궁실, 누각, 사대를 지으니 실로 웅장하고 화려하지 않은 것이 없었다. 또한 욱리하(郁李河, 한강)에서 큰 돌을 캐다가 관을 만들어 아버지의 유골을 장사하고, 사성 동쪽으로부터 숭산 북쪽까지 강을 따라 둑을 쌓았다. 이로 말미암아 창고가 텅 비고 백성들은 가난하여져 나라는 힘겨운 위기를 맞게 되었다. 이에 도림이 달아나 돌아와서 왕에게 이 사실을 보고하였다. 장수왕이 기뻐하며 백제를 치기 위하여 장수들에게 군사를 나누어 주었다. 근개로가 이 말을 듣고 아들 문주에게 말했다.

"내가 어리석고 총명하지 못하여, 간사한 사람의 말을 믿다가 이렇게 되었다. 백성들은 힘이 없고 군대는 약하니, 비록 위급한 일을 당하여도 누가 기꺼이 나를 위하여 힘써 싸우려 하겠는가. 나는 당연히 나라를 위하여 죽어야 하지만 네가 여기에서 함께 죽는 것은 좋을 것이 없으니, 난리를 피하여 있다가 나라의 왕통을 잇도록 하라."

문주가 곧 목협만치(木劦滿致)와 조미걸취(祖彌桀取)를 데리고 남쪽으로 떠났다.[45] 이때 고구려의 대로 제우, 재증 걸루, 고이 만년[재증, 고이는 모두 복성이다] 등이 군사를 거느리고 와서 북쪽 성을 공격한지 7일 만에 떨어지고, 남쪽 성으로 옮겨 공격하자 성 안이 위험에 빠지고 왕은 달아났다. 고구려 장수 걸루 등이 왕을 보고 말에서 내려 절을 하고, 왕의 낯을 향하여 세 번 침을 뱉고서 죄목을 따진 다음 아차성 밑으로 묶어 보내 죽였다. 걸루와 만년은 원래 백제 사람으로서 죄를 짓고 고구려로 달아났었다.〔기〕

---

45 목협, 조미는 모두 복성인데, 수서(隋書)에서는 목협을 두 개의 성으로 보았으니 어느 것이 옳은지 알 수 없다.

제22대 문주왕(文周王)

달리 문주왕(文洲王)이라고도 하며 개로왕의 아들이다. 을묘년(475)에 즉위하여 웅천(熊川, 공주)으로 서울을 옮기고 2년 동안 나라를 다스렸다. 처음에 비유왕이 죽고 개로가 보위를 이었을 때 문주가 그를 도와서 벼슬이 상좌평에 이르렀다. 개로 재위 21년에 고구려가 쳐들어와 한성을 에워쌌다. 개로가 성을 막고 굳게 지키면서 문주를 신라에 보내 구원을 요청토록 하였다. 그는 구원병 만 명을 데리고 돌아왔다. 고구려 군사는 비록 물러갔으나 성은 무너지고 왕은 죽어서 문주가 마침내 보위에 올랐다. 그의 성격은 불분명하였으나, 또한 백성을 사랑하였으므로 백성들도 그를 사랑하였다. 겨울 10월, 웅진[46]으로 서울을 옮겼다.

2년 봄 2월, 대두산성을 다시 쌓고 이곳으로 한강 이북의 민가를 옮겼다. 3월, 송나라에 사신을 보내 예방하려 하였으나 고구려가 길을 막았으므로 되돌아왔다. 여름 4월, 탐라국에서 토산물을 바쳐오자 왕이 기뻐하여 그 사신을 은솔로 임명하였다. 가을 8월, 해구를 병관 좌평으로 임명하였다.

3년 봄 2월, 궁실을 손질하였다. 여름 4월, 왕의 아우 곤지를 내신 좌평으로 임명하고, 맏아들 삼근을 태자로 공인하였다. 5월, 검은 용이 웅진에 나타났다. 가을 7월, 내신 좌평 곤지가 죽었다.

4년 가을 8월, 병관 좌평 해구가 마음대로 권력을 행사하여, 질서를 어지럽게 하며, 임금을 얕보았으나 왕이 이를 다스리지 못하였다. 9월, 왕이 사냥하기 위하여 나갔다가 밖에서 묵었는데, 해구가 도적으로 하여금 그를 해치게 하여, 왕이 마침내 죽었다.〔기〕

제23대 삼근왕(三斤王)

달리 삼걸왕(三乞王)이라고도 하며. 문주왕의 아들로 정사년(477)에 즉위하여 2년

46 웅녀(熊女)와 관련하여 고미〔熊〕는 고맙다의 어근으로 아직도 인사말에서 널리 쓰이고 있다. 고마는 경건하게 흠모해야할 인격신으로 상정된다(고마 敬, 고마 虔, 고마 欽(신증유합)). 형태분석은 고마 + -ㅂ다(如)이니, 당신의 은혜가 어머니, 조상신, 하느님의 은혜와 같다는 문화기호론적인 풀이가 가능하다. 충남 공주의 옛 이름이 웅진(熊津)이었는데 이를 고마ᄂᆞᄅᆞ(용비어천가 3:15)라고 적고 있다. 여기 웅녀는 곰이 변하여 된 여자가 아니고 웅족(熊族)의 여인을 말하는 것으로 보아야 한다. 서경(書經) 순전(舜典)에 순임금의 신하 가운데 주(朱), 호(虎), 웅(熊), 비(羆)가 있었다. 웅은 보통의 곰이고 비(羆)는 큰 곰 비라 하여 좀 더 힘센 곰을 이른 것이다. 이와 같이 단군사화의 일웅일호(一熊一虎)의 곰과 호랑이는 곰족과 호족을 가리킨다고 볼 수 있다. 이를 두고 일제의 식민사학에서는 곰과 호랑이의 귀신 씨 나락 까먹는 이야기로 둔갑시켜 신화로 좌단하여 허구적인 신화시대로 만들어 고대사를 잘라버린 것이다(삼국유사사전 참조).

동안 나라를 다스렸다. 문주왕이 죽자 보위를 이었으니, 나이 13세였다. 군사 임무와 나라 정사에 대한 일체의 권한을 좌평 해구에게 맡겼다.

2년 봄, 좌평 해구가 은솔 연신과 함께 무리를 모아 대두성을 거점으로 반란을 일으켰다. 왕이 좌평 진남에게 명령하여 군사 2천 명으로 토벌하게 하였으나 이기지 못했다. 다시 덕솔 진로에게 왕명으로 정예 군사 5백 명을 거느리고 해구를 쳐들어 가 죽이게 했다. 연신이 고구려로 달아나자 그의 처자들을 붙잡아 웅진 시장에서 목을 베었다. 3년, 봄과 여름에 큰 가뭄이 들었다. 가을 9월, 대두성을 두곡으로 옮겼다. 겨울 11월, 왕이 죽었다.〔기〕

제24대 동성왕(東城王)

이름은 모대(牟大), 달리 마제(麻帝), 혹은 여대(余大)라 하며 삼근왕의 집안 아우로서 기미년(479)에 즉위하였다. 22년 동안 나라를 다스렸다.

4년 봄 정월, 진로를 병관 좌평으로 임명하고, 도읍과 지방의 군사에 관한 일을 겸하여 맡게 하였다. 가을 9월, 말갈이 한산성을 쳐들어 와서 3백여 호를 포로로 잡아 돌아갔다. 겨울 10월, 큰 눈이 한 길 넘게 내렸다.(중략)

23년 봄 정월, 도읍에서 노파가 여우로 변신하여 사라졌다. 남산에서 호랑이 두 마리가 싸웠는데 잡지 못하였다. 3월, 서리가 내려 보리를 해쳤다. 여름 5월부터 가을까지 비가 내리지 않았다. 7월, 탄현에 목책을 세워 신라의 침입에 대비하였다. 8월, 가림성을 쌓고 위사 좌평 백가로 하여금 그곳을 지키게 하였다. 겨울 10월, 왕이 사비 동쪽 벌판에서 사냥하였다. 11월, 왕이 웅천 북쪽 벌판과 사비 서쪽 벌판에서 사냥하였는데 큰 눈에 길이 막혀 마포촌에서 묵었다. 이전에 왕이 백가로 하여금 가림성을 지키게 하였을 때 백가는 가기를 원하지 않아 병을 핑계로 물러나고자 하였다. 그러나 왕은 이를 허락하지 않았다. 이로 말미암아 백가는 왕에게 앙심을 품고 있었다. 이때에 와서 백가가 칼잡이를 시켜 왕을 칼로 찌르니 12월에 이르러 왕이 죽고 시호를 동성왕이라 하였다.〔기〕

제25대 무령왕(武寧王)

무령왕의 이름은 사마(斯摩) 곧 동성왕의 둘째 아들로서 신사년(501)에 즉위하였다. 21년 동안 나라를 다스렸다. 남사(南史)에 일렀으되 이름은 부여융(扶餘隆)이라 하였으나 이는 잘못이다. 융은 곧 보장왕의 태자인데 자세한 것은 당사(唐史)를 참고한다.

봄 정월, 좌평 백가가 가림성을 거점으로 반란을 일으키니 왕이 군사를 거느리고 우두성에 가서 한솔 해명을 시켜 쳐들어가게 하였다. 백가가 나와서 손을 들자 왕이 백가의 목을 베어 백강에 던졌다.

2년 봄, 백성들이 굶주렸고 또 전염병이 돌았다. 겨울 11월, 군사를 보내 고구려의 국경을 쳐들어갔다.(중략)

22년 가을 9월, 왕이 호산 벌판에서 사냥하였다. 겨울 10월, 지진이 났다.

23년 봄 2월, 왕이 한성으로 가서 좌평 인우와 달솔 사오 등에게 왕명으로 15세 이상 되는 한수 이북 주, 군의 백성들을 가려서 쌍현성을 쌓게 하였다. 3월, 왕이 한성에서 돌아왔다.

여름 5월, 왕이 죽었다. 시호를 무령이라 하였다.〔기〕

第26대 성왕(聖王)

성왕의 이름은 명농(明穠)이며 무령왕의 아들로서 계사년(522)에 즉위하였다. 31년 동안 나라를 다스렸다. 무오년(538)에 사비(泗沘)를 남부여라 불렀다. 무령왕이 죽고 보위에 오르자 백성들이 성왕이라고 불렀다. 가을 8월, 고구려 군사가 패수에 이르자 왕이 좌장 지충에게 보병과 기병 만 명을 주어 출병케 하니 그가 적을 물리쳤다.

2년 양 고조가 조서를 내려 왕을 지절도독백제제군사수동장군백제왕으로 공인하였다.(중략)

31년 가을 7월, 신라가 동북 국경을 빼앗아 신주를 설치하였다. 겨울 10월, 왕의 딸이 신라로 시집을 갔다.

32년 가을 7월, 왕이 신라를 치기 위하여 직접 보병과 기병 50명을 거느리고 밤에 구천(狗川, 옥천 구진벼루)에 이르렀는데 신라의 복병이 나타나 그들과 싸우다가 왕이 복병들에게 죽었다. 시호를 성(聖)이라 하였다.〔기〕

第27대 위덕왕(威德王)

위덕왕의 이름은 창(昌), 혹은 명(明)으로 갑신년(553)에 즉위하였다. 45년 동안 나라를 다스렸다.

원년 겨울 10월에 고구려가 대대적으로 군사를 움직여 웅천성(熊川城, 공주)을 쳐들어갔다가 참패하고 돌아갔다.

6년 여름 5월 초하루 병진에 해가림이 있었다.(중략)

45년 가을 9월, 왕이 장사 왕변나를 시켜 수나라에 가서 예방하게 하였다. 왕은 수나라가 요동 전쟁을 일으킨다는 소문을 듣고 사신을 보내서 표문을 바치고, 군사의 길잡이가 되기를 요청하였다. 황제가 조서를 내려,

지난 해 고구려가 예방을 하지 않고 신하로서의 예절을 갖추지 않았기에 장군들로 하여금 그들의 버릇을 고치게 하였다. 고원의 신하들이 겁을 내며 잘못을 시인하기에 내가 이미 용서하였으니 그들을 칠 수는 없다고 말하고, 백제 사신을 예우하여 돌려보냈다. 고구려가 그 일을 모두 알고 군사를 보내 백제 국경을 쳐들어 왔다. 겨울 12월, 왕이 죽었다. 군신들이 의논하여 시호를 위덕이라 하였다.〔기〕

제28대 혜왕(惠王)

이름은 계(季). 혹은 헌왕(獻王)이라 하였으며 위덕왕의 아들이었다. 무오년(598)에 즉위하였다.

2년, 왕이 죽었다. 시호를 혜라고 하였다.〔기〕

제29대 법왕(法王)

이름은 효순(孝順), 혹은 선(宣)으로 혜왕의 아들이었다. 혜왕의 아들이며 기미년(599)에 즉위하였다. 수서(隋書)에는 선을 창왕의 아들이라고 하였다. 겨울 12월, 살생을 금하고, 민가에서 기르는 매와 새매를 놓아 주고, 고기 잡고 사냥하는 도구들을 태워버리라는 명을 내렸다.

2년, 봄 정월에 왕흥사를 세우고 중 30명에게 승려증을 주었다. 큰 가뭄이 들어 왕이 칠악사에 가서 기우제를 지냈다. 여름 5월, 왕이 죽었다. 시호를 법이라 하였다.〔기〕

제30대 무왕(武王)

무왕은 달리 무강(武康), 헌병이라 하였으며 아이 때의 이름은 일기사덕(一耆篩德)으로 경신년(600)에 즉위하였다. 41년 동안 나라를 다스렸다. 무왕의 이름은 장(璋)이니 법왕의 아들이다. 풍신이 좋고, 뜻이 호연하고 기상이 뛰어났다. 법왕이 보위에 오른 이듬해에 죽자 그의 아들이 보위를 이었다.

3년 가을 8월, 왕이 군사를 움직여 신라의 아막산성[阿莫山城 일명 母山城, 운봉]을 에워쌌다. 신라왕 진평이 정예 기병 수천 명을 보내 항전하자 백제 군사가 불리하여 돌아왔다. 신라가 소타, 외석, 천산, 옹잠 등 네 성을 쌓고, 백제 국경으로 쳐들어갔다. 왕이 노하여 좌평 해수에게 명령하여 보병과 기병 4만 명을 거느리고, 그 네 성을 공격케 하였다. 신라 장군 건품, 무은이 군사를 거느리고 마주 싸웠다. 해수가 불리해지자 군사를 이끌고 천산 서쪽의 늪으로 물러나 군사를 숨겨 놓고 기다렸다. 무은이 승세를 타고 갑옷 입은 군사 천 명을 거느리고 늪지대까지 뒤쫓아 갔을 때, 숨긴 군사들이 달려들어 갑자기 쳐들어갔다. 무은은 말에서 떨어지고 군사들은 놀라고 당황하여 어찌할 줄을 몰랐다. 무은의 아들 귀산(貴山)이 큰 소리로 말했다.

"내 일찍이 스승에게 들으니 군사는 적을 만나서는 물러서지 말라고 하였는데 어찌 감히 달아나서 스승의 가르침을 저버리겠느냐."

그는 말을 아버지에게 주고 즉시 소장 추항(箒項)과 함께 창을 휘두르며 힘껏 싸우다가 죽었다. 나머지 군사들이 이를 보고 더욱 힘을 내어 백제 군사가 패하고, 해수는 겨우 위기를 모면하여 홑몸으로 돌아왔다.(중략)

41년 봄 정월, 빗자루별이 서북쪽에 나타났다. 2월, 자제들을 당 나라에 보내 국학에 입학시켜 줄 것을 요청하였다.

42년 봄 3월, 왕이 죽었다. 시호를 무(武)라고 하였다.〔기〕

제31대 의자왕(義慈王)

의자왕은 무왕의 아들이며 신축년(641)에 즉위하였다. 19년 동안 나라를 다스렸다. 경신년에 나라가 망하였으니 온조왕 계묘년으로부터 경신년까지 678년 동안 나라가 이어갔다.

2년 봄 정월, 당 나라에 사신을 보내 예방하였다. 2월, 왕이 주, 군을 순행하면서 백성들을 다독이고 죄수들을 다시 조사하여 사형수를 놔두고는 모두 풀어 주었다. 가을 7월, 왕이 직접 군사를 거느리고 신라를 쳐들어 가 미후 등 40여 성을 빼앗았다. 8월, 장군 윤충을 보내 군사 만 명을 거느리고 신라의 대야성을 쳐들어갔다. 성주 품석이 처자를 데리고 나와 손을 들자 윤충이 그들을 모두 죽이고 그의 목을 베어 왕도인 부여로 보내고 남녀 천여 명을 사로잡아 서쪽 지방의 주, 현에 나누어 살게 하고 군사를 남겨 그 성을 지키게 하였다. 왕이 윤충의 공로를 표창하여 말 20필과 곡식 천 석을 주었다.(중략)

19년 봄 2월, 여우 떼가 궁중에 들어 왔는데 흰 여우 한 마리가 상좌평의 책상에 올라앉았다. 여름 4월, 태자궁에서 암탉이 참새와 교미하였다. 장수를 보내 신라의 독산(獨山), 동잠(桐岑, 구미) 두 성을 쳐들어갔다. 5월, 도읍 서남쪽 사비하에서 큰 고기가 나와 죽었는데 길이가 세 발이었다. 가을 8월, 여자 시체가 생초진에 떠내려 왔는데 길이가 18척이었다. 9월, 대궐 뜰에 있는 홰나무가 사람이 곡하는 소리처럼 울었으며 밤에는 대궐 남쪽 길섶에서 귀신의 곡소리가 들렸다.

20년 봄 2월, 도읍의 우물이 핏빛으로 변했다. 서해에 조그만 물고기들이 나와 죽었는데 백성들이 모두 먹을 수 없이 많았다. 사비하의 물이 핏빛처럼 붉었다. 여름 4월, 두꺼비 수 만 마리가 나무 꼭대기에 모였다. 도읍의 백성들이 까닭도 없이 놀래 달아나니 누가 잡으러 오는 것 같았다. 그러다가 쓰러져 죽은 자가 백여 명이나 되고 재물을 잃어버린 자도 셀 수도 없었다. 5월, 폭풍우가 몰아치고 천왕사와 도양사의 탑에 벼락이 쳤으며, 또한 백석사 강당에도 벼락이 쳤다. 검은 구름이 용처럼 공중에 동서로 나뉘어 서로 싸우는 듯하였다. 6월, 왕흥사의 여러 중들이 모두 배의 돛대와 같은 것이 큰물을 따라 절 문간으로 들어오는 것을 보았다. 들 사슴 같은 개 한 마리가 서쪽으로부터 사비하 언덕에 와서 왕궁을 향하여 짖더니 잠시 후에 시나브로 사라졌다. 도읍의 모든 개가 노상에 모여서 짖거나 울어대다가, 얼마 후에 흩어졌다. 한 귀신이 대궐 안에 들어 와서,

"백제가 망한다. 백제가 망한다."

고 크게 외치다가 곧 땅 속으로 들어갔다. 왕이 이상하게 생각하여 사람을 시켜 땅을 파게 하였다. 석자 가량 파내려 가니 거북이 한 마리가 발견되었다. 그 등에 글을 적었다.

"백제는 둥근 달 같고, 신라는 초승달 같다."라는 글이 있었다. 왕이 무당에게 물으니 무당이 말하기를,

"둥근 달 같다는 것은 가득 찬 것이니, 가득 차면 기울며, 초승달 같다는 것은 가득 차지 못한 것이니, 가득 차지 않으면 점점 차게 된다."

고 하니 왕이 노하여 그를 죽여 버렸다. 다른 무당이 말하기를

"둥근 달 같다는 것은 왕성하다는 것이요, 초승달 같다는 것은 미미한 것입니다. 생각건대, 우리나라는 번성하여 지고 신라는 차츰 쇠약하여 간다는 것인가 합니다."

라고 하니 왕이 기뻐하였다(중략). 이때 좌평 흥수는 죄를 지어 고마미지현에서 귀양

살이를 하고 있었는데, 왕이 그에게 사람을 보내 물었다.

"사태가 위태롭게 되었으니 어떻게 하면 좋겠느냐?"

흥수가 말했다.

"당 나라 군사는 숫자가 많을 뿐 아니라 군율이 엄하고 분명합니다. 더구나 신라와 함께 우리의 앞뒤를 통제하고 있으니 만일 벌판과 넓은 들에서 마주하고 진을 친다면 승패를 장담할 수 없습니다. 백강[혹은 伎伐浦, 장항]과 탄현[炭峴, 옥천 군서면, 혹은 침현]은 우리나라의 요해지로서, 한 명의 군사와 한 자루의 창을 가지고도 만 명을 당할 수 있을 것이니, 마땅히 용감한 군사를 가려 뽑아 그곳에 가서 지키게 하여, 당 나라 군사로 하여금 백강(白江)으로 들어오지 못하게 하고, 신라 군사로 하여금 탄현을 지나지 못하게 하면서, 대왕께서는 성문을 굳게 닫고 든든히 지키면서 그들의 군량이 떨어지고 군사들이 몹시 지칠 때를 기다린 뒤 한꺼번에 갑자기 쳐들어간다면 이길 수 있을 것입니다."

대신들은 이를 믿지 않고 말했다.

"흥수는 오랫동안 옥중에 있으면서 전하를 원망하고 나라를 위하지 않았을 것이니, 그 말을 따를 수 없습니다. 차라리 당 나라 군사로 하여금 백강으로 들어오게 하여 강 흐름에 따라 배를 나란히 가지 못하게 하고, 신라 군사로 하여금 탄현에 올라가서 소로를 따라 말을 나란히 몰 수 없게 합시다. 이때가 되어 군사를 풀어 들이치게 하면 마치 닭장에 든 닭이나 그물에 걸린 고기를 잡는 것과 같을 것입니다."

왕은 이 말을 따랐다. 왕은 또한 당 나라와 신라 군사들이 이미 백강과 탄현을 지났다는 소식을 듣고 장군 계백을 시켜 결사대 5천 명을 거느리고 황산으로 가서 신라 군사와 싸우게 하였는데, 네 번 싸워서 모두 이겼으나 군사가 적고 힘이 모자라서 마침내 대패하고 계백은 죽었다. 이에 왕은 군사를 모아 웅진 어귀를 막고 강가에 진을 치게 하였다. 소정방이 강 왼쪽 언덕으로 나와 산 위에 진을 치니 그들과 싸워서 백제군이 크게 졌다. 이때 당 나라 군사는 조수가 밀려오는 기회를 타고 배를 잇대어 북을 치고 소리치면서 들어오고, 소정방은 보병과 기병을 거느리고 바로 진도성 30리 밖까지 와서 멈추었다. 백제 군사들이 모두 나가서 싸웠으나 다시 참패하여, 전사자가 만여 명에 달하였다. 당 나라 군사는 승세를 타고 성으로 진격하였다. 왕이 멸망을 피할 수 없음을 알고 탄식하며 말했다.

"성충의 말을 듣지 않다가 이 지경에 이르게 된 것이 후회스럽도다."

왕은 마침내 태자 효를 데리고 북쪽 국경으로 달아났다. 소정방이 성을 포위하자 왕의 둘째 아들 태가 스스로 왕이 되어 군사를 거느리고 굳게 지켰다. 태자의 아들 문사가 왕의 아들 융에게 이르기를,

"왕께서는 태자와 함께 나가 버렸고, 숙부는 자기 마음대로 왕 노릇을 하고 있으니 만일 당 나라 군사가 포위를 풀고 가버리면 우리들이 어떻게 안전할 수 있겠는가?"

라 하고, 마침내 측근들을 데리고 밧줄을 타고 성을 빠져 나가고 백성들도 모두 그를 뒤따르니, 태가 이를 말리지 못하였다. 소정방이 군사들을 시켜 성에 뛰어 올라 당 나라 깃발을 세우게 하자, 태는 너무나 다급하여 성문을 열고 목숨을 살려 주기를 간청하였다. 이때 왕과 태자 효가 여러 성과 함께 모두 귀순하였다. 소정방이 왕과 태자 효, 왕자 태, 융, 연 및 대신과 장병 88명과 백성 일만 2천 8백 7명을 당 나라 도읍으로 붙잡아 갔다.〔기〕

진한(辰韓, 혹은 秦韓)

후한서(後漢書)에 이렇게 말했다. 진한의 어느 노인이 말하기를 진(秦)나라에서 달아난 사람들이 한국(韓國)에 오자 마한이 동쪽 경계의 땅을 베어 주었다. 그리고 서로 부르기를 도(徒)라고 하여, 마치 진 나라 말에 가까웠다. 그렇기 때문에 혹은 이곳을 진한(秦韓)이라고 했다. 여기에는 12개의 조그마한 나라들이 있어 각각 일만 호나 되는데 저마다 나라라고 일컬었다. 또 최치원은 이렇게 말했다.

"진한은 본디 연 나라 사람이 피난해 와 있던 곳이다. 그렇기 때문에 탁수(涿水)의 이름을 따서 그들이 사는 읍과 마을을 사탁(沙涿), 점탁(漸涿)이라고 불렀다. 신라 말에 탁(涿)의 음을 도(道)라고 했다. 그 때문에 지금도 혹 사량(沙梁)이라 하는데, 양(梁)을 도(道)라고도 읽는다. 신라 전성기에는 도읍에 17만 8,936호, 1,369방, 55리, 35개의 금입택(金入宅, 큰 부잣집)이 있었다.[47]

47 이것은 남택, 북택, 우비소택(亏比所宅), 본피택(本彼宅), 양택(梁宅), 지상택(池上宅, 본피부), 재매정택(財買井宅, 유신공의 집), 북유택(北維宅), 남유택(南維宅, 반향사 아래 마을), 대택(隊宅), 빈지택(賓支宅, 반향사 북쪽), 장사택(長沙宅), 상앵택(上櫻宅), 하앵택(下櫻宅), 수망택(水望宅), 천택(泉宅), 양상택(楊上宅, 양부 남쪽), 한기택(漢岐宅, 법류사 남쪽), 비혈택(鼻穴宅, 위와 같음), 판적택(板積宅, 분황사 위 마을), 별교택(別敎宅, 내의 북쪽), 아남택(衙南宅), 김양종택(金梁宗宅, 양관사 남쪽), 곡수택(曲水宅, 냇물의 북쪽), 유야택(柳也宅), 사하택

우사절유택(又四節遊宅)

봄에는 동야택(東野宅), 여름에는 곡량택(谷良宅), 가을에는 구지택(仇知宅), 겨울에는 가이택(加伊宅)에서 놀았다. 제49대 헌강대왕 때에는 성 안에 초가집은 하나도 없고, 집의 처마와 담이 이웃집과 서로 이웃해 있었다. 또 노랫소리와 피리 부는 소리가 길거리에 가득 차서 밤낮으로 끊이지 않았다.

신라 시조 혁거세왕(赫居世王)

시조의 성은 박씨(朴氏)이며, 이름은 혁거세다. 전한 효선제 오봉 원년 갑자 4월 병진(혹은 정월 보름)에 보위에 올랐다. 임금의 칭호는 거서간(居西干)이다. 이때 나이는 열 세 살이었으며 나라 이름은 서나벌(徐那伐, 일명 徐羅伐, 徐耶伐, 徐伐)이었다.〔기〕[48]

이보다 앞서 진한 땅에는 조선의 유민들이 산골에 흩어져 살면서 여섯 마을을 이루고 있었다.

첫째는 알천(謁川)의 양산촌(陽山村)이니 그 남쪽은 지금의 담엄사가 된다. 촌장은 알평(謁平)이니 처음에 하늘에서 표암봉으로 내려왔다. 이 사람이 급량부 이씨(李氏)의 조상이다. 노례왕 9년에 부를 두어 급량부라 했다. 고려 태조 천복 5년(경자, 940)에 중흥부라 이름을 고쳐 불렀다. 파잠과 동산, 그리고 피상의 동촌 마을이 여기에 속한다.

둘째는 돌산(突山)의 고허촌(高墟村)이니 촌장은 소벌도리(蘇伐都利)이다. 처음 형산에 내려왔다. 이 사람이 사량부[49] 정씨(鄭氏)의 조상이 되었다. 지금은 남산부라 하여 구량벌, 마등오, 도북, 회덕 등 남촌 마을이 여기에 속한다(지금은 고려 태조 때를 이른다. 아래도 같다).

셋째는 무산(茂山)의 대수촌(大樹村)이다. 촌장은 구례마(俱(仇)禮馬)이다. 처음 이산(伊山, 일명 개비산)에 내려 왔으니 이가 점량부(혹은 탁부), 또는 모량부

(寺下宅), 사량택(沙梁宅), 정상택(井上宅), 이남택(里南宅, 亏所宅), 사내곡택(思內曲宅), 지택(池宅), 사상택(寺上宅, 대숙택), 임상택(林上宅, 청룡사의 동쪽못), 교남택(橋南宅), 항질택(巷叱宅, 본피부), 누상택(樓上宅), 이상택(里上宅), 명남택(椧南宅), 정하택(井下宅)이 있었다(삼국유사).

48 이하의 부분에서 삼국사기(三國史記)는〔기〕로 줄여서 적기로 한다. 한편 삼국유사(三國遺事)는 본문으로 적는다.

49 양(梁)을 도(道)라 읽고 혹 돌이라고도 쓴다. 그러나 역시 도(道)라고 읽는다.

손씨(孫氏)의 조상이 되었다. 지금은 장복부라고 한다. 여기에는 박곡촌 등 서촌이 소속된다.

넷째는 취산(觜山)의 진지촌(珍支村), 혹은 간진촌(干珍村, 달리 빈지(賓之), 또는 빈자(賓子), 빙지(氷之)라고도 한다)라 한다. 촌장은 지백호(智伯虎)로 처음에 화산에 내려왔다. 이 사람이 본피부 최씨(崔氏)의 조상이 되었다. 지금은 통선부라 한다. 시파 등 동남촌이 이에 속한다. 최치원은 바로 본피부 사람이다. 지금 황룡사 남쪽 미탄사 남쪽에 옛 터가 있다고 한다. 이것이 바로 최후의 옛집임이 분명하다.

다섯째는 금산의 가리촌(加利村, 지금의 금강산 백율사 북쪽산)이다. 촌장은 지타(祇沱, 혹은 只他)이다. 처음에 명활산에 내려왔으니 이 사람이 한기부 배씨(裵氏)의 조상이 되었다. 지금은 가덕부라고 하는데, 상하, 서지, 내아 등 동촌이 이에 속한다.

여섯째는 명활산 고야촌(高耶村)이다. 촌장은 호진(虎珍)인데, 처음에 금강산에 내려왔으니 이 사람이 습비부 설씨(薛氏)의 조상이다. 지금은 임천부라고도 한다. 물이촌, 잉구며촌, 궐곡 등 동북촌이 여기에 속하였다.

위의 글을 살피건대, 이 6부의 조상들은 모두 하늘에서 내려온 듯. 노례왕 9년(32)에야 비로소 6부의 이름을 바꾸었다. 또한 그들에게 성을 주었다. 지금 풍속에 중흥부를 어미, 장복부를 아비, 임천부를 아들, 가덕부를 딸이라 하는데 그 사실은 자세하지가 않다. 이것이 진한 6부가 되었다.

전한(前漢)의 지절 원년 임자년(고본에는 건무 원년, 건원 3년이라 함은 모두 잘못) 3월 초 하루에 6부의 조상들이 각각 그 아들들을 거느리고 알천 언덕에 모여들어 의논을 하였다.

"우리들이 위로 백성을 다스릴 임금이 없는 까닭에 백성들이 모두 본데없이 멋대로 하니, 어찌 덕 있는 사람을 찾아 임금으로 삼고 나라를 세워서 서울을 두어야 하지 않겠는가."

이때 양산 기슭을 바라보니 혁거세가 태어난 나정(蘿井) 우물가에 번갯불처럼 이상한 기운이 땅에 닿도록 비치고 있었다. 옆의 숲 사이에 흰말 한 마리가 땅에 꿇어 앉아 절을 하며 울고 있었다. 그가 즉시 가서 보니 말은 문득 보이지 않고 다만 자줏빛 혹은 푸른빛 큰 알 한 개가 있었다. 그러나 말은 사람을 보더니 길게 울고는 하늘로 올라가 버렸다. 이 알을 쪼개자 그 속에서 어린아이가 나왔다. 그 모양이 단정하고 아름다웠다. 모두 놀라 이상하게 여겨 그 아이를 동천(東泉, 동천사는 사뇌야 북쪽)에 목욕을 시켰더니 몸에서 빛이 나고 새와 짐승들이 따라서 춤을 췄다. 이내 천지가 흔들리고 해와 달이 밝아졌다. 이에 그 아이를 혁거세왕이라 하였다. 혁거세는 분명 신라 말이다. 혹은 불거내왕이라고도 하니 밝게 세상을 다스린다는 뜻이다. 이를 풀이하는 이가 말하였다.

> "이는 서술성모(西述聖母)가 낳을 때 일이다. 그렇기 때문에 중국 사람들이 선도성모(仙桃聖母)를 찬양한 말에 어진 이를 낳아서 나라를 세웠다는 말이 있으니 바로 이 까닭이다."

또 계룡(雞龍)이 복되고 좋은 일의 일어날 조짐을 나타내어 알영(閼英)을 낳았다는 이야기도 어찌 서술성모의 나타남을 말한 것이 아니겠는가.

그는 이 아이를 거두어 길렀다. 아이의 나이 10여 세가 되자 철이 들고 슬기롭고 행동이 의젓하였다. 6부 사람들이 그의 출생을 기이하게 여겨 높이 받들다가, 이때에 이르러 임금으로 삼은 것이다.

진한 사람들은 포(匏)를 박이라고 하였다. 처음에 큰 알이 박의 모양과 비슷하게 생겼으므로 그의 성을 박이라고 하였다.〔기〕

임금을 거슬감(居瑟邯)이라고도 했다. 혹은 거서간이라고도 하니 그가 처음 입을 열 때에 스스로 말하기를, 알영거서간이 한 번 일어났다고 한 그 말로 인하여 일컬은 것이다. 이 뒤부터 모든 임금의 존칭이 거서간으로 되었다.

이에 당시 사람들은 다투어 받들어 섬기되, 이제 하느님 아들이 이미 내려왔으니 마땅히 덕 있는 왕비를 찾아 짝을 삼아야 합니다.

5년(전53) 봄 정월, 어느 날 사량리에 있는 알영정(閼英井, 혹은 아리영정(娥利英井)) 가에 계룡이 나타나서 오른쪽 옆구리로 여자아이를 낳았다. 혹은 용이 나타났다가 죽었는데 그 배를 가르고 여자애를 얻었다. 얼굴과 모습이 매우 고왔으나 입술이 마치 닭의 입부리와 같았다. 이에 월성 북쪽에 있는 냇물에 목욕을 시켰더니 그 부리가 떨어졌다. 이 일로 그 내를 발천(撥川)이라고 한다. 남산 서쪽 기슭(현 창림사)에 궁을 세우고 이들 두 성스러운 아이들을 모셔다가 한 할멈이 길렀다. 우물 이름을 따서 알영이라고 이름을 지었다. 아이는 자랄수록 덕스러운 용모를 갖추었다. 두 성인은 13세가 되자 오봉 원년(갑자, 전57)에 남자는 왕이 되어 이내 그 여자로 왕비를 삼았다.

왕비는 행실이 어질고 왕을 도움이 훌륭하여 당시 사람들이 두 사람의 성인이라고 불렀다.〔기〕

나라 이름을 서라벌, 또는 서벌(徐伐, 지금 풍속에 경(京)을 서벌)이라 하고 혹은 사라(斯羅), 사로(斯盧)라 했다. 처음에 왕이 계정(雞井)에서 탄생했기에 나라 이름을 계림국(雞林國)이라고도 불렀다. 이는 계룡이 좋은 징조를 나타냈기 때문이다. 일설에는 탈해왕 때 김알지(金閼智)를 얻었는데 닭이 숲속에서 울었다 하여 국호를 계림이라 하였다.[50] 뒤에 와서 드디어 신라로 국호를 정했던 것이다. 나라를 다스린 지 61년이 되던 어느 날 왕은 하늘로 올라갔다. 7일 뒤에 시신이 땅에 떨어져 흩어졌다. 왕비도 또한 죽었다. 사람들이 시체를 합하여 장사를 지내려고 하였으나 큰 뱀이 사람들을 쫓아내고 접근을 막았으므로 시체를 각각 묻었다. 마침내 이를 사릉(蛇陵)이라고 불렀다. 담엄사 북릉이 이것이다. 태자인 남해가 보위를 이었다.

제2대 남해왕(南解王)

남해 차차웅(次次雄, 달리 자충(慈充))이 보위에 올랐다. 김대문(金大問)은 풀이했다. 자충은 신라 말로 무당이다. 무당은 귀신을 섬기고 제사를 주도하였으므로 사람들이 무당을 두려워하고 존경하다가, 마침내 존경하는 어른을 자충이라고 부르게 되었다. 그는 혁거세의 맏아들이다. 그는 몸이 큼직하고 성품이 침착하였으며 지략이 많았다. 아버지는 혁거세요, 어머니는 알영부인이며, 왕비는 운제부인(雲帝夫人)이다.[51] 그는 전한 평제 원시 4년(갑자, 4)에 아버지의 뒤를 이어 임금이 되었다. 이 해를 원년으로 하였다.〔기〕

---

50 **김알지(金閼智)**는 경주김씨의 시조이다. 미추왕부터 그의 후손이 왕이 되어 신라의 왕통을 이어갔다. 몽고말로 알지는 황금을 말한다. 이는 철기문화를 일으킨 문화적인 배경을 가늠하게 해 준다. 김알지의 어원은, 신성한 아이(양주동), 신성한 시조신(미시나), 김씨 종족의 우두머리(강종훈)와 같이 여러 가지의 풀이가 있다. 여기 본문에서 알지(閼智)는 어린 아이를 말하며 김(金)은 성이니 김씨의 시조임을 드러내는 것으로 봄이 온당하다. 문화기호로 보면 김(金)은 쇠 곧 철기문화를 갖춘 겨레의 출현으로 볼 수 있다. 그 건 김 수로왕의 경우도 마찬가지이다(정호완). 금으로 된 궤짝 안에 아이가 있었음은 알지가 신성하고 존귀한 존재임을 드러내고 있다(최광식).(삼국유사사전)

51 달리 아루부인(阿婁夫人). 지금 영일현 서쪽에 운제산(雲梯山) 성모가 있는데 가뭄 때에는 여기에 기도를 드리면 감응이 있다고 한다.

남해거서간 또는 차차웅이라고 한다. 이는 존장의 부름말인데 남해왕만 차차웅이라고 했다. 아비는 혁거세요, 어미는 알영부인이고 왕비는 운제부인이다. 나라를 다스린 지 21년만인 지황 4년(갑신, 24)에 죽었다. 이 왕이 삼황(三皇)의 첫째라고 한다. 삼국사를 살펴보면, 신라에서는 왕을 거서간이라 불렀다. 이는 진한(辰韓)의 말로 왕이란 말이다. 어떤 이는 말하기를, 이는 존귀한 사람을 부르는 말이며, 차차웅 혹은 자충이라고도 한다. 김대문은 말하였다. 차차웅은 방언으로 무당을 말한다. 세인들은 무당이 귀신을 섬기고 제사를 숭상하기에 그들을 두려워하고 존경한다. 따라서 존장은 자충이라고 했다고. 또 어떤 이는 말하기를, 니사금(尼師今)이라고도 하는데 이것은 잇금을 이르는 말이라고 했다.[52] 처음 남해왕이 죽자 그 아들 노례(弩禮)가 탈해에게 보위를 주려고 했다. 이에 탈해가 말하기를, 내가 들으니 성스럽고 지혜로운 사람은 이〔齒〕가 많다고 한다며 떡을 입에 물어 살펴보기로 하였다.

고전(古傳)에는 이와 같이 전하고 있다. 어떤 이는 임금을 마립간(麻立干)이라고도 했다. 김대문이 풀이하기를, 마립간이란 차례를 뜻하는 신라 말이다. 차례는 벼슬자리를 따라서 정하기 때문에 임금의 차례는 으뜸이 되며 신하의 차례는 그 다음에 자리한다. 마침내 이렇게 이름을 부른 것이다.

사론에는 이렇게 말하였다. 신라왕으로서 거서간과 차차웅이란 이름을 쓴 이가 각기 하나요, 니사금이라 한 이가 열여섯이며 마립간이라 한 이가 넷이다. 신라 말기의 저명한 선비 최치원이 제왕연대력을 지을 적에는 모두 모왕이라고만 하고 거서간 등이라고 하지 않았다. 이는 혹시 그 말이 품위가 없어 부를 만하지 못해서인가. 그러나 지금 신라의 일을 기록하는 데 신라 말을 모두 살리는 것도 또한 마땅한 일이다. 신라 사람들은 죽은 뒤에 임금이 된 이들을 갈문왕이라 불렀다. 이 일은 자세히 알 수가 없다. 남해왕 때 낙랑국 사람들이 금성(金城, 서라벌)에 쳐들어 왔다가 이기지 못하고 그대로 돌아갔다. 또 천봉 5년(무인, 18)에 고구려의 속국이었던 일곱 나라가 스스로 와서 귀순하였다.

---

52 **니사금(尼師今)** : 니질금(尼叱今)으로도 적었다. 삼국사기(三國史記)에서는 니질금은 이가 많은 사람이다. 임금의 기원형이다. 비교언어의 관점에서 보면, 산스크리트어로 왕을 니(नइ, ni)라고 한다. 사(sa)는 지배자이니 니사란 통치자를 말한다. 니질금은 신라의 제3대 유리 임금부터 쓴 말인데 이는 인도의 산스크리트어계에 속하는 타밀지방의 말로 볼 가능성이 있다. 타밀어로 임금을 니사금(nisagum)이라 한다(삼국유사사전).

제3대 노례왕(弩禮王)

유리(儒理) 니사금이 보위에 올랐다. 그는 남해의 태자다. 어머니는 운제부인이며, 왕비는 일지 갈문왕의 딸이다.[53] 처음에 남해왕이 돌아갔을 때, 유리가 당연히 보위에 올라야 하는데, 유리는 대보 탈해가 본디 덕망이 있다고 생각하였으므로 보위를 그에게 양보하였다. 탈해는,

"임금이란 아무나 할 수 있는 것이 아닙니다. 훌륭하고 지혜로운 사람은 이〔齒〕가 많다고 들었습니다. 그러니 잇금을 가지고 시험해 봅시다."

그들은 시험 삼아 떡을 깨물어 보았다. 그 결과 유리의 잇자국이 많았으므로 즉시 사람들과 함께 그를 받들어 보위에 오르게 하고, 니사금이라 하였다. 예부터 전해오는 말이 이와 같았다. 김대문은, 니사금은 신라 말이다. 니사금은 곧 이의 자국이란 말이다. 이전에 남해가 죽음을 앞두고, 아들 유리와 사위 탈해에게 내가 죽은 뒤에는 그대들 박과 석 두 성을 가진 사람 중에 나이 많은 사람이 보위를 이어라. 그러나 후에 김씨 성이 또한 일어났으므로, 세 성씨들 중에 나이 많은 자를 가려 보위를 잇도록 하였다. 이러한 까닭으로 왕을 니사금이라고 불렀다.〔기〕

박노례이질금(朴弩禮尼叱今, 일명 유례왕)이 처음에 왕의 매부인 탈해에게 자리를 물려주니 탈해가 말하였다. 무릇 덕이 있는 사람은 이〔齒〕가 많다고 하니 마땅히 잇금으로 시험해 보자. 왕의 잇금이 많았기 때문에 먼저 즉위하고 그를 니질금이라 불렀다. 니사금(尼師今)이란 부름말이 이 왕으로부터 시작되었다. 유성공 경시 원년(계미, 23)에 즉위하여 6부의 이름을 고치고 성씨를 주었다[54]. 이때 비로소 도솔가를 지었으니 차사(嗟辭, 감탄사)와 사뇌격(詞腦格)이 있었다.[55] 또 비로소 보습과 얼음을 저장하는 창고와 수레를 만들었다. 건무 18년(41)에 이서국을 쳐들어가 통합하였다. 이 해에 고구려 군사가 쳐들어 왔다.

---

53 혹은 왕비의 성은 박씨이며 허루왕의 딸이라고도 한다(삼국사기 탈해왕 참조).

54 연표에는 갑신(甲申, 24)에 즉위(삼국사기노례왕 참조).

55 현화사 비문에 기록되어 있는 경찬시뇌가(慶讚詩腦歌) 역시 차(嗟)자와 관련되어 있는데, 여기서의 차(嗟) 또한 찬미(讚美)의 의미도 하나의 유력한 근거가 된다. 마침내 시작두솔가(始作兜率歌), 유차사사뇌격은 비로소(왕의 선정과 시절의 태평함에 대한) 찬양과 자족하는 두솔가(兜率歌)를 지으니 찬미하는 말[嗟辭]로 사뇌[청(淸), 정(精), 려(麗), 찬(讚)]다운 격조가 있었다로 풀이함이 온당하다(박재민 참조).(삼국유사사전)

양산부는 양부로 고쳤으며 성은 이씨이고, 고허부는 사량부로 고쳤으며 성은 최씨, 대수부는 점량부 일명 모량으로 고쳤으며 성은 손씨, 간진부는 본피부로 고쳤으며 성은 정씨, 가리부는 한기부로 고쳤으며 성은 배씨, 명활부는 습비부로 고쳤으며 성은 설씨로 정하였다. 또한 벼슬에 다음과 같은 17등급을 두었다.[56] 왕은 6부를 정하고 나서 이를 두 편으로 나누고, 두 왕녀로 하여금 각각 부내의 여자들을 거느려 편을 짜게 하였다. 이들 두 편은 가을 7월 16일부터, 매일 새벽에 큰 부의 뜰에 모여 길쌈을 시작하여, 밤 열 시경에 끝냈다. 그들은 8월 15일이 되면 길쌈을 얼마나 했는지를 살폈으며, 길쌈을 적게 한 편에서 술과 음식을 차려 길쌈을 많이 한 편을 축하하였다. 이때 노래와 춤과 여러 가지의 오락을 하였다. 이 행사를 가배(嘉俳, 한가위)라고 하였다. 이 행사를 할 때, 진 쪽에서 한 여자가 일어나 춤을 추면서 탄식하는 소리로 회소, 회소라고 하였다. 그 소리가 슬프고도 우아하여, 뒷날 사람들이 이 곡에 노랫말을 붙이고, 회소곡(會蘇曲)이라고 하였다.〔기〕

제4대 탈해왕(脫解王)

탈해(脫解, 일명 토해) 니사금이 보위에 올랐다. 이때 나이가 62세였다. 성은 석(昔)이며, 왕비는 아효부인이다. 탈해는 본디 다파나국에서 태어났다. 이 나라는 왜국의 동북쪽으로 천 리 밖에 있다. 본디 그 나라 왕은 여인국의 왕녀를 아내로 삼았는데, 임신한 지 7년 만에 큰 알을 낳았다. 왕은,

"사람이 알을 낳았으니 이는 좋은 일이 아니다. 그것을 버리는 것이 마땅하리라."

라고 말하였다. 그 여인이 알을 차마 버리지 못하고 비단으로 알과 보물을 함께 싸서 상자에 넣어 바다에 띄워 보냈다. 그 상자는 처음에 가락국 해변에 닿았다. 가락 사람은 이를 괴이하게 여겨 거두지 않았다. 그 상자는 다시 진한 아진포(阿珍浦, 영일) 어귀에 닿았다. 이때가 곧 시조 혁거세 39년이었다. 이때 해변에 살던 할멈이 새끼로 그 궤짝을 잡아당겨 와서 열어 보았다. 한 아이가 들어 있었다.

그 할머니는 이 아이를 데려다 길렀다. 이 사람이 바로 혁거세왕의 고기잡이 할멈이었다. 이 아이가 어른이 되자 키가 9척이 되었으며, 기상이 훌륭하였고, 지혜가 남보다 뛰어났다. 어떤 사람이,

---

56 1. 이벌찬, 2. 이척찬, 3. 잡찬, 4. 파진찬, 5. 대아찬, 6. 아찬, 7. 일길찬, 8. 사찬, 9. 급벌찬, 10. 대나마, 11. 나마, 12. 대사, 13. 소사, 14. 길사, 15. 대오, 16. 소오, 17. 조위.

“이 아이는 성씨를 알 수 없으나 처음 상자가 도착하였을 때, 까치 한 마리가 울면서 따라 왔으니, 까치 작(鵲)자를 줄여 석(昔)으로 성을 삼는 것이 좋겠고, 또한 상자를 풀고 나왔으니, 벗을 탈(脫)과 풀 해(解)로 이름을 석탈해라 함이 좋겠다.”

라고 말하였다. 탈해는 처음에는 고기잡이를 하여 어머니를 모셨다. 그는 한 번도 게으름을 피운 적이 없었다. 그의 어머니는,

“너는 보통 사람이 아니다. 뼈대와 얼굴이 특이하니 마땅히 인물 되기에 힘써 공과 이름을 빛내라.”

이에 따라 그는 공부에 힘을 기울였고 아울러 지리도 이해하게 되었다. 그런데 하루는 그가 양산 아래에 있는 호공의 집을 보고 그 곳이 좋은 집터라고 생각하였다. 마침내 꾀를 내어 빼앗아 살았으니 나중에 월성(月城)이 되었다.〔기〕

탈해치질금(脫解齒叱今, 吐解尼師今)은 남해왕 때[57] 가락국 바다 가운데 배가 와서 닻을 대니 이를 보고 그 나라 수로왕이 백성들과 함께 북을 치고 법석을 떨면서 그들을 맞아 머물게 하려고 하였다. 그러나 그 배는 나는 듯이 계림 동쪽 하서지촌의 아진포로 달아났다. 지금도 상서지촌, 하서지촌의 이름이 있다. 그 때 포구에 사는 아진의선(阿珍義先)이라는 할멈이 있었다. 이 사람은 바로 혁거세왕의 고기잡이 할멈이었다. 그는 이 배를 바라보고 말했다.

“이 바다 가운데는 본디 바위가 없었다. 무슨 까닭으로 까치들이 모여 들어서 우는가. 상자를 줄로 끌어당겨 찾아보니 까치들이 그 배위에 모여들었다. 그 배안에는 궤 하나가 있었다. 길이는 20척이오. 너비는 13척이나 된다. 그 배를 끌어다가 나무 숲 밑에 매어 두었다. 그러나 이것이 흉한 것인지 길한 것인지 몰라서 하늘을 향해 고했다. 이윽고 그 궤를 열어보니, 단아하게 생긴 한 어린아이가 있었다. 아울러 칠보와 노비가 가득 차 있었다. 그들을 7일 동안 잘 대접했더니 사내아이는 그제야 말을 했다.

“나는 본디 용성국(龍城國)[58] 사람이오. 우리나라에는 원래 28명의 용왕이 있어

57 고본에는 임인에 왔다고 하나 잘못이다. 가까운 일이라면 노례왕이 즉위한 처음보다 뒤일 것이니 서로 양보할 일이 없을 것이요, 앞의 일이라면 혁거세의 시기에 있을 것이므로 임인이 아니다.

58 정명국(正明國) 혹은 완하국(琓夏國)이라 한다. 완하는 또 화하국(花厦國)이라고도 한다. 용성은 왜국 동북쪽 천 리 떨어진 곳에 있다.

서 그들은 모두 사람의 태에서 났다. 나이 5, 6세부터 보위에 올라 만민을 가르쳐 성정을 바르게 했소. 8품의 성골이 있는데 그들은 고르는 일이 없이 모두 보위에 올랐소. 그 때 아버지 함달파(含達婆) 왕이 적녀국(積女國)의 공주를 맞아 왕비로 삼았소. 오래 되어도 아들이 없자 기도를 드려 아들 낳기를 구하여 7년 만에 커다란 알 한 개를 낳았소. 이에 대왕은 모든 신하들을 모아 묻기를,

"사람으로서 알을 낳았으니 이는 세상에 없는 일이오. 이것은 아마 좋은 일이 아닐 것이오. 궤를 만들어 나를 그 속에 넣고 칠보와 노비들을 함께 배 안에 실은 뒤 바다에 띄우면서 빌었소. 아무쪼록 인연 있는 곳에 닿아 나라를 세우고 한 집을 이루도록 해 주시오. 빌기를 마치자 문득 붉은 용이 나타나더니 배를 이끌어서 지금 여기에 온 것이오."

말을 끝내자 그 아이는 지팡이를 끌고 두 종을 데리고 토함산(吐含山) 위에 올라가더니 돌집을 지어 7일 동안을 머무르면서 성안에 살 만한 곳이 어딘가를 살펴보았다. 산봉우리 하나가 마치 초사흘 달 모양으로 보이는데 오래 살 만한 곳 같았다. 이내 그곳을 찾아가니 바로 호공(瓠公)의 집이었다. 아이는 이에 속임수를 썼다. 몰래 숫돌과 숯을 그 집 옆에 묻어 놓고, 이튿날 아침에 문 앞에 가서 말했다.

"이 집은 우리 조상들이 살던 집이오."

호공은 그렇지 않다며 서로 다투었다. 시비가 가려지지 않으므로 이들은 관아에 고발하였다. 관원이 묻기를,

"무엇으로 네 집이라는 것을 증명할 수 있느냐."

어린이는 말했다.

"우리 조상은 본디 대장장이였습니다. 잠시 이웃 고을에 간 동안에 다른 사람이 빼앗아 머물고 있는 터요. 그러니 그 집 땅을 파서 살펴보면 알 수가 있을 것이오."

이 말에 따라 땅을 파니 과연 숫돌과 숯이 나왔다. 그리하여 꾀를 써서 그 집을 빼앗아 살게 되었다. 이 땅은 뒷날 월성 터가 되었다. 남해왕 5년에 이르러 그가 슬기롭다는 소문이 나자 왕은 자기의 맏딸로 그의 아내를 삼게 하니 이가 아니부인(阿尼夫人)이다. 어느 날 토해(吐解, 탈해)는 동악(東岳, 토함산)에 올라갔다가 내려오는 길에 사람을 시켜 물을 떠 오게 했다. 도우미는 물을 떠 가지고 오다가 중도에서 먼저 마시고는 탈해에게 주려 했다. 그러나 물그릇 한쪽이 입에

붙어서 떨어지지 않았다. 탈해가 꾸짖자 도우미는 다짐하였다.

"이 뒤로는 가까운 곳이거나 먼 곳이거나 감히 먼저 마시지 않겠습니다."

그제야 물그릇이 입에서 떨어졌다. 이로부터 도우미는 두려워하고 순종하여 감히 속이지 못했다. 지금 동악 속에 우물 하나가 있는데 세상에서 요내정(遙乃井)이라고 부르는 우물이 바로 이것이다.

남해왕 7년(10)에 호공을 등용하여 대보(大輔, 재상)로 임용하고 정사를 맡겼다. 유리가 죽음을 눈앞에 두고 말했다. 선왕은 '내가 죽은 뒤에 아들과 사위를 막론하고 나이가 많고 현명한 자로 하여금 보위를 잇게 하라'고 유언하였다. 이리하여 내가 먼저 보위에 올랐다. 이제는 마땅히 보위를 탈해에게 전해야 할 것이다.〔기〕

노례왕이 죽자 광무제 중원 6년(정사, 57) 6월에 탈해는 보위에 올랐다. 옛날에 남의 집을 내 집이라 하여 빼앗았다 해서 석씨(昔氏)라고 했다. 혹 또 까치로 해서 궤를 열게 되었기 때문에 까치(鵲)라는 글자에서 조자(鳥字)를 떼고 석씨로 성을 삼았다고 한다. 또 궤를 열고 알을 벗기고 나왔다 해서 이름을 탈해로 했다. 그는 재위 23년 만인 건초 4년(기묘, 29)에 죽어서 소천구(疏川丘) 속에 묻었다. 그런데 뒤에 신이 명령하기를, 조심해서 내 뼈를 묻어라.

그 머리뼈의 둘레는 석 자 두 치, 뼈의 길이는 아홉 자 일곱 치나 된다. 이는 서로 엉기어 하나가 된 듯도 하고 뼈마디는 이어져 있었다. 이것은 이른바 천하에 짝이 없는 힘센 장사의 뼈대였다. 이것을 부수고 소상을 만들어 대궐 안에 모셔 두었다. 그랬더니 신이 또 말하기를, 내 뼈를 동악에 그대로 두어라. 마침내 거기에 모셔 두게 했다. 또 다른 자료에 이르기를, 탈해가 죽은 뒤 27세 문무왕 때 조로 2년(경진, 680) 3월 15일 신유일 밤 문무왕의 꿈에, 몹시 사나운 모습을 한 노인이 나타나 말하였다.

"내가 탈해다. 내 뼈를 소천구에서 파내다가 소상을 만들어 토함산에 묻도록 하라."

왕은 그 말을 좇았다. 그런 까닭에 지금까지 제사를 끊이지 않고 지내니 이를 동악신이라고 한다.

3월에 왕이 토함산으로 올라가니 검은 구름이 멍석같이 왕의 머리 위에 오래도록 덮여 있다가 흩어졌다. 5월에 왜국과 우호관계를 맺고 서로 정식으로 왕래하였다. 6월에 패성(孛星, 빗자루별)이 천선(天船, 별 이름)에 나타났다.〔기〕

김알지(金閼智), 탈해왕대

영평 3년(경신, 60) 8월 4일에 호공이 밤에 월성 서리(西里)를 걸어가는데, 크고 밝은 빛이 시림(始林, 혹은 구림(鳩林)) 속에서 비치는 것이 보였다. 자줏빛 구름이 하늘로부터 땅에 뻗쳤는데 그 구름 속에 황금의 궤가 나뭇가지에 걸려 있고, 그 빛은 궤 속에서 나오고 있었다. 또 흰 닭이 나무 밑에서 울고 있었다.

호공이 이 광경을 왕에게 아뢰었다. 왕이 그 숲에 가서 궤를 열어보니 사내아이가 있는데 누웠다가 곧 일어났다. 이것은 마치 혁거세의 고사와도 비슷했다. 마침내 그 아이를 알지(閼知)라고 이름 지었다. 알지란 곧 우리말로 어린 아이를 일컫는다. 그 아이를 안고 대궐로 돌아오니 새와 짐승들이 서로 따르면서 기뻐하여 뛰놀고 춤을 춘다. 왕은 좋은 날을 가려 그를 태자로 임명했다. 그는 뒤에 태자의 자리를 파사왕에게 물려주고 보위에 오르지 않았다. 금궤에서 나왔다 하여 성을 김씨라 했다.

알지는 열한(熱漢)을 낳고 열한은 아도(阿都)를 낳고, 아도는 수류(首留)를 낳고, 수류는 욱부(郁部)를 낳고, 욱부는 구도(俱道, 혹은 仇刀)를 낳고, 구도는 미추(未(味)鄒)를 낳으니 미추(未鄒)가 보위에 올랐다. 이리하여 신라의 김씨는 알지에서 시작된 것이다.

연오랑(延烏郎) 세오녀(細烏女)

아달라(阿達羅) 니사금이 보위에 올랐다. 그는 일성(逸聖)의 맏아들이다. 그는 키가 일곱 자였으며 풍채가 훌륭하고 얼굴 모양이 기이하였다. 어머니는 박씨인데 그녀는 지소례 갈문왕의 딸이다. 왕비는 박씨 내례부인이다. 그녀는 지마왕의 딸이다.

4년 봄 2월, 감물현과 마산현 두 현을 처음으로 설치하였다. 3월, 왕이 장령진에 거둥하여 병영에 머무는 병사들을 위로하고 각각의 군사들에게 군복을 주었다.〔기〕

제8대 아달라왕이 즉위한 4년(정유, 157)에 동해 바닷가에는 연오랑과 세오녀 부부가 머물고 있었다. 어느 날이었다. 연오랑이 바다에 나가 바다풀을 따고 있는데 문득 바위 하나 또는 물고기 한 마리가 나타나더니 연오랑을 등에 업고 일본으로 가 버렸다. 이것을 본 나라 사람들은, 이는 보통 사람이 아니라면서 그를 세워서 왕을 삼았다.[59] 세오녀는 남편이 돌아오지 않는 것이 이상해서 바닷가에 나가서 찾아보니 남편이 벗어 놓은 신이 있었다. 바위 위에 올라갔더니 그 바위는 또한 세오녀를 업고 마치 연오랑 때와 같이 일본으로 갔다. 그 나라 사람들은 놀라고 이상히 여겨 왕에게 이 사실을 아뢰었다. 이리하여 부부가 서로 만나게 되어 그녀로 왕비를 삼았다. 이때 신라에서는 해와 달에 빛이 사라졌다. 일관이 왕께 아뢰기를,

"해와 달의 정기가 우리나라에 있었는데 이제 일본으로 가 버렸기 때문에 이러한 이변이 일어난 것입니다."

왕이 사자를 보내서 두 사람을 찾으니 연오랑은 말한다. 내가 이 나라에 온 것은 하늘의 뜻인데, 어찌 돌아갈 수가 있겠는가. 그러나 나의 왕비가 짠 고운 비단이 있으니 이것으로 하늘에 제사를 드리면 될 것이다.

이렇게 말하고 비단을 주니 사자가 돌아와서 사실을 아뢰고 그의 말대로 하늘에 제사를 드렸다. 그런 뒤에 해와 달의 밝기가 전과 같아졌다. 이에 그 비단을 임금의 창고에 두고 국보로 삼으니 그 창고를 귀비고(貴妃庫)라 한다. 또 하늘에 제사 지낸 곳을 영일현, 또는 도기야(都祈野)라 한다.

제13대 미추왕(未鄒王) 죽엽군(竹葉軍)

미추니사금(味鄒尼師今, 일명 미조 未祖)이 보위에 올랐다. 성은 김이고, 어머니는 박씨다. 그녀는 갈문왕 이칠(伊柒)의 딸이다. 왕비는 석씨 광명부인이다. 그녀는 조분왕의 딸이다. 미추의 조상 알지가 계림에서 태어나자 탈해왕이 데려다 궁에서 길렀고, 뒤에 대보(大輔, 수상)로 임명하였다. 알지[60]가 세한을 낳고, 세한이 아도를 낳고, 아도가 수류를 낳고, 수류가 욱보를 낳고, 욱보가 구도를 낳았으니, 구도가 곧 미추의 아버지이다. 첨해가 아들이 없었으므로 백성들이 미추를 왕으로 세웠다. 이것이 김씨가 나라를 다스리는 실마리가 되었다.〔기〕

---

59 일본제기(日本帝紀)를 살펴보면, 신라 사람으로 왕이 된 사람은 없다. 그러니 이는 변읍의 조그만 왕이고 큰 왕은 아닐 것이다(삼국유사 연오랑세오녀 참조). 연오랑이 간 곳은 일본의 시마네(島根)으로 추정하는 견해가 있다(中田薰).

60 어원으로 어린아이를 의미하는 아기, 아지(양주동), 신령의 대리자(미시나) 설이 있다. 산스크리트어 관련으로 보면 알-아리(अरि, ari)로 임금 혹은 주인이란 뜻으로 첫 군왕이란 말이 된다. 아리랑도 떠난 임을 그리워하는 이별의 노래로 볼 수 있다.

제13대 미추니질금(未鄒尼叱今, 미조(未祖) 또는 미고(未古))은 김알지의 7대 손이다. 대대로 이름을 드높이고, 또 성스러운 덕이 있었다. 첨해왕의 뒤를 이어서 비로소 보위에 올랐다. 지금 세상에서 미추왕의 능을 시조당이라고도 한다. 이는 대개 김씨로써 처음 보위에 오른 때문이며, 후대의 모든 김씨 왕들이 미추를 시조라 함은 온당하다. 보위에 오른 지 23년 만에 죽었으며 능은 흥륜사 동쪽에 있다. 그의 능을 죽현릉(竹現陵)이라고 불렀다.

유례(儒禮) 니사금이 보위에 올랐다. 고기에는 제3대, 제14대의 두 왕의 이름을 똑같이 유리 혹은 유례라 하였는데, 어느 것이 옳은지는 알 수 없다. 그는 조분왕의 맏아들이다. 어머니는 박씨이고, 갈문왕 내음(柰音)의 딸이었다. 그녀는 예전에 밤길을 가다가 별빛이 입으로 들어간 일이 있었는데 이로 인하여 임신이 되었다. 유례를 낳던 날 저녁에 이상한 향기가 방에 가득했다. 14년 봄 정월, 지량을 이찬에, 장흔을 일길찬에, 순선을 사찬에 임용하였다. 이서고국이 금성을 쳐들어 왔다. 우리나라가 군사를 크게 일으켜 이를 막았으나 물리칠 수 없었다. 그 때 문득 이상한 병사들이 나타났는데 그 수를 모두 헤아릴 수 없었다. 그들은 모두 댓잎을 귀에 꽂았는데 우리 군사와 함께 적군을 쳐부수고 난 뒤에는 돌아간 곳을 알 수 없었다. 어떤 사람이 수만 개의 댓잎이 죽장릉(竹長陵, 미추왕릉)에 쌓여 있는 것을 보았다고 하였다. 이로 인하여 백성들이 돌아가신 임금이 하늘의 군사를 보내 전쟁을 도우셨다고 말하였다.〔기〕

혜공왕 14년(778) 4월 문득 회오리바람이 유신공의 무덤에서 일어나며, 그 가운데 한 사람이 날쌘 준마를 탔는데 그 모양이 장군과 같았다. 또 갑옷을 입고 무기를 든 40명쯤의 군사가 그 뒤를 따라 죽현릉으로 들어간다. 이윽고 능속에서 무엇인가 띨리는 듯한 울음소리가 나고, 혹은 하소연하는 소리도 들려왔다. 그가 하는 말에,

"신(臣)은 평생 동안 어려운 나라를 구하고 삼국을 통일한 공이 있었습니다. 이제 넋이라도 나라를 지키고자 재난을 없이 하고 환난을 구하려는 마음은 언제나 변함이 없습니다. 하온데 지난 경술년에 신의 자손이 아무런 죄도 없이 죽음을 당하였으니, 이것은 임금이나 신하들이 저의 공을 배려하지 않는 것입니다. 신은 차라리 먼 곳으로 옮겨가서 다시는 나라를 위해서 힘쓰지 않을까 합니다. 바라옵건대, 왕께서는 허락해 주십시오."

왕은 대답한다.

"공(公)이 나라를 지키지 않는다면, 저 백성들을 어떻게 할 것인가. 공은 생전과 같이 하시오."

세 번이나 청해도 세 번 다 듣지 않는다. 이에 회오리바람은 돌아가고 말았다. 혜공왕은 이 소식을 듣고 두려워하여 이내 대신 김경신(金敬信)을 보내서 김유신 공의 산소에 가서 잘못을 사과하고 유신 공을 위해서 공덕보전 30결을 취선사(鷲仙寺)에 내려서 공의 명복을 빌게 했다. 이 절은 유신 공이 평양을 평정한 뒤에 복을 빌기 위하여 세웠던 절이기 때문이다.

이때 미추왕의 넋이 아니었던들 유신 공의 노여움을 막지는 못했을 것이다. 그러니 미추왕의 나라를 지킨 힘은 매우 크다. 그렇기 때문에 나라 사람들이 그 덕을 생각하여 3산과 함께 산제를 지냄에 있어 조금도 게을리 하지 않으며, 그 차례를 오릉의 위에 두어 대묘라 일컫는다.

제17대 내물왕(奈勿王), 김제상(金堤上)

내물(奈勿, 那密) 니사금이 보위에 올랐다. 그의 성은 김씨, 구도 갈문왕의 손자다. 아버지는 말구 각간이며, 어머니는 김씨 휴례부인이다. 왕비는 김씨니 미추왕의 딸이다. 흘해가 죽고 아들이 없었으므로 내물이 그 뒤를 이었다(말구는 미추 니사금의 아우이다). 34년 봄 정월, 도읍에 전염병이 크게 돌았다. 2월, 흙비가 내렸다. 7월, 메뚜기 떼의 피해로 곡식이 잘 익지 않았다.〔기〕

제17대 나밀왕 즉위 35년(경인, 390)에 왜왕이 보낸 사신이 와서 말했다.

"우리 임금은 대왕이 신성하다는 말을 듣고 신 등으로 하여금 백제가 지은 죄를 대왕에게 아뢰게 하는 것입니다. 원컨대 대왕께서는 왕자 한 분을 보내서 우리 임금에게 신의를 굳게 하십시오."

이에 왕은 셋째아들 미해(美海, 일명 미토희 未吐喜)를 왜국에 보냈다. 이때 미해는 열 살이었다. 말하는 것이나 행동이 아직 익숙하지 못했으므로 임금을 가까이서 모시던 내신 박사람을 부사로 삼아 딸려 보냈다. 왜왕은 이들을 30년 동안이나 붙잡아 두고 돌려보내지 않았다. 눌지왕이 즉위한 3년(기미, 419)에 고구려 장수왕의 사신이 와서 말했다.

"우리 임금은 대왕의 아우 보해(寶海)가 지혜와 재주가 뛰어나다는 말을 듣고 서로 친하게 지내기를 원하여 특히 소신을 보내어 청원하는 바입니다."

왕은 이 말을 듣고 매우 다행스럽게 여겼다. 이 일로 해서 화친하기로 마음을 정하고 아우 보해로 하여금 고구려로 가게 했다. 그리고 내신 김무알을 돌보미로 함께 보냈더니 장수왕도 그들을 붙잡아 두고 돌려보내지 않았다.

눌지왕 10년(을축, 425)에 왕은 여러 신하들과 나라 안의 씩씩한 사람들을 모아 놓고 몸소 잔치를 베풀었다. 술이 세 순배 돌고 모든 음악이 울려 퍼지자 왕은 눈물을 흘리면서 여러 신하들에게 말했다.

"옛날 우리 아버님께서는 성심껏 백성의 일을 생각하신 까닭에 사랑하는 아들을 동쪽 멀리 왜국까지 보내셨다가 마침내 다시 만나 보지 못하고 돌아가셨다. 또 내가 보위에 오른 뒤로 이웃 나라의 군사가 침략하므로 전쟁이 그칠 사이가 없었다. 그런데 오로지 고구려만이 화친하자는 말이 있어서 나는 그 말을 믿고 아우를 고구려에 보냈던 바, 고구려에서도 또한 잡아 두고 돌려보내지 않는다. 그러니 내 아무리 부귀를 누린다 해도 일찍이 하루라도 이 일을 잊고 울지 않는 날이 없었다. 만일 이 두 아우를 만나보고 함께 아버님 사당에 뵙게 된다면, 온 나라 사람에게 은혜를 갚겠다. 누가 능히 이 문제를 풀 수 있겠는가."

이 말을 듣자 모든 신하가 입을 모아 아뢰었다.

"이 일은 쉬운 일이 아닙니다. 반드시 지혜와 용맹을 겸한 사람이라야만 될 것입니다. 신 등의 생각으로는 삽라군(歃羅郡, 양산) 태수 제상(堤上)이 적임자라 생각합니다."

이에 왕은 제상을 불러 물었다. 제상은 두 번 절하고 대답했다.

"신이 듣기로는, 임금에게 근심이 있으면 신하가 욕을 당하며 임금이 욕을 당하면 신하는 죽는다고 합니다. 만일 일의 어렵고 쉬운 것을 따져서 행한다면 이는 충성스럽지 못한 것이고 또 죽고 사는 것을 생각한 뒤에 움직인다면 이는 용기가 없는 것입니다. 신이 비록 모자라오나 전하의 명을 받아 행하기를 원합니다."

왕은 매우 기뻐하며 술잔을 나누어 마시고 손을 잡은 뒤 헤어져 보냈다. 제상은 왕의 앞에서 명령을 받고 바로 북해 길로 향하여 갔다. 옷을 갈아입고 고구려에 들어가 보해가 있는 곳으로 가서 함께 달아날 날짜를 약속해 놓았다. 제상은 먼저 5월 15일에 강원도 고성 물머리에 와서 배를 대고 기다리고 있었다.

약속한 날짜가 가까워지자 보해는 병을 핑계대고 며칠 동안 조회에 나가지 않았다. 그러다가 밤중에 달아나 고성 바닷가에 이르렀다. 고구려왕은 이를 알고 수십 명 군사를 시켜 쫓게 하니 고성에 이르러 따라가게 되었다. 그러나 보해는 고구려에 있을 때에 늘 주위에 있는 사람들에게 은혜를 베풀어 왔기 때문에 쫓아온 군사들은 그를 불쌍히 여겨 모두 화살의 촉을 뽑고 쏘니 몸이 상하지 않고 돌아올 수가 있었다. 눌지왕은 보해를 만나 보자 미해를 생각하는 마음이 더욱 간절해졌다. 한편으로는 기쁘고 한편으로는 슬퍼서 눈물을 흘리면서 주위 사람들에게 말한다.

"마치 한 몸에 팔뚝이 하나만 있고, 한 얼굴에 눈 하나만 있는 것 같구나. 비록 하나는 얻었으나 하나는 잃은 대로이니 어찌 마음이 아프지 않겠는가."

이때 제상은 이 말을 듣고 말을 탄 채 두 번 절하여 임금을 뵙고 집에도 들르지 않고 바로 울산 율포 갯가에 이르렀다. 그 아내가 이 소식을 듣고 말을 달려 율포까지 쫓아갔으나 남편은 이미 배에 오른 뒤였다. 아내는 간곡하게 남편을 불렀다. 하지만 제상은 다만 손을 흔들어 보일 뿐 배를 멈추지 않았다. 그는 왜국에 도착해서 거짓말을 했다.

"계림왕(雞林王, 신라왕)이 아무 죄도 없는 우리 부형을 죽였기로 뛰쳐나와 여기로 온 것입니다."

왜왕은 이 말을 믿고 제상에게 집을 주어 편히 살게 했다. 이때 제상은 늘 미해를 모시고 바다에 나가 놀면서 물고기와 새를 잡아다 왜왕에게 바치니 왜왕은 매우 기뻐하고 조금도 의심하지 않았다. 그러던 어느 날 새벽 마침 안개가 자욱하게 끼었는데 제상이 미해에게 말했다.

"지금 빨리 떠나십시오."

미해는,

"그러면 같이 떠나십시다."

했으나 제상은 말한다.

"신이 만일 같이 떠난다면 왜인들이 알고 뒤를 좇을 것입니다. 원컨대 신은 여기에 남아 뒤좇는 것을 막겠습니다."

미해가 다시 말한다.

"지금 나는 그대를 어버이처럼 여기고 있는데 어찌 그대를 버려두고 혼자서만 돌아간단 말이오."

제상은 말한다.

"신은 왕자님의 목숨을 구하는 것으로써 대왕의 마음을 위로해 드리면 그것으로 만족할 뿐입니다. 어찌 살기를 바라겠습니까."

그리고는 술을 부어 미해에게 주었다. 이때 계림 사람 강구려(康仇麗)가 왜국에 와 있었는데 그를 딸려 보내게 했다. 미해를 떠나보내고, 제상은 미해의 방에 들어가서 이튿날 아침까지 있었다. 미해를 모시던 주위 사람들이 방에 들어가 보려 하므로 제상이 나와서 말리면서 말했다.

"미해 공은 어제 사냥하는 데 따라다니느라 몹시 피곤해서 일어나지 않았습니다."

그러나 저녁때가 되자 주위 사람들은 이상히 여겨 다시 물었다. 이때 제상은 대답했다.

"미해 공은 떠난 지 이미 오래 되었소."

좌우 사람들이 급히 달려가 왜왕에게 고하자 왕은 말 탄 기병을 시켜 뒤를 좇게 했으나 따라잡지 못했다. 이에 왕은 제상을 가두고 물었다.

"너는 어찌하여 너의 나라 왕자를 몰래 돌려보냈느냐."

제상이 대답한다.

"나는 계림[61]의 신하이지 왜국 신하가 아니오. 이제 우리 임금의 소원을 이루어 드렸을 뿐인데, 어찌 이 일을 당신에게 말하겠소."

왜앙은 비력 화를 냈나.

61 삼국유사 신라 시조 혁거세왕 조에 보면, 왕은 계정에서 태어났고 왕비 알영은 계룡으로부터 태어났기 때문에 계림국이란 나라 이름을 삼았다고 한다. 그러나 계림의 계(鷄)를 새로 읽어 계림을 새벌의 다른 표기로 보자는 풀이가 있다(브리태니카 사전 참조). 최남선에 따르면, 인도인은 한국을 쿠쿠타(矩矩吒)라 했는데 이를 뒤치면 계귀(鷄貴)라는 한다. 계귀란 산스크리트어로 쿠쿠타스바라(कउकउदसवअर, kukutasvara)가 된다. 여기 쿠쿠타는 닭이고 스바라는 귀하다는 뜻으로 인도인들의 한국 호칭이다. 토템식으로 말하자면 닭의 신이란 말이 된다(대당서역구법고승전 참조).

"이제 너는 이미 내 신하가 되었는데도 계림 신하라고 말하느냐. 그렇다면 반드시 오형(五刑)을 갖추어 너를 엄히 처벌할 것이다. 만일 나의 신하라고 하면 넉넉한 녹봉을 상으로 주리라."

제상은 대답한다.

"차라리 계림의 개돼지가 될망정 왜국의 신하가 되지는 않겠다. 차라리 계림의 형벌을 받을지언정 왜국의 돈을 받지 않겠다."

왜왕은 더욱 분노했다. 제상의 발 가죽을 벗기고 벤 갈대 위를 걸어가게 했다. 그리고는 다시 물었다.

"너는 어느 나라 신하냐."
"계림의 신하다."

왜왕은 또 쇠를 달구어 그 위에 세워 놓고 다시 물었다.

"어느 나라 신하냐."
"계림의 신하다."

왜왕은 그를 굴복시키지 못할 것을 알고 목도(木島) 섬에서 불살라 죽였다. 미해는 바다를 건너 돌아왔다. 그는 먼저 강구려를 시켜 나라 안에 사실을 알렸다. 눌지왕은 놀라고 기뻐하여 여러 대신들에게 왕명으로 미해를 굴헐역(屈歇驛, 울주 범서)에 나가서 맞게 했다. 왕은 아우 보해와 함께 남쪽 교외에 나가서 몸소 미해를 맞아 대궐로 들어갔다. 잔치를 베풀고 나라 안에 사면령을 내려 죄수를 풀어 주었다. 또 제상의 아내를 국대부인(國大夫人)에 봉하고, 그의 딸은 미해의 아내로 삼았다. 이때 의론하는 사람들은 말했다.

옛날에 한 나라 신하 주가(周苛)가 형양 땅에 있다가 초나라 군사에게 포로로 잡힌 일이 있었다. 이때 항우(項羽)는 주가를 보고 말하기를,'네가 만일 내 신하 노릇을 한다면 만호후를 주겠다'했다. 주가는 오히려 항우를 꾸짖고 굴복하지 않으므로 그에게 죽고 말았다. 그런데 이번 제상의 죽음은 주가만 못하지 않았다.

처음에 제상이 신라를 떠날 때 부인이 듣고 남편의 뒤를 좇아갔으나 따르지 못했다. 이에 망덕사 남쪽 모래 밭 위에 이르러 주저앉아 목 놓아 부르짖었는데, 이런 일이 있었다 하여 그 모래밭을 장사(長沙)라고 불렀다. 집안의 두 사람이 부인을 도와서 돌아오려 하자 부인은 다리를 뻗은 채 앉아서 일어나지 않았다. 마침내 그곳을 벌지지(伐知旨)라고 이름 지었다. 이런 일이 있은 지 오랜 뒤에 부인은 남편을 사모하는 마음을 이기지 못하여 세 딸을 데리고 치술령에 올라가 왜국을 바라보고 울다 지쳐서 죽고 말았다. 마침내 그를 치술신모(鵄述神母)라고 하는데, 지금도 부인을 제사지내는 사당이 있다.

제18대 실성왕(實聖王)

실성(實聖) 이사금이 보위에 올랐다. 그는 알지의 후손이며, 대서지 이찬의 아들이다. 어머니 이리부인(伊利夫人, 혹은 企利夫人)은 석등보 아간의 딸, 왕비는 미추왕의 딸이다. 실성은 키가 7척 5촌이요, 슬기로워 앞일을 내다보는 혜안이 있었다. 내물이 돌아갔으나 그의 아들이 어렸기 때문에 백성들이 실성으로 하여금 보위를 잇게 하였다. 12년 가을 8월, 낭산에 구름이 피어올라 누대처럼 보였고, 향기가 퍼져 오래도록 사라지지 않았다. 왕이, 이는 틀림없이 신선이 내려와 노는 것이니 응당 신령한 땅이라고 하여, 그 후로 이곳에서 나무를 베지 못하게 하였다. 평양주 큰 다리를 새로 놓았다.〔기〕

의희 9년(계축, 413)에 평양주의 큰 다리가 완성되었다. 왕은 선왕의 태자인 눌지(訥祗)가 매우 덕이 있으므로 이를 꺼려 그를 죽이고자 하였다. 마침내 고구려의 군사를 청하여 거짓으로 눌지를 맞이하게 하였다. 고구려의 군사들은 눌지의 어진 언행을 보고 창끝을 거꾸로 하여 실성왕을 죽이고 눌지를 왕으로 세우고 떠났다.

사금갑(射琴匣)

소지(炤知, 毗處) 마립간이 보위에 올랐다. 그는 자비왕의 맏아들이다. 어머니는 김씨이며 서불한 미사흔의 딸이다. 왕비는 선혜부인이며 내숙 이벌찬의 딸이다. 소지는 어릴 때부터 효성스러웠고, 겸손함과 섬기는 자세를 잃지 않았기 때문에 사람들이 모두 좋아하였다. 10년 봄 정월, 왕이 월성으로 옮겨 살았다. 2월, 왕이 일선군(一善郡, 선산)에 거둥하여 홀아비, 과부, 고아, 자식 없는 노인들을 위로하고, 어려운 정도에 따라 양식을 베풀었다. 3월, 왕이 일선군에서 돌아오는 길에, 도중의 주와 군의 죄수들 가운데 두 갈래의 사형수를 제외한 나머지 죄수들을 모두 풀어주었다. 여름 6월, 동해 지방에서 여섯 개의 눈을 가진 거북을 바쳤다. 그 거북의 배에 글자가 있었다. 가을 7월, 도나성을 쌓았다.〔기〕

제21대 비처왕(毗處王, 일명 소지왕)이 즉위한 10년(무진, 488)에 천천정(天泉亭)에 거둥했다. 이때 까마귀와 쥐가 와서 울더니 쥐가 사람의 말로,

"이 까마귀가 가는 곳을 찾아보시오."

한다.[62] 왕은 말 탄 군사에게 까마귀를 따르게 했다. 남산 동쪽의 피촌(避村, 양피사촌(壤避寺村))에 이르러 보니 돼지 두 마리가 싸우고 있었다. 이것을 한참 쳐다보고 있다가 문득 까마귀가 날아간 곳을 잃어버리고 길에서 서성거리고 있었다.

이때 한 늙은이가 못 속에서 나와 글을 올렸는데, 그 글 겉봉에는, 이 글을 떼어 보면 두 사람이 죽을 것이요, 떼어 보지 않으면 한 사람이 죽을 것이라고 했다. 기사가 돌아와 비처왕에게 바치니 왕은 말한다.

"두 사람을 죽게 하느니보다는 차라리 떼어 보지 않아 한 사람만 죽게 하는 것이 낫겠다."

이때 날씨를 보는 일관(日官, 천문관)이 아뢰었다.

"두 사람이라 한 것은 서민을 말한 것이요, 한 사람이란 바로 폐하를 말한 것입니다."

왕이 그 말을 옳게 여겨 글을 떼어 보니 거문고 갑을 쏘라고 했을 뿐이다. 왕은 곧 궁중으로 들어가 거문고 갑을 쏘았다. 그 거문고 갑 속에는 내전에서 분향수도하고 있던 중(묘심)이 왕비(선혜)와 남몰래 간통하고 있었다. 이에 두 사람을 사형에 처했다. 이런 일이 있은 뒤로 그 나라 풍속에 해마다 정월 상해(上亥), 상자(上子), 상오일(上午日)에는 모든 일을 조심하여 하고, 감히 움직이지 않았다. 그리고 16일을 오기일(烏忌日, 까마귀 제삿날)이라 하여 찰밥을 지어 제사지냈으나 이런 일은 지금까지도 계속 행해지고 있다. 속담에 이것을 달도(怛忉)라 한다.[63] 슬퍼하고 조심하며 모든 일을 금하고 꺼린다는 뜻이다. 또 노인이 나온 못

---

62 혹은 말하기를, 신덕왕(神德王)이 흥륜사에 향 피우러 가는데 길에서 보니 여러 마리 쥐가 꼬리를 물고 있었다. 괴상히 여겨 돌아와 점을 쳐 보니 내일 가장 먼저 우는 까마귀를 따라가 찾아보라고 했다. 하지만 이 설은 잘못이다.

63 **달도(怛忉)** : 어원으로 달도는 슬픔과 근심(김사엽), 새해 첫머리에 따른 습속(양주동), 새롭다는 도리(이범교)에서 그 어원을 찾고 있다. 본문에 나오는 궁주는 일설 소지왕의 정비인 선혜부인(善兮夫人)인데 묘심과 사통하다 들통이 나서 묘심은 죽고 선혜부인은 유배를 당하였다고 한다(한국어위키백과 참조).

을 서출지(書出池)라 했다.

제22대 지철로왕(智哲老王)

지증(智證) 마립간이 보위에 올랐다. 그의 성은 김씨이고, 이름은 지대로(智大路, 智度路 또는 智哲老), 그는 내물왕의 증손이며, 습보 갈문왕의 아들이고, 소지왕의 6촌 아우가 된다. 어머니는 김씨 조생부인이며 눌지왕의 딸이다. 왕비는 박씨 연제부인이며 등흔 이찬의 딸이다. 왕은 몸집이 크고 담력이 뛰어났다. 선왕이 죽고 아들이 없었으므로 그가 보위를 이었다. 이때 그의 나이는 64세였다.〔기〕

제22대 지철로왕의 성은 김, 이름은 지대로 또는 지도로이며, 시호는 지증이다. 시호를 쓰는 법이 이 왕에서 비롯하였다. 또 우리말에 왕을 마립간이라 한 것도 이 왕 때부터다. 왕은 영원 2년(경진, 500) 보위에 올랐다.[64]

왕은 거북의 길이가 한 자 다섯 치가 돼 짝을 얻기 어려웠다. 마침내 신하를 지방에 보내서 짝을 구했다. 신하가 모량부 동로수(冬老樹, 똥을 눈 나무) 밑에 이르니 개 두 마리가 북만 한 큰 똥 덩어리의 양쪽 끝을 물고 싸우고 있었다. 신하는 그 마을 사람을 찾아보고 누구의 것인가를 물었다. 한 소녀가 말하였다.

> "이것은 모량부 상공(相公, 재상)의 딸이 여기서 빨래를 하다가 숲속에 숨어서 싼 똥입니다."

그 집을 찾아가 살펴보니 그 여자는 키가 7척 5촌이나 된다. 이 사실을 왕께 아뢰었더니 왕은 수레를 보내서 여자를 궁중으로 맞아 왕비로 맞으니 여러 신하들이 모두 축하했다.

또 아슬라주(阿瑟羅州, 강릉) 동쪽 바다에 순풍으로 이틀 걸리는 곳에 우릉도(于陵島, 울릉도)가 있다. 이 섬은 둘레 2만 6,730보다. 이 섬 속에 사는 오랑캐들은 그 바닷물이 깊은 것을 믿고 몹시 방자하여 예방을 바쳐 오지 않았다. 이에 왕은 이찬 박이종(朴伊宗)에게 왕명으로 군사를 거느리고 가서 치게 했다. 이때 이종은 나무로 사자를 만들어 큰 배에 싣고 위협했다.

> "그대들이 만일 귀순하지 않으면 이 짐승을 놓아 버리겠다."

---

64 신사(辛巳, 501)라고도 하는바, 그렇다면 영원 3년이 된다.

이에 오랑캐들은 두려워하여 손을 들었다. 이에 이종에게 상을 주고 지사를 삼았다.

제24대 진흥왕(眞興王)

진흥왕이 보위에 올랐다. 이름은 맥종(麥宗 혹은 심맥부 深麥夫)이다. 이때 그의 나이 7살이었다. 그는 법흥왕의 아우 갈문왕 입종의 아들이다. 그의 어머니는 김씨 부인이며 법흥왕의 딸이다. 왕비는 박씨 사도부인이다. 왕이 어렸으므로 태후가 정사를 대신 보았다.〔기〕

제24대 진흥왕은 즉위 때의 나이가 15세였으므로 태후가 섭정을 하였다. 태후는 바로 법흥왕의 딸이며 입종 갈문왕의 왕비로 임종할 때에 머리를 깎고 법의를 입고 죽었다. 승성 3년(554) 9월 백제가 진성(珍城, 진보)에 쳐들어와 남녀 3만9천 명과 말 8천 필을 빼앗아 갔다. 이보다 먼저 백제가 신라와 군사를 합쳐서 고구려를 치려고 했었다. 이때 진흥왕은 말하기를,

> "나라가 흥하고 망하는 것은 하늘에 달려 있다. 만일 하늘이 고구려를 미워하지 않는 한 내가 어떻게 감히 고구려가 망하기를 바랄 수 있겠느냐."

했다. 그리고 이 말을 고구려에 전하게 하니 고구려는 이 말에 감동되어 신라와 평화롭게 지냈다. 이에 발끈한 백제가 신라를 쳐들어 간 것이다.

도화녀(桃花女) 비형랑(鼻荊郞)

진지왕(眞智王)이 보위에 올랐다. 그의 이름은 사륜(舍輪, 혹은 金輪)이며, 진흥왕의 둘째 아들이다. 어머니는 사도부인이다. 왕비는 지도부인이다. 태자가 일찍 죽었으므로 진지가 보위에 올랐다.〔기〕

제25대 사륜왕의 시호는 진지대왕으로, 성은 김, 왕비는 기오공(起烏公)의 딸이었던 지도부인(知刀夫人)이다. 대건 8년(병신, 576, 고본에는 11년 기해라고 했으나 이는 잘못)에 보위에 올랐다. 나라를 다스린 지 4년이 되었는데, 술과 여자에 빠져 음란하고 나라의 정사가 어지럽게 되자 나라 사람들은 그를 임금의 자리에서 내쫓았다. 이보다 먼저 사량부의 어떤 민가의 여자 하나가 얼굴이 곱고

아름다워 당시 사람들은 도화랑(桃花娘)이라 불렀다. 왕이 이 소문을 듣고 궁중으로 불러들여 몸을 바치라고 하니 여인은 말한다.

"여자가 지켜야 할 것은 두 남편을 섬기지 않는 일입니다. 그런데 남편이 있는데도 남에게 시집가는 일은 비록 황제의 권력을 가지고도 맘대로 하지는 못할 것입니다."

왕이 말한다.

"너를 죽인다면 어찌하겠느냐."

여인이 대답한다.

"차라리 거리에서 죽더라도 딴 사람에게로 가는 일은 원치 않습니다."

왕은 농담 삼아 말했다.

"남편이 없으면 되겠느냐."
"되겠습니다."

왕은 그를 놓아 보냈다. 이 해 왕은 자리에서 쫓겨나 죽었다. 그 후 2년 만에 도화랑의 남편 또한 죽었다. 10일이 지난 어느 날 밤에 문득 왕은 여느 때와 같이 도화녀의 방으로 들어와 말한다.

"네가 지난날 허락한 말이 있지 않느냐. 지금은 네 남편이 없으니 되겠느냐."

여인이 쉽게 따르지 않고 부모에게 아뢰니 부모는 말하기를,

"임금의 말씀인데 어떻게 피할 수가 있겠느냐."

하고 딸을, 왕이 있는 방에 들어가게 했다. 왕은 7일 동안 머물렀는데 머무는 동안 오색구름이 집을 덮었고 향기는 방안에 가득하였다. 7일 뒤에 왕이 문득 사라졌으나 여인은 이내 태기가 있었다. 달이 차서 해산하려 하는데 천지가 흔들거리더니 한 사내아이를 낳았는데 이름을 비형(鼻荊)이라고 했다.[65]

---

65 비형랑은 이무기와 같이 큰 뱀으로 장차 용이 될 존재다(김기흥, 천년의 왕국 신라). 비형은 한자의 뜻으로 볼 때 코의 가시인데 용의 코가 가시처럼 돋아 있음을 상징한다. 달리 비형은 부얌-배암-뱀과도 소리(비형-비영-비얌)의 유연성이 있다. 비형을 한자의 훈으로 읽으면 고가시가 된다. 고는 코(鼻)이고 이는 곶-꽃(花)과 무관하지 않다. 말하자면 도화녀의 자식이니 고는 꽃이요, 도화녀(桃花女)임을 상징한다(삼국유사사전 참조).

진평대왕이 그 이상한 소문을 듣고 아이를 궁중에 데려다가 길렀다. 15세가 되어 집사 벼슬을 주었다. 그러나 비형은 밤마다 멀리 달아나서 놀곤 하였다. 왕은 용사 50명을 시켜서 지키도록 했으나 그는 언제나 월성을 뛰어 넘어서 서쪽 황천(荒川, 沙等伊川) 언덕 위에 가서는 귀신들을 데리고 놀았다. 용사들이 숲 속에 엎드려서 엿보았더니 귀신의 무리들이 여러 절에서 들려오는 새벽 종소리를 듣고 각각 흩어져 가 버리면 비형랑도 또한 집으로 돌아왔다. 용사들은 이 사실을 왕에게 보고했다. 왕은 비형을 불러서 말했다.

"네가 귀신들을 데리고 논다니 그게 사실이냐."
"그렇습니다."
"그렇다면 너는 그 귀신의 무리들을 데리고 신원사(神元寺) 북쪽 개천[66]에 다리를 놓아라."

비형은 명을 받아 귀신의 무리들을 시켜서 하룻밤 사이에 큰 다리를 놓았다. 마침내 다리를 귀교(鬼橋)라고 했다. 왕은 또 물었다.

"그들 귀신들 가운데 사람이 되어서 나라의 정사를 도울 만한 자가 있느냐."

길달(吉達)이란 자가 있사온데 제법 정사를 도울 만합니다.

"그러면 데리고 오도록 하라."

이튿날 그를 데리고 와서 왕께 뵈니 집사 벼슬을 주었다. 그는 과연 충성되고 정직하기가 비할 데 없었다. 이때 각간 임종(林宗)이 아들이 없었으므로 왕은 명령하여 길달을 그 아들로 삼게 했다. 임종은 길달을 시켜 흥륜사 남쪽에 문루를 세우게 했다. 그리고 밤마다 그 문루 위에 가서 자도록 했다. 그리하여 그 문루를 길달문이라고 했다. 어느 날 길달이 여우로 변하여 달아났다. 이에 비형은 귀신의 무리를 시켜 붙잡아서 죽였다. 이 때문에 귀신의 무리들은 비형의 이름만 들어도 두려워하여 달아났다. 당시 사람들은 글을 지어 말했다. 진지왕의 넋이 아들을 낳았으니, 비형랑의 집이 바로 그곳일세. 날뛰는 모든 귀신의 무리, 이곳에는 아예 머물지 말라. 신라 풍속에 이런 글을 써 붙여 귀신을 물리쳤다.

66 신중사(神衆寺)라고도 하지만 그것은 잘못이다. 달리 황천 동쪽 깊은 개울(深渠)이라 한다.

천사옥대(天賜玉帶)

진평왕이 보위에 올랐다. 그의 이름은 백정이며, 진흥왕 태자 동륜의 아들이다. 어머니는 김씨 만호(일명 만내)부인이며, 갈문왕 입종의 딸이다. 왕비는 김씨 마야부인이며 갈문왕(葛文王, 명예 임금) 복승의 딸이다. 왕은 태어나면서부터 얼굴 생김이 기이하였다. 그는 몸집이 훤칠하였으며, 아는 것이 많고 의기가 활달하였다. 원년 8월, 이찬 노리부(弩里夫)를 상대등에 임용하였다. 왕의 어머니의 아우인 백반을 진정 갈문왕에 봉하고, 국반을 진안 갈문왕에 임명했다.〔기〕

제26대 백정왕(白淨王)의 시호는 진평대왕, 성은 김이다. 대건 11년(기해, 579) 8월에 보위에 올랐다. 키가 11자나 되었다. 내제석궁(內帝釋宮, 일명 천주사(天柱寺))에 거둥하여 섬돌을 밟자 두 개가 한꺼번에 부러졌다. 왕이 좌우 사람을 돌아보면서 말했다.[67]

"이 돌을 옮기지 말고 그대로 두었다가 사람들이 보도록 하라.
이것이 바로 성 안에 있는 다섯 개의 움직이지 않는 돌의 하나다."

왕이 즉위한 원년에 천사가 대궐 뜰에 내려와 왕에게 말한다.

"상제께서 제게 왕명으로 이 옥대를 전하라고 하셨습니다."

왕이 꿇어앉아 몸소 이것을 받으니 천사가 하늘로 올라갔다. 하늘과 땅에 지내는 산천에 올리는 교사(郊社, 교제와 사직제)나 종묘의 큰 제사 때에는 언제나 이것을 띠었다. 그 뒤 고구려왕이 신라를 치려고 할 때 말했다.

"신라에는 세 가지 보물이 있어서 공격하지 못한다고 하니 그게 무엇 무엇이냐."

좌우가 대답한다.

"황룡사의 장륙존상(丈六尊像, 16자 불상)이 그 첫째요, 그 절에 있는 구층탑이 그 둘째요, 진평왕의 천사옥대가 그 셋째입니다."

이 말을 듣고 신라를 공격할 계획을 접었으니 기리어 적었다.

---

67 천사옥대(天賜玉帶, 옥제 허리띠)는, 청태 4년(정유, 937) 5월 정승(政承) 김부(金傅)가 금으로 새기고 옥으로 장식한 허리띠 하나를 바쳤다. 길이는 10위(圍)요. 전과(鐫銙, 쇠고리)가 62개나 되었다. 이것을 진평왕(眞平王)의 천사대라고 한다. 고려 태조는 이것을 받아 내고(內庫)에 간직했다(삼국유사 기이 천사옥대).

구름 밖에 하늘이 주신 긴 옥대는
임금의 곤룡포에 알맞게 둘려 있네.
우리 임금 이제부터 짐이 더욱 무거우니
다음 날엔 쇠로 섬돌을 만들 것이네.

제27대 선덕왕(善德王) 지기삼사(知幾三事)

제27대 덕만(德曼, 만(曼)은 달리 만(萬))의 시호는 선덕여대왕이다. 성은 김, 아버지는 진평왕이다. 어머니는 김씨 마야부인이다. 덕만은 성품이 너그럽고 어질고 총명하였다. 진평왕이 별세하였으나 아들이 없었으므로 백성들이 덕만을 보위에 오르게 하고 성조황고(聖祖皇姑)라는 부름말을 올렸다.〔기〕

정관 6년(임진, 632)에 즉위하여 나라를 다스린 지 16년 동안에 미리 안 일이 세 가지가 있었다.

첫째는, 전 임금 때 당 나라 태종이 붉은 색과 검붉은 자색, 그리고 흰색의 모란꽃 그림과 꽃씨 석 되를 보냈다. 진평왕은 그림과 씨를 덕만에게 보인 적이 있었다. 덕만은,

"이 꽃이 비록 곱기는 하지만 틀림없이 향기가 없을 것입니다."

라고 말하였다. 왕은 웃으면서

"네가 어떻게 그것을 아느냐?"

고 물었다. 그녀는,

"꽃을 그렸으나 나비가 없기에 이를 알았습니다. 무릇 여자로서 미색을 갖추고 있으면 남자가 따르는 법이고, 꽃에 향기가 있으면 벌과 나비가 따르는 법입니다. 이 꽃이 무척 고운데도 그림에 벌과 나비가 없으니 이는 틀림없이 향기가 없는 꽃일 것입니다."〔기〕

라고 대답하였다. 그 씨앗을 심었는데 과연 덕만이 말한 것과 같았다. 그녀의 앞을 내다보는 혜안이 이와 같았다.[68]

---

68 삼국사기 신라본기 선덕여왕 참조.

둘째는, 영묘사 옥문지(玉門池) 못에 겨울인데도 개구리들이 많이 모여들어 사나흘 동안 울어 댄 일이 있었다. 나라 사람들이 이상히 여겨 왕에게 물었다. 그러자 왕은 급히 각간 알천, 필탄 등에게 왕명으로 정예병 2천 명을 데리고 속히 서쪽으로 가서 여성의 음부 같은 여근곡(女根谷)이 어딘지 찾아 가면 반드시 적군이 있을 것이니 기습해서 모두 죽이라고 했다. 두 각간이 명을 받고 각각 군사 천 명을 거느리고 서쪽에 가보니 부산(富山) 아래 정말로 여근곡이 있고 백제 군사 5백 명이 와서 거기에 숨어 있었다. 이들을 모두 죽였다. 백제의 장군 우소(于召)가 남산 고개 바위 위에 숨어 있었으므로 포위하고 활을 쏘아 죽였다. 또 뒤에 군사 1,200명이 따라오고 있었는데, 모두 죽여 한 사람도 남기지 않았다.

셋째는, 왕이 건강할 때 여러 조정 신하들에게 일렀다.

"나는 어느 해 어느 날에 죽을 것이니 나를 도리천(忉利天)에 장사지내도록 하라."

여러 신하들이 그게 어느 곳인지 알지 못해서 물으니 왕이 말하였다.

"낭산(狼山) 남쪽이니라."

그 날이 이르니 왕은 과연 죽었고, 여러 신하들은 낭산 양지에 장사지냈다. 10여 년이 지난 뒤 문무대왕이 왕의 무덤 아래에 사천왕사를 세웠는데 불경에 말하기를,

"사천왕천(四天王天) 위에 도리천이 있다."

라고 했으니 그제야 대왕의 신령하고 성스러움을 알 수가 있었다. 왕이 죽기 전에 여러 신하들이 왕에게 아뢰었다.

"어떻게 해서 모란꽃에 향기가 없고, 개구리 우는 것으로 백제의 기습이 있음을 아셨습니까."

왕이 대답했다.

"꽃을 그렸는데 나비가 없으므로 그 향기가 없는 것을 알 수가 있었다. 이것은 당 나라 임금이 나에게 짝이 없는 것을 비아냥거린 것이다. 또 개구리가 성난 모양을 하는 것은 병사의 형상이요. 옥문이란 곧 여자의 음문이다. 여자는 음이고 그 빛은 흰데 흰빛은 서쪽을 뜻하므로 군사가 서쪽에 있다는 것을 알았다. 또 남근은 여근에 들어가면 죽는 법이니 마침내 잡기가 쉽다는 것을 알 수 있었다."

이에 여러 신하들은 모두 왕의 성스럽고 슬기로움에 혀를 찼다. 꽃은 삼색으로 그려 보낸 것은 대개 신라에는 세 여왕이 있을 것을 알고 한 일이었던가. 세 여왕이란 선덕, 진덕, 진성이니 당 나라 임금도 짐작하여 아는 밝은 지혜가 있었던 것이다. 선덕왕이 영묘사를 세운 일은 양지사전(良志師傳)에 자세히 실려 있다. 별기에 말하기를, 이 임금 때에 돌을 다듬어서 첨성대를 쌓았다고 했다.

11년 봄 정월, 당 나라에 사신을 보내 특산물을 바쳤다. 7월, 백제왕 의자(義慈)가 군사를 크게 일으켜 서쪽 지방의 40여 성을 빼앗았고, 8월에 다시 고구려와 공모하여 당항성(黨項城, 화성)을 빼앗아 당 나라로 가는 길을 막고자 하였다. 왕이 사신을 당 나라로 보내 태종에게 급한 사정을 알렸다. 이 달에 백제 장군 윤충이 군사를 거느리고 대야성(大耶城, 합천)을 쳐들어와 빼앗았다. 도독 이찬 품석과 사지 죽죽, 용석 등이 이 싸움에서 죽었다. 겨울에 왕이 백제로 쳐들어 가 대야성의 패배를 씻고자 하였다. 이를 위하여, 이찬 김춘추를 고구려에 보내 군사의 파견을 간청하였다. 애초 대야성 싸움에서 패했을 때 도독 품석의 아내가 여기서 죽었다. 그녀는 춘추의 딸이었다. 춘추는 이 소식을 듣고, 온종일 기둥에 기대서서 눈도 깜빡이지 않은 채, 사람이나 물체가 앞을 지나가도 알아보지 못했다. 그는 얼마 뒤에 '아아, 대장부가 어찌 백제를 이길 수 없으랴'하고는 곧 왕에게 나아가 '명령을 내려 주신다면 제가 고구려에 가서 군사의 파견을 요청하여 백제에 대한 원한을 갚기를 원하나이다. 왕은 이를 허락하였다. 고구려 보장왕은 원래 춘추에 대한 이름을 듣고 있었다. 그는 먼저 군사의 호위를 엄하게 한 뒤에 춘추를 만났다. 춘추가 말했다.

"지금 백제가 무도하여, 독사와 큰 돼지처럼 욕심을 갖고 우리 국토를 침입하였습니다. 이제 우리 임금이 큰 나라인 고구려의 군사를 얻어 원한을 갚고자 하여, 저를 보내어 이 일을 이루도록 하라 명하시어 왔습니다."

고구려 보장왕이 말했다.

"죽령(竹嶺)은 본디 우리 땅이다.[69] 그대들이 만약 죽령 서북 땅을 돌려준다면 군사를 보낼 수 있다."

---

69 죽령의 죽(竹)은 숙의 표기로 볼 수 있다. 당시에는 파찰음이 음소로 기능하지 못했기에 그렇다. 숙-숫(ㄱ)이니 여기 숫(슷)이란 사이를 뜻한다. 고개란 두 지역을, 나라와 나라의 사이를 갈라놓는 공간의 경계가 된다(슷間(훈몽자회) +-응>스승). 통일 이후 흩어진 민심을 봉합하고 군신간의 사이, 귀족과 백성 사이를 아우르는 구실을 하였다고 볼 수 있다(정호완, 삼국유사의 상상력).

춘추가 대답했다.

"제가 임금의 명을 받들어 군사를 빌리고자 하여 왔으나, 대왕께서는 이웃의 고통을 도와줘 이웃과 잘 지낼 뜻은 없고, 다만 남의 나라 사신을 겁을 줘 땅을 돌려주기를 요구하니, 저에게는 죽음이 있을 뿐, 다른 것은 모르겠습니다."

그의 말이 공손하지 않자 보장왕은 화를 내어 그를 별채에 가두었다. 춘추는 사람을 시켜 남모르게 본국 왕에게 이를 알리도록 하였다. 왕은 대장군 김유신에게 명령하여 결사대 일만 명을 거느리고 고구려로 가도록 하였다. 유신이 군사를 이끌고 한강을 건너 고구려의 남쪽 국경으로 쳐들어가자, 고구려왕이 소식을 듣고 춘추를 풀어 돌려보냈다. 왕 11년(642) 대장군 김유신은 압량주의 군주(軍主)로 임용되었다.〔기〕

第28대 진덕왕(眞德王)

第28대 진덕(眞德)이 보위에 올랐다. 그녀의 이름은 승만(勝曼)이며, 진평왕의 친 아우인 갈문왕 국반(國飯, 國芬)의 딸이다. 어머니는 박씨 월명부인이다. 승만은 자태가 곱고 아름다웠으며, 키가 7척이었고, 팔을 늘이고 있으면 그 길이가 무릎을 넘었다.〔기〕

진덕이 몸소 태평가를 지어 비단을 짜서 그 가사로 무늬를 놓아 사신을 시켜서 당 나라에 바치게 했다. 다른 책에는, 춘추공을 사신으로 보내서 군사를 청하게 했더니 당 나라 태종이 기뻐하여 소정방을 보냈다고 했으나 이것은 잘못된 것이다. 현경 이전 춘추공은 이미 보위에 올랐기 때문이다. 그리고 현경, 경신년은 태종 때가 아니라 고종 때다. 소정방이 온 것은 현경, 경신년이니 비단을 짜서 무늬를 놓아 보냈다는 것은 당 나라에 군사원조를 요청한 때의 일이 아니고 진덕왕 때의 일이라야 옳다. 대개 이때는 김흠순(金欽純)을 풀어 달라고 청할 때의 일이다.
당 나라 황제는 이것을 아름답게 여겨 높이 추어주고 진덕여왕을 계림국왕으로 고쳐 임명했다. 태평가의 가사는 이러했다.

위대한 당 나라 왕업을 세우니,
높디높은 임금의 뜻이 장하여라.
전쟁 끝나니 천하를 평정하고,
문치를 닦으니 여러 임금들이 뒤를 이었네.
하늘을 거느리니 비바람을 다스리고,

만물을 다스리니 모든 것이 빛이 나네.
깊은 덕은 해와 달에 비기겠고,
돌아오는 운수는 요순보다 앞서네.
깃발은 어찌 그리 번쩍이는가.
징소리 북소리는 웅장한 메아리로.
오랑캐로서 황제의 명을 거슬리는 자는
칼 앞에 자빠져 천벌을 받으리.
평화로운 풍속 곳곳에 퍼지니,
멀고 가까운 곳에서 신령한 짐승을 바치네.
사시의 기후는 옥의 촟대처럼 고르고,
칠요(七曜)의 광명은 만방에 두루 비치네.
산악의 정기는 함께 할 재상을 낳고,
황제는 충성되고 어진 신하에게 일을 맡겼네.
오제 삼황의 덕이 하나로 이룩되니,
우리 당 나라 황제를 밝게 해 주리.

왕의 시대에 알천공, 임종공, 술종공, 호림공(자장율사의 부친), 염장공, 유신공이 있었다. 이들은 남산 우지암(亐知巖)에 모여서 나랏일을 의논했다. 이때 큰 범 한 마리가 좌중에 뛰어들었다. 여러 사람들은 놀라 일어났지만 알천공만은 조금도 움직이지 않고 자연스럽게 웃으면서 범의 꼬리를 잡아 땅에 메쳐 죽였다. 알천공의 완력이 이처럼 세었으므로 그를 수석에 앉혔다. 그러나 모든 사람들은 유신공의 위엄에 더 눌렸다.

신라에는 네 곳의 신령스러운 땅이 있어서 나라의 큰일을 의논할 때면 대신들은 반드시 그곳에 모여서 일을 의논했다. 그러면 그 일이 반드시 이루어지는 것이 아닌가. 이 네 곳의 첫째는 동쪽의 청송산(青松山), 둘째는 남쪽의 우지산(亐知山), 셋째는 서쪽의 피전(皮田), 넷째는 북쪽의 금강산이다. 이 왕 때에 비로소 정월 초하룻날 아침의 조례를 행했고, 또 시랑(侍郎)이라는 관명도 이때 처음으로 쓰기 시작했다.

김유신(金庾信)

김유신은 호력(虎力) 이간의 아들 서현 각간 김씨의 맏아들이고 그 아우는 흠순(欽純)이다. 맏누이는 보희(寶姬), 아명은 아해(阿海)이며, 누이동생은 문희(文

姬)로서 아명이 아지(阿之)였다. 유신은 진평왕 17년(을묘, 595)에 태어났다. 일곱별의 정기를 타고났기 때문에 등에 일곱별의 무늬가 있었다. 그에게는 신기하고 이상한 일이 많았다.[70]

나이 18세가 되는 임신년(612) 검술을 익혀 국선이 되었다. 이때 백석(白石)이란 자가 있었는데 어디서 왔는지 알 수가 없었다. 여러 해 동안 유신의 낭도에 속해 있었다. 이때 유신은 고구려와 백제의 두 나라를 치려고 밤낮으로 깊은 구상을 하고 있었는데 백석이 그 계획을 알고 유신에게 말한다.

"제가 공과 함께 먼저 저들 적국에 가서 그들의 실정을 살펴본 뒤에 일을 꾀하는 것이 어떻겠습니까."

유신은 기뻐하여 몸소 백석을 데리고 밤에 떠났다. 고개 위에서 쉬고 있노라니 두 여인이 그를 따라와서 골화천(骨火川, 영천)에 이르러 자게 되었을 때, 한 여자가 또 문득 이르렀다. 공이 세 여인과 함께 기쁘게 이야기하고 있노라니 여인들은 맛있는 과자를 그에게 주었다. 유신은 그것을 받아먹으면서 마음으로 그들을 믿게 되어 자기의 속내를 털어놓았다. 여인들이 말한다.

"공의 말씀은 알겠습니다. 원컨대, 공께서는 백석을 떼어 놓고 우리들과 함께 저 숲속으로 들어가면 찾아온 속사정을 다시 말씀하겠습니다."

이에 그들과 함께 들어가니 여인들은 문득 신으로 변하더니 말하였다.

70 김유신(595-673)은 김춘추와 손잡고 신라의 통일을 이룩한 대장군이다. 신라로 귀순한 가야국 왕실의 후손으로, 15세에 용화낭도의 화랑이 되었고 여러 전투에서 공을 세웠다. 중국 당(唐) 나라와 연합하여 백제와 고구려를 통합한 뒤, 삼국 전체를 지배하려는 당 나라의 군사를 내몰아 삼국 통일의 기반을 다졌다. 신라의 관원으로서는 최고의 지위인 태대각간(太大角干)에 올랐으며, 사후인 흥덕왕 10년(835)에 흥무대왕(興武大王)에 추존되었다. 그런데 삼국사절요(三國史節要) 권제14 경명왕 조에 같은 해 11월에 김유신을 흥무대왕으로 추봉했다는 기록으로 보아 삼국유사의 기록이 맞을 것으로 본다(문경현). 본디의 이름은 경신(庚辰)이었다. 삼국사기 권41 열전(列傳) 제1 김유신(金庾信)을 따르면, 김유신의 아버지 서현(舒玄)은 경진(庚辰)일 밤에 형혹(熒惑, 화성), 진성(鎭星, 토성) 두 별이 자신에게 내려와 떨어지는 꿈을 꾸었는데, 김유신의 어머니 만명(萬明) 부인도 또한 신축(辛丑)일 밤에 한 동자가 금빛 갑옷을 입고 구름을 타고 하늘에서 내려와서 집안으로 들어오는 꿈을 꾸고 곧 임신하였다. 처음에는 꿈을 바탕으로 경신이라고 하였다. 이름에 해와 달을 이름으로 쓰지 않는다고 하여 같은 뜻이면서도 소리가 다른 이름으로 고친 것이다. 기계식 활이라 할 만노(萬弩) 부대를 이끌고 신라의 삼국통일에 기념비적인 공로를 세웠다. 그 대표적인 곳이 오늘날의 진천군을 당시 만노군(萬弩郡)이라 하고 유신공의 아버지인 서현공을 태수로 삼았다. 그를 도왔던 기계식 활인 만노의 명장 구진천(仇珍川)이 있었다(삼국유사사전 참조).

"우리들은 나림(奈林, 경주), 혈례(穴禮, 청도), 골화(骨火, 영천) 등 세 곳의 호국신이오. 지금 적국 사람이 장군을 데리고 가는데도 낭은 알지 못하고 따라가므로, 우리는 낭을 말리려고 여기까지 온 것이었소."

말을 마치고 자취를 감추었다. 공은 말을 듣고 놀라 쓰러졌다가 두 번 절하고 나와서는 골화관에 묵으면서 백석에게 말했다.

"나는 지금 다른 나라에 가면서 중요한 문서를 잊고 왔다. 너와 함께 집으로 돌아가 가지고 오도록 하자."

드디어 함께 집에 돌아오자 백석을 묶어 놓고 사실대로 말하라고 하니 백석이 말하였다.

"나는 본디 고구려 사람이오.[71] 우리나라 여러 신하들이 말하기를, 신라의 유신은 우리나라 점쟁이 추남(楸南)이었는데, 국경 지방에 역류수(逆流水, 암수라고도 하는데, 엎치락뒤치락 하는 일)가 있어서 그에게 점을 치게 했었소. 이에 추남이 아뢰기를, '대왕의 부인이 음양의 도를 역행한 때문에 이러한 징조로 나타난 것입니다'했소. 이에 대왕은 놀라고 이상하게 여기고 왕비는 몹시 격노했소. 이것은 틀림없이 요사스런 여우의 말이라 하여 왕에게 아뢰어 다른 일을 가지고 시험해서 물어보아 맞지 않으면 사형에 처하라고 했소. 이리하여 쥐 한 마리를 함 속에 감추어 두고 이것이 무슨 물건이냐 물었더니 그 사람은, 이것이 반드시 쥐인데 그 수가 여덟 마리입니다 했소. 이에 그의 말이 맞지 않는다고 해서 죽이려 하자 그 사람은 맹세하기를, 내가 죽은 뒤에는 꼭 대장이 되어 반드시 고구려를 멸망시킬 것이라 했소. 곧 그를 죽이고 쥐의 배를 갈라 보니 새끼 일곱 마리가 있었소. 그제야 그의 말이 맞는 것을 알았지요. 그날 밤 대왕의 꿈에 추남이 신라 서현공 부인의 품속으로 들어가는 것을 보고 여러 신하들에게 물었더니 모두 추남이 다짐하고 죽더니 과연 맞습니다. 그렇기 때문에 고구려에서는 나를 보내서 그대를 이끌어 가게 한 것이오."

공은 곧 백석을 죽이고 음식을 갖추어 삼신에게 제사지내니 이들은 모두 나타나서 제물을 받았다. 김유신의 아내인 재매부인(財買夫人)이 죽자 청연(靑淵) 상곡에 장사지내고 재매곡이라 불렀다. 해마다 봄이 되면 온 집안의 남녀들이 그 골짜기 남쪽 시냇가에 모여서 잔치를 열었다. 이럴 때엔 백 가지 꽃이 화려하게

---

71 고본(古本)에 백제 사람이라고 한 것은 잘못이다. 추남(楸南)은 고구려 사람이요, 또한 음양을 역행한 일도 보장왕 때의 일이다.

피고 송화가 골짜기 안 숲속에 가득했다. 골짜기 어귀에 암자를 짓고 이름을 송화방(松花房)이라 하여 전해 오다가 기도 도량으로 삼았다. 54대 경명왕[72] 때에 유신 공을 봉해서 흥무대왕(興武大王)이라 했다. 유신의 능은 서산 모지사 북동으로 향해 뻗은 봉우리에 있다.

第29대 태종 춘추공(春秋公)

第29대 태종대왕의 이름은 춘추(春秋), 성은 김 씨다. 용수(龍樹, 혹은 용춘(龍春)) 각간으로 죽은 뒤에 추봉된 문흥대왕의 아들이다. 어머니는 진평대왕의 딸 천명부인(天明夫人)이니 진평왕의 딸이다. 왕비는 문명황후 문희(文姬)이니 곧 유신공의 막내 누이였다.

왕비는 문명부인이며 각간 서현의 딸이고 유신공의 막내 누이였다. 왕은 풍모가 빼어나고 당당하였으며, 어려서부터 정치에 뜻을 두었다. 그는 진덕왕을 섬겨 이찬의 벼슬을 하였으며, 당 나라 황제가 특진을 임명했다. 진덕왕이 죽자 여러 신하들이 이찬 알천에게 섭정할 것을 요청하였다. 알천은 굳이 사양하며,

"나는 늙었고 이렇다 할 덕행이 없다. 지금 덕망이 두텁기로는 춘추 공만 한 이가 없다. 그는 실로 세상을 다스릴 영웅이라고 할 수 있다."

라고 말했다. 마침내 그를 받들어 왕으로 삼으려 하니 춘추가 세 번이나 사양하다가 마지못해 보위에 올랐다.〔기〕

처음에는 문희의 언니 보희가 꿈에 서악에 올라가서 오줌을 누는데 오줌이 서라벌 안에 가득 찼다. 이튿날 아침에 문희에게 꿈 이야기를 하자 문희는 이 말을 듣고,

"내가 그 꿈을 사겠어요."

하고 말하니 언니는,

"무엇으로 사려 하느냐."

72 일설에는 흥덕왕이 맞는다고 하였다. 고려사절요에도 경명왕으로 나온다(문경현, 역주 삼국유사, 2015).

하고 물었다.

"비단치마를 주면 되겠지요."

언니가 웃으면서,

"그렇게 하자."

하여, 아우가 옷깃을 벌리고 받으려 하자 언니는,

"어젯밤 꿈을 네게 준다."

했고, 아우는 비단치마로 값을 치렀다. 그런 지 십여 일이 지났다. 정월 보름인 오기일(午忌日)에 유신이 춘추공과 함께 유신의 집 앞에서 공을 찼다. 신라 사람들은 공차는 것을 농주(弄珠)의 희롱이라 한다. 이때 유신은 일부러 춘추의 옷을 밟아서 옷끈을 떨어뜨리게 하고 말하기를,

"내 집에 들어가서 옷끈을 달도록 합시다."

하매 춘추공은 그 말을 따랐다. 유신이 언니인 아해(阿海)를 보고 옷을 꿰매 드리라 하니 아해는 말한다.

"어찌 그런 사소한 일로 해서 가벼이 귀공자와 가까이 한단 말입니까."

하고 따르지 않았다. 이에 유신은 아래 누이인 아지(阿之)에게 일렀다. 춘추공은 유신의 뜻을 알고 드디어 아지와 정을 나누고 이로부터 자주 오갔다. 유신은 그 누이가 임신한 것을 알고 꾸짖었다.

"너는 부모에게 알리지도 않고 아이를 배었으니 그게 무슨 일이냐."

그리고는 온 나라 안에 말을 퍼뜨려 그 누이를 불태워 죽인다고 했다. 마침 선덕왕이 남산에 거둥하는 틈을 타서 유신은 마당 가운데 나무를 쌓아 놓고 불을 질렀다. 연기가 일어나자 왕이 바라보고 무슨 연기냐고 물으니, 좌우에서 아뢰기를,

"유신이 손아래 누이를 불태워 죽이려고 합니다."

했다. 왕이 그 까닭을 물으니, 그 누이가 남편도 없이 임신한 때문이라고 했다. 왕이,

"그게 누구의 짓이냐."

라고 물었다. 이때 춘추공은 왕을 모시고 앞에 있다가 얼굴빛이 몹시 변했다. 왕은 말한다.

"그것은 네가 한 짓이구나. 빨리 가서 구하도록 하라."

춘추공은 명을 받고 말을 달려 왕명을 전하여 죽이지 못하게 한 뒤 버젓이 혼례를 올렸다. 공은 진덕왕이 죽자 영휘 5년(갑인, 654)에 왕이 되어 나라를 다스린 지 8년 만인 용삭 원년(신유, 661)에 죽으니 나이 59세였다. 애공사 동쪽에 장사지내고 빗돌을 세웠다.

왕은 유신과 함께 신비스러운 지혜와 힘을 다해서 삼한을 통일하여 나라에 큰 공을 세웠다. 그런 때문에 묘호를 태종이라고 했다. 태자 법민(法敏)과 각간 인문(仁問), 각간 문왕(文王), 각간 노단(老旦), 각간 지경(智鏡), 각간 개원(愷元) 등은 모두 문희가 낳은 아들들이었으니 전날에 꿈을 샀던 효험이 여기에 나타난 것이다. 서자는 개지문(皆知文) 급간과 거득(車得) 영공, 마득(馬得) 아간이다. 딸까지 합치면 모두 다섯 명이다.

왕은 하루에 쌀 3말과 꿩 9마리를 먹었다. 그러나 경신년(660)에 백제를 통합한 뒤로는 점심을 먹지 않고 다만 아침저녁뿐이었다. 그래도 하루에 쌀 여섯 말, 술 여섯 말, 꿩 열 마리를 먹었다. 성안 물건 값은 포목 한 필에 벼가 서른 섬 혹은 쉰 섬이어서 백성들은 태평성대라고 불렀다. 왕이 태자로 있을 때 고구려를 치고자 군사를 청하려고 당 나라에 갔다. 이때 당 나라 임금이 그의 풍채를 보고 칭찬하여 신성한 사람이라 하고 당 나라에 머물러 두고 시위로 삼으려 했지만 굳이 청해서 돌아오고 말았다.

이때 백제 마지막 임금인 의자(義慈)는 곧 무왕(武王)의 맏아들로서 영웅답게 씩씩하고 담력이 있었다. 부모를 효성스럽게 섬기고 형제간에 우애가 있어 당시 사람들은 그를 해동증자라 했다. 정관 15년(신축, 641)에 보위에 오르자 주색에 빠져서 정사는 어지럽고 나라는 위태로웠다. 좌평(佐平, 정승) 성충(成忠)이 애써 간했지만 듣지 않고 도리어 옥에 가두니 몸이 쇠약해지고 지쳐서 거의 죽게 되었으나 성충은 글을 올려 말했다.

"충신은 죽어도 임금을 잊지 않습니다. 원컨대 한마디 말만 여쭙고 죽겠습니다. 신이 일찍이 시국의 변화를 살펴보오니 반드시 전란이 있을 것입니다. 대체로 작전은 그 지세를 잘 가려야 하는 것이니 상류에 진을 치고 적을 맞아 싸우면 반드시 버틸 수가 있을 것입니다. 또 만일 다른 나라 군사가 오거든 육로로는 탄현(炭峴, 옥천 군북면, 일명 침현(沈峴))을 넘지 말게 할 것이고, 수군은 기벌포(伎伐浦, 장항) 곧 장암이니 손량(孫梁)이라고도 하고 기벌포(只火浦 또는 백강(白江))로 적군이 들어오지 못하게 해야 합니다. 그리고 험한 곳에 의지하여 적을 막아야 합니다."

그러나 왕은 그 말을 깨닫지 못했다. 현경 4년(기미, 659)에 백제 오회사(烏會寺, 혹은 오합사(烏合寺))에 크고 붉은 말 한 마리가 나타나 밤낮으로 여섯 번이나 절을 돌아다녔다. 2월 여러 마리의 여우가 의자왕의 궁중으로 들어왔다. 그 중 한 마리는 좌평의 책상 위에 올라앉았다. 4월 태자궁 안에서 암탉과 작은 참새가 교접했다. 5월에는 사비수(泗沘水, 백마강) 언덕 위에 큰 물고기가 나와서 죽어 있었는데 길이가 세 길이나 되었으며 이것을 먹은 사람은 모두 죽었다. 9월에는 궁중에 있는 홰나무가 마치 사람이 우는 것처럼 울었으며, 밤에는 귀신이 대궐 남쪽 길에서 울었다. 5년(경신, 660) 봄 정월엔 도읍의 우물물이 핏빛이 되었다. 서쪽 바닷가에 작은 물고기가 나와 죽었는데 이것을 백성들이 다 먹을 수가 없었다. 또 사비수의 물이 핏빛이 되었다. 4월에는 청개구리 수만 마리가 나무 위에 모였다. 도읍 백성들이 까닭 없이 놀라 달아나는 것이 마치 누가 잡으러 오는 것 같았다. 마침내 놀라 자빠져 죽은 이가 100여 명이나 되었고 재물을 잃은 이는 그 수를 모를 만큼 많았다. 6월에는 왕흥사(王興寺)의 중들이 보니 배가 큰 물결을 따라 절문으로 들어오는 것 같았다. 또 마치 들 사슴과 같은 큰 개가 서쪽에서 사비수 언덕에 와서 대궐을 바라보고 짖더니 이윽고 어디로 갔는지 알 수가 없었다. 성안에 있는 여러 개들이 길 위에 모여들어 혹은 짖기도 하고 울기도 하다가 얼마 뒤에야 흩어졌다. 또 귀신 하나가 궁중으로 들어오더니 큰 소리로 부르짖기를,

"백제는 망한다, 백제는 망한다."

하다가 이내 땅속으로 들어갔다. 왕이 이상히 여겨 사람을 시켜 땅을 파게 하니 3자 깊이에 거북 한 마리가 있는데 그 등에 글이 씌어 있었다.

"백제는 둥근 달 같고, 신라는 초승달과 같네."

이 글 뜻을 무당에게 물으니 무당은,

"둥근 달이라는 것은 가득 찬 것이니 차면 기웁니다. 초승달은 차지 않은 것이니 차지 않으면 점점 차게 됩니다."

하자 왕은 노해서 무당을 죽여 버렸다. 다른 무당이 말했다.

"둥근 달은 왕성한 것이고, 초승달은 미미한 것이오니, 생각건대, 우리나라는 점점 강해지고 신라는 점점 약해진다는 뜻이 아니겠습니까."

왕은 이 말을 듣고 기뻐했다. 태종은 백제에 괴변이 많다는 소식을 듣고 5년(경신, 660)에 김인문을 사신으로 당 나라에 보내서 군사를 청했다. 당 고종은 좌호위장군 형국공 소정방으로 신구도행군총관을 삼아 좌위장군 유백영과 좌호위장군 풍사귀, 좌효위장군 방효공 등을 거느리고 13만의 군사를 이끌고 와서 치게 했다. 또 신라 왕 춘추로 우이도 행군총관을 삼아 신라의 군사와 합세하도록 했다.

소정방이 군사를 이끌고 성산(城山)에서 바다를 건너 신라 서쪽 덕물도(德勿島)에 이르자 신라왕은 김유신 장군을 보내서 정병 5만을 거느리고 싸움에 나아가게 했다. 의자왕은 이 소식을 듣고 여러 신하들을 모아 싸우고 지킬 대책을 물으니 좌평 의직(義直)이 나와 아뢴다.

"당 나라 군사는 멀리 큰 바다를 건너왔고 또 수전에 익숙하지 못하고, 또 신라 군사는 큰 나라가 도와주는 것만 믿고 적을 가볍게 여기는 마음이 있습니다. 만일 당 나라 군사가 싸움에 이롭지 못한 것을 보면 반드시 의심하고 두려워하여 감히 쳐들어오지 못할 것입니다. 마침내 우리는 먼저 당 나라 군사와 겨루는 것이 좋을 것입니다."

그러나 달솔 상영(常永) 등은 다르게 말했다.

"그렇지 않습니다. 당 나라 군사는 멀리서 왔기 때문에 속히 싸우려고 서두르고 있으니 그 예봉을 당할 수가 없을 것입니다. 한편 신라 군사는 여러 번 우리에게 패했기 때문에 이제 우리 군사의 기세를 바라만 보아도 두려워하지 않을 수가 없을 것입니다. 하오니 오늘날의 작전은 마땅히 당 나라 군사의 길을 막고 그 군사들이 피로해지기를 기다릴 것입니다. 그러니 먼저 일부 조그만 군사로 신라를 치시 그 예봉을 꺾은 뒤에 편의를 보아서 싸운다면 군사를 하나도 죽이지 않고서 나라를 지킬 것입니다."

이리하여 왕은 망설이고 어느 말을 따르지 모르고 있었다. 이때 좌평 흥수(興首)가 죄 값으로 고마며지현(古馬旀知縣)에 귀양을 가 있었으므로 사람을 보내어 물었다.

"일이 급하니 어찌하면 좋겠는가."

흥수는 말한다.

"대체로 좌평 성충의 말과 같사옵니다."

대신들은 이 말을 믿지 않고 말하기를,

"흥수는 죄인의 몸이어서 임금을 미워하고 나라를 사랑하지 않는 것이오니 그 말은 쓸 데가 없습니다. 당 나라 군사로 하여금 백강 기벌포에 들어가서 강물을 따라 내려오되 배를 나란히 하지 못하게 할 것입니다. 또 신라군은 탄현(炭峴, 옥천 군북)에 올라와서 소로를 따라 내려오되 말을 나란히 하지 못하게 할 것입니다. 이렇게 해 놓고 군사를 놓아 친다면 마치 닭장에 든 닭과 그물에 걸린 물고기와 같을 것입니다."

했다. 왕은,

"그 말이 옳다."

했다. 또 들으니 당 나라 군사와 신라 군사가 이미 백강과 탄현을 지났다 한다. 의자왕은 계백(階伯) 장군을 보내 결사대 5천 명을 거느리고 황산(黃山)으로 나가 신라 군사와 싸우게 했더니 계백은 네 번 싸워 네 번 다 이겼다. 하지만 군사는 적고 힘이 다하여 마침내 이기지 못하고 계백은 전사했다. 이에 당 나라 군사와 신라 군사는 합세해서 쳐들어와 나루터까지 나가서 강가에 군사를 머물게 했다. 이때 문득 새가 소정방의 진영 위에서 맴돌므로 사람을 시켜서 점을 치게 했더니

"반드시 원수가 죽을 것입니다."

한다. 정방이 두려워하여 군사를 물리고 싸움을 중지하려 하므로 김유신이 소정방에게 이르기를,

"어찌 나는 새의 이상한 일을 가지고 하늘이 내린 때를 어긴단 말이오. 하늘에 응하고 민심에 따라서 지극히 어질지 못한 자를 치는데 어찌 좋지 못한 일이 있겠소."

하고 신검을 뽑아 그 새를 겨누니 새는 몸뚱이가 찢어져 그들의 자리 앞에 떨어진다. 이에 정방은 백강 왼쪽 언덕으로 나와서 산을 등지고 진을 치고 싸우니 백제군이 크게 지고 꺾였다. 당 나라 군사는 조수를 타고 싸우는 전선이 꼬리를 물어 북을 치면서 전진했다. 정방은 보병과 기병을 이끌고 바로 백제의 도성으로 쳐들어가 30리쯤 되는 곳에 머물렀다. 이때 백제에서는 군사를 다 내어 막았지만

싸우다 죽은 자가 일만여 명이나 되었다. 이리하여 당 나라 군사는 이긴 여세를 몰아 성으로 들이닥쳤다. 의자왕은 죽음을 면치 못할 것을 알고 뉘우쳤다.

"내가 성충의 말을 듣지 않고 있다가 이렇게 되었구나."

의자왕은 드디어 태자 융(隆)과 함께 북비(北鄙, 북쪽 변방)로 달아났다. 정방이 그 성을 포위하자 왕의 둘째 아들 태(泰)가 스스로 왕이 되어 무리를 거느리고 성을 굳게 지켰다. 이때 태자의 아들 문사(文思)가 태에게 말한다.

"왕이 태자와 함께 성에서 달아났는데 삼촌이 맘대로 왕이 되었으니, 만일 당 나라 군사가 포위한 것을 풀고 물러간다면 그 때에는 우리들이 어떻게 온전할 수가 있겠습니까."

하고는 좌우 사람들을 거느리고 성을 넘어 나아가자 백성들은 모두 그를 따르니 태는 이것을 말릴 수가 없었다. 소정방이 군사를 시켜 나무 울타리를 세우고 당 나라 깃발을 꽂으니 태는 일이 매우 급해서 문을 열고 항복하였다. 이에 왕과 태자 융(隆), 왕자 태(泰), 대신 정복(貞福)과 여러 성이 모두 귀순했다. 소정방은 의자왕과 태자 융, 왕자 태와 연 및 대신들과 장졸 88명과 백성 만 2,807명을 당 나라 도읍으로 보냈다.

백제에는 원래 5부, 76군, 200성, 36만 호가 있었다. 이때 당 나라에서는 이곳에 웅진(熊津), 마한(馬韓), 동명(東明), 금련(金蓮), 덕안(德安) 등 다섯 도독부를 두고 우두머리를 뽑아서 도독, 자사를 삼아 다스리게 했다. 낭장 유인원에게 왕명으로 사비성을 지키게 하고, 좌위낭장 왕문도로 웅진도독을 삼아 백제에 남아 있는 백성들을 안심하게 했다. 소정방은 포로들을 이끌고 당 나라 임금에게 뵈니, 임금은 이들을 책망만 하고 용서해 주었다.

의자왕이 그곳에서 병으로 죽자, 황제는 그에게 금자광록대부 위위경을 주고 그의 옛 신하들이 가서 조문하도록 했다. 또 왕명으로 손호(孫皓)와 진숙부(陳叔寶)의 무덤 옆에 장사지내게 하고 모두 비를 세워 주었다. 7년(임술, 662)에 당에서는 소정방을 왕명으로 요동도행군대총관을 삼았다가 다시 평양도로 고쳐 고구려 군을 패강에서 깨뜨리고 마읍산(馬邑山)을 빼앗아 진영을 세우고 드디어 평양성을 포위했으나 때마침 큰 눈이 내려서 포위를 풀고 돌아가니, 양주안집대사를 삼아 토번(吐藩, 티베트)을 평정했다. 건봉 2년(667)에 소정방이 죽자 당 나라 황제는 슬퍼하여 좌효기대장군 유주 도독을 내리고 죽은 뒤 시호를 장(莊)이라 했다(당사(唐史) 참조).

신라별기(新羅別記)에 따르면, 문무왕이 즉위한 5년(을축, 665) 8월 경자 일에 왕이 몸소 군사를 거느리고 웅진성(熊津城, 공주)에 가서 부여 융(隆)과 만나 단을 만들고 백마를 잡아 다짐하는데, 먼저 천신과 산신에 제사를 지낸 뒤에 말의 피를 뿌리고 글을 지어 다짐했다.

"앞서 백제의 선왕이 순종하는 것과 거스르는 이치에 어두워 이웃 나라와 평화를 두텁게 하지 않고 친척과 화목하지 않으며, 고구려와 손잡고 왜국과 서로 내통하여, 그들과 함께 못된 짓을 했다. 신라를 침략하여 성읍을 무너뜨리고 백성을 짓밟아 거의 편안한 날이 없었다. 중국의 천자는 한 물건이라도 제가 살 곳을 잃는 것을 가엾게 여기고 백성들이 피해를 입는 것을 불쌍히 여겨, 자주 사신을 보내서 사이좋게 지내기를 타일렀다.

그러나 백제는 지리의 험하고 먼 것을 믿고 천자의 글을 업신여기니 황제는 크게 노하여 정벌하니 깃발이 가리키는 곳에서 한 번 싸움에 이 땅을 평정했다. 마땅히 궁실과 전각을 무너뜨려 못을 만들어서 자손들을 경계하고 그 폐단의 근원을 아주 뽑아 없애어 후세에 교훈을 보이려 한다. 귀순해 오는 자는 받아들이고 거스르는 자를 벌하는 것은 선왕의 아름다운 법이요, 망한 나라를 흥하게 하고 끊어진 대를 잇게 하는 것은 옛 현인들의 공통된 흐름이다. 일은 반드시 옛것을 본받아야 하는 것은 전의 역사책에 전해 오는 것이기 때문에, 전백제왕 사가정경 부여 융을 세워 웅진 도독을 삼아 그 선조의 제사를 받들게 함을 보전케 하는 것이다. 신라에 기대어 길이 좋은 이웃이 되어 각각 묵은 감정을 씻고 좋은 우의를 맺어 화친하게 지낼 것이며 삼가 천자의 명을 받들어 영원한 속국이 될 것이다. 이에 사자 유인원을 보내서 몸소 권하여 나의 뜻을 자세히 널리 펴는 것이다. 혼인을 다짐하고 다짐을 소중히 여겨 희생을 잡아 피를 뿌리고 함께 처음과 끝을 두텁게 할 것이다. 재난을 나누고 환란을 서로 구제하여 우의를 형제처럼 할 것이다. 삼가 임금의 말씀을 받들어 감히 버리지 말 것이며, 이미 다짐을 한 뒤에는 함께 변하지 말도록 힘쓸 것이다. 만일 어기고 등을 돌려 그 덕을 변하여 군사를 일으켜 변방을 침입하는 때에는 신명이 이를 살펴서 백 가지 재앙을 내리어 자손들도 키우지 못하고 사직도 지키지 못하여 제사는 끊어져서 남는 씨가 없게 될 것이다. 그렇기 때문에 여기에 다짐 글을 지어 종묘에 간직해 두는 것이니 자손만대에 이르도록 감히 어기지 말 것이다. 신령께서는 이를 듣고 이에 제물을 드시고 복을 주시옵소서."

다짐이 끝나자 예물을 단 북쪽에 묻고 다짐한 글은 신라의 왕실 제사를 모시는 종묘에 간직해 두었다. 이 다짐하는 글은 대방 도독 유인궤가 지은 것이다.[73]

또 고기(古記)에는 이렇게 적었다.

총장 원년(무진, 668)[74]에 신라에서 청한 당 나라 군사가 평양성 밖에 진을 치고 글을 보내 말하기를,

"급히 군수 물자를 보내 달라."

고 했다. 이에 왕이 여러 신하들을 모아 놓고 묻기를,

"고구려로 들어가서 당 나라 군사가 진을 친 곳으로 간다는 것은 그 형세가 몹시 위험하다. 그러나 우리가 불러온 당 나라 군사가 양식이 떨어졌는데 군량을 보내주지 않는다는 것도 옳지 못하니 어찌 하면 좋겠는가."

했다. 이에 김유신이 아뢰었다.

"신 등이 군수물자를 전달하겠사오니 대왕께서는 염려하지 마십시오."

했다. 이에 유신, 인문 등이 군사 수만 명을 거느리고 고구려 국경 안에 들어가 곡식 2만 말(斛)을 갖다 주고 돌아오니 왕이 크게 기뻐했다. 또 군사를 일으켜 당 나라 군사와 합류하고자 할 때 유신이 먼저 연기(然起), 병천(兵川) 두 사람을 보내서 그 합세할 시기를 물었다. 이때 당 나라 장수 소정방이 종이에 난새(鸞)와 송아지(犢)의 두 그림을 그려 보냈다. 신라 군사들은 그 뜻을 알지 못하여 사람을 보내서 원효(元曉)에게 물었다. 원효는 풀이하기를,

"빨리 군사를 돌리라는 뜻이니 송아지와 난새를 그린 것은 두 물건이 끊어지는 것을 뜻한 것입니다."

했다.[75] 이에 유신은 군사를 돌려 패수를 건너려 할 때 명령을 내려 뒤떨이지는 자는 목을 베리라. 군사들이 앞을 다투어 강을 건너는데 반쯤 건너자 고구려 군

73 당사(唐史)의 글을 살펴보면, 소정방이 의자왕과 태자 융 등을 당 나라 도읍에 보냈다고 했는데 여기에서는 부여왕 융을 만났다고 했으니, 당 나라 황제가 융의 죄를 용서하고 돌려보내서 웅진도독을 삼은 것을 알 수 있다. 그렇기 때문에 다짐 글에도 분명히 말했으니 이로써 증거가 된다(삼국유사 권1 태종춘추공).

74 총장 무진(戊辰)이라면 이적(李勣)의 일이니 보내는 하문(下文)에 소정방이라고 한 것은 잘못이다. 만일 정방의 일이라면 연호는 용삭 2년 임술에 해당하며 평양을 포위했을 때의 일이다(삼국유사 권1 태종춘추공).

75 화독화란(畫犢畫鸞)을 이두로 파자풀이를 한 것으로 보인다. 화독-속(速), 화란-환(還) 이를 합하면 속환(速還)이 되어 빨리 돌아가라는 뜻이 된다(삼국유사사전).

사가 쫓아와서 아직 건너지 못한 자를 잡아 죽였다. 그러나 이튿날 유신은 고구려 군사를 기계식 활인 만노(萬弩)로 반격하여 수만 명을 잡아 죽였다. 백제고기(百濟古記)에는 이렇게 적었다.

"부여성 북쪽 모퉁이에 큰 바위가 있는데 아래로 강물을 내려다보고 있다. 옛날부터 전해 오는 말에 의자왕과 여러 후궁들은 죽음을 면하지 못할 것을 알고 서로 이르기를, '차라리 스스로 죽을지언정 남의 손에 죽지 않겠다'하고 서로 손잡고 여기에 와서 강에 몸을 던져 죽었다. 그 때문에 이 바위를 타사암(墮死岩)이라고 한다." 이것은 속설이 잘못 전해진 것이다. 다만 궁녀들만이 여기에 떨어져 죽은 것이다. 의자왕이 당 나라에서 죽었다는 것은 당사(唐史)에 명문(明文)이 있다. 신라고전에는 이러하다.

"소정방이 이미 고구려, 백제 두 나라를 정벌하고 또 신라마저 치려고 머물러 있었다. 이때 유신이 그 뜻을 알아채고 당 나라 군사를 초청하여 독약을 먹여 죽이고는 모두 쓸어 묻었다."

지금 상주 어름에 당교(唐橋)가 있는데 이것이 그들을 묻은 곳이다. 당사를 살피건대, 그 죽은 까닭은 말하지 않고 다만 죽었다고만 했으니 무슨 까닭일까. 감추기 위한 것인가. 향전이 근거가 없는 것인가. 만일 임술 고구려 싸움에 신라 사람이 정방의 군사를 죽였다면 그 후일인 총장 무진에 어찌 군사를 청하여 고구려를 멸망시킬 수가 있었겠는가. 이로 보면 향전의 근거가 없음을 알 수가 있다. 다만 무진년(668)에 고구려를 멸망시킨 뒤에 당 나라에 신하로서 섬기지 않고 맘대로 그 땅을 소유한 일은 있었으나 소정방, 이적 두 장수를 죽인 일은 없었다.

당 나라 군사가 백제를 평정하고 돌아간 뒤에 신라왕은 여러 장수에게 왕명으로 백제의 남은 군사를 쫓아서 잡게 하고 한산성에 머물렀다. 고구려, 말갈의 두 나라 군사가 와서 에워싸고 서로 싸웠으나 끝이 나지 않아 5월 11일에 시작해 6월 22일에 이르니 신라 군사는 몹시 위태로웠다. 왕이 듣고 여러 신하와 의논했으나 장차 어찌할 지 결정하지 못하고 있는데 유신이 달려와서 아뢴다.

"일이 급하여 사람의 힘으로는 할 수가 없고, 오직 신통한 도술이라야 구원할 수가 있습니다."

하고 성부산(星浮山)에 단을 모으고 도술을 쓰니 문득 큰 독만한 광채가 단 위에서 나오더니 별이 북쪽으로 날아갔다. 이 일로 해서 성부산이라고 하나 산의 이름에 대해서는 다른 설도 있다. 산은 도림(都林) 남쪽에 있는데 솟은 한 봉우리가 이것이다. 서라벌에서 한 사람이 벼슬을 구하려고 그 아들을 시켜 큰 횃불을 바라보고 모두 말하기를, 그곳에 이상한 별이 나타났다고 했다. 왕이 이 말을 듣고 근심하고 두려워하여 사람을 모아 기도하게 했더니 그 아버지가 거기에 가려고 했다. 그러나 천기를 보는 일관이 아뢰기를 이것은 별로 이상한 일이 아니옵고 다만 한 집에 아들이 죽고 아비가 울 징조입니다 라고 했다. 마침내 드디어 기도를 그만두었다. 이 날 밤 그 아들이 산에서 내려오다가 범에게 물려 죽었다.

한산성 안에 있던 군사들은 구원병이 오지 않는 것을 원망하여 서로 보고 울 뿐이었다. 이때 적군이 이를 급히 치고자 하자 문득 광채가 남쪽 하늘 끝으로부터 오더니 벼락이 되어 적의 포대 30여 곳을 쳐부쉈다. 이리하여 적군의 활과 화살과 창이 부서지고 군사들은 모두 땅에 자빠졌다가 한참만에야 깨어나서 모두 흩어져 달아나니 우리 군사는 무사히 돌아올 수 있었다.

태종무열왕이 처음 보위에 오르자, 어떤 사람이 돼지를 바쳤는데 머리는 하나요, 몸뚱이는 둘이요, 발은 여덟이었다. 예언자가 이것을 보고 말했다.

"이것은 반드시 육합(六合)인바, 통일할 좋은 징조입니다."

이 왕대에 비로소 중국의 의관과 아홀(牙笏, 상아홀)을 쓰게 되었는데 이것은 자장율사가 당 나라 황제에게 청해서 가져온 것이다. 신문왕 때 당 나라 고종이 신라에 사신을 보내서 말했다.

"나의 부왕이신 당 태종은 어진 신하인 위징(魏徵)과 이순풍(李淳風)을 얻어 마음을 합하고 덕을 같이하여 천하를 통일했다. 그런 때문에 이를 태종황제라고 했다. 너의 신라는 바다 밖의 작은 나라로서 태종이란 부름말을 써서 천자의 이름을 건방지게 쓰고 있으니 그 뜻이 충성스럽지 못하다. 속히 그 왕의 부름말을 고치도록 하라."

이에 신라왕은 표(表, 진정서)를 올려 말했다.

"신라는 비록 작은 나라지만 성스러운 신하 김유신을 얻어 삼국을 통일했으므로 태종이라 한 것입니다."

당 나라 황제가 그 글을 보고 생각하니, 그가 태자로 있을 때에 하늘에서 이르기를,

"33천의 한 사람이 신라에 태어나서 김유신이 되었느니라."

한 일이 있어서 책에 기록해 둔 일이 있는데, 이것을 꺼내 보고는 놀라고 두려움을 참지 못했다. 다시 사신을 보내어 태종의 부름말을 고치지 않아도 된다고 했다.

장춘랑(長春郎) 파랑(罷郎)

처음에 백제 군사와 황산에서 싸울 때 장춘랑과 파랑이 싸움터에서 죽었다. 그 뒤 백제를 칠 때 그들은 태종의 꿈에 나타나서 말했다.

"신 등이 옛날 나라를 위해서 몸을 바쳤습니다. 이제 백골이 되어서도 나라를 완전히 지키려고 종군하기를 게을리 하지 않습니다. 하오나 당 나라 장수 소정방의 위엄에 눌려서 그의 뒤로만 쫓아다니고 있습니다. 원컨대 대왕께서는 우리에게 적은 군사라도 주십시오."

대왕이 놀라서 이상하게 여긴 나머지 두 혼을 위하여 하루를 모산정에서 불경을 읽게 하고 한산주에 장의사(壯義寺)를 세움으로써 명복을 빌게 하였다.

여름 4월, 백제가 자주 국경을 쳐들어 왔으므로, 왕이 백제를 공격하기 위하여 당 나라에 사신을 보내 군사를 요청하였다. 8월, 아찬 진주를 병부령에 임용하였다. 9월 하슬라주에서 흰 새를 바쳤다. 공주의 강 속에서 큰 물고기가 육지로 올라와 죽었다. 그 고기의 길이가 백 자였는데, 이를 먹은 사람들이 목숨을 잃었다. 겨울 10월, 왕이 조정에 앉아서, 당 나라에 파병을 요청한 데 대한 회보가 없음을 걱정하고 있었다. 그 때 문득 한 사람이 왕 앞에 나타났다. 그는 선대의 신하 장춘과 파랑 같아 보였다. 그는,

"제가 비록 몸은 백골로 변하였으나 나라에 보답할 마음이 있기에, 어제 당 나라에 갔었습니다. 그 곳에서 당 황제가 대장군 소정방 등에게 내년 5월에 군사를 거느리고 와서 백제를 치도록 명령한 것을 알았습니다. 대왕께서 이토록 애타게 기다리고 계시므로 미리 말씀드립니다."

라고 말했다. 그는 말을 마치자 사라졌다. 왕이 크게 놀라고 이상히 여겨, 두 집안 자손들에게 후하게 상을 주고, 곧 해당 관청으로 하여금 두 넋을 위하여 하루 동안 모산정에서 불경을 외고 한산주에 장의사를 지어 그들의 명복을 빌게 하였다.〔기〕

깁더 삼국유사

권제2 기이 제2

제30대 문호(무)왕(文虎(武)王) 법민(法敏)

문무왕 법민이 처음 즉위한 용삭 신유년(661)에 사비수(泗沘水) 남쪽 바다 속에 한 여자의 시체가 있었다. 키는 73척, 발의 길이는 6척, 옥문의 길이가 3척이었다. 혹은 말하기를 키가 18척이며 건봉 2년(정묘, 667)의 일이라고 했다.

총장 무진년(668)에 왕은 군사를 거느리고 인문, 흠순 등과 함께 평양에 이르러 당 나라 군사와 합세하여 고구려를 정벌하였다. 당 나라 장수 이적은 고장왕(高藏王, 보장왕)을 잡아가지고 당 나라로 돌아갔다. 왕의 성이 고(高)씨이므로 고장이라 했다. 당서 고종기를 살펴보면, 현경 5년(경신, 660)에 소정방 등이 백제를 정벌하고 그 뒤 12월에 대장군 설여하로 패강도 행군대총관을, 또 소정방으로 요동도 대총관을 삼고, 유백영으로 평양도 대총관을 삼아서 고구려를 쳤다. 또 다음 해 신유 정월에는 소사업으로 부여도총관을 삼고, 임아상으로 패강도 총관을 삼아 군사 35만 명을 거느리고 고구려를 치게 했다. 8월 갑술일에 소정방 등은 고구려와 패강에서 싸우다가 패해서 달아났다. 건봉 원년(병인, 666) 6월 방동선, 고림, 설인귀, 이근행 등으로 이를 후원하게 했다. 9월에 방동선이 고구려와 싸워서 패했다. 12월 기유일에 이적으로 요동도 행군대총관을 삼아 6총관의 군사를 거느리고 고구려를 치게 했다. 총장 원년(무진, 668) 9월 계사 일에 이적이 고장왕을 사로잡았다. 12월 정사일에 포로를 황제에게 바쳤다.

상원 원년(갑술, 674) 2월 유인궤로 계림도총관을 삼아서 신라를 치게 했다. 우리나라 고기(古記)에는, 당 나라가 육로장군 공공과 수로장군 유상을 보내서 신라의 김유신 등과 함께 고구려를 없앴다고 했다. 그런데 여기에는 인문과 흠순 등의 일만 말하고 유신은 없으니 자세히 알 수 없는 일이다. 이때 당 나라의 유병(游兵, 유격대)과 여러 장병들이 진영에 머물러 있으면서 장차 우리 신라를 치려고 했으므로 왕이 알고 군사를 내어 이를 쳤다. 이듬해 당 나라 고종이 인문 등을 불러들여 꾸짖기를,

> "그대들이 우리 군사를 청해서 고구려를 멸망시키고 나서 이제 우리를 침략하는 것은 무슨 까닭이냐."

하고 이내 둥그런 울타리에 가두고 군사 50만 명을 훈련하여 설방으로 장수를 삼아 신라를 치려고 했다. 이때 의상법사가 유학하러 당 나라에 갔다가 인문을 찾아보자 인문은 그 사실을 말했다. 이에 의상이 돌아와서 왕께 아뢰니 왕은 몹시

두려워하여 여러 신하들을 모아 놓고 이것을 막아 낼 방법을 물었다. 각간 김천존이 말했다.

"요새 명랑법사가 용궁에 들어가서 비법을 배워 왔으니 그를 불러 물어보십시오."

명랑이 말했다.

"낭산(狼山) 남쪽에 신유림이 있으니 거기에 사천왕사를 세우고 도량을 마련하면 좋겠습니다."

그 때 정주(貞州)에서 사람이 달려와 보고한다. 당 나라의 엄청난 군사가 우리 국경에 이르러 바다 위를 돌고 있습니다. 왕은 명랑을 불러 물었다.

"일이 이미 급하게 되었으니 어찌 하면 좋겠는가."

명랑이 말한다.

"여러 가지 빛의 비단으로 절을 임시로 지으면 될 것입니다."

이에 채색 비단으로 임시로 절을 만들고 풀로 오방의 신상(神像)을 만들었다. 그리고 유가(瑜伽)의 명승(明僧) 열두 명으로 하여금 명랑을 우두머리로 하여 문두루(文豆婁)의 신통한 술법을 쓰게 했다.[76] 그 때 당 나라 군사와 신라 군사는 아직 싸우기 전인데 바람과 물결이 사납게 일어나서 당 나라 군사는 모두 물속에 침몰되었다. 그 후 절을 고쳐 짓고 사천왕사라 하여 지금까지 단석이 없어지지 않았다. 국사에는 이 절을 고쳐 지은 것이 조로 원년(기묘, 679)의 일이라고 했다.

그 후 신미년(671)에 당 나라는 다시 조헌을 장수로 하여 5만 명의 군사를 거느리고 쳐들어왔으므로 또 그전의 비법을 썼더니 배는 전과 같이 침몰되었다. 이 때 한림랑 박문준은 인문을 따라 옥중에 있었는데 고종이 문준을 불러서 묻는다.

"그대 나라에는 무슨 비법이 있기에 두 번이나 대군을 내었는데도 한 명도 살아

---

76 **문두루(文豆婁)** : 둥근 나무에다 동서남북 중앙의 오방신의 이름을 써넣는 것을 문두루라 한다. 그 어원은 산스크리트어인 무드라(मउदर, mudra)에서 기원하였다. 풀이에 따라 조금씩 차이가 있다. 손을 맺는 수인(手印)(비로영우, 신라밀교), 신인종(김상현)이라는 풀이가 있다. 문두루 비법은 관정경(灌頂經) 권7에 나오는 빈두로(賓頭盧)에서 비롯하였다(미시나, 삼국유사고증). 빈두로는 부처님의 제자인 16나한 가운데 한 사람이다. 주로 유가 수행에서 손과 손가락의 모양을 이르기도 한다(삼국유사사전).

서 돌아오지 못하느냐."

문준이 아뢰었다.

"소신들은 당 나라에 온 지 10여 년이 되었으므로 본국의 일은 알지 못합니다. 다만 멀리서 한 가지 일만을 들었을 뿐입니다. 저의 나라가 황상의 은혜를 두텁게 입어 삼국을 통일하였기에 그 은덕을 갚으려고 낭산 남쪽에 새로 천왕사를 짓고 황제의 만수무강을 빌면서 법석을 길이 열었다는 일뿐입니다."

고종은 이 말을 듣고 크게 기뻐하여 이에 예부시랑 악붕귀(樂鵬龜)를 신라에 사신으로 보내어 그 절을 살펴보도록 했다. 문무왕은 당 나라 사신이 온다는 사실을 먼저 알고 이 절을 사신에게 보여서는 안 될 것이라고 하여 그 남쪽에 따로 새 절을 지어 놓고 기다렸다. 사신이 와서 청한다.

"먼저 황제의 만수를 비는 천왕사에 가서 분향하겠습니다."

이에 새로 지은 절로 그를 안내하자 그 사신은 절 문 앞에 서서,

"이것은 사천왕사가 아니고, 망덕요산(望德遙山)의 절입니다."

하고는 끝내 들어가지 않았다. 신라 관원들이 금 천 냥을 주었더니 그는 본국에 돌아가서 아뢰기를,

"신라에서는 천왕사를 지어 놓고 황제의 만수를 축원할 뿐이었습니다."

했다. 이때 당 나라 사신의 말에 따라 그 절을 망덕사라고 했다(혹 효소왕 때의 일이라고 하나 잘못이다). 신라왕은 문준이 말을 잘해서 황제도 그를 용서해 줄 뜻이 있다는 소식을 들었다. 이에 강수(强首)에게 왕명으로 인문의 석방을 청하는 표문(表文)을 지어 사인 원우(遠禹)를 시켜 당 나라에 아뢰게 했더니 황제는 표문을 보고 눈물을 흘리면서 인문을 용서하고 위루해 돌려보냈다. 인문이 옥중에 있을 때 신라 사람들이 그를 위하여 절을 지어 인용사(仁容寺)라 하고 관음도량을 열었다. 인문이 돌아오다가 바다 위에서 죽었기 때문에 미타도량으로 고쳤다. 지금까지도 그 절이 남아 있다. 대왕이 나라를 다스린 지 21년 만인 영륭 2년(신미, 681)에 죽으니 마지막 명에 따라서 동해 가운데 큰 바위 위에 장사를 지냈다. 대왕은 평소 끊임없이 지의법사(智義法師)에게 말했다.

"나는 죽은 뒤에 나라를 지키는 용이 되어 불법을 받들어 나라를 수호하려 하오."

이에 법사가 말했다.

"용은 짐승의 화신인데 어찌 용이 되신단 말입니까."

왕이 말했다.

"나는 세상의 영화를 싫어한 지가 오래되오. 만일 추한 응보로 내가 짐승이 된다면 이야말로 내 뜻에 맞는 것이오."

왕이 처음 즉위했을 때 남산에 장창(長倉, 큰 창고)을 설치하니, 길이가 50보, 너비가 15보로 군량미와 병기를 여기에 쌓아 두니 이것이 우창(右倉)이요, 천은사(天恩寺) 서북쪽 산 위에 있는 것은 좌창(左倉)이다. 다른 책에는, 건복 8년(신해년, 591)에 남산성을 쌓았는데 그 둘레가 2,850보라고 했다. 그렇다면 이것은 진덕왕 대에 처음 쌓았다가 이때 다시 세운 것이다. 또 부산성(富山城)을 처음으로 쌓기 시작하여 3년 만에 마치고 안북하 가에 철성(鐵城)을 쌓았다. 또 도읍에 성곽을 쌓으려 하여 이미 관리를 갖추라고 하자 그 때 의상법사가 이 말을 듣고 글을 보내서 아뢰었다.

"왕의 다스림이 밝으시면 비록 풀 언덕에 금을 그어 성이라 해도 백성들은 감히 이것을 넘지 않을 것이며, 재앙을 씻어 깨끗이 하고 모든 것이 복이 될 것이나, 정사가 밝지 못하면 비록 긴 성이 있다 하더라도 재화를 없이할 수는 없을 것입니다."

왕은 이 글을 보고 이내 그 공사를 중지시켰다. 인덕 3년(병인, 666) 3월 10일에 어떤 민가에서 길이(吉伊)라는 머슴이 한꺼번에 아들 셋을 낳았다. 총장 3년(경오, 670) 정월 7일에 한기부의 일산 급간 혹은 성산 아간의 종이 한꺼번에 아이 넷을 낳았는데 딸 하나에 아들 셋이었다. 나라에서 상으로 곡식 2백석을 주었다. 또 고구려를 멸망시킨 뒤에 고구려 왕손이 신라에 귀순하자 그를 진골의 자리에 두게 했다. 어느 날 왕은 그의 배다른 아우 차득공(車得公)을 불러서 말하기를,

"네가 재상이 되어 백관들을 고루 다스리고 나라를 평화롭게 하라."

하니 차득공은 말한다.

"폐하께서 만일 소신을 재상으로 삼으시려 하신다면, 신은 원컨대 남몰래 나라 안을 돌아다니면서 민생의 괴롭고 편안한 것과, 조세의 가볍고 무거운 것과, 관리의 청렴하고 청렴하지 못함을 알아보고 난 뒤에 그 자리를 맡을까 합니다."

왕은 그 말을 따랐다. 차득공은 승복을 입고 비파를 들어 마치 거사의 모습을 하고 도읍을 떠났다. 아슬라주(阿瑟羅州, 강릉), 우수주(牛首州, 춘천), 북원경(北原京, 원주)을 거쳐 무진주(武珍州, 광주)에 이르러 두루 마을을 돌아다니노라니 무진주의 관리 안길(安吉)이 그가 보통 사람과는 다름을 알고 자기 집으로 모셔다 정성껏 대접했다. 밤이 되자 안길은 처와 첩 세 사람을 불러 말했다.

"오늘 밤에 거사 손님을 모시는 사람은 내가 몸을 마치도록 함께 살 것이오."

두 아내는,

"차라리 함께 살지 못할지언정 어떻게 남과 함께 잔단 말이오."

했다. 그 중에 아내 한 사람이 말한다.

"나리가 몸을 마치도록 함께 살겠다면 뜻을 받들겠습니다."

이튿날 일찍 떠나면서 거사는 말했다.

"나는 서라벌 사람으로서 내 집은 황룡사와 황성사 두 절 중간에 있고, 내 이름은 단오(端午, 속언에 단오를 술의(車衣, 수리))요. 주인이 만일 도읍에 오거든 내 집을 찾아 주면 고맙겠소."

그 뒤에 차득공은 도읍으로 돌아와서 재상이 되었다. 나라 법에 해마다 각 고을의 향리 한 사람을 도읍에 있는 여러 관청에 올려 보내서 지키게 했으니 이 사람이 곧 지금의 기인(其人, 파견 향리)이다. 이때 안길이 차례가 되어 도읍으로 왔다. 두 절 사이로 다니면서 단오거사의 집을 물어도 아는 사람이 없다. 안길은 길가에 오랫동안 서 있노라니 한 늙은이가 지나다가 그 말을 듣고 한참 동안 생각하더니 말한다.

"두 절 사이에 있는 집은 대궐 안이고 단오란 바로 차득이오. 그가 지방을 비밀히 돌았을 때 아마 그대는 어떠한 일과 약속이 있었던 듯하오."

안길이 그 사실을 말하자, 노인은 말한다.

"그대는 궁성 서쪽 귀정문으로 가서 출입하는 궁녀를 기다렸다가 말해 보시오."

안길은 그 말을 좇아서 무진주의 안길이 뵈러 문밖에 왔다고 했다. 차득공이 이 말을 듣고 달려 나와 손을 잡아 궁중으로 들어가더니 공의 부인을 불러내어 안길과 함께 잔치를 벌였는데 음식이 50가지나 되었다. 이 말을 임금께 아뢰고 성부산(星浮山, 혹은 성손평산 星損乎山) 밑에 있는 땅을 무진주 상수(上守, 도독)의 땔감 밭을 삼아 백성들의 벌채를 금하여 사람들이 감히 가까이 가지 못하니 안팎 사람들이 모두 부러워했다. 산 밑에 밭 30무가 있는데 씨앗 3석을 뿌리는 밭이다. 이 밭에 풍년이 들면 무진주가 모두 풍년이 들고, 가뭄이 들면 무진주도 또한 가뭄이 들었다고 한다.

만파식적(萬波息笛)

제31대 신문대왕의 이름은 정명(政明), 성은 김이다. 개요 원년(신사, 681) 7월 7일에 보위에 올랐다.

문무대왕의 맏아들이다. 어머니는 자의(慈儀, 또는 慈義) 왕비다. 왕비는 김씨이며 소판 흠돌의 딸이다. 왕이 태자였을 때 그녀는 오래도록 아들을 낳지 못하였고, 뒤에는 그녀의 아버지가 반란을 주도하니 궁 밖으로 쫓겨났다. 문무왕 5년(665)에 태자가 되었으며, 이때 와서 보위를 이었다. 당 고종이 사신을 보내 신라왕으로 임명하고, 선대왕의 보위를 이어 받았다.〔기〕

아버지 문무대왕을 위하여 동해 가에 감은사(感恩寺)를 세웠다. 절 안에 있는 기록에는 이렇게 말했다. 문무왕이 왜군을 물리치고자 이 절을 처음으로 세웠는데 끝내지 못하고 죽어 바다의 용이 되었다. 그 아들 신문왕이 보위에 올라 개요 2년(682)에 공사를 끝냈다. 금당 뜰아래에 동쪽을 향해서 구멍을 하나 뚫어 두었으니 용이 절에 들어와서 돌아다니게 하기 위한 것이다. 대개 유언으로 유골을 간직해 둔 곳은 대왕암이고, 절 이름은 감은사(感恩寺)다. 뒤에 용이 나타난 것을 본 곳을 이견대(利見臺)라 했다.

이듬해인 신문왕 3년(임오, 683) 5월 초하루에 바다를 다스리는 파진찬 박숙청이 아뢰었다.

"동해 속에 있는 작은 산 하나가 물에 떠서 감은사를 향해 오는데 물결에 따라 이리저리 왔다 갔다 합니다."

왕이 이상히 여겨 천문관 김춘질(金春質, 혹은 春日)에게 왕명으로 점을 치게 했다. 춘질이 말하였다.

"대왕의 아버님께서 지금 바다의 용이 되어 삼한(三韓)을 지키고 계십니다. 또 김유신 공도 33천의 한 아들로서 지금 인간 세계에 내려와 대신이 되었습니다. 이 두 성인이 덕을 함께 하여 이 성을 지킬 보물을 주시려고 하십니다. 만일 폐하께서 바닷가로 나가시면 반드시 값으로 칠 수 없는 큰 보물을 얻으실 것입니다."

왕은 기뻐하여 그 달 7일에 이견대로 나가 그 산을 바라보고 궁리를 보내어 살펴보도록 했다. 산 모양은 마치 거북의 머리처럼 생겼는데 산 위에 한 개의 대나무가 있어 낮에는 둘이었다가 밤에는 하나가 되었다. 궁리가 와서 사실대로 아뢰었다. 왕은 감은사에서 묵는데 이튿날 점심 때 보니 대나무가 합쳐져서 하나가 되었다. 천지가 흔들리고 비바람이 몰아치며 7일 동안이나 어두웠다. 그 달 16일에 가니 용 한 마리가 검은 옥대를 받들어 바쳤다. 왕은 용을 맞아 함께 앉아서 묻는다.

"이 산이 대나무와 함께 혹은 갈라지고 혹은 합치는 것은 무엇 때문인가?"

용이 대답한다.

"비유해 말씀드리자면, 한 손으로 치면 소리가 나지 않고 두 손으로 치면 소리가 나는 것과 같습니다. 이 대나무란 물건은 합쳐야 소리가 나는 것이오니, 성왕께서는 소리로 천하를 다스리실 징조입니다. 왕께서는 이 대나무를 가지고 피리를 만들어 부시면 온 천하가 평안해질 것입니다. 이제 대왕의 아버님께서는 바다 속의 큰 용이 되셨고 유신은 다시 천신이 되어 두 성인이 마음을 같이 하여 이런 값으로 칠 수 없는 큰 보물을 보내시어 나로 하여금 바치게 한 것입니다."

왕은 놀라고 기뻐하여 오색 비단과 금과 옥을 주고는 궁리를 시켜 대나무를 베어 가지고 바다에서 나왔다. 그 때 산과 용은 문득 모양을 감추고 보이지 않았다. 왕이 감은사에서 묵고 17일에 기림사(祇林寺) 서쪽 시냇가에 이르러 수레를 멈추고 점심을 먹었다. 태자 이공(理恭, 효소왕)이 대궐을 지키고 있다가 이 소식을 듣고 말을 달려와서 축하하고는 천천히 살펴보고 아뢰었다.

"이 옥대의 여러 쪽은 모두 진짜 용입니다."

왕이 말한다.

"네가 어찌 그것을 아느냐."
"이 쪽 하나를 떼어 물에 넣어 보십시오."

이에 옥대의 왼편 둘째 쪽을 떼어서 시냇물에 넣으니 문득 용이 되어 하늘로 올라가고 그 땅은 이내 못이 되었으니 그 못을 용연(龍淵)이라고 불렀다. 왕이 대궐로 돌아오자 그 대나무로 피리를 만들어 월성의 천존고(天尊庫)에 갈무리해 두었다. 이 피리를 불면 적군이 물러가고 병이 나으며, 가뭄에는 비가 오고 장마가 지면 날이 개며, 바람이 멎고 물결이 가라앉는다. 이 피리를 만파식적(萬波息笛)이라 부르고 국보로 삼았다.

효소왕 때에 이르러 천수 4년(계사, 693)에 부례랑(夫禮郞)이 살아서 돌아온 이상한 일로 해서 다시 이름을 고쳐 만만파파식적이라 했다. 자세한 것은 그의 전기에 실려 있다.

제32대 효소왕 죽지랑(竹旨郞)

제32대 효소왕이 보위에 올랐다. 이름은 이홍(理洪 혹은 恭)이며, 신문왕의 태자이다. 어머니는 신목왕비 김 씨이며, 일길찬 김흠운(金欽運 혹은 金欽雲)의 딸이다. 당의 측천무후가 사신을 보내 조문하고 제사를 지냈으며, 신라왕보국대장군행좌표도위대장군계림주도독으로 삼았다. 좌우리방부를 좌우의방부로 고쳤는데, 이는 리(理)자가 왕의 이름과 같았기 때문이다.〔기〕

효소왕 대의 죽지랑(竹旨郞, 竹曼 또는 智官), 죽만랑(竹曼郞)의 무리 가운데 득오(得烏, 혹은 得谷) 급간이 있어서 화랑도 명단에 이름을 올려놓고 날마다 나오고 있었다. 한 번은 10일이 넘도록 보이지 않았다. 죽만랑은 그의 어머니를 불러 그대의 아들이 어디 있는가를 물으니 득오의 어머니는 말했다.[77]

77 삭주(朔州, 현 춘천) 도독 술종공의 아들로 태어난 죽지는 화랑이 되었다. 그의 인품과 무예를 바탕으로 김유신 장군의 부장이 되어 진덕여왕 3년(649) 도살성 전투에서 백제군과의 싸워 많은 전공을 세웠다. 그 공으로 파진찬을 거쳐 중시(中侍, 현 국무총리)가 되어 나라의 정치와 군사를 다스렸다. 문무왕이 보위에 오르자 귀당 총관이 되었다. 문무왕 8년(668) 나당 연합군이 고구려를 정벌할 때 경정 총관으로 함께 싸웠고, 왕11년(671) 신라를 점령하려는 당 나라 군사를 석성에서 맞서 싸워 적을 5천여 명이나 죽이는 큰 공을 세웠다. 그 뒤 진덕왕에서 신문왕에 이르는 4대에 걸쳐 재상으로서 나라를 발전시켰다. 죽지랑을 따르던 화랑 득오곡이 그의 행적을 사모하여 지은 향가 모죽지랑가(慕竹旨郞歌)가 삼국유사 효소왕 대에 실려 전해온다. 모죽지랑가에 등장하는 익선(益善)은 모량부 사람이었다. 삼국통일의 영웅이었던 죽지랑을 아무렇지도 않게 뒷방 늙은이를 다루듯 한 것은 죽지랑이 속하였던 사량부의 진골 세력이 약화되었다는 반증이기도 하다. 익선의 사건 이후 모량부를 견제하는 일로 모량부를 부곡 수준으로 낮추어 버린다(정민, 불국토를 꿈꾼 그들 참조). 죽지랑은 대티랑으로 읽는다(문경

"당전 모량부의 익선(益宣) 아간이 내 아들을 부산성 창고를 지키는 창직(倉直, 창고 지킴이)으로 보냈으므로 빨리 가느라고 미처 낭주께 인사도 하지 못했습니다."

"그대의 아들이 만일 사사로운 일로 간 것이라면 찾아볼 필요가 없겠지만, 이제 공무로 갔다니 마땅히 가서 위문해야겠소."

이에 떡 한 그릇과 술 한 병을 가지고 좌인(左人, 일명 개질지 皆叱知, 머슴)을 거느리고 찾아가니 낭도의 무리 137명도 위의를 갖추고 따라갔다. 부산성에 이르러 문지기에게 득오실(得烏失)이 어디 있는가 물으니 문지기는 대답했다.

"지금 익선의 밭에서 관례에 따라 일을 하고 있습니다."

낭은 밭으로 찾아가서 가지고 간 술과 떡을 대접했다. 익선에게 휴가를 청하여 함께 돌아오려 했으나 익선이 굳이 허락하지 않는다. 이때 관리였던 간진(侃珍)이 추화군(推火郡, 밀양) 능절(能節)공의 벼 30석을 거두어 싣고, 성안으로 가고 있었다.[78] 죽만랑이 선비를 소중히 여기는 풍미를 아름답게 여기고, 익선의 고집불통을 비루하게 여겨 가지고 가던 30석을 익선에게 주면서 휴가를 주도록 함께 청했으나 그래도 허락하지 않는다. 이번엔 능절〔珍節〕 사지의 말안장을 주니 그제야 허락했다. 조정의 화주(花主)가 이 말을 듣고 군사를 풀어 익선을 잡아다가 그 더럽고 추한 것을 씻어 주려 하니, 익선은 달아나 숨어 버렸다. 대신 그의 맏아들을 잡아갔다. 때는 한 겨울 몹시 추운 날인데 성안 못에서 목욕을 시키사 얼어붙어 죽었다.

효소왕이 그 말을 듣고 영을 내려 모량리 사람으로 벼슬에 오른 자는 모조리 쫓아내어 다시는 관원이 되지 못하게 하였다. 심지어는 승복을 입지 못하게 하고, 만일 중이 된 자라도 종을 치고 북을 울리는 절에는 들어가지 못하게 했다. 임금의 칙사가 간진의 자손을 올려서 마을의 족장격인 평정호장(枰定戶長)을 삼아 남달리 표창했다. 이때 원측법사(圓測法師)도 나라 안의 고승이었지만 모량리 사람인 탓에 승직을 주지 않았다.

처음에 술종공(述宗公)이 삭주(朔州, 춘천) 도독사가 되어 임지로 가는데, 마침

현 참조).

78 **진절사지**는 능절사지의 잘못된 표기로 보인다. 사지 능절이 세미를 받아가다가 익선에게 다 주어도 안 되니까 진절(珍節, 能節)이 타는 말의 안장을 주면서 득오의 휴가를 다시금 간청하였다(문경현 참조). 능절은 인명으로 보인다. 이르자면 재령이씨 양화재(養和齋) 7대조의 이름이 능절(能節)로 나온다. 그러니까 사지 벼슬을 하던 사람의 이름으로 볼 수 있다(삼국유사 사전).

삼한에 병란이 있어 말 탄 기병 3천 명으로 그를 수행하게 했다. 일행이 죽지령(竹旨嶺, 죽령)에 이르니 한 거사가 그 고갯길을 닦고 있었다. 공이 이것을 보고 감응하여 기리니 거사도 공의 위풍이 놀라운 것을 보고 좋게 여겨 서로 마음이 감응한 바가 있었다. 술종공이 삭주의 임소에 부임한 지 한 달이 지나서 꿈에 거사가 방으로 들어오는 것을 보았는데 공의 아내도 같은 꿈을 꾸었다. 더욱 놀라고 괴상히 여겨 이튿날 사람을 시켜 거사의 안부를 물으니 그곳 사람들이 말했다.

"거사는 죽은 지 며칠 되었습니다."

한다. 사자가 돌아와 고하는데 그가 죽은 것은 꿈을 꾸던 것과 같은 날이었다. 이에 공이 말한다.

"틀림없이 거사는 우리 집에 태어날 것이다."

공은 다시 군사를 보내어 고개 위 북쪽 봉우리에 장사지내고, 돌로 미륵을 하나 만들어 무덤 앞에 세워 놓았다. 공의 아내는 그 꿈을 꾸던 날로부터 태기가 있어 아이를 낳으니 이름을 죽지(竹旨)라고 했다. 이 죽지랑이 커서 벼슬을 하게 되어 김유신과 함께 부원수가 되어 삼한을 통일했다. 진덕, 태종, 문무, 신문왕의 4대에 걸쳐 재상으로서 나라를 안정시켰다. 처음에 득오곡이 죽지랑을 사모하여 노래를 지으니 이러하다.

간 봄 그리워하니, 모든 것이 시름이로세.
아담하신 얼굴, 주름살지시려 하네.
눈 돌릴 사이에나마, 만나 뵙도록 기회 지으리라.
죽지랑이여. 그리운 마음에, 가고 오는 길.
쑥 우거진 마을에 잘 밤 있을지라도.

제33대 성덕왕(聖德王)

제33대 성덕왕이 보위에 올랐다. 이름은 흥광(興光)이다. 본명은 융기(隆基)였으나 당 현종의 이름과 같았기 때문에 먼저 천중(天中)으로 고쳤다. 흥광은 신문왕의 둘째 아들이며, 효소왕의 친아우였다. 효소왕이 별세하였으나 아들이 없으므로 백성들이 뜻을 모아서 추대함으로써 흥광을 임금으로 세웠다. 당 나라 측천무후가 효소왕이 죽었다는 말을 듣고 애도하기 위하여, 2일간 조회를 하지 않았으며, 사신을 보내 조문하고 성덕왕을 신라왕으로 임명하고, 장군도독이라는 형의 부름말을 이어받게 하였다.

2년 봄 정월, 왕이 직접 신궁에 제사를 지냈다. 당 나라에 사신을 보내 토산물을 바쳤다. 7월, 영묘사에 불이 났다. 도읍에 홍수가 나서 익사하는 이가 많았다. 중시 원훈이 사직하자 아찬 원문을 중시(中侍, 총리)로 임용하였다. 일본국 사신이 왔는데 총 인원이 204인이었다. 아찬 김사양을 당 나라에 입조시켰다.

즉위 원년(702) 9월에 죄수를 대거 사면하였으며 문무 관원들의 직급을 한 급씩 올려 주었다. 모든 주군의 조세를 한 해 동안 줄여 주었다. 아찬 원훈(元訓)을 중시로 삼았다. 10월에 삽량주에서 도토리 열매가 변하여 밤이 되었다.〔기〕

성덕왕 2년(병오, 706)에 가뭄이 들어 백성들이 몹시 굶주렸다. 그 이듬해인 정미(707) 정월 초하루부터 7월 30일에 이르기까지 백성을 구제하기 위하여 곡식을 나누어 주는데, 한 식구에 하루 좁쌀 석 되씩으로 정했다. 일을 마치고 셈을 해 보니 도합 30만 500석이었다. 왕이 태종대왕을 위해서 봉덕사(奉德寺)를 세우고 7일간 인왕도량(仁王道場)을 열고 대사령을 내렸다. 이때 비로소 시중이라는 직책을 두었다. 다른 책에는 효성왕 때의 일이라고 했다.

4년 봄 정월, 중시 원문이 죽었으므로 아찬 신정을 중시로 임용하였다. 3월, 사신을 당 나라에 보내 예물을 하였다. 5월에 가뭄이 들었다. 8월, 노인들에게 술과 밥을 베풀었다. 9월, 살생을 금하는 특명을 내렸다. 사신을 당 나라에 보내 토산물을 바쳤다. 10월, 동쪽 지방의 주와 군에 가뭄이 들어 많은 사람들이 먹을 것이 없어 떠돌자, 왕이 사신을 보내 구제를 하였다.〔기〕

수로부인(水路夫人)

순정공(純貞公)이 강릉태수로 부임하는 도중에 바닷가에서 점심을 먹었다. 곁에는 돌 봉우리가 병풍과 같이 바다를 두르고 있어 그 높이가 천 길이나 되는데, 그 위에 철쭉꽃이 만발하여 있다. 공의 부인 수로(水路)가 이것을 보더니 좌우 사람들에게 말했다.

"꽃을 꺾어다가 내게 줄 사람은 없는가."

그러나 수행원들은,

"그곳은 사람이 갈 수 없는 곳입니다."

하고 아무도 나서지 않는다. 이때 암소를 끌고 길을 지나가던 늙은이 하나가 있었는데 부인의 말을 듣고는 그 꽃을 꺾어 노래까지 지어서 바쳤다. 그러나 그 늙은이가 어떤 사람인지 알 수가 없었다. 그 뒤 편안하게 이틀을 가다가 또 임해정에서 점심을 먹는데 문득 바다에서 용이 나타나더니 부인을 데리고 바다 속으로 들어갔다. 공이 땅에 넘어지면서 발을 굴렀으나 어찌 할 수가 없었다. 또 한 노인이 나타나더니 말한다.

"옛 사람의 말에, 여러 사람의 말은 쇠도 녹인다 했으니 이제 바다 속의 용인들 어찌 여러 사람의 입을 두려워하지 않겠습니까. 마땅히 고을의 백성들을 모아 노래를 지어 부르면서 지팡이로 강 언덕을 치면 부인을 만나 볼 수가 있을 것입니다."

공이 그대로 하였더니 용이 부인을 모시고 나와 도로 바쳤다. 공이 바다 속에 들어갔던 일을 부인에게 물으니 부인이 말한다.

"칠보궁전의 음식은 맛있고 향기롭게 깨끗한 것이 이 세상의 음식이 아니었습니다."

부인의 옷에서 나는 이상한 향기는 이 세상의 것이 아니었다. 수로부인은 아름다운 용모가 세상에 뛰어나 깊은 산이나 큰 못을 지날 때마다 여러 차례 귀신에게 붙잡혀 갔다. 이때 여러 사람이 부르던 해가(海歌)의 노래 말은 이러했다.

거북아, 거북아, 수로부인을 내놓아라.
남의 부인 앗아간 죄 그 얼마나 크랴.
너 만일 거역하고 내놓지 않는다면
그물로 잡아서 구워 먹으리.

노인의 헌화가(獻花歌)는 이러했다.[79]

---

79 삼국사기(三國史記)를 따르면, 성덕왕 시절 동해 지역은 극심한 가뭄이 들어 마실 물도 해결하기 어려운 지경이었다. 강릉 태수로 부임하던 순정공 일행은 삼척(혹은 강릉 심곡리) 지역 해변에서 점심을 먹으려다 수로부인이 용왕에게 잡혀가는 사건이 벌어진다. 그 전에 벼랑위에 핀 진달래꽃을 꺾어달라던 부인의 소원을 듣고서, 암소를 끌고 가던 한 노인이 꽃을 바치게 된다. 상징적으로 보면 농가에서 가장 큰 재산 가운데 하나인 암소를 끌고 와서 수로부인의 청을 들어주었다 함은 비를 오게 해달라는 기우제를 위한 희생의 제물로써 암소를 놓아두

진달래 바위 가에
잡은 손 암소 놓게 하시고,
나를 부끄러워 않으신다면,
저 꽃 꺾어 바치오리다.

第34대 효성왕(孝成王)

개원 10년(임술, 722) 10월에 처음으로 모화군(毛火郡)에 관문을 쌓았는데 지금의 모화촌(毛火村)으로서 경주 동남쪽 어름에 속한다. 이것은 곧 일본을 막는 요새가 되기도 했다. 둘레는 6,792보 5자, 여기에 동원된 인부는 3만 9,262명이고 역사를 감독한 사람은 원진(元眞) 각간이었다.

개원 21년(계유, 733)에 당 나라 사람들이 북적을 치려고 하매 신라에 군대를 청해 왔다. 이때 사신 604명이 신라에 왔다가 돌아갔다.

第35대 경덕왕(景德王), 충담사, 표훈대덕

경덕왕이 보위에 올랐다. 이름은 헌영(憲英)이며, 효성왕의 친 아우다. 효성왕이 아들이 없으므로 헌영을 태자로 삼아 보위를 잇게 한 것이다. 왕비는 이찬 순정의 딸이다.

원년 겨울 10월, 일본국 사신이 왔으나 받아들이지 않았다.

2년 봄 3월, 주력공(主力公)의 집에서 소가 한 번에 송아지 세 마리를 낳았다. 당 현종이 찬선대부 위요를 보내와 제사에 참여하게 하고, 이어 왕을 신라왕으로 삼아서 선왕의 자리를 잇게 하였는데, 그 조서는 다음과 같았다.

"고개부의동삼사사지절대도독계림주제군사 겸 지절영해군사신라왕 김승경의 아우 헌영은 대대로 왕통을 이어 어진 생각을 품고, 예의에 마음을 두었다. 기자의 풍속과 교화는 조리가 더욱 밝아지고, 중국 제도의 의관도 스스로 본받게 되었다. 바다를 통하여 사신을 보내오고, 구름을 벗 삼는 먼 길을 따라 당 나라의 조정에 오고가며, 대대로 속셈 없는 신하로서 여러 번 충절을 나타내었다. 이전에 왕의 형이 나라를 이어 받았으나, 그가 아들이 없어 아우가 그 뒤를 잇게 되니, 이것도 관례일 것이므로, 이에 귀빈으로

고 꽃을 대신 꺾어서 바침으로써 비를 오게 한다는 소원을 노래 한 것으로 본다. 특히 노인은 이 지역의 부족을 대신하는 촌장으로 본다(정호완, 삼국유사의 상상력 참조).

영접하여 임명 하노니, 마땅히 약속을 지켜 신하국의 어른으로서의 명예를 이어가야 할 것이다. 따라서 특별한 예우를 가하여 중국 관작의 부름말을 주노니 형의 작위인 신라왕 개부의동삼사사지절대도독계림주제군사겸충지절영해군사를 이어 받으라."

조서와 함께 황제의 명령으로 주를 단 효경(孝經) 한 권을 주었다. 여름 4월, 서불한 김의충의 딸을 왕비로 맞았다. 가을 8월, 지진이 있었다. 겨울 12월, 왕의 아우를 당 나라에 보내 신년 하례를 하니, 황제가 그에게 좌청도솔부원외장사 벼슬을 주고, 초록빛 웃옷과 은대를 주어 돌려보냈다.

15년 봄 2월, 상대등 김사인이, 해마다 천재지변이 자주 일어난 사실을 들어 왕에게 의견을 올렸다. 그 진정서는 시국 정치의 옳고 그름을 강렬하게 평가한 것이었다. 왕이 이를 가상히 여겨 받아 들였다. 왕은 당 현종이 촉(蜀) 지방에 있다는 말을 듣고 그에게 사신을 보냈다. 사신은 양자강을 거슬러 올라가 성도(成都)에 이르러 예물을 바쳤다. 현종은 5언 10운 시를 직접 짓고 써서 왕에게 보내며 말했다.

"신라왕이 해마다 예방을 잘 하고, 예악 및 대의명분을 훌륭하게 실행에 옮기므로, 시 한편을 지어 주노라. 사방은 위도로 나뉘어 있으나 만물은 모두 중심을 가지고 있네. 옥과 비단은 천하에 두루 퍼져 있으나 산 넘고 물 건너 중국의 도읍으로 찾아 든다. 생각하면 먼 곳 동방은 막혔지만, 해마다 신라는 짐을 위해 애를 쓰네. 아득히 먼 곳 땅의 끝 푸른 바다 한 구석에 자리하건만 의리를 지키는 나라라고 일컬어지니 산 다르고 물 다른 나라라고 어찌 부르랴. 사신은 돌아가 중국의 풍속과 교화를 전하고 사람들은 찾아와 우리의 옛 고전을 배워 가는구나. 의관을 예절에 맞출 줄 알고 충성스럽고 신의를 지키며 배움을 존중할 줄 아나니, 그 성실함이여, 하늘이 굽어 볼 것이오, 그 슬기로움이여, 덕성은 외롭지 않으리. 깃발 세우고 우리처럼 백성을 다스리니 보내 준 후한 선물 정성이 넘치나니 푸르고 푸른 지조 더욱 소중히 하여 바람서리 맞아도 영원히 변하지 말라."

현종이 촉 지방에 갔을 때, 신라의 사신이 천리 길을 멀다 하지 않고, 황제의 행재소까지 찾아 갔으므로, 그 정성을 가상히 여겨 시를 지어 준 것이다. 시구 중의,

'푸르고 푸른 지조 더욱 소중히 하여, 바람서리 맞아도 영원히 변하지 말라(益重靑靑志 風霜恒不渝).'

라고 한 것은, 옛날의 시구인 세찬 바람이 불어야만 강인한 풀임을 알게 되고, 정치가 어지러워 진 뒤에야 지조 있는 신하를 알 수 있다는 의미가 아니겠는가. 선화 무렵 송나라에 사신으로 갔던 김부의가 이 시의 각본을 가지고 국경에 가서 접빈사로 있던 학

사 이병에게 보였다. 이병은 이를 황제에게 바쳤는데, 황제는 양부와 여러 학사들에게 돌려 보이고, 황제의 의견을 말하기를,

"진봉 시랑이 바친 시는 틀림없는 현종의 글씨다."

라고 하면서 감탄하였다. 여름 4월, 큰 우박이 내렸다. 대영랑이 흰 여우를 바쳤으므로, 남변 제일의 자리를 주었다.〔기〕

당 나라에서 도덕경 등을 보내오자 대왕이 예를 갖추어 이를 받았다. 왕이 나라를 다스린 지 24년(765)에 5악과 3산의 신들이 때때로 나타나서 대궐 뜰에서 왕을 모셨다. 3월 3일 왕이 귀정문 누각 위에 나가서 좌우 신하들에게 일렀다.

"누가 길거리에서 학덕을 갖춘 스님 한 사람을 데려올 수 있겠느냐."

이때 마침 위의 있고 깨끗한 고승 한 사람이 길에서 이리저리 거닐고 있었다. 좌우 신하들이 이 중을 왕에게로 데리고 오니, 왕이

"내가 말하는 덕망 있는 스님이 아니다."

하고 그를 돌려보냈다. 다시 중 한 사람이 있는데 납의를 입고 앵통을 지고 남쪽에서 오고 있었는데 왕이 보고 기뻐하여 누각 위로 맞이했다. 통 속을 보니 차를 다리는 차구가 들어 있었다. 왕은 물었다.

"그대는 대체 누구요?"
"소승은 충담(忠談)이라고 합니다."
"어디서 오는 길이오?"
"소승은 3월 3일과 9월 9일에는 차를 달여서 남산 삼화령의 미륵세존께 드리는데, 지금도 드리고 돌아오는 길입니다."
"나에게도 그 차를 한 잔 나누어 주겠소."

충담이 이내 차를 달여 올리니 차 맛이 이상하고 찻잔 속에서 비상한 향기가 풍긴다. 왕이 다시 물었다.

"내가 일찍이 들으니 스님이 기파랑(耆婆郞)을 예찬한 사뇌가가 그 뜻이 무척 격조가 있다고 하니 그 말이 과연 옳은가."
"그렇습니다."
"그렇다면 나를 위하여 안민가(安民歌)를 지어 주시오."

충담은 이내 왕의 명을 받들어 노래를 지어 바치니 왕은 아름답게 여기고 그를 왕사로 임명했으나 충담은 두 번 절하고 굳이 사양하여 받지 않았다. 안민가는 이러하다.

임금은 아버지요, 신하는 사랑스런 어머니시라.
백성을 어리석은 아이라 여기시니,
백성이 그 은혜를 알리.
힘들게 살아가는 민초들에게, 이를 먹여 다스리네.
이 땅을 버리고 어디로 가랴, 나라 안이 유지됨을 알리.
(후구)
임금답게 신하답게 백성답게 하면,
나라는 태평하리다.

찬기파랑가(讚耆婆郞歌)에 일렀다.[80]

헤치고 나타난 달이,
흰 구름 좇아 떠가는 것 아닌가.
새파란 시내에, 기파랑의 모습 잠겼어라.
일오천(逸烏川) 조약돌 같은,
기파랑이 지니신 마음 좇으려 하네.
아아, 잣나무 가지 드높아,
서리 모를 그 변함없는 화판(花判, 임금)의 모습이여

경덕왕은 옥경(玉莖, 자지)의 길이가 여덟 치나 되었다. 아들이 없어 왕비를 버리고 사량부인(沙梁夫人)에 봉했다. 후비 만월부인(滿月夫人)의 시호는 경수태후(景垂太后)이니 의충 각간의 딸이었다. 어느 날 왕은 표훈대덕에게 명했다.

"내가 복이 없어서 아들을 두지 못했으니 바라건대 대덕은 상제께 청하여 아들을 두게 해 주오."

80 **찬기파랑가**는 신라 제35대 경덕왕 때 지어진 향가이다. 향가에 나오는 기파랑(耆婆郞)이 실제 누구인지는 기록이 남아 있지 않아 알 수 없다. 하지만 당대의 화랑 지도자의 한 명으로 보는 것이 일반적이다. 찬기파랑가에서 기파랑은 눈 내린 겨울의 푸른 솔가지처럼 지조가 곧고 드높은 기품을 지닌 사람으로 그리고 있다. 그러나 삼국사기(三國史記) 경덕왕 편을 보면 당 나라 현종이 안녹산의 난으로 피난을 갔을 적에 경덕왕이 사신을 보내 조공을 했을 때 현종이 지어 보낸 답시에 비슷한 구절(益重靑靑志 風霜恒不渝者)이 나오는 것으로 보아 경덕왕을 상징하는 것으로 보인다(정호완(2013), 삼국유사의 상상력 참조).

표훈은 명령을 받아 천제에게 올라가 고하고 돌아와 왕께 아뢰었다.

"상제께서 말씀하시기를, 딸을 구한다면 될 수 있지만 아들은 될 수 없다고 하셨습니다."

왕은 다시 말한다.

"원컨대 딸을 바꾸어 아들로 만들어 주시오."

표훈은 다시 하늘로 올라가 천제께 청하자 천제는 말한다.

"될 수는 있지만 그러나 아들이면 나라가 위태로울 것이다."

표훈이 내려오려고 하자 천제는 또 불러 말한다.

"하늘과 사람 사이를 어지럽게 할 수는 없는 일인데 지금 대사는 마치 이웃 마을을 오고가듯이 하여 천기(天機, 하늘의 기밀)를 안 지켰으니 이제부터는 아예 다니지 말도록 하라."

표훈은 돌아와서 천제의 말대로 왕께 알아듣도록 말했건만 왕은 다시 말한다.

"나라는 비록 위태롭더라도 아들을 얻어서 대를 잇게 하면 만족하겠소."

이리하여 만월부인이 태자를 낳으니 왕은 무척 기뻐했다. 8세에 왕이 죽어서 태자가 보위에 오르니 이가 혜공왕이다. 나이가 매우 어렸기 때문에 태후가 정사를 대신하였다. 정사가 잘 다스려지지 못하고 도둑이 벌떼처럼 일어나 이루 막을 수가 없다. 표훈 대사의 말이 들어맞았다. 왕은 원래 여자인데 남자가 되었기 때문에 돌날부터 보위에 오르는 날까지 끊임없이 여자 아이의 놀이를 하고 자랐다. 왕은 비단 주머니 차기를 좋아하고 도류(道流, 도사)와 어울려 노니 나라가 크게 어지러워지고 마침내 선덕왕(宣德王) 김양상(金良相)에게 죽었다. 표훈 이후에는 신라에 성인이 나지 않았다.

24년 여름 4월, 지진이 있었다. 사신을 당 나라에 보내 예방하니, 황제가 사신에게 검교예부상서 벼슬을 주었다. 6월, 유성이 심성의 자리를 빼앗았다. 이 달에 왕이 죽었다. 시호를 경덕이라 하고 모지사 서쪽 산에 장사지냈다. 고기에는 영태 원년 을사에 죽었다고 기록되어 있고, 구당서와 자치통감에는 모두 대력 2년에 신라왕 헌영이 죽었다고 기록되어 있으니, 잘못된 것이다.〔기〕

제36대 혜공왕(惠恭王)

혜공왕이 보위에 올랐다(765). 그의 이름은 건운(乾運)이며, 경덕왕의 맏아들이었다. 어머니는 만월부인 김 씨이며 서불한 의충의 딸이다. 왕이 즉위했을 때 나이가 8살이었으므로, 태후가 정사를 대신하였다.

왕 2년(766) 봄 정월, 두 개의 해가 나타났다. 죄수들을 크게 풀어주었다. 2월, 왕이 신궁에서 직접 제사를 지냈다. 양리공 집에서 암소가 송아지를 낳았는데, 다리가 다섯이었다. 다리 하나는 위로 향하였다. 강주에서 땅이 내려앉아 연못이 되었는데, 넓이가 50여 척이고 검푸른 물빛이었다. 겨울 10월, 하늘에서 소리가 들렸는데, 그 소리가 북소리 같았다.〔기〕

대력 초년(766)에 강주(康州, 진주) 관청의 대당 동쪽에서 땅이 점점 꺼져서 못이 되었다. 다른 책에는 대사(大寺) 동쪽의 조그만 못이라 하였다. 세로가 13척, 가로가 7척이었다. 문득 잉어 5, 6마리가 나타나더니 계속해서 점점 커지고 여기에 따라 못도 커졌다.

왕 2년(정미, 767)에는 또 천구성(天狗星. 빗자루별)이 동루 남쪽에 떨어졌는데 머리는 항아리만하고 꼬리는 3척쯤이나 되며, 빛은 활활 타오르는 불과 같고, 이 때문에 하늘과 땅 또한 흔들렸다. 또 같은 해에 금포현(今浦縣)의 5경(頃, 500평) 쯤의 논 속에서 쌀이 모두 이삭으로 매달렸다. 7월에는 북궁 뜰 안에 먼저 두 별이 떨어지고 또 한 별이 떨어지니 세 별이 모두 땅 속으로 들어갔다. 이보다 먼저 대궐 북쪽 뒷간 속에서 두 줄기 연이 나고 또 봉성사 밭 속에서도 연이 생겨났으며 범이 궁성 안으로 들어온 것을 쫓아가 잡으려다가 놓쳤다. 각간 대공(大恭)의 집 배나무 위에 참새가 무수히 모여들었다. 안국병법(安國兵法) 하권에 따르면, 이런 일이 있으면 천하가 크게 어지러워진다. 이에 임금은 죄인들에게 대사령을 내리고 몸을 씻고, 반성했다. 7월 3일에 각간 대공이 반란을 일으켜 도읍과 5도의 주군 도합 96명의 각간들이 서로 싸워 크게 어지러웠다. 각간 대공의 집이 망하자 그 집의 재산과 보물과 비단 등을 모두 왕궁으로 옮겼다. 새로운 신성의 큰 창고가 불에 타자 사량, 모량 마을에 있던 역적들의 보물과 곡식을 또한 왕궁으로 옮겼다. 난리가 3개월 만에 멎으니 상을 받은 사람도 제법 많았으나 죽음을 당한 자도 수없이 많았으니, 표훈이 나라가 위태롭다고 한 것이 바로 이를 두고 한 말이다.

제38대 원성대왕(元聖大王)

제38대 원성왕이 보위에 올랐다(785). 그의 이름은 경신(敬信)이며, 내물왕의 12대 손이다. 어머니는 계오부인 박 씨다. 왕비는 김씨니 신술 각간의 딸이다. 처음 혜공왕 말년에 신하들이 반역으로 날뛰었다. 선덕(宣德)이 당시에 상대등이 되어 임금 측근의 못된 무리들을 없앨 것을 앞장서서 주창하였다. 경신이 이에 동행하여 반란을 평정하는 데 공을 세우자, 선덕이 보위에 오르면서 바로 상대등으로 임용하였다. 선덕이 죽었으나 아들이 없었다. 여러 신하들이 의논한 후, 왕의 조카인 주원(周元)을 왕으로 세우려 하였다. 그 때 주원은 도읍 북쪽 20리 되는 곳에 살았는데, 때마침 큰 비가 내려 알천의 물이 불어나 주원이 건너올 수 없었다. 누군가 임금이라는 큰 자리는 실로 사람이 마음대로 할 수 없다. 오늘 폭우가 내리니 하늘이 혹시 주원을 왕으로 세우려 하지 않는 것이 아닌가. 지금의 상대등 경신은 전 임금의 아우로서, 덕망이 높고 임금의 자질을 가졌다고 말하였다. 이에 여러 사람들의 의견이 같아서, 그로 하여금 보위를 잇게 하였다. 얼마 뒤 비가 그치니 백성들이 모두 만세를 불렀다.

2월, 왕의 고조 대아찬 법선(法宣)을 현성대왕으로 추봉하고, 증조인 이찬 의관을 신영대왕으로, 할아버지 이찬 위문을 흥평대왕으로, 아버지 일길찬 효양을 명덕대왕으로, 어머니 박씨를 소문태후로 사후 책봉하고, 아들 인겸을 왕태자로 삼았다. 성덕대왕과 개성대왕의 두 묘당을 헐고, 시조대왕과 태종대왕, 문무대왕 및 할아버지 흥평대왕과 부친 명덕대왕을 다섯 묘(廟, 사당)로 모셨다. 문무백관에게 직위를 한 급씩 올려주었다. 이찬 병부령 충렴을 상대등으로 임용하고, 이찬 제공을 총리인 시중으로 임용하였다. 제공이 물러나자, 이찬 세강(世强)을 임용하였다. 3월, 전 왕비 구족왕비를 외궁으로 내보내고, 벼 3만 4천 석을 주었다. 패강진에서 붉은 까마귀를 바쳤다. 총관을 고쳐 도독이라 하였다.〔기〕

이찬 김주원이 처음 상재(上宰, 상대등)가 되고 원성왕은 각간으로서 상재의 다음 자리에 있었다. 각간은 꿈에 복누(幞頭, 관모)를 벗고 흰 갓을 쓰고 열두 줄 가야금을 들고 천관사 우물 속으로 들어갔다. 꿈에서 깨어 사람을 시켜 점을 치게 했더니,

> "복두를 벗은 것은 관직을 잃을 조짐이요, 가야금을 든 것은 칼을 쓸 징조요, 우물 속으로 들어간 것은 옥에 갇힐 조짐입니다."

했다. 경신(敬信)은 이 말을 듣고 몹시 근심하여 집밖을 나오지 아니 하였다. 이

때 아찬 여삼(餘三, 일명 餘山)이 와서 뵙기를 청했으나 그는 병을 핑계하고 나오지 않았다. 아찬이 다시 청하여 한 번 뵙기를 원하였다. 마침내 경신이 이를 허락하니 아찬이 물었다.

"공께서 꺼리는 것은 무엇입니까?"

경신이 꿈을 점쳤던 일을 자세히 말하니 아찬이 일어나서 절을 하고 말한다.

"이는 좋은 꿈입니다. 공이 만일 보위에 올라서도 나를 버리지 않으신다면 공을 위해서 꿈을 풀어 보겠습니다."

경신이 이에 좌우 사람들을 물리고 아찬에게 꿈 풀이를 청하니 아찬은 말한다.

"복두를 벗은 것은 위에 앉는 이가 없다는 것이요, 흰 갓을 쓴 것은 면류관을 쓸 징조요, 열두 줄 가야금을 든 것은 12대의 자손들이 보위를 이어받을 조짐이요, 천관사 우물에 들어간 것은 궁궐에 들어갈 좋은 징조입니다."

경신이 말한다.

"위에 주원이 있는데 내가 어떻게 윗자리에 있을 수가 있단 말이오?"

아찬이,

"비밀로 북천신에게 제사 지내면 좋을 것입니다."

하니 이에 따랐다. 얼마 안 되어 선덕왕이 세상을 떠나자 나라 사람들은 김주원을 왕으로 삼아 장차 궁으로 맞아들이려 했다. 그의 집이 북천 북쪽에 있었는데 문득 냇물이 불어서 건널 수가 없었다. 이에 경신이 먼저 궁에 들어가 보위에 오르자 대신들이 모두 와서 따르고 새 임금에게 축하를 드리니 이가 곧 원성대왕이다.

왕의 이름은 경신이요, 성은 김 씨이니 좋은 꿈이 그대로 맞았다. 주원은 명주(溟州, 강릉)에 물러가 살았다. 경신이 보위에 올랐으나 이때 여산은 이미 죽었기 때문에 그의 자손들을 불러 벼슬을 주었다. 왕에게는 손자가 다섯이 있었으니, 혜충태자, 헌평태자, 예영잡간, 대룡부인, 소룡부인 등이다. 대왕은 실로 인생의 힘들고 영화로운 이치를 알았으므로 전하지 않는 노래인 신공사뇌가(身空詞腦歌)를 지었다. 왕의 아버지 대각간 효양(孝讓)이 선대 임금의 만파식적을 왕에게 전했다. 왕은 이것을 얻게 되었으므로 하늘의 은혜를 많이 받고 그 덕이 멀리까지 빛났던 것이다.

왕 2년(786) 여름 4월, 동쪽 지방에 우박이 내려 뽕과 보리가 모두 망가졌다. 김원전을 당에 보내 토산물을 바쳤다. 당 나라 덕종이 다음과 같은 조서(詔書, 임금의 명령서)를 내렸다.

"신라왕 김경신에게 말하노라. 김원전이 와서 바친 표문과 바친 물건을 살펴보았다. 그대 나라의 풍속은 신의를 중시하고, 지조는 바르며, 일찍부터 중국의 변방으로서 가르침을 잘 받들었다. 또한 변방에 속한 무리들을 훌륭하게 다독였다. 유교의 풍습을 받들어 예법이 지켜지고, 나라가 평안하게 다스려졌으며, 중국에 정성을 다하고, 천자에게 직무를 보고하지 않는 일이 없었다. 또한 자주 사신을 보내 예방과 진상을 계속하였고, 비록 바닷길이 멀고 육로로도 먼 곳에 떨어져 있지만, 예물의 왕래가 옛 법을 따르고, 충성은 더욱 드러나니 더없이 가상하고 감탄할 일이다. 나는 만방에 백성의 부모로 다스렸으니, 안으로부터 먼 나라에 이르기까지, 법도에 맞게 하며, 문화를 공유하고, 태평성세를 이루어서, 모두 백성과 함께 안락장수 하고자 한다. 그대는 마땅히 정사를 안정시키고, 백성들을 열성으로 돌보며, 길이 변방의 신하가 되어, 바다 변방의 백성들을 평안케 하라. 이제 그대에게 비단, 능직, 채단 등 30필과 옷 한 벌, 은합 한 개를 주노니, 이들이 도착하면 받을 것이다. 왕비에게 비단, 채단, 능직 등 20필과 금실로 수놓은 비단 치마 한 벌과 은쟁반 한 개를, 가장 높은 재상 한 사람에게 옷 한 벌과 은합 한 개를, 다음 직위의 재상 두 사람에게는 각각 옷 한 벌과 은쟁반 한 개를 준다. 그대는 이를 받아서 나누어 주라. 한 여름이 되어 날씨가 더워지는데, 그대 내내 평안하기 바라며, 재상 이하 모두에게도 안부를 묻는다. 글월로는 나의 뜻을 다 싣지 못하노라."

7월에 가뭄이 들었다. 9월에 도읍에 가뭄이 들어 곡식 3만 3천 2백 40석을 내어 주었으며, 겨울 10월에도, 곡식 3만 3천 석을 나누어 주었다. 무오대사가 병법 15권과 화령도 2권을 바쳤으므로, 굴압 현령으로 임용하였다.[기]

정원 2년(병인, 786) 10월 11일 일본왕 문경(文慶)이 군사를 일으켜 신라를 치려다가 신라에 만파식적이 있나는 말을 듣고 군사를 물리고 금 50냥을 사자에게 주어 보내서 피리를 달라고 청하므로 왕이 일본 사신에게 일렀다.

"내가 들으니 선대 진평왕 때에 그 피리가 있었다고 하는데 지금은 어디에 있는지 알 수가 없다."

이듬해 7월 7일에 다시 사자를 보내어 금 천 냥을 가지고 와서 청하며 말하기를,

"내가 그 신비로운 물건을 보기만 하고 그대로 돌려드리겠습니다."

하였다. 왕은 먼저와 같은 대답으로 이를 뿌리쳤다. 그리고 은 3천 냥을 그 사자에게 주고, 보내 온 금은 돌려주고 받지 않았다. 8월에 사자가 돌아가자 그 피리를 내황전에 갈무리해 두었다.

왕 11년(을해, 795) 봄 정월, 혜충 태자의 아들 준옹을 태자로 봉하였다. 여름 4월, 가뭄이 들자 왕이 직접 죄수를 다시 살펴 형량을 낮추어 주었다. 6월에 이르러 비가 내렸다. 가을 8월, 서리가 내려 곡식을 해쳤다.

같은 해(795)에 당 나라 사자가 도읍에 와서 한 달을 머물러 있다가 돌아갔다. 하루 뒤에 두 여인이 내정에 나와서 아뢴다.

"저희들은 동지(東池), 청지(靑池)에 있는 두 용의 아내입니다.[81] 그런데 당 나라 사자가 하서국(河西國) 사람들을 데리고 와서 우리 남편인 두 용과 분황사 우물에 있는 용까지 모두 세 용의 모습을 바꾸어 작은 고기로 변하게 해서 통 속에 넣어 가지고 돌아갔습니다. 바라옵건대, 폐하께서는 그 두 사람에게 명령하여 우리 남편들인 나라를 지키는 용을 여기에 머무르게 해 주십시오."

왕은 하양관(河陽館, 하양)까지 쫓아가서 몸소 연회를 열고 하서국 사람들을 다그쳤다.

"그대들은 어찌해서 우리나라의 세 용을 잡아 여기까지 왔느냐. 만일 사실대로 고하지 않으면 반드시 극형에 처할 것이다."

그제야 하서국 사람들이 고기 세 마리를 내어 바치므로 세 곳에 놓아 주자, 각각 물속에서 한 길이나 뛰고 기뻐하면서 헤엄쳤다. 이에 당 나라 사람들은 왕의 혜안에 감복했다.

어느 날 왕이 황룡사의 중 지해(智海)를 대궐 안으로 초청하여 화엄경을 50일 동안 외우게 했다.[82] 승려 묘정(妙正)이 매양 금광정(金光井, 대현법사가 지은 이름) 가에서 바리때를 씻는데 자라 한 마리가 우물 속에서 떴다가는 다시 가라앉

81 청지는 곧 동천사(東泉寺)의 샘. 절 기록을 보면 이 샘은 동해의 용이 오고가면서 불법을 듣던 곳이요, 절은 진평왕이 지은 것으로서 오백성중과 오층탑과 농민까지 함께 헌납했다(삼국유사 원성왕 참조).

82 어떤 책에는 화엄사(華嚴寺)라 했고, 또 금강사(金剛寺)라고도 했으니 이것은 아마 절 이름과 불경 이름을 혼동한 듯하다.

곤 하므로 묘정은 늘 먹다 남은 밥을 자라에게 주면서 농담을 했다. 법석이 끝나려 할 무렵 사미 묘정은 자라에게 말했다.

"내가 너에게 은덕을 베푼 지가 오랜데 너는 무엇으로 갚으려느냐?"

그런 지 며칠 뒤에 자라는 조그만 구슬 한 개를 입에서 토하더니 묘정에게 주려는 것같이 하므로 묘정은 그 구슬을 얻어 허리띠 끝에 달았다. 그 후로부터 대왕은 묘정을 보면 사랑하고 소중히 여겨 내전에 맞아들여 좌우에서 떠나지 못하게 했다. 이때 잡간 한 사람이 당 나라에 사신으로 가게 되었다. 그도 묘정을 사랑해서 같이 가기를 청하자 왕은 이를 허락했다. 이들이 함께 당 나라에 들어가니 당 나라의 황제도 역시 묘정을 보자 매우 사랑하게 되고 승상과 좌우 신하들도 모두 그를 존경하고 믿었다. 관상 보는 사람이 황제에게 아뢰었다.

"저 승려를 살펴보니 하나도 길한 모습이 없는데 남에게 믿음과 존경을 받으니 틀림없이 이상한 물건을 가졌을 것입니다."

황제가 사람을 시켜서 몸을 뒤져 보니 허리띠 끝에 조그만 구슬이 매달려 있다. 황제는 말한다.

"나에게 여의주 네 개가 있던 것을 지난해에 한 개를 잃었다. 이제 이 구슬을 보니 내가 잃은 그 구슬이다."

황제가 묘정에게 그 구슬을 가진 까닭을 물으니 묘정은 그 사실을 자세히 말했다. 황제가 생각하니 구슬을 잃었던 날짜가 묘정이 구슬을 얻은 날과 똑같다. 황제가 그 구슬을 빼앗아 두고 묘정을 돌려보냈더니 그 뒤로는 아무도 묘정을 사랑하지도 않고 믿지도 않았다.

왕의 능은 토함산 서쪽 동곡사(洞鵠寺, 지금의 숭덕사)에 있는데 최치원이 지은 비문이 있다. 왕은 또 보은사와 망덕루를 세웠고, 할아버지 훈입 잡간이 죽은 뒤에 존호를 흥평대왕이라 올리고, 증조 의관 잡간을 신영대왕이라 하고, 고조 법선 대아간을 현성대왕이라 했다. 현성대왕의 아버지는 곧 마질차 잡간이다.

조설(早雪)

제40대 애장왕 말년(무자, 808) 8월 보름에 눈이 내렸다. 제41대 헌덕왕 때인 원화 13년(무술, 818) 3월 14일에 많은 눈이 내렸다. 어떤 책에는 병인이라 했으나 이는 잘못이다. 원화는 15년에 끝났기 때문에 병인은 없다.

제46대 문성왕 원년(기미, 839) 5월 19일에 많은 눈이 내렸다. 8월 1일에는 천지가 어두웠다.

제42대 흥덕왕 앵무새

제42대 흥덕대왕은 보력 2년(병오, 826)에 보위에 올랐다. 그의 이름은 수종(秀宗)이지만, 그 뒤에 경휘(景徽)로 바꾸었다. 그는 헌덕왕의 친 아우다. 겨울 12월, 왕비 장화부인(章和夫人)이 죽자, 정목왕후(定穆王后)로 불렀다. 왕은 왕비를 잊지 못하고 슬퍼하였다. 여러 신하들이 청원서를 올려 다시 왕비를 맞아들이기를 요청하였다. 왕이 말했다.

> "짝을 잃은 새에게도 자기의 짝을 잃은 슬픔이 있는데, 좋은 짝을 잃고 나서 어찌하여 무정하게도 바로 다시 부인을 얻겠는가?"

왕은 끝내 요청을 듣지 않고, 시녀들조차도 가까이 하지 않았다. 좌우의 심부름꾼은 오직 내시뿐이었다. 장화의 성은 김씨이고, 소성왕의 딸이다.〔기〕

얼마 되지 않아서 어떤 사람이 당 나라에 사신으로 갔다가 앵무새 한 쌍을 가지고 왔다. 오래지 않아 암놈이 죽자 홀로 남은 수놈은 슬피 울기를 그치지 않는다. 왕은 사람을 시켜 그 앞에 거울을 걸어 놓게 했더니 새는 거울 속의 그림자를 보고는 제 짝을 얻은 줄 알고 그 거울을 쪼다가 제 그림자인 것을 알고는 슬피 울다 죽었다. 이에 왕이 앵무새를 두고 노래를 지었다고 하나 가사는 알 수 없다.

제45대 신무대왕 염장(閻長) 궁파(弓巴)

제45대 신무왕이 보위에 올랐다(839). 그의 이름은 우징(祐徵)이다. 그는 원성대왕의 손자인 상대등 균정의 아들이며, 희강왕의 사촌 아우다. 예징 등이 이미 궁중을 제압하고, 예절을 갖추어 그를 맞이하고, 보위에 오르게 하였다. 왕의 할아버지 이찬 예영(禮英, 일명 효진)을 추존하여 혜강대왕이라 하고, 아버지를 성덕대왕이라 하고, 어머니 박씨 진교부인을 헌목태후라 하고, 아들 경응을 태자로 삼았다. 청해진 대사 궁복(弓福)을 감의군사(感義軍使, 군부의 사신)로 삼고 아울러 식읍 2천 호를 주었다. 이홍(利弘)은 화가 미칠 것을 두려워하여, 처자를 버리고 산으로 달아났으나, 왕이 기병을 보내 뒤쫓아 잡아 죽였다. 가을 7월, 당 나라에 사신을 보냈다. 그들이 당 나라로 가는 도중에 치청(淄靑, 산동성 청주)의 절도사에게 종을 딸려주었다. 황제가 이를 듣고 먼 지방 사람이라고 불쌍히 여겨서, 그들을 신라로 돌아가게 하였다. 왕이 병으로 자리에 누웠다. 꿈에 이홍이 왕의 등에 활을 쏘았다. 왕이 잠을 깨어 보니 등에 종기가 났다. 이 달 23일에 왕이 죽었다. 시호를 신무(神武)라 하고 제형산 서북쪽에 장사지냈다.〔기〕

신무대왕이 보위에 오르기 전에 협사 궁파(弓巴, 장보고)에게 말했다.

"나에게는 이 세상을 같이 살아나갈 수 없는 원수가 있다. 네가 만일 나를 위해서 이를 없애 준다면 내가 보위에 오른 뒤에 네 딸을 맞아 왕비로 삼겠다."

궁파가 이를 받아들여 마음과 힘을 같이하여 군사를 일으켜 도읍으로 쳐들어가서 그 일을 마쳤다. 그 뒤 임금이 보위를 빼앗고 궁파의 딸을 왕비로 삼으려 하매 여러 신하들이 끝까지 반대했다.

"궁파는 아주 보잘 것 없는 사람이오니 왕께서 그의 딸을 왕비로 삼으려는 것은 옳지 못합니다."

왕은 그 말을 따랐다. 그 때 궁파는 청해진(淸海鎭)에서 진을 지키고 있었다. 왕이 약속을 어기는 것을 원망하여 반란을 일으키려 하자 장군 염장이 이런 말을 듣고 대왕께 아뢰었다.

"궁파가 장차 반란을 일으키려 하오니 소신이 가서 이를 없애겠습니다."

왕은 기뻐하여 이를 허락했다. 염장은 왕의 뜻을 받아 청해진으로 가서 길을 안내하는 자를 통해서 말했다.

"나는 왕에게 원한이 있어서 왔습니다. 장군의 뜻을 따르고 소인의 몸과 목숨을 보전하려 하오."

궁파는 이 말을 듣고 크게 노했다.

"그대들이 왕에게 고해서 내 딸을 버리게 해놓고 어찌 나를 보려 하느냐?"

염장이 다시 사람을 통해서 말했다.

"그것은 여러 신하들이 바로 말한 것이고 나는 그 일에 함께 하지 않았으니 장군은 나를 의심하지 마십시오."

궁파는 이 말을 듣고 청사로 그를 불러들여 물었다.

"그대는 무슨 일로 여기에 왔는가?"
"왕의 뜻을 거스른 일이 있기에 그대의 지휘 아래 들어와서 있다가 해를 피할까 하는 것이오."
"그렇다면 다행한 일이오."

하고 궁파는 술자리를 마련하여 무척 기뻐했다. 이에 염장은 궁파의 긴 칼을 빼어 궁파를 베어 죽이자 지휘 아래 있던 군사들은 놀라서 모두 땅에 엎드린다. 이에 염장은 이들을 이끌고 도읍으로 와서 왕에게 아뢰었다.

"이미 궁파를 베어 죽였습니다."

왕은 기뻐해서 그에게 상을 내리고 아간(阿干) 벼슬을 주었다.

제48대 경문대왕(景文大王)

제48대 경문왕이 보위에 올랐다(861). 그의 이름은 응렴(膺廉, 膺 또는 疑)이며, 희강왕의 아들인 아찬 계명의 아들이다. 어머니는 광화부인(光和夫人)이다. 왕비는 김씨 영화부인이다.〔기〕

응렴은 나이 18세에 국선이 되었다. 약관에 이르자 헌안대왕은 그를 불러 궁중에서 잔치를 베풀고 물었다.

"낭(郎)은 국선이 되어 사방을 돌아다니면서 놀았으니 무슨 이상한 일을 본 것이 있는가."
"신(臣)은 아름다운 행실이 있는 자 셋을 보았습니다."
"그 말을 나에게 들려주게."
"남의 윗자리에 있을 만한 사람이면서도 겸손하여 남의 밑에 있는 사람이 그 하나요, 세력 있고 넉넉하면서도 옷차림을 검소하게 한 사람이 그 둘이요, 본디부터 귀하고 세력이 있으면서도 그 권력을 부리지 않는 사람이 그 셋입니다."

왕은 그 말을 듣고 낭이 어질다는 것을 알고 자기도 모르게 눈물을 떨어뜨리면서 말했다.

"나에게 두 딸이 있는데 그대의 시중을 들게 하리라."

낭이 자리를 피하여 절하고 머리를 조아려 물러가 부모에게 임금의 말을 알렸다. 부모는 놀라고 기뻐하여 그 아들들을 모아 놓고 의논하기를,

"왕의 큰 공주는 모양이 몹시 초라하고 둘째 공주는 매우 아름답다 하니 그를 아내로 삼으면 다행이겠다."

하였다. 낭의 무리들 중에 우두머리로 있는 범교사(範教師) 스님이 이 말을 듣고 낭의 집에 가서 낭에게 물었다.

"대왕께서 공주를 공의 아내로 주고자 한다니 사실인가?"
"그렇습니다."
"어느 공주에게 장가들려는가?"
"부모님께서 둘째 공주가 좋겠다고 하십니다."

범교 스님이 말하였다.

"낭이 만일 둘째 공주에게 장가를 든다면 나는 반드시 낭의 면전에서 죽을 것이고, 큰 공주에게 장가든다면 반드시 세 가지 좋은 일이 있을 것이니 삼가서 하도록 하라."
"그 말씀대로 하겠습니다."

그 뒤에 왕이 날을 가려서 응렴에게 궁리를 보내어 말했다.

"두 딸 중에서 공의 뜻대로 하도록 하라."

사자가 돌아와서 낭의 의사를 왕에게 아뢰었다.

"큰 공주를 받들겠다고 합니다."

그런 지 3개월이 지나서 왕의 병이 위독했다. 여러 신하들을 불러 놓고 말한다.

"내게는 아들이 없으니 죽은 뒤의 일은 마땅히 맏딸의 남편 응렴이 이어야 할 것이다."

이튿날 왕이 죽으니 낭이 유언을 받들어 보위에 올랐다. 이에 범교사는 왕에게 나아가 말했다.

"제가 아뢴 세 가지 아름다운 일이 이제 모두 이루어졌습니다. 큰 공주에게 장가

를 드셨기 때문에 이제 보위에 오른 것이 그 하나요, 예전에 사랑하시던 둘째 공주에게 이제 쉽게 장가드실 수 있게 되신 것이 그 둘이요, 큰 공주에게 장가를 드셨기 때문에 왕과 부인이 매우 기뻐하신 것이 그 셋입니다."

왕은 그 말을 듣고 고맙게 여겨서 대덕(大德)이란 벼슬을 주고 금 130냥을 하사했다. 왕이 죽자 시호를 경문(景文)이라고 했다. 일찍이 왕의 잠자리에는 날마다 저녁만 되면 수많은 뱀들이 모여들었다. 궁인들이 놀라고 두려워하여 이를 쫓아내려 했지만 왕은 말했다.

"내게 만일 뱀이 없으면 편하게 잘 수가 없으니 내쫓지 말라."

왕이 잘 때에는 언제나 뱀이 혀를 내밀어 온 가슴을 덮고 있었다. 보위에 오르자 왕의 귀가 문득 길어져서 나귀의 귀처럼 되었는데 왕비와 궁인들은 모두 이를 알지 못했지만 오직 왕관을 다루는 복두장(幞頭匠) 한 사람만은 이 일을 알고 있었으나 그는 평생 이 일을 남에게 말하지 않았다. 그 사람은 죽을 때에 도림사(道林寺) 대밭 속 아무도 없는 곳으로 들어가서 대를 보고 외쳤다.

"우리 임금의 귀는 나귀의 귀와 같다."

그런 후로 바람이 불면 대밭에서 소리가 났다. 임금의 귀는 당나귀의 귀다. 왕은 이 소리가 듣기 싫어서 대를 베어 버리고 그 대신 산수유나무를 심었다. 그랬더니 바람이 불면 거기에서는 다만 우리 임금의 귀는 길다고 하는 소리가 났다.[83] 국선 요원랑, 예흔랑, 계원, 숙종랑 등이 금란(金蘭, 통천)을 유람하는데 은근히 임금을 도와서 나라를 다스리려는 뜻이 있었다. 이에 노래 세 수를 짓고, 다시 심필(心弼) 사지를 시켜서 초고를 주어 대구화상(大矩和尙)에게 보내어 노래 세 수를 짓게 하니 첫째는 현금포곡(玄琴抱曲)이요, 둘째는 대도곡(大道曲)이요, 셋째는 문군곡(問群曲)이었다. 대궐에 들어가 왕께 아뢰니 왕은 기뻐하여 높이 기리고 상을 주었다. 노래는 알 수가 없다.

처용랑(處容郞) 망해사(望海寺)

제49대 헌강왕(憲康王)이 보위에 올랐다(875). 그의 이름은 정(晸)이며, 경문왕의 맏아들이다. 그의 어머니는 문의왕비이며, 왕비는 의명부인이다. 왕은 성품이 명철하

83 도림사는 예전에 서라벌로 들어가는 곳에 있는 숲가에 있었다.

였으며 글 읽기를 좋아하였는데, 눈으로 한 번 보면 입으로 모두 외웠다. 보위에 오르면서 이찬 위홍을 상대등으로 임용하고, 대아찬 예겸을 시중으로 임용하고, 도읍과 지방에 있는 사형수 이하의 죄수들을 크게 풀어주었다.

6년 봄 2월, 금성이 달을 차지했다. 시중 예겸이 사직하자, 이찬 민공(閔公)이 시중이 되었다. 가을 8월, 웅주에서 상서로운 벼이삭을 바쳐 왔다. 9월 9일, 왕이 좌우의 신하들과 월상루(月上樓)에 올라가 사방을 바라보니, 도읍에 민가가 즐비하고, 노래 소리가 끊이지 않고 들렸다. 왕이 시중 민공을 돌아보면서,

"내가 듣건대, 지금 민가에서는 짚이 아닌 기와로 지붕을 덮고, 나무가 아닌 숯으로 밥을 짓는다 하니 과연 그러한가."

라고 물었다. 민공이,

"저도 일찍이 그렇다는 말을 들었습니다."

라고 대답하고, 이어서

"대왕께서 즉위하신 이후로 음양이 조화를 이루고, 바람과 비가 순조로워서 해마다 풍년이 들고, 백성들은 먹을 것이 넉넉하며, 국경이 안정되고 백성이 즐거워하니, 이는 왕의 어진 덕에 따라서 이루어진 것입니다."

라고 말했다. 왕이 즐거워하며,

"이는 그대들의 도움 때문이지, 나에게 무슨 덕이 있겠는가?"

라고 말했다.〔기〕

헌강대왕 때에는 도읍으로부터 지방에 이르기까지 집과 담이 연하여 초가는 하나도 없었다. 악기와 노래 소리가 길에 끊이지 않았고, 바람과 비는 사철 순조로웠다. 어느 날 대왕이 개운포(開雲浦, 울주)에서 돌아보고 가려고 낮에 물가에서 쉬고 있는데 문득 구름과 안개가 자욱해서 길을 잃었다. 왕이 이상하게 여겨 좌우 신하들에게 물으니 일관(日官, 천문관)이 아뢴다.

"이것은 동해용의 심술이오니 마땅히 좋은 일을 해서 풀어야 할 것입니다."

이에 왕은 일을 맡은 관원에게 왕명으로 용을 위하여 근처에 절을 짓게 했다. 왕의 명령이 내리자 구름과 안개가 걷혔으므로 그곳을 개운포라 했다. 동해의 용은 기뻐해서 아들 일곱을 거느리고 왕의 앞에 나타나 덕을 찬양하여 춤을 추고

노래를 불렀다. 그 중의 한 아들이 왕을 따라 도읍으로 들어가서 왕의 정사를 도우니 그의 이름을 처용(處容)이라 했다.[84] 왕은 아름다운 여자로 처용의 아내를 삼아 머물러 있도록 하고, 또 급간이라는 벼슬까지 주었다. 처용의 아내가 무척 아름다웠기 때문에 마마를 일으키는 역신(疫神)이 사모해서 사람으로 변하여 밤에 그 집에 가서 남몰래 잠자리를 함께 했다. 처용이 밖에서 자기 집에 돌아와 두 사람이 누워 있는 것을 보자 이에 노래를 부르고 춤을 추면서 물러나왔다. 그 노래는 이러하다.

서라벌 밝은 달에, 밤들게 노닐다가
들어와 자리를 보니, 가랑이 넷일러라.
둘은 내 해이고, 둘은 뉘 해인고.
본디 내 해지만, 앗겼으니 어찌할꼬.

그 때 역신이 본디의 모양을 나타내어 처용의 앞에 꿇어앉아 말했다.

"내가 공의 아내를 사모하여 이제 잘못을 저질렀으나 공은 노여워하지 않으니 감동하여 아름답게 여기는 바입니다. 다짐하건대, 이제부터는 공의 얼굴 그림만 보아도 그 문 안에 들어가지 않겠습니다."

이 일로 말미암아 나라 사람들은 대문에 처용의 얼굴을 그려 붙여서 병마를 물리치고 모두가 기뻐할 일을 맞아들이게 되었다. 왕은 서라벌로 돌아오자 이내 영

84 처용(處容) : 처용의 어원에 대하여는 여러 가지 풀이가 있다. 액을 물리치는 제웅을 빌린 차자(양주동, 고가연구), 액을 물리치는 데 쓰는 풀이나 짚으로 허수아비 곧 추령(芻靈) 혹은 초용(草俑)(홍석모, 동국세시기), 처용의 반절음 춍-용(김용구, 처용연구), 처용(處龍)에서 처용(處容)(엄원대, 처용에 관한 종합적 연구), 터(處)와 알(下)과 바가지(容)가 합하여 터알 바가지 가면(김영수, 처용무와 처용가), 무당의 원어인 차차웅-자충-처용(김동욱, 처용가 연구), 이슬람 상인(이용범, 처용설화의 일고찰), 곳곳의 얼굴(구중회) 등이 있다. 신라 49대 헌강왕 5년(879) 3월 임금은 경주의 외항인 울산을 순행하다가 처용을 데려왔다. 신라는 이미 이슬람 상인들과 많은 무역을 했다. 그 흔적들이 부장품에서 나오는 유리잔, 상감옥, 은잔, 유리구슬, 상감금팔찌 등이다. 울산박물관 뒤뜰에 새겨진 사자, 공작무늬 등도 로마나 중동 지역의 것들이다. 울산은 이슬람 상인들이 드나드는 곳이었는데, 이슬람관이 있었을 것이다. 거기에 의원들이 상주하면서 울산지방 호족들의 주치의 노릇을 하고, 인근 사람들에게도 의술을 베풀었다. 그때 마침 호족의 반란을 미연에 방지하기 위해 울산을 순방했던 헌강왕이 그들에게 이국적인 춤(아라비아 춤)을 추게 했을 것이다. 그래서 왕은 이슬람 사람들과 지방 호족을 위해서 망해사를 지어주고, 호족의 아들과 함께 용하다는 이슬람 의사도 경주로 데리고 왔을 것이다. 그 의사가 처용이다. 작자의 경우, 실재한 인물이라기보다는 설화상의 주제 곧 관용을 얼굴로 삼은 것이다(삼국유사사전 참조).

취산 동쪽 기슭의 경치 좋은 곳을 가려서 절을 세우고 이름을 망해사(望海寺)라 했다. 또는 이 절을 신방사(新房寺)라 했으니 이것은 용을 위해서 세운 것이다.

왕이 또 포석정(鮑石亭)에 갔을 때 남산의 산신이 왕 앞에 나타나 춤을 추었는데 좌우의 사람에겐 그 신이 보이지 않고 왕만이 혼자서 보았다. 사람이 나타나 앞에서 춤을 추니 왕 자신도 춤을 추면서 그 모습을 보였다. 신의 이름을 혹 상심(詳審)이라고도 했으므로 지금까지 나라 사람들은 이 춤을 전해서 어무상심(御舞詳審), 또는 어무산신(御舞山神)이라 한다. 혹은 말하기를,

"신이 먼저 나와서 춤을 추자 그 모습을 살펴 공장에게 명해서 새기게 하여 후세 사람들에게 보이게 했기 때문에 상심(象審)이라고 했다 한다."

혹은 상염무(霜髯舞)라고도 하는데 이것은 그 형상에 따라서 이름 지은 것이다. 왕이 또 금강령(金剛嶺)에 갔을 때 북악의 신이 나타나 춤을 추었는데, 이를 옥도검(玉刀劍)이라 했다. 또 동례전에서 잔치를 할 때에는 지신이 나와서 춤을 추었으므로 지백(地伯) 급간이라 했다. 어법집(語法集)에 말하기를,

"그 때 산신이 춤을 추고 노래 부르기를, 지리다도파도파(智理多都波都波)라 했는데 도파(都波)라고 한 것은 대개 지혜로 나라를 다스리는 사람이 미리 사태를 알고 많이 달아나 서울이 장차 사라진다는 뜻이다."

했다. 즉 지신과 산신은 나라가 장차 망할 것을 알기 때문에 춤을 추어 이를 넌지시 알려주었다. 나라 사람들은 깨닫지 못하고 도리어 상서로움이 나타났다 하여 술과 여색을 더욱 즐기다가 나라가 마침내 역사의 무대에서 사라졌다.

제51대 진성여대왕 거타지(居陀知)

제51대 진성왕(眞聖王)이 보위에 올랐다(887). 그의 이름은 만(曼)이며, 헌강왕의 누이동생이다.[85] 죄수들을 크게 풀어주고, 모든 주와 군의 일 년 동안의 세금을 받지

---

85 최치원 문집 제2권 사추증표에는 신하 탄(坦)은 말합니다."삼가 하명을 받들어 저의 죽은 아비 응을 태사로 추증하고, 죽은 형인 정을 태부로 추증하였다. 또한 납정절표에는, 저의 맏형인 국왕 정이 지난 광계 3년 7월 5일에 문득 세상을 떠났다. 저의 조카 요는 태어난 지 아직 일 년이 되지 않았으므로, 저의 둘째 형인 황이 임시로 나라를 다스리다가, 또한 일 년을 넘기지 못하고 세상을 떠났습니다."라고 하였으니, 이를 보면 경문왕의 이름이 응인데, 본기에는 응렴이라 하였다. 진성왕의 이름이 탄(坦)인데, 본기(本紀)에는 만이라 하였으며, 또한 정강왕 황(晃)은 광계 3년에 죽었는데, 본기에는 2년에 죽은 것으로 되어 있다. 모두 어느 것이 옳은

않았다. 황룡사에서 백고좌를 열고 왕이 직접 가서 설법을 들었다. 겨울에 눈이 내리지 않았다.

2년 봄 2월, 소양리에서 돌이 저절로 움직였다. 왕이 원래부터 각간 위홍(魏弘)과 남모르게 정분을 나누며 지냈다. 이때에 이르러서는 언제나 궁중에 들어 와서 일을 보게 하였다. 그리고 그에게 왕명으로 대구화상(大矩和尙)과 함께 향가(鄕歌)를 채록하게 하였는데, 이를 삼대목(三代目)이라고 불렀다. 위홍이 죽자 혜성대왕(惠成大王)이라는 시호를 받들어 올렸다. 이후로 왕은 젊은 미남자 두세 명을 남몰래 불러들여 어지럽게 지내고, 그들에게 요직을 주어 나라 정사를 맡겼다. 이에 따라 아첨하고 총애를 받는 이들이 건방지고, 뇌물을 주는 일이 공공연하게 행해졌다. 상벌이 공평하지 못하고 나라의 기강이 흔들렸다. 이때 누군가가 이름을 감추고 정사를 비난하는 말을 만들어 관청 거리에 대자보를 붙였다. 왕이 그를 조사하게 하였으나 잡을 수 없었다. 누가 왕에게 말하기를,

"이것은 필시 문인으로서 뜻을 펴지 못한 자의 소행이니, 아마도 대야주에 숨어 사는 거인(居仁)이 아닌가 생각합니다."

라고 하였다. 왕이 명령을 내려 거인을 붙잡아 서라벌 감옥에 가두고 벌주려 하였는데, 거인이 분하고 한스러워 감옥 벽에 다음과 같은 글을 썼다.

"우공이 통곡하니 3년이나 가물었고, 추연이 슬퍼하니 5월에도 서리 왔네. 지금 나의 깊은 시름, 옛 일과 같건만 하늘은 말없이 푸를 뿐인가."

그날 저녁에 문득 구름과 안개가 덮이고 번개가 치며 우박이 내렸다. 왕이 이를 두려워하여 거인을 풀어 돌려보냈다. 3월 초하루에 해가림이 있었다. 왕이 병들어 편치 못하자, 죄수들을 조사하여 사형수 이하의 죄수를 풀어주고, 중 60명에게 승려증을 주었다. 왕의 병이 곧 나았다. 여름 5월, 가뭄이 들었다.〔기〕

제51대 진성여왕이 임금이 된 지 몇 해 만에 유모 부호부인(鳧好夫人)과 그의 남편 위홍 잡간 등 3, 4명의 간신들이 권력을 마음대로 휘둘러 정사를 어지럽히자 도둑들이 벌떼처럼 일어났다. 나라 사람들이 걱정한 나머지 다라니의 은어를 지어 써서 길 위에 던졌다.[86] 왕과 권세를 잡은 신하들은 이것을 얻어 보고 말했다.

지 알 수 없다(삼국사기' 진성왕 참조).

86 **다라니(陀羅尼)** : 고대 인도의 산스크리트어로 주술적인 내용의 말을 외우는 것을 말한다. 짧

"이 글은 왕거인(王居仁)이 아니고는 지을 사람이 있겠느냐."

이리하여 거인을 옥에 가두자 거인은 시를 지어 하늘에 하소연했다. 이에 하늘이 그 옥사에 벼락을 쳐서 거인을 살아나게 했는데 그 시는 이러했다.

연단(燕丹)의 피어린 눈물 무지개가 해를 뚫었고,
추연(鄒衍)의 품은 슬픔 여름에도 서리 내리네.
지금 나의 불우함 그들과 같거니,
하느님은 어이해서 이다지도 무심하신가.

또 다라니의 은어는 이러했다. 나무망국 찰니나제 판니판니소판니 우우삼아간 부이사바하(南無亡國 刹尼那帝 判尼判尼蘇判尼 于于三阿干 鳧伊娑婆訶)를 풀이하는 사람은 이렇게 말했다.

"찰니나제(刹尼那帝)란 여왕을 가리킨 것이요, 판니판니소판니(判尼判尼蘇判尼)는 두 소판을 말한 것이다. 소판은 벼슬의 이름이요, 우우삼아간(于于三阿干)은 3, 4명의 총신을 말한 것이요, 부이(鳧伊)는 부호(鳧好)를 말한 것이다."

이때 아찬 양패(良貝)는 왕의 막내아들이었다. 당 나라에 사신으로 갈 때에 후백제의 해적들이 진도(津島)에서 길을 막는다는 말을 듣고 활 쏘는 사람 50명을 뽑아 따르게 했다. 배가 곡도(鵠島, 백령도)에 이르니 풍파가 크게 일어 10여 일 동안 묵게 되었다. 양패공은 이를 걱정하여 사람을 시켜 점을 치게 하였더니,

"섬에 신령한 연못이 있으니 거기에 제사를 지내면 좋겠습니다."

했다. 이에 못 위에 제물을 차려 놓자 못물이 한 길이나 넘게 치솟는다. 그날 밤 꿈에 노인이 나타나서 양패공에게 말한다.

"활 잘 쏘는 사람 하나를 이 섬 안에 남겨 두면 순한 바람을 만날 것이오."

양패공이 깨어 그 일을 좌우에게 물었다.

"누구를 남겨 두는 것이 좋겠소."

은 글은 진언(眞言)이며 긴 글은 다라니(धारानी, dharani)라 하였다. 말 속에 영혼이 담긴다는 언령설(言靈說, phusei-theory)의 바탕 위에서 행하여지던 주술언어로 구연된다. 어느 종교이든 신과 인간이 언어를 통하여 소통한다고 믿기 때문에 이러한 언령설은 기도나 주술의 기본이다(삼국유사사전).

여러 사람이 말한다.

"나무 조각 50개에 저희들의 이름을 각각 써서 물에 가라앉게 해서 제비를 뽑으시면 될 것입니다."

공은 이 말을 좇았다. 이때 군사 중에 거타지(居陁知)의 이름 조각이 물에 잠겼으므로 그 사람을 남겨 두니 문득 순풍이 불어서 배는 거침없이 잘 나갔다. 거타지가 조심스럽게 섬 위에 서 있는데 문득 웬 노인이 못 속에서 나오더니 말한다.

"나는 서해약(西海若, 서해 신)이오.[87] 해가 뜰 때면 중 하나가 늘 하늘로부터 내려와 다라니를 외우면서 이 못을 세 번 돌면 우리 부부와 자손들이 물 위에 뜨게 되오. 그러면 중은 내 자손들의 간을 빼어 먹는 것이오. 마침내 이제는 오직 우리 부부와 딸 하나만이 남아 있을 뿐인데 내일 아침에 그 중이 또 반드시 올 것이니 그대는 활로 그 중을 쏘아 주시오."

거타지는 말했다.

"활 쏘는 일이라면 나의 특기이니 말씀대로 하겠습니다."

노인은 고맙다는 인사를 하고 물속으로 들어가고 거타지는 숨어서 기다렸다. 이튿날 동쪽에서 해가 뜨자 과연 웬 중이 오더니 전과 같이 주문을 외면서 늙은 용의 간을 빼먹으려 했다. 이때 거타지가 활을 쏘아 맞히니 중은 이내 늙은 여우로 변하여 땅에 쓰러져 죽었다. 이에 노인이 나와 고맙다는 인사를 한다.

"공의 은공으로 내 목숨을 지키게 되었으니 내 딸을 아내로 삼기를 바라오."

거타지가 말한다.

"따님을 저에게 주시고 저를 저버리지 않으신다면, 그것은 제가 참으로 원하는 바입니다."

노인은 그 딸을 한 가지의 꽃으로 변하게 해서 거타지의 품속에 넣어 주고, 두

87 **서해약(西海若)** : 서해의 해신을 말한다. 장자(莊子) 추수(秋水)편에 보면, 망양향약이탄(望洋向若而嘆)이라 하였다. 이 글의 주에 풀이하기를, 약(若)은 해신(海神)이라고 하였다. 거타지가 서해약의 딸을 꽃으로 변화시켰다가 다시 환생시켜 결혼하여 살았다는 설화는 왕건의 할아버지 작제건(作帝建)의 설화와 비슷하다. 고려사(高麗史)를 보면, 작제건이 배를 타고 가다가 서해용왕이 치성광여래(熾盛光如來)로 둔갑, 내려온 늙은 호랑이를 활로 쏘아 죽여 용왕의 딸-용녀〔元昌王后〕를 얻는 설화와 짜임새가 비슷하다.

용에게 왕명으로 거타지를 데리고 사신의 배를 따라 그 배를 호위하여 당 나라에 들어가도록 했다. 당 나라 사람은 신라의 배를 용 두 마리가 지켜주고 있는 것을 보고 이 사실을 황제에게 말했다. 이에 황제는 말한다.

"신라의 사신은 반드시 보통 사람이 아니다."

이에 잔치를 베풀어 여러 신하들의 윗자리에 앉히고 금과 비단을 후하게 주었다. 본국으로 돌아오자 거타지는 꽃가지를 내어 낭자로 변하게 하여 함께 살았다.

第52대 효공왕(孝恭王)

第52대 효공왕이 보위에 올랐다(897). 그의 이름은 요이며, 헌강왕의 서자다. 그의 어머니는 김씨였다. 죄수들을 크게 풀어주었다. 문무백관의 직위를 한 급씩 올렸다.〔기〕

효공왕 때인 광화 15년(임신, 912)에 봉성사 외문 동서쪽 21칸에 까치가 집을 지었다. 또 신덕왕 즉위 4년(을해, 915)[88]에 영묘사 안 행랑에 까치둥지가 34개, 까마귀 둥지가 40개였다. 또 3월에 서리가 두 번 내렸고, 6월에 참포(斬浦, 흥해)의 물과 바다의 파도가 삼 일 동안 서로 싸웠다.

第54대 경명왕(景明王)

第54대 경명왕 때인 정명 5년(무인, 918)에 사천왕사 벽화 속의 개가 울었다. 이 때문에 3일 동안 불경을 외워 이를 물리쳤으나 반나절이 지나자 그 개가 또 울었다.

7년(경진, 920) 2월에는 황룡사탑 그림자가 금모(今毛) 사지의 집 뜰 안에 한 달 동안이나 거꾸로 서서 비쳐 보였다. 또 10월에 사천왕사 오방신의 활줄이 모두 끊어졌으며, 벽화 속의 개가 뜰로 달려 나왔다가 다시 벽의 그림 속으로 들어갔다.

第55대 경애왕(景哀王)

第55대 경애왕이 보위에 올랐다(924). 왕의 이름은 위응(魏膺)으로 경명왕과 같은

88 고본에는 천우 12년이라고 하였는바, 마땅히 정명(貞明) 원년임.

어머니에서 태어난 아우였다.

왕 원년(계미, 924) 9월에 사신을 고려 태조에게 보냄으로써 수교하였다. 10월에 왕은 몸소 신궁에 제사를 올렸고 많은 죄수를 풀어주었다.(기)

왕 2년(갑신, 925) 2월 19일에 황룡사에서 백좌(百座, 고승대덕의 법회)를 열어 불경을 풀이했다. 더불어 선승 300명에게 음식을 이바지하고 왕이 몸소 향을 피워 불공을 드렸다. 이것이 백고좌를 설립한 선교(禪敎)의 비롯됨이었다.

왕 2년 겨울 10월, 고울부(高鬱府, 영천) 장군 능문(能文)이 고려 태조에게 귀순하였다. 태조가 그를 위로하고 타일러서 돌려보냈다. 왜냐하면 그 성이 신라의 도읍과 가까웠기 때문이었다.

11월, 후백제 군주 견훤이 그의 조카 진호(眞虎)를 고려에 인질로 보냈다. 왕이 이 말을 듣고 사신을 보내 태조에게 견훤은 변덕스럽고 거짓말을 많이 하므로 그와 화친해서는 안 된다고 말했다. 태조도 그렇게 생각하였다.(기)

第56대 김부대왕(金傅大王)

第56대 경순왕(敬順王)이 보위에 올랐다(927). 그의 이름은 부(傅)이고, 문성대왕의 후손이며, 이찬 효종의 아들이다. 시호는 경순이다. 어머니는 계아 태후이다. 부왕은 견훤의 추대로 보위에 올랐다. 원년 11월, 왕의 아버지를 신흥대왕, 어머니를 왕태후로 죽은 뒤 존호를 바쳤다.(기)

第56대 김부대왕의 시호는 경순이다. 같은 해 천성 2년(정해, 927) 9월이었다. 후백제의 견훤이 신라를 쳐들어와 고울부에 이르렀다. 경애왕은 고려 태조에게 도움을 청하였다. 태조는 장수에게 명령하여 강한 군사 일만 명을 거느리고 구원병을 보냈다. 그러나 구원병이 미처 도착하기 전에 견훤은 그 해 겨울 11월에 신라 서라벌로 쳐들어갔다.

견훤의 공격은 이어졌다. 12월, 견훤이 대목군(大木郡, 칠곡 인동)에 쳐들어와 논밭에 있던 노적가리를 모두 불태웠다.(기)

이때 왕은 비빈과 종친들과 포석정에서 잔치를 열고 거둥하였기 때문에 적군이 오는 것도 알지 못하다가 순식간에 어찌할 줄을 몰랐다. 왕과 왕비는 달아나 후궁으로 들어가고 종친 및 공경대부와 부인들은 사방으로 흩어져 달아나다가 적에게 사로잡혔다.

귀천을 가릴 것 없이 모두 땅에 엎드려 노예가 되기를 빌었다. 견훤은 군사를 놓아 닥치는 대로 재물을 약탈하고 왕궁에 쳐들어갔다. 이에 좌우 사람을 시켜 왕을 찾게 하니 왕은 비첩 몇 사람과 후궁에 숨어 있었다. 이를 군영으로 잡아다가 왕은 억지로 스스로 죽게 하고 왕비를 겁탈하였으며, 부하들을 놓아 왕의 빈첩들을 모두 겁탈하였다. 왕의 집안 아우인 부(傅)를 세워 왕으로 삼았다. 견훤이 신라의 왕을 세운 것이다. 부가 보위에 올랐다.

선왕의 시체를 서쪽 대청에 모시고, 여러 신하들과 함께 피를 토하듯 울었다. 시호를 올려 경애(景哀)라 하고, 남산 해목령에 장사지냈다. 태조가 사신을 보내 조문하고 제사에 참례하게 하였다.

이듬해 무자년(928) 봄 3월 태조는 50여 기병을 거느리고 신라 도읍에 이르니 왕은 백관과 함께 교외에서 맞아 대궐로 들어갔다. 서로 대하여 정리와 예의를 다하고 임해전에서 잔치를 열었다. 술이 얼큰해지자 왕은 말했다.

"나는 하늘의 도움을 받지 못해서 재앙을 가져왔고, 견훤으로 하여금 불법 무도한 짓을 마음껏 행하게 해서 우리나라를 망쳐 놓았다. 이 얼마나 땅을 칠 일인가."

이내 눈물을 흘리면서 목을 놓아 우니 좌우 사람들도 울지 않는 사람이 없었고 태조 역시 눈물을 줄줄 흘렸다. 태조는 여기에서 수십 일을 머물다가 돌아갔다. 부하 군사들은 엄숙하고 삼가서 조금도 침략하지 않으니 서라벌의 여성들이 서로 즐겨 맞았다. 전에 견훤이 왔을 때는 마치 늑대와 범을 만난 것 같더니 지금 왕공(王公, 왕건)이 오매 부모를 만난 것 같다.

같은 해 8월 고려 태조는 사자를 보내서 왕에게 금삼(錦衫, 비단)과 안장 없는 말을 주고 또 여러 관료와 장군들에게 차등을 두어 선물을 주었다.

청태 2년(을미, 935) 10월 사방 땅이 모두 남의 나라 소유가 되고 나라는 약하고 형세가 외로우니 스스로 버틸 수가 없었으므로 여러 신하들과 함께 국토를 들어 고려 태조에게 귀순할 것을 의논했다. 그러나 여러 신하들의 의견이 서로 달라 끝나지 않았고 태자가 말했다.

"나라의 흥망은 반드시 하늘의 명에 있는 것이니 마땅히 충신 의사들과 함께 민심을 추스르고 힘이 다한 뒤에야 그만둘 일이지 어찌 천 년의 왕조를 가볍게 남에게 넘기겠습니까."

왕은 말한다.

"외롭고 위태롭기가 이와 같으니 형편이 좋아질 수가 없다. 이미 강해질 수도 없고 더 약해질 수도 없으니 죄가 없는 백성들로 하여금 쓰라린 슬픔과 아픔을 주는 것은 내가 차마 할 수 없는 일이다."

이에 시랑 김봉휴(金封休)를 시켜서 국서를 가지고 태조에게 가서 귀순하기를 청했다. 그러나 태자는 울면서 왕을 하직하고 바로 개골산(皆骨山, 금강산)으로 들어가서 삼베옷을 입고 풀을 뜯어먹고 살다가 일생을 마감했다. 그의 막내아들은 머리를 깎고 화엄종에 들어가 중이 되어 이름을 범공(梵空)이라 했는데 그 뒤로 법수사와 해인사에 있었다 한다.

고려 태조는 신라의 국서를 받자 태상 왕철(王鐵)을 보내서 맞게 했다. 왕은 여러 신하들을 거느리고 고려 태조에게로 돌아가니, 보물을 실은 수레가 30여 리에 뻗치고 길은 사람으로 꽉 차고, 구경꾼들이 담과 같이 늘어섰다.

태조는 교외에 나가서 맞이하여 위로하고 대궐 동쪽의 한 구역(현 정승원(正承院))을 주고, 장녀인 낙랑공주를 그의 아내로 삼게 했다. 왕이 자기 나라를 버리고 남의 나라에 와서 살았다 해서 이를 난새(鸞鳥)에 비유하여 공주의 부름말을 신란공주(神鸞公主)라고 고쳤고, 시호를 효목(孝穆)이라 했다. 신라왕을 봉해서 정승(正承)을 삼으니 자리는 태자보다 위이며 녹봉 천 석을 주었다. 따르던 시종과 관원과 장수들도 모두 그대로 일하도록 했으며, 신라를 고쳐 경주라 하여 이를 경순왕의 영지로 삼게 했다.

처음에 왕이 나라를 바치고 귀순해 오자 태조는 무척 기뻐하여 후한 예로 그를 대우하고, 사람을 시켜 말했다.

"이제 왕이 내게 나라를 준 은혜가 너무 큽니다. 원컨대, 왕의 종실과 혼인을 해서 장인과 사위의 좋은 우의를 길이 나누고 싶습니다."

왕이 대답했다.

"우리 백부 억렴(億廉, 왕의 아비인 효종각간 추봉 신흥대왕의 아우)에게 딸이 있는데 덕행과 용모가 모두 아름답습니다. 이 사람이 아니고는 행정을 다스릴 사람이 없습니다."

태조가 그에게 장가를 드니 이가 신성왕후 김씨이다.[89] 태조의 손자 경종(景宗) 주(伷)는 정승공의 딸을 맞아 왕비를 삼으니, 이가 헌승황후이다. 이에 정승

공을 봉해서 상보(尙父, 국가 원로)로 삼았다. 태평 흥국 3년(무인, 978)에 돌아가니 시호를 경순이라 했다. 상보로 승인 하는 고명(誥命, 왕위 승인 문서)에서 이렇게 말했다.

"조칙을 내리노니 희주(姬周)가 나라를 처음 세울 때는 먼저 여상(呂尙)을 임명했고 유한(劉漢)이 나라를 세울 때에는 먼저 소하(蕭何)를 임명했다. 이로부터 온 천하가 안정되었고 생업이 활짝 열렸다. 용 그림 30대를 세우고 인지(麟趾, 왕조 존속 기간)는 400년을 이으니 해와 달이 거듭 밝고 천지가 서로 어울렸다. 비록 할 일 없는 군주로서 시작되었으나 역시 보위하는 신하로 해서 일을 이루었다. 관광순화위국공신상주국낙랑왕정승식읍팔천호김부(觀光順化衛國功臣上柱國樂浪王政承食邑八千戶金傅)는 대대로 계림에 머물고 있어서 벼슬은 왕의 작위를 받았다. 그 뛰어난 기상은 하늘을 업신여길 만하고 문장은 땅을 흔들 만한 재능이 있었다. 부(富)는 오랫동안 이어졌고 귀(貴)는 모토(茅土, 봉토)에 자리했으며 온갖 지략은 가슴 속에 들어 있고 모든 책략을 손바닥으로 잡아 쥐었다. 고려 태조는 비로소 이웃 나라와 화목하게 지내는 우호를 닦으시니 일찍부터 내려오는 풍도를 알아서 이내 부마(駙馬, 사위)의 인연을 맺어 안으로 큰 의리에 보답했다. 이미 나라가 통일되고 군신이 완전히 삼한으로 합쳤으니 아름다운 이름은 널리 퍼지고 올바른 규범은 빛나고 높았다. 상보도성령(尙父都省令)의 존호를 더해 주고 추충신의숭덕수절공신(推忠愼義崇德守節功臣)의 호를 주니 공훈은 전과 같고 봉토는 앞뒤를 합쳐서 일만 호가 되었다. 유사(有司, 담당관)는 날을 가려서 예를 갖추어 임명하는 것이니 일을 맡은 자는 시행하도록 하라. 개보 8년(975) 10월 일. 대광내의령겸총한림신핵선(大匡內議令兼摠翰林臣翮宣)은 뜻을 받들어 행하여 위와 같이 왕명을 받들고 임명장이 도착하는 대로 봉행하라. 개보 8년 10월 일.

시중 서명, 내봉령 서명, 군부령 무서(無署, 서명 없음), 병부령 무서, 광평시랑 서명, 광평시랑 무서, 내봉시랑 무서, 내봉시랑 서명, 군부경 무서, 군부경 서명, 병부경 무서, 병부경 서명, 추충신의 숭덕수절공신 상부도성령 상주국 낙랑군왕 식읍일만호김부(推忠愼義崇德守節功臣尙父都省令上柱國樂浪郡王食邑一萬戶金

89 우리 왕조 등사랑 김관의(金寬毅)가 지은 왕대종록(王代宗錄)에 이와 같은 말이 있다. 신성왕후 이씨는 본디 경주 대위 이정언(李正言)이 합주수(俠州守, 합천태수)로 있을 때 태조가 그 고을에 갔다가 그를 왕비로 맞았다. 그렇기 때문에 그를 합주군(俠州君)이라고도 한다 했다. 그의 원당은 현화사(玄化寺)이며, 3월 25일이 기일로, 정릉에 장사지냈다. 아들 하나를 낳으니 안종(安宗)이다. 이 밖에 25 후궁 가운데 김씨의 일은 실려 있지 않으니 자세히 알 수 없다. 그러나 사관의 의론을 봐도 역시 안종을 신라의 외손이라 했다. 그러니 마땅히 사전(史傳)을 옳다고 해야 할 것이다(삼국유사 권1 기이2 김부대왕).

傅)에게 고하노니 위와 같이 칙령을 받들고 부신(符信, 신표)이 도착하는 대로 받들어 행하라. 주사 무명, 낭중 무명, 서령사 무명, 공목(孔目, 서리) 무명. 개보 8년 10월 일에 내림."

사론(史論)에는 이렇게 말했다. 신라의 박씨(朴氏)와 석씨(昔氏)는 모두 알에서 나왔다. 김씨는 황금 궤 속에 들어서 하늘로부터 내려왔다. 혹은 황금으로 된 수레를 타고 왔다고 하는데 이것은 더욱 황당해서 믿을 수가 없다. 그러나 세속에서는 서로 전하여 사실이라고 한다. 이제 다만 그 실마리를 살피건대, 위에 있는 이는 그 몸을 위해서는 검소했고 남을 위해서는 너그러웠다. 그 벼슬자리를 만드는 것은 간략히 했고 그 일을 행하는 것은 가볍게 했다. 성심껏 중국을 섬겨서 예방하는 사신이 배로 잦은 연락을 하고 끊임없이 귀족의 자제들을 중국에 보내어 황제를 지키게 하고 국학(國學)에 들어가서 공부하게 했다. 이리하여 성현의 덕화를 이어받고 오랑캐의 풍속을 개혁시켜서 예의 있는 나라로 만들었다. 또 중국 군사의 힘을 빌려 백제와 고구려를 평정하고, 그 땅을 점령하여 군현을 삼았으니 제법 장한 일이라 하겠다. 그러나 불법을 숭상해서 그 흠결을 알지 못하고 심지어는 마을마다 탑과 절을 즐비하게 세워 백성들은 모두 중이 되어 군대와 농민이 점점 줄어들었다. 그리하여 나라가 날로 쇠약해 가니 어찌 어지러워지지 않을 것이며 또 망하지 않겠는가. 이때 경애왕은 날로 음란하고 놀기에만 바빠 궁녀들과 좌우 근신들과 더불어 포석정에 나가 술자리를 베풀고 즐겨 견훤이 오는 것도 몰랐다. 저 문밖의 한금호(韓擒虎)나 누각 위의 장려화(張麗華)와 다를 바가 없었다. 경순왕이 태조에게 귀순한 것은 비록 할 수 없이 한 일이기는 하나 또한 아름다운 일이라 하겠다. 만일 힘껏 싸우고 죽기 살기로 지켜서 고려군에게 대항했더라면 힘은 꺾이고 기세는 다해서 반드시 그 가족들은 죽고 죄 없는 백성들에게까지 해가 미쳤을 것이다. 그런데 왕명을 기다리지 않고 정부의 창고를 봉하고 군현의 이름을 기록하여 귀순했으니 조정에 대해서는 공로가 있고 백성들에 대해서는 그 배려가 매우 소중하다고 하겠다.

옛날 전씨(錢氏)가 오월(吳越)의 땅을 송(宋) 나라에 바친 일을 소자첨(蘇子瞻)은 충신이라고 했다. 이제 신라왕의 공덕은 그보다 훨씬 크다. 고려 태조는 비빈이 많고 그 자손들도 또한 번성했다. 현종은 신라의 외손으로서 보위에 올랐으며, 그 뒤에 왕통을 계승한 이는 모두 그의 자손이었다. 이것이 어찌 보이지 않는 공덕이 아니겠는가.

신라가 이미 땅을 바쳐 나라가 없어지자, 아간 신회(神會)는 외직을 내놓고 집으로 돌아갔다. 서라벌이 황폐한 것을 보고 망한 나라를 탄식하는 서리리(黍離離)의 노래를 지었으나 그 노래는 전하는 게 없어 알 수가 없다.[90]

남부여 전백제(前百濟) 북부여

(북부여, 북부여는 이미 앞에 나와 있다)

부여군(扶餘郡)은 전 백제의 도읍이다. 달리 소부리군(所夫里郡)이라고도 한다. 삼국사기에 따르면, 백제의 성왕 26년(무오년, 548) 봄 서울을 사비(泗沘)로 옮기고 국호를 남부여라 했다. 세주에 그 지명은 소부리이니 사비는 지금의 고성진(古省津)이요, 소부리는 부여의 딴 이름이라고 했다.

또 양전장부(量田帳簿)에 따르면, 소부리군은 농부의 주첩(柱貼, 기둥에 붙이는 글)이라 했다. 이제 말하는 부여군이란 옛 이름을 되찾은 셈이다. 백제왕의 성이 부여씨(扶餘氏)였으므로 그렇게 말했던 것이다. 달리 여주(餘州)라 함은, 군의 서쪽에 있는 자복사(資福寺)에 높은 자리를 수놓은 장막이 있다. 그 수놓은 글에 말하기를, 통화 15년(정유, 997) 5월 여주 공덕대사(功德大寺)의 비단으로 만든 휘장이라고 했다. 또 옛날 하남에 임주자사(林州刺史)를 두었는데 그 때 서책 중에서 여주라는 두 글자가 있었으니 임주는 지금의 가림군(佳林郡)이고 여주는 지금의 부여군이다.

백제지리지에는 후한서에 있는 말을 인용해서 이렇게 말했다. 삼한이 모두 78개국인데 백제는 그 중의 한 나라이다.

북사(北史)에는 이렇게 말했다. 백제는 동쪽으로는 신라에 맞닿고 서남쪽은 큰 바다에 맞닿으며, 북쪽은 한강을 살피로 했다. 그 서울은 거발성(居拔城) 또는 고마성(固麻城, 공주)이라고 하며, 이 밖에 다시 오방성이 있다.

통전(通典)에는 이렇게 말했다. 백제는 남쪽으로 신라에 맞닿고 북쪽으로는 고구려에 이르며, 서쪽으로는 큰 바다에 닿았다.

구당서(舊唐書)에서는 또 이렇게 말했다. 백제는 부여의 딴 겨레이다. 동북쪽

---

90 **서리리(黍離離)** : 신라 제56대 경순왕 때에 신라가 멸망하자 아간(阿干) 신회는 벼슬을 버리고 돌아와서 쑥대밭이 된 서라벌을 보고 시경의 왕풍 편에 나오는 서리(黍離)의 탄식을 하면서 노래를 지었으나 전하지 않는다. 서리(黍離)에서 리(離)자는 떠나는 것 말고도 흩어지다, 늘어놓다 등의 뜻이 있는바, '기장은 우거졌는데'로 뒤침이 온당하다. 한편 한자사전에는 서리란 관용어로서, 망한 나라의 성터가 황폐해서, 기장 같은 풀이 자라 쓸쓸한 모습으로 풀이하였다. 이는 마치 기자의 맥수가(麥秀歌)와 맥을 같이 한다.

은 신라이고 서쪽은 바다를 건너서 월주(越州, 절강성 회주)에 이르며 남쪽은 바다를 건너서 왜국에 이르고, 북쪽은 고구려이다. 그 왕이 사는 곳에 동서의 두 성이 있다.

신당서(新唐書)를 보면 이러하다. 백제는 서쪽으로 월주와 살피를 이루고, 남쪽은 왜국인데 모두 바다를 건너게 된다. 북쪽은 고구려이다.

삼국사 본기(本紀)에는 이렇게 말했다. 백제의 시조는 온조(溫祚)요, 그의 아버지는 추모왕(雛牟王) 혹은 주몽(朱蒙)이라고도 하였다. 그는 북부여에서 난리를 피하여 졸본부여로 왔었다. 그 곳 왕에게 아들이 없고 다만 딸 셋이 있었는데 주몽을 보자 보통 사람이 아닌 것을 알고 둘째딸을 아내로 주었다. 얼마 안 되어 부여주의 왕이 죽자 주몽이 보위를 이어받았다. 주몽은 두 아들을 낳았는데 맏이는 비류(沸流)이고 다음은 온조이다. 그들은 뒤에 태자에게 미움 받을 것을 걱정하여 드디어 오간(烏干), 마려(馬黎) 등 10여 명 신하들과 함께 남쪽으로 가니 백성들도 이를 따르는 자가 많았다. 한산(漢山, 서울)에 이르러 부아악(負兒岳)에 올라서 살 만한 곳이 있는가를 찾아보았다. 비류가 바닷가에 가서 살자고 하자 열 명의 신하들은 간하기를,

> "이 하남 땅은, 북쪽으로는 한강이 흐르며 동쪽으로는 높은 산을 뒤로 했고, 남쪽으로 기름진 못을 바라보고, 서쪽으로는 큰 바다가 가로놓여 있어서 하늘이 준 좀체 얻기 어려운 땅입니다. 그러니 여기에 도읍을 정하는 것이 좋겠습니다."

그러나 비류는 이 말을 듣지 않고 백성을 나누어 미추홀(彌雛忽, 인천)에 가서 살았다.[91] 한편 온조는 하남위례성에 도읍하여 열 명의 신하를 기둥 삼아 나라 이름을 십제(十濟)라 했으니, 이때는 한(漢) 나라 성제 홍가 3년(전18)이었다. 비류는, 미추홀이란 곳이 습기가 많고 물이 짜서 편안히 살 수가 없었다. 위례성에 돌아와 보니 서울은 평화롭고 백성들은 편안히 머물고 있으므로 마침내 부끄러워하고 뉘우치면서 죽었다. 이에 그의 신하와 백성들은 모두 위례성으로 돌아왔다. 그때서야 백성들이 올 때에 기뻐했다고 해서 나라 이름을 백제라고 고쳤다. 그 계보는 고구려와 마찬가지로 부여에서 나왔기 때문에 성씨를 해(解)라고 했

---

91 삼국사기 지리지에는 매소홀현(買召忽縣)을 또한 미추홀이라고도 적었다. 매소홀(買召忽)의 매(買)는 미>믈(물)의 한자를 소리로 표기한 음독이다. 삼국사기 지리지에 수성군(水城郡)은 본디 고구려의 매홀군(買忽郡)이라고 한 데서 암시를 찾을 수 있다. 그리고 성(城)은 홀(忽)에 값한다. 용비어천가에서 소홀도(召忽島)를 죠콜셤이라고 하였다. 추(鄒)는 성 또는 홀이 되며 홀은 골의 한자표기임을 알 수 있다(삼국유사사전).

다. 그 뒤 성왕 때에 도읍을 사비로 옮겼으니 이것이 지금의 부여군이다(미추홀은 인주(仁州, 인천)이고 위례(慰禮)는 오늘날의 직산(稷山, 천안)이다).

고전기(古典記)에 따르면 이러하다. 동명왕의 셋째아들 온조는 전한 홍가 3년(계유, 전18)에 졸본부여에서 위례성으로 와서 서울을 정하고 왕이라 일컬었다. 14년(병진, 전5)에 도읍을 한산(漢山, 한성)으로 옮겨 389년을 지냈으며, 13세 근초고왕 때인 함안 원년(임신, 371)에 고구려의 남평양을 빼앗아 서울을 북한성(北漢城, 현 양주)으로 옮겨 거기서 105년을 지냈다. 22세 문주왕이 즉위하던 원휘 3년(을묘, 475)에는 서울을 웅천으로 옮겨 63년을 지내고, 26세 성왕 대에 도읍을 소부리(所夫里, 부여)로 옮기고 국호를 남부여라 하여 31세 의자왕에 이르기까지 120년을 지냈다.

당 나라 현경 5년(경신, 660)은 의자왕이 보위에 있던 20년으로 신라 김유신이 소정방과 백제를 쳐서 평정하던 해이다. 백제에는 본디 다섯 부가 있어 37군, 200성, 76만호로 나뉘었다. 그런데 당에서는 그 땅에 웅진(熊津), 마한(馬韓), 동명(東明), 금련(金蓮), 덕안(德安) 등 다섯 도독부를 두고, 그 추장들로 도독, 자사를 삼았는데 얼마 안 되어 신라가 그 땅을 모두 통합했다. 그리고 거기에 웅주(熊州), 전주(全州), 무주(武州, 광주) 등 세 주와 여러 군현을 두었다.

또 호암사(虎嵓寺)에는 정사암(政事嵓)이란 바위가 있었다. 나라에서 장차 재상감을 의논할 때에 뽑힐 사람 3, 4명의 이름을 써서 상자에 넣고 봉해서 바위 위에 두었다가 얼마 뒤에 열어 보아 이름 위에 도장이 찍힌 사람을 재상으로 삼았기 때문에 그런 이름이 있다. 또 사비하 가에는 바위 하나가 있는데 소정방이 일찍이 그 바위 위에 앉아서 물고기와 용을 낚았다 하여 바위 위에는 용이 꿇어앉았던 자취가 있으므로 그 바위를 용암이라고 한다.

또 고을 안에는 산이 세 개가 있었다. 그곳을 일산(日山), 오산(吳山), 부산(浮山)이라고 하는데 백제의 전성기에 신(神)들이 그 산 위에 살면서 서로 날아 오고 가기를 아침저녁으로 끊이지 않았다

사비수 언덕에는 또 돌 하나가 있는데 10여 명이 앉을 만하다. 백제왕이 왕흥사에 가서 부처에게 예불할 때면 먼저 그 돌에서 부처를 바라보고 절을 하는데 그 돌이 저절로 따뜻해졌다 해서 그 돌을 돌석(㸑石, 구드레)이라고 한다.

또 사비하의 양쪽 언덕은 마치 그림 병풍과 같아서 백제의 왕이 매양 그곳에서 잔치를 열고 노래하고 춤추면서 즐겼다. 마침내 지금도 이곳을 대왕포(大王浦)라고 일컫는다.

또 시조 온조왕은 동명왕의 셋째 아들로서 몸이 큼직하고 효도와 우애가 지극

하고, 말 타기와 활쏘기를 잘했다. 또 다루왕은 너그러웠으며 위엄과 인망이 있었다. 또 사비왕(沙沸王, 혹은 사이왕(沙伊王))은 구수왕이 죽은 뒤에 보위를 이었으나 나이가 어려서 정사를 보살필 수가 없었기 때문에 즉시 왕을 다시 세워 고이왕으로 대통을 이었다. 달리 말하기를, 낙초 2년(기미, 239)에 사비왕이 죽고 고이왕이 보위에 올랐다고 한다.

무왕(武王)

무왕(武王, 고본에는 무강(武康)이라고 했으나 잘못이다. 백제에는 무강이 없다.)

제30대 무왕의 이름은 장(璋)이다. 그 어머니가 과부가 되어 도읍 남쪽 못 가에 집을 짓고 살았는데 못 속의 용과 관계하여 장을 낳았다. 어릴 때 이름은 서동(薯童)이며 재능과 도량이 커서 헤아리기 어려웠다. 언제나 마[薯蕷]를 캐다가 파는 것으로 생업을 삼았으므로 사람들이 서동이라고 이름을 불렀다. 신라 진평왕의 셋째 공주 선화(善花, 일명 선화 善化)가 매우 아름답다는 말을 듣고는 머리를 깎고 도성으로 가서 마을 아이들에게 마를 주니 이내 아이들이 친해져 그를 따르게 되었다. 이에 동요를 지어 아이들을 꾀어서 부르게 하니 노래는 이러하다.

선화공주님은 남몰래 정분을 트고
서동방을 밤에 몰래 안고 간다.

이 동요가 도성에 가득 퍼져서 대궐 안에까지 들리자 많은 신하들이 임금에게 강력한 요구를 하여 공주를 먼 곳으로 귀양 보내게 하여 장차 떠나려 할 때, 왕후는 공주에게 순금 한 말을 주어 노자로 쓰게 했다. 선화가 장차 귀양지에 도착하려는데 도중에 서동이 나와 공주에게 절하면서 모시고 가겠다고 했다. 공주는 그가 어디서 왔는지는 알지 못했지만 그저 우연히 믿고 좋아하니 서동은 그를 따라가면서 시나브로 정이 들었다. 그런 뒤에 서동의 이름을 알았고, 동요의 예언이 맞는 것도 알았다. 함께 백제로 와서 왕후가 준 금을 꺼내 놓고 살아 나갈 계획을 의논하자 서동이 크게 웃고 말했다.

"이게 무엇이오."

공주가 말했다.

"이것은 황금이니 이것을 가지면 평생에 먹고 살 걱정이 없을 것입니다."

"나는 어릴 때부터 마를 캐던 곳에 황금을 흙덩이처럼 쌓아 두었소."

공주는 이 말을 듣고 크게 놀라면서 말했다.

"그것은 천하의 가장 큰 보배이니 그대는 지금 그 금이 있는 곳을 아시면 우리 부모님이 계신 대궐로 보내는 것이 어떻겠습니까."

"좋소이다."

이에 금을 모아다 산더미처럼 쌓아 놓고, 용화산 사자사의 지명법사(知命法師)에게 가서 이것을 실어 보낼 방법을 물었다. 지명법사가 말하였다.

"내가 도술로 보낼 터이니, 금을 이리로 가져 오시오."

이리하여 공주가 부모에게 보내는 편지와 함께 금을 사자사 앞에 갖다 놓았다. 법사는 신통한 힘으로 하룻밤 사이에 그 황금을 신라 궁으로 보내자, 진평왕은 그 신비스러운 상황을 이상히 여겨 더욱 서동을 존중해서 끊임없이 편지를 보내어 안부를 물었다. 서동은 이로부터 인심을 얻어서 드디어 보위에 오르게 된다.

어느 날 무왕이 부인과 함께 사자사에 가려고 용화산 밑 큰 못 가에 이르니 미륵삼존이 못 가운데서 문득 나타나므로 수레를 멈추고 절을 했다. 부인이 왕에게 말한다.

"여기에 큰 절을 반드시 지어 주십시오. 그게 제 소망입니다."

왕은 선화의 요청을 들어주었다. 곧 지명법사에게 가서 못을 메울 일을 물으니 신통한 힘으로 하룻밤 사이에 산을 헐어 못을 메워 절터를 만들었다. 여기에 미륵 삼존의 불상을 만들고 회전이며 탑과 부속건물인 낭무를 각각 세 곳에 세우고 절 이름을 미륵사(彌勒寺, 국사에서는 왕흥사)라고 했다. 진평왕이 일하는 여러 기술자들을 보내서 그 역사를 도왔는데 그 절은 아직도 보존되어 있다.[92]

후백제 견훤(甄萱)

효공왕 14년(910), 견훤이 직접 보병과 기병 3천을 거느리고 나주성을 에워싸고 열흘 동안 풀지 않았다. 궁예가 수군을 움직여 그를 습격하니, 견훤(혹은 진훤)이 군사를

92 삼국사에는 이 분을 법왕(法王)의 아들이라고 했는데, 여기에서는 과부의 아들이라고 했으니 자세히 알 수 없다.

이끌고 물러났다.(기)

삼국사 열전에 보면 이러하다. 견훤은 상주 가은현 사람으로, 함통 8년(정해, 867)에 태어났다. 본성은 이씨(李氏)였는데 뒤에 견(甄)으로 성씨를 바꾸었다. 아버지 아자개(阿慈介)는 농사를 지으며 생활했다. 광계 무렵에 사불성(沙弗城, 상주)에 뿌리를 내려 스스로 장군이라 했다. 아들이 넷이 있어 모두 세상에 이름이 알려졌는데 그 중에 견훤은 남보다 뛰어나고 지략이 많았다.

이제가기(李磾家記)에 보면 이렇게 말했다. 진흥대왕의 왕비 사도(思刀)의 시호는 백융부인(白駥夫人)이다. 그 셋째 아들 구륜공의 아들 파진간 선품의 아들 각간 작진이 왕교파리를 아내로 맞아 각간 원선을 낳으니 이가 바로 아자개이다. 아자개의 첫째 부인은 상원부인이요, 둘째 부인은 남원부인으로 아들 다섯과 딸 하나를 낳았으니 그 맏아들이 상보 훤(萱)이요, 둘째 아들이 장군 능애요, 셋째 아들이 장군 용개요, 넷째 아들이 보개요, 다섯째 아들이 장군 소개이며, 딸이 대주도금이다.

또 고기(古記)에는 이렇게 말했다. 옛날에 어느 부자가 모양이 몹시 반듯했다. 딸이 아버지께 말하기를,

"밤마다 자줏빛 옷을 입은 남자가 침실에 와서 자고 갑니다."

하자 아버지는,

"너는 긴 실을 바늘에 꿰어 그 남자의 옷에 꽂아 두어라."

하여 그 말대로 시행했다. 날이 밝아 그 실이 간 곳을 찾아보니 북쪽 담 밑에 있는 큰 지렁이 허리에 꽂혀 있다. 이로부터 태기가 있어 사내아이를 낳았는데 나이 15세가 되자 스스로 견훤이라 일컬었다. 경복 원년(임자, 892)에 이르러 왕이라 일컫고 완산군(完山郡, 전주)에 도읍을 정했다.

청태 원년(갑오, 934) 견훤의 세 아들이 반역을 하매 견훤이 고려 태조에게 귀순하였다. 아들 신검이 보위에 올랐다. 천복 원년(병신, 936)에 고려군과 일선군의 싸움에서 크게 지니 이로써 백제국은 망하였다.

먼저 견훤이 나서 포대기에 싸였을 때, 아버지는 들에서 밭을 갈고 어머니는 아버지에게 밥을 가져다주려고 아이를 수풀 아래 놓아두었더니 범이 와서 젖을 먹이니 마을 사람들은 이 말을 듣고 이상하게 여겼다. 아이가 자라면서 몸이 웅장하고 모습이 기이했으며 뜻이 커서 남에게 얽매이지 않고 뛰어났다. 군인이 되

어 도읍으로 들어갔다가 서남의 해변으로 가서 국경을 지킬 때 창을 베개 삼아 적군을 살폈다. 그의 기상은 끊임없이 다른 병사에 앞섰으며 그 공로로 비장(裨將, 부장)이 되었다. 당 나라 소종 경복 원년은 신라 진성여왕의 재위 6년이다. 이때 왕의 총애를 받는 신하가 곁에 있어서 국정을 농단하니 기강이 어지럽고 엉망이었다. 굶주림이 심해지니 백성들은 떠돌아다니고 도둑들이 벌떼처럼 일어났다. 이에 견훤은 남몰래 혁명을 할 마음을 품고 무리를 모아 도읍의 서남 주현들을 쳐들어가니 가는 곳마다 백성들이 맞이하여 한 달 동안에 따르는 무리가 5천이나 되었다.

드디어 무진주(武珍州, 광주)를 쳐들어 가 스스로 왕이 되었으나 감히 공공연하게 왕이라 일컫지는 못하고 스스로 신라서남도통행전주자사 겸 어사중승상주국 한남국개국공이라 했으니 용화 원년(기유, 889)이었다. 이것을 혹 경복 원년 임자의 일이라고도 한다.

진성 6년(임자, 892) 완산(完山, 전주)의 도적 견훤이 주에 터를 잡고 스스로 후백제라고 하였다. 무주(武州, 광주) 동남쪽의 군현이 그에게 귀순하였다.〔기〕

이때 북원(北原, 원주)의 도적 양길(良吉)의 세력이 몹시 커져서 궁예는 자진해서 그 부하가 되었다. 견훤이 이 소식을 듣고 멀리 양길에게 직책을 주어 비장으로 삼았다. 견훤이 서쪽으로 거둥하여 완산주에 이르니 고을 백성들이 맞이하면서 위로했다. 견훤은 민심을 얻은 것이 기뻐서 좌우 사람들에게 말했다.

백제가 나라를 시작한 지 6백여 년에 당 나라 고종은 신라의 요청으로 소정방을 보내서 수군 13만 명이 바다를 건너오고 신라의 김유신은 있는 군사를 거느리고 황산(黃山, 논산)을 거쳐 당 나라 군사와 합세하여 백제를 쳐서 없앴으니 어찌 감히 서울을 세워 옛날의 분함을 씻지 않겠는가.

드디어 스스로 후백제 왕이라 일컫고 벼슬과 직책을 나누었으니 이는 당 나라 광화 3년이요, 신라 효공왕 4년(경신, 900)이다. 정명 4년(무인, 918)에 철원경(鐵原京)의 민심이 갑자기 돌변하여 고려 태조를 추대하여 보위에 오르게 하니 견훤은 이 소식을 듣고 사자를 보내서 축하하고 명품 부채인 공작선과 지리산의 죽전 등을 보냈다. 견훤은 태조에게 겉으로는 화친하는 체하면서 속으로는 시기하였다. 그는 태조에게 잘 달리는 총마를 보내더니 3년 겨울 10월에는 말 탄 기병 3천을 거느리고 조물성(曹物城, 김천)까지 쳐들어가자 태조도 역시 정예병을 거느리고 와서 맞서 싸웠으나 견훤의 군사가 날쌔서 승패를 알 수가 없었다. 이에 태조는 잠시 화친하여 견훤의 군사들이 피로하기를 기다리려고 글을 보내서 화친할 것을 요구하고 종제인 왕신(王信)을 인질로 보내니 견훤도 역시 그 사위 진호(眞虎)를 보내서 교환했다. 12월에 견훤은 거서(居西, 거창) 등 20여 성을 쳐서 차지하고 사자를 후당(後唐)에 보내서 속국의 신하라 일컬으니 후당에서는 그에게 검교태위 겸 시중판백제군사의 벼슬을 주고, 전과 같이 도독행전주자사 해동서면도통지휘병마판치등사 백제왕이라 하고 식읍 2,500호를 주었다.

4년에 진호가 갑자기 죽자 견훤은 일부러 죽인 것이라고 의심해서 즉시 왕신을 가두고 사람을 보내서 전년에 보낸 총마를 돌려보내라고 하니 태조는 웃고 그 말을 돌려보냈다.

천성 2년(정해, 927) 9월에 견훤은 근품성(近品城, 산양)을 빼앗아 불을 질렀다. 이에 신라왕이 태조에게 구원을 청하자 태조는 장차 군사를 내려는데 견훤은 고울부(高鬱府, 영천)를 쳐서 취하고 시림(혹은 계림 서쪽 들)으로 진군하여 갑자기 신라 도읍으로 쳐들어갔다.

이때 경애왕은 부인과 함께 포석정에 가서 제를 올리고 있었으므로 더욱 쉽게 무너졌다. 견훤은 왕의 부인을 억지로 끌어다가 욕보이고 왕의 집안 아우인 김부(金傅)로 보위를 잇게 한 뒤에 왕의 아우 효렴과 재상 영경을 사로잡고, 나라의 귀한 보물과 무기와 자제들, 그리고 여러 가지 장인 중에 우수한 이들을 모두 데리고 갔다.

태조는 날쌘 기병 5천을 거느리고 공산(公山, 대구) 동화사 어름에서 견훤을 맞아서 크게 싸웠으나 태조의 장수 김락(金樂)과 신숭겸(申崇謙)은 죽고 모든 군사가 참패했다. 태조만이 겨우 죽음을 면했을 뿐 이기지 못했기 때문에 견훤은 더 많은 참화를 불러오게 되었다. 견훤은 전쟁에 이긴 여세를 몰아 대목성(大木城, 약목)과 경산부(京山府, 성주)와 강주(康州, 진주)를 침략하고 부곡성(缶谷城, 군위)을 쳐들어왔다. 의성부의 태수 홍술(洪述)은 견훤에 맞서 싸우다가 죽었다. 태조는 이 소식을 듣고 말했다. 나는 오른손을 잃었다.

왕 42년(경인, 930)에 견훤은 고창군(古昌郡, 안동)을 치려고 군사를 크게 일으켜 석산(石山)에 진영을 마련하니 태조는 백 보 쯤을 공격해서 고을 북쪽 병산(甁山)에도 진영을 마련했다. 여러 번 싸웠으나 견훤이 패하매 시랑 김악이 사로잡혔다. 다음날 견훤이 군사를 거두어 순주성(順州城, 안동 풍산)을 습격하니 성주 원봉은 막지 못하고 성을 버리고 밤에 달아났다. 태조는 몹시 노하여 그 고을을 낮추어 하지현을 삼았다.

신라의 군신들은 어리둥절 쩔쩔매다 다시 일어날 수가 없으므로 우리 태조를 끌어들여 좋은 우의를 맺어서 자기들을 도와주도록 했다. 견훤이 이 소식을 듣고 또다시 신라 도읍에 들어가 나쁜 짓을 하려 하는데, 태조가 먼저 들어갈까 두려워해서 태조에게 편지를 보냈다.

"전일에 국상 김웅렴 등이 장차 그대를 도읍으로 불러들이려 한 것은 작은 자라가 큰 자라의 소리에 호응하는 것과 같소. 종달새가 매의 죽지를 찢으려 드는 것과 같으니, 반드시 백성들을 구렁텅이에 빠뜨리고 종묘와 사직을 빈 터전으로 만들 것이오. 나는 이 때문에 먼저 조적의 채찍을 가지고 홀로 한금호의 도끼를 휘둘러 백관들에게 다짐하기를 백일과 같이 했소. 6부를 의리 있는 마음으로 설득했더니 뜻밖에 간신은 달아나고 임금은 세상을 떠났소. 이에 경명왕의 외종제인 헌강왕의 외손을 받들어 보위에 오르게 해서 위태로운 나라를 다시 세우고 없는 임금을 다시 있게 만들었소. 그런데 그대는 내 충고를 자세히 살피지 않고 한갓 흘러 다니는 말만을 듣고 온갖 속임수로 보위를 엿보고 여러 가지로 나라를 침략했으나 오히려 내가 탄 말의 머리도 보지 못했고 내 쇠털 하나도 뽑지 못했소.

이 겨울 초순에는 도두 색상이 성산의 진 밑에서 손을 묶어 귀순했고, 또 이달 안에는 좌장 김락(金樂)이 미리사 앞에서 전사했소. 이밖에 죽인 것도 많고 사로잡은 것도 적지 않았소. 그 강하고 약한 것이 이와 같으니 이기고 질 것은 알 만한 일이오. 내가 바라는 일은 활을 평양성 문루에 걸고 말에게 패강의 물을 먹이는 일이오.

그러나 지난 달 7일에 오월국의 사신 반상서가 와서 국왕의 조서를 전하기를, 경은 고려와 오랫동안 좋은 평화를 유지하고 함께 이웃 나라의 굳은 다짐을 맺은 줄 알았었소. 그런데 인질로 간 사람이 죽은 것을 보고 드디어 잘 지내자던 옛 뜻을 잃어버리고 서로 국경을 쳐들이오므로 싸움이 끊이지 않게 되었소. 이제 일부러 사신을 경의 고을로 보내고 또 고려에도 글을 보내어 마땅히 각각 서로 친목해서 길이 평화를 꾀하도록 한 것이오. 내가 생각하는 의리는 왕실을 높이는 데에 도탑고 마음은 큰 나라를 섬기는 데 깊었소. 이제 오월왕(吳越王)이 조칙을 타이르는 것을 듣고 즉시 받들어 행하고자 하나, 다만 그대가 그만두고 싶어도 그만둘 수가 없고 국경에 있으면서도 싸우려는 것을 걱정하는 바요. 이제 그 조서를 베껴서 보내는 터이오. 청컨대 유념해서 자세히 살피시오. 또 토끼와 사냥개가 다 함께 지치고 보면 마침내는 반드시 남의 조롱을 받는 법이오. 조개와 황새가 서로 버티다가는 역시 남의 웃음거리가 되는 것이오. 마땅히 어리석음을 염려하여 뉘우치는 일을 스스로 불러오지 말도록 하시오."

천성 2년(927) 정월에 고려 태조는 회답을 보냈다.

"오월국의 통화사(通和使) 반상서가 전한 조서 한 통을 받들고, 겸하여 그대가 보낸 긴 편지도 받아 보았소. 위엄을 차린 사신이 조서를 가지고 왔고, 좋은 소식과 함께 가르침도 받았소. 조서를 받아 비록 감격은 더했지만 편지를 펴 보고 의심스러운 마음을 금하기 어려웠소. 이제 돌아가는 사신에게 부탁하여 내가 하고 싶은 말을 하려 하오. 나는 위로 하늘의 명령을 받들고 아래로 백성들의 추대에 못 이겨서 삼가 장수의 자리를 맡아서 천하를 다스릴 기회를 얻었던 것이오. 저번에 삼한이 어려움을 당하고 모든 국토에 가뭄이 들어 날로 먹을 것이 없어 백성들은 모두 황건 무리에 소속되고, 논밭은 쑥대밭 붉은 땅 아닌 데가 없었소. 난리의 시끄러움을 그치게 하고 나라의 재난을 구하려 하여 이에 스스로 이웃 간의 우의를 맺은 결과, 수천 리 되는 국토가 농사로 생업을 즐기고, 병사들은 7, 8년 동안 한가롭게 쉬었소.

그러던 것이 계유년(913) 10월 일이 생겨서 문득 싸우게 되었소. 그대가 처음에는 적을 가볍게 여겨 곧장 쳐들어 와서 마치 당랑(螳螂, 사마귀)이 수레바퀴를 막는 것 같이 하더니, 마침내 어려움을 알고 용감히 물러가서 마치 모기가 산을 짊어진 것과 같이 했소. 그리고 손을 모아 공손한 말로 하늘을 가리켜 다짐하기를, 오늘 이후로는 길이 화목하며, 혹시라도 이 다짐을 어긴다면 신이 벌을 줄 것이라 하였소.

이에 나도 전쟁을 멈추게 하는 무(武)를 우러르고 사람을 죽이지 않는 인(仁)을 약속하여 드디어 여러 겹 포위했던 것을 풀어 피로한 군사들을 쉬게 했으며, 인질 보내는 것도 거절하지 않고 다만 백성만을 편안하게 하려 했으니, 이것은 곧 내가 남쪽 사람들에게 큰 덕을 베푼 것이었소. 그런데 다짐한 굳은 약속의 피가 채 마르기도 전에 흉악한 세력이 다시 일어나 봉채(蜂蠆, 벌과 전갈)의 독이 백성을 뒤흔들고 미친 이리와 호랑이가 길을 가로막아 금성(金城, 서라벌)이 옹색하고 황옥(黃屋, 궁궐)을 몹시 놀라게 할 줄 어찌 생각했겠소. 큰 의리에 따라서 주(周)나라 왕실을 높이는 것이 그 누가 환공, 문공의 제후로서의 과업과 같겠는가. 기회를 타서 한(漢) 나라를 점령한 것은 오직 왕망, 동탁의 간사함을 볼 뿐이오. 왕의 지극히 높은 지위로서 몸을 굽혀 그대에게 -자(子)라고 하게 하여 높고 낮은 차서를 잃게 하였으니 상하가 모두 조심해서 원보(元輔)의 충성이 아니면 어찌 사직을 편안케 할 수 있으랴 했소. 나의 마음에는 악의가 없고 뜻은 왕실을 높이는 데 간절하여 장차 조정을 구원해서 나라를 위태로운 데서 구해 내려 했소.

그대는 터럭만한 작은 이익을 보고 천지의 두터운 은혜를 저버려 임금을 죽이고 대궐을 불사르며 대신들을 죽이고 백성을 짓밟았소. 궁녀들은 잡아서 수레에 실어 가고 보물은 빼앗아서 짐 속에 실었으니 그 흉악함은 걸왕, 주왕보다 더하고 어질지 못함은 어미를 잡아먹는다는 경과 올빼미보다 더 심했소. 나는 임금의 죽음에 대한 원한과 해를 뒤로 돌리려는 깊은 정성으로, 매가 참새를 쫓듯이 한 나라에 대해 수고로움을 다하려 했소. 그리하여 두 번째 군사를 일으켜 2년이 지났는데, 육로로 치는 데는 천둥과 번개처럼 빨리 달렸고, 수로로 치는 데는 범이나 용처럼 용감하여 움직이면 반드시 공을 세우고 일을 하는 데 헛일이 없었소. 윤경(尹卿)을 바닷가로 쫓으면 쌓인 갑옷이 산더미 같았고, 추조(雛造)를 성 가에서 잡았을 때에는 시체가 들을 덮었소. 연산군(燕山郡, 연기군)에서는 길환(吉奐)을 군막에서 베었고, 마리성(馬利城, 거창) 가에서는 수오(隨晤)를 깃발 아래서 죽였소. 임존성(任存城, 대흥)을 함락시키던 날에는 형적(刑積) 등 수백 명이 목숨을 버렸고, 청천현(清川縣, 상주)에서 싸울 때에는 직심(直心) 등 네다섯 무리가 머리를 바쳤소. 동수(桐藪, 동화사)는 깃발만 바라보고 달아나 흩어졌고, 경산(京山, 성주)은 구슬을 입에 물고 귀순했소. 강주(康州, 진주)는 남쪽으로부터 합류해 왔고, 나부(羅府, 나주)는 서쪽에서 와서 귀속되었소. 공격하는 것이 이와 같았으니 되찾을 날이 어찌 멀겠소. 반드시 저수(泜水, 중국의 강)의 군영에서 장이(張耳)의 묵은 원한을 씻고, 오강(烏江) 기슭에서 한왕(漢王)의 한번 승전한 마음을 이룩해서 마침내 바람과 물결을 쉬게 하여 길이 천하를 맑게 할 것이오. 이는 하늘이 돕는 바이니 천명이 어디로 돌아가겠소. 더구나 오월왕 전하의 덕은 포용력이 넉넉하고 인자함은 어린 백성에게도 깊어 특히 대궐에서 명령을 내려 우리나라에서 난리를 그치라고 타일렀소. 이미 가르침을 받았으니 어찌 받들어 행하지 않겠소. 만일 그대도 이 조서를 받들어 흉악한 싸움을 그친다면, 다만 오월국의 어진 은혜에 보답할 뿐만 아니라 또한 동방의 끊어진 큰길을 걸을 수 있을 것이오. 그러나 만일 허물을 고치지 않는다면, 뉘우쳐도 미치지 못할 것이오."(이 글은 최치원이 지었다).

장흥 3년(임진, 932)에 견훤의 신하 공직(龔直)이 용맹스럽고 지략이 있었다. 태조에게 귀순하니 견훤은 공직의 두 아들과 딸 하나를 잡아서 다리 힘줄을 지져서 끊었다. 9월에 견훤은 일길(一吉)을 보내어 수군을 이끌고 고려 예성강으로 들어가 3일 동안 머무르면서 염주, 백주, 진주(眞州) 등 세 주의 배 100여 척을 빼앗아 불사르고 돌아갔다.

청태 원년(갑오, 934)에 견훤은 태조가 운주(運州, 홍성)에 머물러 있다는 말을 듣고 갑옷 입은 군사를 뽑아 잠자리에서 밥을 먹어가며 빨리 가게 했다. 미처 군영에 이르기 전에 장군 유금필이 강하고 말을 탄 기병으로 쳐서 3천여 명의 목을 베니 웅진(熊津, 공주) 이북의 30여 성은 이 소문을 듣고 자진해서 귀순하였다. 견훤의 부하였던 술사 종훈과 의사 지겸, 용장 상봉, 그리고 최필 등도 모두 태조에게 손을 들고 귀순했다. 병신년(936) 정월에 견훤은 그 아들에게 말했다.

"내가 신라 말 후백제를 세운 지 여러 해가 되어 군사는 북쪽의 고려 군사보다 배나 되는데도 오히려 이기지 못하니 틀림없이 하늘이 고려를 위하여 손짓하는 것 같다. 어찌 북쪽 고려왕에게 합류해서 목숨을 보전할 수밖에 없지 않겠느냐."

그러나 맏아들 신검(神劍), 용검(龍劍), 양검(良劍) 등 세 사람은 모두 따르지 않았다. 이제가기(李磾家記)에는 이렇게 말했다.

견훤에게는 아들 아홉이 있으니, 맏이는 신검, 둘째는 태사 겸뇌, 셋째는 좌승 용술, 넷째는 태사 총지, 다섯째는 대아간 종우, 여섯째는 이름을 알 수 없고, 일곱째는 좌승 위흥, 여덟째는 태사 청구이며, 딸 하나는 국대부인이니 모두 상원부인의 자손이다. 또 말하기를,

"견훤은 처첩이 많아서 아들 10여 명을 두었는데, 넷째 아들 금강은 키가 크고 지혜가 많아 견훤이 특히 그를 사랑하여 보위를 전하려 하니 그 형 신검, 양검, 용검 등이 알고 몹시 싫어했다. 이때 양검은 강주도독, 용검은 무주도독으로 있고, 홀로 신검만이 견훤의 곁에 있었다. 이찬 능환(能奐)이 사람을 강주와 무주에 보내서 양검 등과 꾀를 냈다. 청태 2년(을미, 935) 3월에 이들은 영순 등과 함께 신검을 권해서 견훤을 금산(金山) 불당에 가두고 사람을 보내서 금강을 죽이고 신검이 자칭 대왕이라 하고 나라 안의 모든 죄수들을 풀어 주었다."

라고 한다. 처음에 견훤이 아직 잠자리에서 일어나기 전에 멀리 대궐 뜰에서 왁자지껄 하는 소리가 들리므로 이게 무슨 소리냐고 묻자 신검이 아버지에게 아뢰었다.

"왕께서는 늙으시어 나라의 정사에 어두우시므로 장자 신검이 부왕의 자리를 대신하게 되었다고 해서 여러 장수들이 기뻐하는 소리입니다."

조금 뒤에 아버지를 금산사 불당으로 옮기고 파달 등 30명의 장사를 시켜서 지키게 하니, 동요에 이렇게 말했다.

가엾은 완산 아이

아비를 잃어 울고 있네.

당시 견훤은 후궁과 나이 어린 남녀 두 명, 시비인 고비녀(古比女), 나인 능예남(能乂男) 등과 함께 갇혀 있었다. 그러다가 4월에 이르러 견훤은 술을 빚게 한 뒤에 지키는 장사 30명에게 먹여 취하게 하고는 고려로 달아났다. 이에 태조는 소원보, 향우, 오염, 충질 등을 보내서 수로로 가서 맞아오게 했다.

고려에 이르자 태조는 견훤의 나이가 10년이나 위라고 하여 높여서 상보(尙父)라 하여 남궁에 편안히 있게 하고 양주의 식읍, 전장과 노비 40명, 말 아홉 필을 주고, 먼저 귀순해 와 있는 신강으로 수행원을 삼았다. 견훤의 사위인 장군 영규(英規)가 남몰래 그 아내에게 말했다.

"대왕께서 나라를 위해서 애쓰신 지 40여 년에 공든 탑이 거의 이루어지려 하는데 하루아침에 집안사람의 불화로 나라를 잃고 고려를 따르니, 대체로 열녀는 두 남편을 모시지 않고 충신은 두 임금을 섬기지 않는 법이오. 만일 내가 임금을 버리고 등을 돌린 아들을 섬긴다면 무슨 낯으로 천하의 의사들을 본단 말이오. 더구나 고려의 왕공은 인자하며 부지런하여 민심을 얻었다 하니 이는 아마 하늘의 뜻으로, 마침내 삼한의 임금이 될 것이니 어찌 글을 올려 우리 임금을 위로하고, 아울러 왕공에게 정성으로 뒷날을 꾀하지 않겠소."

그 아내가 말했다.

"당신의 말씀이 바로 저의 뜻입니다."

이에 천복 원년(병신, 936) 2월 사람을 보내서 태조에게 자기의 뜻을 말했다.

"왕께서 의로운 깃발을 드시면 저는 따라서 고려 군사를 기꺼이 맞이하겠습니다."

태조는 기뻐하여 사자에게 예물을 후히 주어 보내고 영규에게 고마움을 전했다.

"만일 그대의 은혜를 입어 한번 힘을 모아 길에서 막히는 일이 없게 한다면 곧 먼저 장군께 뵙고, 다음에 부인께 절하여, 형으로 섬기고 누님으로 받들어 반드시 끝까지 넉넉하게 보답하겠소. 천지와 귀신은 모두 이 말을 들을 것이오."

6월에 견훤이 태조에게 말했다.

"늙은 신하가 전하께 귀순해 온 것은, 전하의 위엄을 빌어 패륜무도한 아들을 없애기 위한 것이오. 엎드려 바라건대, 대왕이 군사를 내어 저런 망나니를 죽이시면 신이 비록 죽어도 여한이 없겠습니다."

태조가 말했다.

"그들을 치지 않으려는 것이 아니라 때를 기다리는 것이오."

이에 먼저 태자 무(武)와 장군 술희(述希)에게 보병과 기병 10만을 거느려 천안부로 나가게 하고, 9월에 태조는 삼군을 거느리고 천안에 이르러 군사를 합하여 일선군(一善郡, 선산)으로 쳐들어 나아가니 신검이 군사를 거느리고 막았다. 갑오일에 일리천(一利川)을 사이에 두고 서로 대치하니 고려 군사는 동북방을 등지고 서남쪽을 향해 진을 쳤다. 태조는 견훤과 함께 군대를 점검하는데, 문득 칼과 창 같은 흰 구름이 일어나 적군을 향해 가므로 북을 치고 나가자 후백제의 장군 효봉, 덕술, 애술, 명길 등은 고려 군사의 형세가 크고 정돈된 것을 바라보고 갑옷을 버리고 군진 앞에 나아와 귀순했다. 태조는 이를 위로하고 장수가 있는 곳을 물으니 효봉 등은 말한다.

"원수 신검은 중군에 있습니다."

태조는 장군 공훤(公萱) 등에게 왕명으로 삼군을 일시에 진군시켜 양쪽에서 협공하니 백제군은 무너져 달아났다. 황산 탄현(炭峴)에 이르자 신검은 두 아우와 장군 부달(富達), 능환(能奐) 등 40여 명과 함께 귀순했다. 태조는 귀순을 받아들이고 나머지는 모두 위로하여 처자와 함께 도읍으로 돌아가도록 허락했다. 태조가 능환에게 물었다.

"처음에 양검 등과 비밀로 의논하여 대왕을 가두고 그 아들을 세운 것은 네 꾀이니, 신하된 의리에 이럴 수가 있단 말이냐."

능환은 머리를 숙이고 말을 하지 못한다. 태조는 왕명으로 능환을 베라고 했다. 신검이 건방지게 보위를 빼앗은 것은 남의 위협으로, 그의 본심이 아니었으며 또 귀순하여 죄를 빌어 특히 그 죽음을 면하게 하였다. 견훤은 분하게 여겨 등창이 나서 며칠 만에 황산 불당에서 죽으니 때는 9월 8일이고 나이는 70이었다. 태조의 군령은 엄하고 분명해서 군사들이 조금도 함부로 대하지 않아 고을들이 평안하여 늙은이와 어린이가 모두 만세를 불렀다. 태조는 영규에게,

"전왕이 나라를 잃은 뒤에 그의 신하된 사람으로서 한 사람도 위로해 주는 이가 없었다. 오직 경(卿)의 내외만이 천리 밖에서 글을 보내서 성의를 보였고, 아울러서 아름다운 명예를 나에게 돌렸으니 그 의리를 잊을 수 없소."

하고 좌승(左承)이란 벼슬과 밭 일천 경을 내리고, 역마 35필을 빌려 주어 가족들을 맞게 했으며 그 두 아들에게도 벼슬을 주었다. 견훤은 당 나라 경복 원년이자 진성여왕 6년(임자, 892)에 나라를 세워 진(晉)나라 천복 원년(936)에 이르니, 45년 만인 병신에 망했다.

사론에 이렇게 말했다.

"신라는 운수가 다하고 올바른 도리를 잃어 하늘이 돕지 않고 백성이 돌아갈 곳이 없이 되었다. 이에 뭇 도둑이 틈을 타서 벌떼같이 일어나서 마치 고슴도치의 털과 같았다. 그 중에서도 강한 도둑은 궁예와 견훤 두 사람이었다. 궁예는 본디 신라의 왕자로서 도리어 제 나라를 원수로 삼아 심지어는 조상의 그림을 칼로 베었으니 그 어질지 않은 것이 너무 심했다. 견훤은 신라의 백성으로 태어나서 신라의 녹을 받아먹으면서 역심을 품어 나라의 위태로움을 빌미로 신라의 서울을 쳐서 임금과 신하를 마치 짐승처럼 죽였으니 참으로 천하의 원수로다. 그 때문에 궁예는 그 신하에게 버림을 당했고 견훤은 그 아들에게서 온갖 재앙이 생겼으나 모두 자초한 것이니 누구를 탓한단 말인가. 비록 항우, 이밀의 뛰어난 재주로도 한(漢)과 당(唐)이 일어나는 것을 대적하지 못했거늘, 하물며 궁예와 견훤 같은 흉악무도한 자들이 어찌 우리 태조를 대항할 수 있었으랴."

가락국기(駕洛國記)

(가락국기, 고려 문종조 대강(大康) 무렵에 금관지주사(金官知州事)가 올린 것이니 그 대략을 여기에 싣는다)

천지가 처음 열린 이후로 이곳에는 아직 나라 이름이 없었다. 그리고 또 군신의 부름말도 없었다. 이럴 때에 아도간(我刀干), 여도간(汝刀干), 피도간(彼刀干), 오도간(五刀干), 유수간(留水干), 유천간(留天干), 신천간(神天干), 오천간(五天干), 신귀간(神鬼干) 등 아홉 간(干)이 있었다. 이들 추장들이 백성들을 다스렸으니 모두 100호(戶)로써 7만 5천 명이었다. 이 사람들은 거의 산과 들에 모여서 살았으며 우물을 파서 물을 마시고 밭을 갈아 먹고 살았다.

시조 수로왕(首露王)

후한의 세조 광무제 건무 18년(임인, 42) 3월 계욕일(禊浴日, 씻김 의례)에 그들이 머물고 있는 북쪽 구지(龜旨, 산봉우리)에서 누군가 부르는 이상한 소리가 났다.[93] 백성 2, 3백 명이 여기에 모였는데 사람의 소리 같기는 하지만 그 모양이 숨기고 소리만 내서 말한다.

"여기에 사람이 있느냐?"

구간 등이 말한다.

"저희들이 있습니다."

그러자 또 말한다.

"내가 있는 곳이 어디냐."
"구지입니다."

또 말한다.

"하늘이 나에게 명하기를 이곳에 나라를 새로 세우고 임금이 되라고 하였으므로 일부러 여기에 내려온 것이니, 그대들은 모름지기 산봉우리 꼭대기의 흙을 파면서 노래를 불러라."

거북아 거북아 머리를 내밀어라
만일 내밀지 않으면 구워먹겠다

하고, 뛰면서 춤을 추어라. 그러면 곧 대왕을 맞이하여 기뻐 뛰놀게 될 것이다. 구간들은 이 말을 좇아 모두 기뻐하면서 노래하고 춤추다가 얼마 안 되어 우러러 쳐다보니 문득 자줏빛 줄이 하늘에서 드리워져 땅에 닿았다. 그 노끈의 끝을 찾아보니 붉은 보자기에 금으로 만든 상자가 싸여 있으므로 열어보니 해처럼 둥근 황금 알 여섯 개가 있었다. 여러 사람들은 모두 놀라고 기뻐하여 함께 절하였다. 얼마 있다가 다시 알을 싸안고 아도간의 집으로 돌아와 책상 위에 놓아두고 여러

---

93 **구지(龜旨)** : 구지(龜旨)란 구지봉의 한자식 이름이다. 여기 구지의 지(旨)를 눈여겨 볼만하다. 여기 지(旨)가 상당한 암시를 준다. 임금과 관련하여 지(旨)란 왕이나 왕실의 명령을 뜻한다. 수로가 왕위에 오를 수 있는 막강한 세력과 덕망으로써 모든 백성이 진정으로 왕을 추대하는데 굳이 노래를 지어서 자기를 왕으로 추대하라고 명령을 내릴 필요가 있는가. 마침내 연구자는 구지가를 정책적으로 지은 책요(策謠)로 본 것이다. 구지가는 다분히 예언적인 속내를 드러낸 참요(讖謠)의 성격이 있다고 본다(이상돈(2013), 구지가사의 해석 참조). 구지의 구(龜)는 당시 김해지역말로 검(감, 甘)으로 읽었을 가능성이 있다. 김해의 강 건너에 있는 구포(龜浦)를 감동포(甘同浦)라 하였다(대동지지).

사람은 각기 흩어져 돌아갔다.

그런 지 십여 시간이 지나 그 이튿날 아침에 여러 사람들이 다시 모여서 그 합을 여니 여섯 알은 변해서 어린아이가 되어 있는데 용모가 매우 뛰어났다. 이들을 평상 위에 앉히고 여러 사람들이 절하고 축하 인사를 하면서 정성껏 모셨다. 이들은 나날이 자라서 십여 일이 지나니 키는 아홉 자로 은 나라 천을과 같고 얼굴은 용과 같아 한 나라 고조와 같다.

눈썹이 여덟팔자로 광채가 나는 것은 당 나라 고조와 같고, 눈동자가 겹으로 된 것은 우 나라 순과 같았다. 그가 그 달 보름에 보위에 오르니 세상에 처음 나타났다고 해서 이름을 수로(首露)라고 했다.[94] 혹은 수릉(首陵, 시호)이라고도 했다. 나라 이름을 대가락(大駕洛)[95]이라 하고 또 가야국이라고도 하니 이는 곧 여섯 가야 중의 하나다. 나머지 다섯 사람도 각각 가서 다섯 가야의 임금이 되니 동쪽은 황산강, 서남쪽은 창해, 서북쪽은 지리산, 동북쪽은 가야산이며 남쪽은 나라의 끝이었다. 그는 임시로 대궐을 세우게 하고 머물면서 다만 질박하고 검소하니 지붕에 이은 이엉을 자르지 않고, 흙으로 쌓은 계단은 겨우 석 자였다. 즉위 2년(계묘, 43) 정월에 왕이 말하기를,

"내가 서울을 정하려 한다."

하고는 이내 임시 궁궐의 남쪽 신답평(新畓坪)에 나아가 사방의 산악을 바라보다가 좌우 사람을 돌아보고 말한다.[96]

"이 땅은 작고 좁기가 여뀌(蓼) 잎과 같지만 수려하고 기이하여 이르러 16나한

---

94 **수로(首露)** : 수로의 어원으로는, 고위-신성함을 드러낸 것이고(이병도), 천신 혹은 구지의 산신령(미시나)과 같은 풀이가 있다. 구지가에서 '머리(首)를 내밀어라(露)'를 대응 시키면, 김수로의 김(金)은 거북에 해당한다. 양산지역의 모심기 노래를 보면 거북은 왕거미의 거미 곧 검으로 상정할 수 있다. 하면 김수로는 '거미시여, 머리를 내미시오'의 줄임말이라고 볼 수 있다(정호완(2007), 가야의 언어와 문화).

95 가락(駕洛) : 김수로왕이 신라 유리왕 19년(42)에 세운 나라. 가락-가라-가야로 풀이하는 경우도 있다. 이두식 반절표기로 보면 가락의 가(駕)를 가(加)와 마(馬)의 상하 연결로 보아 가락-감라로 볼 수 있다. 개음절로 읽으면 감-가마가 된다. 이로써 감(가마)-거미(거무)-거북(龜)의 대응됨을 알 수 있다. 김해의 건너편의 구포(龜浦)를 감동포(甘同浦)라고 한다(대동지지). 이는 구포와 같은 지역인 양산의 모심기 노래(왕거미)에서도 거북을 거미라 한다. 일본어로 거북을 가메(kame, かめ)라 함을 보면 같은 단어족으로서의 표기임을 알게 된다. 산스크리트어로 거북을 가베(kavve)라 하며 이는 임금을 뜻한다(삼국유사사전 참조).

96 이는 옛날부터 묵은 밭인데 새로 경작했기 때문에 신답평이라 했다. 답(畓)자는 속자.

이 살 만한 곳이다. 더구나 1에서 3을 이루고 그 3에서 7을 이루니 7성인이 살 곳으로 가장 알맞다. 여기에 터를 잡아 영토를 개척해서 마침내 좋은 곳을 만드는 것이 어떻겠느냐."

여기에 1,500보 둘레의 성과 궁궐과 전당 및 여러 관청의 청사와 무기고와 곡식 창고를 지을 터를 마련한 뒤에 궁궐로 돌아왔다. 나라 안의 장정과 장인들을 널리 불러 모아서 그 달 20일에 성 쌓는 일을 시작하여 3월 10일에 공사를 끝냈다.

그 궁궐과 옥사는 농사일에 바쁘지 않은 틈을 이용하니 그 해 10월에 비로소 시작해서 왕 3년(갑진, 44) 2월에 마무리 되었다. 좋은 날을 가려서 새 궁으로 옮겨서 모든 정사를 다스리고 여러 일도 부지런히 보살폈다.

이때 문득 완하국(琓夏國) 함달왕(含達王)의 부인이 아기를 배어 달이 차서 알을 낳으니, 그 알이 화해서 사람이 되어 이름을 탈해(脫解)라 했다. 탈해가 바다를 좇아서 가락국에 왔다. 키가 3척이요 머리 둘레가 1척이나 되었다. 그는 기꺼이 대궐로 나가서 왕에게 말하기를,

"나는 왕의 자리를 빼앗으러 왔소."

하니 왕이 대답했다.

"하늘이 나를 명해서 보위에 오르게 한 것은 장차 나라를 안정시키고 백성들을 편안케 하려 함이니, 감히 하늘의 명을 어겨 보위를 남에게 줄 수도 없고, 또 우리 백성을 너에게 맡길 수도 없다."

탈해가 말하기를,

"그렇다면 도술로 겨뤄 보려는가."

하니 왕이 좋다고 하였다. 잠깐 사이에 탈해가 변해서 매가 되니 왕은 변해서 독수리가 되고, 또 탈해가 변해서 참새가 되니 왕은 새매로 화하는데 그 변하는 것이 순간이었다. 탈해가 본 모양으로 돌아오자 왕도 역시 이전 모양이 되었다. 이에 탈해가 엎드려 귀순한다.

"제가 도술을 겨루는 마당에 매가 독수리에게, 참새가 새매에게 잡히기를 면한 것은 대개 성인께서 죽이기를 싫어하는 어진 마음을 가졌기 때문입니다. 제가 왕과 더불어 보위를 다툼은 실로 어려울 것입니다."

탈해는 문득 왕께 인사하고 나가서 이웃 들판의 나루터에 이르러 중국에서 온

배가 들어온 물길로 해서 갔다. 왕은 그가 머물러 있으면서 반란을 일으킬까 염려하여 급히 5백 척의 수군을 보내서 좇게 하니 탈해가 계림의 땅으로 달아나므로 수군은 모두 돌아왔다. 그러나 여기에 실린 기사는 신라의 것과는 많이 다르다. 건무 24년(무신, 48) 7월 27일에 구간 등이 조회할 때 말씀을 나누었다.

"대왕께서 내려오신 뒤로 좋은 짝을 구하지 못하셨으니 신들의 집에 있는 처자 중에서 가장 고운 여인을 골라서 궁중에 들여보내어 대왕의 짝이 되게 하겠습니다."

그러자 왕이 말했다.

"내가 여기에 내려온 것은 하늘의 명일진대, 나에게 짝을 지어 왕비를 삼게 하는 것도 역시 하늘의 명령이 있을 것이니 경들은 기다려 주세요."

왕은 드디어 유천간에게 명해서 가벼운 배와 좋은 말을 가지고 망산도(望山島)에 가서 서서 기다리게 하였다. 신귀간에게 왕명으로 배를 타고 내리는 승점(乘岾)[97]으로 가게 했더니 문득 바다 서쪽에서 붉은 빛의 돛을 단 배가 붉은 기를 휘날리면서 북쪽을 향하여 오고 있었다. 유천간 등이 먼저 망산도에서 횃불을 올리니 사람들이 다투어 육지로 내려 뛰어오므로 신귀간은 이것을 바라보다 대궐로 달려와서 왕께 아뢰었다. 왕은 이 말을 듣고 무척 기뻐하여 이내 구간 등을 보내어 목련나무로 만든 키를 갖추고 계수나무로 만든 노를 저어 가서 그들을 맞이하여 곧 모시고 대궐로 들어가려 하자 왕비가 말했다.

"나는 본디 그대들을 모르는 터인데 어찌 감히 가벼이 따라갈 수 있겠느냐."

유천간 등이 돌아가서 왕비의 말을 전달하니 왕은 옳게 여겨 유사를 데리고 거둥해서, 대궐 아래에서 서남쪽으로 60보쯤 되는 산기슭에 장막을 쳐서 임시 궁전을 만들어 놓고 기다렸다. 왕비는 산 밖의 별포(別浦) 나루터에 배를 대고 육지에 올라 높은 언덕에서 쉬고, 입은 비단바지를 벗어 산신령에게 예물로 바쳤다. 이 밖에 따라온 잉신(媵臣, 수행원) 두 사람의 이름은 신보(申輔), 조광(趙匡)이고, 그들의 아내 두 사람의 이름은 모정(慕貞), 모량(慕良)이라고 했다. 데리고 온 노비까지 합해서 20여 명인데, 가지고 온 금수능라와 비단, 금은주옥과 구슬로 만든 패물들은 이루 기록할 수 없을 만큼 많았다. 왕비가 점점 왕이 계신 곳에 가까워 오니 왕은 나아가 맞아서 함께 장막 궁전으로 들어왔다. 잉신 이하 여러 사람

97 망산도는 금관성 남쪽의 섬이요, 승점은 경기 안에 산이다(삼국유사 주).

들은 뜰아래에서 뵙고 즉시 물러갔다. 왕은 유사에게 왕명으로 잉신 내외들을 안내하게 하고 말했다.

"사람마다 방 하나씩을 주어 편안히 머무르게 하고 그 이하 수행원들은 한 방에 5, 6명씩 두어 편안히 있게 하라."

말을 마치고 난초로 만든 마실 것과 혜초(蕙草, 향기로운 난초)로 만든 술을 주고, 무늬와 채색이 있는 자리에서 자도록 하고, 심지어 옷과 비단과 보화까지도 주고 군인들을 많이 내어 지키게 했다. 이에 왕이 왕비와 함께 잠자리에 드니 왕비가 조용히 왕에게 말한다.

"저는 아유타국(阿踰陁國, 현 아요디아)의 공주인데, 성은 허(許)이고 이름은 황옥(黃玉)입니다. 나이는 16세입니다. 본국에 있을 때 금년 5월에 부왕과 모후께서 저에게 말씀하시기를, 우리가 어젯밤 꿈에 함께 하늘의 상제를 뵈었는데, 상제께서는, 가락국의 왕 수로를 하늘이 내려 보내서 보위에 오르게 하였으니 신령스럽고 성스러운 사람이다. 또 나라를 새로 다스리는 데 아직 짝을 정하지 못했으니 경들은 공주를 보내서 그 짝을 삼게 하라 하시고, 말을 마치자 하늘로 올라가셨다. 꿈을 깬 뒤에도 상제의 말이 아직도 귓가에 그대로 남아 있으니, 너는 이 자리에서 곧 부모를 작별하고 그곳으로 떠나라 하셨습니다. 이에 저는 배를 타고 멀리 찐 대추(蒸棗)를 찾고, 하늘로 가서 반도 복숭아(蟠桃)를 찾아 이제 모양을 가다듬고 감히 용안을 가까이 하게 되었습니다."

왕이 대답했다.

"나는 나면서부터 자못 지혜로운 눈이 있어 공주가 멀리 올 것을 미리 알고 있어서 신하들의 왕비를 맞으라는 청을 따르지 않았소. 그런데 이제 어질고 아름다운 공주가 스스로 오셨으니 이 사람에게는 매우 행복한 일이오."

왕은 드디어 그와 함께 두 밤을 지내고 또 하루 낮을 지냈다. 이에 그들이 타고 온 배를 돌려보내는 데 뱃사공이 모두 15명이라 이들에게 각각 쌀 10석과 베 30필씩을 주어 본국으로 돌아가게 했다. 8월 1일에 왕은 대궐로 돌아오는데 왕비와 한 수레를 타고, 수행원 내외도 역시 나란히 수레를 탔으며, 중국에서 나는 여러 가지 물건도 모두 수레에 싣고 천천히 대궐로 들어오니 이때 시간은 점심때가 가까웠다. 왕비는 중궁에 머물고 수행원 내외와 그들의 달린 사람들은 비어 있는 두 집에 나누어 들게 하고, 나머지 따라온 사람들도 20여 칸 되는 영빈관

하나를 주어서 사람 수에 맞추어 따로 편안히 머물게 했다. 그리고 날마다 물건을 넉넉하게 주고, 그들이 싣고 온 보배로운 물건들은 안 창고에 두어서 왕비의 생활비로 쓰게 했다. 어느 날 왕이 신하들에게 말했다.

"구간들은 큰 벼슬을 하는 어른인데, 그 지위와 명칭이 모두 소인이나 농부들의 부름말이니 이것은 벼슬 높은 사람의 부름말이 못된다. 만일 외국 사람들이 듣는다면 반드시 웃음거리가 될 것이다."

마침내 아도를 고쳐서 아궁(我躬), 여도를 고쳐서 여해(汝諧), 피도를 피장(彼藏), 오도를 오상(五常)이라 하고, 유수(留水)와 유천(留天)의 이름은 윗 글자는 그대로 두고 아래 글자만 고쳐서 유공(留功), 유덕(留德)이라 하고 신천을 고쳐서 신도(神道), 오천을 고쳐서 오능 (五能)이라 했다. 신귀(神鬼)의 음은 바꾸지 않고 그 뜻만 신귀(臣貴)라고 고쳤다. 또 계림의 직제를 따라서 각간, 아질간, 급간의 품계를 두고, 그 아래의 관리는 주나라 법과 한나라 제도를 가지고 나누어 정하니 이것은 옛것을 고쳐서 새것을 취하고, 벼슬을 나누어 설치하는 방법이다. 이에 비로소 나라를 다스리고 집을 정돈하며, 백성들을 자식처럼 사랑하니 그 교화는 수수해도 위엄이 서고, 그 정치는 엄하지 않아도 다스려졌다.

더구나 왕이 왕비와 함께 사는 것은 마치 하늘에게 땅이 있고, 해에게 달이 있고, 양에게 음이 있는 것과 같았으며 그 공은 도산(塗山)이 하(夏)를 돕고, 당원(唐媛)이 교씨(嬌氏)를 일으킴과 같았다. 그 해 왕비는 곰을 얻는 꿈을 꾸고 태자 거등(居登)을 낳았다.

영제 중평 6년(기사, 189) 3월 1일에 왕비가 죽으니 나이는 157세였다. 온 나라 사람들은 땅이 꺼진 듯이 슬퍼하여 구지봉 동북 언덕에 장사하고, 왕비가 백성들을 자식처럼 사랑하던 은혜를 잊지 않으려 하여 처음 배에서 내리던 도두촌을 주포촌(主浦村)이라 하고, 비단바지를 벗은 높은 언덕을 능현(綾峴)이라 하고, 붉은 기가 들어온 바닷가를 기출변(旗出邊)이라고 했다. 수행원 천부경 신보와 종정감 조광 등은 이 나라에 온 지 30년 만에 각각 두 딸을 낳았는데 그들 내외는 12년을 지나 모두 죽었다. 그 밖의 노비의 무리들도 이 나라에 온 지 7, 8년이 되는데도 자식을 낳지 못했으며, 오직 고향을 그리워하는 슬픔을 안고 모두 죽었으므로, 그들이 살던 집은 텅 비고 아무도 없었다.

왕비가 죽자 왕은 매양 외로운 베개를 의지하여 몹시 슬퍼하다가 10년이 지난 헌제 입안 4년(기묘, 199) 3월 23일에 죽으니, 나이는 158세였다. 나라 사람들은 마치 부모를 잃은 듯 슬퍼하여 왕비가 죽던 때보다 더했다. 대궐 동북쪽 평지에 상여가 나갈 때까지 관을 두던 빈소를 세우니 높이가 한 길이며 둘레가 300보인데 거기에 장사 지내고 이름을 수릉왕묘라고 했다.

그의 아들 거등왕으로부터 9대손인 구형왕까지 이 사당에 신주를 모시고, 매년 정월 3일과 7일, 5월 5일과 8월 5일과 15일에 넉넉하고 깨끗한 제물을 차려 제사를 지내어 대대로 끊이지 않았다. 신라 제30대 문무왕 용삭 원년(신유, 661) 3월에 왕은 조서를 내렸다.

"가야국 시조의 9대손 구형왕이 신라에 귀순할 때 데리고 온 아들 세종의 아들인 솔우공의 아들 서운(庶云) 잡간의 딸 문명 황후께서 나를 낳으셨으니, 시조 수로왕은 어린 나에게 15대조가 된다. 그 나라는 이미 없어졌지만 그를 장사지낸 사당은 지금도 남아 있으니 종묘에 합해서 계속하여 제사를 지내게 하리라."

이에 그 옛 터에 사자를 보내서 사당에 가까운 좋은 밭 30경으로 제향을 위한 논밭으로 하여 보위전이라 부르고 본토에 소속시켰다. 수로왕의 17대손 갱세(賡世) 급간이 조정의 뜻을 받들어 그 밭을 주관하여 해마다 명절이면 술과 단술을 마련하고 떡과 밥, 차와 과실 등 여러 가지를 갖추고, 제사를 지내어 해마다 끊이지 않게 하고, 그 제삿날은 거등왕이 정한 연중 5일을 변동하지 않으니, 이에 비로소 그 정성어린 제사는 우리 가락국에 맡겨졌다.

거등왕이 즉위한 기묘년(199)에 편방(便房, 휴게실)을 설치한 뒤로부터 구형왕(仇衡王) 말년에 이르는 330년 동안 사당에 지내는 제사는 길이 변함이 없었으나 구형왕이 보위를 잃고 나라를 떠난 후부터 용삭 원년(신유, 661)에 이르는 60년 사이에는 이 사당에 지내는 제사를 가끔 빠뜨리기도 했다.

"아름답구려, 문무왕이여. 먼저 조상을 받들어 끊어졌던 제사를 다시 지냈으니 효성스럽고 또 효성스럽도다."

신라 말엽에 잡간 충지(忠至)가 있었다. 드높은 금관성을 쳐서 빼앗아 성주(城主) 장군이 되었다. 이에 영규 아간이 장군의 위엄을 빌어 묘사를 빼앗아 함부로 제사를 지내더니, 단오를 맞아 제사를 올리는데 까닭 없이 대들보가 부러져 깔려 죽었다. 이에 장군이 혼잣말로 중얼거렸다.

"다행히 전생의 인연으로 해서 외람되이 성왕이 계시던 궁성에 제사를 지내게 되었으니 마땅히 나는 그 영정을 그려 모시고 향과 등을 바쳐 신하된 은혜를 갚아야겠다."

하고, 석 자 물고기 무늬 비단에 얼굴 그림을 그려 벽 위에 모시고 아침저녁으로 촛불을 켜 놓고 공손히 받들더니, 겨우 3일 만에 그림의 두 눈에서 피눈물이 흘러서 땅 위에 괴어 거의 한 말이나 되었다. 장군은 몹시 두려워하여 그 그림을 모시고 사당으로 나가서 불태워 없애고 곧 수로왕의 후손 규림(圭林)을 불러서 말했다.

"어제는 좋지 못한 일이 있었는데 어째서 이런 일들이 거듭 생기는 것일까. 이는 필시 사당의 영령이 내가 그림을 그려서 모시는 것을 불손하게 여겨 크게 노하신 것인가 보다. 영규가 이미 죽었으므로 나는 몹시 두려워하여, 화상도 이미 불살라 버렸으니 반드시 신의 처벌을 받을 것이다. 그대는 왕의 진정한 후손이니 전에 하던 대로 제사를 받드는 것이 옳겠다."

규림이 대를 이어 제사를 지내 오다가 나이 88세에 죽으니 그 아들 간원경(間元卿)이 잇달아 제사를 지내는데 단오날 알묘제(謁廟祭, 묘에 알리는 제사) 때 영규의 아들 준필이 또 지랄병을 하여, 사당으로 와서 간원이 차려 놓은 제물을 치우고 자기가 제물을 차려 제사를 지내는데 초헌에서 종헌이 끝나지 못해서 문득 병이 도져서 집에 돌아가서 죽었다. 옛 사람의 말에 이런 것이 있다. 비공식적인 제사는 복덕이 없을 뿐 아니라 도리어 재앙을 받는다.

먼저는 영규가 있고 이번에는 준필이 있으니 이들 부자를 두고 한 말인가. 또 도둑의 무리들이 사당 안에 금과 옥이 많이 있다고 해서 와서 그것을 도둑질해 가려고 했다. 그들이 처음에 왔을 때는, 갑옷을 입고 투구를 쓰고 활에 살을 당긴 한 용사가 사당 안에서 나오더니 사방을 향해서 비 오듯 화살을 쏘아서 7, 8명이 맞아 죽으니, 나머지 도둑의 무리들은 달아나 버렸다. 며칠 뒤에 다시 오자 길이 30여 척이나 되는 눈빛이 번개와 같은 큰 구렁이가 사당 옆에서 나와 8, 9명을 물어 죽이니 겨우 살아남은 자들도 모두 자빠지면서 달아나 흩어졌다. 그리하여 능원 안에는 반드시 신의 물건이 있어 보호한다는 것을 알았다.

건안 4년(기묘, 199)에 처음 이 사당을 세운 때부터 지금 임금이 즉위하신 지 31년 만인 대강 2년(병진, 1076)까지 도합 878년이 되었으나 층계를 쌓아 올린 아름다운 흙 단이 허물어지거나 무너지지 않았고, 심어 놓은 아름다운 나무도 시들거나 죽지 않았으며, 더구나 거기에 벌여 놓은 수많은 옥 조각들도 부서진 것이 없다. 이것으로 본다면 당 나라 신체부가 말한,'옛날로부터 지금에 이르기까지 어찌 망하지 않은 나라와 파괴되지 않은 무덤이 있겠느냐'라고 한 말은, 오직 가락국이 옛날에 일찍이 망한 것은 그 말이 맞았지만 수로왕의 사당이 허물어지지 않은 것은 신체부의 말을 믿을 수 없다. 이 중에 또 수로왕을 사모해서 하는 놀이가 있다. 매년 7월 29일엔 이 지방 사람들과 서리, 군졸들이 승점에 올라가서 장막을 치고 술과 음식을 먹으면서 즐겁게 논다. 이들이 동서쪽으로 서로 눈짓을 하면 건장한 인부들은 좌우로 나뉘어서 망산도에서 육지를 향해 급히 말을 달리고 뱃머리를 둥둥 띄워 물 위로 서로 밀면서 북쪽 고포(古浦)를 향해서 다투어 달렸다. 이것은 대개 옛날에 유천간과 신귀간 등이 왕비가 오는 것을 바라보고 급히 수로왕에게 알리던 옛 자취이다.

가락국이 망한 뒤로는 대대로 그 명칭이 한결같지 않았다. 신라 제31대 신문왕이 즉위한 개요 원년(신사, 681)에는 금관경(金官京, 김해)이라 이름하고 태수를 두었다. 그 후 259년에 우리 고려 태조가 통일한 뒤로는 여러 대를 내려오면서 임해현(臨海縣)이라 하고 배안사(排岸使)를 두어 48년을 계속했으며, 다음에는 임해군 혹은 김해부라고 하고 도호부를 두어 27년을 계속했으며, 또 방어사를 두어 64년 동안 계속했다.

순화 2년(신묘, 991)에 김해부의 양전사 중대부 조문선(趙文善)은 조사해서 보고했다.

> "수로왕의 능묘에 소속된 밭의 면적이 많으니 마땅히 15결을 가지고 전대로 제사를 지내게 하고, 그 나머지는 김해부의 의무 노역하는 이들에게 나누어 주는 것이 좋겠습니다."

이 일을 맡은 관청에서 상부에 올리는 그 장계(狀啓, 보고서)를 가지고 가서 알리자, 그 때 조정에서는 명령을 내렸다.

> "하늘에서 내려온 알이 화해서 성군이 되었고 이내 보위에 올라 나이 158세나 되셨으니 저 삼황 이후로 이에 견줄 만한 분이 드물다. 수로왕께서 돌아간 뒤 선대부터 능묘에 소속된 논밭을 지금에 와서 줄인다는 것은 참으로 두려운 일이다."

하고는 이를 허락하지 않았다. 양전사가 또 거듭 아뢰자 조정에서도 이를 옳게 여겨 그 반은 능묘에서 옮기지 않고, 나머지 반은 불러 모은 일꾼에게 나누어 주게 했다. 절사(節使) 곧 양전사는 조정의 명을 받아 이에 그 반은 능원에 소속시키고 반은 김해부의 부역하는 이들에게 주었다. 이 일이 거의 끝날 무렵에 양전사가 몹시 지치더니 어느 날 밤에 꿈을 꾸니 7, 8명의 귀신이 보이는데 밧줄을 가지고 칼을 쥐고 와서 말한다. 너에게 큰 죄가 있어 목을 베어 죽여야겠다.

양전사는 형을 받고 몹시 아파하다가 놀라서 깨어 이내 병이 들었는데 남에게 알리지도 못하고 밤에 도망 가다가 그 병이 낫지 않아서 관문을 지나자 죽었다. 이 때문에 양전도장에는 그의 도장이 찍히지 않았다. 그 뒤에 사신이 와서 그 밭을 검사해 보니 겨우 11결 12부 9속뿐이며 3결 87부 1속이 모자랐다. 이에 모자라는 밭을 어찌했는가를 조사해서 내외궁에 보고하여, 임금의 명령으로 그 모자란 것을 채워 주게 했는데 이 때문에 고금의 일을 탄식하는 사람이 있었다.

수로왕의 8대손 김질왕(金銍王)은 정치에 부지런하고 또 참된 일을 매우 숭상하여 시조모 허황후를 위해서 그의 명복을 빌고자 했다. 이에 원가 29년(452) 임진에 수로왕과 허황후가 혼인하던 곳에 절을 세워 절 이름을 왕후사(王后寺)라 하고 사자를 보내어 절 근처에 있는 좋은 밭 10결을 측량해서 삼보(三寶, 불, 법, 승)를 이바지하는 비용으로 쓰게 했다.

이 절이 생긴 지 500년 뒤에 장유사(長遊寺)를 세웠다. 이 절에 바친 밭이 도합 300결이나 되었다. 이에 장유사의 삼강〔三綱 : 계학(戒學),정학(定學),혜학(慧學)〕이, 왕후사가 장유사의 밭 동남쪽 지역 안에 있다고 해서 왕후사를 없애고 그 자리에 장원 관리사를 만들어 가을에 곡식을 거두어 겨울에 저장하는 장소와 말을 기르고 소를 치는 마구간으로 만들었으니 슬픈 일이다. 세조 이하 9대 손의 역수를 아래에 자세히 기록하니 그 명(銘)은 이러하다.

처음에 천지가 열리니, 해와 달이 비로소 밝았네.
비록 인륜은 생겼지만, 임금의 지위는 아직 이루지 않았네.
중국은 여러 왕조가 바뀌었지만, 우리나라는 서울이 갈렸네.
계림이 먼저 정해지고, 가락국이 뒤에 일어섰다네.
스스로 맡아 다스릴 사람 없으면, 누가 백성을 보살피랴.
드디어 하느님께서, 저 백성을 돌봐 주셨네.
여기 거룩한 명을 내려, 특별히 정령을 보내셨네.
산 속에 알을 내려 보내고 안개 속에 모습을 감추었네.
속은 오히려 아득하고, 겉도 역시 컴컴했네.
바라보면 모습이 없는 듯하나 들으니 여기 소리가 나네.
무리들은 노래 불러 아뢰고, 춤을 추어 바치네.
7일이 지난 뒤에, 한 때 안정되었지.
바람이 불어 구름이 걷히니, 푸른 하늘이 텅 비었네.
여섯 개 둥근 알이 내려오니, 한 오리 자줏빛 끈이 드리웠어.
낯설고 이상한 땅에, 집과 집이 이었다네.
구경하는 사람 줄지었고, 바라보는 사람 우글거리지.

다섯은 각 고을로 돌아가고, 하나는 이 성에 있었네.
같은 때 같은 자취는, 아우와 같고 형과 같았어.
실로 하늘이 덕을 낳아서, 세상을 위해 질서를 만들었네.
보위에 처음 오르니, 온 세상은 맑아지려 했다네.
궁전의 얼개는 옛 법을 따랐고, 흙 계단은 오히려 평평했네.
모든 제도를 비로소 만들고, 모든 정치를 시행했네.
기울지도 치우치지도 않으니, 오직 하나이고 오직 빈틈이 없었네.
길 가는 이는 길을 비켜주고, 농사짓는 이는 밭이랑을 양보했네.
나라는 모두 편안해지고, 만백성은 태평을 맞이했네.
문득 풀잎의 이슬처럼, 참죽나무처럼 오래 살지 못했네.
천지의 기운이 변하고 조야가 모두 슬퍼했네.
금과 같은 그의 발자취요, 옥과 같이 떨친 그 이름이라.
후손이 끊어지지 않으니, 사당의 제사가 오직 향기로웠네.
세월은 비록 흘러갔으나, 범절은 기울어지지 않았네.

거등왕(居登王)

아버지는 수로왕, 어머니는 허황후. 건안 4년(기묘, 199) 3월 13일에 즉위, 치세는 55년으로 가평 5년(계유, 253) 9월 17일에 죽었다. 왕비는 천부경 신보의 딸 모정(慕貞)이며 태자 마품(麻品)을 낳았다. 개황력에 성은 김씨니 대개 시조가 황금 알에서 난 까닭에 김으로 성을 삼았다.

마품왕(麻品王)

마품이라고도 하며, 김씨. 가평 5년(계유, 253)에 보위에 올랐다. 치세는 39년으로, 영평 원년(신해, 291) 1월 29일에 죽었다. 왕비는 종정감 조광의 손녀 호구(好仇)로 태자 거질미(居叱彌)를 낳았다.

거질미왕(居叱彌王)

금물(今勿)이라고도 하며 김씨. 영평 원년에 즉위. 치세 56년, 영화 2년(병오, 346) 7월 7일에 죽었다. 왕비는 아궁 아간의 손녀 아지(阿志)로, 왕자 이시품(伊

尸品)을 낳았다.

이시품왕(伊尸品王)

김씨. 영화 2년에 즉위. 치세는 62년, 의희 3년(정미, 407) 4월 10일에 죽었다. 왕비는 사농경 극충의 딸 정신(貞信)으로, 왕자 좌지(坐知)를 낳았다.

좌지왕(坐知王)

김질(金叱)이라고도 한다. 의희 3년(407)에 즉위. 용녀(傭女, 궁녀)에게 장가들어 그 여자의 무리를 관리로 임용하니 나라 안이 시끄러웠다. 계림이 꾀를 써서 치려하므로, 박원도라는 신하가 바른 말을 했다.

"하찮은 풀이라도 보고 또 보면 역시 털이 나는 법인데 하물며 사람이야 오죽하겠습니까. 하늘이 망하고 땅이 꺼지면 사람이 어느 곳에서 보전하오리까. 또 점쟁이가 점을 쳐서 괘를 얻었는데 그 괘에 소인을 없애면 군자가 와서 도울 것이라고 했으니 왕께선 역(易)의 괘를 살피시옵소서."

이에 왕은 사과하여 옳다고 하고 용녀를 내쳐서 하산도(荷山島)로 귀양 보내고, 정치를 고쳐 행하여 길이 백성을 편안하게 다스렸다. 치세는 15년으로, 영초 2년(신유, 421) 4월 12일에 죽었다. 왕비는 도령 대아간의 딸 복수(福壽)로서 아들 취희(吹希)를 낳았다.

취희왕(吹希王)

질가(叱嘉)라고도 한다. 김씨. 영초 2년에 즉위. 치세는 31년 동안, 원가 28년(신묘, 451) 2월 3일에 죽었다. 왕비는 진사의 딸 인덕(仁德), 왕자 질지(叱知)를 낳았다.

질지왕(銍知王)

김질왕이라고도 한다. 원가 28년에 즉위, 이듬해에 시조와 허황옥 황후의 명복을 빌기 위하여 처음 시조와 만났던 자리에 절을 지어 왕후사라 하고 밭 10결을 바쳐 비용에 쓰게 한다. 치세는 42년. 영명 10년(임신, 492) 10월 4일에 죽었다.

왕비는 김상 사간의 딸 방원(邦媛), 왕자 겸지(鉗知)를 낳았다.

겸지왕(鉗知王)

김겸왕이라고도 한다. 영명 10년에 즉위하여 치세 30년, 정광 2년(신축, 521) 4월 7일에 죽었다. 왕비는 출충 각간의 딸로서 숙(淑), 왕자 구형(仇衡)을 낳았다.

구형왕(仇衡王)

김씨. 정광 2년에 보위에 올랐다. 치세는 42년. 보정 2년(임오, 562) 9월에 신라 제24대 진흥왕이 군사를 일으켜 쳐들어오니 왕은 몸소 군사를 지휘했다. 그러나 적군의 수는 많고 이쪽은 적어서 맞서 싸울 수가 없었다. 이에 형제 탈지니질금을 보내서 본국에 머물러 있게 하고, 왕자와 장손 졸지공(卒支公) 등은 귀순하여 신라에 들어갔다. 왕비는 쁀수니질(㢢水尒叱)의 딸 계화(桂花)로, 세 아들을 낳으니, 첫째는 세종(世宗) 각간, 둘째는 무도(茂刀) 각간, 셋째는 무득(茂得) 각간이다. 개황력에 보면, 양(梁)나라 무제 중대통 4년(임자, 532) 신라에 귀순했다고 했다. 논평해 말한다. 삼국사를 살피건대, 구형왕은 양 나라의 무제 중대통 4년(532)에 나라를 바쳐 신라에 귀순했다. 그렇다면 수로왕이 처음 즉위한 동한(東漢)의 건무 18년(임인, 42)으로부터 구형왕 말년(임자, 532)까지를 셈하면 490년이 된다. 만일 이 기록으로 따진다면 나라를 바친 것은 원위 보정 2년(임오, 562)에 값한다. 그러면 30년을 더하게 되어 모두 520년이 되는 셈이다. 여기에는 두 가지 설을 모두 기록해 둔다.

길더 삼국유사

권제3 흥법(興法) 제3

순도조려(順道肇麗)

도공(道公, 순도)의 다음에 또한 법심, 의연, 담엄 같은 고승 대덕들이 서로 이어서 불교를 일으켰으나 고전(古傳)에는 기록이 없으므로 감히 그 사실을 순서에 넣어 엮지 못한다. 자세한 것은 해동고승전에 올라 있다.

고구려본기에 이렇게 말했다. 소수림왕이 즉위한 2년(임신, 372)은 곧 동진(東晋)의 함안 2년이며, 효무제가 즉위한 해이다. 전진의 부견(符堅)이 사신과 중 순도를 시켜서 불상과 경문을 보내고,[98] 또 4년(갑술, 374)에는 아도(阿道)가 동진에서 왔다. 이듬해인 을해(을해, 375) 2월 초문사(肖門寺)를 세워 순도를 거기에 두고 또 이불난사(伊弗蘭寺)를 세워 아도가 있게 하니, 이것이 고구려에서 불법이 일어난 시초이다.

해동고승전에 순도와 아도가 북위(北魏)에서 왔다는 것은 잘못이다. 사실은 전진(前秦)에서 온 것이다. 또 초문사는 지금의 흥국사(興國寺)이고 이불란사는 지금의 흥복사(興福寺)라고 한 것도 역시 잘못이다.

살펴보건대, 고구려의 서울은 안시성(安市城,현 철령)이며, 이것을 혹은 안정홀(安丁忽)이라고도 하는데 요수(遼水, 요하) 북쪽에 있다. 요수의 다른 이름은 압록인데 지금은 안민강(安民江)이라고 한다.[99] 그러니 어찌 송경(松京, 개성) 흥국사의 이름이 여기에 있을 수 있으랴. 기려서 말한다.

압록강에 봄 들어 물빛은 곱고,

98 이때 부견은 관중(關中, 즉 장인)에 도읍하고 있었다.

99 **요수(遼水)**를 지금의 압록수라 함은 잘못이다. 지금의 요하(遼河)라 할 수 있다(문경현). 요수라는 하천은 대륙에서 고구려로 들어오는 길목에 해당하는 곳이다. 요하문명(遼河文明, liaohe)의 젖줄이다. 여기서 중원 문화의 시원이 홍산(紅山) 지역을 중심으로 일어난 곳이기도 하나. 동요하와 서요하가 쌍료(雙遼) 어름 철령의 창도(昌圖)에서 만나 영구(營口)에서 발해(渤海)로 흘러든다. 고구려의 서울을 안시성이라 함은 역사적으로 잘못이다. 당시의 고구려의 서울은 국내성이다. 현재 길림성 집안현(集安縣)에 있다. 그 뒤 장수왕 때 나라 이름을 고구려에서 고려라 하고 서울을 평양으로 옮겼다. 요사(遼史)에 따르면, 요양부(遼陽府)는 본디 조선의 땅이었다. 뒤에 발해에 와서 중경 현덕부(顯德府)라 하였다. 요양현은 본디 패수현(浿水縣)이었으니 요양은 곧 패수의 북쪽을 흐르는 강이라는 말이다. 요양이 요하(遼河)의 북쪽(陽)이라 함을 고려하면, 요하가 곧 패수라는 말이 된다. 흔히 대동강(大同江)을 패수라 하여 일제(日帝)는 낙랑의 한반도 중심설을 고착화하여 식민사관의 근거로 하여 민족 역사를 비틀고 말살하려 했던 것이다(정호완). 호종동순일록(扈從東巡日錄, 高士奇, 1682)에서 요하를 구려하(句麗河)라고 하였다(삼국유사사전).

백사장 갈매기 한가로이 조는 듯.
문득 어디서 들리는 노 젓는 소리에 놀라니,
어느 곳 고깃배인지 길손은 벌써 와 있는 걸.

난타벽제(難陁闢濟)

백제본기에는 이렇게 말했다. 제15대 침류왕[100]이 즉위한 갑신년(384) 동진(東晉) 효무제의 태원 9년에 호승 마라난타(摩羅難陀)가 동진에서 오자 그를 맞아서 궁중에 두고 예법대로 했다. 이듬해 을유년(385)에 새 서울인 한산주(漢山州, 서울)에 절을 세우고 인도 승려 열 사람을 두었으니 이것이 백제 불교의 비롯됨이다.

또 아신왕이 즉위한 대원 17년(392) 2월에 영을 내려 불법을 숭상하고 믿어서 복을 구하라고 했다. 마라난타는 번역해서 동학(童學, 그의 이적은 해동고승전에 자세히 나타나 있다)이라고 한다. 기려서 말한다.

하늘의 섭리는 옛날부터 잘 알 수 없는 것,
대체 잔재주로 부리기는 매우 어려우리.
어른들은 스스로 노래와 춤을 가지고,
옆의 사람 끌어당겨 눈으로 보게 하네.

아도기라(阿道基羅)(我道 또는 阿頭)

신라본기 제4권에 이렇게 말했다. 제19대 눌지왕 때 묵호자(墨胡子) 스님이 고구려에서 일선군(一善郡, 선산)에 오자 그 고을 사람 모례(毛禮, 혹은 모록(毛祿))가 집 안에 굴을 파서 방을 만들어 편안히 있게 했다. 이때 양 나라에서 사신을 통해 의복과 향[101]을 보내 왔는데 군신들은 그 향의 이름과 쓰는 방법을 알지 못했다. 이에 사람을 시켜 향을 가지고 두루 나라 안을 돌아다니면서 묻게 했다. 묵호자가 이를 보고 말했다. 이는 향이라는 것으로, 태우면 향기가 몹시 풍기는데,

100 해동고승전((海東高僧傳)에 14대라 함은 잘못이다.

101 고득상의 영사시(詠史詩)에는, 양(梁) 나라에서 사자인 중 원표(元表) 편에 명단과 불상을 보내온 것으로 본다.

이는 정성이 신성한 곳까지 이르기 때문입니다. 거룩함에 삼보(三寶, 법, 불, 승)보다 더한 것이 없습니다. 만일 향을 태우고 축원하면 반드시 영험이 있을 것입니다.[102] 이때 공주의 병이 깊어 묵호자를 불러 향을 피우고 축원하게 했더니 공주의 병이 나았다. 왕은 기뻐하여 예물을 넉넉히 주었는데 문득 그의 간 곳을 알 수가 없었다.

또 21대 비처왕(毗處王, 소지왕) 때에 이르러 아도(我道) 화상이 시자 세 사람을 데리고 역시 모례의 집에 왔는데 모습이 묵호자와 비슷했다. 그는 여기에서 몇 해를 살다가 아무 병도 없이 죽었고, 그 시자 세 사람은 머물러 살면서 경(經)과 율(律)을 강독하니 간혹 믿는 사람이 생겼다.[103]

아도본비(我道本碑)를 살펴보면 이러하다. 아도는 고구려 사람이다. 어머니는 고도녕(高道寧)이니, 정시 무렵(240-248)에 위(魏) 나라 사람 아굴마(我堀摩, 아(我)는 성)가 사신으로 고구려에 왔다가 고도녕과 만났다가 돌아갔다. 이로부터 태기가 있었다. 아도가 다섯 살이 되자 어머니는 그를 출가시켰다. 나이 16세에 위나라에 가서 아버지 굴마를 뵙고 현창(玄彰) 화상이 법문하는 자리에 나가서 불법을 배웠다. 19세가 되자 또 돌아와 어머니께 뵙자 어머니가 말했다. 고구려는 지금까지도 불법을 알지 못한다. 하지만 앞으로 3천여 달이 되면 계림(雞林, 신라)에서 성왕이 나서 불교를 크게 일으킬 것이다. 그 나라 도읍 안에 일곱 곳의 절터가 있으니, 하나는 금교 동쪽의 천경림(天鏡林)이요,[104] 둘은 삼천(三川)의 갈래(현 영흥사로, 흥륜사와 같은 해에 세워졌다)요, 셋은 용궁의 남쪽(현 황룡사다. 진흥왕 계유년에 공사가 시작되었다)이요, 넷은 용궁의 북쪽(현 분황사. 선덕왕 갑오년에 공사가 시작되었다)이요, 다섯은 사천(沙川)의 끝(현 영묘사. 선덕여왕 을미에 공사가 시작되었다)이요, 여섯은 신유림(神遊林, 현 천왕사. 문무왕 기묘년에 공사가 시작됐다)이요, 일곱은 서청전(婿請田, 현 담엄사), 이것은 모두 전불 때의 절터이니 불법이 앞으로 길이 전해질 곳이다. 너는 그곳으로 가서 불교를 전하면 응당 네가 이 땅의 불교 개척자가 될 것이다.

102 눌지왕은 진(晉), 송(宋) 때 사람이다. 그런데 양(梁)에서 사신을 보냈다고 한 것은 잘못된 듯하다.

103 주에 말하기를 본비(本碑)와 모든 전기와는 사실이 다르다고 했다. 또 고승전(高僧傳)에는 서천축(西天竺, 서인도) 사람이라고 했고, 혹은 오(吳) 나라에서 왔다고 했다.

104 현 흥륜사. 금교는 서천교로서 우리 속명에는 솔다리[松橋]이다. 절은 아도화상이 처음 그 터를 잡았는데 중간에 없어졌다가 법흥왕 14년(정미, 527)에 이르러 공사를 시작하며 을묘년에 크게 공사를 일으키고 진흥왕 때에 이루어졌다.

아도는 이 가르침을 듣고 계림으로 가서 서라벌 서쪽 마을에 살았다. 이 절이 곧 지금의 엄장사(嚴莊寺)이다. 때는 미추왕 즉위 2년(계미, 263)이었다. 그가 왕궁에 들어가 불법을 행하기를 청하니 당시 세상에서는 보지 못하던 것이어서 이를 꺼려 심지어는 죽이려는 이들이 있었다. 이에 속림(續林, 현 일선현) 모록의 집으로 달아나 숨었다.[105] 미추왕 3년(갑신, 264)에 성국공주가 병이 났다. 무당과 의원의 효험이 없으므로 특사를 내어 사방으로 의원을 구했다. 법사가 문득 대궐로 들어가 드디어 그 병을 고치니 왕은 크게 기뻐하여 그의 소원을 묻자 법사는 대답했다.

"빈도(貧道, 승려가 자신을 낮춰 부르는 말)에게는 아무 구하는 일이 없고, 다만 천경림에 절을 세워서 크게 불교를 일으켜서 나라의 복을 빌기를 바랄 뿐입니다."

왕은 이를 허락하여 공사를 하도록 명했다. 그 때의 풍속은 소박하고 검소하여 법사는 따로 지붕을 덮고 여기에 살면서 설법을 하니, 이때 혹 천화(天花) 곧 하늘의 꽃이 땅에 떨어지므로 그 절을 흥륜사라고 했다. 모록의 누이동생의 이름은 사씨(史氏)인데 법사에게 와서 중이 되어 역시 삼천기(三川岐) 갈림길에 절을 세우고 살았으니 절 이름을 영흥사(永興寺)라고 했다. 얼마 안 되어 미추왕이 세상을 떠나자 나라 사람들이 해치려 하므로 법사는 모록의 집으로 돌아가 스스로 무덤을 만들고 그 속에서 문을 닫고 숨어서 다시 나타나지 않았다. 이 때문에 불교도 또한 사라졌다.

23대 법흥왕이 소량 천감 13년(갑오, 514)에 보위에 올라 불교를 일으키니 미추왕 계미년(263)에서 252년이나 된다. 고도녕이 말한바, 3천여 달이 맞았다 할 것이다.

이렇게 보면, 본기(本紀)와 본비(本碑)의 두 가지 주장이 서로 어긋나서 같지 않음이 이와 같다. 나의 생각을 말하자면 이러하다. 양(梁)과 당(唐)의 두 승전과 삼국본사에는 모두 고구려와 백제 두 나라의 불교의 시작이 진(晉)나라 말년인 태원 무렵이라 했다. 순도와 아도 두 법사가 소수림왕 4년(갑술, 374)에 고구려에 온 것은 분명하여 이 전기는 옳다. 만일 비처왕 때에 처음 신라에 왔다면, 그것은 아도가 고구려에 100여 년이나 머물러 있다가 온 것이 되니 아무리 대성(大

---

105 모록의 록(祿)은 예(禮)와 글자 모양이 비슷한 데서 생긴 잘못이다. 고기(古記)에 보면, 법사가 처음 모록의 집에 오니 그 때 천지가 진동했다. 당시 사람들은 중이라는 명칭을 알지 못했기 때문에 그를 아두삼마(阿頭彡麽)라고 불렀다. 삼마는 우리말로 중이니 사미(沙彌)란 말과 같다.

聖, 부처님)의 행동이 보통 사람과 다르다고는 하지만 꼭 모두 다 그런 것은 아니다. 그리고 또 신라 불교의 비롯됨이 이처럼 늦지는 않았을 것이다. 또 만일 미추왕 때에 있었다고 하면, 이는 고구려에 온 왕 4년(갑술, 374)보다 백여 년이나 앞선다. 이때는 계림에 아직 문물이나 예의 교육이 있지 않았고, 나라 이름조차도 아직 정하지 않았을 때이니 어느 겨를에 아도가 와서 불법 믿기를 청했겠는가. 또 고구려에도 들르지 않고 건너뛰어 신라로 왔다는 말은 맞지 않는 말이다. 가령 잠시 일어났다가 없어졌다고 하더라도 어찌 그 중간에 아무런 소식도 없었으며, 향의 이름조차 알지 못했을까. 연대의 하나는 어찌 그리 뒤졌으며, 하나는 어찌 그리 앞섰단 말인가.

생각건대, 불교가 동방으로 점점 번지던 흐름은 마침내 고구려와 백제에서 시작하여 신라에서 그쳤을 것이다. 곧 눌지왕과 소수림왕의 시대가 서로 가까우니 아도가 고구려를 떠나 신라로 온 것은 마땅히 눌지왕 시대였을 것이다. 또 왕녀의 병을 고친 것도 모두 아도가 한 일이라고 전하니 이른바, 묵호(墨胡)란 것도 참 이름이 아니요, 그저 그를 가리켜 부른 말이다. 이것은 양 나라 사람이 달마(達磨)를 가리켜 벽안호라 하고,[106] 진 나라에서 중 도안(道安)을 조롱하여 칠도인(漆道人)이라고 한 것과 같다. 아도는 도인다운 행동으로 세상을 피하면서 자기 이름을 말하지 않은 때문이다. 대략 나라 사람들은 들은 바에 따라서 묵호니 아도니 하는 두 가지 이름으로 두 사람을 만들어서 전했을 것이다. 더구나 아도는 겉모습이 묵호와 같다고 하니 이 말로도 한 사람임을 알 수가 있다. 도녕(道寧)이 일곱 곳을 차례로 들어 말한 것은 바로 절을 처음 세운 선후를 가지고 예언한 것이다.

그러나 이 두 가지 전기는 전하는 것이 없기 때문에 지금 여기에서는 사천(沙川)의 끝을 다섯 번째로 실은 것이나. 또 3천여 달이란 것도 다 믿을 수는 없다. 대략 눌지왕 때부터 법흥왕 14년(정미, 527)년까지는 무려 백여 년이나 되니, 만일 천여 달이라면 거의 비슷하다. 성을 아(我)라 하고 외자 이름을 한 것은 거짓이 아닌가 의심스럽지만 확실하지는 않다.

또 원위(元魏)의 중 담시(曇始, 달리 혜시(惠始))의 전기를 살펴보면 이러하다.

---

106 **달마(達磨)** : 산스크리트어로는 보디다르마(बोधिधरम, bodhidharma), 중국어로는 보제달마(菩提達磨, pútídámó), 영어로는 다르마(dharma)라고 적는다. 불교 선종(禪宗)의 개창자를 달마라 한다. 한자로는 보리달마(菩提達磨)라 옮기는데, 보통 칭하는 달마는 그 줄임말이다. 본디 그 뜻은 법 혹은 진리를 말한다(삼국유사사전).

담시는 관중(關中, 장안) 사람이다. 출가한 뒤에 이상한 일이 많았다. 동진의 효무제 태원 9년(384) 말에 경과 율 수십 부를 가지고 요동으로 가서 불교를 전했다. 여기에서 삼승(三乘, 성문과 연각, 보살)을 가르쳐 즉시 불계로 귀의했으니 이것이 대개 고구려에서 불교가 들어온 시초였다. 의희 초년(405)에 담시는 다시 관중으로 돌아와 삼보에 불교를 전했다. 그는 발이 얼굴보다 희었고, 아무리 진흙물을 건너도 더러워지거나 젖는 일이 없었으므로 세상 사람들이 모두 그를 백족화상이라고 불렀다.

동진 말엽 북방의 흉노 혁련발발(赫連勃勃)이 관중을 쳐서 빼앗고 죽인 사람이 수없이 많았다. 이때 담시도 역시 해를 입었으나 칼로 그를 찌르지 못하자 발발은 후회하고, 중들을 널리 포용해서 풀어주고 한 사람도 죽이지 않았다. 이에 담시는 몰래 산골로 달아나 두타(頭陀, 수행자)의 행실을 닦았다. 탁발도(拓拔燾)가 다시 장안을 쳐서 이기고 그 위세를 관중과 낙양에까지 떨쳤다. 이때 단릉에 최호(崔皓)란 사람이 있어 좌도(左道, 사교)를 조금 익혀서 불교를 시기하고 미워했다. 지위가 위조(僞朝)의 재상에까지 올라서 탁발도의 신임을 받게 되자, 그는 천사 구겸지와 함께 탁발도를 달래어 불교는 아무런 이로움이 없고 백성들에게 해롭기만 하다며 이로써 불교를 금하도록 권했다고 한다.

태평(太平) 말엽 담시는 비로소 탁발도를 감화시킬 때가 왔다고 생각하고 이에 정월 초하룻날 문득 지팡이를 짚고 대궐 문에 이르자, 도는 이 말을 듣고 베어 죽이라고 명했다.

그러나 아무리 베어도 상하지 않으므로 도가 직접 베었지만 역시 상하지 않았다. 이에 북원(北園)에서 기르던 범에게 주었으나 범도 역시 감히 가까이 하지 못한다. 도는 부끄럽고 두려운 마음이 크게 나더니 드디어 전염병에 걸리자 최호와 구겸지 두 사람도 서로 잇달아 나쁜 병에 걸렸다. 도는 이 허물이 그들 때문에 생긴 것이라 해서, 이에 두 집 가족을 죽여 없애고 나라 안에 널리 알려 불교를 크게 퍼뜨리게 했다. 담시는 그 후 죽은 곳을 알 수가 없다.

논하여 말한다. 담시는 태원 말년에 해동에 왔다가 의희 초년에 관중으로 돌아갔다고 하니 여기에 10여 년 동안이나 머물러 있었는데 어찌 동국 역사에는 이런 기록이 없단 말인가. 담시는 실로 괴이하고 이상한 일이 많아 헤아릴 수가 없는 사람이며 아도, 묵호, 난타와 연대나 사적이 모두 같으니 틀림없이 이들 세 사람 중에 한 사람이 그의 이름을 고친 듯하다. 기려서 말한다.

금교(金橋)에 눈이 쌓여 얼고 풀리지 않으니,

계림의 봄빛 아직도 온전히 돌아오지 않았네.
곱구려. 봄의 신은 재능도 넉넉해서,
먼저 모랑의 집 매화나무에 꽃을 피웠네.

원종흥법(原宗興法) 염촉멸신(厭觸滅身)

눌지왕 때로부터 100여 년이 된다. 삼국사기 신라본기에 보면 법흥왕이 즉위한 14년(정미, 527)에 신하 이차돈(異次頓)이 불교를 전파하기 위해서 자기 목숨을 바치니 곧 소량 보통 8년(527)에 서천축의 달마대사가 금릉에 온 해다.[107] 같은 해 낭지법사(朗智法師)도 또한 영취산에 살면서 법석을 열었으니 불교가 일어나고 넘어지는 것도 반드시 원근에서 같은 시기에 서로 감응됨을 이 일로 미루어 알 수 있다.

원화 무렵에 남간사(南澗寺)의 중 일념(一念)이 촉향분예불결사문을 지었다. 이러한 사실이 자세히 실려 있으니 그 얼개는 이렇다. 예전에 법흥왕이 자극전에서 즉위하였을 적에 동쪽 지역을 살펴보면서 말했다. 예전에 한(漢) 나라 명제가 꿈을 통하여 불법이 동쪽으로 흘러들어왔다. 내가 보위에 오른 뒤로 백성들을 위해 복을 닦고 죄를 씻을 곳을 마련하려 한다. 이에 조정 대신들(향전에서는 공목과 알공 등)은 임금의 깊은 뜻을 살피지 못하고 오직 나라를 다스리는 대의명분만을 내세워 절을 세우겠다는 생각을 따르지 않자 대왕은 한탄했다.

"아아, 내가 덕이 없어서 왕통을 이어 받아 위로는 음양의 조화가 모자라고 아래로는 백성들의 즐겨하는 일이 없었다. 마침내 정사를 보는 여가에 불교에 마음을 두었으니 그 누기 나의 일을 힘께 의논할 것인가."

이때 궁에서 일하는 사인(舍人) 하나가 있었다. 성은 박(朴)이요, 자는 염촉(厭觸), 달리 이차(異次) 또는 이처(伊處)라고도 하였다. 방언의 소리가 다르기 때문

107 **이차돈**은 이두식 표기로 보아 염촉(厭觸)이 아니라 위촉(猬觸)이다. 어간 잋-의 표기로 볼 수 있다. 곧 출가하여 비구가 됨으로써 속세를 벗어나는 수도자를 말한다(강헌규, 삼국유사에 나타난 위촉(猬觸)의 표기에 대하여, 1988). 고슴도치 위(猬)를 쓴 것은 승려들의 머리가 마치 고슴도치처럼 보이기 때문이었을 것이다(문경현). 불교의 불살생의 교리를 따르자면 스스로가 자신의 목숨을 끊는다는 것은 말이 안 된다. 그러나 현실은 어떤가. 순교라기보다는 나라와 임금과 겨레가 앞서야 한다는 흐름이다. 그러니까 교리는 그 다음일 수밖에 없다고 본 것이다(이어령, 삼국유사 이야기 참조).(삼국유사사전)

이며, 중국말로 번역하여 염(厭)이라 한다. 촉(觸), 돈(頓), 도(道), 도(覩), 독(獨) 등은 모두 글을 쓰는 이의 생각에 따른 것으로, 곧 윗말의 소리를 나타내는 말 조각인 조사이다. 이제 위 글자는 번역하고 아래 글자는 번역하지 않았기 때문에 염촉이라 하고, 또는 염도(厭覩) 등으로 쓴 것이다. 그의 아버지는 자세히 알 수 없다. 할아버지는 아진종랑(阿珍宗郎)으로 습보 갈문왕의 아들이다.[108]

그는 대나무와 소나무와 같은 바탕에 거울과 같은 뜻을 품었으며 선행을 한 집안의 증손으로서 궁내의 조아(爪牙, 호위무사)가 되기를 바랐고, 조정의 충신으로서 남다른 충성을 할 것을 기대했다. 그 때 나이 22세로서 사인(舍人, 정6품)의 자리에 궁인으로 있었는데, 왕의 얼굴을 쳐다보고는 그 속내를 헤아리고 아뢰었다.

"신이 듣자오니 옛 사람은 낮고 천한 사람에게도 지혜를 물었다 하오니 신은 큰 죄를 무릅쓰고 말씀을 올립니다."

사인 이차돈은 말했다.

"나라를 위해 몸을 바치는 것은 신하로서의 큰 의리와 지조이고, 임금을 위해 목숨을 바치는 것은 백성의 올곧은 도리입니다. 거짓으로 말씀을 전했기 때문에 신의 목을 베시면 백성이 감히 왕의 말씀을 어기지 못할 것입니다."

왕이 말했다.

"살을 베어 저울로 달아서 장차 새 한 마리를 살리려 했고 피를 뿌려 목숨을 끊어서 일곱 마리 짐승을 스스로 불쌍히 여겼다. 나의 뜻은 사람을 이롭게 하는 것인데 어찌 죄도 없는 사람을 죽이겠느냐. 너는 비록 큰 뜻을 보이려 하지만, 그렇게 되면 죽음을 피할 수가 없을 것이다."

사인이 말한다.

"모든 것을 버리고 안 버림은 하늘에 달려 있으니, 소신이 저녁에 죽어서 불교가 아침에 받아들여진다면 불교의 시대는 다시 성하고 성상께서는 길이 평안하실 것

---

108 신라의 관직은 모두 17등급인데 그 넷째를 파진찬(波珍飡), 또는 아진찬(阿珍飡)이라고도 한다. 종(宗)은 그의 이름이며, 습보(習寶)도 역시 이름이다. 신라 사람은 죽은 뒤 존호를 추서한 왕을 모두 갈문왕(葛文王)이라고 했으니 그 까닭은 사관도 역시 자세히 모른다고 했다. 또 김용행(金用行)이 지은 아도비(阿道碑)를 살펴보면, 사인 이차돈은 그 때 나이 26세였고, 아버지는 길승(吉升), 할아버지는 공한(功漢), 증조는 걸해대왕(乞解大王)이라 했다(한국민족문화대백과사전 참조).

입니다."

왕은 말한다.

"난새와 봉황의 새끼는 어려도 하늘을 솟구칠 듯한 마음이 있고 홍곡(鴻鵠, 고니)의 새끼는 나면서부터 물결을 헤칠 기세를 품었다 하니 네가 그렇게 할 수 있다면 자못 부처의 행동이라 할 수 있겠다."

이에 대왕은 일부러 위의를 가지런히 하고 동서쪽에는 풍도(風刀, 시퍼런 칼)를, 남북 쪽에는 상장(霜仗, 형장)을 벌여 놓고 여러 신하를 불러 물었다.

"경(卿, 대신)들은 내가 절을 지으려 하는데 일부러 이를 뒤로 미루지 않았느냐."

향전에서는 염촉이 거짓 왕명으로 신하들에게 절을 세우라는 뜻을 전하니 여러 신하들이 왕에게 와서 잘못을 바로 고하자 왕은 이것을 염촉에게 책임을 물어 크게 화를 내고 왕명을 거짓으로 전했다 하여 목을 베라고 하였다. 이에 여러 신하들이 벌벌 떨고 두려워하여 얼떨떨하여 다짐하고 손으로 동쪽과 서쪽을 가리키니 왕은 사인을 불러 꾸짖었다. 사인은 얼굴빛이 변하여 아무런 대답도 하지 못했다. 대왕이 더욱 노하여 사인을 베어 죽이라고 명령을 내리니 담당관이 그를 묶어 관아로 데리고 갔다. 사인은 다짐을 했다. 형관이 그의 목을 베자, 흰 젖이 한 길이나 솟아올랐다.

"대왕께서 불교를 일으키려 하시므로 제가 목숨을 돌아보지 않고 세상을 버리니 하늘에서는 길한 징조를 내려 두루 사람들에게 보여 주십시오."

했다. 이에 그의 머리는 날아가 서리벌의 금강산 바루에 떨어졌다. 하늘은 사방이 어두워 저녁의 빛을 감추고 땅이 흔들리고 꽃비가 내렸다. 임금은 슬퍼하여 눈물이 곤룡포를 적셨다. 재상들은 근심하여 진땀이 관모에까지 흘렀다 감천(甘泉)이 문득 말라서 물고기와 자라가 다투어 올라 뛰고 곧은 나무가 저절로 부러져서 원숭이들이 떼를 지어 울었다.

춘궁(春宮, 세자의 동궁)에서 말고삐를 나란히 하고 놀던 동무들은 피눈물을 흘리면서 서로 돌아보고 동궁에서 소매를 마주하던 친구들은 애가 끊어지는 듯한 이별을 슬퍼하여 이차돈의 관을 쳐다보고 우는 소리는 마치 부모를 잃은 것과 같았다. 그들은 모두 말했다.

"개자추(介子推)가 다리의 살을 벤 일도 염촉의 절개에 비할 수 없으며, 홍연(弘演)이 배를 가른 일도 어찌 그의 의기에 비할 수 있으랴. 이것은 곧 대왕의 신앙심을 바탕으로 아도의 절절한 소원을 이룬 것이니 참으로 거룩한 성자로다."

드디어 북서쪽 고개에 장사지냈다.[109] 궁중 나인들은 이를 슬퍼하여 좋은 땅을 가려서 절을 세우고 그 이름을 자추사(刺楸寺)라 했다. 이로부터 집집마다 부처를 받들면 반드시 대대로 행복하게 되고, 사람마다 불도를 행하면 이내 보상을 얻게 된다고 했다.

진흥왕 5년(갑자, 544)에 대흥륜사를 세웠다.[110] 대청 초년(547)에 양(梁) 나라 사신 심호(沈湖)가 사리를 가져오고 천가 6년(565)에 진(陳) 나라 사신 유사(劉思)가 중 명관(明觀)과 함께 불경을 받들고 오니 절과 절이 별처럼 벌여 있고, 탑과 탑이 기러기처럼 줄을 지었다. 법당(法幢, 당간)을 세우고 범종도 달아 고승들은 천하의 복전이 되고, 대승, 소승의 불법은 도읍의 자비로운 구름이 되었다. 다른 지방의 보살이 세상에 나타나고[111] 서역의 이름난 중들이 이 땅에 오니 이 때문에 삼한이 합하여 한 나라가 되고 온 세상을 통틀어 한 집이 되었다. 때문에 대덕의 이름은 천구(天鉤, 큰 쇠)의 나무에 쓰고 신의 자취는 은하수의 물에 그림자를 비추니 어찌 세 성인의 위의를 갖춘 덕으로 이루어진 것이 아니랴(여기서 세 성인이란 아도, 법흥, 염촉을 말한 것). 그 뒤로 국통 혜륭과 법주 효원, 김상랑, 대통 녹풍, 대서성 진서, 파진찬 김의 등이 사인의 옛 무덤을 고치고 큰 비를 세웠다.

원화 12년(817) 8월 5일은 바로 제41대 헌덕왕 9년(정유, 817)이니, 흥륜사의 영수선사(永秀禪師, 유가에서 여러 중을 선사라 한다)는 이 무덤에 예불할 향도들을 모아 매월 5일에는 영혼의 절절한 소원을 위해서 단을 쌓고 법회를 열었다. 또한 향전(鄕傳, 경주의 전설)에는 이렇게 말했다.

---

109 곧 금강산(金剛山)이다. 전에는, 머리가 날아가서 떨어진 곳이기 때문에 그곳에 장사지냈다고 했다. 그러나 여기에는 그것을 말하지 않은 것은 무슨 까닭인가.

110 국사와 향전을 살펴보면, 실은 법흥왕 14년(정미, 527)에 처음으로 터를 닦고 왕 21년(을묘, 534)에 천경림의 나무를 많이 베어 비로소 역사를 시작했는데 기둥과 들보에 쓸 재목은 모두 이 숲에서 넉넉히 베어 썼으며, 주춧돌과 석굴도 모두 갖추었다. 진흥왕 5년(갑자, 544)에 이르러 절이 이루어졌기 때문에 갑자(甲子)라고 한 것이다. 승전에 7년이라고 한 것은 잘못이다.

111 이것은 분황사의 진나(陣那)와 부석사의 보개(寶蓋), 그리고 낙산사의 오대(五臺) 등을 말한다.

"시골 노인들이 매양 그의 제삿날을 당하면 흥륜사에 모임을 가졌다. 즉 이달 초닷새는 바로 사인이 목숨을 버리고 불법에 순교한 날이다. 아아, 이런 임금이 없었으면 이런 신하가 없었을 것이요, 이런 신하가 없었으면 이러한 공덕이 없었을 것이니, 마치 유비(劉備)란 물고기가 제갈량(諸葛亮)이란 물을 만난 것과 같으며, 구름과 용이 서로 감응해 모인 아름다운 일이라 하겠다."

법흥왕은 이미 사라진 불교를 일으켜 절을 세우고 절이 완공되자 면류관을 벗고 가사를 입었다. 궁중에 있던 친척들을 절의 일꾼으로 쓰게 하여 그 절의 주지가 되어 몸소 넓게 불법을 폈다.[112]

진흥왕은 그 아버지의 덕을 계승한 성군으로 임금의 자리를 이어받아 보위에 올라 위엄으로 백관을 다스리고, 왕명이 갖추어져서 이 절에 대왕흥륜사라는 이름을 내려 주었다. 앞선 왕인 법흥왕의 성은 김씨요, 출가한 뒤의 이름은 법운(法雲)이며 자는 법공(法空)이다. 승전과 여러 설에 보면 왕비도 출가하여 이름을 법운이라 했고, 진흥왕도 법운이라 했으며, 진흥왕비도 법운이라고 했다니 의심스럽고 뒤섞인 바가 많다.

책부원구(冊府元龜)를 따르면, 법흥왕의 성은 모(募), 이름은 진(秦)이라 했다. 처음 공사를 시작했던 을묘년에 왕비도 역시 영흥사(永興寺)를 세우고 모록의 누이동생인 사씨의 기품을 흠모해서 법흥왕과 함께 머리를 깎고 중이 되어 이름을 묘법(妙法)이라 했으며 역시 영흥사에 살다가 여러 해 뒤에 죽었다. 국사에는 건복 31년(갑술, 614)에 영흥사의 소상이 저절로 무너지더니 얼마 되지 않아 진흥왕의 왕비인 비구니가 죽었다고 했다. 살펴보건대, 진흥왕은 법흥왕의 조카요, 왕비 사도부인 박씨는 모량리 영실각간의 딸로서, 역시 출가하여 비구니가 되었으나 영흥사를 세운 주인은 아니다. 그러면 틀림없이 진(眞)을 마땅히 법(法)으로 고친다면 이것은 법흥왕의 왕비 파도부인이 비구니가 되었다가 죽은 것을 가리킨 것이니, 이는 그가 절을 이룩하고 불상을 세운 주인이기 때문이다.

법흥과 진흥 두 왕이 보위를 버리고 출가한 것을 사관이 쓰지 않은 것은, 나라를 경영하는 거울이 되지 못하기 때문이었다. 또 대통 원년(정미, 572)에는 양 나라의 무제를 위하여 웅천주(熊川州, 공주)에 절을 세우고 이름을 대통사(大通寺)[113]라고 했다. 기려서 말한다.

112 절의 종은 지금까지도 왕손이라고 한다. 그 뒤 무열왕 때에 재상 김양도가 불법을 믿어 화보(花寶)와 연보(蓮寶) 두 딸을 바쳐 이 절의 종으로 하였으며, 또 역신 모척(毛尺)의 가족을 데려다가 절의 노예로 삼았으니 이 두 가족의 후손은 지금까지도 끊어지지 않았다.

성인의 지혜는 흔히 먼 후세를 내다보나니,
이런저런 여론은 조금도 따질 것 없네.
법륜이 풀려 금륜을 좇아 구르니,
요순 세월 바야흐로 불교로 해서 이루어지네.

이것은 원종을 위한 것이다.

의리를 쫓아 목숨을 바치니 참으로 놀라운,
하늘 꽃, 흰 젖빛 놀라운 기적이 일어났어.
이윽고 날카로운 칼에 몸은 비록 죽었지만,
절마다 울리는 종소리는 도읍을 뒤흔드네.

이것은 이차돈을 위한 것이다.

법왕금살(法王禁殺)

백제 제29대 법왕의 이름은 선(宣)인데 효순(孝順)이라고도 한다. 개황 10년(기미, 599)에 보위에 올랐다. 이 해 겨울에 조서를 내려 짐승 사냥을 못하게 하고 민가에서 기르는 매나 새매 따위를 놓아주고 또 물고기 잡는 어구를 불살라서 일체 고기잡이를 못하게 하였다. 이듬 해 경신년(600)에 30명의 새로운 스님을 두고 당시 도읍인 사비성(泗沘城, 현 부여)에 왕흥사(王興寺)를 세우려고 겨우 터를 닦다가 죽었다. 무왕(武王)이 보위를 이어서 아버지가 닦은 터에 아들이 일으켜 수십 년을 지내서 마치니 그 절 이름도 역시 미륵사(彌勒寺)라 하였다. 산을 등지고 물에 가까이 했으며, 꽃나무가 아름다워 네 철의 아름다운 경치를 갖추었다. 왕은 끊임없이 배를 타고 강물을 따라 절에 들어가서 그 경치가 그윽하고 신성함이 있으며 아름다운 것을 구경했다.[114] 기려서 말한다.

짐승과 새, 그리고 물고기를 놓아주어라.
임금의 명의 그 은혜가 일천 고을에 널리 퍼졌네.

---

113 웅천은 곧 공주이니, 그 때는 신라에 소속되었기 때문이다. 그러나 정미의 일은 아닐 것으로, 중대통 원년 기유(기유, 529)에 세운 것이다. 흥륜사를 처음 세우던 정미(丁未)에는 다른 군에 절을 세울 겨를이 없었을 것이다.

114 고기에 실려 있는 것과는 조금 다르다. 무왕은 바로 가난한 어머니가 못 속의 용과 관계하여 낳은 이로, 어릴 때 이름은 서동으로서, 즉위한 뒤에 시호를 무왕이라 했다. 이 절은 처음 왕비와 함께 이룩한 것이다.

그 베풂이 돼지와 물고기에게까지 두루 퍼져
온 세상에 넘쳐났네.
성군(聖君, 법왕)이 문득 돌아갔다고 슬퍼하지 말라.
하늘 위 도솔천에 올라가서 태어나
지금 바로 향기로운 봄을 만끽하시리.

보장봉로(寶藏奉老) 보덕이암(普德移庵)

삼국사기 고구려본기에 이렇게 말했다. 고구려 말년인 무덕 정관 무렵에 나라 사람들이 다투어 오두미교(五斗米敎, 도교)를 받들어 믿었다. 당 나라 고조는 이 소식을 듣고 도사를 시켜 천존상(天尊像, 신선상)을 보내고, 또 도덕경을 강론케 하여 왕이 백성들과 함께 들으니 곧 제27대 영류왕 즉위 7년(갑신, 624)이었다. 이듬해 고구려에서는 당 나라에 사신을 보내서 불교와 도교를 배울 것을 청하자 당 나라 고조는 이를 허락했다.

그 뒤에 보장왕이 즉위하자(정관 16년(임인, 642)) 또한 유(儒), 불(佛), 도(道)의 세 종교를 모두 일으키려 했다. 이때 왕의 신임을 받던 재상 연개소문이 왕에게 아뢰었다.

"지금 유교와 불교는 나란히 왕성하게 일어나지만 도교는 그렇지 못하오니 특별히 당 나라에 사신을 보내서 도교를 구하도록 하십시오."

이때 보덕화상(普德和尙)이 반룡사에 있었는데 도교가 불교와 맞서서 나라의 운명이 위태로워질 것을 염려해 여러 번 바로 말했지만 왕은 듣지 않으므로 이에 신통력으로 지팡이를 날려 남쪽에 있는 완산주(完山州, 현 전주) 고대산(孤大山)으로 옮겨 가서 살았으니 곧 영휘 원년(경술, 650) 6월이었다. 또 본전에는, 건봉 2년(정묘, 667) 3월 3일의 일이라 했다. 그런 지 얼마 안 되어 나라가 망했다.[115] 지금의 경복사에 날아온 지팡이가 바로 이것이라 한다. 진락공은 그를 위해 시를 지어 당(唐)에 남겨 두었고, 문열공은 그의 전기를 지어서 세상에 전해 주었다.

또 당서(唐書)를 살펴보면, 이보다 앞서 수(隋) 나라 양제가 요동을 정벌할 때 장군 양명(羊皿)이란 자가 있어서 전세가 불리하여 장차 죽게 되었을 때 다짐했다.

115 총장 원년(戊辰, 668)에 나라가 망했으니 그 사이를 따지면 경술년(庚戌年)의 19년 후가 된다.

"내 반드시 고구려의 재상이 되어 그 나라를 멸망시킬 것이다."

연개소문이 정권을 마음대로 하게 되자 개(蓋≒羊皿)로 성씨를 삼았으니 곧 양명의 되살아남이 있었다.

또 고구려고기에 이렇게 말한다. 수나라 양제가 대업 8년(임신, 612)에 30만 명의 군사를 거느리고 바다를 건너 쳐들어왔으며, 10년(갑술, 614) 10월에 고구려왕(제26대 영양왕이 즉위한 25년)이 표문(表文, 임금에게 올리는 글)을 올려 귀순을 청할 때 한 사람이 몰래 소노(小弩, 작은 활)를 품속에 감추고, 표문을 가진 사신을 따라 양제가 탄 배 안에 들어갔다. 양제가 표문을 들고 읽는데 소노를 쏘아 양제의 가슴을 맞혔다. 양제가 즉시 군사를 돌리려 하여 좌우 사람들에게 말했다.

"내가 천하의 군주가 되어 작은 나라를 몸소 평정하지 못했으니 만대의 웃음거리가 되었다."

이때 우의정 양명이 아뢴다.

"신이 죽으면 고구려의 대신이 되어 반드시 그 나라를 없애서 제왕의 원수를 갚겠습니다."

양제가 죽은 뒤 그는 다시 고구려에 태어났다. 나이 15세에 슬기롭고 특이한 무술이 있었다. 그 때 무양왕(武陽王)이 그의 어질다는 말을 듣고 불러들여 신하로 삼았다.[116] 그는 스스로 성을 개(蓋)라 하고 이름을 금(金)이라 했으며 지위가 소문(蘇文)에까지 이르니 바로 시중의 벼슬이다(당서에는 개소문(蓋蘇文)이 자칭 막리지라고 했으니 당 나라의 중서령과 같다. 또 신지비사(神誌秘詞)의 서문을 보면, 소문 대영홍(大英弘)이 서문을 쓰고 또 주를 달았다고 했다. 그렇다면 소문은 곧 벼슬 이름으로서 물적 증거가 있다. 전에는, 문인 소영홍이 서문을 썼다고 했다. 어느 것이 옳은지 자세하지 못하다). 개금(盖金)이 아뢰었다.

"솥에는 세 발이 있고, 나라에는 세 가지 종교가 있는 법입니다. 소신이 보기에 이 나라 안에는 오직 유교와 불교만 있고 도교가 없으므로 나라가 위태롭습니다."

왕은 이를 옳게 여겨 당 나라에 아뢰어 도교를 청하니 이에 태종이 서달 등 도

116 국사에 영류왕(榮留王)의 이름은 건무(建武), 혹은 건성(建成)이라고 했다. 여기서 무양왕(武陽王)이라 했으니 확인이 어렵다.

사 8명을 보내주었다.[117] 국사에는 무덕 8년(을유, 625)에 사신을 당 나라에 보내서 불교와 도교를 청했더니 당 나라 황제가 이를 허락했다고 했다. 이 기록으로 보면, 양명이 갑술년(614)에 죽어서 고구려에 태어났다면 나이 겨우 10여 세에 총리가 되고 왕을 달래어 사신을 당 나라에 보내어 도교를 청했다 하니 그 연월일에 틀림없이 뭔가 잘못된 곳이 있다. 마침내 여기에는 두 가지를 모두 기록한다.

왕이 기뻐하여 절간을 도교의 교당으로 만들고 도사를 존경하여 유교 선비의 위에 앉게 했다. 도사들은 국내의 이름난 산천을 돌아다니며 그 기세를 가라앉혔다. 옛 평양성의 지형이 신월성(新月城)이라 하여 도사들이 주문을 읽어 남하(南河)의 용에게 명해서 만월성을 더 쌓아서 용언성이라 했으며, 참기를 지어 용언도, 또는 천년보장도라고 했다. 여기에 혹 신령한 돌을 파서 깨뜨리기도 했다.[118]

개금은 또 왕에게 아뢰어 동북과 서남쪽에 긴 성을 쌓게 했다. 이때 남자들은 의무적으로 부역에 나가고 여자들이 농사를 지었다. 그 역사는 16년 만에 끝이 났다. 보장왕 때에 이르러 당 나라 태종이 몸소 6군을 거느리고 쳐들어왔으나 또 이기지 못하고 돌아갔다. 당 나라 고종 총장 원년(무진, 668)에 우의정 유인궤, 대장군 이적과 신라 김인문 등이 고구려를 쳐서 나라를 멸망시켜 왕을 사로잡아 당 나라로 돌아가니 보장왕의 서자가 4천여 가구를 거느리고 신라에 귀순했다.[119] 대안 8년(신미, 1092)에 고려의 우세 승통이 고대산 경복사의 비래방장(飛來方丈, 작은 암자)에 가서 보덕성사의 영정에 예를 갖추고 시를 지었다.

열반의 차등 없는 가르침은,
우리 스승으로부터 전해졌다고 하네.
안타깝게도 지팡이가 날아온 뒤에,
동명왕의 옛 나라가 위태로웠네.

---

117 **도교(道教)**는 기원전 3세기 무렵 중국에서는 신선설로부터 비롯한다. 이 신선설은 중국 고대에 있었던 산악신앙과 깊은 관련이 있다. 말하자면 화랑도, 풍류도 혹은 국선도라 하여 명산대찰을 찾아다니면서 심신수련을 하고 무술을 익혔던 애국 청년의 수양단체가 있음도 도교적인 성격을 띤다. 여기에 중국의 원초적 종교라 할 무술(巫術)과 자연숭배 등이 융합되어, 사람의 힘이 미치지 못하는 어려운 문제를 해결한다는 방술(方術)이 생겨났다. 이 방술은 전국시대에 이미 성립되어 민간에도 널리 알려져 있었다. 방술을 하는 사람을 방사(方士)라고 한다(삼국유사사전).

118 속언에는 도제암이라 하고, 또 조천석(朝天石)이라고 하니 대개 옛날에 성상이 이 돌을 타고 하늘의 상제에게 올라가 뵈었기 때문에 이렇게 불렀다.

119 국사와 조금 다르기에 여기에 모두 싣는다.

그 발문(跋文, 책 뒤의 글)에는 이렇게 썼다. 고구려 보장왕이 도교에 빠져서 불교를 믿지 않기 때문에 보덕법사는 이에 방장을 날려서 남쪽 이 산으로 옮겨 놓았다. 그 뒤에 신인이 고구려 마령(馬嶺, 안동)에 나타나서 사람들에게 말하기를,

"너의 나라가 망할 날이 얼마 남지 않았다고 했다."

이런 것은 모두 국사와 같고, 그 나머지는 본전과 승전에 모두 기록되어 있다. 보덕법사에게는 11명의 높은 제자가 있었다. 그 중에 무상화상은 제자 김취 등과 함께 금동사(金洞寺, 진안)를 세웠고, 적멸, 의융 두 법사는 진구사(珍丘寺, 임실)를 세웠다. 지수는 대승사(大乘寺, 문경)를 세웠고, 일승(一乘)은 심정, 대원 등과 함께 대원사(大院寺, 전주)를 세웠다. 수정(水淨)은 유마사(維摩寺, 정읍)를 세웠고, 4대는 설육(契育) 등과 함께 중대사(中臺寺, 진안)를 세웠고, 개원화상은 개원사(開原寺, 단양)를 세웠고, 명덕은 연구사(燕口寺, 안동)를 세웠다. 개심과 보명도 역시 전기가 있는데 모두 본전과 같다. 기려서 말한다.

불교는 넓어서 바다와 같이 끝이 없다네.
뭇 시내 물 같은 유교와 도교를 모두 받아들이네.
가소롭다. 저 고구려는 웅덩이를 막고,
누운 용이 바다로 옮겨가는 것도 알지 못하네.

깁더 삼국유사

권제3 탑상(塔像) 제4

동경흥륜사(東京興輪寺) 금당십성(金堂十聖)

동쪽 벽에 앉아서 서쪽으로 향한 흙으로 빚은 앉힌 소상은 아도(我道), 염촉(厭髑), 혜숙(惠宿), 안함(安含), 의상(義湘)이다. 서쪽 벽에 앉아서 동쪽을 향하여 앉힌 소상은 표훈(表訓), 사파(蛇巴), 원효(元曉), 혜공(惠空), 자장(慈藏)이다.

가섭불연좌석(迦葉佛宴坐石)

옥룡집(玉龍集)[120]과 자장전(慈藏傳), 그리고 여러 사람의 전기에는 모두 이렇게 말했다.

"신라 월성 동쪽, 용궁 남쪽에 가섭불이 좌선할 때 앉았던 연좌석이 있다. 이는 곧 전불(前佛) 때의 절터이며, 지금 황룡사 터는 곧 일곱 절의 하나이다."

---

120 옥룡(玉龍)이란 글자 그대로 풀면 옥으로 만든 용을 말한다. 옥(玉)은 자원으로 볼 때, 갑골문에서는 구슬 세 개를 나란히 엮어놓은 형상이다. 그 소리는 어욕절(魚欲切)로 발음은 유(yu)가 된다. 허신의 설문해자(說文解字)에서는 옥이 인의지용혈(仁義智勇絜)의 오덕을 갖추었다고 하였다. 옥으로 대표되는 곧 홍산문화(紅山文化)의 유물 가운데 가장 두드러진 것이 씨(C)자 형의 옥룡(玉龍)이다. 옥이란 임금이 하늘의 신과 소통하는 매개물이다. 옥새(玉璽)가 옥기문화의 상징적인 얼굴이다. 황하문명으로부터 발달한 문명이 중화문명으로 기술되던 시점에서 다시 요하(遼河) 문명으로 재구조화되는 추세다. 그렇게 함으로써 중국 역사의 기원이 천 년 정도 거슬러 기술되는 결과를 가져 온다. 요하문명의 공간을 고조선의 강역으로 상정한다. 중국 요녕성의 조양시 우하량과 내몽고자치구의 적봉시 하가점, 그리고 오한기가 그 중심에 자리한다. 옥으로 빚은 용인데 돼지 같은 형상으로, 혹은 곰 같은 형상으로, 혹은 새 같은 형상으로 풀이되기도 한다. 여기서 빼놓을 수 없는 유물이 여신상이다. 여신상의 발 모양이 곰의 발바닥과 비슷하여 웅녀(熊女)로 추정하기도 한다. 신석기 시대와 청동기 시대의 어름에 옥기 시대를 설정할 지경에 이르렀다. 갑골문자로 보아 예(禮)란 글자는, 제기(豆) 위에 두 개의 옥(玉)을 올려놓은 형상(曲)이다. 그러니까 옥을 신에게 예물로 드린 것이다. 실제로 유물 가운데 옥 거북이, 옥 베개, 옥패(玉牌)가 출토되었다. 이외 함께 요녕성 조양시 우하량(牛河梁)의 무덤 양식도 고구려와 같은 돌을 쌓아 만든 적석총(積石塚)이다. 큰 것은 한 변이 60미터가 넘는 큰 피라미드형으로 원시 국가의 존재를 가늠하게 해준다. 석곽 안의 석관에서 씨자(C)형 옥룡(玉龍)이 출토되고 적석총의 돌 사이에서 청동기를 만들던 도구가 나온 것이다. 제철 이후에 남아 버린 찌꺼기(殘滓, sludge)가 나왔다. 특히 옥기문화의 후속 문화로서 청동기 문화가 이어진다. 적석총의 분포는 요동반도-한반도-일본에서 확인되었다. 중원에서는 찾기 어렵다. 더불어 고인돌(支石, dolmen)의 분포와 맞먹는다. 이는 단군조선의 비파형 동검으로 대표되는 것이며 옥기문화와 비파형 동검의 청동기 문화 유적지가 상당 부분 겹쳐진다는 점을 주목할 필요가 있다. 옥기 문화는 동이족의 문화일 가능성이 높다고 볼 수 있다. 이러한 옥기문화는 압록강 주변과 강원도 고성에도 확인되는 바, 이는 동이족의 민족 이동에 따른 결과로 보인다(정호완).

국사를 살펴보면, 진흥왕 즉위 14년 개국 3년(계유, 553) 2월 동쪽에 새로 신궁을 세웠다. 여기에서 황룡이 나타났으므로 왕은 이것이 의심스러워 고쳐서 황룡사(皇龍寺)라 했다. 좌선하던 연좌석은 불전 뒷면에 있었다. 일찍이 한 번 본 일이 있는데 돌의 높이는 5, 6자나 되었지만, 그 둘레는 겨우 서 발밖에 되지 않았으며 우뚝하게 서 있고 그 위는 편편했다. 진흥왕이 절을 세운 이후로 두 번이나 화재를 겪었으므로 돌이 갈라진 곳이 있다. 마침내 절의 중이 여기에 쇠를 붙여서 보호하게 했다. 기려서 말한다.

불교가 약화됨이 얼마인지 알 수 없는데,
오직 연좌석만이 본디 모습대로 남아 있네.
뽕밭이 변해 몇 번이나 바다가 되었던가.
아깝도다. 우뚝한 채 그 어디로도 움직이지 않았네.

이윽고 몽고의 침략 이후에 불당과 탑은 모두 불타 버렸다. 마침내 이 돌도 역시 흙에 파묻혀서 겨우 지표면과 같이 편편해진 것이다.

아함경(阿含經)을 살펴서 보면 이러하다. 가섭불은 바로 현겁(賢劫)의 세 번째 부처다. 그는 사람의 나이로 쳐서 2만 세 때에 세상에 태어났다고 한다. 여기에 따라서 증감법으로 셈한다면 언제나 성겁(成劫, 세상이 생성되는 기간)의 시초에는 모두 무량세를 누렸다. 이것이 점점 줄어들어서 8만 세에 이르면 그 때가 바로 이미 이루어져 지속되는 주겁(住劫)의 시초가 된다. 이때부터 또 백 년마다 1세씩 감하여 10세가 되면 일감이 되고 또 늘어나서 사람의 나이 8만세가 되면 일증이 된다. 이렇게 해서 20번 감하고 20번 더하면 한 주겁이 된다. 이 한 주겁 사이에 일천 명의 부처가 세상에 나타난다. 지금 가장 큰 스승인 석가불은 네 번째의 부처이다. 이 네 번째의 부처는 모두 제9감 중에 나타난다. 석가세존이 100세 때부터 가섭불의 2만세까지는 이미 200만여 세나 된다. 만일 현겁 시초의 첫째 부처였던 구류손불(拘留孫佛) 때에 이르면 또 몇 만 세가 된다. 구류손불 때로부터 위로 올라가 겁초(劫初)의 무량세를 누리던 때까지는 또 얼마나 될 것인가. 석가세존으로부터 아래로 지금의 지원 18년(신사, 1281)까지는 이미 2,230년이고 보면 구류손불로부터 가섭불 때를 지나서 지금에 이르기까지는 또 몇 만세나 되겠는가.

고려의 저명한 선비인 오세문(吳世文)이 역대가(歷代歌)를 지었다. 이에 따르면, 대금(大金)의 정우 7년(기묘, 1219)에서 거슬러 따져서 4만 9,600여 세에 이르면 바로 반고씨(盤古氏)가 천지를 연 무인년이 된다고 했다. 또 연희궁 녹사 김

희령(金希寧)이 지은 대일역법에 따르면, 천지가 열린 상원 갑자로부터 원풍 갑자년(1084)에 이르기까지 193만 7,641세라고 했다. 또 찬고도(纂古圖)에서는, 천지가 개벽한 때로부터 공자가 붓을 놓은 춘추시대인 획린(獲麟, 전477)에 이르기까지가 276만세라고 했다. 여러 경문을 살펴서 보면, 또 가섭불 때부터 지금까지가 바로 이 연좌석의 나이가 된다고 하였으니, 오히려 겁초의 천지가 개벽한 때에 비하면 어린애 나이가 될 정도다. 이들 세 분의 말들이 오히려 이 어린 돌의 나이에도 미치지 못하니 그들은 천지개벽의 설에 있어서는 몹시 어두웠다.

요동성(遼東城) 육왕탑(育王塔)

삼보감통록(三寶感通錄)에 이렇게 적었다. 고구려 요동성 곁에 있는 탑은 경험과 생각이 깊은 노인들의 전하는 말에 따르면 이러하다. 옛날 고구려 동명왕이 국경 지방을 돌아보던 길에 이 성에 이르렀다. 여기에서 오색구름이 땅을 덮는 것을 보고는 그 구름 속을 찾아가 보았다. 거기엔 중 한 사람이 지팡이를 짚고 서 있다. 그 곁에는 세 겹으로 만든 흙탑이 있었다. 위는 솥을 덮은 것 같으나 그것이 무엇인지 알 수가 없다. 다시 가서 중을 찾아보았으나, 다만 거친 풀이 있을 뿐이다. 거기를 한 길 깊이로 파보았다. 지팡이와 신이 나오고 더 파 보았더니 새김글〔銘〕이 나왔는데 그 글에 범어가 적혀 있었다. 모시고 가던 신하가 이 글을 알아보고 불탑이라고 말하였다. 왕이 자세한 것을 묻자 따라가던 신하는 대답한다.

"이것은 한 나라 때 있었던 것으로, 그 이름을 포도왕(蒲圖王, 본디는 휴도왕(休屠王), 하늘에 제를 올리는 부처)이라 합니다."

동명왕은 이로부터 불교를 믿을 마음이 생겨서 이내 일곱 겹의 나무 탑을 세웠고, 뒤에 불법이 비로소 전해 오자 그 처음과 끝을 자세히 알게 되었다. 지금 다시 그 탑의 높이를 줄이다가 본탑이 썩어서 무너졌다. 아육왕(阿育王, 아소카 왕)이 통일했다는 염부제주(閻浮提州, 수미산 중심의 세상)에는 곳곳에 탑을 세웠으니 이는 이상할 것이 없다.

또한 당 나라 용삭 무렵(661-662) 요동 전쟁이 일어나서 장군 설인귀는 수양제가 토벌한 요동의 옛 땅에 이르렀다가 여기에서 산에 있는 불상을 보았다. 모두가 텅 비어 있고 몹시 쓸쓸하여 사람의 오고감이 없었다. 경험이 많은 노인에게 물었더니, 이 불상은 선대에 나타난 것이라고 하였다. 이에 이 불상을 그대로 그려 가지고 도읍으로 왔다(이 사실은 모두 약자 함(若字函)에 들어 있다.).

서한(西漢)과 삼국의 지리지를 살펴보면, 요동성은 압록강 밖에 있으며 한 나라 유주(幽州)에 달려 있다고 했다. 그러나 그 때의 고구려 성왕이란 어느 임금인지 알 수가 없다. 혹 동명제라고 하나 그렇지 않은 것 같다. 동명제는 전한의 원제 건소 2년(전37)에 즉위해서 성제 홍가(임인, 전19)에 돌아갔으니, 그 때라면 한 나라에서도 역시 경을 적은 패엽(貝葉, 경문)을 보지 못했는데 어떻게 해외의 신하로서 범어를 알아본단 말인가. 그러나 부처를 포도왕이라고 했으니 서한 때에도 필시 서역문자를 아는 자가 있었기 때문에 범서라고 했을 것이다.

고전(古傳)을 살펴서 보건대, 아육왕이 왕명으로 귀신의 무리로 하여금 인구 9억 명이 사는 곳마다 탑 하나씩을 세우게 했다고 한다. 이렇게 해서 염부계 안에 8만 4천개를 세워서 큰 돌 속에 감추어 두었다고 한다. 지금 여러 곳에서 그 상서로운 징조가 한두 번 나타난 것이 아니니 대개 진신사리(眞身舍利, 부처의 몸에서 나온 사리)로써 그 감응됨을 헤아리기가 어려운 것이다. 기려서 말한다.

아육왕의 보탑을 세상 곳곳에 세워,
비에 젖고 구름에 묻히고 이끼에 얼룩졌네.
생각하매 그 때 길손들의 보는 눈은,
몇 사람이나 파묻힌 탑을 손가락으로 가리켰을까.

금관성(金官城) 파사석탑(婆裟石塔)[121]

금관(金官, 김해)에 있는 호계사(虎溪寺)의 파사석탑은, 옛날 이 고을이 금관국으로 있을 때 세조 수로왕의 왕비인 허황후(許皇后) 황옥(黃玉)이 동한 건무 24년(갑신, 48)에 인도인 서역 아유타국에서 배에 싣고 온 것이다.

처음에 공주가 어버이의 명을 받들어 바다를 건너 동쪽으로 향하려 하는데, 해신의 노여움을 사서 가지 못하고 돌아가 부왕께 아뢰었다. 부왕은 파사석탑을 배에 싣고 가라고 했다. 그리하여 무사히 바다를 건너 남쪽 언덕에 도착하여 배를

121 파사석탑(婆裟石塔) : 산스크리트어(梵語)로는 바사석탑이라고 한다. 파(婆)는 산스크리트어로 바(भा,bha)이며 그 뜻은 유(有)이고, 사(裟)는 발음이 사(sa)로서 그 의미는 체(諦, 진리)이다. 김수로왕의 황후인 허황옥이 불교의 진리를 상징하는 탑을 갖고 가락국으로 들어온 것이다. 혹은 파사석탑을 산스크리트어로 딘두카(鎭風塔, थनदउाक, tinduka)란 말이니 바다를 진정시키는 힘이 있는 탑이란 말도 된다. 불력에 의하여 어려운 시련이라도 겪어낼 수 있음을 실증적으로 보여준 본보기라고 하겠다. 전체적으로 마모가 심하여 형태가 특이하고 연화문의 기법을 보아 고려 시기의 것으로 보인다(정영호, 1991).

대었다. 이때 그 배에는 붉은 돛과 붉은 깃발을 달았고 아름다운 구슬을 실었기 때문에 지금 그곳을 주포(主浦)라고 한다. 그리고 맨 처음에 공주가 비단 바지를 벗던 바위를 능현(綾峴)이라 하고, 붉은 기가 처음으로 해안에 들어가던 곳을 기출변(旗出邊)이라 한다.

수로왕이 황후를 맞아서 더불어 150여 년 동안 나라를 다스렸다. 하지만 그 때까지도 가야에는 아직 절을 세우고 불법을 믿는 일이 없었다. 대개 불상과 교법이 전해 오지 않아서 이 지방 사람들은 이를 믿지 않았기 때문에 본기에는 절을 세웠다는 글이 실려 있지 않다. 그러던 것이 제8대 질지왕 2년(임진, 452)에 이르러 그곳에 절을 세우고 왕후사를 세워 지금에 이르기까지 복을 빌고 있다.[122] 또 겸해서 남쪽의 왜국을 진압시켰으니, 가락국기에 자세히 실려 있다.

탑은 모가 난 4면에 5층으로 되었고, 그 조각은 매우 기묘하다. 돌에는 희미하고 붉은 무늬가 있고 품질이 매우 좋았다. 우리나라에서 나는 돌이 아니다. 본초강목에 말한바, 닭 벼슬의 피를 찍어서 시험했다는 것이 바로 이것이다. 금관국을 또한 가락국이라고 하니, 가락국기에 상세히 실려 있다. 기려서 말한다.

돌탑을 실은 붉은 돛대 깃발도 가볍게 휘날리며,
신령께 빌어서 험한 물결 헤치고 왔네.
어찌 허황옥만 도와서 바닷가에 닿았으랴.
즈믄 해를, 왜구를 성난 고래가 막아주었으리니.

고려 영탑사(靈塔寺)

해동고승전에 말하기를, 보덕(普德) 스님의 자는 지법(智法)이니, 전 고구려 용강현 사람이라고 했다. 이것은 아래에 있는 본전(本傳)에 자세히 나타나 있다. 보덕은 끊임없이 평양성에 머물고 있었다. 산사의 늙은 스님이 와서 불경을 설법해 주기를 청하므로 굳이 사양하다가, 마지못해 가서 열반경 40여 권을 강론하였다. 강론을 마치고 성 서쪽 대보산 바위굴 밑에 이르러서 참선을 했다. 이때 신령한 도인이 와서 청하기를, 이곳에 사는 것이 좋겠다며 지팡이를 그의 앞에 놓고 땅을 가리키면서 말하기를 이 속에 8면으로 된 7층의 석탑이 있을 것이다. 마침내 땅을 파니 과연 그러했다. 이에 절을 세우고 이름을 영탑사라 하고 그곳에서 머물렀다.

122 이것은 아도와 눌지왕의 시대에 해당된다. 법흥왕 이전의 일이다.

황룡사 장륙(丈六)

신라 제24대 진흥왕이 즉위한 14년(계유, 553) 2월 바야흐로 용궁 남쪽에 대궐을 지으려 하였다. 황룡이 그곳에 나타났으므로 이것을 고쳐서 절을 삼고 이름을 황룡사라 하였고, 기축년(569)에 이르러 담을 쌓아 17년 만에 마감했다. 그 뒤 얼마 안 되어 바다 남쪽에 큰 배 한 척이 나타나서 하곡현사포(河曲縣絲浦, 울주 곡포)에 닿았다. 이 배를 검사해 보니 문서가 있는데 쓰기를, 서축(西竺, 서인도) 아육왕이 누른 쇠 5만 7천근과 황금 3만 푼을 모아 장차 석가의 존귀한 불상 셋을 부어 만들려고 하다가 이루지 못해서 배에 실어 바다에 띄우면서 빌었다.[123] 부디 인연 있는 나라로 가서 장륙존상(丈六尊像, 16자의 불상)을 이루어 주기 바란다. 불상 하나와 보살상 둘의 모형도 함께 실려 있었다. 현(縣)의 관리가 문서를 갖추어서 보고하자 왕은 사자를 시켜 그 고을 성 동쪽의 높고 깨끗한 땅을 골라서 동축사(東竺寺)를 세우고 세 불상을 편안히 모시게 했다. 그리고 그 금과 쇠는 도읍으로 보내서 태건 6년(갑오, 574) 3월(사중기(寺中記)엔 계미년 10월 17일)에 장륙존상을 만들었는데 공사는 한꺼번에 이루어졌다. 그 무게는 3만 5천 7근으로 황금 198푼이 들었고 두 보살상은 쇠 만2천근과 황금 만136푼이 들었다. 이 장륙존상을 황룡사에 모셨더니 그 이듬해 불상에서 눈물이 발꿈치까지 흘러내려 땅이 한 자나 젖었으니, 이것은 대왕이 돌아갈 조짐이었다. 혹은 불상이 진평왕 때에 이루어졌다고 하나 이는 잘못이다.

별본(別本)에는 이렇게 말했다. 아육왕은 서축 대향화국(大香華國, 서인도)에서 부처님이 세상을 떠난 후 100년 만에 태어났다. 그는 부처님께 공양하지 못한 것을 한스럽게 여겨 금과 쇠 몇 근씩을 모아서 세 번이나 불상을 부어 만들었지만 성공하지 못했다. 이때 왕의 태자가 아뢰기를,

"그 일은 혼자의 힘으로 성공하지 못할 것을 저는 벌써부터 알고 있었습니다."

왕은 그 말을 옳게 여겨 그것을 배에 실어 바다에 띄웠더니, 그 배는 남염부제(南閻浮提, 수미산의 세계)의 16개 큰 나라와 5백 가운데 나라, 10천의 작은 나라, 8만의 마을을 두루 돌아다니지 않은 곳이 없었으나 모두 불상을 부어 만드는 일에 성공하지 못했다. 마지막으로 신라에 이르러 진흥왕이 문잉림(文仍林)에서

123 별전에는 쇠가 40만 7천근, 금이 천 냥이라고 했으나 잘못인 듯싶다. 혹은 3만 7천근이라고 도 한다.

이것을 부어 만들어 불상을 이루니 좋은 모양이 다 이루어졌다. 아육왕은 이제 근심이 없게 되었다.

뒤에 자장 법사가 중국으로 유학하여 오대산에 이르렀더니 문수보살이 나타나서 감응하여 비결을 주면서 그에게 부탁한다. 그대 나라의 황룡사는 바로 석가와 가섭불이 말씀하시던 곳으로 연좌석이 아직도 있다. 그렇기 때문에 인도의 무우왕(無憂王)이 황철 몇 근을 모아서 바다에 띄웠던 것이다. 1,300여 년이 지난 뒤에야 그대 나라에 이르러서 불상이 이루어지고 그 절에 모셔졌으니, 이는 대개 존엄과 공덕의 인연이 그렇게 만들어 준 것이다(별기와는 같지 않다).

불상이 이루어진 뒤 동축사에 세 분의 삼존불도 역시 황룡사로 옮겨 모셨다. 사기(史記)에는 이렇게 말했다. 진평왕 6년(갑진, 584)에 이 절의 금당이 이루어지고, 선덕왕 때에 이 절의 첫 번째 주지는 진골 환희사였고, 제2대 주지는 국통 자장, 그 다음은 국통 혜훈, 그 다음은 상률사였다. 이제 몽골 침략으로 큰 본존상과 두 보살상은 모두 녹아 없어졌고, 작은 석가상만 남아 있을 뿐이다. 기려서 말한다.

속세 어느 곳인들 참 고향이 아니랴만,
향불의 인연은 우리나라가 으뜸이리라.
아육왕이 손을 대기 어려웠던 것이 아니라,
월성 옛터를 찾아오느라 그랬던 것이네.

황룡사 구층탑

신라 제27대 선덕왕이 즉위한지 5년인 정관 10년(병신, 636)에 자장법사가 중국으로 유학하여 오대산에서 문수보살의 불법을 전해주는 것을 영감으로 얻었다. 문수보살은 또 말했다.

"그대의 임금은 바로 천축(天竺, 인도) 찰리종의 왕으로, 이미 불기를 받았기 때문에 따로 인연이 있어 동이 오랑캐의 겨레와는 다른 것이다. 그러나 산천이 험한 탓으로 사람의 성질이 거칠고 사나워서 간사한 말을 많이 믿는다. 마침내 때때로 혹 하늘신이 화를 내리기도 하지만 법문을 많이 공부한 다문비구(多聞比丘)가 나라 안에 있기 때문에 군신이 편안하고 만백성이 태평한 것이다."

말을 끝내더니 이내 사라져 버렸다. 자장은 이것이 부처의 변화인 줄 알고 슬피 울면서 물러갔다. 자장법사가 중국 태화지(太和池) 가를 지나는데 문득 신령한 도인이 나와서 묻는다.

"어찌하여 이곳에 오셨소."

자장이 대답한다.

"보리(菩提, 깨달음의 지혜)를 구하기 위해서 왔습니다. 신인은 그에게 절하고 나서 또 묻는다. 그대의 나라에 무슨 어려운 일이 있소."

"우리나라는 북으로 말갈에 이웃하고 남으로는 왜국에 이어졌으며, 고구려와 백제 두 나라가 번갈아 국경을 침범하는 등 이웃 나라의 침략이 자주 있사오니 이것이 백성들의 걱정입니다."

신인이 말한다.

"지금 그대의 나라는 여자를 왕으로 삼아 덕은 있으되 위엄이 없기 때문에 이웃 나라에서 침략을 하는 것이니 그대는 빨리 본국으로 돌아가시오."

자장이 물었다.

"고국에 돌아가면 무슨 좋은 일이 있겠습니까."

신인이 말한다.

"황룡사의 호법룡은 바로 나의 큰 아들이오. 범왕의 명령을 받아 그 절에 가서 지키고 있으니, 본국에 돌아가거든 절 안에 9층탑을 세우시오. 그러면 이웃 나라들은 귀순할 것이며, 9한이 와서 예방하여 왕업이 길이 편안할 것이오. 탑을 세운 뒤에는 토속 신앙과 불교의식이 만난 형식인 팔관회(八關會)를 열고 죄인을 풀어주면 외적이 쳐들어오지 못할 것이오.[124] 다시 나를 위해서 경기 남쪽 언덕에 절 한 채를 지어 함께 내 복을 빌어 주면 나 또한 그 은공을 갚겠소."

말을 하고 옥을 바친 후 이내 모습을 숨기고 나타나지 않았다. 사중기에 말하

124 **팔관회**(八關會)와 관련한 팔관재계는 팔재계(八齋戒), 팔계(八戒), 팔계재(八戒齋), 팔지재법(八支齋法)이라고도 한다. 재가의 신도가 하룻밤, 하루 낮 동안을 오롯이 받아 지니는 계율이다. 팔관의 관(關)은 금한다는 뜻이며 살생, 도둑질, 음행 등의 여덟 가지 잘못을 하지 말고 막아서 범하지 않는 것이다. 재(齋)란 하루 동안 오전에 한 끼만 먹고 오후에는 먹고 마시지 않으며 마음의 더러움을 맑게 씻는 의식이다. 계(戒)란 몸으로 짓는 허물과 그릇됨을 금하여 방지하는 것이다(삼국유사사전).

기를, 종남산 원향선사에게서 탑 세울 까닭을 들었다고 했다.

정관 17년(계묘, 643) 16일에 자장법사는 당 나라 황제가 준 불경과 불상, 가사와 예물 등을 가지고 신라로 돌아와서 탑 세울 일을 임금에게 아뢰자 선덕왕이 여러 신하들에게 이 일을 의논하니 신하들은 말하기를,

"백제에서 기술자를 불러와야 되겠습니다."

이에 보물과 비단을 가지고 백제에 가서 장인을 청해 오게 했다. 이리하여 아비지(阿非知)라는 기술자가 명을 받고 와서 나무와 돌을 재고, 이간 용춘(龍春, 달리 용수(龍樹))이 그 공사를 이끄는데 거느리고 일한 기술자들이 2백 명이나 되었다.

처음에 절의 기둥을 세우던 날에 아비지는 꿈에 본국인 백제가 멸망하는 모습을 보았다. 아비지는 마음속에 궁금증이 나서 일을 멈추었더니, 문득 천지가 흔들리며 어두워지는 가운데 늙은 스님 한 사람과 장사 한 사람이 금전문에서 나와 그 기둥을 세우고는 스님과 장사는 모두 없어지고 보이지 않았다. 아비지는 일을 멈춘 것을 뉘우치고 그 탑을 완성시켰다. 찰주기(刹柱記)에는 이렇게 씌어 있다. 쇠로 만든 철반 이상의 높이가 42척, 철반 이하는 183척이다. 자장이 오대산에서 받아 가져온 부처의 진신사리 백 알을 탑 기둥 속과, 통도사 계단과 또 대화사(大和寺) 탑에 나누어 모셨으니, 이것은 못에 사는 용의 간청에 따른 것이다. 대화사는 이곡현 남쪽에 있다. 지금의 울주이니 역시 자장법사가 세운 것이다. 탑을 세운 뒤에 천하가 평안하고 삼한이 통일되었으니 어찌 탑의 영험이 아니겠는가. 그 뒤에 고려왕이 신라를 칠 계획을 세우다가 말했다.

"신라에는 세 가지 보배가 있어 침략할 수 없다고 하니 이는 무엇을 말하는 것이냐."

"황룡사 장륙존상과 구층탑, 그리고 진평왕의 천사옥대(天賜玉帶)입니다."

이 말을 듣고 고려왕은 그 침략할 계획을 접었다. 주 나라에 솥 아홉 개가 있어서 초 나라 사람이 감히 주나라를 엿보지 못했다고 하니 이와 같은 경우일 것이다. 기려서 말한다.

귀신의 힘으로 서라벌을 누르니,
휘황한 단청으로 처마가 움직이네.
담에 올라 보면 어찌 구한의 귀순만을 보랴,
세상이 특별히 편안함을 비로소 깨달았네.

또 신라의 명현 안홍(安弘)이 지은 동도성립기(東都成立記)에는 이런 말이 있다. 신라 제27대에는 여자가 임금이 되니 비록 올바른 도리는 있으되 위엄이 없어서 구한(九韓)이 침략하는 것이다. 만일 대궐 남쪽 황룡사에 구층탑을 세우면 이웃 나라의 침략을 막을 수가 있을 것이다. 1층은 일본, 2층은 중화, 3층은 오월, 4층은 탁라(托羅, 탐라), 5층은 응유(鷹遊, 백제), 6층은 말갈, 7층은 거란, 8층은 여진, 9층은 예맥을 다스린다.

또 국사(國史) 및 사중고기(寺中古記)를 살펴보면, 진흥왕 14년(계유, 553)에 황룡사를 처음 세운 뒤에 선덕왕 때인 정관 19년(을사, 645)에 탑이 비로소 이루어졌다. 제32대 효소왕이 즉위한 7년 성력 원년(무술, 698) 6월에 절이 벼락을 맞았다. 사중고기에는 성덕왕 때라 했으나 잘못이다. 성덕왕 때에는 무술년이 없다. 제33대 성덕왕 19년(경진, 720)에 다시 이 절을 세웠으나 제48대 경문왕 8년(무자, 868) 6월에 두 번째 벼락을 맞았으며, 같은 임금 때에 세 번째로 다시 세웠다. 고려 광종의 즉위 4년(계축, 953) 10월에는 세 번째 벼락을 맞았고, 현종 13년(신유, 1021)에 네 번째 다시 세웠다. 또 정종 2년(을해, 1035)에 네 번째 벼락을 맞았는데 이것을 문종 18년(갑진, 1064)에 다섯 번째 세웠더니 또 헌종 원년(을해, 1095)에 다섯 번째 벼락을 맞았다. 숙종 원년(병자, 1096)에 여섯 번째로 세웠다. 또 고종 16년(무술, 1238) 겨울에 몽고의 침략으로 탑과 장륙존상과 절이 모두 불에 탔다.

황룡사 종, 분황사 약사 봉덕사 종

신라 제35대 경덕왕이 천보 13년(갑오, 754)에 황룡사의 종을 만들었다. 종의 길이는 1장 3촌, 두께는 9촌, 무게는 49만 7,581근이었다. 시주는 효정이왕(孝貞伊王)과 삼모부인(三毛夫人)이요, 공장은 이상택(里上宅)의 하급 관리였다. 숙종 때에 새 종을 만들었는데 길이가 6척 8촌이었다.

또 이듬해 을미년(755)에 분황사의 약사여래불의 동상을 만들었는데, 무게가 30만 6,700근이요, 장인은 본피부 강고내말(强古乃末)이었다. 또 경덕왕은 황동 12만 근을 내놓아 그 아버지 성덕왕을 위하여 큰 종 하나를 만들려 하다가 이루지 못하고 죽었다. 그 아들 혜공왕 건운(乾運)이 대력 왕 6년(경술, 770) 12월 담당자에게 왕명으로 장인들을 모아서 마침내 마무리하여 봉덕사에 보관했다. 봉덕사는 효성왕이 개원 26년(무인, 738)에 그 아버지 성덕왕의 복을 빌기 위해서 세운 것이다. 마침내 그 종의 새김글에 성덕대왕신종지명(聖德大王神鍾之銘)이라 했다. 성덕왕은 경덕왕의 아버지 전광대왕이다. 종은 본디 경덕왕이 그 아버지를 위해서 시주한 것이므로 성덕왕의 종이라고 한 것이다.

조산대부 전태자사의랑 한림랑 김필오(金弼奧)가 왕명을 받들어 새김글인 종의 명(銘)을 지었으니 글이 너무 길어서 여기에 싣지 못한다.

영묘사(靈妙寺) 장륙(丈六)

선덕왕(善德王)이 절을 짓고 흙으로 만든 소상을 만든 인연은 모두 양지법사전에 실려 있다. 경덕왕의 즉위 23년(갑진, 764)에 장륙존상을 금으로 다시 칠했는데, 그 비용으로 조(租, 벼)가 2만3천7백 석이었다. 양지전(良志傳)에는, 불상을 처음 만들 때의 비용이라고 쓰여 있다. 이 두 가지 설을 모두 싣는다.

사불산(四佛山), 굴불산, 만불산

죽령(竹嶺, 영주) 동쪽 백 리쯤 되는 곳에 우뚝 솟은 높은 산이 있다. 진평왕 9년(정미, 587)에 문득 사면이 한 길이나 되는 큰 돌이 나타났다. 거기에는 사방여래의 불상을 새기고 모두 붉은 비단으로 싸여 있었는데 하늘에서 그 산마루에 떨어진 것이다. 왕이 이 말을 듣고 그곳으로 가서 그 돌을 쳐다보고 나서 드디어 그 바위 곁에 절을 세우고 절 이름을 대승사(大乘寺)라고 했다. 여기에 이름은 전하지 않으나 연경(蓮經, 법화경)을 외우는 중을 불러서 이 절을 맡겨 공석(供石, 공양을 바치는 돌)을 깨끗이 쓸고 향불을 끊이지 않았다. 그 산을 역덕산(亦德山)이라 하고 달리 사불산이라고도 한다. 그 절의 중이 죽어 장사지냈더니 무덤 위에 연꽃이 피었다.

또 경덕왕이 백률사(栢栗寺)에 거둥해서 산 밑에 이르렀다. 땅속에서 염불하는 소리가 들리므로 그곳을 파게 했더니, 큰 돌이 있는데 사면에 불상이 새겨져 있었다. 여기에 절을 세우고 절 이름을 굴불사(掘佛寺)라고 했으니 지금을 잘못 전해져서 굴석사(掘石寺)라고 한다.

경덕왕은 또 당 나라 대종황제가 불교를 믿는다는 말을 듣고 장인에게 왕명으로 오색 담요를 만들고 또 인도의 향나무인 침단목을 새겨서 명주와 아름다운 옥으로 꾸며서 높이 1장(丈, 10자) 남짓한 가산(假山, 장식한 산)을 만들어 담요 위에 놓았다. 산에는 뾰족한 바위와 괴이한 돌과 동굴이 있어서 각 구역으로 나뉘었고, 그 각 구역 안에는 노래하고 춤추고 노는 모습과 온갖 나라들의 산천의 모습이 있다. 조금만 바람이 문 안으로 들어가면 벌과 나비가 훨훨 날고 제비와 참새가 춤을 추니, 얼핏 보아서는 참인지 거짓인지 가늠할 수가 없다. 그 속에는 일만 불상을 모셔 놓았는데 큰 것은 사방 한 치가 넘고 작은 것은 8, 9푼 쯤 된다. 그 머리는 혹은 큰 기장만 하고 혹은 콩 반쪽만 하다. 머리털과 백모, 눈썹과 눈이 또렷하여 모든 형상이 다 갖추어졌으니, 다만 비슷하게 비유할 수는 있어도 자세히 풀어 말할 수는 없다. 이 때문에 이 산을 만불산이라고 했다.

다시 거기에 금과 옥을 새겨 유소번개(流蘇幡蓋, 수실 달린 깃발), 암라(菴羅, 포장), 담복(薝蔔, 치자 꽃), 꽃과 과일 등 장엄한 것과, 백보 누각, 대전(臺殿)과 당사(堂榭, 도장)를 만들었는데 모두가 비록 작기는 하지만 그 모습은 마치 살아서 움직이는 것과 같았다. 앞에는 돌아다니는 스님의 형상 천여 개가 있고, 아래에는 자금 종 셋을 벌여 놓았다. 모두 종각이 있고 포뢰(蒲牢, 종치는 당목)가 있으며 고래 모양으로 종치는 방망이를 만들었다.

바람이 불어 종이 울면 돌아다니는 스님들이 모두 엎드려 머리를 땅에 대고 절한다. 은은하게 염불하는 소리가 나는 듯하니, 이 까닭은 그 종에 있었다. 이것을 비록 일만 불상이라고는 하지만 그 실상은 이루 다 기록할 수가 없다.

만불산이 이루어지자 사신을 당 나라에 보내서 바치니 대종(代宗)은 이것은 보고 감탄하였다. 신라의 기묘한 재능은 하늘이 만든 것이지 사람의 재능이 아니다. 이에 구광선을 그 바위 사이에 두고 이름을 불광(佛光)이라고 했다. 4월 8일에 대종은 두 거리의 승려들에게 왕명으로 궁궐 안 도량에서 만불산에 예불하고, 삼장법사 불공(不空)에게 왕명으로 밀부(密部, 밀교)의 진리를 천 번이나 외워서 빌게 하니, 보는 사람들은 모두 그 기막힌 솜씨에 놀랐다. 기려서 말한다.

하늘은 보름달을 어울리게 사면의 불상을 만들었고,
땅은 명호(明毫, 부처님)를 돋구어 하룻밤에 솟았네.
뛰어난 솜씨로 다시금 만 개의 불상을 새겼으니,
부처님의 풍도를 온 누리에 두루 퍼지게 하소서.

생의사(生義寺) 돌미륵

선덕왕(善德王) 때 생의(生義) 스님은 오랫동안 도중사(道中寺)에 머물고 있었다. 어느 날 꿈에 한 중이 그를 데리고 남산으로 올라가서 풀을 동여매서 표를 해놓게 하고는 산 남쪽 골짜기에 와서 말한다.

"내가 이곳에 묻혀 있으니 스님은 이것을 파내다가 고개 위에 편하게 묻어 주시오."

꿈에서 깨자 그는 친구와 함께 표해 놓은 곳을 찾아 그 골짜기에 이르러 땅을 파자 거기에서 돌미륵이 나왔으므로 삼화령 위로 옮겨 놓았다. 선덕왕 13년(갑신, 644)에 그곳에 절을 세우고 살았는데 뒤에 절 이름을 생의사라고 했다. 지금은 잘못 전해져 성의사(性義寺)라고 한다. 충담사가 해마다 3월 3일과 9월 9일이면 차를 달여서 올리는 것이 바로 이 부처다.

흥륜사 벽화, 보현(普賢)

제54대 경명왕 때 흥륜사의 남문과 좌우 부속 건물인 낭무(廊廡, 부속건물인 회랑)가 불에 탔다. 이것을 손질하지 못하고 있으므로 정화(靖和)와 홍계(弘繼) 두 스님이 장차 시주를 받아 손질하려 했다. 정명 7년(신사, 921) 5월 15일 하늘의 천제가 이 절 왼쪽 경루(經樓, 경전을 두는 곳)에 내려와 열흘 동안 머무르니 전탑과 풀, 나무, 흙, 돌들이 모두 이상한 향기를 풍기고, 오색구름이 절을 덮고 남쪽 연못의 고기와 용들도 기뻐서 뛰놀았다. 나라 사람들이 모여서 이것을 보고 전에는 일찍이 없었던 일이라고 혀를 차며 옥과 비단과 곡식들을 시주하니 산더미처럼 쌓였다. 기술자들도 스스로 와서 하루가 안 되어 이루어졌다. 역사를 마치자 하느님이 장차 돌아가려 하니 이 두 중이 아뢴다.

"천제께서 만일 궁중으로 돌아가려 하시거든 저희에게 천제의 얼굴을 그려 정성껏 공양해서 하늘의 은혜를 갚게 하시고 또한 이로 말미암아 모습을 여기에 남겨 두어서 이 세상을 길이 보호하게 하시옵소서."

천제가 말한다.

"나의 힘은 저 보현보살이 보기 드문 덕화를 두루 펴는 것만 못하니 이 보살의 얼굴을 그려서 공손히 이바지하여 끊이지 않는 것이 옳을 것이다."

이에 두 중은 천제의 가르침을 받들어 보현보살의 그림을 벽에 공손히 그렸는데, 지금까지도 이 모습은 남아 있다.

삼소관음(三所觀音) 중생사(衆生寺)

신라 고전(古傳)에 이렇게 말했다. 중국 천자에게 사랑하는 여인이 있었다. 그녀는 아름답기 짝이 없어 이에 천자가 말하기를, 예 오늘에 있는 그림으로도 이같이 아름다운 것은 없을 것이라며 그림 잘 그리는 사람을 시켜서 그 실물을 그리도록 했다. 그 화원의 이름은 전하지 않는데 혹은 장승요(張僧繇)라고 한다. 그렇다면 그는 오(吳) 나라 사람으로, 양(梁) 나라 천감 무렵 무릉왕국의 시랑 직비각지화사가 되었고, 우장군과 오흥태수를 지냈다. 그러니 여기에 말한 천자란 중국 양진 무렵의 천자일 것이다.

그런데 고전에 당 나라 황제라 함은 우리 신라 사람이 흔히 중국을 가리켜 모두 당(唐)이라 하는 데서 온 것이다. 실상은 어느 시대의 제왕인지 알 수 없다. 여기에는 두 가지 말을 모두 적어 둔다. 그 화원은 황제의 명을 받들어 그림을 다 그렸으나 붓을 잘못 떨어뜨려 배꼽 밑에 붉은 점을 찍어 놓았는데, 고쳐 보려 했으나 고쳐지지 않았다. 그는 속으로 생각하기를, 이 붉은 점은 반드시 날 때부터 있던 것이라고 하면서 그림이 끝나자 황제에게 바쳤더니 황제는 그 그림을 보고 나서 말한다.

"모양은 실물과 거의 같으나 배꼽 밑의 점은 속에 감추어진 것인데 네가 그걸 어떻게 알고서 이것까지 그렸느냐."

황제는 크게 화를 내어 화원을 옥에 가두고 곧 처형하려고 하니, 승상이 아뢰었다.

"화원은 마음이 아주 곧사오니 원컨대 용서하여 주시기 바랍니다."

황제가 말한다.

"만일 저 화원이 어질고 곧다면, 내가 어제 꿈에 본 사람의 모습을 그려서 바치게 하라. 그 그림이 꿈에 본 얼굴과 틀림없다면 용서해 줄 것이다."

그 사람이 이에 십일면관음보살의 모습을 그려 바치니 꿈과 맞았다. 황제는 그제야 마음이 풀려 그를 풀어 주었다. 그 화원은 죄를 면하자, 박사 분절(芬節)과 다짐했다.

"내가 들으니 신라에서는 불법을 받들어 믿는다 하니 그대와 함께 배를 타고 바다를 건너 그 곳에 가서 함께 불사를 닦아 그 나라를 널리 잘 살게 함이 또한 좋은 일이 아니겠소."

이들은 마침내 함께 신라에 이르러 이 중생사의 관음보살의 불상을 만들었는데 나라 사람들이 모두 우러러 보고 기도하여 복을 얻었으니 이루 다 기록할 수가 없다.

신라 말엽 천성 무렵(926-929) 정보 최은함(崔殷諴)이 나이 많도록 아들이 없었다. 그는 이 절 관음보살 앞에 나가서 기도를 드렸더니 태기가 있어 아들을 낳았다. 석 달도 되지 않았는데 후백제 견훤이 서라벌을 쳐들어 와서 성 안이 크게 어지러웠다. 은함은 그 아이를 안고 이 절에 와서 말하였다.

"견훤의 군사가 문득 쳐들어 와서 일이 급합니다. 이 어린 자식으로 해서 어려움이 겹친다면 식구가 모두 화를 면할 수 없을 것입니다. 바라건대, 대성부처님께서 이 아이를 주신 것이라면, 원컨대 큰 자비의 힘을 내려 길러 주시어 우리 부자가 다시 만나게 해 주십시오."

슬피 세 번 울면서 세 번 아뢰고 난 뒤에 아이를 포대기에 싸서 관음상의 예좌(猊座, 고승의 좌대) 밑에 감추고 못 잊어 하면서 떠나갔다. 보름이 지나 적군이 물러간 뒤에 와서 아이를 찾아보니 살결은 마치 새로 목욕한 것과 같고, 모양도 매우 예쁜데 젖 냄새가 아직도 입에서 났다. 아이를 안고 돌아와 기르니 자라면서 명철하고 슬기롭기가 보통 사람보다 뛰어났다. 이 사람이 곧 승로(承魯)인데 벼슬이 정광에 이르렀다. 승로는 낭중 최숙(崔肅)을 낳았고, 숙은 낭중 제안(齊顔)을 낳았는데 이로부터 자손이 끊이지를 않았다. 은함은 경순왕을 따라 고려에 들어와서 귀족이 되었다.

또 통화 10년(992) 3월 절의 주지인 성태(性泰)는 보살 앞에 꿇어앉아 말했다.

"저는 오랫동안 이 절에 살면서 정성껏 부지런히 향불을 받들어 밤낮으로 올렸습니다. 하지만 절의 토지에서는 나는 것이 없어서 향불과 재를 계속할 수가 없으므로 장차 다른 곳으로 옮기려 하는바, 떠나고자 합니다."

이날 성태는 졸다가 얼핏 꿈을 꾸니 관음보살이 말한다.

"법사는 아직 여기에 머물러 있고 멀리 떠나지 말라. 내가 시주를 해서 재에 쓸 비용을 충분히 마련해 주겠다."

중이 기뻐하여 꿈에서 깨어 오직 그 절에 머물러 다른 곳으로 가지 않았다. 그런지 13일 만에 문득 두 사람이 말과 소에 물건을 싣고 문 앞에 이르렀다. 절에 있던 중이 나가서 어디서 왔느냐고 물으니 대답하기를,

"우리들은 금주(金州, 김해) 지방 사람인데 지난번에 스님 하나가 우리를 찾아

와서 나는 서라벌 중생사에 오랫동안 있었지요. 공양에 쓸 비용이 어려워서 시주를 얻으려고 여기에 온 것이라고 했습니다. 마침내 우리들은 이웃 마을에 가서 시주를 모아다가 쌀 엿 섬과 소금 넉 섬을 싣고 온 것입니다."

스님이 말했다.

"이 절에는 시주를 구하러 나간 사람이 없는데, 보살님들이 분명 잘못 들은 것 같소."

그 사람들이 또 말한다.

"그 스님이 우리들을 데리고 오다가 신견정(神見井) 우물가에 이르러서 말하기를, 절이 여기서 멀지 않으니 내가 먼저 가서 기다리겠다고 했습니다. 마침내 우리들은 따라온 것입니다."

절의 스님이 그들을 데리고 법당 앞으로 들어가니, 그 사람들은 관음대성을 쳐다보고 절하면서 저희끼리 서로 말한다. 이 부처님이 바로 시주를 구하러 왔던 스님의 모습입니다. 말하면서 놀라고 감탄하기를 마지않았다. 이로부터 여기에 바치는 쌀과 소금이 해마다 끊이지 않았다.

또 어느 날 저녁에 절에 화재가 나서 마을 사람들이 달려와 불을 껐다. 그런데 법당에 올라가 보니 관음상이 없으므로 살펴보니 이미 뜰 가운데 서 있는 것이다. 누가 밖으로 내왔느냐고 물었으나 아무도 모른다고 한다. 그제야 모두들 이것은 관음대성의 신령스러운 힘인 것을 알았다.

또 대정 13년(계사, 1173) 무렵에 중 점숭(占崇)이 이 절에 와서 머물고 있었다. 그는 비록 글은 알지 못하지만 성품이 본디부터 순수하여 향불을 부지런히 받들었다. 어떤 중 하나가 그 절을 빼앗아 살려고 하여 친의천사(襯衣天使, 향화사)에게 하소연했다.

"이 절은 나라에서 불은을 빌고 복을 구하는 곳이오니 마땅히 글을 읽을 줄 아는 사람을 뽑아서 그에게 맡겨야 할 것입니다."

천사는 그 말을 옳게 여겨 그 사람을 시험하려 하여 소문(疏文, 풀이 글)을 거꾸로 주어 보았다. 그러나 점숭은 이것을 받는 즉시로 줄줄 읽었다. 천사는 이것을 마음속에 간직한 채 방 가운데로 물러앉아 다시 그에게 읽어보라고 했다. 그러나 점숭은 입을 다물고 한 마디도 읽지 못하였다. 이것을 보고 천사가 말한다.

"스님은 참으로 관음대성이 지켜 주시는 분이로다."

이리하여 끝내 이 절을 빼앗지 않았다. 그 당시 점숭과 같이 이 절에 살던 처사 김인부가 이 이야기를 마을의 노인들에게 전해 주고 또 전기로도 써 두었다.

백률사(栢栗寺)

계림 북쪽 산을 금강령(金剛嶺)이라 한다. 산의 남쪽에는 백률사가 있다. 그 절에 불상이 하나 있었다. 어느 때 만든 것인지 알 수가 없으나 영험이 자못 뚜렷했다. 어떤 이는 말하기를,

"이것은 중국의 명장이 중생사(衆生寺)의 관음소상을 만들 때 함께 만든 것이다."

또 전설에는 이렇게 말했다.

"이 부처님이 일찍이 도리천에 올라갔다가 돌아와서 법당에 들어갈 때에 밟았던 돌 위의 발자국이 지금까지 없어지지 않고 남아 있다."

또 어떤 사람은 말하기를,

"부처님이 부례랑(夫禮郞)을 구하여 돌아올 때에 보였던 자취다."

천수 3년(임진, 692) 9월 7일에 효소왕은 대현(大玄) 살찬(薩湌, 8등급의 품계)의 아들 부례랑을 국선으로 삼았고, 주리(珠履, 귀공자)의 무리가 천 명이나 되었는데 안상과는 아주 친했다. 천수 4년(계사, 693) 3월에 부례랑은 무리들을 거느리고 금란(金蘭, 금강산)에 무술 훈련하러 갔었는데, 북명(北溟, 북해 지역)의 어름에 이르렀다가 적적(狄賊, 말갈)에게 사로잡혀 갔다. 문중의 구성원들은 모두 어쩔 줄을 모르고 그대로 돌아왔으나 홀로 안상(安常)만이 그를 쫓아갔는데 이때는 3월 11일이었다. 대왕은 이 말을 듣고는 놀라움을 금치 못하여 말했다.

"선왕께서 만파식적을 얻어 나에게 전해 주셔서 지금 거문고(玄琴)와 함께 궁의 창고에 갈무리해 두었다. 무슨 일로 해서 국선이 문득 적에게 잡혀갔단 말인가. 이 일을 어찌하면 좋겠는가."

현금과 만파식적의 일은 별전에 자세히 적혀 있다. 이때 상서로운 구름이 천존고(天尊庫, 나라의 보물 창고)를 덮자 왕은 또 놀라고 두려워하여 조사하게 하니,

천존고 안에 있던 거문고와 피리 두 보배가 없어졌다. 왕은 말했다.

"내게 덕이 없어서 어제는 국선을 잃고 또 오늘은 현금과 신적까지 잃은 게 아닌가."

왕은 즉시 창고를 맡은 관리 김정고 등 5명을 가두었고 4월에 나라 안의 사람을 불러 모아 말했다.

"현금과 신적을 찾아오는 사람은 일 년치 조세를 상으로 주겠다."

5월 15일에 부례랑의 부모가 백률사 불상 앞에 나아가 여러 날 저녁 기도를 올리자, 문득 분향 탁자 위에 현금과 신적 두 보배가 놓여있고, 부례랑과 안상 두 사람도 불상 뒤에 와 있었다. 그 부모들은 매우 기뻐하여 어찌된 일인지 물으니, 부례랑이 말한다.

"저는 적에게 잡혀간 뒤 적국의 대도구라(大都仇羅)의 집에서 말치는 일을 맡아 대오라니(大烏羅尼)란 들에서 말에게 풀을 뜯기고 있는데 문득 모양이 반듯한 스님 한 분이 손에 거문고와 피리를 들고 와서 위로하기를, 고향 일을 생각하느냐 하기에 저는 저도 모르는 사이에 그 앞에 꿇어앉아서 임금과 부모를 그리워하는 마음을 어찌 말로 다 하겠느냐고 했습니다.[125] 스님은 그러면 나를 따라 오라 하면서 드디어 저를 데리고 바닷가까지 갔는데 거기에서 또 안상과 만나게 되었습니다. 이에 스님은 피리를 둘로 쪼개어 우리 두 사람에게 주어서 각기 한 짝씩을 불게하고, 그는 거문고를 타고 바다에 떠서 돌아오는데 잠깐 동안에 여기에 와 닿았습니다.

이 일을 자세히 왕에게 보고하자 왕은 크게 놀라 사람을 보내어 그들을 맞이하니 부례랑은 현금과 신적을 가지고 대궐 안으로 들어갔다. 왕은 50냥의 금은으로 만든 그릇 다섯 개씩 두 벌과, 마납가사 다섯 벌, 명주 비단(大綃)3천 필, 밭 만 경을 백률사에 바쳐서 부처님의 은공에 보답하고, 나라 안의 죄인들에게 대사면령을 내리고, 관원들에게는 벼슬 3계급을 높여 주고, 백성들에게는 3년간의 조세를 받지 않았다. 절의 주지를 봉성사(奉聖寺)로 옮겨 살게 했다. 부례랑으로 대각간(大角干, 재상)을 삼고, 아버지 대현(大玄) 아찬은 태대각간을 삼고, 어머니 용보부인은 사량부의 경정궁주를 삼았다. 안상으로 대통(大統, 승통)을 삼고 창고를 맡았던 관리 다섯 사람은 모두 용서해 주고 각각 5급으로 올려주었다.

---

125 혹은 도구(都仇)의 머슴이 되어 대마들에서 말을 먹였다고 했다.

6월 12일에 빗자루별이 동쪽 하늘에 나타나더니 17일에 또 서쪽 하늘에 나타나자 천기를 예언하는 일관(日官)이 아뢰었다.

"이것은 현금과 신적을 벼슬에 봉하지 않아서 그러한 것입니다."

이에 신통한 신적을 만만파파식적(萬萬波波息笛)이라고 불렀더니 빗자루별은 이내 사라졌다. 그 뒤에도 신령스럽고 이상한 일이 많았지만 글이 번거로워 다 싣지 않는다. 세상에서는 안상을 준영랑(俊永郞)의 무리라고 했으나 이 일은 자세히 알 수가 없다. 영랑의 무리에는 오직 진재와 번완의 이름만 알려졌지만 이들도 역시 알 수 없는 사람들이다. 자세한 것은 별전에 올라 있다.

민장사(敏藏寺)

옹금리(禺金里)에 사는 가난한 여인 보개(寶開)에게 장춘(長春)이라는 아들이 있었다. 바다의 장사꾼을 따라 나가더니 오래 되어도 소식이 없자 그의 어머니가 민장 각간이 자기 집을 내놓아 만든 민장사 관음보살 앞으로 가서 7일 동안 기도했더니 장춘이 금세 돌아왔다. 그 동안 어찌된 일이냐고 까닭을 묻자 장춘은 대답했다.

"바다에서 항해 중에 회오리바람을 만나 배는 부서지고 동료들은 모두 죽었지만, 저는 널판 쪽을 타고 오(吳)나라 바닷가에 닿았는데 오나라 사람이 저를 데려다가 들에서 농사를 짓도록 마련해 주었습니다. 어느 날 이상한 스님 하나가 마치 고향에서 온 것처럼 은근히 격려하더니 저를 데리고 같이 가는데, 앞에 깊은 도랑이 가로막히자 스님은 저를 겨드랑이에 끼고 도랑을 뛰어넘었습니다. 저는 정신이 없는데 우리 시골집 말소리와 우는 소리가 들리므로 정신을 차려 보니 어느덧 여기에 와 있었습니다. 저녁 때 오나라를 떠났는데, 이곳에 도착한 것이 겨우 오후 7, 8시였습니다. 이때는 바로 천보 4년(을유, 745) 4월 8일이었습니다."

경덕왕이 이 말을 듣고 민장사에 밭을 시주하고 또 재물도 바쳤다.

전후소장사리(前後所將舍利)

국사(國史)에 이렇게 적었다. 진흥왕 때인 태청 3년(기사, 549)에 양(梁) 나라에서 심호(沈湖)를 시켜 진신 사리 몇 알을 보내왔다. 선덕여왕 12년(계묘, 643)

에 자장법사가 당 나라에서 부처의 머리뼈와 어금니와 부처의 사리 백 알과 부처가 입던 붉은 비단에 금색 점이 있는 가사 한 벌을 가지고 왔다. 그 사리를 셋으로 나누어 하나는 황룡사 탑에 두고, 다른 하나는 대화사 탑에 두고, 하나는 가사와 함께 통도사 계를 주는 의식의 장소인 계단(戒壇)에 두었으나, 그 나머지는 어디에 있는지 상세히 알 수 없다. 통도사 계단에는 두 층이 있는데 위층 가운데에는 돌 뚜껑을 덮어서 마치 가마솥을 엎어놓은 것과 같았다. 속설에는 이렇게 말했다.

"옛날 고려에서 전후로 안렴사 두 사람이 와서 계단에 절을 하고 공손히 돌솥을 들어 보았다. 처음에는 긴 구렁이가 돌 함 속에 있는 것을 보았고, 다음에는 큰 두꺼비가 돌 밑에 쪼그리고 있는 것을 보았으므로 이로부터는 감히 이 돌을 들어 보지 못했다고 한다. 상장군 김이생과 시랑 유석이 고종의 왕명을 받들어 강동을 지휘할 때 부절(符節, 깃발)을 가지고 절에 와서 돌을 들고 절하려고 하니 절의 중은 지난 일이 있기 때문에 이것을 매우 어렵다고 했다. 두 사람이 군사를 시켜 돌을 들게 하니 그 속에 작은 돌함이 있고, 함 속에는 유리통이 들어 있고, 통 속에는 사리가 단지 네 알뿐이었다. 이것을 서로 돌려보면서 예배했는데 통에 조금 상한 데가 있었다. 이에 유석이 마침 가지고 있던 수정함 하나를 시주하여 함께 갈무리해 두게 하고, 그 사실을 적어 두었다. 이때는 강화도로 도읍을 옮긴 지 4년이 되던 고종 22년(을미, 1235)이었다."

고기(古記)에는 이렇게 말했다.

"사리 백 개를 세 곳에 나누어 두었더니, 이제는 오직 네 개뿐이다. 그것은 숨겨지기도 하고 나타나기도 하여 보는 사람에 따라 다른 것이니 수효가 많고 적은 것이 이상할 것이 없다."

또 전설에는 이렇게 말한다.

"황룡사 탑이 불타던 날에 돌솥 동쪽 면에 처음 큰 얼룩이 생겼는데 이것이 지금까지도 남아 있다. 그 때는 바로 요(遼) 나라 응력 3년(계축, 953)이요, 고려 광종 4년(953)으로, 탑이 세 번째로 불타던 때였다."

조계종 무의자(無衣子) 선사가 시를 남겨 말하기를,

"들으니 황룡사 탑이 불타던 날 불의 번짐을 막지 못했네."

라고 한 것이 바로 이것이다. 지원 갑자년(1264) 이후로 원 나라 사신과 본국 황화(皇華, 궁의 시신)들이 다투어 와서 이 돌함에 절했으며 찾아오는 순례자들도 몰려들어 예배했다. 돌함을 들어보기도 하고 혹은 들지 않기도 했다. 진신 사리 네 알 말고 변신 사리가 모래알처럼 부셔져서 돌함 밖으로 나와 있었다. 이상한 향기를 강하게 풍겨 여러 날 동안 없어지지 않는 일이 이따금 있었으니, 이것은 말세에 있는 한 지역의 두드러진 일이었다.

당 나라 대중 5년(신미, 851)에 당 나라로 갔던 사신 원홍이 당에서 가지고 온 부처의 어금니와 후당 동광 원년(계미, 923) 곧 고려 태조 즉위 6년(923)에 당 나라로 보냈던 사신 윤질이 가지고 온 오백나한의 나한상은 지금 북숭산 신광사에 모셔 있다. 송나라의 선화 원년(기해년, 1119)에 예방사 정극영, 이지미 등이 가지고 온 부처의 어금니는 지금 내전에 모셔 둔 것이 바로 이것이다.

서로 전해 내려오는 말은 이러하다. 옛날 의상법사가 당 나라에 들어가 종남산의 지상사 지엄존자(智儼尊者) 문하에 가 있었다. 이웃에 불교를 전도하는 선률사(宣律師)가 있었다. 매양 하늘의 공양을 받고 재를 올릴 때마다 하늘 부엌에서 먹을 것을 보내 왔다. 어느 날 선률사는 의상법사를 청하여 재를 올리는데 의상이 자리를 잡고 앉은 지 오랜데도 하늘에서 보내는 음식은 때가 지났음에도 나오지 않았다. 의상이 빈 바리때만 가지고 돌아가자 비로소 하늘의 천사가 내려왔다. 선률사가,

"오늘은 어찌해서 늦으셨소."

물어보자 천사는 대답한다.

"온 동네에 가득한 천군이 막고 있어서 들어올 수가 없었습니다."

이에 율사는 의상법사에게 신의 시킴이 있음을 알고는 법사의 도력의 힘이 자기보다 한 수 위임에 놀라고는 하늘에서 보내 온 음식을 그대로 두었다가, 이튿날 또 지엄과 의상 두 대사를 재 올리는데 불러서 그 사유를 자세히 말했다. 의상이 조용히 선률사에게 말한다.

"율사는 이미 천제의 믿음을 얻고 계십니다. 일찍이 듣건대 제석궁에는 부처님의 이빨 40개 중에 어금니 하나가 있다고 합니다. 우리들을 위해서 천제께 청하여 그것을 인간에게 내려 보내어 복이 되게 함은 어떻겠습니까."

율사는 이 뒤에 천사와 함께 그 뜻을 천제에게 전하니 천제는 7일을 기한으로 이를 보내 주니 의상이 예를 차린 뒤에 맞이하여 대궐에 모셨다.

그 뒤 송나라 휘종에 이르러 유교에 반대되는 좌도(左道, 사도)를 믿으니, 이때 나라 사람들은 도참을 전하여 퍼뜨리기를, 금으로 만든 불상인 금인(金人, 부처)이 나라를 망칠 것이라고 하였다. 황건(黃巾)의 무리들이 일관을 부추겨 위에 아뢰기를,

"금인이란 부처를 말하는 것이니 장차 나라에 이롭지 못할 것입니다."

고 하였다. 이리하여 조정에서는 장차 불교를 없애고 중들을 무찔러 죽이고, 경전을 불사르고, 따로 조그만 배를 만들어 부처의 어금니를 실어 큰 바다에 띄워 인연이 있는 곳으로 흘려보내려 했다. 이때 마침 고려 사신이 송나라에 갔다가 그 사실을 듣고는 하늘타리 무늬의 모직 천화용(天花茸) 50벌과 저포(紵布, 모시) 3백 필을 배로 옮기는 관리에게 뇌물을 주고 남몰래 부처의 어금니를 받고 빈 배만 흘려보내게 했다. 사신들이 부처의 어금니를 얻어 가지고 와서 왕에게 아뢰자 예종은 크게 기뻐하여 십원전 왼쪽에 있는 작은 전각에 모시고 끊임없이 전각문을 잠그고 밖에는 향과 등불을 마련하여 왕이 몸소 거둥하는 날에만 대궐 문을 열고 예불을 올렸다.

임진년(1232)에 도읍을 강화로 옮길 때 내관들은 총망한 중에 잊어버리고 이를 거두어 챙기지 못했다. 병신 4월에 왕의 원당인 신효사 온광(蘊光) 스님이 불아(佛牙, 부처님의 치아)에 경배하기를 청하므로 왕에게 아뢰니 왕은 내신을 시켜서 두루 궁중을 찾아보았으나 보이지 않았다. 이때 백대(栢臺, 어사대) 시어사 최충(崔冲)이 왕명으로 설신(薛伸)에게 급히 여러 내시부의 왕명을 전달하는 알자(謁者)의 방을 다니면서 묻게 했으나 모두 어쩔 줄을 모를 뿐이었다. 내신 김승로가 아뢰기를,

"임진년에 도읍을 옮길 때의 자문일기(紫門日記)를 조사해 보십시오."

하므로 그 말을 좇아 조사해보니 일기에 이렇게 씌어 있었다. 입내시대부경 이백전이 불아함을 받았다. 이어 이백전을 불러 물으니 대답한다.

"청컨대, 집에 돌아가서 다시 저의 일기를 찾아보게 해 주십시오."

집에 가서 찾아보고 좌번알자 김서룡이 불아함을 받았다는 기록을 갖다가 바쳤다. 김서룡을 불러 물었으나 대답을 못한다. 또 김승로가 아뢰는 대로 임진년에서 지금 병신년까지 5년간의 어불당과 경령전에 근무자들을 잡아 가두고 신문했다. 아무런 결론도 나지 않았다. 그런지 3일이 지난 날 밤중에 김서룡의 집 담

안으로 누구인가 무엇을 던지는 소리가 나므로 불을 켜 조사해 보니 바로 불아함이었다. 함은 본디 속의 한 겹은 침향합이고 다음 겹은 순금합이고 그 다음 바깥 겹은 백은함이고, 다음 바깥 겹은 유리함이고, 그 다음 겹은 나전함으로 각 함의 폭은 서로 꼭 맞게 되었다. 그런데 지금은 다만 유리함뿐이었다. 김서룡은 찾은 것이 기뻐서 대궐로 들어가 아뢰었다. 그러나 담당관은 죄를 물어서 김서룡과 어불당과 경령전의 일하는 사람들을 모두 죽이려 하니 진양부에서 아뢰었다.

"불사로 인하여 사람을 다치게 하는 것은 옳지 않습니다."

이리하여 모두 죽음을 면했다. 다시 십원전 안뜰에 특별히 불아전을 지어서 불아함을 모시게 하고 장사들을 시켜 지키게 했다. 좋은 날을 가려서 신효사의 상방 스님 온광을 불러다가 승도 30명을 거느리고 궁중에 들어가 재를 올려 정성을 드리도록 했다. 그날 궁을 지켰던 승선 최홍과 상장군 최공연, 이영장과 내시, 다방 관원들은 대궐 뜰에서 왕을 모시고 서서 차례로 불아함을 머리에 이고 정성을 드렸는데 불아함 구멍 사이에 있는 사리는 그 수를 알지 못할 만큼 많았다. 진양부에서는 백은 상자에 그것을 담아 모셨다. 이때 왕이 신하들에게 말했다.

"내가 불아(佛牙, 부처의 이)를 잃은 후로 스스로 네 가지 의심이 생겼었소. 첫째 의심은, 천궁의 7일 기한이 차서 하늘로 올라갔을까 하는 것이고, 둘째 의심은 국난이 이러하니, 불아는 신령한 물건이므로 인연이 있는 인진한 나라로 옮겨 간 것이 아닐까 하는 것이오. 셋째 의심은, 재물을 탐낸 소인이 그 상자를 도둑질하고 불아는 구렁에 버렸으리라는 것이오. 넷째 의심은, 도둑이 보물을 훔쳐가기는 했으나 이것을 드러낼 수가 없어서 집속에 감추어 두었으리라는 것이었는데 이제 네 번째 의심이 맞았소."

하고 이내 소리를 내어 크게 우니 뜰에 있던 사람들이 모두 눈물을 흘리면서 헌수 잔을 올렸다. 심지어 이마와 팔을 불에 태우는 사람도 있어서 이루 헤아릴 수가 없었다. 이 실록은 낭시 내전에서 향을 피우며 기도하던, 전 기림사 대선사 각유(覺猷)에게서 얻은 것이니, 그는 자기가 몸소 본 것이라면서 날더러 적으라고 했다.

또한 경오년(1270)에 강화에서 환도할 때의 난리는 몹시 심하여 임진년보다도 더했다. 십원전의 감독인 선사 심감(心鑑)은 자기의 위태로움을 잊고 불아함을 가지고 나와 도둑의 난리에서 화를 피하게 하였다. 이 사실을 대궐에 알리니 왕은 그 공을 크게 높이 기리고 이름 있는 절로 옮겨 살게 하여 지금 빙산사에 머

묻고 있다. 이것도 역시 각유에게서 몸소 들은 것이다.

진흥왕 때인 천가 6년(을유, 565)에 진(陳) 나라에서는 유사와 중 명관을 시켜 불경과 논 1,700여 권을 보내왔으며, 정관 17년(643)에는 자장법사가 삼장 400여 상자를 싣고 돌아와서 통도사에 모셨다. 흥덕왕 때인 태화 원년(정미, 827)에는 당 나라에 간 학승인 고구려 중 구덕이 불경 몇 상자를 가지고 오니 왕은 여러 절의 승려들과 함께 나가서 흥륜사 앞길에 가서 맞이했다. 대중 5년(851)에는 당 나라에 보낸 사신 원홍이 불경 몇 축을 가지고 왔고, 나말에 보요선사가 두 번이나 오월국에 가서 대장경을 싣고 왔으니, 그는 곧 해룡왕사를 처음으로 세운 개산조이다.

송나라 원우 갑술년(1094)에 어떤 사람이 선사의 초상화를 기려서 말했다.

거룩하기도 하여라. 개조 스님이시여.
불끈 솟았구려. 저 참 모습이.
두 번이나 오월에 가,
대장경을 가지고 오는 데 성공했네.
보요(普耀)라는 법명을 하사하시고,
네 번이나 조서를 내리셨으니,
만일 그의 덕을 묻거든,
밝은 달 맑은 바람이라 하겠네.

또 대정 무렵(1161-1189)에 한남(漢南)의 관원인 팽조적이 시를 지어 남겼다.

물과 구름 서린 절에 부처님 계신 곳,
더구나 신령스런 용이 지킨다네.
마침내 이 좋은 절을 누가 이어받을까,
처음 전한 불교는 남쪽에서 왔는데.

발문(跋文, 책 끝의 글)이 있는데 이러하다. 옛날 보요선사가 처음으로 남쪽 월 나라에서 대장경을 구해 가지고 돌아오는데 바닷바람이 문득 일더니 조각배가 물결 사이에서 뒤집힐 것 같았다. 선사는 말하기를, 이것은 신룡이 대장경을 여기에 머물러 두려는 것이 아닐까 하고 드디어 주문으로 정성껏 축원하여 용까지 함께 받들고 돌아오니, 바람도 자고 물결도 가라앉았다. 본국에 돌아오자 산천을 두루 구경하면서 대장경을 모셔둘 곳을 구하다가 이 산에 이르렀는데 문득 서기 어린 구름이 산 위에서 일어나는 곳을 보고 이에 수제자 홍경(弘慶)과 함께 연사

(蓮社, 절)를 세웠으니, 불교가 동방으로 전해 온 것은 실로 이때에 시작된 것이었다. 한남 관기 팽조적은 글을 적는다.

이 해룡왕사에는 용왕당이 있는데 자못 신령스럽고 이상한 일이 많았다. 당시 용왕은 대장경을 따라와서 여기에 머물러 있었는데, 용왕당은 지금까지도 남아 있다.

또 천성 3년(무자, 928)에 묵화상(黙和尙)이 당에 들어가 역시 대장경을 가지고 왔으며, 고려 예종 때에는 혜조국사가 조서를 받들고 중국으로 유학을 가서 요본 대장경 3부를 사 가지고 왔다. 그 한 본은 지금 정혜사에 있다. 해인사에 한 본이 있고 허참정 댁에 한 본이 있다.

대안 2년(1086) 고려 선종 때에는 우세승통 의천(義天)이 송나라에 들어가서 천태교관을 많이 가지고 왔다. 이 밖에도 서적에 실리지 않은 고승과 신도들이 오가면서 가지고 온 것은 이루 자세히 적을 수가 없다. 대체로 불교가 동방으로 전해 오는 데는 그 앞길이 탁 트였으니 경사스러운 일이다. 기려서 말한다.

중국과 동방은 오히려 안개로 막혔고,
녹야원의 학수(鶴樹, 사라쌍수)는 2천 년이네.
불교가 바다 건너 이 땅에 오니 참으로 경배할 일이라,
동진(東震, 신라)과 서건(西乾, 인도)이 한 세상이라네.

여기에 기록되어 있는 의상전을 살펴서 보면 이러하다. 의상은 영휘 초년(650)에 당 나라에 들어가 지엄선사를 뵈었다고 한다. 하지만 부석사 비문에 따르면, 의상은 무덕 8년(625)에 태어나 어려서 중이 되었다. 영휘 원년(경술, 650)에 원효와 함께 당 나라에 들어가려고 고구려에 갔다가 어려운 일이 있어서 그대로 돌아왔다. 용삭 원년(신유, 661)에 의상은 다시 당에 들어가 지엄법사에게 배웠다.

총장 원년(668)에 지엄법사가 죽자 함형 2년(671)에 의상은 신라로 돌아왔다. 그는 장안 2년(임인, 702)에 죽으니 나이 78세였다고 했다. 그러면 지엄과 함께 선율사가 있는 곳에서 재를 올리고, 천제의 궁인 천궁(天宮)의 불아를 청하던 일은 신유년(661)에서 무진년(668)까지 7, 8년 사이가 될 것이다. 고려 고종이 강화로 옮기던 임진년(1232)에 천궁의 7일 기한이 다 찼다고 의심한 것은 잘못된 것이다. 도리천의 하루는 인간 백세에 값하는 것이다.

또 의상이 처음 당에 갔던 신유년(661)에서부터 헤아려 고려 고종 임진년(1232)까지는 693년이니 경자년(1240)에 이르러야 비로소 7백년이 된다. 또한 7일 기한도 차는 것이다. 환궁하던 지원 7년(경오, 1270)까지는 730년이니, 만일 하늘

의 천제의 말과 같이 7일 뒤에 천궁으로 돌아갔다고 하면 심감선사(心鑑禪師)가 환도할 때 가져다 바친 것은 필시 진짜 불아가 아니었을 것이다.

같은 해 봄 환도하기 전에 왕은 대궐 안 여러 종단의 이름난 중들을 모아서 불아와 사리를 빌어 구하여 비록 정성을 다했지만 하나도 얻지 못했으니, 틀림없이 7일 기한이 차서 하늘로 올라간 듯하다. 지원 21년(갑신, 1284)에 국청사의 금탑을 손질하고 충렬왕은 장목왕후와 함께 묘각사에 거둥하여 신도 무리들을 모아 기리고 예배했다. 이일이 끝나자 심감이 바친 불아와 낙산의 수정염주와 여의주를 군신과 여러 신도들이 모두 쳐다보고 예배한 뒤에 함께 금탑 안에 모셔 두었다. 나도 역시 이 모임에 자리하여 이른바 불아라고 하는 것을 직접 보았는데 그 길이는 세 치 쯤 되고 사리는 없었다. 무극(無極)은 쓴다.

미륵선화(彌勒仙花) 미시랑 진자사

신라 제24대 진흥왕의 성은 김씨(金氏)요, 이름은 삼맥종(彡麥宗)인데, 달리 심맥종(深麥宗)이라고도 한다. 양(梁) 나라 대동 6년(경신, 540)에 보위에 올랐다. 큰아버지인 법흥왕의 뜻을 따라서 한 마음으로 부처를 받들어 널리 절을 세우고, 또 많은 사람들에게 중이 되기를 허락했다. 왕은 또 천성이 순결한 성품이어서 크게 신선을 숭상하여 민가의 처녀들 중에 아름다운 이를 뽑아서 원화(原花)를 삼았다. 이것은 무리를 모아서 사람을 뽑고 그들에게 효도와 충성을 가르치려 함이었으며, 이것은 또한 나라를 다스리는 방편이기도 했다. 이에 남모랑(南毛娘)과 교정랑(姣貞娘)의 두 원화를 뽑았고, 여기에 모여든 사람이 3,4백 명이나 되었다. 교정이 남모를 미워하여 술자리를 마련하고 남모에게 취하도록 먹인 뒤에 남몰래 북천으로 데리고 가서 큰 돌을 들고 그 속에 파묻어 죽였다. 이에 그 무리들은 남모가 간 곳을 알지 못해서 슬피 울다가 헤어졌다. 그러나 그 음모를 아는 자가 있어서, 노래를 지어 거리의 어린아이들을 꾀어서 부르게 하니, 남모의 무리들이 노래를 듣고 그 시체를 북천 속에서 찾아내고 교정을 죽여 버리니 이에 대왕은 영을 내려 원화의 제도를 없앴다. 그런 지 여러 해가 되자 왕은 또 나라를 일으키려면 반드시 풍월도(風月道)를 먼저 만들어야 한다고 생각했다.

다시 영을 내려 양가의 남자 중에 덕행이 있는 자를 뽑아 이름을 고쳐 화랑이라 하고, 비로소 설원랑(薛原郞)을 받들어 국선을 삼으니, 이것이 화랑 국선의 시초이다. 마침내 명주(溟洲, 강릉)에 비를 세우고, 이로부터 사람들로 하여금 악한 것을 고쳐 착한 일을 하도록 하고 윗사람을 삼가 우러르고 아랫사람에게 순종하

게 하니 오상(五常)과 육예(六藝)와 삼사(三師)와 육정(六正)이 왕의 시대에 널리 행해졌다.[126]

진지왕 때에 와서 흥륜사 중 진자(眞慈, 혹은 貞慈)가 줄기차게 이 당의 주인인 미륵상 앞에 나가 발원하여 다짐해 말했다.

"우리 대성(大聖, 미륵불)께서는 화랑으로 화하여 이 세상에 나타나 제가 끊임없이 모습을 가까이 뵙고 받들어 시중을 들게 해 주십시오."

그 정성스럽고 절절하게 기원하는 마음이 날로 더욱 두터워지자, 어느 날 밤 꿈에 웬 승려가 말했다.

"네가 웅천(熊川, 현 공주) 수원사(水源寺)에 가면 미륵선화를 볼 수 있을 것이다."

진자는 꿈에서 깨자 놀라고 기뻐하여 그 절을 찾아 열흘길을 가는데 발자국마다 절을 하며 그 절에 이르렀다. 문 밖에 탐스럽고 곱게 생긴 한 소년이 있었다. 그가 예쁜 눈매와 입맵시로 맞이하여 작은 문으로 데리고 들어가 사랑방으로 안내하니, 진자는 올라가 인사하고 말한다.

"그대는 평소에 나를 모르는 터에 어찌하여 이렇듯 친절하게 대하는가."

소년이 말한다.

"나도 또한 서라벌 사람입니다. 스님이 먼 곳에서 오시는 것을 보고 위로했을 뿐입니다."

이윽고 소년은 문 밖으로 나가더니 어디로 갔는지 알 수가 없었다 진자는 속으로 우연한 일일 것이라 생각하고 조금도 이상하게 여기지 않았다. 다만 절의 중들에게 지난밤의 꿈과 자기가 여기에 온 뜻만 얘기하였다.

"잠시 서 아랫자리에서 미륵선화를 기다리고자 하는데 어떻겠소."

절에 있는 중들은 그의 마음이 흔들리는 것을 알았지만 그의 절절한 모습을 보고 말했다.

---

126 국사(國史)에 보면, 진지왕 대건 8년(庚申)에 처음으로 화랑을 받들었다 했으나 이것은 사전(史傳)의 잘못일 것이다.

"여기서 남쪽으로 가면 천산(千山)이 있는데 옛날부터 현인과 철인이 머물고 있어서 영감이 많다고 하오. 그곳으로 가 보는 것이 좋을 게요."

진자가 그 말을 쫓아 산 아래에 이르니, 산신령이 노인으로 변하여 나와 맞으면서 말한다.

"여기에 무엇 하러 왔는가."

진자가 대답한다.

"미륵선화를 보고자 합니다."

노인이 또 말한다.

"저번에 수원사 문 밖에서 이미 미륵선화를 보았는데 다시 무엇을 보려는 것인가."[127]

진자는 이 말을 듣고 놀라 이내 달려서 본사로 돌아왔다. 그런 지 한 달이 넘어 진지왕이 이 말을 듣고는 진자를 불러서 그 까닭을 묻고 말했다.

"그 소년이 스스로 서라벌 사람이라고 했으니 성인은 거짓말을 하지 않는데 왜 성 안을 찾아보지 않았소?"

진자는 왕의 뜻을 받들어 무리들을 모아 두루 마을을 돌면서 찾으니, 외모를 갖추어 얼굴 모양이 곱상한 한 소년이 영묘사 동북쪽 길가 나무 밑에서 거닐며 놀고 있었다. 진자는 그를 만나보자 놀라서 말한다.

"이분이 미륵선화다."

---

127 **미륵선화(彌勒仙化)** : 미륵선화에 대한 풀이는 다양하다. 미륵선화는 미륵화현 화랑(김영태), 미륵이 화랑으로 화현-석가모니는 국왕, 미륵은 화랑(이기백), 화랑이 지닌 종교적 요소가 미륵신앙과 융합으로 풀이하였다. 여기 미르〔未尸〕는 미륵이며 용을 상징한다(미시나). 미르〔未尸〕는 밑의 음차로 중매인을 가리킨다. 이는 증보의 옛말이 밑이므로 그러하다. 미륵은 산스크리트어로 마이트레야(मैत्रेय, maitreya)에서 비롯한다. 다시 약속을 상징하는 인도의 신 미트라(mitra)로 거슬러 오른다. 마이트레야의 뜻은 자비롭다 이니 미륵을 자씨(慈氏) 혹은 자존(慈尊)이라 부른다. 향가의 미시〔未尸〕를 미르라 읽는다. 미륵의 륵에서 종성을 읽지 않으므로 -르(r)-라 한다. 여기 시(尸)는 루(屢)의 약자이다. 그러니까 글자로는 시(尸)라 써 놓고 읽기는 -르(r)-로 읽음이 온당하다(문경현). 미시랑이 본디 신라 사람이라 함은 미륵이 경주에서 나타난다는 신앙을 드러낸 것이다. 백제에서 신라로 신앙의 구심점을 옮겨간다는 것이다(최완수, 2000).(삼국유사사전)

그는 나가서 물었다.

"소년의 집은 어디며 성은 누구신지 듣고 싶습니다."

낭이 대답한다.

"제 이름은 미르(未尸, 시(尸)는 력(力)의 약자)이고, 어렸을 때 부모를 모두 여의어 성이 무엇인지 모릅니다."팔관회(八關會)와 관련한 팔관재계는 팔재계(八齋戒), 팔계(八戒), 팔계재(八戒齋), 팔지재법(八支齋法)이라고도 한다. 재가의 신도가 하룻밤, 하루 낮 동안을 오롯이 받아 지니는 계율이다. 팔관의 관(關)은 금한다는 뜻이며 살생, 도둑질, 음행 등의 여덟 가지 잘못을 하지 말고 막아서 범하지 않는 것이다. 재(齋)란 하루 동안 오전에 한 끼만 먹고 오후에는 먹고 마시지 않으며 마음의 더러움을 맑게 씻는 의식이다. 계(戒)란 몸으로 짓는 허물과 그릇됨을 금하여 방지하는 것이다.

이에 진자는 그를 가마에 태워 가지고 들어가 왕께 뵈었다. 왕은 그를 존경하고 사랑하여 받들어 국선을 삼았다. 그는 화랑도 무리들을 서로 화목하게 하고 예의와 덕화가 보통사람과 달랐다. 그는 풍류를 세상에 빛내더니 7년이 되자 문득 어디로 갔는지 알 수가 없었다. 진자는 몹시 슬퍼하고 그리워했다. 미르랑의 자애로운 은혜를 많이 입었고 맑은 덕화를 이어 스스로 뉘우치고 정성을 다하여 도를 닦으니, 늘그막에 그 역시 어디 가서 죽었는지 알 수가 없었다.

풀이하는 이가 말한다.

"미(未)는 미(彌)와 음이 서로 같고 시(尸)는 력(力)과 글자 모양이 서로 비슷하기 때문에 그 가까운 것을 취해서 바꾸어 부르기도 한 것이다. 부처님이 유독 진자의 정성에 감동된 것만이 아니라 이 땅에 인연이 있었기 때문에 가끔 나타났던 것이다."

지금까지도 나라 사람들이 신선을 가리켜 미륵선화라 하고 중매하는 사람들을 미시(未尸)라고 하는 것은 모두 진자가 남긴 풍속이다. 길가의 노방수를 지금까지도 견랑수(見郎樹)라 하고 또 우리말로 사여수(似如樹, 혹은 인여수(印如樹))라고 한다. 기려서 말한다.

선화 찾아 한 걸음씩 우러러 사모한 모습,
곳곳마다 심은 것은 한결같은 공덕일세.
문득 봄은 가고 찾을 곳 없더니,

누가 알았으리. 월성의 꽃도 한 때임을.

남백월이성(南白月二聖) 노힐부득 달달박박

백월산양성성도기(白月山兩聖成道記)에 이렇게 올렸다. 백월산은 신라 구사군(仇史郡, 혹은 屈自郡, 현 창원)의 북쪽에 있었다. 산봉우리는 기이하고 빼어났는데 그 산줄기가 수백 리에 뻗쳐 있어 참으로 큰 진산이다. 옛 노인들이 서로 전해서 말했다.

"옛날 당 나라 황제가 언젠가 못을 하나 팠는데, 달마다 보름 전이면 달빛이 밝고, 못 중에 산이 하나 있고 사자처럼 생긴 바위가 꽃 사이로 은은히 비쳐서 못 중에 그림자를 나타냈다. 황제는 그림을 그리는 화원을 시켜서 그 모양을 그리게 하여 사자를 보내서 온 천하를 돌면서 찾도록 했다. 사신이 해동(海東, 신라)에 이르러 보니 그 산에 큰 사자암이 있고 산의 서남쪽 두어 걸음쯤 되는 곳에 삼산이 있는데 그 이름은 화산(花山, 산은 하나인데 봉우리가 셋, 삼산(三山))으로서 모양이 그림과 같았다. 그러나 아직 진짜인지 아닌지 알 수 없어서 신 한 짝을 사자암 꼭대기에 걸어 놓고 돌아와 아뢰었다. 그런데 신 그림자도 역시 못에 비치므로 황제는 이상히 여겨 그 산 이름을 백월산이라고 했다. 보름 전에는 백월의 그림자가 못에 나타나기 때문에 그렇게 부른 것이다."

그러나 그 후로는 못 중에 산 그림자가 없어졌다. 이 산의 동남쪽 3천보 쯤 되는 곳에 선천촌(仙川村)이 있고, 그 마을에는 두 사람이 머물고 있었다. 한 사람은 노힐부득(努肹夫得, 혹은 등(等))이니 아버지는 이름을 월장(月藏)이라 했고, 어머니는 미승(味勝)이라 했다. 다른 한 사람은 달달박박(怛怛朴朴)이니 그의 아버지는 이름을 수범(修梵)이라 했고, 어머니는 범마(梵摩)라 했다. 향전에는 치산촌(雉山村)이라 했으나 잘못이다. 두 사람의 이름은 방언이니 두 집에는 각각 두 선비의 마음과 행동이 등등하고 꿋꿋하다는 두 가지 뜻에서 이렇게 부른 것이다.

이들은 모두 풍채와 기상이 뛰어나고, 속세를 떠날 마음이 있어 서로 좋은 친구였다. 20세가 되자 마을 동북쪽 고개 밖에 있는 법적방(法積房)에 가서 머리를 깎고 중이 되었다. 얼마 되지 않아, 서남쪽 치산촌 법종곡 승도촌에 옛 절이 있었다. 거기서 머물만하다는 말을 듣고, 함께 가서 대불전(大佛田)과 소불전(小佛田)의 두 마을에 각각 살았다. 부득은 회진암(懷眞巖)에 살았는데 혹은 이곳을 양사(壤寺, 지금 회진동에 자리한 옛 절터)라고도 했고, 박박은 유리광사(瑠璃光寺,

지금 이산 위에 있는 절터)에 살았다. 이들은 모두 처자를 데리고 와서 살면서 일을 하고 서로 오가면서 마음을 닦고 편안히 살다가 속세를 떠날 마음을 잠시도 잊지 않았다. 그들은 몸과 세상의 무상함을 느껴 서로 말했다. 기름진 밭과 풍년 든 해는 참으로 좋은 것이지만 의식이 마음대로 생기고 자연히 배부르고 등 따뜻함을 얻는 것만 못하다. 또 아내와 집이 참으로 좋으나, 이상향인 연지화장(蓮池花藏, 연화장 세계)에서 여러 부처가 앵무새나 공작새와 함께 놀면서 서로 즐기는 것만 못하다. 더구나 불도를 배우면 응당 부처가 되고, 참된 것을 닦으면 반드시 참된 것을 얻는 데에 있어서랴. 지금 우리들은 이미 머리를 깎고 중이 되었으니 마땅히 몸에 얽매어 있는 것을 벗어 버리고 더함이 없는 무상의 도(道)를 이루어야 할 것인데, 어찌 이 속세에 파묻혀 세속 무리들과 같이 지내서야 되겠는가. 이들은 드디어 속세를 떠나서 장차 깊은 골짜기로 들어가려 했다. 어느 날 밤 꿈에 백호(白毫, 부처)의 빛이 서쪽에서 오더니 빛 속에서 금빛 팔이 내려와서 두 사람의 이마를 쓰다듬어 주었다. 꿈에서 깨어 그 얘기를 하니 두 사람의 말이 똑같으므로 이들은 모두 한참 동안 감탄하다가 드디어 백월산 무등곡(無等谷, 현 남수동)으로 들어갔다.

박박사(朴朴師)는 북쪽 고개의 사자암을 차지하여 판잣집 8척 방을 만들고 살았으므로 판방(板房)이라 하고, 부득사(夫得師)는 동쪽 고개의 무더기 돌 아래 물이 있는 곳을 차지하고 역시 방을 만들어 살았으므로 뇌방(磊房)이라고 했다.[128] 이들은 각각 암자에 살면서 부득은 미륵불을 성심껏 섬겼고, 박박은 미타불을 예배하고 찬송했다.

3년이 못되어 경룡 3년(기유, 709) 4월 8일은 성덕왕 즉위 8년이다. 서산에 해는 저물었다. 나이 20이 가깝고 얼굴이 매우 아름다운 낭자가 난초의 향기와 사향 냄새를 풍기면서 문득 북암(北庵, 향전에는 남암)에 와서 자고 가기를 청하면서 시를 지어 읊었다.

> 가년 길에 해는 지고 모든 산이 어둡고,
> 길은 막히고 성은 멀어 인가도 아득하네.
> 오늘은 이 암자에서 쉬고자 하오니,
> 자비스러운 스님은 노여워 마시오.

---

128 향전에는, 부득은 산 북쪽 유리동에 살았으니 곧 지금의 판방이요, 박박은 산 남쪽 법정동 뇌방에 살았다고 했으니 이 기록과는 서로 반대된다. 지금 와서 보면 향전이 잘못되었다.

박박은 말했다.

“절은 깨끗해야 하는 곳이니 그대가 가까이 올 곳이 아니오. 어서 다른 데로 가고 여기에서 머물지 마시오.”

하고는 문을 닫고 들어갔다. 기(記)에는 말하기를, 나는 모든 잡념이 없으니 혈낭(血囊, 정욕)을 가지고 시험하지 말라고 했다. 낭자는 남암(南庵, 향전에는 북암)으로 돌아가서 또 전과 같이 청하니 부득은 말했다.

“그대는 이 밤중에 어디서 왔나요.”

낭자가 대답한다.

“맑기가 우주와 같은데 어찌 오고 가는 것이 있겠습니까. 다만 어진 선비의 바라는 뜻이 깊고 덕행이 높다는 말을 듣고 장차 도와서 불도를 이루고자 해서일 뿐입니다.”

그리고는 게송 하나를 주었다.

해 다 저문 깊은 산길에,
가도 가도 인가는 보이지 않네.
대나무와 소나무 숲은 그윽하고,
골짜기에 물소리 더욱 새로워라.
자고 가고자 함은 길 잃어서가 아니요,
도력이 높은 스님을 인도하려 함이로다.
원컨대 나의 청을 들어만 주시오.
길손이 누구인가를 묻지 마오.

부득은 이 말을 듣고 몹시 놀라면서 말했다.

“이곳은 여자와 함께 있을 곳이 아니나, 중생을 따르는 것도 역시 보살행의 하나일 것이오. 더구나 깊은 산골짜기에 날이 어두웠으니 어찌 팍팍하게 대접할 수 있겠소.”

이에 그를 맞아 인사하고 암자 안에 머물게 했다. 밤이 되자 부득은 마음을 맑게 하고 희미한 등불이 비치는 벽 밑에서 고요히 염불했다. 밤이 새려 할 때 낭자는 부득을 불러 말했다.

"내가 갑자기 아이를 낳을 산고가 있으니 원컨대 스님께서는 짚자리를 준비해 주십시오."

부득이 불쌍히 여겨 물리치지 못하고 은은히 촛불을 비치니 낭자는 이미 해산을 끝내고 또 다시 목욕하기를 청한다. 부득은 부끄러움과 두려움이 마음속에 얽혔으나, 불쌍히 여기는 마음이 그보다 더해서 마지못하여 또 목욕통을 준비해서 낭자를 통 안에 앉히고 물을 데워 목욕을 시키니 이미 통 속 물에서 짙은 향을 풍기면서 금물로 변한다. 부득이 크게 놀라자 낭자가 말했다.

"우리 스님께서도 이 물에 목욕하는 것이 좋겠습니다."

부득이 마지못하여 그 말을 좇았더니 문득 정신이 상쾌해지는 것을 깨닫고 살결이 금빛으로 되고, 그 옆을 보니 문득 연화대 하나가 생겼다. 낭자가 부득에게 앉기를 권하고 말한다.

"나는 관음보살인데 여기 와서 대사를 도와 큰 보리를 이루도록 한 것이오."

말을 마치더니 이내 보이지 않았다. 한편 박박이 생각하기를, 부득이 오늘 밤에 반드시 계율을 어겼을 것이니 비웃어 주리라. 하고 가서 보니 부득은 연화대에 앉아 미륵존상이 되어 날빛이 비치는데 그 몸은 금빛으로 변해 있었다. 박박은 자기도 모르게 머리를 조아려 절하고 말한다.

"어떻게 해서 이렇게 되었습니까."

부득이 그 까닭을 자세히 말해 주니 박박은 뉘우치며 말한다.

"나는 마음속에 걸리는 것이 있어서, 다행히 부처님을 만났으나 도리이 예우를 못했으니, 큰 덕이 있고 지극히 어진 그대가 나보다 불도를 먼저 이루었소. 부디 옛날의 우정을 잊지 마시고 성불을 함께 도와주시기 바랍니다."

부늑이 말한다.

"통 속에 금물이 남았으니 목욕함이 좋겠습니다."

박박이 목욕을 하여 부득과 같이 무량수를 이루니 두 부처가 서로 나란히 있었다. 산 아래 마을 사람들이 이 말을 듣고 다투어 와서 우러러보고 감탄하기를, 참으로 드문 일이라고 했다. 두 부처는 그들에게 불법의 속내를 풀이하고 나서, 온몸으로 구름을 타고 가 버렸다.

천보 14년(을미, 755)에 신라 경덕왕이 즉위하여 이 말을 듣고 정유년(757)에 사자를 보내서 큰 절을 세우고 이름을 백월산 남사(南寺)라 했다.[129] 광덕 2년(갑진, 764) 7월 15일에 절이 완성되자, 다시 미륵존상을 만들어 금당에 모시고 걸개를 현신성도미륵지전(現身成道彌勒之殿)이라 했다.[130] 또 아미타불상을 만들어 강당에 모셨는데, 남은 금물이 모자라 몸에 전부 바르지 못했기 때문에 아미타불상에는 역시 얼룩진 흔적이 있다. 그 걸개를 현신성도무량수전이라 했다.

논평해 말한다.

"낭자는 참으로 부녀의 몸으로서 중생을 보듬었다 할 만하다."

화엄경에 마야부인 선지식이 십일지에 살면서 부처를 낳아 해탈문을 얻음과 같다. 이제 낭자의 순산한 뜻이 여기에 있으며, 그가 준 글은 슬프고도 간절하고 사랑스러워서 신선의 정취가 있다. 아, 낭자가 만일 중생을 따라서 다라니를 해득할 줄 몰랐더라면 과연 이같이 할 수가 있었겠는가. 그 글 끝에는 마땅히, 맑은 바람의 드러냄을 꾸짖지 말라고 했어야 할 것이나 그렇게 하지 않은 것은 대개 세속의 말과 같이 하고 싶지 않았던 것이다. 기려서 말한다.

푸른빛에 젖어든 바위 앞에 문 두드리는 소리,
이미 해 저문데 누가 구름 속 길을 찾는가.
남암이 가까운데 그리로 갈 것이지,
푸른 이끼 밟고서 내 뜰을 더럽히지 마오.

위는 북암을 예찬한 글이다.

골짝은 어두운데 어디로 가겠소.
이미 어두운 안개 자욱하다네.
남암에 쉴 자리 있으니 머물다 가오.
밤 깊어 백팔 염주만 굴리고 있으니,
길손이 잠을 깰까 두려워라.

위는 남암을 예찬한 글이다.

---

129 고기엔 천감 24년 을미에 법흥왕이 보위에 올랐다고 했으나 그 선후가 뒤바뀐 것이 어찌 이렇게 심할까.

130 고기에는 대력 원년이라고 했으나 역시 잘못된 것이다.

십 리 솔 그림자에 길을 헤매다가,
한밤에 절의 중을 찾아서 간을 보았다네.
세 차례 목욕 끝나니 날이 새려는데,
두 아이 낳아 던져두고 서쪽으로 갔네.

위는 성스러운 낭자를 기린 것이다.

분황사천수대비(芬皇寺千手大悲) 맹아득안

경덕왕 무렵 한기리(漢岐里)에 사는 희명(希明)이라는 부인의 아이가, 난 지 5년만에 문득 눈이 멀었다. 어느 날 어머니는 이 아이를 안고 분황사 좌전 북쪽 벽에 그린 천수관음 앞에 나가서 노래를 지어 아이에게 빌게 했더니 드디어 눈을 떴다. 그 노래는 이러하다.

무릎을 세우고 두 손바닥 모아,
천수관음 앞에 비옵나이다.
천 개 손과 천 개 눈의 하나를 내어 덜어주시기를,
둘 다 없는 이 몸이오니 하나만이라도 주시옵소서.
아아,
나에게 주시오면,
그 자비가 얼마나 클 것인가.

기려서 말한다.

대말을 타고 파피리 불며 벗과 거리에서 놀더니,
하루 아침에 두 눈이 멀어버렸네.
보살님이 자비로운 눈을 돌리지 않았다면,
몇 년이나 버들 꽃을 못 보고 지냈으랴

낙산이대성(洛山二大聖) 관음 정취 조신

옛날 의상법사가 처음 당 나라에서 돌아와 관음보살의 진신이 이 해변 어느 굴안에 머문다는 말을 듣고, 이곳을 낙산(洛山)이라고 불렀다. 대개 서역에 보타락가산(寶陀洛伽山)이 있기 때문이다. 이것을 소백화라고도 한다. 백의관음의 실상이 머물러 있는 곳이기 때문에 이것을 빌어다가 이름을 지은 것이다.

여기서 의상이 몸과 마음을 깨끗이 하는 재계(齋戒)를 한 뒤 7일 만에 방석을 새벽 물 위에 띄웠다. 불교 지킴의 장수인 용천팔부(龍天八部)의 부하들이 굴속으로 안내해 들어가므로 공중을 향해 예배하니 수정으로 만든 염주 한 꾸러미를 내준다. 의상이 받아 가지고 물러나오니, 동해의 용이 또한 여의주 한 알을 바치므로 의상이 받들고 나와서 다시 7일 동안 몸과 마음을 깨끗이 하고 나서 비로소 관음의 참 모습을 보았다. 관음이 말한다.

"법사가 앉아 있는 산마루에 한 쌍의 대나무가 솟아날 것이니, 그곳에 절을 짓는 것이 마땅하다."

법사가 듣고 굴에서 나오니 정말로 대나무가 땅에서 솟아 나왔다. 여기에 절을 짓고 관음상을 만들어 모시니, 그 둥근 얼굴과 고운 바탕이 마치 자연스럽게 생긴 달 같았다. 대나무가 도로 없어졌다. 그제야 비로소 관음이 머물고 있는 곳임을 알았다. 이 때문에 그 절 이름을 낙산사라 하고, 법사는 자기가 받은 두 구슬을 불전에 모시고 그곳을 떠났다.

그 뒤 원효법사가 뒤를 이어 와서 여기에 예불을 올리려고 하였다. 처음에 남쪽들에 이르자 논에서 흰 옷을 입은 여인이 벼를 베고 있었다. 원효가 농담 삼아 그 벼를 달라고 청하니, 여인은 벼가 잘 영글지 않았다고 대답한다. 또 가다가 다리 밑에 이르니 한 여인이 월수백(月水帛, 달거리 서답)을 빨고 있었다. 법사가 물을 달라고 청하자 여인은 그 더러운 물을 떠서 바친다. 원효는 그 물을 엎질러 버리고 다시 냇물을 떠서 마셨다. 이때 들 가운데 서있는 소나무 위에서 파랑새 한 마리가 그를 불러 말한다.

"제호(醍瑚) 스님은 쉬십시오."

그리고는 문득 숨고 보이지 않았다. 그 소나무 밑에는 신 한 짝이 벗겨져 있었다. 원효가 이윽고 절에 이르자 관음보살상의 자리 밑에 또 전에 보던 신 한 짝이 벗겨져 있으므로 그제야 전에 만난 여인이 관음의 진신임을 알았다. 때문에 당시 사람들은 그 소나무를 관음송이라 했다. 원효는 굴로 들어가서 다시 관음의 참 모습을 보려고 했으나 풍랑이 크게 일어나 들어가지 못하고 그대로 떠났다.

그 뒤 굴산조사 범일(梵日)이 태화 무렵(827-835)에 당 나라에 들어가 명주(明州) 개국사에 이르니 한 중이 왼쪽 귀가 없어진 채 여러 중들의 끝자리에 앉아 있다가 조사에게 말한다.

"나도 또한 같은 고향 사람으로, 내 집은 명주(溟州, 강릉)의 경계인 익령현 덕기방(德耆坊)에 있습니다. 조사께서 다음날 본국에 돌아가시거든 모름지기 내 집을 지어주셔야 합니다."

이윽고 조사는 총석(叢席, 도량)을 두루 돌아다니다가 염관(鹽官) 대사에게서 법을 얻고 회창 7년(정묘, 847)에 본국으로 돌아오자 먼저 굴산사를 세우고 불교를 전했다.[131] 대중 12년(무인, 858) 2월 보름 밤 꿈에, 전에 보았던 중이 창문 밑에 와서 말한다.

"옛날에 중국의 명주 개국사(開國寺)에서 조사와 함께 약속을 하여 이미 승낙을 얻었습니다. 그런데 어찌 이렇게 늦는 것입니까."

조사는 놀라 꿈에서 깨자 사람 수십 명을 데리고 익령(翼嶺, 강릉) 가까이에 가서 그가 사는 곳을 찾았다. 한 여인이 낙산(洛山) 아래 마을에 머물고 있으므로 그 이름을 물으니 덕기(德耆)라고 하였다. 그 여인에게 아들 하나가 있는데 나이 겨우 8살로 끊임없이 마을 남쪽 돌다리에 나가 놀았다. 그는 어머니께 말한다.

"나와 같이 노는 아이들 중에 금빛이 나는 아이가 있습니다."

어머니는 이 사실을 조사에게 말했다. 조사는 놀라고 기뻐하여 그 아이와 함께 놀았다는 다리 밑에 가서 찾아보니 물속에 돌부처 하나가 있는데 꺼내 보니 한쪽 귀가 없어진 것이 전에 보았던 중과 같았다. 이것은 곧 정취보살(正趣菩薩)의 불상이었다. 이에 간자(簡子, 대쪽)를 만들어 절을 지을 곳을 점쳤더니 낙산 위가 제일 좋다고 하므로 여기에 불당 3칸을 지어 그 불상을 모셨다. 고본에는 범일의 일이 앞에 있고, 의상과 원효의 일은 뒤에 있다. 그러나 살펴 보건대, 의상과 원효 두 법사의 일은 당 나라 고종 때에 있었고, 범일의 일은 회창 뒤에 있었다. 그러니 연대가 서로 120여 년이나 차이가 난다. 그러기에 지금은 앞뒤를 바꾸어서 책을 꾸몄다. 혹은 범일이 의상의 문인이라고 하지만 이것은 잘못된 말이다.

그 뒤 100여 년이 지나 들에 불이 나서 이 산까지 번져 왔다. 그러나 오직 관음, 정취 두 성인을 모신 불전만은 그 화재를 면했고, 그 나머지는 모두 타 버렸다. 몽고의 침략이 있던 이후인 계축, 갑인년 무렵(1253-54)에 두 성인의 참 얼굴과 두 보주를 양주성(襄州城, 양양)으로 옮겼다. 몽고 군사가 갑자기 쳐들어와

131 이 일은 모두 본전에 자세히 있다.

성이 장차 점령을 당하게 되므로 주지인 아행(阿行, 일명 희현(希玄))이 은으로 만든 도자기 합에 두 구슬을 넣어 가지고 달아나려 하자 이것을 절에 있는 머슴 걸승(乞升)이 빼앗아 땅속에 깊이 묻고 다짐했다. 내가 만일 전쟁에 죽음을 면하지 못한다면, 두 구슬은 끝내 인간 세상에 나타나지 못해서 아는 사람이 없을 것이요, 내가 만일 죽지 않는다면, 마땅히 이 두 보물을 받들어 나라에 바칠 것이다. 갑인년(1254) 10월 22일 이 성이 점령당하여 아행은 죽었으나 걸승은 죽지 않았다. 그는 적군이 물러가자 이것을 파내어 명주도(溟州道, 강릉) 감창사에게 바쳤다. 이때 낭중 이록수(李祿綏)가 창고를 감독하는 감창사(監倉使, 6품 관원)였는데, 이것을 받아 감창고 안에 간직해두고 교대할 때마다 서로 전해서 이어받았다.

무오년(1258) 11월에 이르러 불교계의 어른인 기림사 주지 대선사 각유(覺猷)가 임금께 아뢰었다.

"낙산사의 두 보주는 나라의 신령한 보배입니다. 양주성(襄州城, 양양)이 점령당할 때 절의 종 걸승이 성 안에 묻었다가 적군이 물러간 뒤에 파내서 감창사에게 바쳐서 명주영(溟州營, 강릉)의 창고 안에 간수하여 왔습니다. 지금 명주성도 지킬 수가 없게 되면 마땅히 궁으로 옮겨 두는 것이 좋겠습니다."

임금은 이를 허락하고 야별초 10명을 내어 걸승을 데리고 명주성에서 두 보배 구슬을 갖다가 궁 안에 잘 모셔 두었다. 그 때 사자로 간 10명에게는 각각 은 1근과 쌀 5석씩을 주었다.

옛날 서라벌이 도읍이었을 때 세규사(世逵寺, 영월 흥교사)의 농원이 명주 날리군(㮈李郡)[132]에 있었다. 낙산사에서 중 조신(調信)을 보내서 농장을 맡아 관리하게 했다. 조신이 농장에 와서 강릉 태수 김흔(金昕) 공의 딸을 좋아해서 한 눈에 반하게 되었다. 여러 번 낙산사 관음보살 앞에 가서 남몰래 그 여인과 살게 해달라고 빌었다. 그 뒤로부터 몇 해 동안 그 여인에게는 이미 남편이 생겼다. 그는 또 불당 앞에 가서 관음보살이 자기의 소원을 들어주지 않는다고 탓하며 날이 저물도록 슬피 울다가 연모하는 마음에 지쳐서 잠깐 잠이 들었다. 꿈속에 문득 김낭자가 기쁜 낯빛을 하고 문으로 들어와 활짝 웃으면서 말한다.

132 지리지를 살펴보면, 명주에는 날리군이 없고 오직 날성군이 있을 뿐이다. 이것은 본디 날생군(㮈生郡)이니 지금의 영월이다. 또 우수주(牛首州, 춘천) 영현에 날령군(㮈靈郡)이 있었다. 본디는 날이군(㮈已郡)이요, 지금의 강주(剛州, 영주)이다. 우수주는 지금의 춘주이니 여기에 말한 내리군은 어느 곳인지 알 수가 없다.

“저는 일찍부터 스님을 잠깐 뵙고 알게 되어 마음속으로 연모해서 잠시도 잊지 못했으나 부모의 말씀에 못 이겨 억지로 딴 사람에게로 시집갔다가 이제 부부가 되기를 원해서 왔습니다.”

이에 조신은 매우 기뻐하여 그녀와 함께 고향으로 돌아가기로 했다. 그녀와 40여 년간 같이 살면서 아이 다섯을 두었다. 집은 다만 네 벽뿐이고, 거친 음식마저도 마련할 수가 없어서 마침내 꼴이 말이 아니어서 식구들을 이끌고 여기저기 다니면서 얻어먹고 지냈다. 이렇게 10년 동안 마을로 두루 다니니 옷은 여러 조각으로 찢어져 몸도 가릴 수가 없었다. 마침 명주 해현령(蟹縣嶺)을 지나는데 15살 난 큰 아이가 문득 굶고 병들어 쓰러져 죽자 울며 불면서 길가에 묻었다. 남은 네 식구를 데리고 그들 내외는 우곡현(羽曲縣, 현 우현(羽縣))에 이르러 길가에 초가집을 짓고 살았다. 이제 내외는 늙고 병들었다. 게다가 굶주려서 일어나지도 못했다. 10살 난 딸아이가 밥을 빌어다 먹었다. 아이가 다니다가 마을의 개에게 물렸다. 물린 아픔을 울부짖으면서 앞에 와서 누우니 부모도 목이 메어 눈물을 흘렸다. 부인이 눈물을 씻더니 문득 단호하게 말한다.

“내가 처음 그대를 만났을 때는 얼굴도 아름답고 나이도 젊었으며 입은 옷도 깨끗했었지요. 한 가지로 맛있는 음식도 그대와 나누어 먹었고, 옷 한 가지도 그대와 나누어 입어, 집을 나온 지 50년 동안에 정이 깊어졌고 사랑도 굳어졌으니 참으로 도타운 인연이라고 하겠습니다. 하지만 요즘에 와서는 쇠약한 병이 날로 더해지고 굶주림과 추위도 날로 더해오는데 남의 집 곁방살이에 거친 음식조차도 빌어서 얻을 수가 없게 되어, 많은 사람의 문전에 빌어먹는 부끄러움이 산과도 같이 너무 지쳤습니다. 아이들이 춥고 배고파해도 미처 돌봐 주지 못하는데 어느 겨를에 부부간의 사랑을 나눌 수가 있겠습니까. 붉은 얼굴과 예쁜 웃음도 풀 위의 이슬이요, 향기로운 지초와 난초 같은 약속도 바람에 나부끼는 버들가지입니다. 이제 그대는 내가 있어서 더 짐이 되고 나는 그대 때문에 더 근심이 됩니다. 가만히 옛날 기쁘던 일을 생각해 보니, 그것이 바로 번뇌의 시삭이었습니다. 그대와 내가 어찌해서 이런 지경에 이르렀습니까. 뭇 새가 다 함께 굶어죽는 것보다는 차라리 짝 잃은 난새가 거울을 향하여 짝을 부르는 것만 못할 것입니다. 힘들면 버리고 넉넉하면 가까이 하는 건 인정으로 차마 할 수 없는 일입니다. 하지만 나아가고 그치는 것은 사람의 힘으로 되는 것이 아니고, 헤어지고 만나는 것도 형편 따라 가는 것입니다. 원컨대 제 말을 따라 헤어지기로 합시다. 조신이 이 말을 듣고 크게 기뻐하여 각각 아이 둘씩 데리고 장차 떠나려 하는데 부인이 말한다. 나는 고향으로 갈 테니 그대는 남쪽으로 가십시오."

그러고 나서 안타까움으로 몸부림치던 나머지 서로 헤어져 길을 떠나려 하다가 꿈에서 깨었다. 타다 남은 등잔불이 깜박거리고 밤도 이제 새려고 한다. 아침이 되었다. 수염과 머리털은 모두 희어졌고 먹먹하여 세상일에 뜻이 없어졌다. 괴롭게 살아가는 것도 이미 싫어졌고 마치 한평생의 고생을 다 겪고 난 것과 같아 재물을 탐하는 마음도 얼음 녹듯이 깨끗이 없어졌다.

아예 관음보살의 불상을 대하기가 부끄러워지고 잘못을 뉘우치는 마음을 참을 길이 없다. 그는 돌아와서 꿈에 해현에 묻은 아이를 파 보니 그것은 바로 돌미륵이었다. 물로 씻어서 근처에 있는 절에 모시고 도읍으로 돌아가 농원을 맡은 책임을 내놓고 자신의 사재를 내서 정토사(淨土寺, 충주 개원사)를 세워 부지런히 착한 일을 했다. 그 뒤 어디서 세상을 마쳤는지 알 수가 없다.

논평해 말한다. 이 전기를 읽고 나서 책을 덮고 지나간 일을 생각해 보니, 어찌 조신(調信) 대사의 꿈만이 그렇겠느냐. 지금 모두가 속세의 즐거운 것만 알아 기뻐하기도 하고 서두르기도 하지만 이것은 다만 깨닫지 못한 때문이다. 이에 시를 지어 다짐하였다.

즐거웠던 한 때 덧없이 가고,
근심 속에 아름다운 청춘 늙어버렸네.
굳이 좁쌀 밥이 솥에서 다 익기를 기다리지 마오.
바야흐로 수고로운 인생 한갓 꿈과 같은 것을.

몸 닦는 것 잘못됨은 먼저 정성에 달린 것,
홀아비는 미인을 꿈꾸고, 도둑은 재물 꿈꾸네.
어찌 가을날 하룻밤 꿈만으로,
때때로 눈을 감아 극락에 이를 수가.

어산불영(魚山佛影)

고기(古記)에 이렇게 말했다. 만어산(萬魚山)은 옛날의 자성산(慈成山), 또는 아야사산(阿耶斯山, 마야사 즉 먹는 고기)이니, 그 곁에 가라국(呵囉國)이 있었다. 옛날 하늘에서 알이 바닷가로 내려와서 사람이 되어 나라를 다스렸으니 이가 바로 수로왕이다.

이때 국경 안에 옥지 못이 있었고 못 속에는 독룡이 머물고 있었다. 만어산에 미모의 귀신 나찰녀(羅刹女) 다섯이 있어서 독룡과 오가면서 사귀었다. 마침내 때때로 번개가 치고 비가 내려 4년 동안 오곡이 익지 못했다. 왕은 주문을 외어 이것을 금하려 했으나 못하고 머리를 숙이고 부처를 청하여 설법한 뒤에 나찰녀는 오계(五戒)를 받아 그 후로는 재앙이 없어졌다. 때문에 동해의 물고기와 용이 마침내 변신하여 골짜기 속에 가득 찬 돌이 되어서 각각 쇠북과 경쇠의 소리가 났다. 이상은 옛날 기록에 있다.

또 살펴보면, 대정 20년(경자, 1180)은 곧 고려 명종 10년인데 이때 비로소 만어사를 세웠다.[133] 동량(棟梁)과 보림(寶林)이 임금에게 글을 올렸는데 그 글에 말했다. 이 산 속의 기이한 자취가 북천축(北天竺, 북인도) 가라국 부처의 불상과 서로 같은 것이 세 가지가 있다. 그 첫째는 산 가까운 곳이 양주(梁州, 양산) 경계의 옥지인데 여기에도 역시 독룡이 머물고 있다는 것이요, 둘째는 때때로 강가에서 구름 기운이 일어나서 산마루에까지 이르는데, 그 구름 속에서 음악소리가 나는 것이요, 셋째는 부처 영상의 서북쪽에 반석이 있어 끊임없이 물이 괴어 없어지지 않는데, 이것은 부처가 가사를 빨던 곳이라고 한 것이 이것이다.

이상은 모두 보림의 말인데, 지금 몸소 와서 모두 예불하고 보니 또한 분명히 삼가 우러르고 믿을 만한 일이 두 가지가 있다. 그것은 골짜기 속의 돌이 전체의 3분의 2는 모두 금과 옥의 소리를 내는 것이 그 하나요, 멀리서 보면 나타나고 가까이서 보면 보이지 않아서 혹은 보이기도 하고 혹은 보이지 않기도 하는 것이 그 하나이다. 북천축의 글은 뒤에 갖추어 적혀 있다.

가자(可字) 함의 관불삼매경 제7권에 이렇게 말했다. 부처님이 야건가라국 고선산(古仙山), 담복화림(薝蔔花林) 독룡의 옆이요, 청련화천(靑蓮花泉)의 북쪽인 나찰혈 중에 있는 아나사산(阿那斯山) 남쪽에 이르렀다. 이때 그 구멍에는 나찰(羅刹, 식인 악귀) 다섯이 있어 이것이 암룡으로 화하여 독룡과 합궁하는데, 독룡은 다시 우박을 내리고 나찰은 사나운 행동을 하니 굶주림과 전염병이 4년 동안이나 이어졌다. 왕은 놀라고 두려워하고 천지신명께 빌고 빌었으나 아무런 효험도 없었다. 그 때 총명하고 지혜가 많은 범지(梵志)가 대왕께 아뢰었다.

---

133 여기 독룡과 사귀는 여인이 **나찰녀**(羅刹女, raksana)였다. 악행을 일삼았는데 임금이 석가모니 부처님께 빌어 나찰녀로 하여금 오계를 받고 물러서게 하는 설화이다. 나찰이란 일종의 악독한 귀신을 말한다. 철선공주(鐵扇公主)는 서유기(西遊記)에 나오는 가공적인 인물이다. 일명 나찰녀(羅刹女)라고도 한다. 우마왕(牛魔王)의 아내이자 홍해아(紅孩兒)의 어머니로서 화염산(火焰山)의 불길을 잡아주는 부채인 철선(鐵扇, 쇠부채)을 갖고 있다.

"가비라국 정반왕의 왕자가 지금 도(道)를 이루었고 이름을 석가문이라고 합니다."

왕은 이 말을 듣고 마음속으로 크게 기뻐하여 부처를 향해서 예를 올리고 말한다.

"어찌해서 오늘날 불교가 이미 일어났는데 이 나라에는 오지 않으십니까."

그 때 석가여래는 여러 비구에게 영을 내려서 여섯 가지 신통력을 얻은 자를 따르게 하고 나건가라왕의 불파부제(弗婆浮提)가 청하는 것을 받아 주기로 했다. 그 때 세존의 이마에서 날빛이 나와서 일 만이나 되는 여러 가지 불신을 만들어 그 나라로 갔다. 이때 용왕과 나찰녀는 온 몸뚱이를 땅에 던져 부처에게 계(戒)를 받기를 청했다. 이에 부처는 곧 그들을 위하여 삼귀 오계를 설법하니 용왕은 이 설법을 다 듣고 나자 꿇어앉자 두 손을 모으고 세존이 끊임없이 여기에 머물러 있기를 청하여 부처님께서 만일 이곳에 계시지 않으면 저에게 악한 마음이 생겨서 아누보리(阿耨菩提)가 될 수 없습니다. 이때 범천왕이 다시 와서 부처에게 예배하고 청한다. 파가파(婆伽婆)께서는 앞으로 올 세상의 모든 중생들을 위할 것이요, 이 작은 한 용만을 위하지 마시옵소서. 이에 많은 범왕들도 모두 이러한 청을 했다.

이때 용왕이 칠보대를 내어 여래에게 바치니 부처는 용왕에게 말한다.

"이 대는 나에게 필요가 없으니 너는 지금 다만 나찰이 머무는 석굴을 가져다가 나에게 이바지하도록 하라."

용왕은 이 말을 듣고 기뻐했다. 이때 여래가 용왕을 위로했다. 내가 네 청을 받아들여 네 굴속에 앉아서 1,500년을 지내겠다. 말을 마치고 부처가 몸을 솟구쳐 굴속으로 들어가니 이내 그 돌은 밝은 거울과 같아져서, 사람들이 그 얼굴 모습을 볼 수가 있었는데 거기에는 모든 용들이 다 나타났다. 부처는 돌 속에 있으면서 빛을 밖으로 나타내니 모든 용들은 두 손 모으고 기뻐하면서 그곳을 떠나지 않고서도 끊임없이 부처의 얼굴을 보게 되었다. 이때 세존은 결가부좌(結跏趺坐, 책상다리)하고 석벽 속에 앉아 있었다. 중생들이 볼 때에 멀리서 바라보면 나타나 있다가도 가까이서 보면 보이지 않았다. 여러 천신이 불상에 이바지하면 부처의 영상도 역시 설법했다. 또 이렇게 말했다.

"부처님이 바위를 발로 밟으니 문득 금과 옥의 소리가 났다."

고승전에는 또 이렇게 말했다.

“혜원(惠遠)이 들으니 천축국(天竺國, 인도)에 부처님의 영상이 있는데 그것은 옛날 용을 위해서 남겨 놓은 부처님의 영상으로, 북천축의 월지국, 나갈가성의 남쪽 옛 선인의 돌집 속에 있었다.”

한다. 또 법현의 서역전에는 이렇게 말했다.

“나갈국의 국경에 가면 나갈성 남쪽으로 반 유순이 되는 곳에 돌집이 있으니, 그곳은 박산(博山)의 서남쪽이며 그 속에 부처가 모습을 남겼다. 여기서 10여 걸음 가서 보면 부처의 참 모습처럼 날빛이 환하게 나타나지만 멀어질수록 보일락 말락 하였다. 여러 나라 왕들이 화공을 보내서 이것을 그리려 했지만 비슷하게도 그릴 수가 없었다. 나라 사람들에게 전해 오는 말로는 현겁(賢劫, 현재의 주겁)의 천불이 모두 마땅히 여기에 모습을 남길 것이다. 그 모습의 서쪽 100보쯤 되는 곳에 부처가 이 세상에 있을 때 머리를 깎고 손톱을 깎던 곳이 있다고 한다.”

성자함(星字函)의 서역기 제2권에는 이렇게 말했다.

“옛날에 여래가 세상에 있을 때에 이 용이 소치는 사람이 되어 왕에게 소의 젖을 올렸는데, 올리다가 잘못하여 꾸지람을 받자 속으로 분하고 탓하는 마음을 품어 돈을 주고 꽃을 사서 부처님에게 이바지했다. 그리고 솔도파(率堵婆)에게 예언을 주기를, 부디 악룡이 되어 나라를 깨뜨리고 왕을 해치게 해 주시오 하고는 바위벽에 가서 몸을 던져 죽자, 드디어 이 굴 속의 큰 용왕이 되어 나쁜 마음을 일으켰다. 여래가 이것을 보고 몸을 변하여 신통력을 가지고 여기에 오니, 용은 부처를 보자 독한 마음이 드디어 멈춰져서 생물을 죽이지 말라는 불살계(不殺戒)를 받고 청하기를, 부처님께서 끊임없이 이 굴에 계시면서 저의 이바지를 받이 주십시오.”

이에 부처가 말했다.

“나는 장차 죽을 것이다. 그러나 너를 위해서 내 모습을 남겨 둘 것이니 네가 만일 노여운 마음이 생기거든 끊임없이 내 모습을 바라보면 그러한 마음이 없어질 것이다.”

부처는 정신을 가다듬어 홀로 돌집으로 들어갔다. 멀리서 바라보면 이내 나타나고 가까이서 보면 나타나지 않았다. 또 돌 위를 발로 차서 칠보로 삼았다 한다. 이상은 모두 경문이니 대략 이와 같다.

신라 사람들은 이 산을 이름하여 아나사(阿那斯)라고 했으나 마땅히 마나사(摩

那斯)라고 해야 할 것이다. 마나사를 번역하면 고기가 되니, 대개 저 북인도인 북천축에서 있었던 일을 취해다가 산 이름을 지었기 때문이다.

대산(臺山) 오만진신(五萬眞身)

산중에 있는 고전(古傳)을 살펴보면 이렇게 말했다. 이 산을 진성(眞聖), 즉 문수보살이 살던 곳이라고 이름 지은 것은 자장법사로부터 시작되었다.

처음에 법사가 중국 오대산 문수보살의 진신을 보고자 하여 신라 선덕왕 대인 정관 10년(병신, 636)에 당 나라로 들어갔다.[134]

처음에 중국 태화지(太和池) 가의 돌부처 문수보살이 있는 곳에 이르러 삼가 7일 동안 기도했더니, 꿈에 문득 부처가 네 구로 된 부처의 공덕을 찬미하는 게송을 주는 것이었다. 꿈에서 깨어서도 그 네 구의 글은 기억할 수가 있으나 모두가 범어여서 그 뜻을 전혀 풀 수가 없었다. 이튿날 아침에 중 하나가 붉은 비단에 금색 점이 있는 가사 한 벌과 부처의 바리때 하나와 부처의 머리뼈 한 조각을 가지고 법사의 곁으로 와서 어찌해서 근심에 싸여 있는가 하고 물으니 이에 법사는 대답한다. 꿈에 네 구의 게(偈, 불교 시)를 받았으나 범어로 되어 있어서 풀지 못하기 때문입니다. 중은 그 글을 풀이하여 말했다.

"가라파좌낭(呵囉婆佐囊)이란 일체의 법을 깨달았다는 말이요, 달예치구야(達𠼾哆佉嘢)란 본디의 성품은 가진 바 없다는 말이요, 낭가희가낭(囊伽呬伽囊)이란 이와 같이 법성을 풀이한다는 말이요, 달예노사나(達𠼾盧舍那)란 노사나불을 곧 본다는 말입니다."

말을 마치자 자기가 가졌던 가사 등 물건을 법사에게 주면서 부탁했다.

"이것은 원조 스승인 석가세존이 쓰시던 도구이니 그대가 잘 보호해 가지시오."

그는 또 말했다.

"그대 본국의 동북방 명주(溟州, 강릉) 어름에 오대산이 있는데 일 만의 문수보살이 끊임없이 그곳에 머물러 있으니 그대는 가서 뵙도록 하시오."

말을 마치자 보이지 않았다. 법사는 두루 보살의 유적을 찾아보고 본국으로 돌

134 당승전(唐僧傳)에서는 12년이나 여기에서는 삼국본사에 따른다.

아오려 하는데 태화지의 용이 나타나서 재를 청하고 7일 동안 이바지하고 나서 법사에게 말한다.

"전일에 게(偈)를 전하던 늙은 중이 바로 진짜 문수보살입니다."

이렇게 말하며 또 절을 짓고 탑을 세울 것을 간절하게 부탁한 일이 있었다. 이 일은 별전에 자세히 실려 있다. 법사는 정관 17년(643)에 강원도 오대산에 가서 문수보살의 진신을 보려 했으나 3일 동안이나 날이 어둡고 그늘져서 보지 못하고 돌아갔다가 다시 원녕사(元寧寺)에 살면서 비로소 문수보살을 뵈었다고 하였다. 뒤에 칡덩굴이 서려 있는 곳으로 갔는데, 지금의 정암사(淨嵓寺)가 바로 이곳이다. 이것도 역시 별전에 실려 있다.

그 후 두타(頭陀, 수행자) 신의(信義)는 범일대사의 제자로서 이 산을 찾아 자장법사가 쉬던 곳에 암자를 짓고 살았다. 신의가 죽은 뒤에는 암자도 역시 오랫동안 헐려져 있었다. 수다사(水多寺)의 장로 유연(有緣)이 새로 암자를 짓고 살았으니 지금의 월정사가 바로 이것이다.

자장법사가 신라로 돌아왔을 때 정신대왕(淨神大王)의 태자 보천(寶川)과 효명(孝明) 두 형제가 하서부(河西府)에 와서 세헌각간(世獻角干)의 집에서 하룻밤을 쉬었다. 지금의 명주에 또한 하서군이 있으니 이것이다. 국사를 살펴보면, 신라에는 정신, 보천, 효명의 세 부자에 대한 또렷한 기록이 없다. 그러나 이 기록의 아래 신룡 원년에 터를 닦고 절을 세웠나고 했다. 신룡 원년은 곧 성덕왕 4년(을사, 705)이다. 왕자의 이름은 흥광(興光)이요, 본명은 융기(隆基)이니 신문왕의 둘째 아들이다. 성덕왕의 형 효조(孝照)의 이름은 이공(理恭)이니 혹은 홍천이라고 했다. 이는 또 신문왕의 아들이다. 신문왕의 이름은 정명(政明)이요, 자는 일조(日照)니 정신은 아마 정명 신문(神文)이 잘못 전해진 것인 듯하나. 효명은 효조, 혹은 소(昭)의 잘못 전해진 것인 듯하다. 이 자료에 효명이 즉위한 것만 말하고 신룡 무렵에 터를 닦고 절을 세웠다고 하는 것은 또한 자세히 말하지 않았다. 하지만 신룡 무렵에 절을 세운 이는 바로 성덕이다. 또는 하곡현(河曲縣)이라고도 한다. 지금의 울주(蔚州)라 하나 잘못이다. 이튿날 큰 고개를 지나 각각 무리 천 명을 거느리고 성오평(省烏坪)에 닿아 여러 날 다니는데, 문득 어느 날 밤에 두 형제가 속세를 벗어날 뜻을 남몰래 다짐하여 아무에게도 알리지 않고 달아나 오대산에 들어가니 그를 시중들던 사람들은 갈 바를 알지 못하여 도읍으로 돌아왔다. 고기에는 태화 원년(무신) 8월 초에 왕이 산속에 숨었다고 했으나 아마 이것은 잘못인 듯하다. 살펴서 보건대, 효조(孝照)를 효소(孝昭)라고도 했다. 천수 3년(임진, 692)에 즉위했는데 이때 나이 16세였고, 장안 2년(임인, 702)에 죽었으니 나이 26세였고, 성덕왕이 이 해에 즉위했으니 나이 22세였다. 만일 장안 2년이라면, 효조가 즉위한 갑진년보다 이미 45년이나 지났으니 곧 태종무열왕 무렵이다. 이것으로 이 글이 잘못된 것을 알 수 있다. 마침내 여기에서는 이것을 따르지 않는다.

두 태자가 산 속에 이르자 푸른 연꽃이 문득 땅 위에 피므로 형 태자가 여기에 암자를 짓고 머물러 살았으니 이곳을 보천암(寶川庵)이라 했다. 여기에서 동북쪽으로 6백여 보를 가니 북쪽 대의 남쪽 기슭에 역시 푸른 연꽃이 핀 곳이 있으므로 아우 태자 효명이 또 암자를 짓고 살면서 각각 부지런히 정진했다.

어느 날 형제가 함께 다섯 봉우리에 예를 올리러 가니 동대 만월산(滿月山)에는 일만 관음보살의 참모습이 나타나 있고, 남대 기린산(麒麟山)에는 팔대보살을 머리로 한 일만의 지장보살이 나타나 있고, 서대인 장령산(長嶺山)에는 무량수여래를 머리로 한 일만의 대세지보살이 나타나 있고, 북대 상왕산에는 석가여래를 우두머리로 한 5백의 대아라한이 나타나 있고, 중대 풍로산(風盧山)은 또 지로산(地盧山)이라고도 한다. 비로자나불을 머리로 한 일만의 문수보살이 나타나 있다. 그들은 이와 같은 5만 보살의 진신에게 일일이 예를 했다. 날마다 이른 아침에는 문수보살이 지금의 상원(上院)인 진여원(眞如院)에 이르러 36가지의 모양으로 변하여 나타났다. 혹은 부처의 얼굴 모양이 되고 어떤 때는 구슬, 또 혹은 부처의 눈, 혹은 부처의 손, 혹은 보탑, 혹은 만 개의 불두(佛頭), 혹은 만등, 혹은 금교, 혹은 금고(金鼓), 혹은 금종, 혹은 신통, 혹은 금루, 혹은 금륜, 혹은 금강저(金剛杵), 혹은 금옹(金甕), 혹은 금비녀, 또 혹은 오색 광명, 혹은 오색 원광, 혹은 길상초, 혹은 푸른 연꽃으로도 되었다. 또 혹은 금전, 혹은 은전, 혹은 부처의 발, 혹은 뇌전, 혹은 여래가 솟아나오는 모양, 혹은 지신이 솟아나오는 모양, 혹은 금봉(金鳳) 모양, 혹은 금오(金烏), 혹은 말이 사자를 낳는 모양, 혹은 닭이 봉을 낳는 모양, 혹은 청룡, 혹은 흰 코끼리, 혹은 야생 돼지, 혹은 푸른 뱀으로도 변해 보였다. 두 태자는 끊임없이 골짜기 속의 물을 길어다가 차를 달여 이바지하고, 밤이 되면 각각 자기 암자에서 불도를 닦았다.

이때 정신왕의 아우가 왕과 보위를 다투었으므로 나라 사람들은 이를 끌어내리고, 네 사람의 장군을 보내서 산에 와서 이들 두 태자를 맞아오게 했다. 이들은 먼저 효명의 암자 앞에 이르러 만세를 부르니 오색구름이 7일 동안 그곳을 덮어 나라 사람들이 그 구름을 찾아 모두 모여 노부(鹵簿, 서열부)를 벌여놓고 두 태자를 맞아가려 했다. 그러나 보천은 울면서 이를 사양하므로 효명을 받들고 돌아가서 보위에 오르게 했다. 이가 나라를 여러 해 다스렸다. 기(記)에는 말하기를, 보위에 오른 지 20여 년이라 했다. 이는 대개 죽을 때의 나이가 26세라 한 것을 잘못 전한 것이다. 그가 보위에 있었던 것은 다만 10여 년뿐이었다. 또 신문왕의 아우가 보위를 다투었다고 하였는데, 국사(國史)에는 그런 글이 없으니 알 수 없는 일이다.

신룡 원년(을사, 705) 3월 초나흘에 비로소 진여원을 고쳐 세웠다. 이때는 당나라 중종이 복위한 해로서 신라 성덕왕 즉위 4년이다. 이때 성덕왕은 몸소 백관을 거느리고 산에 와서 전당을 세우고, 또 흙으로 문수보살의 소상을 만들어서 절에 모셨다. 그리고 이름 있는 중 영변(靈卞) 등 5명으로 하여금 화엄경을 오래 돌려가면서 읽게 하고 이어 화엄사(華嚴社, 화엄결사)를 조직해 오랫동안의 공비로, 해마다 봄과 가을이면 이 산에서 가까운 주현으로부터 창고 조세 100석과 정유 한 섬을 바치는 것을 정해 놓은 규칙으로 삼았다. 진여원에서 서쪽으로 6천보쯤 되는 의니점(矣尼岾) 고이현(古伊峴) 밖에 이르기까지의 땔감의 산 15결과 밤나무 밭 6결, 좌위(坐位, 위토전) 2결을 내어서 장사(莊舍, 농장)를 마련하였다.

보천은 끊임없이 그 영동(靈洞)의 물을 길어다가 마시더니 만년에는 몸이 공중을 날아 유사강 밖 울진국 장천굴에 이르러 쉬었으므로 여기에서 수구다라니경을 외우는 것으로 밤낮의 일과로 삼았다. 어느 날 장천굴의 굴신이 나타나 그에게 말했다.

> "내가 이 굴의 신이 된 지가 이미 2천 년이나 되었지만 오늘에야 비로소 수구다라니경의 진리를 들었습니다."

말을 마치자 굴신은 보살계를 받기를 요청했다. 그가 계(戒)를 받고 나자 그 이튿날 굴도 또한 형체가 없어져 버렸다. 보천은 놀라고 이상히 여겨 그곳에 20일 동안이나 머물고 있다가 오대산 신성굴로 돌아갔다. 여기에서 또 50년 동안 성심으로 마음을 닦았더니 도리천의 신이 하루 세 번 설법을 듣고, 정거천(淨居天)의 무리들은 차를 달여 올렸다. 40명의 거룩한 성인은 10자 높이 하늘을 날면서 끊임없이 그를 지켜 주고 그가 가졌던 지팡이는 하루에 세 번씩 소리를 내면서 방을 세 바퀴씩 돌아다니므로 이것을 쇠북과 경쇠로 삼아 수시로 설법을 하였다. 문수보살이 혹 보천의 이마에 물을 붓고 부처가 제자에게 성불할 것을 예언하는 성도기별(成道記莂, 성불 예언)을 주기도 했다.

보천이 죽던 날, 후일 산 속에서 행할 나라를 이롭게 할 일을 적어 두었는데 거기에 이렇게 말했다.

“이 산은 곧 백두산의 큰 산맥으로, 각 대(臺)는 부처의 화신이 언제나 머무는 곳이다. 푸른빛 방위인 동대의 북각 아래 북대의 남쪽 기슭 끝에는 마땅히 관음방을 두어서 둥근 모양의 관음보살과 푸른 바탕에 그린 일만 관음보살상을 모시도록 하라. 그리고 복전승 5명은 낮에는 8권의 금광명경과 인왕반야, 천수다라니를 읽고, 밤엔 관음경(觀音經) 예참(禮懺, 예배와 참회)을 외우고, 그곳을 원통사(圓通社)라 하라. 붉은빛 방위인 남대 남쪽 면에는 지장방을 두어 원형의 지장보살과 붉은 바탕에 그린 팔대보살을 우두머리로 한 일만 지장보살을 모시라. 복전승 5명으로 하여금 낮에는 지장경과 금강반야경을 읽고, 밤엔 점찰경의 예참을 외우고 이곳을 금강사(金剛社)라 일컬어라. 흰 빛 바위인 서대 남쪽 면엔 미타방을 두어 원형의 무량수불과 흰 바탕에 그린 무량수여래를 머리로 한 일만 대세지보살을 모시게 하라. 여기에는 복전승 5명으로 하여금 낮에는 8권의 법화경을 읽고, 밤엔 아미타불 예참을 염송하고 수정사(水精社)라 일컬어라. 검은 빛 방위인 북대 남쪽 면에는 나한당을 두어 원형의 석가불과 검은 바탕에 그린 석가여래를 머리로 한 오백나한을 모셔라. 복전승 5명은 낮엔 불보은경과 열반경을 읽게 하고 밤엔 열반경 예참을 외우게 하고 백련사(白蓮社)라고 하라. 누른 빛 방위인 중대의 진여원(眞如院)에는 가운데 진흙으로 된 문수보살 상을 모시고 뒷벽에는 누런 바탕에 그린 비로자나불을 우두머리로 한 36분의 문수보살을 모셔라. 복전승 5명은 낮에는 화엄경과 육백반야경을 읽고, 밤에는 문수보살 예참을 외우고 이곳을 화엄사(華嚴社)라고 하라. 보천암(寶川庵)을 고쳐 세워 화장사(華藏寺)라 하고 둥근 모양의 비로자나삼존과 대장경을 모셔라. 복전승 5명은 낮에는 문장경(門藏經)을 읽고 밤에는 화엄신중을 묵상하고 외울 것이며, 매년 100일 동안 화엄회를 베풀고 이곳을 법륜사라 일컬어라. 이 화장사를 오대사(五臺社)의 본사로 삼아 굳게 지키도록 하라. 여기에는 정행 복전에게 왕명으로 길이 향불을 이어가게 하라. 그러면 임금은 오래 사시고 백성은 편안할 것이며, 문무가 모두 평화롭고 모든 곡식이 넉넉할 것이다. 또 하원(下院)에 문수갑사(文殊岬寺)를 고려하여 사(社, 절)의 큰 모임으로 삼게 하라. 여기에는 복전승 7명으로 하여금 밤낮으로 화엄신중의 예참을 행하고 위의 37명이 재에 쓰는 비용과 의복의 비용을 하서부(河西府, 강릉) 도내 8주의 조세로써 공양하는 네 가지 물건의 자금을 댈 것이다. 이렇게 대대로 임금이 잊지 않고 받들어 행한다면 다행한 일이다.”

명주(溟州, 강릉) 오대산 보질도태자전기

신라의 정신태자(淨神太子) 보질도(寶叱徒)는 그 아우 효명태자(孝明太子)와 함께 하서부(河西府, 강릉)의 세헌(世獻) 각간의 집에 가서 하룻밤을 자고 이튿날 큰 고개를 넘어 각각 천 명을 거느리고 성오평(省烏坪)에 가서 여러 날 놀다가 태화 원년 8월 5일에 형제가 함께 오대산으로 들어가 살았다.

이때 그 무리 중의 지키는 무사들은 두 태자를 찾지 못하고 모두 도읍으로 돌아갔다. 형인 태자 정신은 오대산 중대 남쪽 아래 있는 진여원 터 아래 산 끝에 푸른 연꽃이 핀 것을 보고, 그 터에 풀로 암자를 지어 머물고, 아우인 태자 효명은 북대의 남쪽 산 끝에 푸른 연꽃이 핀 것을 보고 그곳에 역시 풀로 암자를 짓고 살았다. 형제 두 사람은 부처님에게 예배하고 염불하며 언행을 삼가면서 동서남북중앙의 다섯 대에 나가서 정성껏 예배했다. 푸른 빛 방위인 동대의 보름달 같은 산에는 관음보살의 진신 일만이 끊임없이 있고, 붉은 빛 방위인 남대의 기린산에는 팔대보살을 머리로 한 일만 지장보살이 끊임없이 있다. 흰 빛 방위인 서대의 장령산에는 무량수여래를 머리로 하는 일만 대세지보살이 끊임없이 있고, 검은 빛 방위인 북대의 상왕산(相王山)에는 석가여래를 머리로 하는 5백 대아라한이 끊임없이 있고, 누른 빛 방위인 중앙대의 풍로산은 달리 지로산이라고도 한다. 이곳에는 비로자나를 머리로 한 일만 문수보살이 끊임없이 있다. 또 진여원에는 문수보살이 매일 이른 아침이면 36화형(三十六化形)으로 변화하여 나타났다. 두 태자는 함께 예배하고, 날마다 이른 아침이면 골짜기의 물을 길어다가 차를 달여서 일만 문수보살 진신에 이바지했다.

이때 정신태자의 아우 부군(副君)이 신라에 있어 보위를 다투다가 죽었다. 나라 사람들이 장군 네 명을 보내서 오대산에 이르러 효명태자 앞에서 만세를 불렀다. 바로 이때 오색구름이 오대산에서부터 신라에까지 뻗쳐 7일 동안이나 밤낮으로 빛을 발했다. 나라 사람들은 그 빛을 찾아 오대산에 이르러 두 태자를 모시고 본국으로 돌아가고자 했다. 그러나 부질도 태자는 울면서 돌아가지 않으려 하니 효명태자를 모시고 돌아가 보위에 오르게 했다. 그가 보위에 있은 지 십여 년인 신룡 원년(705) 3월 8일 진여원을 비로소 세웠다.

보질도 태자는 매양 골짜기에 신령스러운 물을 마시더니 온 몸이 공중을 떠서 유사강(流沙江)에 이르러 울진대국의 장천굴에 들어가 불도를 닦았다. 다시 오대산 신성굴로 돌아와 50년 동안이나 불도를 닦았다고 한다. 오대산은 바로 백두산의 큰 줄기로서 각 대에는 진신이 언제나 있다고 한다.

대산월정사(臺山月精寺) 오류성중(五類聖衆)

절 안에 전해 오는 고기(古記)를 살펴서 보면 이렇게 적었다. 자장법사는 오대산에 처음 이르러 부처의 모습을 보려고 산기슭에 띠 집을 짓고 살았으나, 7일 동안이나 나타나지 않았다. 다시 묘범산(妙梵山)으로 가서 정암사(淨岩寺)를 세웠다. 그 뒤 신효거사(信孝居士)가 머물렀다. 달리 유동보살의 화신이라고도 했는데 그의 집은 공주에 있고 효성을 다하여 어머니를 섬겼다. 어머니는 고기가 아니면 밥을 먹지 않으므로 거사는 고기를 구하려고 산과 들을 돌아다니다가 길에서 두루미 다섯 마리를 보고 활로 쏘았다. 그 중에 한 마리가 날개의 깃 한 조각을 떨어뜨리고 갔다. 거사는 그것을 집어 그것으로 눈을 가리고 사람을 보았더니 사람이 모두 짐승으로 보였다. 이에 고기는 얻지 못하고 자기의 넓적다리 살을 베어서 어머니께 바쳤다.

그 뒤로 그는 중이 되어 자기 집을 내놓아서 절을 만들었는데 지금의 효가원(孝家院)이다. 거사는 경주 어름으로부터 하솔(河率, 강릉)에 이르러 깃으로 눈을 가리고 사람을 보니 사람들이 모두 사람의 모양으로 보이므로 그곳에서 머물고 싶은 마음이 생겼다. 길에서 늙은 여인을 보고, 살 만한 곳을 물었더니 그 여인이 말했다.

"서쪽 고개를 넘으면 북쪽으로 향한 골짜기가 있는데 거기가 살 만합니다."

말을 마치자 보이지 않았다. 거사는 이것이 관음보살의 가르침인 것을 알고, 곧 성오평을 지나서 자장법사가 처음 띠 집을 지은 곳으로 들어가 살았다. 이윽고 중 다섯 명이 오더니 말한다.

"그대가 가지고 온 가사 한 폭은 지금 어디 있는가."

거사가 어리둥절 하자 중이 또 말한다.

"그대가 집어서 눈을 가리고 사람을 본 그 두루미의 깃이 바로 가사다."

거사가 그 깃을 내주자, 중은 그 깃을 가사의 뚫어진 폭 속에 갖다 대니 서로 꼭 맞았는데, 그것은 깃이 아니고 베였다. 거사는 다섯 중과 헤어지고 나서야 비로소 이들이 거룩한 다섯 성자의 또 다른 몸임을 알았다.

이 월정사는 처음에 자장법사가 띠 집을 지었으며, 그 다음에는 신효거사가 와서 살았다. 그 다음에는 범일(梵日)의 제자인 신의두타(信義頭陀)가 와서 암자를 세우고 살았으며 뒤에 또 수다사(水多寺) 장로 유연(有緣)이 와서 살았다. 이로부터 점점 큰 절이 되었다. 절의 다섯 성중과 9층으로 된 석탑은 모두 성자의 발자취이다. 상지자(相地者, 지관)가 말했다.

"나라 안의 명산 중에서도 이곳이 가장 좋은 곳이니 불법이 길이 꽃피울 곳이다."

남월산(南月山, 일명 甘山寺)

이 절은 서라벌에서 동남쪽으로 20리 쯤 되는 곳에 있다. 금당주미륵존상화광(金堂主彌勒尊像火光, 미륵보살조성기) 후기에는 다음과 같이 말하였다. 개원 7년(을미, 719) 2월 15일에 중아찬 김지성(金志誠)이 그의 죽은 아버지 인장(仁章) 일길간과 죽은 어머니 관초리(觀肖里) 부인을 위해서 삼가 감산사와 돌미륵 하나를 만들고, 아울러 개원(愷元) 이찬과 아우 간성(懇誠) 소사, 현도사(玄度師), 누이 고파리(古巴里), 전처 고로리(古老里), 후처 아호리(阿好里)와, 또 서형인 급막(及漠) 일길찬, 일당(一幢) 살찬, 총민(聰敏) 대사와 누이동생 수힐매(首肹買) 등을 위하여 이러한 어진 일을 했다. 어머니 관초리 부인이 돌아가자 동해 근처 해변에 뼈를 뿌렸다. 고인성지(古人成之, 고인이 되다) 이하는 글이 무슨 뜻인지 알 수가 없다. 다만 옛 글 그대로 적어둘 뿐이다. 이 아래도 마찬가지다.

미타불화광(彌陀佛火光, 아미타상조성기) 후기에는 이렇게 말했다. 중아찬 김지성은 일찍이 임금의 옷을 관장하는 상의(尙衣, 정6품)로서 임금을 모시고 또 집사시랑(執事侍郎, 부총리급)으로 있다가 67세에 벼슬을 그만두고 집으로 돌아가 한가로이 지냈다. 이때 나라의 임금과 이찬 개원, 죽은 아버지 인장 일길간, 죽은 어머니, 죽은 아우, 소사 양성, 사문 현도, 죽은 아내 고로리, 죽은 누이동생 고파리, 또 아내 아호리 등을 위해서 감산(甘山)의 논밭을 내놓아 절을 세웠다. 또 돌 아미타불 하나를 만들어 죽은 아버지 인장 일길간을 위하여 모셨는데, 그가 돌아가자 동해 가까운 바닷가에 뼈를 뿌렸다. 왕의 계보를 살펴서 보면, 김개원은 태종 김춘추의 여섯 째 아들 개원 각간이며 문희가 낳은 사람이다. 김지성은 인장 일길간의 아들이다. 동해유우(東海攸友)는 아마도 문무왕을 동해에 장사지낸 일을 말한 듯하다.

천룡사(天龍寺)

동도(東都, 경주)의 남산 남쪽에 봉우리 하나가 우뚝 솟아 있는데 세간에서는 이를 고위산(高位山, 494m)이라 한다.[135] 산 남쪽에 절이 있는데 흔히 고사(高

135 고위산(高位山, 494m)은 돌산 고허촌을 말한다. 오늘날에는 남산부를 이르며 구량벌과 마돌

寺), 또는 천룡사라고 이른다. 토론삼한집(討論三韓集)에는 이렇게 말했다. 계림(雞林, 신라)에는 외부에서 들어오는 두 줄기의 객수(客水)와 산으로 막힌 한 줄기의 역수(逆水)가 있는데 그 역수와 객수의 두 근원이 천연 재해를 진압하지 못하면 천룡사가 뒤집혀 무너지는 재앙이 생긴다. 전설에는 이렇게 말한다.

"역수는 이 고을 남쪽 마등오촌(馬等烏村)의 남쪽을 흐르는 냇물이다. 또 이 물의 근원이 천룡사에서 발원한다."

중국에서 온 사신 악붕귀(樂鵬龜)가 와서 보고 말하기를,

"이 절을 파괴하면 곧 나라가 망할 것이다."

또 서로 전하는 말에는 이렇게 말했다.

"옛날 단월(檀越, 신도)에게 딸 둘이 있어서 이름을 천녀(天女)와 용녀(龍女)라 하였는데, 부모가 두 딸을 위해서 절을 세우고 딸들의 이름의 첫 글자를 따서 천룡사라고 이름을 지었다."

이곳은 경내가 신기하여 불도를 돕는 곳이었는데 신라 말엽에 파괴된 지 이미 오래되었다. 중생사의 관음보살이 젖을 먹여 키운 최은함의 아들 승로(承魯)가 숙(肅)을 낳고 숙이 시중 제안(齊顔)을 낳았다. 제안이 이 절을 다시 세워 없어졌던 절을 일으켰다. 이에 석가 만일도량을 마련하고, 조정의 명을 받았으며, 다시 신용장과 발원문까지 절에 남겨 두었다. 그가 세상을 떠나자 절을 지키는 신이 되어 자못 신령스럽고 이상한 일을 많이 드러냈다.

그 편지글의 사연은 다음과 같다. 신도인 내사시랑 동내사 문하평장사주국인 최제안은 적는다. 경주 고위산의 천룡사가 파괴된 지 여러 해가 되었다. 이에 제자 최제안은 특별히 전하가 안강하시고 나라가 편안하고 태평하기를 원해서 전

오, 그리고 도북과 회덕이 모두 남촌에 속하였다(突山高墟村, 長曰蘇伐都利, 初降于兄山, 是爲沙梁部(梁讀云道, 或作涿, 亦音道)鄭氏祖, 今曰南山部, 仇良伐·麻等烏·道北·廻德等南村屬焉(권2기이1)). 삼국사기(三國史記)를 보면, 진평왕 48년(626)에 고허성(高墟城)을 쌓았다는 기록을 보면 분명 고허성은 고허촌에 속하였고 고려시대로 와서는 남산부라 하였음을 가늠할 수 있다. 음운상으로 보면 고허(高墟)의 소리가 약화 탈락하면서 고허-고어가 되었고 다시 고위(高位)라는 좋은 글자로 바꾸어 적었을 가능성이 높다. 돌산(突山)의 돌-고 지명의 대응으로 보면 돌(突)과 고(高)-와 같은 의미로 볼 수 있다. 돌-의 옛말소리가 돌-돋-돝이라 보면 높이 솟았다는 의미를 품고 있기에 그러하다. 돌-의 모음은 당시에 아래 (ㆍ)에 대응하는 소리로 보면, 돌-달(達)-고(高)로 볼 가능성이 있다(고성(高城)-달홀(達忽)). 아직도 그 성터가 남아 있고 옛 지도에 고허산성으로 올라 있다(삼국유사사전).

당과 낭각과 방과 주방과 창고를 모두 갖추어 세우고, 또 석조불과 흙으로 만든 이소불상(泥塑佛像) 몇 개를 만들어 석가 만일도량을 열었다. 이미 나라를 위해서 손질하여 세웠으니 조정에서 절의 주지를 정해 보내는 것이 옳은 일이다. 그러나 이 주지를 바꿀 때에는 도량의 중들이 안심하고 지낼 수가 없다. 바친 토지를 가지고 절 살림을 넉넉하게 하는 것을 보면, 팔공산의 지장사와 같은 절은 희사한 토지가 200결이었고, 비슬산에 있는 도선사는 20결이었다. 서경 사면에 있는 산사들도 각기 20결씩이었으며, 이들은 모두 벼슬이 있고 없음을 막론하고 모름지기 계(戒)를 갖추고 재능이 많은 이를 뽑아서 절의 여론에 따라서 여러 차례를 거듭하여 주지로 삼아 분향하고 도 닦음을 규정으로 하였다. 제자 제안은 이 풍습을 듣고 기뻐하여 우리 천룡사에서도 역시 절의 많은 중들 가운데서 재덕이 함께 뛰어난 고승으로 재목이 될 만한 사람을 뽑아서 주지로 삼아 길이 분향 수도하게 하고자 한다. 이에 갖추어 글로 기록하여 강사(剛司, 주지)에게 맡겨 두는 것이니 이때부터 비로소 주지를 두게 되었다. 유수관(留守官, 3품관)은 공문을 받아 도량의 여러 중들에게 보여 모두를 각각 알도록 할 것이다. 중희 9년 6월에 관직을 적어서 위와 같이 서명한다. 살펴보면, 중희란 거란 흥종의 연호이며, 고려 정종 6년(경진, 1040)이다.

무장사(鍪藏寺) 미타전(彌陀殿)

서라벌 동북쪽 20리 쯤 되는 암곡촌 북쪽에 무장사가 있다. 이것은 신라 제38대 원성대왕의 아버지 대아간 효양(孝讓), 즉 죽은 뒤 임명된 명덕대왕의 숙부 파진찬을 추모해서 세운 것이다. 그윽한 골짜기가 몹시 높고 가팔라서 마치 깎아 세운 듯하다. 그곳은 깊고 어두워 저절로 텅 빈 데가 생길 것이니, 이야말로 마음을 쉬고 도를 즐길 만한 신령스러운 곳이었다. 절의 위쪽에 아미타의 오래된 전각이 있다. 곧 소성대왕(昭成大王, 혹은 昭聖大王)의 왕비 계화왕후(桂花王后)가, 대왕이 먼저 세상을 떠나자, 왕후는 근심에 차서 너무 뜻밖이어서 어찌할 줄 모르고 지극히 슬퍼하여 피눈물을 흘리고 괴로워했다. 마침내 왕비는 밝고 아름다운 일을 돕고 명복을 빌 것을 생각했다.

이때 서방에 아미타라는 부처가 있어 지성으로 그를 믿으면 잘 구원하여 맞아준다는 말을 듣고 이것이 사실이라면 어찌 나를 속이겠느냐. 이에 황후만이 입는 화려한 육의(六衣)의 옷을 바치고 재무부서인 구부(九府)에 두었던 재물을 다 내어 이름난 공인들을 불러서 아미타불상 하나를 만들게 하고, 아울러 부처를 지키던 신중(神衆, 수호신)도 만들어 모셨다.

이보다 앞서 이 절에는 늙은 스님이 있었다. 어느 날 꿈에 부처가 석탑 동남쪽 언덕 위에 앉아서 서쪽을 향하여 대중을 위해서 설법하는 것을 보고 속으로, 이 곳은 반드시 불법이 머무를 곳이라고 생각하고 마음속에 숨겨 두고 남에게 말하지 않았다. 그곳은 원래 바위가 험하고 시냇물이 급하게 흐르므로 공인들은 돌아다보지도 않았고, 다른 사람들도 모두 좋지 못한 곳이라고 했다.

그러나 터를 닦을 때에는 편편한 곳을 마련해서 집을 세울 만하여 확실히 신령스러운 터와 같으니 보는 이들은 깜짝 놀라 모두가 좋다고 하였다. 그러나 근래에 와서 미타전은 허물어지고 절만 덩그러니 남아 있다. 전하는 말에 따르면, 태종이 삼국을 통일한 뒤로는 병기와 투구를 이 골짜기 속에 감추어 두었기 때문에 무장사(鍪藏寺)라고 했다는 것이다.

백엄사(伯嚴寺) 석탑사리

개운 3년(병오, 946) 10월 29일 강주계(康州界, 진주) 임도대감주첩(任道大監柱貼, 임도의 행정관 통지문)에 이렇게 적었다. 선종의 백엄사는 초팔현(草八縣, 초계)에 있고, 절의 중 간유(侃遊) 상좌는 나이 39세라 했으나 절을 처음 세운 시기는 알 수 없다. 그러나 고전(古傳)에는 이렇게 말했다. 전대인 신라 때에 북택청 터를 바쳐서 이 절을 세웠다. 중간에 오랫동안 없어졌다가 지난 병인년(1026)에 사목곡 양부(陽孚) 스님이 고쳐 짓고 그 주지가 되었다가 정축년(1037)에 이르러 죽었다. 을유년(1045)에 괴산 희양산의 긍양(兢讓) 스님이 와서 10년 동안 머물다가 을미년(1055)에 다시 희양산으로 돌아갔다. 그 때 신탁(神卓) 스님이 남원 백암수(白嵓藪, 백암사)에서 이 절에 와서 전에 있던 대로 주지가 되었다. 또 함옹 원년(1065) 11월에 와서 이 절의 주지인 득오미정대사 석수립(釋秀立)이 절의 상규 10조를 제정했다. 또한 새로 5층 석탑을 세우고 진신 불사리 42알을 가져다 모셨다. 또 자신의 사재로 계를 모아서 해마다 여기에 공양할 일, 특히 이 절의 법을 지키던 존경 받던 승려인 엄흔(嚴欣)과 백흔(伯欣)의 두 명승과 근악(近嶽) 등 3분 앞에 계를 모아 공양할 일, 본존인 금당 앞 나무 주발에 매달 초하룻날 공양미를 갈아놓을 일 등을 정했다. 세속에 전하기는 백흔과 엄흔 두 사람이 집을 내놓아 절을 만들었기에 백엄사라 했으며, 이에 불법을 지키는 신으로 삼았다. 이하 낱낱의 항목은 적지 않았다.

영취사(靈鷲寺)

절의 고기(古記)에 이렇게 말했다. 신라의 진골 제31대 신문왕 때인 영순 2년(683, 본문에 원년은 잘못)에 재상 충원공(忠元公)이 장산국(萇山國, 일명 萊山國, 동래) 온천에서 목욕하고 성으로 돌아올 때 굴정역(屈井驛) 동지야(桐旨野)에 이르러서 쉬었다. 여기에서 문득 보니 한 사람이 매를 놓아서 꿩을 쫓게 하자 꿩은 날아서 금악(金嶽, 금정산)을 지나 어디로 갔는지 자취가 없었다. 방울소리를 듣고 찾아 굴정현 청사 북쪽 우물가에 이르니 매는 나무 위에 앉아 있고 꿩은 우물 속에 있는데 물이 마치 핏빛 같았다. 여기서 꿩은 두 날개를 벌려 새끼 두 마리를 안고 있고, 매도 역시 그것을 측은하게 여겨서인지 바로 꿩을 잡지 않고 있었다. 공이 이것을 보고 측은히 여기고 감동하여 그 땅을 점쳐 보니 족히 절을 세울 만하다고 한다. 도읍으로 돌아와 이 사실을 왕에게 아뢰어 그 현청을 다른 곳으로 옮기고 그곳에 절을 세워 이름을 영취사라고 했다.

유덕사(有德寺)

신라 태대각간 최유덕(崔有德)이 자기 개인 집을 내놓아 절을 만들고 이름을 유덕사라고 했다. 그의 먼 자손 삼한공신 최언위(崔彦撝)가 유덕의 그림을 여기에 걸어 모시고 또 비도 세웠다고 한다.

오대산(五臺山) 문수사 석탑기

뜰 가에 있는 돌탑은 짐작건대 신라 사람이 세운 것이다. 탑을 만든 형식이 비록 소박하여 예술적이지는 못하지만 자못 영험이 있어 이루 다 기록할 수가 없다. 그 중에서 한 가지 사실을 여러 옛 노인에게서 들었는데 이러하다.

"옛날에 연곡현(連谷縣, 강릉) 사람이 배를 타고 바닷가에서 물고기를 잡고 있었다. 이때 문득 탑 하나가 배를 따라오는 것을 보았다. 그 그림자를 보자 물속 고기들이 모두 흩어져 달아났다. 이로 하여 어부는 한 마리의 고기도 잡지 못한 나머지 분한 마음을 참지 못하여 그림자를 따라서 찾아가니 이 탑이었다. 이에 도끼를 들어 그 탑을 깨부수고 갔는데, 지금 이 탑의 네 귀퉁이가 모두 떨어진 것은 이 까닭이다."

나는 이 말을 듣고, 놀라고 안타까웠다. 하지만 그 탑의 자리가 조금 동쪽으로 당겨져서 중앙에 있지 않은 것을 이상하게 여겨서 현판 하나를 쳐다보니 거기에는 이렇게 적혀 있다. 비구 처현(處玄)이 일찍이 이 절에 있으면서 탑을 뜰 가운데로 옮겼더니 그 후 30여 년 동안 잠잠히 아무 영험도 없었다. 일관이 터를 구하려고 여기에 와서 개탄하기를,

"이 뜰 가운데는 탑을 세울 곳이 아닌데 어찌해서 동쪽으로 옮기지 않는가."

이에 여러 중들이 깨닫고 다시 옛 자리로 옮겼으니 지금 서 있는 곳이 바로 그 곳이다. 나는 기이한 것을 좋아하는 사람은 아니지만 부처의 알 수는 없으나 위엄과 용맹이 있는 신령이 그 자취를 나타내어 만물을 이롭게 하는 것이 이같이 빠른 것을 보고서 어찌 수도승이 된 사람으로서 잠자코 말하지 않을 수 있으랴. 정풍 원년(병자, 1156) 10월에 백운자(白雲子)는 적노라.

깁더 삼국유사

권제4 의해(義解) 제5

원광서학(圓光西學)

당속고승전 제13권에 실려 있다. 신라 황륭사(皇隆寺)의 중 원광(圓光)의 속성은 박씨이다. 본디 삼한, 즉 변한과 진한, 그리고 마한에 살았으니 원광은 곧 진한 사람이다. 대대로 신라에 살아 조상의 전통을 멀리 이어갔다. 그는 도량이 넓고 컸으며, 글을 즐겨 읽어 노장과 유학을 두루 섭렵하고 제자백가와 역사서도 연구하여 글을 잘하기로 그 이름이 삼한에 떨쳤다. 그러나 넓고 깊은 지식은 오히려 중국 사람에게는 미치지 못하여 드디어 친지와 벗들을 뒤로 하고 중국으로 가기로 작정했다. 그는 나이 25세에 배를 타고 금릉(金陵, 남경)으로 가니, 당시 진(陳) 나라는 문명의 나라였다. 거기에서 전에 의심나던 일을 묻고 도를 들어서 뜻을 알게 되었다. 처음에 그는 장엄사(莊嚴寺) 민공(旻公) 제자의 강론을 들었다. 그는 본디 세상의 모든 책을 읽었기 때문에 이치를 연구하는 데는 귀신이라고 했다. 불교의 진리를 듣고 보니 지금까지 읽고 있던 것은 마치 썩은 지푸라기와 같았다. 명교(名教, 유교)를 헛되이 찾은 것이 삶에 있어 실로 삼갈 일이었다. 이에 진나라 임금에게 글을 올려 불법에 돌아갈 것을 청하니 칙령을 내려 이를 허락했다. 이리하여 처음으로 중이 되어 지켜야 할 계(戒)를 갖추어 받고 두루 강론하는 곳을 찾아서 좋은 도리를 다 배웠으며, 미묘한 화두를 깨달아 세월을 헛되이 보내지 않았다. 그런 까닭에 거짓을 버리고 열반에 이르러야 한다는 성실론(成實論)과 열반경을 얻어 마음속에 간직해 두고 삼장과 석론을 두루 탐구해 찾았다. 끝으로 또 오(吳) 나라 호구산(虎丘山)에 올라가 참된 지혜로 사심이 없고 선정에 드는 염정(念定)을 서로 따르고, 사려 깊은 생각과 관찰을 잊지 않으니 중의 무리들이 구름처럼 법사가 머무는 도량으로 몰려들었다.

또 사함(四含, 사아함경)을 모두 읽어 그 내공이 팔정(八定, 사선정과 사공정)에 흐르니 선함을 밝히는 명선(明善)을 쉽게 익혔고 질박하고 소박함에 어그러짐이 없었다. 자기가 본디 가지고 있던 마음과 잘 맞았기 때문에 드디어 이곳에서 일생을 마치려는 생각이 있었다. 이 밖의 세인의 일을 아예 끊고 거룩한 성인의 자취를 두루 유람하며 생각을 청소(靑宵, 세상 밖)에 두고 길이 속세를 떠났다.

이때 믿음이 깊은 한 신도가 있어 산 밑에 머물고 있었다. 원광에게 나와서 풀이해 주기를 청했지만 이를 굳이 사양하고 나아가지 않았다. 그러나 끝내 모셔가려 하므로 드디어 그 뜻을 따라 처음에는 사성제를 논한 성실론을 말하고 끝에는 반야경을 풀이했다. 모든 풀이가 뛰어나고 꿰뚫으며 아름답다는 평판이 전해 옮겨서 아름다운 말과 뜻으로 엮어 나가니, 듣는 이가 매우 기뻐하여 모든 것이 마음에 들었다.

이때부터 예전의 법에 따라 남을 인도하고 교화하는 것을 본무로 삼으니, 매양 법륜이 한번 움직일 때마다 문득 세상 사람들을 불법으로 기울어지게 했다. 이는 비록 다른 나라에서의 전교이지만 도에 젖어서 싫어하고 꺼리는 것이 없으므로 명망이 널리 흘러서 영표(嶺表, 중국 남방)에까지 전파되니, 가시밭을 헤치고 바랑을 지고 오는 자가 마치 고기비늘처럼 잇달았다. 이때는 마침 수나라 문제(文帝)가 천하를 다스릴 때여서 그 위엄이 남쪽 나라에까지 미쳤다.

진(陳) 나라의 운세가 기울어져 수나라 군사가 양도(揚都, 남경)에까지 들어가니 원광은 드디어 군사들에게 잡혀서 장차 죽게 되었다. 이때 수군의 대장이 절과 탑이 불타는 것을 바라보고 달려가 구하려 하였으니 불타는 모습은 전혀 없고 다만 원광이 탑 앞에 묶여서 이제 죽게 되는 것만 보였다. 대장은 그 이상한 것을 보고 즉시 묶었던 것을 풀어 놓아 보냈으니, 그 위태로운 때를 당해서 영험을 나타냄이 이와 같았다.

원광은 학문이 오월(吳越)을 살펴보았기 때문에 문득 중국 북쪽 지방인 주(周)와 진(秦)의 문화를 보고자 하여 개황 9년(589)에 수나라 도읍에 유학했다. 마침 불법의 첫 법회를 맞아서 대승적인 보살수행을 중시하는 섭대승론이 비로소 일어나니 경전의 말씀을 받들어 새기며 미서(微緖, 미묘한 단서)를 터득하고 또 혜해(慧解, 지혜로운 풀이)를 함으로써 이름을 중국 도읍에까지 드날렸다. 법사의 과업이 이미 이루어지자 신라로 돌아가서 계속해야겠다고 생각했다. 본국인 신라에서는 멀리 이 소식을 듣고 수나라 황제에게 아뢰어 원광을 돌려보내 달라고 자주 청했다. 수나라 임금은 황명을 내려 그를 후하게 대접하여 고향으로 돌려보냈다. 원광이 여러 해 만에 돌아오니 노소가 서로 기뻐하고 신라의 진평왕은 그를 만나보고는 존중하면서 성인처럼 우러렀다.

원광은 성품이 조용하고 다정다감하였으며, 말할 때는 끊임없이 웃음을 머금고 노여운 빛을 드러내지 않았다. 외교 문서인 전표(牋表)나 계서(啓書) 등 오고 가는 국명(國命, 국서)이 모두 그의 머릿속에서 나왔다. 온 나라가 받들어 나라 다스리는 방법을 모두 그에게 맡기고 불도로 교화하는 일을 물었다. 비록 성공하여 귀국한 것과는 달랐으나, 실지로는 중국의 모든 것을 보고 온 것 같아서 틈을 보아 교훈을 펴서 지금까지도 그 본을 보였다. 나아가 이미 높아지자 수레를 타고 대궐에 출입했다. 의복과 약과 음식은 모두 왕이 손수 마련하여 좌우의 다른 사람이 돕는 것을 허락지 않고 왕이 혼자서 복을 받으려 했으니, 그 경건하고 거룩한 모습이 대개 이와 같았다. 그가 세상을 떠나기 전에 임금은 몸소 그의 손을 잡고 위문하면서 법을 남겨 백성을 구제할 일을 물으니, 그는 길한 것을 말하여 그 공덕이 바다 구석에까지 미쳤다.

신라 건복 58년(640)에 그는 몸이 조금 불편한 것을 느끼더니 7일을 지나 간곡한 계(誡, 경계)를 남기고는 그가 있던 황룡사(皇隆寺) 안에 반듯이 앉아서 세상을 마치니, 나이는 99세요, 때는 당 나라 정관 4년이었다(630, 마땅히 14년이라야 옳다). 돌아갈 때 동북쪽 하늘에서 음악소리가 들리고 이상한 향기가 절 안에 가득 차니 모든 중들과 세인들은 슬퍼하면서도 한편 기적으로 여기면서 그의 영적인 감응임을 알았다. 드디어 들에 장사지내는데 나라에서 의식과 장구를 내려 임금의 장례와 같이 모셨다.

그 뒤에 어느 부인이 죽은 아이의 태를 낳은 일이 있었다. 속담에 말하기를, 복 있는 사람의 무덤에 묻으면 후손이 끊어지지 않는다고 하므로 남몰래 원광의 무덤 옆에 묻었다. 그러나 바로 그 날 벼락이 쳐서 죽은 태를 무덤 밖으로 내던졌다. 이런 일이 있었기 때문에 평소에 그를 따르지 않던 이들도 모두 우러르게 되었다.

그의 제자 원안(圓安)은 영혼이 슬기롭고 바탕이 명석하며 천성이 두루 다니는 것을 즐겨 그윽한 곳에서 불도를 구하면서 스승을 우러러 그리워했다. 그는 드디어 북쪽으로 환도(丸都, 중국 집안)에 가고, 동쪽으로 불내(不耐, 동예)를 보고, 또 서쪽으로 북쪽 중국인 연(燕)과 위(魏)에 가고, 뒤에는 장안(長安)에까지 이르렀다. 따라서 각 지방의 풍속을 잘 알고 여러 가지 경험과 지식을 구해서 중요한 줄거리를 널리 익히고 자세한 뜻도 밝게 알았다. 그는 늦게 마음이 곧 길이라는 새로운 유학인 바, 마음을 중시하는 심학(心學)에 돌아갔는데 세속 사람보다 그 수준이 높았다. 처음 장안의 절에 있을 때 도력이 높다는 소문이 나자 특진 소우(蕭瑀)가 임금에게 청하여 남전(藍田, 섬서성) 땅에 지은 진량사(津梁寺)에 살게 하고 필요한 사사(四事, 옷, 밥, 약, 침구)의 공급에 모자람이 없었다. 원안이 일찍이 원광의 일을 적었는데 이렇게 말했다.

"본국의 임금이 병이 나서 의원이 고쳐도 차도가 없으므로 원광을 불러 궁중에 들여 별성(別省, 별궁)에 모셔 있게 하면서 매일 밤 두 시간씩 깊은 불법을 말하여 참회의 계(戒)를 받으니 왕이 크게 믿었다."

어느 날 초저녁에 왕이 원광의 머리를 보니 금빛이 찬란하고 일륜(日輪, 해무리)의 모습이 그의 몸을 따라다니니 왕후와 궁녀들도 모두 이것을 보았다. 이로부터 거듭 승심(勝心, 성심)을 내어 원광을 병실에 머물러 있게 했더니 오래지 않아 병이 나았다. 원광은 진한과 마한에 올바른 정법(正法)을 널리 펴고 해마다 두 번씩 풀이하매 제자를 기르고 보시로 받은 재물은 모두 절 짓는 데 쓰게 하니, 남은 것은 다만 가사와 바리때뿐이었다.

또 동경(東京, 서라벌)의 안일호장 정효(貞孝)의 집에 있는 고본 수이전(殊異傳)에 원광법사전이 실려 있다. 법사의 속성은 설씨(薛氏)로 왕경(王京, 서라벌) 사람이다. 처음에 중이 되어 불법을 배웠는데 나이 30세에 한가로이 지내면서도 도를 닦으려고 생각하여 삼기산(三岐山, 안강)에 홀로 살기를 4년, 이때 중 하나가 와서 멀지 않은 곳에 따로 절을 짓고 2년 동안 살았다. 그는 사람됨이 강하고 용감하며 주술을 배우기도 좋아했다. 법사가 밤에 홀로 앉아서 불경을 외는데 문득 불법을 지키는 장수가 그의 이름을 부르면서 말했다.

"그대의 수행은 참 장하기도 하오. 대체로 수행하는 자가 아무리 많아도 법대로 하는 이는 드무오. 지금 이웃에 있는 중을 보니 주술을 빨리 익히려 하지만 얻는 것이 없을 것이며, 시끄러운 소리가 오히려 남의 정갈한 불심을 괴롭히기만 하오. 그가 머물고 있는 곳은 내가 다니는 길을 가로막아 매양 지나다닐 때마다 미운 생각이 날 지경이오. 그러니 법사는 나를 위해서 그 사람에게 말하여 다른 곳으로 옮겨가도록 하오. 만일 오랫동안 거기에 머무른다면 내가 문득 난행을 저지를지도 모르오."

이튿날 법사가 가서 말했다.

"내가 어젯밤 신의 말을 들으니 스님은 다른 곳으로 옮기는 것이 좋을 것이오. 그렇지 않으면 반드시 앙화가 있을 것이오."

그러나 그 중은 대답한다.

"수행이 지극한 사람도 마귀의 현혹을 받습니까. 법사는 어찌 호귀(狐鬼, 여우귀신)의 말을 믿으시오."

그 날 밤에 신이 또 와서 말했다.

"앞서 내가 한 말에 대해서 중이 무어라 대답하던가요."

법사는 신이 노여워할까 두려워서 대답했다.

"아직 말은 하지 않았습니다. 하지만 말을 한다면 어찌 감히 듣지 않겠습니까."

신은 말한다.

"내가 이미 다 들었는데 법사는 어찌해서 말을 보태서 하시오. 그대는 잠자코 내가 하는 것만 보오."

말을 마치고 가더니 밤중에 벼락과 같은 소리가 났다. 이튿날 가서 보니 산이 무너져서 중이 있던 절을 묻어 버렸다. 신이 또 와서 말한다.

"법사가 보기에 어떠하오."

법사가 대답했다.

"보고서 몹시 놀라고 두려웠습니다."

신이 또 말한다.

"내 나이가 거의 3천세가 되고 신통력도 가장 왕성하니 이런 일이야 조그만 일인데 무슨 놀랄 것이 있겠소. 나는 앞날의 일도 알지 못하는 것이 없고, 온 세상의 일도 알지 못하는 것이 없소. 이제 생각하니 법사가 오직 이곳에만 있으면 비록 자기 몸을 이롭게 하는 행동은 있을지 모르나 남을 이롭게 하는 공덕이 없을 것이오. 지금 드높은 이름을 날리지 않는다면 미래에 열매를 얻지 못할 것이오. 그러니 어찌 해서 불법을 중국에서 가져와 이 나라의 모든 어두운 무리를 지도하지 않으시오."

법사가 대답했다.

"중국에 가서 도를 배우는 것은 본디 나의 바람이었으나 바다와 육지가 멀기 때문에 스스로 가지 못할 뿐입니다."

이에 신은 중국 가는 데 필요한 일을 자세히 일러 주었다. 법사는 그 말을 따라서 중국에 갔으며, 11년을 머물면서 삼장에 널리 통달하고 유교의 학문까지도 곁들여 배웠다.

진평왕 22년(경신, 600)에 법사는 중국에 왔던 신라의 조빙사(朝聘使, 사신)를 따라서 본국에 돌아왔다. 삼국사에는 다음 해인 신유년에 왔다고 했다. 법사는 신에게 감사를 드리고자 하여 전에 살던 삼기산의 절에 갔다. 밤중에 신이 역시 와서 법사의 이름을 부르고 말했다.

"바다와 육지의 먼 길을 어떻게 오고 가셨소."

"신의 큰 은혜를 입어 편안히 다녀왔습니다. 내 또한 그대에게 계(戒)를 드리겠소."

말하고는 이에 윤회여행에서 서로가 돕는 다짐을 했다. 법사가 또 청했다. 신의 참 얼굴을 볼 수가 있습니까. 법사가 만일 내 모양을 보고자 하거든 내일 아침에 동쪽 하늘가를 바라보시오. 법사가 이튿날 아침에 하늘을 바라보니 큰 팔뚝이 구름을 뚫고 하늘가에 닿아 있었다. 그 날 밤에 천신이 또 와서 말한다.

"법사는 내 팔뚝을 보았소."
"보았는데 매우 신기했습니다."

이로 인하여 흔히 비장산(臂長山)이라고 했다. 하늘의 천신이 말했다.

"비록 이 몸이 있다 하더라도 덧없는 해를 면할 수 없을 것이니, 내가 앞으로 얼마 가지 않아서 그 고개에 몸을 던질 것이요. 법사는 거기에 와서 영원히 가 버리는 내 영혼을 보내 주오. 법사가 약속한 날을 기다려서 가보니, 늙은 여우 한 마리가 있는데, 검기가 옻칠한 것과 같고 숨조차 쉬지 못하고 헐떡거리기만 하다가 마침내 죽었다."

법사가 처음 중국에서 돌아왔을 때, 신라에서는 임금과 신하들이 그를 우러러 스승으로 삼으니 법사는 끊임없이 대승경전을 강의했다. 이때 고구려와 백제가 끊임없이 변방을 침략하니 왕은 몹시 이를 걱정하여 수(隋) 나라에 군사 원조를 하고자 법사를 불러서 구원병을 청하는 걸병표(乞兵表) 글을 짓게 했다. 수나라 황제가 그 글을 보더니 30만 군사를 내어 몸소 고구려를 쳤다. 이로부터 법사가 유도까지도 두루 섭렵한 것을 세상 사람은 알았다. 나이 84세에 세상을 떠나니 명활성 서쪽에 장사지냈다.

또 삼국사 열전에 이런 기록이 있다. 어진 선비 귀산(貴山)은 사량부 사람이었다. 마을의 추항(箒項)과 친구가 되어 두 사람은 서로 말했다.

"우리들이 사군자(士君子, 선비)들과 함께 사귀려면 먼저 마음을 바르게 하여 처신하지 않는다면, 틀림없이 부끄러움을 면치 못할 것이다. 그러니 어찌 어진 사람을 찾아가서 도를 묻지 않겠는가."

이때 원광법사가 수나라에 갔다가 돌아와서 가슬갑(嘉瑟岬)에 잠시 머물고 있다는 말을 듣고 두 사람은 법사를 찾아가 아뢰었다.[136]

"저희들 세속의 사람은 어리석어서 아는 것이 없습니다. 바라옵건대, 한 말씀을 주시어 평생의 가르침이 되게 해 주십시오."

원광이 말했다.

"불교에는 보살계(菩薩戒)가 있으니, 첫째는 임금을 충성으로 섬기는 일이요, 둘째는 부모를 효도로 섬기는 일이요, 셋째는 벗을 신의로 사귀는 일이요, 넷째는 싸움에 임해서는 물러서지 않는 일이요, 다섯째는 산 물건을 죽이는 데 가려서 한다는 일이다. 그대들은 이 일을 실행하여 소홀히 하지 말라."

귀산 등이 말했다.

"다른 일은 모두 알아듣겠습니다마는 말씀 하신 바, 산 물건을 죽이는 데 가려서 한다는 것은 아직 터득할 수가 없습니다."

원광이 말했다.

"6재일과 봄, 여름에는 죽이지 않는 것이니 이것은 시기를 가리는 것이다. 말, 소, 개 등 짐승을 죽이지 않고 고기가 한 점도 되지 못하는 작은 동물을 죽이지 않는 것이니 이것은 물건을 가리는 것이다. 또한 죽일 수 있는 것도 또한 쓸 만큼만 하고 많이 죽이지 말라는 것이다. 이것이 바로 세속의 좋은 가르침인 것이다."

귀산 등이 말했다.

"이제부터 이 말을 받들어 실천하여 감히 어기지 않겠습니다."

그 뒤에 두 사람은 전쟁에 나가서 모두 나라에 큰 공을 세웠다. 또 진평왕 35년(계유, 613) 가을에 수나라 사신 왕세의(王世儀)가 오자 황룡사에 백 명의 고승이 자리하는 백고좌도량을 열고 여러 고승들을 불러다가 불경을 풀이하니 원광이 가장 윗자리에 있었다.

논평해 말했다. 원종(原宗, 법흥왕)이 불법을 일으킨 후로 진량(津梁, 절)이 비로소 세워졌으나 당오(堂奧, 깊은 진리)에는 아직 도달하지 못했다. 때문에 마땅히 귀계멸참(歸戒滅懺, 계율에 근거하여 죄를 멸하고 뉘우침)의 법으로 어리석고

136 혹은 가서(加西), 또는 가서(嘉栖)라 하는데, 모두 방언이다. 갑(岬)은 방언으로 고시(古尸)라고 한다. 때문에 이것을 고시사(古尸寺, 곶절)라고 하니 갑사(岬寺)라는 것과 같다. 지금 운문사(雲門寺) 동쪽 9천보쯤 되는 곳에 가서현(加西峴)이 있는데, 혹은 가슬현(嘉瑟峴)이라고 하며, 고개의 북쪽 골짜기에 절터가 있으니 바로 이것이다.

어두운 중생들을 깨우쳐 주어야 할 것이다. 그렇기에 원광은 살던 가서갑에 점찰보를 두어 이것을 내규로 삼았다. 이때 시주하던 여승 하나가 점찰보에 밭을 바쳤다. 지금 동평군(東平郡, 산동성)의 밭 100결이 바로 이것이며, 옛날의 문서가 아직도 있다.

원광은 성정이 조용한 것을 좋아하여, 말할 때는 언제나 웃음을 머금었고 얼굴에 노여워하는 빛이 없었다. 나이가 이미 많아지자 수레를 타고 대궐에 출입했다. 그 당시 덕과 의리가 있는 여러 어진 선비들도 그의 위에 뛰어난 사람이 없었으며, 그의 튼실한 문장은 한 나라의 관심을 기울였다. 나이 80여 세로 정관 무렵에 세상을 버렸다. 그의 부도는 삼기산 금곡사(金谷寺, 안강 서남쪽 골짜기 즉 명활성 서쪽)에 있다.

당전(唐傳)에서 법사는 황륭사에서 돌아갔다고 한다. 그 장소를 자세히 알 수가 없으나, 이것은 황룡사의 잘못인 듯싶다. 마치 분황사(芬皇寺)를 왕분사(王芬寺)라고 함과 같다. 위와 같이 당전과 향전의 두 전기에 있는 글에 따르면, 그의 성은 박(朴)과 설(薛)로 되었고, 출가한 것도 동쪽과 서쪽으로 되어 있어 마치 두 사람 같으니, 감히 자세하고 명확하게 결정지을 수가 없다. 따라서 여기에는 두 전기를 모두 적어 둔다.

그러나 그 두 전기에 모두 작갑(鵲岬)과 이목(璃目), 운문(雲門)의 사실이 없다. 고을 사람 김척명(金陟明)이 세간의 말을 가지고 글을 잘못 손질해서 원광법사전을 지어 함부로 운문사의 개조인 보양(寶壤) 스님의 사적과 뒤섞어서 하나의 전기를 만들어 놓았다. 뒤에 해동승전을 엮은이도 잘못된 것을 그대로 이어받아서 기록했으므로 당시 사람들이 그렇게 알게 되었다. 마침내 이것을 밝히고자 한 글자도 보태고 뺌이 없이 두 전기의 글을 자세히 적어 두는 것이다.

진(陳)과 수(隋) 나라 시절 우리나라 사람으로서 바다를 건너가서 불도를 익힌 이는 드물었다. 혹시 있다고 해도 그 이름을 크게 떨치지는 못했다. 원광의 뒤를 이어서 중국으로 배우러 간 사람이 끊이지 않았으니 원광이 그 길을 열었다. 기려서 말한다.

바다 건너 한 나라 땅을 처음으로 밟고,
구름을 뚫고 몇 사람이나 오가며
향기로운 불교를 배웠던가.
옛날의 자취는 오직 푸른 산만이 남았지만,
금곡사와 가서갑사의 일은 들을 수 있네.

보양이목(寶壤梨木)

중 보양전(寶壤傳)에는 그의 고향과 씨족이 실려 있지 않다. 삼가 청도군의 자료를 살펴서 보면 이렇게 씌어 있다. 천복 8년(계유, 943) 태조 26년 정월 일의 청도군 계리(界里) 심사원인 순영(順英) 대내말 수문(水文) 등의 주첩 공문을 보면, 운문산 선원 장생(長栍, 이정표)은 남쪽으로 아니점이요, 동쪽으로 가서현이라고 했다. 절의 삼강전(三剛典, 상좌, 사주, 도유나)의 주인은 보양화상이요, 원주는 현회장로, 정좌는 현량상좌, 직세는 신원선사라 했다. 위 공문은 청도군의 도전장부(都田帳簿)에 따랐다.

또 개운 3년(병오, 946)의 운문산 선원 장생표탑(長栍標塔)에 관계되는 공문 한 통을 보면, 이정표 곧 장생이 11개이니 아니점, 가서현, 무현(畝峴), 서북매현(西北買峴, 혹은 면지촌), 북저족문(北猪足門) 등이라고 했다.

또 경인년의 진양부첩(晉陽府貼)에는 오도안찰사가 각 도의 선종과 교종의 사원이 처음 세워진 시기와 그 모양을 자세히 조사해서 장부를 만들 때, 차사원 동경장서기 이선(李僐)이 자세히 조사하여 적었다고 했다.

대금 정풍 6년(신사, 1161) 고려 의종 16년 9월의 군중고적비보기(郡中古籍裨補記)에 따르면 이렇다. 청도군 전부호장 어모부위 이칙정(李則禎)의 집에 있는 옛 사람들의 소식 및 우리말로 전해 오는 기록에는 벼슬을 한 상호장 김양신(金亮辛), 벼슬을 그만둔 호장 민육(旻育), 호장 윤응(尹應), 전기인 진기(珍奇) 등과 당시 상호장 용성(用成) 등의 말이 적혀 있다. 그 때 태수 이사로(李思老)와 호장 김양신은 나이 89세였고, 나머지 사람들은 모두 나이 70세 이상이었다. 다만 용성만이 나이 60세 이상이었다. 신라 시대 이래로 이 청도군의 절과 작갑사와 그 밖의 크고 작은 사원인 대작갑, 소작갑, 소보갑(所寶岬), 천문갑(天門岬), 가서갑(嘉西岬) 등 다섯 갑사(岬寺)가 모두 후삼한의 난리에 없어져서 다섯 갑사의 기둥을 대작갑사에 모아 두었다.

조사인 지식(知識, 윗글에는 보양)이 중국에서 불법을 전해 받아 가지고 돌아오는 길에 서해 중에 이르니, 용이 그를 용궁으로 맞아들여 불경을 외게 하더니 금빛 비단의 가사 한 벌을 주고, 겸하여 아들 이목(璃目)을 그에게 주면서 조사를 모시고 가게 했다. 이때 용왕은 부탁한다. 지금 삼국이 시끄러워서 아직은 불법에 의지하는 군주가 없지만, 만일 내 아들과 함께 본국으로 돌아가서 작갑(鵲岬)에 절을 짓고 살면 능히 적군을 피할 수 있을 것이오. 또한 몇 해가 안 되어서 반드시 불법을 보호하는 어진 임금이 나와서 삼국을 통일할 것이오. 말을 마치자 서로 헤어지고 돌아와서 이 골짜기에 이르렀다.

문득 늙은 중이 스스로 원광(圓光)이라 하면서 도장이 든 궤를 안고 나와서 조사에게 주더니 이내 없어졌다. 살피건대, 원광은 진(陳)의 말엽 중국에 들어갔다가 수(隋)의 개황 무렵에 본국으로 돌아온 사람이다. 또 가서갑에 살다가 황룡사에서 세상을 떠났으니, 햇수를 헤아리면 청태 초년까지는 무려 3백년이나 된다. 이제 여러 갑사가 모두 없어진 것을 슬퍼하고 보양이 와서 장차 절이 이룩될 것을 보고 기뻐하였을 것이다.

이에 보양법사는 앞으로 허물어진 절을 일으키려 하여 북쪽 고개에 올라가서 바라보니 뜰에 5층의 누런 탑이 있었다. 그러나 내려가서 찾아보면 아무런 자취도 없으므로 다시 올라가서 바라보니 까치가 땅을 쪼고 있다. 법사는 바다의 해룡이 곧 작갑이라는 말이 생각나서 그 곳을 찾아가서 파보니 과연 옛날의 벽돌이 나왔다. 이것을 모아 쌓아 올려 탑을 이루니 남은 벽돌이 하나도 없으므로 이곳이 전대의 절터였음을 알았다. 여기에 절을 세우고 살면서 절 이름을 작갑사라고 했다. 그런 지 얼마 안 되어 고려 태조가 삼국을 통일하고 보양법사가 이곳에 절을 짓고 산다는 말을 듣고 다섯 갑(岬)의 밭 5백결을 합해서 이 절에 주었다.

또 청태 4년(정유, 937)에는 절 이름을 운문선사(雲門禪寺)라 내리고, 가사 장삼의 신령스러운 음덕을 받들게 했다. 이때 이목은 끊임없이 절 곁에 있는 작은 못에 살면서 불법의 교화를 남모르게 돕고 있었다.

그러던 어느 해에 몹시 가물어서 밭에 채소가 모두 타들어 갔다. 보양(寶壤)이 이목을 시켜 비를 내리게 하니 온 고을이 물이 넉넉하였다. 이에 하늘의 천제가 그를 죽이려 하자 이목이 보양에게 도움을 청하니 법사가 침상 밑에 숨겨 주었다. 이윽고 천사가 뜰에 와서 이목을 내놓으라고 청하자, 법사는 뜰 앞의 배나무[梨木, 이목]를 가리키니 천사는 거기에 벼락을 치고 하늘로 올라갔다. 배나무가 부러졌으므로 용이 쓰다듬으니 곧 되살아났다. 그 나무는 몇 해 전 땅에 쓰러졌다. 어떤 사람이 망치를 만들어서 선법당과 절의 식당에 모셔 두었다. 그 망치 자루에는 명(銘, 새김 글)이 있다.

처음 법사가 당 나라에 갔다가 돌아와서 먼저 추화군(推火郡, 밀양) 봉성사에 머물렀다. 이때 마침 고려 태조가 동쪽을 평정해서 청도 지경까지 이르렀는데, 산적들이 견성(犬城)에 모여서 교만을 부리고 귀순하지 않았다.[137] 태조가 산 밑

137 산봉우리가 물을 굽어보고 뾰족하게 섰는데 지금 민간에서 이것을 미워하여 이름을 견성(犬城)이라고 고쳤다.

에 이르러 법사에게 산적들을 쉽게 물리칠 방법을 물으니 법사는 대답했다.

"대체로 개란 짐승은 밤의 일만을 맡았고 낮은 맡지 않았으며, 앞만 지키고 그 뒤는 잊고 있습니다. 하오니 마땅히 대낮에 그 북쪽으로 쳐들어가야 할 것입니다. 태조가 그 말을 좇으니 적들은 마침내 무릎을 꿇었다."

태조는 법사의 그 신통한 지혜를 기특하게 여겨 매년 가까운 고을의 세미 50석을 주어 향화(香火, 예불)를 받들게 했다. 이에 이 절에 두 성인의 본디의 모습을 모시고 절 이름을 봉성사라고 했다. 뒤에 법사는 본래의 모습을 작갑사로 옮겨서 크게 절을 세우고 생애를 마쳤다.

법사의 일생을 적은 행장(行狀)은 고전에는 실려 있지 않고 다만 민간에서 이렇게 말한다. 석굴사(石堀寺)의 비허사(備虛師, 혹은 毗虛)와 형제가 되어 봉성, 석굴, 운문 등 세 절이 이웃한 산봉우리에 늘어서 있었기 때문에 서로 오고갔다.

후세 사람들이 신라수이전(新羅殊異傳)을 고쳐 지으면서 작갑사의 탑과 이목의 사실을 원광의 전기 속에 잘못 기록해 넣었다. 또 견성의 사실을 비허사의 전기에 넣은 것도 이미 잘못인 데다가 더구나 또 해동승전을 지은 이도 여기에 따라서 글을 꾸미고 보양의 전기가 없어 뒷사람들이 의심내고 잘못 알게 했으니 그 얼마나 잘못된 일인가.

양지사석(良志使錫)

양지(良志) 스님은 그의 조상이나 고향을 자세히 알 수 없다. 다만 신라 선덕왕 때 그 자취를 나타냈을 뿐이다. 석장(錫杖, 지팡이) 끝에 포대 하나를 걸어 두기만 하면 그 지팡이가 저절로 날아 단월(檀越, 신도)의 집에 가서 흔들리면서 소리를 낸다. 그 집에서 소리를 듣고 불전의 의식인 재(齋)에 쓸 비용을 여기에 넣는데, 포대가 차면 날아서 돌아온다. 때문에 그가 있던 곳을 석장사(錫杖寺)라고 했다.

양지의 신이하고 남이 헤아릴 수 없는 일이 모두 이와 같았다. 그는 또 한편으로 여러 가지 재능에도 능하여 신묘함이 비길 데가 없었다. 또 글씨에도 능하여 영묘사 장륙삼존상과 천왕상, 또 전탑의 기와와 천왕사 탑 아래 팔부신장, 법림사의 주불삼존과 좌우 금강신 등은 모두 그가 만든 것이다. 영묘사와 법림사의 현판을 썼고, 또 일찍이 벽돌을 새겨서 작은 탑 하나를 만들고, 아울러 삼천의 불상을 만들어, 그 탑을 절 안에 모셔 두고 예배했다. 그가 영묘사의 장륙상(丈六

像)을 만들 때에는 참된 선정의 몸가짐으로 주물러서 만드니, 온 성 안의 남녀들이 다투어 진흙을 옮겨 주었다. 그 때 부른 풍요(風謠)는 이러하다.[138]

오다. 오다. 인생은 서러워라.
슬픔이 많은 인생들이 공덕 닦으러 왔네.

지금까지도 시골 사람들이 방아를 찧을 때나 다른 일을 할 때에는 모두 이 노래를 부른다. 그것은 대개 이때 시작된 것이다. 장륙상을 처음 만들 때에 든 비용은 곡식 2만 3,700석이었다. 혹은 이 비용이 금을 칠할 때 든 것이라고 한다.

논평해 말한다. 양지 스님은 뛰어난 솜씨를 두루 갖추고 덕을 갖추었다. 그는 여러 방면의 대가로서 작은 재능만 드러내고 자기 실력은 숨긴 것이라 할 것이다. 기려서 말한다.

재(齋)가 끝나서 법당 앞에 지팡이는 한가하네.
고요한 오리 향로에 홀로 단향(檀香)을 피우네.
나머지 불경을 다 읽자 더 할 일 없으니
애오라지 불상을 만들어 두 손 모으고 보네.

귀축제사(歸竺諸師)

광함(廣函, 광자 함)의 구법고승전에 이렇게 말했다.

"중 아리나와 발마(阿離那跋摩, 那 달리 耶, 摩 달리 磨)는 신라 사람이다. 처음에 정교(正敎, 불교)를 구하려고 일찍이 중국에 들어갔다. 성인의 발자취를 두루 찾아볼 마음이 간절했다. 이에 정관(627-649) 무렵에 당 나라 도읍인 장안(長安)을 떠나 오천축(五天竺, 인도)에 갔다. 나란타사(那蘭陁寺)에 머물러 율장과 논장을 많이 읽고 패협(貝莢, 패다라 잎)에 경을 베껴 썼다.[139] 고국에 돌아오고 싶은 마

138 풍요는 풀이하는 이에 따라서 노래의 이름도 다양하다. 오구라(小倉進平)는 이 노래를 삼국유사처럼 양지사석이라 하였고, 양주동(梁柱東)은 풍요라 하였다. 김선기(金善琪)는 바람결노래라 불렀고, 그 밖에도 홍기문(洪起文)은 오라가, 김사엽(金思燁)은 오라노래라 하였다. 노동요로써 신라 시대 백결선생의 방아타령을 비롯하여 고려시기로 넘어와서 상저가(相杵歌)로 발전한다. 한편, 풍요는 영묘사 불사 이전에도 널리 불렸던 노동요이다. 말하자면 땅다지기, 못 둑 다지기 등에서 불려 진 노래를 절 짓기의 흙 다지기에서도 마찬가지였을 것이다. 그 대표적인 민요가 상주의 연밥 따기 민요일 것이다(장진호)(삼국유사사전).

139 **나란타** : 나란타 혹은 나란다(**नालंदा**, Nālandā)는 인도 비하르 주에 자리한 인도의 옛날 대학

음이 간절하였지만 뜻을 이루지 못하고 홀연히 그 절에서 세상을 떠나니, 그의 나이 70여 세였다."

그들의 뒤를 이어 혜업(惠業), 현태(玄泰), 구본(求本), 현각(玄恪), 혜륜(惠輪), 현유(玄遊)와 그 밖에 또 이름을 알지 못하는 두 법사가 있었다. 모두 자기 자신을 잊고 불법을 따라 부처의 교화를 보기 위해서 중천축(中天竺, 중인도)에 갔었다. 그러나 더러는 중도에서 일찍 죽고 더러는 살아남아서 그곳 절에 있는 이도 있으나 마침내는 다시 계귀(雞貴, 신라)와 당 나라에 돌아오지 못하고 그 중에 오직 현태 스님만이 당 나라에 돌아왔다. 이도 역시 어디서 죽었는지 알 수가 없다.

천축국(天竺國, 인도) 사람들이 해동(海東, 신라)을 불러 구구타예설라(矩矩吒䃜說羅)라 한다. 구구타란 닭을 말함이요, 예설라는 존귀함을 뜻한다. 그곳에서 이렇게 서로 전해 말했다. 그 나라에서는 계신(雞神, 닭신)을 받들어 예배하는 때문에 그 깃을 꽂아서 장식한다. 기려서 말한다.

천축(天竺, 인도)의 하늘은 만첩 산이네,
가련타, 구도자들의 애써 올라감이여.
저 달은 몇 번이나 외로운 배를 보냈던가.
한 사람도 구름 따라 돌아옴을 보지 못했네.

이혜동진(二惠同塵)

혜숙(惠宿) 스님이 화랑 호세랑(好世郎)의 낭도 중에서 자취를 감추자 호세랑은 이미 화랑의 명단인 황권(黃卷)에서 이름을 지워 버렸다. 혜숙은 적선촌(赤善村, 안강현 적곡촌)에 숨어서 산 지 20여 년이나 되었다. 그 무렵 국선 구참공(瞿昆公)이 일찍이 적선촌 들에 가서 하루 동안 사냥을 하자 혜숙이 문득 길가에 나가서 말고삐를 잡고 청원했다. 용승(庸僧, 못난 중)도 또한 따라가기를 원하옵는데 어떻겠습니까. 공이 허락하자, 그는 이리저리 뛰고 달려서 옷을 벗어부치고 서로 앞을 다투니 공이 보고 기뻐했다. 앉아 쉬면서 피로를 풀고 고기를 굽고 삶

이다. 비하르 주의 파트나에서 남동쪽에 자리한다. 서기 427년에서 1197년까지 이르는 동안의 팔라 제국 아래에서 불교의 교학 중심 대학이었다. 세계 대학의 역사로 볼 때 초유의 대학 가운데 하나로 추정된다. 현장과 삼국유사(三國遺事) 귀축제사에 나오는 신라의 스님들도 여기서 머물며 경전 공부도 하고 경전을 패엽에 베껴 쓰는 작업도 했을 것이다(삼국유사사전).

아서 서로 먹기를 권하는데 혜숙도 같이 먹으면서 조금도 미워하는 빛이 없더니, 이윽고 공의 앞에 나가서 말했다.

"지금 맛있고 싱싱한 고기가 여기 있으니 좀 더 드시는 것이 어떻겠습니까."
"좋다."

혜숙이 사람을 물리치고 자기 다리 살을 베어서 소반에 올려놓아 바치니 옷에 붉은 피가 줄줄 흘렀다. 공이 깜짝 놀라 말했다.

"어째서 이런 짓을 하느냐."

혜숙이 말했다.

"처음에 제가 생각하기에 공은 어진 사람이어서 능히 자기 몸을 미루어 다른 사물에까지 미치리라 하여 따라왔던 것입니다. 그런데 이제 공이 좋아하는 것을 살펴보니, 오직 죽이는 것만을 몹시 즐겨서 짐승을 죽여 자기 몸만 챙길 뿐이니 어찌 어진 사람이나 군자가 할 일이겠습니까. 이는 함께 할 사람이 아닙니다."

말하고 드디어 옷을 뿌리치고 가버렸다. 공이 크게 부끄러워하여 혜숙이 먹던 것을 보니 소반 위의 고기가 하나도 없어지지 않았다. 공이 몹시 이상히 여겨 돌아와 조정에 아뢰니 진평왕이 듣고 신하를 보내어 그를 맞아오게 했다. 혜숙이 여인의 잠자리에 누워서 자는 것을 보고 궁리는 이것을 더럽게 여겨 그대로 돌아갔다. 그런데 7, 8리쯤 가다가 길에서 혜숙을 만났다. 사자는 그가 어디서 오느냐고 물으니 혜숙이 대답한다.

"성 안에 있는 단월(檀越, 신도)집에 가서, 칠일재를 마치고 오는 길이오."

중사(中使, 내시)가 그 말을 왕에게 아뢰니 또 사람을 보내어서 그 시주한 집을 조사해 보니 그 일이 사실이었다. 얼마 안 되어 혜숙이 문득 죽자 마을 사람들이 이현(耳峴, 혹은 형현(硎峴)) 동쪽에 장사지냈다. 그 때 마을 사람으로서 이현 서쪽에서 오는 이가 있었다. 그는 도중에서 혜숙을 만나 어디로 가느냐고 물으니 대답하기를, 이곳에 오랫동안 살았기 때문에 다른 곳으로 돌아보러 간다고 하여 서로 인사하고 헤어졌다. 오리쯤 가다가 구름을 타고 가 버렸다. 그 사람이 고개 동쪽에 이르러 장사지내던 사람들이 아직 흩어지지 않은 것을 보고 그 까닭을 자세히 이야기하고 무덤을 헤쳐 보니 다만 짚신 한 짝이 있을 뿐이었다. 지금 안강현 북쪽에 혜숙사(惠宿寺)라는 절이 있으니 곧 그가 살던 곳이라 하며, 또한 부도도 있다.

중 혜공(惠空)은 천진공의 집에서 품팔이하던 노파의 아들로, 어릴 때의 이름은 우조(憂助)였다. 공이 일찍이 종기를 앓아서 거의 죽게 되니 문병하는 사람이 거리를 메웠다. 이때 우조의 나이 7세였는데 그 어머니에게 말했다.

"집에 무슨 일이 있기에 이렇게 손님이 많습니까."

그 어머니가 말했다.

"가공(家公, 어른)이 나쁜 병이 있어서 장차 죽게 되었는데 너는 어찌해서 알지 못하느냐."

우조는 말했다.

"제가 그 병을 고치겠습니다."

어머니가 그 말을 이상히 여겨 공에게 알리니 공은 그를 불러오게 했다. 그는 침상 밑에 앉아서 말 한 마디도 않았는데 얼마 안 되어 공의 종기가 터지게 되었다. 공은 우연한 일이라 하여 별로 이상히 여기지 않았다.

우조가 자라자 공을 위해서 매를 길렀으니 이것이 공의 마음에 들었다. 처음에 공의 아우 중에 벼슬길에 올라 지방으로 부임하는 이가 있었는데 공이 골라 준 좋은 매를 얻어 가지고 임지로 갔다. 어느 날 밤 공이 문득 그 매 생각이 나서 다음 날 새벽이면 우조를 보내어 그 매를 가져오게 하리라 했다. 우조는 미리 이것을 알고 금시에 그 매를 가져다가 새벽녘에 공에게 바쳤다. 공이 크게 놀라 깨닫고는 그제야 전일에 종기를 고치던 일이 모두 헤아리기 어려운 일임을 알고 말했다.

"나는 매우 거룩한 분이 내 집에 와 있는 것을 알지 못하고 미친 말과 예의에 벗어난 짓으로 욕을 보였으니 그 죄를 어찌 씻을 수 있겠습니까. 이제부터는 부디 이끌어주는 스승이 되시어 나를 이끌어 주십시오."

공은 말을 마치자 내려가서 절을 했다. 우조는 신령스럽고 이상한 일이 이미 나타났다. 드디어 중이 되어 이름을 바꾸어 혜공이라 했다. 그는 끊임없이 조그만 절에 살면서 매양 미친 듯이 크게 술에 취해서 삼태기를 지고 거리를 돌아다니면서 노래하고 춤추니 부궤화상(負簣和尚)이라고 불렀다. 그리고 그가 있는 절을 부개사(夫蓋寺)라고 했다. 이 말은 신라 말로 삼태기이다. 매양 절의 우물 속에 들어가면 몇 달씩 나오지 않으므로 스님의 이름을 따서 우물 이름을 지었다. 또 우물 속에서 나올 때면 푸른 옷을 입은 신동이 먼저 솟아나왔기 때문에 절의 중들은 이것으로 조짐을 삼았으며, 우물에서 나와서 옷은 젖지 않았다. 늘그막에는 항사사(恒沙寺)에 가 있었다.[140] 이 무렵 원효(元曉)가 여러 가지 불경의 소(疏, 풀이)를 쓰고 있었다. 언제나 혜공 스님에게 가서 묻고 혹은 서로 농담도 했다.

어느 날 혜공과 원효가 시내를 따라 가면서 물고기와 새우를 잡아먹다가 돌 위에서 뒤를 보았다. 혜공이 그를 가리키면서 농담의 말을 했다.

"그대는 똥을, 나는 물고기를 눈 것이요."

이런 일이 있었기 때문에 이 절을 오어사(吾魚寺)라 했다. 어떤 사람은 이것을 원효대사의 말이라 하지만 이는 잘못이다. 세상에서는 그 시내를 잘못 불러 모의천(芼矣川)이라고 한다.

구참공이 어느 날 산에 놀러 갔다가 혜공이 산길에 죽어 쓰러져서, 그 시체가 불어터지고 살이 썩어 구더기가 난 것을 보고 오랫동안 슬퍼 한숨짓고는 말고삐를 돌려 성으로 들어왔다. 그런데 혜공은 술에 몹시 취해서 시장 안에서 노래하고 춤추고 있는 것을 보았다. 또 어느 날은 풀로 새끼를 꼬아 가지고 영묘사에 들어가서 금당(金堂, 대웅전)과 좌우에 있는 경루와 남문의 낭무(廊廡, 부속 건물)를 묶어 놓고 강사(剛司, 주지)에게 말했다.

"이 새끼를 3일 뒤에 풀도록 하라."

강사가 이상히 여겨 그 말에 좇으니, 과연 3일 만에 선덕왕이 거둥하여 절에 왔다. 지귀(志鬼)의 마음에 불이 나서 그 탑을 불태웠지만 오직 새끼로 맨 곳만은 불길을 피할 수 있었다. 또 신인(神印)의 조사 명랑(明朗)이 새로 금강사를 세우고 세운 기념으로 낙성 법회를 열었다. 고승들이 다 모였으나 오직 혜공만은 오지 않았다. 이에 명랑이 향을 피우고 정성껏 기도했더니 조금 뒤에 공이 왔다. 이때 큰 비가 내리고 있었는데도 공의 옷은 젖지 않았고 발에 진흙도 묻지 않았다. 혜공이 명랑에게 말했다. 그대가 은밀하게 불러서 왔소이다. 이와 같이 그에게는 신령스러운 자취가 자못 많았다. 죽을 때는 공중에 떠서 세상을 마쳤는데 사리는 그 수를 셀 수 없을 만큼 많았다.

그는 일찍이 조론(肇論, 승조(僧肇)의 책)을 보고 말하기를, 이것은 내가 옛날에 지은 글이라고 하였다. 이것으로써 혜공이 승조의 후신임을 알겠다. 기려서

140 지금의 영일현 오어사다. 세상에서는 항하사(恒河沙)처럼 많은 사람이 출세했기 때문에 항사동(恒沙洞)이라 했다.

말한다.

풀밭에서 사냥하다 침상 위에 누웠으며,
술집에서 미친 듯 노래하다 우물 속에서 잠을 잤네.
한 짝 신만 남기고 공중에 떠서 어디로 갔는가,
한 쌍의 보배로운 불속의 연꽃이라네.

자장정률(慈藏定律)

대덕 자장(慈藏)은 김씨이니 본디 진한(辰韓)의 진골 소판(蘇判, 3급의 벼슬) 무림(茂林)의 아들이다. 그의 아버지는 청렴한 벼슬을 지냈으나 뒤를 이을 아들이 없으므로 삼보(三寶)에 마음을 돌려 천부관음에게 아들 하나 낳기를 바라고 이렇게 빌었다.

"만일 아들을 낳게 되면 그 아이를 내놓아서 법해(法海, 불교)의 진량(津梁, 다리)으로 삼겠습니다."

문득 그 어머니의 꿈에서 별 하나가 떨어져 품 안으로 들어오더니 이내 태기가 있어서 아이 하나를 낳았는데 석가세존과 같은 날이므로 이름을 선종랑(善宗郎)이라 했다. 그는 정신과 뜻이 맑고 슬기로웠다. 문사(文思, 생각)가 날로 풍부하고 속세의 취미에 물들지 않았다. 일찍이 두 부모를 여의고 속세의 시끄러움을 싫어해서 처자를 버리고, 자기의 논밭을 내어 원녕사(元寧寺)로 삼았다. 혼자서 그윽하고 험한 곳에 거처하면서 이리나 범도 피하지 않았다. 고골관(枯骨觀, 죽음 체험)을 닦는데 조금 피곤한 일이 있으면 작은 집을 지어서 가시덤불로 둘러막고, 그 속에 발가벗고 앉아서 조금만 움직이면 가시에 찔리도록 했으며, 머리는 들보에 매달아 어두운 정신이 없어지게 했다.

때마침 조정에 재상 자리가 비어 있었다. 자장이 출신 성분 때문에 대상에 올라 여러 번 부름을 받았지만 나가지 않으니 왕이 칙명을 내렸다. 만일 나오지 않으면 목을 베겠다. 자장이 듣고 말했다.

"내가 차라리 하루 동안 계율을 지키다가 죽을지언정, 한 백 년 동안 계율을 어기고 사는 것을 원하지 않는다."

이 말을 들은 왕은 그가 중이 되는 것을 허락했다. 자장이 바위 사이에 깊이 숨어서 사니 양식 한 알 돌봐 주는 사람이 없었다. 이때 이상한 새가 과일을 물어다 바쳐서 이것을 손으로 받아먹었다. 이윽고 꿈에 천인(天人, 천사)이 와서 다섯 가지 계율을 주었다. 이에 자장이 비로소 골짜기에서 나오니 마을의 남녀들이 다투어 와서 계율을 받았다.

자장은 작은 나라에 태어난 것을 스스로 깨닫고 중국으로 가서 대화(大化, 큰 변화)를 구했다. 선덕왕 3년(병신, 636)에 왕명을 받아 제자 실(實) 등 중 10여 명과 더불어 서쪽 당 나라 청량산으로 가서 성인을 뵈었다. 이 산에는 흙으로 만든 만수대성(曼殊大聖, 문수보살)의소상이 있는데, 그 나라 사람들이 서로 전해 말했다. 제석천(帝釋天, 동방의 천신)이 명장을 데리고 와서 조각해 만든 것이다. 자장은 소상 앞에서 기도하고 명상하였다. 꿈에 소상이 그의 이마를 만지면서 범어로 된 게송을 주었는데 깨어 생각하니 알 수가 없었다. 이튿날 아침 이상한 중이 오더니 이것을 풀이하여 주고[141] 또 말하기를,

"비록 만 가지 가르침을 배운다 해도 이보다 더 나은 것은 없다."

하고는 가사와 사리 등을 주고 사라졌다. 자장은 처음에 이것을 숨기고 말하지 않았으므로 당승전(唐僧傳)에는 기록되지 않았다. 자장은 자기가 이미 성별(聖莂, 거룩한 깨달음)을 받은 것을 알고 북대에서 내려와 태화지에 이르러 당 나라 도읍에 들어가니 태종이 칙사를 보내어 그를 위로하고 승광별원에 머물도록 했다. 태종의 은총과 내린 물건이 매우 많았다. 그러나 자장은 그 번거로움을 꺼려서 표문(表文, 올림글)을 올리고 종남산 운제사 동쪽 절벽에 들어가서 바위에 나무를 걸쳐 방을 만들고 3년 동안을 살면서 신들의 가르침을 받아 영험이 날로 많았는데, 말이 번거로워서 여기에는 싣지 않는다. 이윽고 다시 도읍으로 들어오자 또 특사를 보내 격려하고 비단 2백 필을 내려서 의복의 비용으로 쓰게 했다.

정관 17년(계유, 643)에 신라 선덕여왕이 표문을 올려 자장을 돌려보내 주기를 청하니 태종은 이를 허락하고 그를 궁중으로 불러들여 비단 1령(領, 벌)과 잡채(雜綵, 채색 비단) 5백 필을 내렸으며, 또 동궁도 비단 2백 필을 내려 주고 그 밖에 예물로 준 물건도 많았다. 자장은 본국에 아직 불경과 불상이 갖추어 지지 못했으므로 대장경 1부와 여러 가지 번당(幡幢, 깃발)과 화개(花蓋, 양산) 등 도움이 될 만한 것을 청해서 모두 싣고 돌아왔다. 그가 본국에 돌아오자 온 나라가 그를 환영하고 왕은 그를 분황사(芬皇寺, 당전에서는 왕분사(王芬寺))에 있게 하니,

141 이 이야기는 이미 황룡사 탑편에 실려 있다.

물자가 넉넉했고 시중드는 사람도 많았다.

어느 해 여름에 왕이 궁중으로 청하여 대승론을 풀이하게 하고 또 황룡사에서 보살계를 7일 밤낮 동안 풀이하게 하였다. 하늘에서는 단비가 내리고 구름과 안개가 자욱하게 끼어 강당을 덮었다. 이것을 보고 승려와 신도가 모두 그의 신령함에 감복했다. 이에 조정에서 의론하기를,

> "불교가 우리 동방에 번져서 비록 오랜 세월이 지났지만, 그 주지를 받드는 규범이 없으니 이것을 통합해서 다스리지 않고는 바로잡을 수가 없다."

하고 왕이 자장을 대국통(大國統)으로 삼아 스님들의 모든 규범을 교단의 총책임자인 승통에게 맡겨 주관하도록 했다. 살펴서 보건대, 북제(北齊)의 천보 무렵에는 전국에 10통을 두었다. 유사가 아뢰기를, 마땅히 직위를 구별해야 한다면서 이에 선문제는 법상법사(法上法師)로 대통을 삼고 나머지는 통통(通統)을 삼았다. 또 양(梁), 진(陳)의 시대에는 국통(國統), 주통(州統), 국도(國都), 주도(州都), 승도(僧都), 승정(僧正), 도유내(都維乃) 등 이름이 있었으니 모두 소현조(昭玄曺)에 소속되었다. 소현조는 승니(僧尼, 비구와 비구니)를 거느리는 관명이다. 당 나라 초기에는 또 10대덕의 성대함이 있었다. 신라 진흥왕 11년(경오, 550)에 안장법사로 대서성을 삼으니 이것은 한 사람뿐이고, 또 소서성 두 사람이 있었다. 그 이듬해 신미에는 고구려의 혜량법사(惠亮法師)를 국통으로 삼았으니 사주라고도 한다. 보량법사(寶良法師) 한 사람을 대도유나(大都維那)로 삼고 주통 9인과 도통 18인을 두었다. 자장 때에 와서 다시 대국통 한 사람을 두었으니 이것은 늘 일하는 자리가 아니다. 이것은 또한 부례랑이 대각간이 되고, 김유신이 태대각간이 된 것과 같다. 뒤에 원성대왕 원년에 이르러 또 승관(僧官, 승직)을 두고 정법전(政法典)이라 하여 대사 1인과 시(史) 2인을 사(司)로 삼아서 중들 중에서 재능이 있는 이를 뽑아서 그 일을 맡겼으며, 유고 시에는 바꾸어서 연한은 정하지 않았다. 때문에 지금 보라색 자의의 무리들은 역시 율종(律宗)과 다른 것이다. 향전(鄕傳)에 보면, 자장이 당 나라에 갔더니 태종이 식건전(式乾殿)에 맞아들여 화엄경의 강의를 청하매, 하늘이 단 이슬을 내려 비로소 그를 국사로 삼았다고 했으나 이것은 잘못이다(당전(唐傳)이나 국사(國史)에 모두 그런 글은 없다).

자장이 이와 같은 좋은 기회를 만나 과감하게 나가서 불교를 널리 퍼뜨렸다. 그는 승려의 5부에 각각 법운(法雲)의 법화교육인 구학(舊學)을 더 늘리고 15일마다 계율을 풀이하였다. 겨울과 봄에는 시험해서 지범(持犯, 지계와 파계)을 알게 하고 관원이 이를 지켜 나가게 했다. 또 순찰사를 보내어 도읍 밖에 있는 절들

을 조사하여 스님들의 잘못을 벌하고 불경과 불상을 엄중하게 삼가 다룸을 일정한 법으로 삼으니, 한 시대에 불법을 지키는 것이 이때에 가장 엄했다. 이것은 공자가 위(衛)나라에서 노(魯)나라로 돌아와 음악을 바로잡자 아(雅)와 송(頌)이 각각 그 마땅함을 얻었던 것과 같다. 이때를 당하여 나라 안 사람으로서 계율을 받고 불법을 받든 이가 열 집에 여덟, 아홉은 되었다. 머리를 깎고 스님이 되기를 청하는 이가 세월이 갈수록 더욱 많아졌다. 양산에 통도사(通度寺)를 새로 세우고 계단을 쌓아 사방에서 오는 사람들을 다스렸다. 또 자신의 집을 원녕사(元寧寺)로 삼아서 낙성 법회를 열어 잡화(雜花, 화엄경) 만 게송을 강론하니 52녀가 감명 받아 몸소 강연을 들었다. 문인들은 그들의 수대로 나무를 심어 이상스러운 일들을 표하게 하고 그 나무를 지식수라고 이름 지었다.

자장은 일찍이 우리나라의 의복이 제하(諸夏, 중국)와 같지 않다 하여 조정에 제안하니 조정에서는 이를 받아들였다. 이에 진덕왕 3년(기유, 649)에 처음으로 중국의 옷과 모자를 사용하게 하고, 이듬해인 경술에 또 정삭(正朔, 정월과 삭일, 책력)을 받들어 비로소 영휘(永徽)란 연호를 썼다. 이 뒤부터는 중국에 예방 갈 때마다 제후국의 첫 자리인 상번(上蕃, 윗자리 제후국)에 있었으니 자장의 공적이었다.

늘그막에는 서라벌을 떠나서 강릉군에 수다사(水多寺)를 세우고 거기에 살았더니 북대에서 본 것과 같은 형상을 한 이상한 스님이 다시 꿈에 나타나서 말했다. 내일 대송정(大松汀)에서 그대를 만날 것이다. 자장이 놀라 일어나서 일찍 송정에 가니 과연 문수보살이 감응하여 자리하고 있었다. 그에게 법요(法要, 불교의 진리)를 물으니 대답하기를, 태백산 갈반지(葛蟠地, 정선)에서 다시 만나자 하고 드디어 자취를 숨기고 나타나지 않았다. 자장이 태백산에 가서 찾다가 큰 구렁이가 나무 밑에 서리고 있는 것을 보고 시자에게 말했다.

이곳이 바로 이른바 갈반지이다. 여기에 석남원(石南院, 정암사淨岩寺))을 세우고 대성(大聖, 부처)이 내려오기를 기다렸다. 이때 늙은 거사 하나가 남루한 두루마기를 입고 칡으로 만든 삼태기에 죽은 강아지를 담아 메고 와서 시자에게 말했다. 자장을 보려고 왔다. 시자가 말했다.

"내가 건추(巾箒, 심부름)를 든 이래 우리 스승님의 이름을 함부로 부르는 이를 보지 못했다. 너는 어떤 사람이기에 미친 말을 하는 게냐."

거사가 말한다.

"너는 너의 스승에게 아뢰기만 하면 된다."

시자가 들어가서 고하자 자장도 깨닫지 못하고 말했다.

"아마도 미친 사람이겠지."

시자가 나가서 그를 꾸짖어 쫓았다. 거사가 다시 말했다.

"돌아가리라, 돌아가리라, 아상(我相, 아집)을 가진 자가 어찌 나를 볼 수 있겠느냐."

말을 마치자 삼태기를 거꾸로 들고 터니 강아지가 변해서 사자 보좌가 되니 그 위에 올라앉아서 빛을 내고는 가버렸다. 자장이 이 말을 듣고 그제야 위엄 있는 차림새를 갖추고 빛을 찾아 재빨리 남쪽 고개에 올라갔다. 이미 멀리 가서 따라가지 못하고 드디어 몸을 던져 죽으니, 화장하여 유골을 바위굴 속에 모셨다.

대체로 자장이 세운 절과 탑이 10여 곳인데, 세울 때마다 반드시 이상스러운 서기가 어렸다. 마침내 그를 받드는 포새(蒲塞, 신도 우바새와 우바이)들이 거리를 메울 만큼 많아서 며칠이 안 되어 마무리 했다. 자장이 쓰던 도구, 옷감, 버선과 태화지의 용이 바친 목압침(木鴨枕, 나무 베개)과 석가세존의 유의(由衣, 옷)들은 모두 통도사에 있다. 또 헌양현(巘陽縣, 현 언양)에 압유사(鴨遊寺)가 있는데, 침압(枕鴨, 나무 베개에 새긴 오리)이 일찍이 이곳에서 이상한 일을 나타냈으므로 이름으로 한 것이다. 또 원승(圓勝)이란 스님이 있었다. 자장보다 먼저 중국에 유학을 갔다 함께 고향에 돌아와서 자장을 도와 율부(律部, 계율을 적은 책 이름)를 넓게 폈다고 한다. 기려서 말한다.

일찍이 청량산에 가서 꿈 깨고 돌아오니,
칠편삼취(七篇三聚, 많은 계율)가 한꺼번에 열렸네.
치소(緇素, 승복과 백성 옷)를 부끄럽게 여기어,
우리나라 의관을 중국과 같이 만들었네.

원효불기(元曉不羈)

거룩한 스승 원효의 속성은 설씨(薛氏)이다. 할아버지는 잉피공(仍皮公) 달리 적대공(赤大公)이라고도 하였다.[142] 오늘날에도 적대연(赤大淵) 못 옆에 잉피공의 사당이 있다. 아버지는 담날 내말(談捺乃末)이다. 원효는 처음에 압량군(押梁郡,

경산)의 남쪽 불지촌 북쪽 율곡의 사라수 밑에서 태어났다. 그 마을의 이름은 불지인데 혹은 발지촌(發智村), 속언에는 불등을촌(弗等乙村)이라고도 한다. 사라수에 대하여 속언에 이렇게 말한다. 스님의 집이 본디 이 골짜기 서남쪽에 있었다. 그 어머니가 태기가 있어 이미 만삭인데, 마침 이 골짜기에 있는 밤나무 밑을 지나다가 문득 순산하였다. 몹시 급한 상황이라 집으로 돌아가지 못하고 남편의 옷을 나무에 걸고 그 속에서 지냈기 때문에 이 나무를 사라수라 했다. 그 나무의 열매가 또한 이상하여 지금도 사라율(裟羅栗, 사라밤)이라 한다.

예로부터 전해오기를, 옛날 절을 주관하는 이가 절의 머슴에게 하루 저녁 끼니로 밤 두 알씩을 주었다. 머슴이 적다고 관아에 호소하자 관리는 이상하게 여겨 그 밤을 가져다가 조사해 보았더니 한 알이 바리 하나에 가득 차므로 도리어 한 알씩만 주라고 판결했다. 이런 이유로 밤골〔栗谷〕이라고 했다.

원효는 중이 되자 그 집을 기꺼이 내놓아서 절로 삼고 이름을 초개사(初開寺)라고 했다. 또 사라수 곁에 절을 세우고 사라사(裟羅寺)라고 했다. 스님의 일생을 적은 행장에는 서라벌 사람이라고 했다. 이는 할아버지가 살던 곳을 따른 것이고, 당승전(唐僧傳)에는 본디 하상주(下湘州, 삽량주 현 양산) 사람이라고 했다. 살펴서 보건대, 인덕 2년 사이에 문무왕이 상주(上州)와 하주(下州)의 땅을 나누어 삽량주(歃良州, 양산)를 두었는데 하주는 곧 지금의 창녕군이요, 압량군은 본디 하주의 속현이다. 상주는 지금의 상주(尙州)이니 상주(湘州)라고도 한다. 불지촌은 오늘날의 자인현에 속해 있으니, 바로 압량군에서 나뉜 곳이다. 스님의 아

142 원효(元曉, 617-686)는 일명 화쟁국사(和諍國師)라 한다. 화쟁국사는 원효의 시호이다. 고려 숙종 6년(1101)에 숙종이 추존하여 올린 별호이다. 원효와 의상이 동방의 성인임에도 비석이나 시호가 없어 애석하게 여긴 숙종이 원효에게 대성화쟁국사(大聖和諍國師)라는 시호를 부여하고 비석을 세우게 하였다. 이와 관련하여 경주 고선사지에서 상당 부분 훼손된 서당화상비(誓幢和尙碑)가 발굴되었다(1913). 삼국유사 의해 부분에 14분의 고승대덕이 나온다. 원효만 법호 앞에 성사(聖師)를 붙였다. 이 비는 원효의 손자인 설중업(薛仲業)이 세운 것이다. 그는 스승이 없이 홀로 정진하여 신라 곧 해동의 불교를 세우고 신라 불교의 독립선언을 한 셈이다. 말하자면 사대적인 불교를 타파하고 신라에 맞는 신앙체계를 세웠다. 그 얼굴이 되는 업적이 바로 판비량론(判比量論)이다. 불교인식론이다. 당 나라의 가장 우러르던 현장법사가 지은 인명입정론(因明入定論)을 비판하여 지은 14장 구성의 글이다. 현재 앞의 6장은 떨어져 없어지고 나머지 7장부터 14장까지만 전해 온다. 그것도 일본에서 떠돌던 판본을 구하여 최근 경주국립박물관에서 원효 특별전을 통하여 알려지게 되었다. 무열왕의 사위라는 자리를 헌신짝처럼 벗어던지고 민중 속으로 들어가 왕족이나 귀족들만의 전유물처럼 되었던 불교를 민초들에게 돌린 것이다. 신라인의 정신세계에 일대 변혁을 가져온 것이다. 원효의 고향인 경산시에서는 설총과 일연을 아우르는 삼성현(三聖賢) 역사문화공원을 만들어 세 분의 업적을 기리고 있다(삼국유사사전 참조).

이때 이름은 서당(誓幢)이요, 또 한 가지 이름은 신당(新幢, 당(幢)은 우리말로 모(毛))이다.

처음에 어머니 꿈에 별똥별이 품속으로 들어오더니 이내 태기가 있었다. 이제 출산하려 할 때에는 오색구름이 땅을 덮었다. 진평왕 39년(정축, 617)이었다. 태어나면서부터 명석하고 남보다 뛰어나서 스승을 따라 배울 것이 없었다. 그의 순례의 처음과 끝, 불교를 널리 편 큰 업적들은 당승전과 그의 행장에 자세히 실려 있다. 유사에는 모두 싣지 않고 오직 향전에 있는 한두 가지 이상한 일만을 기록한다. 스님이 일찍이 어느 날 풍전(風顚, 괴상한 짓)을 하며 거리에서 다음과 같이 노래를 불렀다.

그 누가 자루 없는 도끼를 내게 빌려 주겠는가.
내가 하늘 떠받칠 기둥을 찍으리.

사람들이 아무도 그 노래의 뜻을 알지 못했다. 이때 태종이 이 노래를 듣고 말했다. 이 스님은 아마도 귀부인을 얻어서 귀한 아들을 낳고자 하는구나. 나라에 큰 현인이 있으면 이보다 더 좋은 일이 없을 것이다. 이때 경주 향교 자리인 요석궁(瑤石宮)에 과부 공주가 머물고 있었다. 왕이 궁리(宮吏, 내시)에게 왕명으로 원효를 찾아 데려 가라 했다. 궁리가 명령을 받들어 원효를 찾으니, 그는 이미 남산에서 내려와 문천교(蚊川橋, 일명 유교(楡橋))를 지나다가 만났다. 이때 원효는 일부러 물에 빠져서 옷을 적셨다. 궁리가 원효를 공주가 있는 요석궁에 데리고 가서 옷을 말리고 그곳에 쉬게 했다. 공주는 실제로 태기가 있더니 설총(薛聰)을 낳았다. 설총은 나면서부터 슬기롭고 총명하여 경서와 역사에 널리 꿰뚫으니 신라 10현 중의 한 사람이다. 신라 말로 중국과 변방의 각 지방 풍속과 물건 이름 등에도 밝아서 6경과 문학을 뜻으로 풀이했다. 지금도 우리나라에서 명경(明經)을 업으로 하는 사람이 이를 전해 받아서 끊이지 않는다.

원효는 이미 계율을 깨고 총(聰)을 낳은 뒤로는 속인의 옷으로 바꾸어 입고 스스로 소성거사(小姓居士)라고 이름 했다. 그는 우연히 광대들이 가지고 노는 큰 박을 얻었는데 그 모양이 이상했다. 원효는 그 모양을 따라서 노리개를 만들어 화엄경 속에 말한바, 일체의 무애인(無㝵人)은 한 결 같이 죽고 사는 것을 벗어난다는 문구를 따서 이름을 무애(無㝵)라 하면서 끊임없이 노래를 지어 불러 세상에 퍼뜨렸다.

어느 날 이 노리개 바가지를 가지고 수많은 마을에서 노래하고 춤추면서 불교를 가르치고 읊다가 돌아왔다. 이 때문에 상추옹유(桑樞甕牖, 가난한 집)와 확후

(鑊猴, 거지)의 무리들로 하여금 모두 부처의 이름을 알고, 나무아미타불을 부르게 하였으니 원효의 가르침이야말로 참으로 컸다. 그가 태어난 마을 이름을 불지촌이라 하고, 절 이름을 초개사라 하였으며 스스로 원효라 한 것은 모두 불교를 처음 빛나게 했다는 뜻이다. 원효도 역시 방언이니, 당시 사람들은 모두 당시 신라어로 시단(始旦)이라고 했다.[143]

그는 일찍이 분황사(芬皇寺)에 머물면서 화엄경소(華嚴經疏)를 지었는데 제4권 십회향품(十廻向品)에 이르러 마침내 붓을 놓았다. 또 일찍이 송사로 말미암아 몸을 백 개의 소나무로 나눴으므로 모든 사람들이 이를 위계의 초지(初地, 수행의 52위 중 31-41위의 10지위의 첫 단계)라고 말했다. 또한 바다용의 권유로 해서 노상에서 조서(詔書, 임금의 글)를 받아 삼매경소(三昧經疏)를 지었는데, 붓과 벼루를 소의 두 뿔 위에 놓았으므로 각승(角乘)이라 했다. 이것은 또한 본각이 자성(自性)의 본체이고 시각이 본각이 본각 수행의 공을 바탕으로 한 각증(覺證)이라는 본시이각(本始二覺)이 숨어 있는 뜻을 나타낸 것이다. 대안법사가 이것을 밀어제치고 와서 (흩어진 금강삼매경소) 종이를 (순서대로) 붙였는데 이것은 또한 원효의 뜻을 알아서 서로가 노래하고 화답한 것이다.

원효가 세상을 떠나자 아들 총이 그 유해를 부수어 흙에 버무려 만든 소상으로 생전의 모습을 만들어 분황사에 모시고, 삼가 우러르고 사모하여 그 죽음에 대한 슬픔을 드러냈다. 설총이 그 때 소상 곁에서 절을 하자 소상이 문득 돌아다보았다. 지금까지도 돌아다 본 소상이 그대로 있다. 원효가 일찍이 살던 혈사(穴寺) 옆에 설총이 살던 집터가 있다고 전한다. 기려서 말한다.

---

143 시단(始旦)은, 당시 압량(현 경산)의 사투리로 새벽이라 하였다고 풀이한다. 원효가 깨달은 바 있어 처음으로 신라 불교를 처음으로 만들었으니 이를 해동불교 혹은 원효종이라고 한다. 원효의 별명인 시단(始旦, sidan)이란, 소리로 보면 중국의 실담(悉曇, xitan)-시탄과 아주 가깝다. 여기 -담(曇)이란 불법(佛法)을 이르기도 한다. 어원을 찾아보면 실담이란 석가모니의 아이 때 이름이었던 싯다르타(siddhartha)에서 비롯한다. 그러니까 싯다르타란 이름이 중국으로 들어와 한문으로 번역하는 과정에서 소리를 따다가 시탄(悉曇)으로 적힌 것이다. 싯다르타의 뜻은 '목적을 이루다, 소원을 성취하다'이니, 이를 불교식으로 표현하면 성불(成佛)이요, 깨달아 열반에 이르렀다는 말이 된다. 원효가 처음으로 귀족불교를 중심으로 하는 데서 더 많은 사람이 극락왕생에 대한 꿈을 갖고 평안한 마음으로 살 수 있게 하려는 첫 새벽을 열었으니 시단(始旦) 곧 통일신라의 석가모니가 될 법하다. 의상처럼 지엄의 문하에서 현장법사의 인명론(因明論)을 배우지 않고서도 이를 비판한 판비량론(判比量論)이라는 놀라운 저술을 할 수가 있었다. 원효가 태어난 고장의 이름을 자인현(慈仁縣)이라 하였고 지금도 자인면이 있다. 원효와 관련하여 보면, 여기 자인의 자(慈)는 불교를 가리키는 원효와 일연을 이름이며, 자인의 인(仁)은 원효의 아들로 태어나 유교를 처음으로 받아들여 신문왕때 새로운 시대를 열었던 설총(薛聰)을 그 원관념으로 볼 수 있다(정호완).

각승(角乘)은 비로소 금강삼매경의 중심축을 열었고,
춤추던 무애 바가지는 마침내 일만 거리 바람에 걸었네.
달 밝은 요석궁에 봄잠은 이미 지나가고,
문 닫힌 분황사엔 돌아다보는 소상 그림자만 고요하네.

의상전교(義湘傳敎)

법사 의상의 아버지는 한신(韓信)이요, 성은 김씨(金氏)이다. 나이 29세에 서라벌 황복사(皇福寺)에서 머리를 깎고 스님이 되었다. 얼마 안 되어 중국으로 가서 부처의 가르침의 변화를 보려 하여 드디어 원효와 함께 요동 변방으로 갔었다. 거기서 변방의 고구려 순라군이 간첩으로 잡아 가둔 지 수십일 만에 겨우 풀려 돌아왔다.[144] 영휘 초년에 마침 당 나라 사신이 배를 타고 중국으로 돌아가는 일행이 있으므로 그 배를 타고 중국으로 들어갔다. 처음 양주(揚州, 강소성 안휘)에 머물렀는데 주장 유지인(劉至仁)이 의상을 불러서 관청에 머무르게 하고 이바지하는 것이 매우 넉넉했다. 그 후 얼마 안 되어 종남산(終南山, 서안) 지상사(至相寺)에 가서 지엄(智儼)을 만났다. 지엄은 그 전날 밤 꿈에 큰 나무 하나가 해동(海東, 신라)에서 났는데 가지와 잎이 널리 퍼져서 중국에까지 와서 덮였고, 가지 위에는 봉황새의 집이 있는데, 올라가서 보니 마니보주 하나가 있었다. 그 빛이 먼 곳에까지 비쳤다. 꿈에서 깨자 놀랍고 이상스러워서 집을 깨끗이 청소하고 기다리는데 의상이 오므로 지엄은 깍듯한 예로 그를 맞아 조용히 말했다.

"내가 꾼 어젯밤 꿈은 그대가 내게 올 징조였구려."

이에 집으로 들어올 것을 승낙하니 의상은 화엄경의 깊은 뜻을 세밀한 곳까지 풀이했다. 지엄은 영질(郢質, 도반)을 만난 것을 기뻐하여 새로운 이치를 터득해 내니 이야말로 깊이 숨은 것을 찾아내서 남천(藍茜, 제자가 스승보다 앞섬)이 그 본색을 잃은 것이라 하겠다. 이때 이미 본국의 승상 김흠순(金欽純, 혹은 인문(仁問), 양도(良圖)) 등이 당 나라에 갇혀 있었다. 당 고종이 장차 크게 군사를 일으켜 신라를 치려 하자 흠순 등은 의상을 몰래 권하여 먼저 돌아가게 하여, 함형 원년(경오, 670)에 본국으로 돌아왔다. 이 일을 본국 조정에 알리자 신인종(神印宗)

144 이 사실은 최치원이 지은 의상본전(義湘本傳)과 원효대사의 행장(行狀)에 있다(삼국유사 권4 의해 의상전교).

의 고승 명랑(明朗)에게 왕명으로 밀단(密壇, 밀교의 제단)을 가설하고 빌게 해서 나라의 위기를 모면할 수 있었다.

의봉 원년(676)에 의상은 태백산에 돌아가서 조정의 뜻을 받들어 부석사(浮石寺)를 세우고 대승(大乘)을 폈더니 영험이 많이 나타났다. 종남문인 현수(賢首)가 수현소(搜玄疏, 화엄경수현기의 주해)를 지어서 부본을 의상에게 보내고, 아울러 은근한 뜻이 담긴 편지를 올렸다.

당 나라 서경의 숭복사 법장(法藏) 스님은 해동의 신라 화엄법사의 시자에게 글을 올립니다. 한번 작별한 지 20여 년이 되니 사모하는 정성이 어찌 마음속에서 떠나겠습니까. 게다가 연기와 구름이 일만 리나 되고 바다와 육지가 천 겹이나 쌓였으니 이 몸이 다시 뵙지 못하는 것을 한스럽게 여기며, 하고픈 말과 그리움을 어찌 다 말하오리까. 전생에 인연을 같이 했고, 금세에 학업을 함께 닦았기 때문에 이 인연을 얻어서 함께 대장경에 몰입하고, 선사의 특별한 은혜로 깊은 경전의 가르침을 입게 된 것입니다. 우러러 듣건대, 상인(上人, 의상)께서는 고향에 돌아가신 뒤로 화엄경을 강연해서 법계의 그지없는 불연의 고리를 널리 알리고 겹겹이 싸인 제석천의 보배로운 그물로 불국토를 새롭게 하여 중생에게 도움을 주심이 크고 넓다 하오니 기쁜 마음이 더해집니다.

이로써 여래(如來)가 돌아가신 뒤에 불교를 빛내고 법륜(法輪, 불법)을 다시 굴려 불법을 오래 머물게 한 분은 오직 법사뿐임을 알겠습니다. 법장은 앞으로 나가는 것이 하나도 이루는 것이 없고 주선하는 일이 더욱 적사오니, 우러러 이 경전을 생각하니 선사(先師, 의상)께 부끄러울 뿐입니다. 오직 분수에 따라 받은 바를 잠시도 놓칠 수 없으니 이 업보에 기대어 내세에도 인연을 맺기를 원할 뿐입니다. 다만 스님의 장소(章疏, 글과 주해)는 뜻은 깊지만 글이 간결하여 후세 사람으로는 이해하기가 어려울 것 같습니다. 마침내 제가 스님의 깊은 말씀과 미묘한 뜻을 기록하여 의기(義記, 뜻풀이)를 이루었습니다. 요새 이것을 승전법사(勝詮法師)가 베껴 가지고 고향에 돌아가 그 지방에 전할 것입니다. 하오니 상인께서는 그 잘잘못을 자세히 살피셔서 가르쳐 주시면 고맙겠습니다. 엎드려 바라옵건대, 마땅히 내세에서는 이 몸을 버려두고 새 몸을 받는 사신수신(捨身受身)으로 함께 노사나불의 이와 같은 끝이 없는 묘법을 듣고, 이와 같은 무량한 보현보살의 원행(願行)을 수행한다면 저의 남은 악업은 하루아침에 사라질 것입니다. 바라건대 상인께서는 옛날의 정을 잊지 마시고 제취(諸趣, 5취) 중에서 정도로써 가르쳐 주시옵소서. 인편이 있으면 때때로 안부를 전해 주시기 바랍니다. 이만 갖추지 못합니다(이 글은 대문류(大文類)인 본문에 실려 있다).

의상은 이에 교령을 내려 열 곳 절에서 불교를 전하니 태백산의 부석사, 원주의 비마라사(毗摩羅寺), 가야산의 해인사(海印寺), 비슬산의 옥천사(玉泉寺), 금정산(金井山)의 범어사(梵魚寺), 남악의 화엄사(華嚴寺) 등이 이것이다. 또 법계도서인(法界圖書印)과 약소(略疏)를 지어서 깨달음으로 가는 외길인 일승(一乘)의 요점을 모두 기록하여 천 년의 본보기가 되게 하였으니 이를 여러 사람이 다투어 소중하게 지녔다. 이 밖에는 지은 글이 없었으니 솥의 고기 맛을 알려면 한 점의 살코기로도 족한 것이다.

법계도는 총장 원년(무진, 668)에 완성되었으며, 이 해에 지엄도 세상을 떠났다. 이는 마치 공자가, 기린을 잡았다는 구절에서 붓을 끊은 것과 같다. 세상에서 전하는 말에 의상은 금산보개(金山寶蓋, 부처)의 변화한 몸이라 한다. 그의 제자에는 오진(悟眞), 지통(智通), 표훈(表訓), 진정(眞定), 진장(眞藏), 도융(道融), 양원(良圓), 상원(相源), 능인(能仁), 의적(義寂) 등 10명의 고승들이 각 산문의 머리가 되었다. 그들은 모두 성현에 버금가는 아성(亞聖)들이며 각각 전기가 있다.

오진은 일찍이 하가산(下柯山, 안동)의 골암사에 살면서 밤마다 팔을 뻗쳐서 부석사 석등에 불을 켰다. 지통은 추동기(錐洞記, 소백산)를 지었는데, 그는 대개 몸소 의상의 가르침을 받았기 때문에 심오한 말이 많다. 표훈은 일찍이 불국사에 살았으며 끊임없이 하늘의 천제가 사는 하늘궁을 오고갔다. 의상이 황복사에 있을 때, 여러 무리들과 함께 탑을 돌았는데, 끊임없이 허공을 밟고 올라가 층계는 밟지 않았으므로 그 탑에는 사리를 모시지 않았다. 그 무리들도 층계에서 석 자나 떠올라 허공을 밟고 돌았기 때문에 의상은 그 무리들을 돌아보면서 말했다. 세상 사람들이 이것을 보면 반드시 특이하다고 할 것이다. 그러니 그들에게는 가르치지 못한다. 나머지는 최치원이 지은 본전과 같다. 기려서 말한다.

덤불을 헤치고 바다를 건너 안개와 티끌 무릅쓰니,
지상사 문을 열고 귀한 손을 맞이했네.
화엄송의 알맹이를 얻어 고국에 심었으니,
종남산과 태백산이 같은 봄을 맞았네.

사복불언(蛇福不言)

서라벌 만선북리(萬善北里)에 있는 한 과부가 남편도 없이 태기가 있어 아이를 낳았다. 아이는 나이 12세가 되어도 말을 못하고 일어나지 못하므로 사동(蛇童)

이라고 불렀다.[145] 어느 날 사복의 어머니가 죽었다. 그 무렵 원효가 고선사(高仙寺, 서라벌)에 있었다. 원효는 그를 보고 맞아 예를 차렸으나 사복은 대꾸도 하지 않고 말한다.

"옛날에 경전을 싣고 다니던 암소가 이제 죽었으니 그대가 나와 함께 장사지내는 것이 어떻겠는가."

원효는 좋다 하고 함께 사복의 집으로 갔다. 사복은 원효에게 포살(布薩, 경문을 듣고 하는 참회)시켜 계(戒)를 주게 하니, 원효는 그 시신 앞에서 빌었다.

"세상에 나지 말 것이니, 그 죽는 것이 괴로우니라. 죽지 말 것이니 세상에 나는 것이 괴로우니라."

사복은 그 말이 너무 어렵다고 하면서 원효의 말을 고쳐 일렀다.

"죽는 것도 사는 것도 모두 괴로우니라."

이에 두 사람은 상여를 메고 활리산(活里山) 동쪽 기슭으로 갔다. 원효가 말한다.

"지혜 있는 범을 지혜의 숲 속에 장사지내는 것이 또한 마땅하지 않겠는가."`

사복은 이에 게송(偈頌, 불찬시)을 지어 말했다.

옛날 석가모니 부처님께서는,
사라수 사이에서 열반하셨네.
지금 또한 그 같은 이가 있어,
연화장(蓮花藏, 극락) 세계로 들어가려 하네.

말을 마치고 띠 풀의 줄기를 뽑으니, 그 밑에 명랑하고 맑고 비운 세계가 있는데, 칠보(七寶)로 꾸민 난간에 누각이 장엄하여 인간의 세계는 아닌 것 같다. 사복이 시신을 업고 속에 들어가니 문득 그 땅이 합쳐 버린다. 이것을 보고 원효는 그대로 돌아왔다.

후세 사람들이 그를 위해서 경주 금강산 동남쪽에 절을 세우고 절 이름을 도량사(道場寺)라 하여, 해마다 3월 14일이면 점찰회(占察會)를 열었다. 사복이 세상

145 이후에는 사복(蛇卜), 사파(蛇巴), 사복(蛇伏)이라고 썼다. 하지만 이는 모두 사동(蛇童)을 뜻한다.

에 영험을 나타낸 것은 오직 이 것뿐이다. 그런데 민간에서는 어처구니없는 얘기를 덧붙였으니 웃기는 일이다. 기려서 말한다.

잠자코 자는 용이라고 어찌 무시하리.
떠나면서 읊은 한 가락 짧기도 해라.
생사가 괴롭다고 하나 본디 괴로움이 아니어라,
연화장 세계란 넓기도 하네.

진표전간(眞表傳簡)

진표 율사는 완산주(完山州, 전주) 만경현 사람이다.[146] 그의 아버지는 진내말(眞乃末)이요, 어머니는 길보랑(吉寶娘)이고 성은 정씨(井氏)이다. 나이 12세 때 금산사의 숭제법사 강론에 가서 중이 되어 배우기를 청원했다. 그 스승이 일찍이 말했다.

"나는 일찍이 당 나라에 들어가 선도삼장(善道三藏)에게 배운 뒤에 오대산에 들어가 문수보살을 직접 뵙고 오계(五戒)를 받았다."

진표가 물었다.

"부지런히 수행하면 얼마나 걸려 구족계를 얻게 됩니까."

숭제가 말했다.

"정성만 지극하면 일 년을 넘지 않을 것이다."

진표는 스승의 말을 듣고 이름난 명산을 두루 다니다가 선계산(仙溪山, 변산) 불사의암(不思議庵)에 머물면서 삼업(三業, 身, 口, 意) 수행을 하다가 몸을 망가뜨리면서 하는 참회 수행인 망신참법(亡身懺法)으로 계(戒)를 얻었다. 그는 처음에 7일 밤을 기약하고 오륜(五輪, 오체)을 돌에 두들겨서 무릎과 팔뚝이 모두 부서지고 바위 언덕에까지 피가 쏟아졌다. 그래도 부처와의 감응이 전혀 없으므로 목숨을 걸기로 작심하고 다시 7일을 더 기약하여 14일이 되자 마침내 지장보살

146 만경현은 달리 두내산현(豆乃山縣), 또는 나산현(那山縣), 지금의 만경(萬頃, 옛 이름은 두내산현(豆乃山縣)이다. 관녕전(貫寧傳)에 진표 스님의 고향 마을로서 금산현(金山縣) 사람이라 함은 절 이름과 현 이름을 혼동한 것이다.

을 빕고 중생을 깨끗하게 만들겠다는 보살의 계율인 정계(淨戒)를 받았다. 이때는 바로 개원 28년(경진, 740) 3월 15일 진시요, 진표의 나이 23세였다.

그러나 그의 뜻이 자씨(慈氏, 부처)에게 있었으므로 감히 멈추지 않고 영산사(靈山寺, 혹은 변산, 또는 부안 능가산)로 옮겨가서 또 처음과 같이 부지런하고 용기 있게 정진했다. 이윽고 미륵보살이 감응해 나타나 점찰경 2권과 수행한 결과인 증과(證果)의 간자(簡子, 점치는 나무 패쪽) 189개를 주면서 일렀다. 이 경(經)은 진(陳), 수(隋) 시절 외국에서 번역된 것이니 지금 처음으로 나타난 것은 아니다. 다만 미륵보살이 이 경을 진표에게 준 것이다. 이 중에서 제8간자는 새로 얻은 묘계(妙戒, 대승의 계)를 비유한 것이요, 제9간자는 구족(具足, 소승의 계)의 계를 얻은 것에 비유한 것이다. 이 두 간자는 내 손가락뼈이며, 나머지는 모두 침향과 단향 나무로 만든 것이다. 이것은 모두 번뇌에 비유한 것이다. 너는 이것으로써 세상에 법을 전하여 남을 구해주는 뗏목을 삼으라. 진표는 미륵보살의 기별(記莂, 성불에 대한 예언)을 받자 금산사에 가서 살면서 해마다 단석을 열어 법 보시를 널리 베풀었다. 그 단석의 정결하고 엄한 것이 이 말세에는 보지 못하던 일이었다. 풍교(風敎, 풍속과 종교)에 불법의 감화가 두루 미치자 여러 곳을 다니다가 아슬라주(阿瑟羅州, 강릉)에 이르니 섬 사이의 물고기와 자라들이 다리를 놓고 물속으로 맞아들이므로 진표가 불법을 강론하니 물고기와 자라들이 계율을 받았다. 그 때 바로 천보 11년(임진, 752) 2월 15일이었다. 어떤 책에는 원화 6년(811)이라 했지만 잘못이다. 원화(元和)는 헌덕왕 때이다. 때는 성덕왕 대로부터 거의 70년쯤 된다). 경덕왕이 이 말을 듣고 그를 궁중으로 맞아들여 대승불교의 보살이 지키는 계율인 보살계를 받고 곡식 7만 7천 석을 바쳤다. 초정열악(椒庭列岳, 왕비와 그 외척)들도 모두 계품을 받고, 비단 5백 필과 황금 5십 냥을 주었다. 그는 이것을 모두 받아서 여러 절에 나누어 주어 널리 불사를 일으켰다. 그의 사리는 지금의 발연사(鉢淵寺, 금강산)에 있으니, 곧 바다의 물고기들을 위해서 계율을 주던 땅이다.

그의 제자 중에서 불법을 얻은 머리로는 영심(永深), 보종(寶宗), 신방(信芳), 체진(體珍), 진해(珍海), 진선(眞善), 석충(釋忠) 등이 있다. 모두가 각 산문의 개창자가 되었다. 영심은 진표로부터 간자를 전해 받고 속리산에서 살았다. 영심이 진표의 법통을 계승한 제자다. 그 단(壇)을 만드는 법은 점찰육륜(占察六輪)과는 조금 다르지만 수행하는 법은 산 속에 전하는 규범과 같았다.

당승전(唐僧傳)을 살펴서 보면 이러하다. 개황 13년(593)에 광주(廣州)에 참법(懺法, 참회하는 법회)을 행하는 중이 있었다. 그는 가죽으로 첩자(帖子, 증서) 두

장을 만들어 선과 악 두 글자를 써서 사람에게 던지게 하여 선(善)자를 얻은 자를 길(吉)하다고 했다. 또 그는 스스로 자신의 몸을 학대하여 고통을 참으며 참회하는 박참법(撲懺法)을 행해서 지은 죄를 없애게 한다고 하니 남녀가 한데 어울려서 함부로 받아들여 비밀히 행해서 청주(青州, 산동성)에까지 퍼졌다. 동행관사(同行官司)가 이것을 조사해 보고 간사스러운 일이라 하니 이에 그들은 말했다.

"이 탑참법(搭懺法, 선악을 점치며 참회하는 법)은 점찰경에 따른 것이고, 박참법은 여러 경전 속의 내용에 따른 것으로, 온몸을 땅에 던져 마치 큰 산이 무너지는 것과 같이 한다."[147]

이때 사실을 위해 아뢰자 황제는 내사시랑 이원찬(李元撰)을 시켜서 대흥사(大興寺)로 가서 여러 고승대덕들에게 물으니, 대사문 법경(法經)과 언종(彦琮)등이 대답했다.

"점찰경은 두 권이 있다. 책머리에 보리등(菩提登)이 외국에서 번역한 글이라고 하였으니 요즘에 나온 것 같습니다. 또한 사본으로 전하는 것이 있는데, 여러 기록을 검사해 보아도 아무데도 바른 이름과 번역한 사람과 시일이나 장소가 모두 없습니다. 나무패쪽으로 점치는 탑참법은 여러 가지 경과는 다르기 때문에 이에 따라서 시행할 수는 없습니다."

이리하여 왕명을 내려 이것을 못하게 했다. 이제 이것을 시험 삼아 말한다. 청주거사(青州居士) 등의 탑참의 일은 마치 큰 선비가 학술을 핑계 삼아 무덤을 파헤치는 악행을 하는바, 시서발총(詩書發塚, 학문을 이용한 악행)하는 것과 같아 범을 그리다가 이루지 못하고 개를 그렸다고 할 수 있으니, 불타가 미리 준비한 것은 바로 이때문인 것이다. 만일 점찰경을 번역한 사람이나 그 때와 장소가 없다고 해서 의심스럽다고 한다면 이것도 또한 삼[麻]을 취하기 위해 금을 버리는 격과 같은 것이다. 왜냐하면, 그 경문을 자세히 읽어 보면 실단(悉壇, 성취)이 깊고 그윽하여 더러운 것과 흠이 있는 것을 깨끗이 씻어 주고 게으른 사람을 고쳐

147 당승전(唐僧傳)에 탑참법에 대한 사연이 올라 있다. 이 탑참법(搭懺法)은 가죽 첩 자리 두 장에 선(善), 악(惡) 두 자를 각기 써서 던져 선(善)자를 얻으면 길하다는 참회법이다. 이는 점찰경(占察經)에 의한 것이고, 박참법은 여러 경에 있는 내용에 따른 것으로 오체투지(五體投地)하여 마치 온 몸을 땅에 던져 마치 큰 산이 무너지는 것과 같이 한다. 그 때 이 사실을 아뢰자 황제는 내사시랑 이원찬(李元撰)을 시켜 대흥사로 가서 여러 고승들에게 사실 여부를 묻게 했다.

주는 것이 이 경전만한 것이 없다. 그렇기 때문에 그 이름은 대승참(大乘懺)이라고 했다.

또 눈과 귀와 코, 그리고 혀와 몸인 육근(六根)이 모인 중에서 나왔다고 한다. 개원, 정원 무렵에 나온 두 석교록(釋教錄) 속에는 정장(正藏, 정식 경전)으로 들어간 것이 있다. 비록 여러 성(性)에 대한 종지 곧 법성종은 아니지만 그 상교(相教, 법상종)의 대승 경전으로는 자못 우수한 셈이다. 어찌 탑참이나 박참 같은 두 참(懺)과 함께 말할 수 있으랴.

사리불문경(舍利佛問經)에 따르면, 부처가 큰 재산과 덕성을 갖춘 큰 부자의 아들 빈야다라(邠若多羅)에게 말했다.

"네가 이레 동안 너의 앞선 죄를 뉘우쳐서 모두 씻게 하라."

빈야다라가 이 가르침을 받들어 밤낮으로 정성껏 행하니, 제5일 저녁에 이르자 그 방 안에 여러 가지 물건이 비가 오듯이 내려 수건, 복두, 총채, 칼, 송곳, 도끼와 같은 물건들이 그의 눈앞에 떨어졌다. 다라(多羅)가 기뻐하여 부처에게 물었더니 부처는 대답한다.

"이것은 네가 물욕을 벗어날 기미이니, 이것은 모두 베고 터는 물건이다."

이 말에 따르면 점찰경에서 윤(輪, 시간의 바퀴)을 던져 상(相, 모습)을 얻는 것과 무엇이 다르겠느냐. 이것으로 진표(眞表)가 참회를 함으로써 간자(簡子, 패쪽)를 얻고 불법을 듣고 부처를 본 것이 헛된 일이 아님을 알 수가 있었다. 하물며 이 경을 거짓되고 망령된 것이라고 한다면 미륵보살이 어찌해서 진표 스님에게 몸소 전해 받았겠는가. 또 이 경을 만일 금한다면 사리불문경도 또한 금지할 것인가. 언종(彦琮)의 무리야말로 금을 훔칠 때 사람을 못 보았으니, 글을 읽는 자들은 이것을 자세히 알아야 할 것이다. 기려서 말한다.

어지러운 말세에 나타나시어
게으르고 어두운 이들을 깨우치니,
영험한 산악과 선계에서 감응해 통했네.
정성껏 몸을 던져 탑참 전했다고 말하지 말라.
다리 놓아 준 동해의 어룡도 감응된 것을.

관동풍악 발연수석기(鉢淵藪石記)

(이 기록은 주지 영잠(瑩岑)이 지은 것으로 승안 4년(기미, 1199)에 돌을 세웠다)

진표율사는 전주 벽골군 도나산촌 대정리(大井里) 사람이다. 나이 12세에 중이 될 뜻을 가지니 아버지가 허락하였다. 율사는 금산수(金山藪, 금산사) 순제법사에게 가서 머리를 깎고 중이 되었다. 순제가 사미계율의 법과 전교공양차제비법 1권과 점찰선악업보경 2권을 주면서 말했다. 너는 이 계율의 법을 가지고 미륵과 지장 두 보살 앞으로 가서 간절히 법을 구하고 뉘우쳐서 몸소 계율의 법을 받아 세상에 널리 전하도록 하라. 율사는 가르침을 받들고 인사하고 물러나와 두루 명산을 다녔으니 나이는 이미 27세가 되었다. 상원 원년(경자, 760)에 쌀 20말을 쪄 말려 양식을 만들어 보안현(保安縣, 부안)에 가서 변산에 있는 불사의방에 들어갔다. 쌀 5홉으로 하루의 양식을 삼았다. 그 중에서 한 홉은 덜어서 쥐를 길렀다. 율사는 미륵상 앞에서 부지런히 계율의 법을 구했으나 3년이 되어도 앞날에 대한 어떤 예언을 받는 수기(授記)를 얻지 못했다. 너무 답답하여 바위 아래에 몸을 던지니, 문득 푸른 옷을 입은 청의동자가 손으로 받들어 돌 위에 올려놓았다. 율사는 다시 다짐을 내어 21일을 기약하고 밤낮으로 부지런히 정진하여 돌로 몸을 두드리면서 뉘우쳤다. 3일 만에 손과 팔뚝이 부러져 땅에 떨어진다. 7일이 되던 날 밤에 지장보살이 손에 금 지팡이를 흔들면서 와서 그를 도와주니 손과 팔뚝이 전과 같이 되었다. 보살이 그에게 가사와 바리때를 주니 율사는 그 영험한 감응에 감격하여 더욱더 정진했다. 21일이 다 차니 곧 천신의 눈을 얻어 도솔천의 천사들이 오는 모양을 볼 수 있었다. 이에 자장보살과 미륵보살의 앞에 나타나니 미륵보살이 율사의 이마를 만지면서 말했다.

> "훌륭하다. 대장부여. 이와 같이 계율의 법을 구하매 몸과 목숨을 아끼지 않고 간절히 구하고 뉘우치는구려."

지장이 계본(戒本)을 주고, 미륵이 또 나무 간자 두 개를 주었는데, 하나에는 아홉째 간자, 다른 하나에는 여덟째 간자라고 씌어 있었다. 미륵보살이 율사에게 말한다. 이 두 간자는 내 손가락뼈이니, 이것은 곧 시와 본의 두 각(二覺)을 이르는 것이다. 또 아홉 번째 간자는 법(法)이고, 여덟 번째 간자는 성불을 할 수 있는 씨를 이른바, 신훈성불종자(新熏成佛種子)이다. 이것으로써 마땅히 인과응보를 알 수 있을 것이다. 너는 현세의 몸을 버리고 대국왕의 몸을 받아 이후에 도솔천(兜率天)에 가서 태어나게 될 것이다. 이렇게 말을 마치고 두 보살은 곧 사라졌다. 이때가 임인년(762) 4월 27일이었다.

율사가 불교의 교법을 받고 금산사를 세우고자 하여 산에서 내려와 대연진 못에 이르렀다. 문득 용왕이 나타나 옥 가사를 바치고 팔만의 무리를 거느리고 그를 지키기 위하여 금산수(金山藪, 금산사)로 갔다. 여러 곳에서 사람들이 모여들어 며칠 안에 절이 세워졌다. 또 미륵보살이 감동하여 도솔천에서 구름을 타고 내려와 율사에게 계율의 법을 주니 이에 율사는 시주를 권하여 미륵장륙상(彌勒丈六像, 16자 미륵불상)을 만들었다. 또 미륵보살이 내려와서 계율의 법을 주는 모양을 금당(金堂, 불당) 남쪽 벽에 그렸다. 불상은 갑진년(764) 6월 9일에 마무리하여 병오년(766) 5월 1일에 금당에 모셨으니, 이 해가 대력 원년이었다.

율사가 금산사에서 나와 속리산으로 가는 도중에 소 수레를 탄 사람을 만났다. 그 소들이 율사의 앞에 와서 무릎을 꿇고 우니 수레에 탄 사람이 수레에서 내려와 물었다.

"무슨 까닭으로 이 소들이 스님을 보고 우는 것입니까. 그리고 스님은 어디서 오시는 분입니까."

율사가 말한다.

"나는 금산사의 중 진표요. 나는 일찍이 변산(邊山, 부안)의 불사의방에 들어가 미륵과 지장의 두 보살 앞에서 몸소 계율의 법과 과보를 받았기 때문에 절을 지어 앞으로 수도할 곳을 찾아오는 것이요. 이 소들은 겉은 어리석은 것 같지만 실은 슬기롭습니다. 내가 계율의 법을 받는 것을 알고, 불법을 소중히 여기기 때문에 무릎을 꿇고 우는 것입니다."

그 사람은 이 말을 다 듣고 나더니 말한다.

"짐승도 오히려 이러한 불심이 있는데 하물며 나는 사람으로서 어찌 생각이 없겠습니까."

그는 즉시 손으로 낫을 쥐고 스스로 자신의 머리털을 잘라 버렸다. 율사는 자애로운 마음으로 다시 그의 머리를 깎아 주고 계를 주었다. 이들은 속리산 골짜기 속에 이르러 길상초가 난 곳을 보고 표를 해 두었다. 그들은 명주(溟州, 강릉) 해변으로 돌아와 천천히 가는데, 물고기와 자라 등이 바다에서 나와 율사의 앞에 오더니 몸을 맞대어 마당처럼 만들어 주었다. 율사는 그 등을 밟고 바다에 들어가서 계율의 법을 외워 주고 다시 나가 고성군에 이르렀다. 여기에서 금강산으로 들어가서 비로소 발연수(鉢淵藪, 발연사)를 세우고 점찰법회를 열었다. 여기에서 7년 동안 살았는데, 강릉 지방에 가뭄이 들어서 사람들이 모두 굶주렸다. 율사가 이들을 위해서 계율의 법을 말하니 사람마다 받들어 지켜서 삼보에 섬김을 다하였다. 문득 고성 바닷가에 무수한 물고기들이 저절로 죽어서 나왔다. 사람들이 고기를 팔아서 먹을 것을 마련하여 굶주림을 면할 수 있었다.

율사는 발연수에서 나와 다시 변산의 불사의방에 이르렀다. 그 뒤에는 고향으로 가서 그 아버지를 뵙기도 하고 혹은 진문대덕(眞門大德)의 방에 가서 머물기도 했다. 이때 속리산의 고승 영심(永深)이 대덕 융종(融宗)과 불타(佛陀) 등과 함께 율사가 있는 곳에 와서 간청했다.

"우리들은 천릿길을 멀다 하지 않고 와서 계율의 법을 구하오니 법문을 주시기 바랍니다."

율사가 잠자코 아무 대답도 하지 않으니 세 사람은 복숭아나무 위에 올라가 거꾸로 땅에 떨어지면서 열성으로 뉘우쳤다. 이에 율사가 교법을 전하여 머리에 물을 붓고 드디어 가사와 바리때와 공양차제비법 1권과 점찰선악업보경 2권과 간자(簡子, 패쪽) 189개를 주었다. 다시 수행한 결과로 얻는 과보인 미륵진생 아홉째 간자와 여덟째 간자를 주면서 가르쳤다. 아홉 번째 간자는 법이요, 여덟째 간자는 신훈성불종자이다.

"내가 이미 그대들에게 주었으니 가지고 속리산으로 돌아가라. 그 산에 길상초가 난 곳이 있으니, 거기에 절을 세우고 이 교법에 따라서 널리 인간계와 천상계의 뭇 사람들을 건지고, 후세에까지 전하도록 하라."

영심 등이 가르침을 받들고 바로 속리산에 가서 길상초가 난 곳을 찾아 절을 세우고 길상사(吉祥寺)라고 했다. 영심은 여기에서 처음으로 점찰법회를 열었다. 율사는 그 아버지와 함께 다시 발연사에 가서 함께 불도를 닦고 효도를 다했다.

율사가 세상을 떠날 때 절의 동쪽 큰 바위 위에 올라가서 죽으니 제자들이 그 시체를 옮기지 않고 그대로 모시다가 뼈가 흩어져 떨어지자 흙으로 덮어 묻어서 무덤을 만들었다. 그 무덤에 푸른 소나무가 바로 나더니 세월이 오래 되자 말라 죽었다. 다시 나무 하나가 났는데 뿌리는 하나이더니 지금은 나무가 쌍으로 서 있다.

대개 그를 섬기는 이가 있어 소나무 밑에서 뼈를 찾는데, 혹은 얻기도 하고 혹은 얻지 못하기도 했다. 나는 율사의 뼈가 아주 없어질까 두려워하여 정사년

(1197) 9월에 특히 소나무 밑에 가서 뼈를 주워 통에 담았는데 3홉쯤이나 되었다. 이에 큰 바위 위에 있는 쌍으로 난 나무 밑에 돌을 세워 뼈를 모셨다.

이 기록에 실린 진표의 행적은 발연사 돌비에 새긴 비문과는 서로 다르다. 때문에 영잠(瑩岑)이 적은 것만 간추려서 싣는 것이다. 후세의 어진 이들은 마땅히 살펴볼 것이다. 무극(無極)이 쓴다.

승전촉루(勝詮髑髏)

승전(勝詮) 법사는 그 내력을 자세히 알 수 없다. 일찍이 배를 타고 중국에 가서 현수(賢首) 국사의 설법 자리에 들어가 깊고 그윽한 말씀을 받아 참 이치를 알고 깨달아 생각을 쌓았다. 보는 것이 슬기롭고 뛰어나 깊은 것과 숨은 것을 찾아 그 묘함이 깊이를 더하였다. 이에 그는 인연 있는 곳으로 가고자 하여 신라로 돌아왔다.

처음에 현수는 의상과 함께 배워 지엄화상(智儼和尙)의 애정 어린 가르침을 받았다. 현수는 스승의 말에 대하여 글 뜻과 교과를 익혀 승전법사가 고향에 돌아가는 것을 계기로 이 글을 보내니 의상도 역시 글을 보냈다 한다. 그 다른 장에는 이렇게 말했다.

> "탐현기(探玄記) 20권 중에서 두 권은 아직 완성되지 못했고, 교분기(敎分記) 3권, 현의장등잡의(玄義章等雜義) 1권, 화엄범어(華嚴梵語) 1권, 기신소(起信疎) 2권, 십이문소(十二門疎) 1권, 법계무차별론소(法界無差別論疏) 1권을 모두 옮겨 베꼈으니 승전법사 편에 보내드립니다. 저번에 신라의 중 효충(孝忠)이 금 9푼을 갖다 주면서 상인(上人, 의상)이 보낸 것이라고 합니다. 비록 편지는 받지 못했지만 고맙기 그지없습니다. 지금 인도의 군지조관(軍持澡灌), 승려가 지니고 다니는 물통과 대야 한 개를 보내어 적은 정성을 표하오니 받아 주시기 바랍니다. 삼가 아룁니다."

승전법사가 돌아오자 이 현수의 글을 의상에게 전했다. 의상은 법장(法藏)의 이 글을 보니 마치 지엄(智儼)의 가르침을 몸소 듣는 것과 같았다. 수십 일 동안 연구에 거듭하여 제자들에게 주어 이 글을 널리 배우고 익히게 하였다. 이 말은 의상의 전기에 실려 있다.

살펴서 보면 이렇다. 이 원만하고 오름내림이 있는 가르침이 청구(靑丘, 신라)에 널리 퍼진 것은 실로 승전법사의 공덕이다. 그 뒤에 범수 스님이 멀리 당 나라에 가서 새로 번역한 후분화엄경(後分華嚴經), 관사의소(觀師義疏)를 구해 갖고 돌아와 갈고 닦았다고 하니, 이때는 정원 기묘년(799)이었다. 이도 역시 불법을 구해다가 널리 드날린 사람이다.

승전은 상주 관내의 개령군 어름에 절을 새로 짓고 돌들로 관속(官屬, 학관의 생도)으로 삼아 화엄경을 강론했다. 그 뒤에 신라 가귀(可歸) 스님이 자못 슬기롭고 도리를 알아서 불법의 전통을 이어 등불을 계속하여 밝히고 심원장(心源章)을 지었다. 그 얼개를 보면 이러하다. 승전법사는 돌의 무리들을 거느리고 불경을 논의하고 강론했다고 하니, 그곳은 지금 김천의 갈항사이다. 그 돌 80여 개는 지금까지 승려를 관리하는 관원인 강사(綱司)가 전하고 있다. 자못 신령스럽고 이상한 것이 있다. 그 밖의 사적들은 모두 비문에 자세히 실려 있는데 대각국사실록(大覺國師實錄) 속에 있는 것과 같다.

심지계조(心地繼祖)

심지(心地) 왕사는 진한 제41대 헌덕왕 김씨의 아들이다. 어려서부터 효성과 우애가 깊고 천성이 맑고 슬기로웠다. 학문에 뜻을 두는 나이에 불도에 부지런했다. 중악(中岳, 팔공산)에 가서 머물고 있었다. 마침 속리산의 심공(深公)이 진표율사의 불골간자를 전해 받아서 수도를 하여 과보를 바로 잡고 진리를 깨닫는 과정법회(果訂法會)를 연다는 말을 듣고, 뜻을 품고 찾아갔으나 이미 날짜가 지났기 때문에 참여할 수가 없었다. 이에 땅에 앉아서 마당을 치면서 신도들을 따라 예배하고 뉘우쳤다. 7일이 지나자 큰 눈이 내렸으나 심지가 서 있는 사방 10 자쯤은 눈이 내리지 않았다.

여러 사람이 그 신이함을 보고 법당에 들어오기를 허락했다. 심지는 사양하고 거짓 병을 핑계로 방안에 물러가서 당을 향해 조용히 예불했다. 그의 팔꿈치와 이마에서 피가 흘러내려 마치 진표(眞表)가 부안의 선계산에서 피를 흘리던 일과 같았는데 지장보살이 매일 와서 위로했다. 법회가 끝나고 산으로 돌아가는 도중에 옷깃 사이에 간자(簡子, 패쪽) 두 개가 끼여 있는 것을 발견했다. 그는 가지고 돌아가서 심공에게 아뢰니 영심이 말하기를, 간자는 함 속에 들어 있는데 그럴 리가 있는가. 하고 조사해 보니 함은 봉한 채인데 열고 보니 간자는 없었다. 심공이 매우 이상히 여겨 다시 간자를 겹겹이 싸서 갈무리해 두었다. 심지가 또 길을 가는데 간자가 먼저와 같았다. 다시 돌아와서 아뢰니 심공이 말하기를,

"부처님 뜻이 그대에게 있으니 그대는 받들어 행하도록 하라."

며 간자를 그에게 주었다. 심지가 머리에 이고 중악으로 돌아왔다. 중악의 산신이 수행자 둘을 데리고 산꼭대기에서 심지를 맞아 그를 데리고 바위 위에 앉히고는 바위 밑으로 돌아가 엎드려서 공손히 정식 법계를 받았다. 이때 심지가 말했다. 이제 땅을 가려서 부처님과 간자를 모시려 하는데, 이것은 우리들만이 정할 일이 못되니 그대들 셋과 함께 높은 곳에 올라가서 간자를 던져 자리를 점치도록 하자. 이에 신들과 함께 산마루로 올라가서 서쪽을 향하여 간자를 던지니, 간자는 바람에 날라 갔다. 이때 산신이 노래를 지어 불렀다.

막혔던 바위 멀리 물러가니 숫돌처럼 편편하고,
낙엽이 날아 흩어지니 앞길이 밝아지네.
불골 간자를 던지고 다시 찾아서,
깨끗한 곳을 맞아 치성 드리네.

노래를 마치자 간자를 숲속 샘에서 찾아 곧 그 자리에 불당을 짓고 간자를 모셨으니, 지금 동화사 첨당(籤堂) 북쪽에 있는 작은 우물이 이것이다.

고려 예종이 일찍이 부처의 간자를 맞아 대궐 안에서 예불했는데, 문득 아홉 번째 간자 하나를 잃어 상아 간자로 대신하여 본사에 돌려보냈다. 지금은 이것이 점점 변해서 같은 빛이 되어 새것과 옛것을 분간하기 어렵다. 그리고 그 바탕은 상아도 옥도 아니다.

점찰경 상권을 살펴서 보면, 189개 간자의 이름이 있는데 이러하다. 1은 상승(上乘, 깨달음에 이르는 가장 좋은 교법)을 구해서 불퇴위를 얻음이요, 2는 구하는 과(果)가 마땅한 증거를 나타내는 것이요, 제3과 제4는 중승(中乘)과 하승(下乘)을 구해서 성불하고 반드시 타락하지 않을 자리인 불퇴위(不退位)를 얻은 것이요, 5는 신통력을 구해서 이룸이요, 6은 자비희사(慈悲喜捨)를 닦는 사범(四梵)을 구해서 이룸이요, 7은 세선(世禪, 세간의 선정)을 닦아 이룸이요, 8은 받고 싶은 묘한 계율을 얻음이요, 9는 일찍이 받은 구족계를 얻음이요. 이 글을 가지고 살핀다면, 미륵보살이 말한, 새로 얻은 계는 현세에 처음 얻는 계(戒)를 이름이요, 옛날 얻은 계는 과거세에 일찍이 받았다가 현세에 또 더 받음을 말한 것이다. 마침내 수생은 수행에 의한 후천적인 공덕이고 본유는 선천적으로 타고난 공덕인바, 수행과 타고 난 천성의 선후를 말한 것이 아님을 알겠다. 10은 하승(下乘, 세간)을 구하며 아직 신심에 살지 않는 것이요, 다음은 중승(中乘, 출세간)을 구하여 아직 신심에 살지 않음이다. 이와 같이 해서 제172까지는 모두 과거세나 현세 사이에 혹 착하기도 하고 악하기도 하고, 혹 얻기도 하고 잃기도 한 일들이다. 제173은 몸을 버려 이미 지옥에 들어감이요(이상은 모두 미래를 향한 인과이다), 제174는 죽은 뒤에 축생(畜生, 짐승)이 되는 것이다. 이렇게 해서 아귀(餓鬼), 수라(修羅), 인(人), 인왕, 천(天), 천왕에까지 미치고, 불법을 들음, 출가, 성승(聖僧)을 만남, 도솔천에 태어남, 정토에 태어남, 부처를 찾아뵘, 하승(下乘, 속세)에 머무름, 중승에 머무름, 상승에 머무름, 해탈을 얻음의 제189 등이 이것이다. 위에서는 하승에 머무름에서부터 상승에서 물러나지 않음을 얻음까지 말했다. 이제 상승에서 해탈을 얻음 등을 말함은 이것으로 분별된다. 이들은 모두 삼세에 걸친 인과응보의 서로 다른 모습이다.

이것으로 점을 쳐 보면, 마음이 행하려고 한 일과 간자가 서로 맞으면 감응하고 그렇지 못하면 지극한 마음이 되지 못했다고 해서 이것을 허류(虛謬, 텅 비고 잘못됨)라고 한다. 그렇다면 이 8과 9의 두 간자는 오직 189개 중에서 나온 것이다. 그런데 송전(宋傳)에서는 다만 108 첨자(籤子)라고만 한 것은 무슨 까닭일까. 틀림없이 저 백팔번뇌의 이름으로 알고 말한 것 같다. 그리고 또 경문을 살펴서 보지도 않은 것 같다.

또 살펴서 보면, 고려의 문사 김관의(金寬毅)가 지은 왕대종록(王代宗錄) 2권에 신라 말년의 고승 석충(釋冲)이 고려 태조에게 진표율사의 가사 한 벌과 계간자 189개를 바쳤다고 적었다. 이것이 지금 동화사에 전해 오는 간자와 같은 것인지 다른 것인지 알 수 없다. 기려서 말한다.

금규(金閨, 궁궐) 안에서 자랐건만,
일찍이 속박을 벗어났네.
부지런함과 슬기로움은 하늘이 주었네.
뜰에 가득히 쌓인 눈 속에서 간자를 뽑아,
동화사 산 높은 봉우리에 갖다 놓았네.

현유가(賢瑜珈) 해화엄(海華嚴)

유가종(瑜伽宗)의 원조인 조사로서 고승 대현(大賢)은 경주 남산의 용장사(茸長寺)에 머물러 살았다. 그 절에는 돌로 만든 미륵보살의 장륙(丈六, 16자)의 불상이 있었다. 대현이 끊임없이 장륙상을 돌면 장륙상도 역시 대현을 따라 얼굴을 돌렸다. 대현은 슬기롭고 분명하고 정밀하고 빨라서 판단하는 것이 명백했다. 대략 법상종의 전량(銓量, 깊은 이치)은 그 뜻과 이치가 그윽하고 깊어서 풀이하기가 매우 어렵다. 그렇기 때문에 중국의 명사 백거이(白居易)도 일찍이 이것을 연구하다가 다 알지 못하고 말았다. 유식(唯識)이란 뜻이 그윽하여 알기 어렵고, 인명(因明)은 풀어도 풀리지 않는다. 그러니 학자들이 배우기 어려운 것은 당연했다. 그러나 대현은 홀로 그 잘못된 것을 바로잡고, 잠깐 동안에 그윽하고 깊은 뜻을 터득하여 넉넉하게 이치를 풀어놓았다. 이리하여 신라의 후학들은 모두 그 가르침에 따랐고, 중국의 학자들도 간혹 이것을 얻어 지침으로 삼았다.

경덕왕 천보 12년(계사, 753) 여름에 가뭄이 심하니 대현을 대궐로 불러들여 금광경을 풀이하매 단비를 빌게 했다. 어느 날 재를 올리는데 바라를 열어 놓고 한참 있었으나 이바지하는 자가 정화수를 늦게 올리므로 감찰원이 꾸짖었다. 이에 이바지하는 이가 말했다. 대궐 안 우물이 말랐기 때문에 먼 곳에서 떠오느라고 늦었습니다. 대현은 그 말을 듣고 말했다. 왜 진작 그런 말을 하지 않았는가. 낮에 강론할 때 대현은 향로를 받들고 잠자코 있으니 잠깐 사이에 우물물이 솟아나왔다. 그 높이가 일곱 길이나 되어 사찰 당간의 높이와 거의 같게 되니, 궁중이 모두 놀라서 그 우물을 금광정(金光井)이라 했다. 대현은 일찍이 스스로 청구사문(靑丘沙門)이라 일컬었다. 기려서 말한다.

남산의 불상을 돌면 불상도 따라 얼굴 돌려,
신라의 불교가 다시 하늘 높이 떠올랐네.
궁중 우물에 맑은 물이 솟아오르게 하니
그 누가 알리오. 금향로 한 줄기 연기인 것을.

그 이듬해 갑오년(754) 여름에 왕은 또 고승 법해(法海)를 황룡사로 초청해 화엄경을 풀이하게 하고, 몸소 가서 향을 피우고 조용히 말했다.

"지난 해 여름에 대현법사는 금광경을 풀이하매 우물의 물을 일곱 길이나 솟아나오게 했소. 그대의 법력은 어떠하오."

법해가 말한다.

"그것은 그저 조그만 일이어서 족히 기릴 만한 것이 못됩니다. 이제 푸른 바다를 기울여서 토함산을 잠기게 하고, 서라벌을 물에 떠내려가게 하는 것도 또한 어렵지 않습니다."

왕은 믿지 않고 농담으로만 여겼다. 오전 12시 무렵 오시(午時)에 강론하는데 향로를 안고 고요히 있노라니 잠깐 사이에 궁중에서 문득 우는 소리가 있다. 궁리가 달려와서 아뢰었다. 동쪽 연못이 이미 넘쳐서 궁의 내전 50여 칸이 떠내려갔습니다. 왕이 멍하니 어쩔 줄을 몰랐다. 법해가 웃으면서 말한다. 동해가 기울도록 수맥을 먼저 불린 것뿐입니다. 왕은 자기도 모르게 일어나 절을 했다. 이튿날 감은사(感恩寺)에서 아뢰었다. 어제 오시에 바닷물이 넘쳐흘러서 불전의 뜰 앞까지 밀려 왔다가 저녁때에 물러갔습니다. 이 일로 해서 왕은 더욱 법해를 믿고 존숭했다. 기려서 말한다.

불법의 바다 물결 움직임은 넓기도 해라,
사해를 늘이고 줄이는 것도 어려울 것 없네.
높은 수미산을 높다고만 말하지 말라.
모두가 우리 스님의 손가락 끝에 있느니.
(이것은 석해(石海)가 말한 것이다.)

권제5 신주(神呪) 제6

국존 조계종 가지산하 인각사 주지 원경충조 대선사 일연찬
(國尊曹溪宗迦智山下麟角寺住持圓鏡冲照大禪師一然撰)

밀본최사(密本摧邪)

선덕여왕 덕만(德曼)이 병이 들어 오랫동안 낫지 않자, 흥륜사의 승려 법척(法惕)이 임금의 부름을 받아 병을 치료했으나 오래 되어도 효험이 없었다. 이때 밀본법사(密本法師)의 덕행이 나라 안에 소문이 퍼져서 좌우 신하들이 법척을 바꾸기를 청했다. 왕은 그를 궁중으로 불러들이니 밀본은 궁궐 밖에서 약사경을 읽었다. 경을 다 읽고 나자 갖고 있던 여섯 고리 달린 지팡이인 육환장이 침실 안으로 날아 들어가더니 늙은 여우 한 마리와 중 법척을 찔러서 뜰아래에 거꾸로 내던지니 왕의 병은 이내 나았다. 이때 밀본의 이마 위에 오색의 신비스러운 빛이 비쳐 보는 사람이 모두 놀랐다.

또 승상 김양도(金良圖)가 어렸을 때 문득 입이 붙고 몸이 굳어져서 말도 못하고 손발도 놀리지 못했다. 느닷없이 큰 귀신 하나가 작은 귀신을 데리고 와서 집안에 있는 음식을 모조리 맛보는 것이었다. 혹 무당이 와서 제사를 지내면 귀신들의 무리가 서로 다투어가며 욕했다. 양도가 귀신들에게 물러가라고 명하고 싶었지만 입이 붙어 말을 할 수가 없었다. 아버지가, 이름은 전하지 않는 법류사(法流寺, 불국사)의 중을 불러서 불경을 읽게 했다. 큰 귀신이 왕명으로 작은 귀신에게 쇠망치로 승려의 머리를 때려 땅에 넘어뜨리니 피를 토하고 죽었다. 며칠 뒤 사자를 보내서 밀본을 맞아오도록 하니 사자가 돌아와서 말한다. 밀본법사가 우리 청을 받아들여 장차 오신다고 했습니다. 여러 귀신들은 이 말을 듣고 모두 얼굴빛이 변하니 작은 귀신이 말한다.

"법사가 오면 좋지 않을 것이니 피하는 게 좋겠습니다."

그러나 큰 귀신은 거드름을 부리고 자신 있게 말한다.

"무슨 해로운 일이 있겠느냐."

이윽고 사방에서 큰 귀신이 온 몸에 쇠 갑옷과 긴 창으로 무장하고 나타나더니 모든 귀신들을 잡아 묶어 가지고 갔다. 다음에 그 많은 천신들이 둘러서서 기다렸다. 조금 있더니 밀본이 도착하여, 경문을 펴기도 전에 양도의 병은 나아서 말도 하고 몸도 움직였다. 그리하여 지나간 사실을 자세히 말했다.

"양도는 이 일로 해서 불교를 크게 믿어 한평생 게을리 하지 않았다. 흥륜사 오당(吳堂, 금당)의 주불인 미타존상과 좌우 보살을 소상으로 만들고, 또 그 불당에 금으로 벽화를 그렸다."

밀본은 일찍이 금곡사(金谷寺)에서 머물렀다. 또 김유신은 일찍이 늙은 거사 한 사람과 교분이 두터웠다. 세상 사람들은 그가 누구인지 알지 못했다. 그 때 유신공의 친척인 수천(秀天)이 오랫동안 나쁜 병에 걸렸으므로 공이 거사를 보내서 살펴보도록 했다. 때마침 수천의 친구 인혜사(因惠師)라는 스님이 중악(中岳, 팔공산)에서 찾아왔다가 거사를 보더니 업신여겨 말했다. 그대의 형상과 태도를 보니 간사하고 아첨하는 사람인데 어찌 남의 병을 고치겠는가. 이에 거사는 말했다.

"나는 김공(金公)의 명을 받고 마지못해서 왔을 뿐이오."

이에 인혜가 말했다.

"그대는 내 신통력을 좀 보라."

고 하더니 향로를 받들어 향을 피우고는 주문을 외우니, 이윽고 오색구름이 이미 위를 두르고 하늘에서 내리는 천화(天花)가 흩어져 떨어졌다. 거사가 말한다.

"스님의 신통력은 놀랍습니다. 저에게도 역시 변변치 못한 술법이 있어서 보여 드리고 싶으니, 청컨대 스님께서는 잠깐 동안 제 앞에 서 계십시오."

인혜는 하라는 대로 했다. 거사가 손가락을 한번 튀기자 인혜는 공중으로 거꾸로 올라가는데 그 높이가 한 길이나 된다. 한참만에야 서서히 거꾸로 내려와 머리가 땅에 박힌 채 말뚝처럼 우뚝 섰다. 옆에 있던 사람들이 그를 밀고 잡아당겨도 꼼짝도 하지 않았다. 거사가 그곳에서 나가 버리니 인혜는 거꾸로 박힌 채 밤을 새웠다. 이튿날 수천이 사람을 시켜 이 사실을 유신공에게 알리니, 유신공은 거사에게 가서 인혜를 풀어주게 했다. 그 뒤로 인혜는 다시는 재주를 부리지 않았다. 기려서 말한다.

붉은빛과 자줏빛이 섞여서 어지러워
몇 번이나 붉은 빛을 어지럽히니,
아, 고기 눈이 구슬인 양 어리석은 사람 속였네.
거사가 손가락 가볍게 튀기지 않았더라면,
상자 속에 옥 같으나 옥이 아닌 무부(碔砆)를 닮았으랴.

혜통항룡(惠通降龍)

중 혜통(惠通)은 그 씨족을 자세히 알 수 없으나 속인으로 있을 때 그의 집은 남산 서쪽 기슭인 은천동 어귀(현 남간사 동네)에 있었다. 어느 날 집 동쪽 시내에서 놀다가 수달 한 마리를 잡아 죽이고 그 뼈를 동산 안에 버렸다. 그런데 이튿날 새벽에 그 뼈가 사라졌다. 그 핏자국을 따라 찾아가니 뼈는 전에 살던 굴로 되돌아가서 새끼 다섯 마리를 안고서 쭈그리고 있었다. 혜통이 바라보고 한참이나 놀라고 이상히 여겨 뉘우치면서 망설이다가, 마침내 속세를 버리고 중이 되어 이름을 혜통으로 바꿨다.

당 나라에 가서 무외삼장(無畏三藏)을 만나고 배우기를 청하니 삼장이, 우이(嵎夷, 신라)의 사람이 어떻게 법사가 될 수 있겠는가. 하면서 가르쳐 주지 않았다. 그러나 혜통은 쉽게 물러가지 않고 3년 동안이나 부지런히 섬겼다. 하지만 무외가 허락하지 않자 혜통은 너무 분하고 애가 타서 뜰에 서서 불 동이를 머리에 이고 있었다. 조금 뒤에 정수리가 터지는 소리가 천둥과 같았다.

삼장이 이 소리를 듣고 와서 보더니 물동이를 치우고 손가락으로 터진 곳을 만지면서 주문을 외우니 상처는 이내 아물어서 전과 같이 되었다. 그러나 흉터가 생겨 왕자 무늬와 같으므로 왕화상(王和尙)이라고 하여 그의 인품을 높게 인정하여, 깨달음을 인정하고 보리를 얻을 수 있다는 수결을 주는 비결을 전했다.

이때 당 나라 황실에서는 공주가 병이 있어 고종은 삼장에게 치료해 달라고 청하자 삼장은 자기 대신 혜통을 추천했다. 혜통이 가르침을 받고 딴 곳에 머물면서 흰 콩 한 말을 은그릇 속에 넣고 주문을 외우니, 그 콩이 변해서 흰 갑옷을 입은 신령한 병사가 되어 병마들을 쫓았으나 이기지 못했다. 이에 다시 검은 콩 한 말을 금 그릇에 넣고 주문을 외우니, 콩이 변해서 검은 갑옷 입은 신병이 되었다. 두 빛의 신병이 함께 병마를 쫓으니 문득 이무기가 달아나고 공주의 병이 곧 나았다.

용은 혜통이 자기를 쫓은 것을 원망하여 신라 문잉림(文仍林)에 와서 사람들을 몹시 해쳤다. 당시 정공(鄭公)이 당에 사신으로 갔다가 혜통에게 말했다. 스님이 쫓아낸 이무기가 신라에 와서 심한 해를 끼치니 빨리 가서 없애 주십시오.

혜통은 이에 정공과 함께 인덕 2년(을축, 665)에 신라로 돌아와 용을 쫓아 버렸다. 용은 또 정공을 원망하여 이번에는 버드나무로 변해서 정씨의 문밖에 우뚝 섰다. 정공은 알지 못하고 다만 나무의 무성함만 좋아하여 무척 사랑했다.

신문왕이 죽고 효소왕이 즉위하여 왕릉 자리를 닦고 장사지내는 길을 만드는데, 정씨 집 버드나무가 길을 가로막고 있어 담당관이 베어 버리려 하자 정공이 노해서 말했다.

"차라리 내 머리를 벨지언정 이 나무는 베지 못한다."

수행원이 이 말을 왕에게 아뢰니 왕은 몹시 노해서 관원에게 명령했다.

"정공이 왕화상의 능력만 믿고 장차 옳지 못한 일을 꾀하려 하여 왕명을 업신여기고 거슬리니, 차라리 저 머리를 베라."

고 하니 마땅히 제가 좋아하는 대로 할 것이다. 이리하여 그의 목을 베어 죽이고 그 집을 흙으로 묻어 버리고 나서 조정에서 의론했다. 왕화상이 정공과 매우 친하여 반드시 관련한 혐의가 있을 것이니 마땅히 먼저 없애야 할 것입니다. 이에 갑옷 입은 병사를 시켜 왕화상을 잡게 했다.

혜통이 왕망사(王望寺)에 있다가 갑옷 입은 군사들이 오는 것을 보고 지붕에 올라가서 사기병과 붉은 먹을 찍은 붓을 가지고 그들에게 소리쳤다. 내가 하는 것을 보라며 병의 목에다 한 획을 그으면서 말한다. 그대들은 모두 그대들의 목을 보라. 목을 보니 모두 붉은 획이 그어져 있으므로 서로 보면서 놀랐다. 혜통은 또 소리친다. 내가 만일 이 병의 목을 자르면 그대들의 목도 잘려질 것이다. 어찌하려느냐. 병사들이 달려와서 붉은 획이 그어진 자기네 목을 왕에게 보이니 왕이 말하기를,

"화상의 신통력을 어찌 사람의 힘으로 막을 수 있겠느냐."

며 그대로 내버려두었다.

공주가 문득 병에 걸리자 왕은 혜통을 불러서 고치게 했다. 공주의 병이 나았으므로 왕은 크게 기뻐했다. 혜통은 이것을 보고 말했다.

"정공은 이무기의 해를 입어서 죄 없이 나라의 형벌을 받았습니다."

왕은 이 말을 듣고 마음속으로 뉘우쳤다. 이에 정공의 가족에게는 죄를 면하게 하고 혜통을 국사로 삼았다. 용은 이미 정공에게 원수를 갚자 기장산(機張山)에 가서 곰신이 되어 해독을 끼치는 것이 더욱 심하여 백성들이 몹시 괴로워했다. 혜통은 산속에 이르러 이무기를 달래어 살생하지 말라는 불살계(不殺戒)를 주니 그제야 곰신의 해악도 그쳤다. 처음에 신문왕이 등창이 나서 혜통에게 고쳐 주기를 청하므로 혜통이 와서 주문을 외우니 그 자리에서 병이 나았다. 이에 혜통이

말했다.

"성상께서 전생에 재상의 몸으로 양민 신충(信忠)이란 사람을 잘못 판단하여 종으로 삼았다. 신충이 원한을 품고 환생할 때마다 앙갚음하는 것입니다. 지금 이 등창도 역시 신충의 탓이오니 마땅히 신충을 위해서 절을 세워 그 명복을 빌어서 원한을 풀게 하십시오."

왕이 옳다고 생각하여 절을 세워 이름을 신충봉성사(信忠奉聖寺)라고 했다. 절이 다 이루어지자 하늘에서 노래하는 소리가 났다.

"왕이 절을 지어 주셨기 때문에 괴로움에서 벗어나 하늘에 태어났으니, 원한은 이미 풀렸습니다."

또 노래 부른 곳에 절원당(折怨堂, 절)을 지었는데 그 당과 절이 지금도 남아 있다.[148]

이보다 앞서 밀본 법사의 뒤에 고승 명랑(明朗)이 있었다. 용궁에 들어가서 신인(神人, 범서엔 문두루)을 얻어 신유림(神遊林, 천왕사)를 처음 세우고, 여러 번 이웃 나라가 쳐들어 온 것을 기도로 물리쳤다. 이에 화상은 무외삼장의 뼈 조각을 전하고, 속세를 두루 다니면서 사람을 구원하고 만물을 감화시켰다. 또 타고난 밝은 지혜로 절을 세워 원망을 풀게 하니 밀교의 풍도가 이에 크게 떨쳤다. 천마산 총지암과 무악의 주석원 등은 모두 그 도량이다.

어떤 사람이 말하기를, 혜통의 속세 이름은 존승(尊勝) 각간이라고 하는데 각간은 곧 신라의 재상과 같은 높은 벼슬이니, 혜통이 벼슬을 지냈다는 말은 듣지 못했다. 또 어떤 사람은 승냥이와 이리를 쏘아 잡았다고 하지만 모두 자세히 알 수 없다. 기려서 말한다.

산 복숭아와 냇가 살구가 울타리에 비쳤는데,
오솔길에 봄이 깊어 두 언덕 꽃이 피었네.
혜통이 수달을 아무 생각 없이 잡은 탓으로,
마귀와 외도를 모두 도읍 밖으로 쫓아버렸네.

148 어떤 책에는 이 사실이 진표(眞表)의 전기에 실려 있으나 이는 잘못이다.

명랑신인(明朗神印)

금광사(金光寺) 본기를 살펴서 보면 이러하다. 법사 명랑이 신라에 태어나서 당 나라로 건너갔다. 불도를 배우고 돌아오는데 바다의 용의 청을 따라 용궁에 들어가 비법을 전하고, 황금 천 냥(혹은 천 근)을 보시 받아 가지고 땅 밑을 몰래 다녀 자기 집 우물 밑에서 솟아나왔다. 이에 자기 집을 내놓아 절을 만들고 용왕이 바친 황금으로 탑과 불상을 장식하니 유난히 빛이 났다. 그렇기 때문에 절 이름을 금광사라고 했다. 승전(僧傳)에는 금우사(金羽寺)라고 했으나 잘못이다.

법사의 이름은 명랑이요, 자는 국육(國育)이며, 신라 사간인 재량(才良)의 아들이다. 어머니는 남간부인(南澗夫人)으로서 혹 법승랑(法乘娘)이라고도 하는데, 소판(蘇判, 장관) 무림(戊林)의 딸 김씨로서 자장의 누이동생이다. 재량에게 세 아들이 있는데, 맏이는 국교대덕이요, 다음은 의안대덕이며, 법사는 막내다. 처음에 그 어머니가 꿈에 푸른빛이 나는 구슬을 입에 삼키고 태기가 있었다.

신라 선덕왕 원년(632)에 당 나라에 들어갔다가 정관 9년(을미, 635)에 돌아왔다. 총장 원년(무신, 668)에 당 나라 장수 이적이 대병을 거느리고 신라 군사와 합세하여 고구려를 멸망시키고, 그 나머지 군사를 백제에 머물러 두고 장차 신라를 쳐서 멸망시키려 했다. 신라 사람들이 이것을 알고 군사를 내어 이를 막았다. 당 나라 고종이 이 말을 듣고 크게 노하여 설방(薛邦)에게 왕명으로 군사를 일으켜 장차 신라를 치려했다. 문무왕이 이 소식을 듣고 두려워하여 법사를 불러서 비법을 써서 빌어서 이를 물리치게 했다(이 사실은 문무왕전에 있다). 이 때문에 그는 신인종(神印宗)의 시조가 되었다.[149]

고려 태조가 나라를 세울 때 또한 해적이 쳐들어 왔다. 이에 안혜, 낭융의 후예인 광학, 대연 등 두 고승을 불러서 비법을 만들어 해적을 물리쳤다. 모두 명랑의 신인종 계통이었다. 그렇기 때문에 법사를 합하여 위로 용수에 이르기까지를 구조(九祖)로 삼았다.[150] 또 태조가 그들을 위해 현성사를 세워 한 종파의 근본을 삼았다.

---

149 **신인종**(神印宗) : 신인종은 용과 바다, 그리고 사천왕과 깊은 관계를 지닌 밀교로 명랑에 의하여 정립되었다고 한다. 신인종은 과거의 죄를 없애고 깨달음을 얻게 하는 12신왕결원신주법(十二神王結願神呪法)인 무드라(mudra) 신인 비법을 주로 한다. 관정경(灌頂經)과 금광명경을 중심으로 설법을 하는 밀교에서 존숭하는 다라니경 중심의 종단이다. 흔히 유가에서 손가락으로 하는 수인(手印)으로 정신세계를 표현하는 방법과 같다.

150 본 사기에는 삼사가 율조(律祖)가 되었다고 했으나 자세히 알 수 없다.

또 신라 도읍 동남쪽 20여 리 되는 곳에 원원사(遠源寺)가 있으니 세상에서는 이렇게 전한다. 이 절은 안혜 등 네 대덕이 김유신, 김의원, 김술종 등과 함께 발원하여 세운 것이다. 네 대덕의 유골이 모두 절의 동쪽 봉우리에 묻혔으므로 사령산 조사암이라고 한다. 그렇다면 네 고승은 모두 신라 때의 유명한 승려라 하겠다.

돌백사(堗白寺) 기둥에 적혀 있는 것을 살펴서 보면 이러하다. 경주 호장 거천(巨川)의 어머니는 하지녀(河之女)이고, 이 하지녀의 어머니는 명주녀(明珠女)이다. 명주녀의 어머니인 적리녀(積利女)의 아들은 광학대덕(廣學大德)과 대연삼중(大緣三重, 예전의 이름은 선회(善會))이다. 이들 형제 두 사람이 모두 신인종에 귀의했다. 장흥 2년(신묘, 931)에 태조를 따라 서라벌로 올라와서 임금의 행차를 따라다니며 향을 피우고 정진하였다. 그 수고로움을 가상히 여겨 두 사람의 부모의 기제사를 위한 논밭 몇 결을 돌백사에 주었다 한다. 이렇게 보면 광학, 대연 두 사람은 태조를 따라 서라벌로 들어왔으며 안사 등은 김유신 등과 함께 원원사를 세운 사람이다. 광학 등 두 사람의 뼈가 또 여기에 와서 안치되었을 뿐이고, 네 고승이 모두 원원사를 세웠다는 것은 아니다. 또 태조를 따라온 것도 아니다. 이것은 좀 더 자세히 알아야 할 것이다.

겹더 삼국유사

권제5 감통(感通) 제7

선도성모(仙桃聖母) 수희불사(隨喜佛事)

진평왕 때 지혜(智惠)라는 비구니가 있었는데 어진 행실이 많았다. 안흥사(安興寺)에 살았는데 새로 절을 손질하려 했지만 힘이 모자랐다. 어느 날 꿈에 모양이 아름답고 구슬로 머리를 장식한 한 선녀가 와서 그를 위로해 말했다. 나는 바로 선도산(仙桃山) 여신인데 네가 절을 다시 손질하려 하는 것을 기쁘게 생각하여 금 10근을 주고자 한다. 내가 있는 자리 밑에서 금을 꺼내서 주존 세 불상을 손질하고 벽 위에는 15불 육류성중 및 모든 천신과 오악(五岳)[151]의 산신을 그리고, 해마다 봄과 가을의 10일에 남녀 신도들을 많이 모아 널리 모든 산신령을 위해서 점찰법회를 베푸는 것으로써 일정한 규범을 삼도록 하라. 고려 굴불지의 용이 황제의 꿈에 나타나 영취산에 악사도량을 오래도록 열어 바닷길이 편안할 것을 청한 일이 있는데 그 일도 역시 이와 같다.

지혜가 놀라 꿈에서 깨어 무리들을 데리고 신사 자리 밑에 가서, 황금 160냥을 파내어 불전 손질하는 일을 마무리했다. 이는 모두 신모가 시키는 대로 따랐던 것이다. 그러나 그 사적은 남아 있지만 법사(法事)는 없어졌다. 신모는 본디 중국 제실의 딸이며, 이름은 사소(娑蘇)였다.

일찍이 신선의 도술을 배워 해동에 와서 머물러 오랫동안 돌아가지 않았다. 이에 아버지 황제가 소리개 발에 매달아 그에게 보낸 편지에 말했다. 소리개가 머무는 곳에 집을 지으라. 사소는 편지를 보고 소리개를 놓아 보냈다. 소리개가 선도산으로 날아와서 멈추므로 드디어 거기에 살면서 지신이 되었다. 이 때문에 산 이름은 서연산(西鳶山)이라고 했다. 신모는 오랫동안 이 산에서 살면서 나라를 지켜주니 신령스럽고 이상한 일이 매우 많았다. 마침내 나라가 세워진 뒤로 끊임없이 삼사(三祀, 대사, 중사, 소사)의 하나로 삼았고, 그 차례도 여러 망제(望祭), 음력 보름날 조상이나 산천에 지내는 제사의 위에 있었다.

제54대 경명왕이 매사냥을 좋아하여 일찍이 여기에 올라가서 매를 놓았다가 잃어버렸다. 이 일로 해서 신모에게 기도했다.

"만일 매를 찾게 된다면 마땅히 성모께 명예로운 이름을 드리겠습니다."

151 신라 때의 오악은 동쪽 토함산, 남쪽 지리산, 서쪽 계룡산, 북쪽 태백산, 중앙의 부악(父岳, 또는 공산)을 이른다.

이윽고 매가 날아와서 책상 위에 앉으므로 성모를 대왕에 봉하였다. 그가 처음 진한에 와서 성자를 낳아 신라의 첫 임금이 되었으니 필시 혁거세와 알영의 두 성군을 낳았을 것이다. 때문에 계룡(雞龍), 계림(雞林), 백마(白馬) 등으로 일컬으니 이는 닭이 서쪽에 속해 있기 때문이다. 성모는 일찍이 여러 하늘의 선녀에게 비단을 짜게 해서 붉은빛으로 물들여 조복을 만들어 남편에게 주었으니, 나라 사람들은 이 때문에 비로소 신비스러운 영험을 알게 되었다.

또 국사(國史)에 보면, 사관이 말했다. 김부식이 정화 무렵에 일찍이 사신으로 송나라에 들어가 우신관(佑神館)에 나갔더니 한 당(堂)에 여신선의 형상이 모셔져 있었다. 관반학사(館伴學士, 영빈관 학사) 왕보(王黼)가 말하기를,

"이것은 귀국의 신인데 공은 알고 있습니까."

했다. 그리고 이어 말하기를,

"옛날에 어떤 중국 제실의 딸이 바다를 건너 진한으로 가서 아들을 낳았더니 그가 신라의 시조가 되었고, 또 그 여인은 지신이 되어 길이 선도산에 살았는데 이것이 바로 그 여인의 상입니다."

했다. 또 송나라 사신 왕양(王襄)이 고려 조정에 와서 동신성모(東神聖母)를 제사 지낼 때에 그 제문에, 어진 사람을 낳아 비로소 나라를 세웠다는 글귀가 있었다. 성모가 이제 황금을 주어 부처를 받들게 하고, 중생을 위해서 향불을 올리는 법회를 열어 진량(津梁, 다리)을 만들었으니 어찌 다만 오래 사는 술법만 배워서 저 아득한 속에만 사로잡힐 것이랴. 기려서 말한다.

서연산에 와서 몇 십 년이나 지냈던가.
옥황상제의 시녀를 불러 무지개 신선의 옷을 짰었네.
장생술도 신기하였는데
금선(金仙, 부처)을 뵙고 옥황상제를 만난 듯.

욱면비염불서승(郁面婢念佛西昇)

경덕왕 때 강주(康州, 진주 또는 강주(剛州, 영주)라고도 한다. 그렇다면 지금의 순안(順安)의 남자 신도 수십 명이 뜻을 서방 정토에 두고 고을의 어름에 미타사를 세우고 만일을 기약하여 계모임을 만들었다. 이때 아간 귀진(貴珍)의 집에

계집종 하나가 있었다. 그 이름은 욱면(郁面)이라 했다. 그 주인을 따라 절에 가서 마당에 서서 중을 따라 염불했다. 그 주인은 그녀가 그 신분에 맞지 않는 짓을 하는 것을 미워하여 매양 곡식 두 섬을 주어 하룻밤 동안에 다 찧으라 했다. 계집종은 초저녁에 다 찧어 놓고 절에 가서 염불하여 밤낮으로 게을리하지 않았다. 속담에 말하기를, 내 일이 바빠서 주인 집 방아 바삐 찧는다고 함은 대략 이에서 나온 말인 듯하다. 그녀는 뜰 좌우에 긴 말뚝을 세워 두 손바닥을 뚫어 노끈으로 꿰어 말뚝 위에 메고는 두 손을 합하면서 좌우로 흔들어 자신을 다짐했다. 그 때 하늘에서 부르는데,

"욱면랑은 불당에 들어가 염불하라."

절의 중들이 듣고 욱면을 권해서 당에 들어가 전처럼 정진하게 했다. 얼마 안 되어 하늘의 음악소리가 서쪽에서 들려왔다. 욱면은 몸을 솟구쳐 집 대들보를 뚫고 올라가 서쪽들로 가더니 해골을 버리고 부처의 몸으로 변하여 연화대에 앉아서 큰 광명을 발하면서 서서히 가버렸다. 음악소리는 한참 동안 하늘에서 그치지 않았다. 그 불당 지붕에는 지금도 구멍이 뚫어진 곳이 있다고 한다. 이상은 향전에 있는 말이다.

승전(僧傳)을 살펴서 보면 이러하다. 중 팔진(八珍)은 관음보살의 몸으로 나타나 무리들을 모으니 천 명이나 되었다. 두 패로 나누어 한 패는 노력을 다했고, 한 패는 정성껏 도를 닦았다. 그 노력하는 무리들 중에 일을 맡아 보던 이가 계율의 법을 얻지 못해서 축생도(畜生道, 짐승)에 떨어져서 부석사(浮石寺)의 소가 되었다. 그 소가 어느 날 불경을 등에 싣고 가다가 불경의 힘을 입어 아간 귀진의 집 계집종으로 태어나서 이름을 욱면이라고 했다. 욱면은 일이 있어 하가산(下柯山, 학가산)에 갔다가 꿈을 꾸고서 드디어 불도를 닦을 마음이 생겼다. 아간의 집은 혜숙법사가 세운 미타사에서 그다지 멀지 않았다. 아간이 끊임없이 그 절에 가서 염불하는데 욱면도 따라 뜰에서 염불했다고 한다. 이렇게 하기를 9년, 을미 정월 21일에 부처에게 예배하다가 집의 대들보를 뚫고 올라가 소백산에 이르러 신 한 짝을 떨어뜨려 그곳에 보리사(菩提寺)를 짓고 산 밑에 이르렀다. 그 몸을 버렸으므로 그곳에 제2의 보리사를 짓고 그 전당에 방을 써서 붙여 욱면의 등천지전(登天之殿)이라 했다. 집 마루에 뚫린 구멍이 열 아름이나 되었는데 어떤 폭우나 세찬 눈이 내려도 집 안은 젖지 않았다. 그 뒤에 호사가들이 금탑 하나를 만들어 그 구멍에 맞추어서 불상의 먼지를 받아 내는 작은 장막인 승진(承塵, 먼지받이) 위에 모셔 그 이상한 일을 적어놓았다. 지금도 그 방(榜)과 탑(塔)이 아직

남아 있다. 욱면이 간 뒤에 귀진도 또한 그 집이 신령한 사람이 머물러 살던 곳이라 해서, 집을 내놓아 절을 만들어 법왕사라 하고 논밭을 바쳤는데 오랜 뒤에 절은 없어지고 빈 터만 남아 있다.

대사 회경(懷鏡)이 승선 유석(劉碩), 소경 이원장(李元長)과 함께 소원을 빌어 절을 다시 지었다. 회경이 몸소 나무와 흙일을 맡았다. 재목을 처음 옮길 때, 어느 늙은이가 삼으로 만든 신과 칡으로 삼은 신을 각각 한 켤레씩 주었다. 또 옛 신당에 가서 불교의 이치를 풀이하였다. 그들은 신당 옆 재목을 베어다가 5년 만에 공사를 마쳤다. 또 노비들을 더 주니 매우 번성하여 동남 지방의 이름 있는 절이 되었다. 사람들은 회경을 귀진의 후신이라 했다. 의론해 말한다.

"고을 안의 고전을 살펴보면, 욱면은 바로 경덕왕 때의 일이다. 귀징(徵, 필시 진(珍)인 듯)의 본전(本傳)에 따르면 이는 원화 3년(무자, 808) 애장왕 때의 일이라 했다. 경덕왕 이후에 혜공왕과 선덕왕, 원성왕과 소성왕, 그리고 애장왕 등 5대까지는 도합 60여 년이나 된다. 귀징(貴徵, 珍)이 먼저이고 욱면이 뒤이기 때문에 그 선후가 향전(鄕傳, 마을지)과 어긋난다."

여기에는 이 두 가지를 다 실어서 의심이 없도록 한다. 기려서 말한다.

서쪽 이웃 옛 절에 불등이 밝아,
방아 다 찧고 절에 오면 밤 이경이라네.
한 마디 염불마다 부처가 되려하여,
손바닥 뚫어 노끈을 꿰니 아픈 것도 잊었네.

광덕(廣德) 엄장(嚴莊)

문무왕 때 중 광덕과 엄장이 있었다. 두 사람은 서로 사이가 좋아 밤낮으로 다짐했다. 먼저 안양(安養, 극락)으로 돌아가는 사람이 모름지기 서로 알리도록 하자. 광덕은 분황(芬皇) 서리[152]에 숨어 살면서 신 삼는 업을 삼아, 처자를 데리고 살았다. 엄장은 남악에 암자를 짓고 살면서 나무를 베어 불태우고 화전 농사를 지었다.

어느 날 해 그림자가 붉은 빛을 띠고 소나무 그늘이 고요히 저물었는데, 창밖

152 혹은 황룡사의 서거방(西去方)이라 하니 어느 것이 옳은지 모르겠다.

에서 소리가 났다.

"나는 이미 서천으로 가니 그대는 잘 있다가 속히 나를 따라오라."

엄장이 문을 밀치고 나가 보니 구름 밖에 하늘의 음악 소리가 들리고 밝은 빛이 땅에 드리웠다. 이튿날 광덕이 사는 곳을 찾아갔더니 광덕은 이미 죽어 있다. 이에 그의 아내와 함께 시신을 거두어 호리(蒿里)에 장사를 마치고 부인에게 말했다.

"남편이 죽었으니 나와 함께 사는 것이 어떻겠소."

광덕의 아내도 좋다고 하고 드디어 그 집에 머물렀다. 밤에 자는데 가까이 하려 하자 부인은 이를 뿌리쳤다.

"스님께서 서방 정토를 구하는 것은 마치 나무에 올라가 물고기를 구하는 것과 같습니다."

엄장이 놀라고 이상하게 여겨 물었다. 광덕도 이미 그러했거니 내 또한 어찌 안 되겠는가. 부인은 말했다.

"남편은 나와 함께 십여 년을 같이 살았지만 일찍이 하룻밤도 자리를 함께 하지 않았거늘, 더구나 어찌 몸을 섞었겠습니까. 다만 밤마다 단정히 앉아서 한결같은 목소리로 아미타불을 외웠습니다. 또 혹은 십육관(十六觀)을 만들어 미혹을 깨치고 해탈하여 밝은 달이 창에 비치면 때때로 그 빛을 받으며 가부좌를 하였습니다. 정성을 기울임이 이와 같았으니 비록 서방 정토로 가지 않으려고 한들 어디로 가겠습니까. 대체로 천릿길을 가는 사람은 그 첫걸음부터 알 수가 있는 것인바, 지금 스님의 하는 일은 동방으로 가는 것이지 서방으로 간다고는 할 수 없는 일입니다."

엄장은 이 말을 듣고 부끄러워 물러나 그 길로 원효법사의 처소로 가서 진요(津要, 진수)를 간절하게 구했다. 원효는 삽관법(鍤觀法)을 만들어 그를 가르쳤다. 엄장은 이에 몸을 깨끗이 하고 잘못을 뉘우쳐 스스로 꾸짖고, 한 마음으로 도를 닦으니 역시 서방 정토로 가게 되었다. 삽관법은 원효법사의 본전과 해동고승전 속에 있다. 그 부인은 바로 분황사의 계집종이나, 대개 관음보살 십구응신의 하나였다. 광덕은 일찍이 노래를 지었다.[153]

---

153 원왕생가의 배경설화의 이 문맥 때문에, 즉 광덕이 지었다고 분명히 기술하고 있지 않다. 그냥 '있었다'라고 적혀 있기 때문에, 작자에 대한 풀이가 다양하다. 광덕으로 규정하는 견해와

달아, 서방까지 가시나요.
무량수불 앞에 드릴 말씀 아뢰소서.
다짐 깊은 부처님께 우러러 두 손 모아 곧추어
원왕생 원왕생 애타는 사람 있다고 사뢰어 주소서.
아, 이 몸 남겨 두고 48대원을 이루어질까.

경흥우성(憬興遇聖)

신문왕 때의 고승 경흥(憬興)의 성은 수씨(水氏)로서 웅천주(熊川州, 공주) 사람이다.[154] 18세에 중이 되어 삼장(三藏, 경, 율, 논)에 꿰뚫으니 명성이 한 시대를 휩쓸었다. 개요 원년(681), 문무왕이 장차 세상을 떠나려 할 때, 신문왕에게 부탁했다.

"경흥법사는 국사가 될 만하니 내 말을 잊지 말라."

신문왕이 즉위하여 국가 원로로 모시고 삼랑사(三郎寺)에 머물게 했다. 경흥이 문득 병이 들어 한 달이나 되었다. 이때 여승 하나가 와서 그에게 문안하고 화엄경 속의 착한 벗이 병을 고쳐 준다는 말을 얘기하고 말했다. 지금 스님의 병은 근심으로 해서 생긴 것이니, 기쁘게 웃으면 나을 것입니다. 이렇게 말하고 열한 가지 모습을 지어 저마다 각각 우스운 춤을 추게 하니, 그 모습은 뾰족하기도 하고 깍은 듯도 하여 그 변하는 형용을 이루 다 말할 수 없어 모두들 우스워서 턱이 빠질 지경이었다. 이에 법사의 병은 자기도 모르게 씻은 듯이 나았다. 여승은 드디어 문을 나가 남항사(南巷寺, 이 절은 삼랑사 남쪽에 있다)에 들어가서 숨었고,

---

그 아내가 지었다는 견해, 민요적인 전승가요였으므로 집단이 공동으로 지었다는 견해, 원효(元曉)가 지었다는 견해, 불교신앙에 투철한 상층 지식인(불승 또는 귀족)이 지었다는 견해 등 여러 갈래로 엇갈려 있다. 작자의 경우, 실재했던 인물이라기보다는 설화상의 주제 곧 엄장에게까지 공덕을 베풀어 극락으로 가고자 하는 다짐을 노래한 것으로 보인다. 원왕생가의 배경설화로 보아 이야기의 내용이 엄장 중심의 사연임을 알 수 있다. 자신의 잘못을 뉘우치고 엄장세계로 나아가려는 염원이 짙게 깔려 있다. 마침내 엄장이란 실재하는 인물이라기보다는 노래가 전하고자 하는 화두 중심이라고 볼 수 있다. 작자는 엄장으로 봄이 온당하다(장진호, 신라 향가의 연구 참조).(삼국유사사전)

154 경흥 국사는 공주 사람으로 성씨가 수(水)씨인데, 오늘날 공주시에 가면 정안천 가에 수촌(水村) 마을이 있다. 수씨의 집성촌이었으나 지금은 확인되지 않는다. 그 주위에 백제 시대의 환두대도(環頭大刀)와 금동신발 같은 유물 유적이 발견되었다(2005). 백씨로 추정하는 설도 있으나 수씨로 볼 수도 있다. 백씨의 관향이 수원(水原)이니 가늠이 간다(삼국유사전 참조).

그가 가졌던 지팡이는 새로 꾸민 불화인데 십일면원통상(十一面圓通像) 앞에 있었다.

경흥이 어느 날 대궐에 들어가려 하자 시종 드는 이들이 동문 밖에서 먼저 채비를 차리니 말과 안장은 매우 화려하고 신과 갓도 제대로 갖추었으므로 길 가던 사람들은 길을 비켰다. 그 때 거사 한 사람이 모습은 몹시 초라한데 손에는 지팡이를 짚고 등에는 광주리를 지고 와서 말에서 내리는 하마대 위에서 쉬고 있었다. 광주리 속을 보니 마른 물고기가 있었다. 국사의 시자가 그를 꾸짖었다.

"너는 중의 옷을 입고 어찌 깨끗하지 못한 물건을 지고 있느냐."

중이 말했다.

"살아 있는 고기를 두 다리 사이에 끼고 있는 것보다 시장판의 마른 고기를 지고 있는 것이 무엇이 나쁘단 말인가."

말을 마치자 일어나 가 버렸다. 경흥이 문을 나오다가 그 말을 듣고 사람을 시켜 그를 쫓게 하니 거사는 남산 문수사(文殊寺) 문밖에 이르러 광주리를 버리고 숨었다. 짚었던 지팡이는 문수보살상 앞에 있고, 마른 고기는 바로 소나무 껍질이었다. 사자가 와서 고하자 경흥은 이를 듣고 뉘우쳤다. 문수보살이 와서 내가 말을 타고 다니는 것을 꾸짖은 것이구나. 그 뒤로 경흥은 목숨을 마치도록 말을 타지 않았다.

경흥이 뿌린 덕의 향기와 남긴 맛은 현본(玄本) 스님이 엮은 삼랑사 비문에 자세히 실려 있다. 일찍이 보현장경(普賢章經)을 보니 미륵보살이 말했다.

"나는 내세에는 염부제(閻浮提), 곧 사바세계에 나서 먼저 석가의 말법 제자들을 먼저 구원할 것이나. 그런데 다만 말 탄 비구승만은 빼서 그들에게는 부처를 보지 못하게 할 것이다. 그러니 어찌 삼가지 않겠는가."

그래서 말한다.

옛 어진 이가 본을 보인 것은 뜻한 바가 많았는데,
어찌하여 자손들은 갈고 닦지 않는가.
마른 고기 등에 진 건 오히려 잘한 일이나,
다음 날 미륵불 저버릴 일 어찌 견딜까.

진신수공(眞身受供)

장수 원년(임진, 692)에 효소왕이 즉위하여 처음으로 망덕사(望德寺)를 세워 당 나라 황제의 복을 빌고자 했다. 그 후 경덕왕 14년(755)에 망덕사 탑이 흔들리더니 이 해에 안록산의 난이 일어났다. 신라 사람들은 말했다. 당 나라 황실을 위하여 이 절을 세웠으니 마땅히 그 영험이 있을 것이다.

왕 8년(정유, 749)에 준공 법회를 열고 효소왕이 몸소 가서 공양하는데, 한 비구가 몹시 허술한 모양을 하고 몸을 움츠리고 뜰에 서서 청했다.

"소승 또한 이 재(齋)에 참석하기를 원합니다."

왕은 이를 허락하여 구석자리에 함께 하게 했다. 재가 끝나자 왕은 그를 농담삼아 말했다.

"그대는 어디 사는가."

비구승이 대답한다.

"비파암에 있습니다."

왕이 말했다.

"이제 나가거든 다른 사람들에게 국왕이 몸소 불공하는 재에 참석했다고 말하지 말라."

중은 웃으면서 대답했다.

"폐하께서도 역시 다른 사람에게 진신 석가를 이바지했다고 말하지 마십시오."

말을 마치자 몸을 솟구쳐 하늘로 올라가 남쪽을 향하여 갔다. 왕이 놀랍고 부끄러워 동쪽 언덕에 달려 올라가서 그가 간 곳을 향해 멀리 절하고 사람을 시켜 찾게 하니 남산 삼성곡(參星谷), 혹은 대적천원(大磧川源)이라고 하는 돌 위에 이르러 지팡이와 바리때를 놓고 숨어 버렸다. 사자가 와서 보고하자 왕은 드디어 석가사를 비파암 밑에 세웠다. 또 그 자취가 없어진 곳에 불무사(佛無寺)를 세워 지팡이와 바리때를 두 곳에 나누어 두었다. 두 절은 지금까지도 남아 있으나 지팡이와 바리때는 없어졌다.

지론(智論) 제4에 이렇게 말했다. 옛날에 계빈국(罽賓國, 캐슈미르))의 삼장법사가 아란야법(阿蘭若法, 절 의례)을 행하려고 일왕사(一王寺)에 이르니 절에서는 큰 모임이 열리고 있었다. 문지기는 그의 옷이 허름한 것을 보고 문을 막아서 들어가지 못하게 했다. 이렇게 여러 번 들어가려 했건만 옷이 추하다 해서 번번이 들어가지 못했다. 그는 문득 방책을 써서 좋은 옷을 빌려 입고 가니 문지기가 보고 들어가게 하고 막지 않았다. 이렇게 하여 그 자리에 나아가, 여러 가지 좋은 음식을 얻어 옷에게 먼저 주니 여러 사람들이 물었다. 어찌해서 그렇게 하는가. 그는 대답했다.

내가 여러 번 왔으나 매번 들어올 수가 없었다. 이번에 옷 때문에 이 자리에 오게 되어 여러 가지 음식을 얻었으니 마땅히 이 옷에게 음식을 주어야 할 것이다. 아마 이것도 같은 경우인가 한다. 기려서 말한다.

향을 사르고 부처님을 그려 새 그림을 보았고,
음식 만들어 중을 대접하고 옛 친구 불렀네.
이제부터 비파암 위의 달은,
때때로 구름에 가려 못에 이르기가 늦구나.

월명사(月明師) 도솔가(兜率歌)

경덕왕 19년(경자, 790) 4월 초하루에 두 개의 해가 나란히 나타나서 열흘 동안 없어지지 않으니 천문원이 아뢰었다.

"인연 있는 중을 청하여 꽃을 뿌리는 산화공덕을 지으면 재앙을 물리칠 수 있을 것입니다."

이에 조원전에 단을 정결히 모으고 임금이 청양루에 거둥하여 인연 있는 중이 오기를 기다렸다. 이때 월명사가 긴 밭두둑 길을 가고 있었다. 왕이 사람을 보내서 그를 불러 단을 열고 기도하는 글을 짓게 하니 월명사가 아뢴다. 저는 다만 화랑의 무리에 속해 있기 때문에 겨우 향가만 일 뿐이고 성범(聲梵), 범패에는 서투릅니다. 왕이 말했다. 이미 인연이 있는 중으로 뽑혔으니 향가라도 좋소. 이에 월명이 도솔가를 지어 바쳤는데 가사는 이러하다.[155]

---

155 **도솔가**(兜率歌) : 충청도 칠갑산에 자리한 백제시대에 쌓은 도솔성이 있다. 여기 도솔이나 향가의 도솔이 같은 뜻으로 볼 수 있다. 이 노래는 문학이었음에 틀림없다. 여기 도솔은 산스크리트어(梵語) 두시다(tusita)에서 유래한 것으로, 지족(知足), 묘족(妙足), 희족(喜足), 희락(喜樂)이란 말인데 미륵보살이 사는 하늘이라는 말이다. 도솔천(兜率天)은 산스크리트어로

오늘 여기 산화가를 불러,
뿌리는 꽃아 너는
곧은 마음의 명령을 부림이니,
미륵좌주를 모시게 하라.

이것을 풀이하면 이렇다.

용루(龍樓, 궁궐)에서 오늘 산화가를 불러,
청운(靑雲)에 한 송이 꽃을 뿌려 보내네,
은근하고 정중한 곧은 마음이 시키는 바니,
멀리 도솔대선(兜率大僊, 미륵보살)을 맞이하라.

지금 민간에서는 이것은 산화가(散花歌)라고 하지만 잘못이다. 마땅히 도솔가라고 해야 할 것이다. 산화가는 따로 있는데 그 글이 많아서 실을 수 없다. 그런 뒤에 곧 해의 이변이 사라졌다. 왕이 이 일을 가상히 여겨 명차 한 봉과 수정염주 108개를 내렸다. 이때 문득 아이 하나가 나타났는데 모양이 곱고 깨끗했다. 그는 공손히 차와 염주를 받들고 대궐 서쪽 작은 문으로 나갔다. 월명은 아이를 궁중의 사자로 알고, 왕은 스님의 행자로 알았다. 그러나 자세히 알고 보니 모두 틀린 생각이었다. 왕은 몹시 이상히 여겨 사람을 시켜 쫓게 하니, 아이는 궁안 탑 속으로 숨고 다와 염주는 남쪽의 벽화 미륵상 앞에 있었다. 월명의 지극한 덕과 지극한 정성이 미륵보살을 밝게 드러내심이 이와 같은 것을 알고 조정이나 민간에서 모르는 이가 없었다. 왕은 더욱 공경하여 다시 비단 100필을 주어 큰 정성을 표시했다.

월명은 또 일찍이 죽은 누이동생을 위해서 재를 올렸는데 향가를 지어 제사지냈다. 이때 문득 회오리바람이 일어나더니 종이돈을 불어서 서쪽으로 날려 없어지게 했다. 향가는 이러하다.

두시다데와(tusita-deva)라 한다. 수미산 꼭대기에서 12만 유순 되는 곳에 자리한 천계이다. 도솔의 어원은 여러 가지의 풀이가 있다. 불교의 미륵정토인 도솔천이다(양주동, 정열모). 신령을 제사하는 덧소리(최남선), 백성을 다스리는 다ᄉᆞᆯ노래다(조지훈). 두리 혹은 두레에서 왔는데 화합 혹은 원만함을 말한다. 작자의 경우, 실재했던 인물이라기보다는 설화 상 달밤에 피리를 잘 불고 도솔가에서 두 해에 관한 문제를 해결하였다 하여 월명(月明)이라 하였다. 두 해의 해괴한 이변은 왜군의 침략을 이르며 미륵좌주의 출현은 위대한 화랑의 역할 기대를 축원하는 내용으로 볼 수 있다(장진호, 신라향가의 연구 참조). 도솔가는 불교 유입 이전의 노래이므로 도솔푸리 혹은 도살푸리라고 보아야 한다(이혜구,1957). 더러는 일본의 도리소(鳥蘇)와 같은 신사 무악이다(이두현, 1966).

죽고 사는 길이, 여기 있으니 두려워하고,
나는 간다는 말도 못 다 이르고 갔는가.
어느 가을 이른 바람에 여기저기 떨어지는 잎 같이,
한 가지에 나서 가는 곳은 모르는구나.
아, 아미타불 나라에서 너를 만나볼 나는,
도를 닦아 기다리리.

월명은 끊임없이 사천왕사에 있으면서 피리를 잘 불었다. 어느 날 달밤에 피리를 불면서 문 앞 큰길을 지나가니 달이 그를 위해서 움직이지 않고 서 있었다. 이 때문에 그곳을 월명리(月明里)라고 했다. 월명사도 또한 이 일 때문에 이름을 날렸다.

월명사는 능준대사(能俊大師)의 제자였다. 신라 사람들도 향가를 숭상한 자가 많았으니 이것은 대개 시(詩)와 송(頌) 같은 것이다. 때문에 이따금 천지와 귀신을 감동시킨 것이 한두 가지가 아니었다. 기려서 말한다.

바람에 날려 보내는 종이돈은
죽은 누이의 노자를 삼게 하고,
피리는 밝은 달을 흔들어
항아(姮娥, 달 속 선녀)를 멈추게 했네.
도솔천이 하늘에 이어 멀다고 하지 말라,
만덕화(萬德花, 공덕의 꽃) 그 한 곡조로 너를 맞으리.

선율환생(善律還生)

망덕사 중 선율(善律)은 시주 받은 돈으로 육백반야경을 이루고자 했다. 공사가 아직 끝나기 전에 문득 저승의 사자에게 잡혀서 저승에 이르니 명사(冥司, 판관)가 물었다.

"너는 인간 세계에 있을 때에 무슨 일을 했느냐."

선율이 말한다.

"저는 만년에 대품반야경(大品般若經)을 베끼다가 일을 마치지 못하고 왔습니다."

명사는 말하였다.

"그대 수록(壽籙, 수명록)에 따르면, 네 수명은 이미 끝났지만 가장 좋은 소원을 마치지 못했다니 다시 인간 세상에 돌아가서 보배로운 경전 사경을 끝내도록 하라."

하고 돌려보냈다. 돌아오는 도중에 한 낭자가 울면서 그의 앞에 와 절을 하며 말했다.

"저도 역시 남염주(南閻州, 속세)의 신라 사람이온데 부모가 금강사의 논 일 무를 몰래 빼앗은 일에 연루되어 명부에 잡혀 와서 오랫동안 몹시 괴로움을 받고 있습니다. 이제 법사께서 고향으로 돌아가시거든 이 일을 우리 부모에게 알려서 속히 그 논을 돌려주도록 해 주십시오. 또 제가 세상에 있을 때에 참기름을 상 밑에 묻어 두었고, 곱게 짠 베도 이불 틈에 감추어 둔 것이 있습니다. 법사께서 부디 그 기름을 가져다가 불등에 불을 켜고, 그 베는 팔아 경비로 써 주십시오. 그렇게 하면 황천에서도 또한 은혜를 입어 제 걱정을 놓을 수 있을 것입니다."

선율이 말했다.

"그대의 집은 어디 있는가."
"사량부 구원사(久遠寺) 서남쪽 마을입니다."

선율이 이 말을 듣고 곧 떠나서 도로 살아났다. 그 때는 선율이 죽은 지 이미 열흘이 되어 남산 동쪽 기슭에 장사 지냈으므로 무덤 속에서 사흘 동안이나 외쳤다. 지나가던 목동이 이 소리를 듣고 절에 가서 알렸다. 절의 중이 와서 무덤을 파고 선율을 꺼내니 그는 그 동안의 일을 자세히 말하고, 또 그 낭자의 집을 찾아갔는데 여자는 죽은 지가 15년이나 되었으나 참기름과 베는 여전히 그 자리에 있었다. 선율이 여자가 말한 대로 명복을 빌어 주니 여자의 영혼이 찾아와서 말한다. 법사의 은혜를 입어 저는 이미 고뇌를 벗어났습니다. 그 때 사람들은 이 말을 듣고 놀라고 감동하지 않는 이가 없었다. 이리하여 반야경을 서로 도와서 마무리하였다. 그 책은 지금 동도 승사서고(僧史書庫) 안에 있는데 매년 봄과 가을에는 그것을 펴서 돌려 읽기를 하여 재앙을 물리쳤다. 기려서 말한다.

부럽도다. 우리 스님 좋은 인연 따라서,
영혼이 돌아와 옛 고향에서 노신다네.
부모님이 자식 안부 물으시거든,
나 위해서 빨리 그 논을 돌려주라 하시오.

김현감호(金現感虎)

신라 풍속에 해마다 2월이 되면 초파일에서 15일까지 도읍의 남녀가 다투어 흥륜사(興輪寺)의 탑을 도는 복회(福會)를 열었다. 원성왕 때에 김현이라는 젊은이가 있었다. 그는 밤이 깊도록 혼자서 탑을 돌고 있었다. 그 때 한 처녀가 염불을 하면서 따라 돌다가 서로 눈이 맞아 마음을 주더니 돌기를 마치자 으슥한 곳으로 가서 더불어 정을 나누었다.

처녀가 돌아가려 하자 김현이 따라가니 처녀는 받아들이지 않았지만 김현은 억지로 따라갔다. 길을 가다가 서산 기슭에 이르러서 한 초가집으로 들어가니 늙은 할머니가 처녀에게 물었다.

"함께 온 젊은이는 누구냐."

처녀가 사실대로 말하자 늙은 할머니는 말했다.

"아무리 좋은 일이라도 없는 것만 못하다. 그러나 이미 저지른 일이어서 나무랄 수도 없으니 잘 안 보이는 곳에 숨겨 두어라. 네 형제들이 나쁜 짓을 할까 두렵다."

하고 김현을 데리고 구석진 곳에 숨겼다. 조금 뒤에 세 마리 범이 으르렁 거리며 들어와 사람의 말로 말했다. 집에서 무슨 비린내가 나니 요깃거리가 어찌 다행이 아닌가. 늙은 할머니와 처녀가 꾸짖었다.

"너희 코가 잘못이다. 무슨 미친 소리냐."

이때 하늘에서 외치는 소리가 들렸다.

"너희들이 즐겨 생명을 너무 많이 해치니, 마땅히 한 놈을 죽여 악을 벌하겠노라."

세 마리 범들은 이 소리를 듣자 모두 걱정하는 기색이었다. 처녀가 말하였다.

"세 분 오라버니께서 멀리 피해 가서 스스로 뉘우치신다면 내가 그 벌을 대신 받겠습니다."

하고 말하니, 모두 기뻐하여 고개를 숙이고 꼬리를 치며 달아나 버렸다. 처녀가 들어와 김현에게 말했다.

"처음에 저는 낭군이 우리 집에 오시는 것이 부끄러워 짐짓 받아들이지 않고 거절했습니다. 그러나 이제는 숨김없이 진심을 말씀드리겠습니다. 또 저와 낭군은 비록 사람과 범의 갈래는 다르지만 한 때 서로의 즐거움을 나누어 소중한 부부의 의를 맺었습니다. 세 오빠의 악함은 하늘이 이미 미워하시니 한 집안의 재앙을 제가 당하려 하오나, 보통 사람의 손에 죽는 것이 어찌 낭군의 칼날에 죽어서 은혜를 갚는 것만 하겠습니까. 제가 내일 성안에 들어가 사납게 사람들을 해치면 나라 사람들은 저를 어찌 할 수 없으므로 임금이 반드시 높은 벼슬로써 사람을 모아들여 저를 잡게 할 것입니다. 그 때 낭군은 겁내지 말고 저를 쫓아 성 북쪽의 숲속까지 오시면 제가 기다리고 있겠습니다."

김현은 말했다.

"사람이 사람과 가까이 함은 인륜의 도리지만 사람이 아닌 갈래와 사귐은 대개 떳떳한 일이 아니오. 그러나 일이 이미 이렇게 되었으니 참으로 하늘이 맺어준 인연인데 어찌 차마 아내의 죽음을 팔아 세상의 벼슬을 바라겠소."

처녀가 말했다.

"낭군은 그 같은 말을 하지 마십시오. 이제 제가 일찍 죽는 것은 대개 하늘의 명령이며, 또한 저의 바람이요 낭군의 경사이며, 우리 가족의 복이요, 나라 사람들의 기쁨입니다. 한 번 죽어 다섯 가지 이로움을 얻을 수 있는데 어찌 그것을 마다하겠습니까. 다만 저를 위하여 절을 짓고 불경을 풀이하매 좋은 열매를 얻는데 도움이 되게 해 주신다면 낭군의 은혜, 이보다 더 큼이 없겠습니다."

그들은 마침내 서로 울면서 헤어졌다. 다음날 정말로 엄청나게 사나운 범이 성안에 들어와서 사람들을 해치고 놀라게 하니 감히 당해 낼 수 없었다. 원성왕이 듣고 영을 내려, 범을 잡는 사람에게 2급의 벼슬을 주겠다고 하였다. 김현이 대궐에 나아가 아뢰었다. 소신이 잡아보겠습니다. 왕은 먼저 벼슬을 주고 격려하였다. 김현이 칼을 쥐고 숲속으로 들어가니 범은 변신하여 낭자가 되어 반갑게 웃으면서,

"어젯밤에 낭군과 마음속 깊이 언약을 맺었던 일을 잊지 마십시오. 오늘 제 발톱에 상처를 입은 사람들은 모두 흥륜사의 간장을 바르고 그 절의 나팔 소리를 들으면 나을 것입니다."

하고는, 이어 김현이 찼던 칼을 뽑아 스스로 목을 찔러 죽었다. 김현이 숲속에서 나와서, 범을 쉽게 잡았다고 말했다. 그리고 그 연유는 숨기고, 다만 범에게 입은 상처를 그 범이 시킨 대로 고쳐주니 모두 나았다. 지금도 민가에서는 범에게 입

은 상처에는 역시 그 방법을 쓴다.

김현은 벼슬에 오르자, 서천 가에 절을 지어 호원사(虎願寺)라 하고 끊임없이 범망경(梵網經)[156]을 읽으매 범의 저승길을 인도하고 또한 범이 제 몸을 죽여 자기를 출세하게 해 준 은혜를 갚았다. 김현은 죽을 때에 지나간 일의 신이함에 깊이 감복하여 이에 붓으로 적어 전하였으므로 세상에서 비로소 듣고 알게 되었으며, 마침내 이름은 논호림(論虎林)이라 했는데 지금까지도 그렇게 일컬어 온다.

정원 9년 신도징(申屠澄)이 야인으로서 한주(漢州)의 십방현위에 임명되어 진부현의 동쪽 10리 쯤 되는 곳에 이르렀을 때였다. 눈보라와 심한 추위를 만나 말이 앞으로 나가지 못하므로 길섶의 초가집으로 들어가니 그 안에 불이 피워 있어 매우 따뜻했다. 등불 밑에 나아가 보니 늙은 부모와 처녀가 화롯가에 둘러앉았는데, 그 처녀의 나이는 바야흐로 14, 5세쯤 되어 보였다. 비록 머리는 헝클어지고 때 묻은 옷을 입었으나 눈처럼 흰 살결과 꽃 같은 얼굴이며 몸짓이 아름다웠다. 그 부모는 신도징이 온 것을 보고 급히 일어나서 말했다.

"손님은 심한 추위와 눈을 만났으니 앞으로 오셔서 불을 쬐시오."

신도징이 한참 앉아 있으니 날은 이미 저물었는데 눈보라는 그치지 않았다. 신도징은 서쪽으로 십방현에 가려면 길이 아직 머니 여기서 좀 재워 주십사 하고 청했다. 부모는 말했다. 보잘 것 없는 집안이라도 관계치 않으신다면 감히 명을 받겠습니다. 신도징이 마침내 말안장을 풀고 침구를 폈다. 그 처녀는 손님이 묵는 것을 보자 얼굴을 닦고 곱게 단장을 하고는 장막 사이에서 나오는데 그 고즈넉한 태도는 처음 볼 때보다 훨씬 고왔다. 신도징이 말했다.

"아가씨는 똑똑하고 슬기로움이 남보다 뛰어났습니다. 아직 미혼이면 감히 혼인하기를 청하니 어떠하오."

그 아버지는 말했다.

"기약치 않는 귀한 손님께서 거두어 주신다면 어찌 연분이 아니겠습니까."

신도징은 마침내 사위의 예를 올리고 타고 온 말에 여자를 태워 가지고 길을

156 **범망경**(梵網經, brahmajala sutra) : 노사나불이 설파한 보살심지계품(菩薩心地戒品) 제10의 줄임말이다. 범망이라 함은 부처님의 법이 중생의 모든 일에 하나도 새어 가는 일이 없음을 상징한 것이다. 구마라집이 번역을 했다고 전하나 실은 중국에서 만든 거짓 경전으로 알려져 있다(이범교, 삼국유사의 종합적 해석 참조).

나섰다. 부임지에 이르러 보니 월급이 매우 적었으나 아내는 힘써 집안 살림을 돌보았으므로 모두 마음에 즐거운 일이 많았다. 그 후 임기가 끝나 돌아가려 할 때는 이미 1남 1녀를 두었는데 또한 총명하고 슬기로워 그는 아내를 더욱 삼가 우러르고 사랑했다. 일찍이 아내에게 주는 시를 지었는데 이러했다.

한 번 벼슬하니 선비 매복(梅福)에 부끄럽고,
3년이 지나니 현처 맹광(孟光)이 따로 없네.
이 마음을 어디다 비길까,
시냇물 가에 원앙새 떠 있구나.

그의 아내는 종일 이 시를 읊어 속으로 화답하는 것 같았으나 입 밖으로 내지는 않았다. 신도징이 벼슬을 그만두고 가족을 데리고 본가로 돌아가려 하자, 아내는 문득 슬퍼하면서 말했다.

"요전에 주신 시 한 편에 화답한 것이 있습니다."

그리고는 이렇게 읊었다.

부부의 정이 비록 소중하나,
산림을 향한 뜻이 스스로 깊도다.
시절이 변할까 끊임없이 걱정하며,
백 년 해로의 마음을 저버리네.

드디어 함께 그 여자의 집에 갔더니 사람이라고는 없었다. 아내는 사모하는 마음이 지나쳐 종일토록 울었다. 문득 벽 모퉁이에 한 장의 호랑이 가죽이 있는 것을 보고 아내는 크게 웃으면서 말했다. 이 물건이 아직도 여기에 있는 것을 몰랐구나. 마침내 그것을 뒤집어쓰니 곧 변하여 범이 되었는데, 어흥 거리며 할퀴다가 문을 박차고 나갔다. 신도징이 놀라서 피했다가 두 아이를 데리고 간 길을 찾아 산림을 바라보며 며칠을 크게 울었으나 끝내 간 곳을 알지 못했다.

아, 신도징과 김현 두 사람이 짐승과 사귀었을 때 짐승이 변하여 사람의 아내가 된 것은 똑같다. 그러나 신도징의 범은 사람을 등지는 시를 주고 으르렁거리고 할퀴면서 달아난 것이 김현의 범과 다르다. 김현의 범은 부득이 사람을 상하게 했지만 좋은 약방문을 가르쳐 줌으로써 사람들을 구했다. 짐승도 어질기가 그와 같은데, 지금 사람으로서도 짐승만 못한 자가 있으니 어찌 된 일인가.

이 사적의 처음과 끝을 자세히 살펴보면 절을 돌 때 사람을 감동시켰고, 하늘에서 외쳐 악을 벌주려 하자 스스로 이를 대신했으며, 신통한 약방문을 전함으로써 사람을 구하고 절을 지어 불계(佛戒, 계율)를 알게 했던 것이다. 이것은 다만 짐승의 본성이 어질기 때문만으로 그런 것은 아니다. 대개 부처가 사물에 감응함이 여러 방면이었던 까닭에 김현이 능히 탑을 돌기에 정성을 다한 것에 감응하여 은혜를 갚고자 했을 뿐이다. 그 때에 복을 받은 것은 당연한 일이라 할 수 있지 않겠는가. 기려서 말한다.

산중 집의 세 오라비 죄악이 많아,
고운 임의 한 번 승낙 어이 할거나.
의리의 소중함 몇 가지인가
한 번의 죽음도 가벼운데,
숲속에서 맺은 인연 꽃잎처럼 져 갔구려.

융천사(融天師) 혜성가

진평왕대

제5거열랑, 제6실처랑, 제7보동랑 등 세 화랑의 무리가 풍악(楓岳, 금강산)에 다니러 가려고 하는데 빗자루별(彗星)이 심대성(心大星, 임금)을 덮쳤다. 낭도들은 이를 이상하다고 생각하고 그 여행을 중지하고자 했다. 이때에 융천사가 노래를 지어 부르자 빗자루별의 이변은 즉시 사라지고 왜군이 자기 나라로 돌아가니 도리어 경사가 되었다. 임금이 기뻐하여 낭도들을 보내어 풍악에서 놀게 했으니, 노래는 이렇다.[157]

---

157 **혜성가**(彗星歌) : 혜성이 나타나서 심대성(心大星)을 범하매 이를 노래로써 물리쳤다는 노래로 융천사가 지었다. 일종의 언령설(言靈說)의 성격이 강하다. 여기 심대성은 나라 혹은 임금을 상징한다. 심대성의 앞에 있는 별은 심전성(心前星), 뒤에 있는 별은 심후성(心後星)이라 하여 각각 심대성은 임금, 심전성은 태자, 심후성은 왕자를 상징하기도 한다. 이를 합하여 심수(心宿)라고 한다. 심대성을 혜성이 침범한다는 것은 왜적의 침입 혹은 반란의 조짐을 말한다. 혜성가의 성격에 대하여 여러 가지 풀이가 있다. 혜성과 일본군의 퇴치를 비는 주술가요(김동욱, 김열규), 왜적의 침략에서 조국을 구한 공적을 기린 것(김선기), 왜적의 침략이라는 나라의 위기를 이겨내기 위한 노래(박노준), 신에게 고하는 축원의 노래(윤영옥)와 같은 견해가 있다. 혜성가의 작자가 융천사라고 함은 실제 인물이라기보다는 설화상의 가공인물로서 노래의 주제를 작자의 이름으로 올린 것이 아닌가 한다. 길쓸별 곧 혜성의 요괴스러움을 멀리하고 천체의 운행을 조화롭게 할 필요가 있다는 주제어를 작자로 설정한 것이다(장진호 참조).

옛날 동해가에
건달파(乾達婆)가 놀던 성을 바라고,
왜군이 왔다고 봉화를 든 변방의 무리여.
세 화랑의 산 구경 오심을 듣고
달도 등불을 밝히려는데,
길 쓸 별을 바라보고
빗자루별이여 하고 말한 사람 있구나.
아아, 달은 저 아래로 떠갔거니,
이에 무슨 빗자루별이 있으랴.

정수사(正秀師) 구빙녀(救氷女)

제40대 애장왕 때, 정수(正秀) 스님은 황룡사에 머물고 있었다. 겨울날 눈은 많이 쌓이고 날은 이미 저물었다. 삼랑사에서 돌아오다가 천엄사 문밖을 지나게 되었다. 그 때 웬 거지 산모가 길거리에서 아이를 낳고 누워서 얼어 죽어가고 있었다. 스님이 보고 불쌍히 여겨 그를 안아 주었더니 한참 뒤에 깨어났다. 이에 옷을 벗어 덮어 주고 벌거벗은 채 황룡사로 달려가서 거적때기로 몸을 덮고 밤을 새웠다. 한밤중에 하늘에서 궁정 뜰로 외치는 소리가 났다.

"황룡사의 중 정수를 마땅히 임금의 스승으로 모실 것이라."

급히 사람을 시켜 조사하게 하니, 그 사실이 모두 왕에게 알려졌다. 왕은 예의를 갖추고 그를 대궐 안으로 맞아들여 정수를 국사로 삼았다.

갑더 삼국유사

권제5 피은(避隱) 제8

낭지승운(朗智乘雲) 보현수

삽량주(歃良州, 양산) 아곡현의 영취산(靈鷲山)에 이상한 중이 있었다. 삽량은 지금의 양주다. 아곡(阿曲)은 아서(阿西)로도 쓰며 혹은 구불 또는 굴불이라고 한다. 지금의 울주에 굴불역을 두었으나 지금도 그 이름이 남아있다. 암자에 살기 수십 년이 되었어도 마을에서 모두 그를 알지 못하였다. 스님도 또한 자신의 이름을 말하지 않았다. 끊임없이 법화경을 풀이하매 신통력이 있었다.

용삭 초년에 지통(智通)이란 중이 있었다. 그는 본디 이량공(伊亮公)의 집종이었다. 일곱 살에 출가했다. 그 때 까마귀가 와서 울면서 말했다.

"영취산에 가서 낭지(朗智)의 제자가 되어라."

지통이 그 말을 듣고 이 산을 찾아가서 골짜기 안 나무 밑에서 쉬는데 문득 이상한 사람이 나오는 것을 보았다. 그 사람이 말하기를,

"나는 보현보살인데 너에게 계품(戒品)을 주려고 왔다."

하고는 계를 베풀고 사라졌다. 이때 지통은 정신이 맑아지고 지혜로 깨달아 얻어지는 증험이 문득 두루 통해졌다. 그는 다시 길을 가다가 한 중을 만났다. 그가 낭지 스님은 어디 계시냐고 물으니 중이 말했다. 어째서 낭지를 묻느냐. 지통이 특이한 까마귀의 일을 자세히 말하자 중은 빙그레 웃으면서 내가 바로 낭지다. 지금 집 앞에 또한 까마귀가 와서 알리기를, 거룩한 아이가 장차 스님에게로 올 것이니 마땅히 나가서 맞이하라 하므로 와서 나온 것이다. 하고 손을 잡고 반기면서 말했다.

"신령스런 까마귀가 너를 깨우쳐 내게 오게 하고, 내게 알려서 너를 맞게 하니 이 무슨 좋은 일인가. 아마 산신령의 그윽한 도움인 듯하다."

전하는 말에, 산의 주인인 음악과 재복, 그리고 지혜를 갖춘 변재천녀(辯才天女)라고 한다.[158] 지통이 이 말을 듣고 울면서 감사하고 스님에게 배움을 청했다.

158 **변재천녀**(辯才天女) : 뛰어난 말솜씨가 있어 불법을 널리 펴고 목숨을 늘려 주는 신이며 원한을 물리치고 재물을 도와주는 신이다. 음악과 지혜와 말하는 재주 곧 변재를 다스리는 신이며 비파를 연주하여 중생을 즐겁게 해준다. 산스크리트어 사라스바티(sarasvati)에서 비롯한 이름이다. 강의 이름이자 신의 이름으로 중국에서는 변천(辯天)이라 한다. 처음에는 깨

계를 하니 지통이 말했다.

"저는 동구 나무 밑에서 이미 보현보살에게 계율의 법을 받았습니다."

낭지는 감탄해서 말했다.

"잘했구나. 네가 이미 몸소 보살의 구족계인 만분지계(滿分之戒)를 받았으니 내 너에게 아득히 미치지 못하는구나."

말을 마치고 도리어 지통을 반겨 맞이했다. 이로 말미암아 그 나무를 이름하여 보현수(普賢樹)라 했다. 지통이 법사께서 여기에 머무신 오래된 듯합니다. 그러자

"나는 법흥왕 14년(정미, 527)에 처음으로 여기에 와서 살았는데 지금 얼마나 되었는지 모르겠다."

고 말했다. 지통이 이 산에 온 것이 문무왕 원년(661)이니, 계산해 보면 135년이 된다. 지통은 뒤에 의상의 문하에 가서 학문이 깊고 그윽한 이치를 깨달아 불교 전파에 이바지하였다. 이가 곧 추동기(錐洞記)의 저자이다. 원효가 반고사(磻高寺)에 있을 때에는 끊임없이 낭지에게 가서 뵈니 낭지는 원효에게 초장관문(初章觀文)과 안신사심론(安身事心論)을 짓게 했다. 원효가 쓰기를 마친 뒤에 숨어 사는 은사 문선(文善)을 시켜 책을 받들어 보내면서 그 책 끝에 찬미하는 게송을[159] 적었으니, 이러하다.

서쪽 골에 중의 머리 조아려,

끗이 정화하는 물로써 축복하는 강의 여신으로 인격화되었다. 뒤로 오면서 강처럼 흐르는 말 잘 하는 변설(辯舌)의 여신 바크로 되었다. 본디 비슈누에게는 세 명의 지혜로운 아내가 있었다. 정력이 달려 그들을 다루기가 어려워지자 사라스바티는 브라흐마에게 넘겨주었다. 바시슈타를 데려오라는 비스와미트라의 명령을 거역하므로 강물이 피로 변하였다고 한다. 원성왕 시절 국사로 책봉이 되었던 연회(緣會) 스님의 소극적인 행태를 꾸짖었던 이가 바로 변재천녀다. 여기서는 일종의 호법의 화신으로 볼 수 있다(지준모 참조).

159 **게**(偈) : 산스크리트어로 가타(gathaa)라고 한다. 이는 어근 가이(√gai, to sing)의 명사로 구마라즙은 게(偈)로, 현장은 가타(伽陀)로 옮겼다. 9부교(部敎)의 하나이며 12부경(部經)의 하나다. 가타(伽他), 게타(偈陀) 혹은 게(偈)라고만 쓰기도 한다. 풍송(諷誦-諷頌), 게송(偈頌), 조송(造頌), 고기송(孤起頌), 송(頌)이라 뒤치기도 한다. 가요, 성가 등 불교의 노래란 뜻이다. 오늘날에는 산문체로 된 경전의 1절 또는 마무리에 아름다운 귀글로써 묘한 뜻을 읊어 놓은 운문인데 이것을 고기송, 부중송게(不重頌偈)라고 함은 본문의 내용을 거듭 말한 중송(重頌)에 대하여, 본문과 관계없이 노래한 운문이란 뜻이다. 영어의 기타(guitar)도 여기서 파생된 악기 이름이다(강상원).

동쪽 봉우리 상덕 큰 바위 앞에 예하노라
(반고사는 영취산의 서북쪽에 있으므로 서쪽 골짜기의 중은 바로 자신을 일컫는 것이다).
가는 티끌 불어 보내 영취산에 보태고,
잔 물방울 날려 용연에 던지도다.

산 동쪽에 태화강이 흐른다. 이는 곧 중국 태화지 용의 복을 빌기 위해 만들었기 때문에 용연(龍淵)이라 한 것이다. 지통과 원효는 모두 큰 성인이었다. 두 성인이 스승으로 섬겼으니 낭지 스님의 법력이 드높음을 알 수 있다.

스님은 일찍이 구름을 타고 중국 청량산으로 가서 신도들과 함께 강론을 듣고 조금 뒤에 돌아오곤 했다. 그곳 중들은 그를 이웃에 사는 사람이라고 여겼으나 사는 곳을 알지 못했다. 어느 날 여러 중들에게 명령했다.

"항상 이 절에 사는 자를 빼놓고 다른 절에서 온 중은 각기 사는 곳의 이름난 꽃과 기이한 식물을 가져다가 도량에 바쳐라."

낭지는 그 이튿날 산중의 기이한 나무 한 가지를 꺾어 가지고 돌아와 바쳤다. 그 곳의 중이 그것을 보고 말했다.

"이 나무는 범어로 달리가라 하고 여기서는 혁(赫)이라 한다. 오직 서천축(西天竺, 서인도)과 해동(海東, 신라)의 두 영취산에만 있는데 이 두 산은 모두 제10 법운지로서 보살이 사는 곳이다. 이 사람은 반드시 성자일 것이다."

마침내 차림새를 살펴서 그제야 해동 영취산에 머물고 있음을 알게 되었다. 이로 인하여 스님을 다시 보게 되었고 이름이 안팎에 드러났다. 나라 사람들이 그 암자를 혁목암(赫木庵)이라 불렀는데 지금 혁목사(赫木寺)의 북쪽 산등성이에 옛 절터가 있으니 그 절이 있던 자리이다. 영취사기(靈鷲寺記)에 낭지가 일찍이 말하기를,

"이 암자 자리는 가섭불 때의 절터로서 땅을 파서 질그릇으로 만든 등항(燈缸, 질그릇) 두 개를 얻었다."

고 하였다. 원성왕 때에는 고승 연회(緣會)가 이 산속에 와서 살면서 낭지 스님의 전기를 지었다. 이것이 세상에 널리 퍼졌다고 기록 되어 있다. 화엄경을 살펴보면 제10 법운지라 했다. 지금 스님이 구름을 탄 것은 대개 부처가 세 손가락으로 구부리고 원효가 백 개의 몸으로 나눠지는 따위인 것이다. 기려서 말한다.

생각하니 산속에서 수도한 지 백 년 동안에,
드높은 이름 일찍이 세상에 드러나지 않고,
산새의 한가로운 지저귐 막을 길 없어,
구름 타고 오가는 것 속절없이 드러났다네.

연회도명(緣會逃名) 문수점(文殊岾)

고승 연회(緣會)는 일찍이 영취산에 숨어 살면서 언제나 연경(蓮經, 법화경)을 읽어 보현보살의 고행하는 관행법을 닦았다. 정원의 연못에는 언제나 연꽃 두 세 떨기가 있어 사시에 시들지 않았다(지금의 영취사 용장전이 바로 연회의 옛 거처임).

원성왕이 그 상서롭고 기이함을 듣고 그를 불러 국사를 삼으려 하니 스님이 그 소식을 듣자 암자를 버리고 달아났다. 서쪽 고개 바위 사이를 넘는데 한 노인이 밭을 갈고 있다가 스님에게 어디로 가느냐고 물으므로 스님이 말했다.

"내 들으니 나라에서 잘못 듣고 나를 벼슬로써 얽매려 하므로 피해 가는 것입니다."

노인은 듣고 말했다.

"여기에서도 능히 이름을 팔 수 있을 텐데 어째서 수고로이 멀리 가서 팔려고 하십니까. 스님이야말로 이름 팔기를 좋아한다고 하겠습니다."

연회는 그가 자기를 업신여기는 것이라 생각하고, 듣지 않고 마침내 몇 리쯤을 더 갔다. 시냇가에서 한 노파를 만났다. 스님에게 어디로 가느냐고 물으므로 연회는 먼저처럼 대답하니, 노파가 말했다.

"앞에서 사람을 만났습니까."

연회가 말했다.

"한 노인이 있는데 나를 업신여김이 심하기에 불쾌해서 또 오는 것입니다."

노파는 말했다.

"그분이 문수보살이십니다. 그분 말을 듣지 않았으니 어찌 하겠습니까."

연회는 이 말을 듣자 곧 놀라고 몸 둘 바를 몰라 급히 노인에게 되돌아가 머리를 숙여 사과했다.

"성인의 말씀을 감히 듣지 않겠습니까. 이제 다시 돌아왔습니다."
"그런데 그 시냇가의 노파는 어떤 사람입니까."

노인이 말했다.

"그는 지혜와 재능을 갖춘 여신인 변재천녀(辯才天女)이니라."

말을 마치자 마침내 사라져 버렸다. 연회가 이에 암자로 돌아오자, 조금 뒤에 왕의 사자가 명을 받들고 와서 부르니 연회는 진작 받아야 될 것임을 알고 임금의 명을 받아 대궐로 가니 왕은 그를 국사로 임명했다.[160]

스님이 노인에게 감명 받은 곳을 이름 하여 문수점(文殊岾)이라 하고, 여인을 만나본 곳을 아니점(阿尼岾)이라 했다. 기려서 말한다.

저자에선 어진 이가 오래 숨어 살기 어렵다.
주머니 속 송곳 끝을 감추기가 어렵듯.
뜰아래 연꽃 때문에 세상에 나갔지,
구름 덮인 산이 깊지 않은 탓은 아닐세.

혜현구정(惠現求靜)

중 혜현(惠現)은 백제 사람이다. 어려서 중이 되어 애써 한 뜻으로 법화경을 외는 것으로 업을 삼았으며 부처께 기도하여 복을 청해서 신령한 감응이 실로 많았다. 삼론(三論, 중관론과 십문론, 백론)을 배우고 도를 닦아서 접신의 경지에 이르렀다.

처음에 북부 예산 수덕사(修德寺)에서 살았다. 그는 신도가 있으면 불경을 풀이하고 없으면 불경을 외웠으므로 사방의 먼 곳에서도 그 풍모를 보고 싶어 하여 문밖에 신이 가득했다. 차츰 번거로운 것을 싫어해 마침내 강남 달라산(達拏山)에 가서 살았는데 산이 매우 험해서 찾아오는 사람의 발길이 뜸해졌다.

혜현은 고요히 앉아 생각을 잊고 산속에서 생을 마감하니 동문들이 그 시체를

160 승전(僧傳)에는 헌안왕이 이조왕사(二朝王師)로 삼아 희(熙)라 부르고 감통 4년에 죽었다고 했으니 원성왕의 연대와 서로 다르다. 어느 것이 옳은지 알 수 없다.

옮겨 석실 속에 모셔 두었다. 범이 그 유해를 다 먹어 버리고 다만 해골과 혀만 남겨 두었다. 추위와 더위가 세 번 돌아와도 혀는 오히려 붉고 연하였다. 그 후 색이 변해서 자줏빛이 나고 단단하기가 돌과 같았다. 중과 세인들이 스님을 삼가 받들어 그 혀를 돌탑에 갈무리했다. 이때 나이 58세였으니 즉 정관 초엽이었다. 혜현은 중국으로 가서 배운 일도 없고 고요히 물러나 생을 마쳤으나 그 이름이 중국에까지 알려지고 스님의 전기가 씌어져 당 나라에서도 그 이름이 자자했다.

또 고구려의 중 파약(波若)은 중국 천태산(天台山)에 들어가 지혜로운 수행자의 길을 걸었다. 그는 신이한 사람으로 산중에 알려졌다가 죽었다. 당승전(唐僧傳)에도 또한 실려 있었는데 자못 신령한 가르침이 많다. 기려서 말한다.

주미(麈尾, 총채)로 설법함도 한 바탕 싫증이 났네.
지난날 불경 외우던 소리 구름 속에 숨었어라.
역사에 길이 그 이름을 남기고자,
죽은 뒤에도 연꽃처럼 혀가 꽃다웠네.

신충괘관(信忠掛冠)

효성왕이 보위에 오르기 전에 어진 선비 신충(信忠)과 더불어 궁정의 잣나무 밑에서 바둑을 두면서 일찍이 말하기를,

"훗날 만일 그대를 잊는다면 저 잣나무로 증거를 삼을 것이다."

고 하니 신충이 일어나서 절했다. 몇 달 뒤에 효성왕이 보위에 올라 공신들에게 상을 주면서 신충을 잊고 공신의 이름에 넣지 않았다. 신충이 원망하며 노래를 지어 잣나무에 붙였더니 나무가 문득 말라 버렸다. 왕이 이상하게 여겨 사람을 보내 살펴보게 했더니 노래를 가져다 올렸다. 왕은 크게 놀라서 말했다. 정무가 어렵고 바빠 그대를 거의 잊을 뻔했구나. 이에 신충을 불러 벼슬을 주니 잣나무가 그제야 다시 살아났다. 그 노래는 이러하다.[161]

161 **원가**(怨歌)의 성격에 대한 풀이를 살펴보면 다음과 같다. 경덕왕 22년(763)에 지은 노래로 왕당파의 머리였던 신충(信忠)이 김양상을 머리로 하는 반대파에게 몰려 상대등에서 해임당하고 임금을 볼 수 없었던 답답함을 읊은 것이다(이기백, 경덕왕과 단속사, 원가). 효성왕 시절에 지은 노래다. 효성왕은 왕위에 오르자 순원 등 외척 세력에 밀려 신충을 등용할 수 없는 세태를 읊은 노래다(박노준, 신라향가의 연구). 주술가로 욕구충족을 위한 상징적인 제의의 사연이 담겨 있다(김열규, 원가의 수목 상징). 작자의 경우, 실재했던 인물이라기보다는

저 푸른 잣나무가 가을에도 시들지 않는데
너를 어찌 잊으랴 하시던
우러러 뵙던 얼굴 변하셨나
달그림자 옛 못의 출렁이는 물결에 모래이듯이,
모습이사 바라보매, 누리가 싫은지고.

후구는 없어졌다. 이로써 신충에 대한 믿음은 두 조정에 두터웠다. 경덕왕 22년(계묘, 763)에 신충은 두 친구와 서로 다짐하고 벼슬을 버리고 남악(南岳, 지리산)에 들어갔다. 두 번을 불렀으나 나오지 아니하고 머리 깎고 중이 되었다. 그는 왕을 위하여 단속사(斷俗寺)를 세우고 거기서 살았다. 살아생전 산골에서 대왕의 복을 빌기를 원했으므로 왕은 이를 받아들였다. 임금의 그림을 모셔두었는데 금당 뒷벽에 걸려 있다.

남쪽에 속휴(俗休)라는 마을이 있었다. 지금은 잘못 전하여 소화리(小花里)라고 한다. 삼화상전(三和尙傳)을 살펴보면 신충봉성사(信忠奉聖寺)가 있는데 이것과 서로 헛갈린다. 따져보면 신문왕 때는 경덕왕과 100여 년이나 앞선다. 하물며 신문왕과 신충이 전생의 인연이 있다는 사실은 이 신충이 아님이 분명하다. 자세히 살펴야 할 일이다.

또 별기(別記)에는 이러하다. 경덕왕 때에 직장 이준(李俊, 고승전에는 이순(李純))이 일찍이 소원을 빌었더니 나이 50이 되면 중이 되어 절을 세우게 되리라고 했다. 천보 7년(무자, 748)에 50세가 되자 조연소사(槽淵小寺)를 고쳐지어 큰 절을 만들고 단속사라 하고, 자신도 머리 깎고 법명을 공굉장로(孔宏長老)라 했다. 이준은 절에 머문 지 20년에 세상을 떠났다.

이는 앞의 삼국사에 실린 것과 같지 않으나 두 가지 설을 다 실어 의심은 덜고자 한다. 기려서 말한다.

명예는 다 누리지 못했는데 귀밑털이 먼저 세고,
임금의 사랑 비록 많으나 한평생이 바쁘도다.
언덕 저 편 산이 자주 꿈속에 드니,
가서 향불을 피워 왕의 복을 빌리라.

임금에게 충성심을 믿어달라는 뜻에서 신충이라 했을 것이다.

포산이성(包山二聖)

신라 때에 관기(觀機)와 도성(道成) 두 큰 스님이 있었다. 어떤 사람인지는 알 수가 없다. 함께 대구 포산(包山, 소슬산(所瑟山)은 범어이고 이는 포(包)를 말한다)에 숨어 살았다.[162] 관기는 남쪽 고개에 암자를 지었고, 도성은 북쪽 굴에 살았다. 서로 10여 리쯤 떨어졌으나, 구름을 헤치고 달을 노래하며 끊임없이 서로 오고갔다. 도성이 관기를 부르고자 하면 산 속의 나무들이 모두 남쪽을 향해서 굽혀 서로 맞이하는 것 같으므로 관기는 이것을 보고 도성에게로 갔다. 또 관기가 도성을 맞이하고자 하면 역시 이와 반대로 나무가 모두 북쪽으로 구부러지므로 도성도 관기에게로 가게 되었다. 이와 같이 지내기를 여러 해가 지났다.

도성은 그가 머물고 있는 뒷산 높은 바위에서 늘 기도와 묵상을 하고 있었다. 어느 날 바위 사이로 몸을 뛰쳐나와서는 온몸을 허공에 날리면서 떠나갔다. 그가 간 곳을 알 수 없었다. 혹 수창군(壽昌郡, 대구 수성구)에 가서 죽었다는 말도 있다. 관기 또한 뒤를 따라 세상을 떠났다.

지금 두 큰 스님의 이름으로써 그 터를 불렀다. 모두 그 자취가 있다. 도성암(道成庵)은 높이가 두어 길이나 되는데, 후인들이 그 굴 아래에 절을 지었다.

태평 흥국 7년(임오, 982)에 중 성범이 처음으로 이 절에 와서 살았다. 만일미타도량(萬日彌陀道場)을 열어 50여 년을 부지런히 힘썼는데 여러 번 특이하고 상서로운 일이 있었다. 이때 현풍(玄風)의 신도 20여 명이 해마다 모여 향나무를 주워 절에 바쳤다. 그들은 언제나 산에 들어가 향나무를 마련해서 쪼개어 씻어서 발 위에 펼쳐 두면 그 향나무가 밤에 촛불처럼 빛을 밝혔다. 이로부터 고을 사람

162 포산(包山)은 대구시 달성군 현풍면에 자리한 산으로 관기와 도성 두 성인의 도량이다. 삼국유사를 지은 일연 선사가 전후기 약 33년을 머물면서 삼국유사의 왕력편을 인흥사(仁興寺)에서 집필한 곳이기도 한다. 일명 소슬산(所瑟山)이라고도 한다. 이는 산스크리트어를 한자로 뒤친 이름이다. 달리 비슬산이라고도 함을 보면 소슬-비슬의 대응이 됨을 알 수 있다. 소슬의 소(所)의 바탕 소리가 바(ba)이니 뜻으로 읽으면 바슬-비슬로 비슷한 음상을 갖고 있다. 이러한 가능성은 포산의 포(包)가 싸다에서도 엿볼 수 있다. 싸다의 옛말이 ᄡᆞ다(신증유합 하 25)임을 고려하면 ᄡᆞ- : 바슬 : 비슬의 대응에서 찾을 수 있을 것이다. 손목의 계림유사(鷄林類事)에서 ᄡᆞᆯ을 보살(菩薩)로 읽었듯이 ᄡᆞᆯ-바슬-비슬로 그 음상을 가늠할 수 있기 때문이다. 비슬산은 보살산 곧 정신의 양식인 쌀이 될 만한 도량이 있고 수행자가 있다는 상징적인 의미로 미루어 볼 수 있다. 소슬-쌀-포(包)로 대응시킨 관점도 고려할 수 있을 것이다(김사엽, 완역 삼국유사). 한편 비슬산은 비슬-빗-빛으로의 대응됨을 고려하여 빛 곧 화산이 있던 산으로 그 줄기에 창녕의 화산대가 대구까지 뻗쳐 있음도 하나의 고려 사항이다(삼국유사 사전 참조).

이 그 향나무에게 시주하고 빛을 얻은 해라 하여 기뻐하였다. 이는 두 큰 스님의 영감이요, 혹은 산신의 도움이었다.

산신의 이름은 정성천왕(靜聖天王)으로 일찍이 가섭불 때에 부처님의 부탁을 받았으니 그 본서에 말하기를, 산중에서 천 명의 출가를 기다려 그 결과를 받겠다고 했다.

지금 산중에 9명 성인의 유사를 기록한 것이 있으나 자세하지는 않다. 9성은 관기(觀機), 도성(道成), 반사(搬師), 접사(楪師), 도의(道義), 자양(子陽), 성범(成梵), 금물녀(今勿女), 백우사(白牛師)들이다. 기려서 말한다.

서로 지나가다 달빛을 밟고
구름어린 골물을 흥겨워하던,
두 늙은 도인의 풍류 몇 백 년이 지났는고.
안개 가득한 구렁엔 고목만이 남았네.
바람에 흔들리는 찬 나무 그림자
수그려 절을 하는 듯 서로 맞는 모양일세.

반(搬)은 피나무, 접(楪)은 떡갈나무를 이른다. 이 두 큰 스님은 오랫동안 산골에 숨어 지내면서 인간 세상과 사귀지 않고 모두 나뭇잎을 엮어 옷으로 입고 추위와 더위를 겪었으며 습기를 막고 허리 아래를 가렸을 뿐이었다. 마침내 반사와 접사로 호를 삼았던 것인데, 일찍이 들으니 풍악에도 이런 이름이 있었다고 한다. 이로써 옛 숨어 사는 은자들의 메아리가 이와 같으나 다만 이를 따라 하기는 어려운 일이다. 내가 일찍이 포산(包山, 비슬산)에 살 때에 두 스님이 남긴 아름다운 사연을 적은 것이 있기에 이제 여기 아울러 기록한다.

도토리와 누글레로 배를 채웠고,
입은 옷은 나뭇잎, 누에 치고 베 짠 것 아닐세.
찬바람 쏴 쏴 불고 돌은 험하데,
해 저문 숲속으로 나무 해 돌아오네.
밤 깊고 달 밝은데 그 아래 앉았으면,
몸은 시원히 바람 따라 나는 듯.
떨어진 포단에 가로 누워 잠이 들면
꿈속에도 속세에는 가지 않으리.
구름은 떠가고 두 암자만 묵었는데,
산 사슴만 뛰놀 뿐 사람의 자취는 드물도다.

영재우적(永才遇賊)

영재(永才) 스님은 성품이 익살스럽고 재물에 얽매이지 않았으며, 불찬가인 향가를 잘했다. 늘그막에 장차 남악(南岳, 지리산)에 숨어살려고 대현령(大峴嶺)에 이르렀을 때 도둑 60여 명을 만났다. 도둑들이 그를 해치려 했으나 영재는 칼날 앞에서도 두려워하는 표정이 없이 자연스럽게 대하였다. 도둑들이 이상히 여겨 그 이름을 물으니 영재라고 했다. 도둑들이 평소에 그 이름을 들었으므로 이에 노래를 짓게 했다. 그 가사는 이러하다.[163]

제 마음의 모습을 모르던 날,
멀리 □□ 지나치고 이제는 숨어서 가고 있네,
오직 그릇된 파계주가 두려워 다시 또 돌아가리.
이 칼날이 지나고 나면 좋을 날이 오리니,
아아, 오직 이만한 선행은 새 집이 되지 않으리.

도둑들은 그 노래에 감응되어 비단 2필을 그에게 주니 영재는 웃으면서 사양하여 말했다.

"재물이 지옥에 가는 까닭임을 알고 장차 깊은 산중으로 피해 가서 일생을 보내려 하오. 어찌 감히 이것을 받겠는가."

이를 땅에 던지니 도둑들은 다시 그 말에 감동되어 가졌던 칼과 창을 버리고 머리를 깎고 영재의 제자가 되어 함께 지리산에 숨어서 다시는 세상에 나오지 않았다. 영재의 나이 거의 90살이었으니 원성대왕의 시절이다. 기려서 말한다.

지팡이 짚고 산으로 돌아가니 뜻이 한결 깊은데,
비단에 구슬인들 어찌 마음을 다스리랴.
산속의 도적들아 그런 것 주지 마오.

---

163 **우적가**(遇賊歌)의 성격에 대한 풀이를 들어 보면 다음과 같다. 우적가의 첫 절은 무명, 아얄라식을 상징, 둘째 절은 정진과 사생의 경계를 넘나드는 마음의 신화적인 비약을, 종결구에서 도적을 깨닫도록 한 법열에 사무친 정각의 심경을 노래하였다(지헌영, 향가여요 신석). 칼부림하는 신라 사회를 불교로 교화하기 위한 방편의 노래다(장진호, 신라향가의 연구). 미륵정토의 희구를 노래하였다(김동욱, 향가와 불교문화). 도적까지 연민하는 고도의 인간적인 서정시다(윤영옥, 신라시가의 연구). 원성왕 대에 신라말엽의 불안하고 혼란한 사회상을 상징적으로 투영시킨 것이며 60여 명의 도적의 무리들이라 함은 신라 말에 벌어지는 골육상잔의 사회상을 드러낸 것이라고 볼 수 있다.

지옥은 다름 아닌 재물이 근원이네.

물계자(勿稽子)

제10대 내해왕 17년(임진, 273)에 보라국(保羅國, 나주), 고자국(古自國, 고성), 사물국(史勿國, 사천) 등 여덟 나라가 함께 힘을 합해서 신라의 국경을 쳐들어 왔다. 왕은 태자 내음(棕音)과 장군 일벌(一伐) 등에게 왕명으로 군사를 거느리고 이를 막게 하니 여덟 나라가 모두 귀순했다. 이 싸움에서 물계자의 공로가 으뜸이었다. 그러나 태자에게 미움을 받아 그 상을 받지 못했다. 어떤 사람이 물계자에게,

"이번 싸움의 전공은 오직 당신뿐인데, 상은 당신에게 미치지 않았으니 태자가 그대를 미워함을 그대는 원망하느냐고 물었다."

물계자는 대답하기를,

"나라의 임금이 위에 계신데 신하로서 내가 태자를 어찌 탓하겠소."

하니 그 사람이 그렇다면 이 일을 왕에게 아뢰는 것이 옳지 않겠소 하니, 그는 말하기를,

"공을 자랑하고 이름을 다투며 자기를 나타내고 남을 가리는 것은 뜻 있는 선비의 할 바가 아니오. 힘써 때를 기다릴 뿐이오."

하였다. 내해왕 20년(을미, 276)에 골포국(骨浦國, 합포) 등 세 나라 왕이 각기 군사를 이끌고 와서 갈화(竭火, 현 울주)로 쳐들어오사 왕이 몸소 군사를 거느려 이를 막으니 세 나라가 모두 패했다. 물계자가 죽인 적군이 수십 명이었다. 사람들은 그의 공을 말하지 않았다. 물계자는 그 아내에게 말했다.

"내 들으니 임금을 섬기는 도리는 위태로움을 보면 목숨을 바치고, 환란을 당해서는 몸을 잊어버리며, 절개와 의리를 지켜 죽음을 돌보지 않는 것을 충이라 하였소. 보라(保羅, 나주)와 갈화(竭火, 울주)의 싸움은 참으로 나라의 근심이었고 임금의 위기였소. 그러나 나는 일찍이 자기 몸을 뒤로 하고 목숨을 바치는 결행이 없었으니 이것은 불충하기 이를 데 없는 것이오. 이미 불충으로써 임금을 섬겨 그 누(累)가 아버님께 미쳤으니 어찌 효라 할 수 있겠소."

이에 머리를 풀어헤치고 거문고를 메고서 사체산(師彘山, 미상)에 들어갔다. 그리고는 대나무의 곧은 성결을 슬퍼하고 그것에 비유하여 노래를 짓고, 흐르는 시냇물 소리에 비겨서 거문고를 타고 곡조를 짓고 하였다. 그 곳에 숨어 살면서 다시는 세상에 나오지 않았다.

영여사(迎如師)

실제사(實際寺)의 중 영여(迎如)는 그 집안과 성씨가 분명하지 않았다. 그의 덕행은 널리 알려졌다. 경덕왕이 그를 맞아 공양을 드리려고 사자를 보내서 부르니, 영여는 대궐 안에 들어가 재를 마치고는 돌아가려 했다. 왕은 궁리를 시켜 그를 절에까지 모시고 가도록 했다. 그는 절 문에 들어서자 곧 숨어 버려 있는 곳을 알 수가 없었다. 사자가 와서 아뢰니 왕은 이상히 생각하고 그를 국사로 임명했다. 그 뒤로 또한 다시는 세상에 나오지 않았는데 지금도 그 절을 국사방이라고 부른다.

포천산(布川山) 오비구 경덕왕대

삽량주(歃良州, 양산)의 동북쪽 20리 쯤 되는 곳에 포천산(布川山)의 바위굴이 있다. 굴이 기이하고 빼어나 마치 사람이 깎아 만든 것 같았다. 이름이 자세하지 않은 다섯 비구(比丘)가 여기에 와 아미타불을 외우면서 서방 정토를 구하였다. 몇 십 년에 갑자기 성인의 무리가 서쪽으로부터 와서 그들을 맞이했다. 이에 다섯 비구가 각기 연화대에 앉아 하늘로 날아 올라가다가 통도사 문밖에 이르러 머물러 있었다. 하늘의 음악이 때때로 들려 왔다.

절의 중이 나와 보니 다섯 비구는 모든 것이 헛되다는 무상고공(無常苦空)의 이치를 풀이하고 몸을 벗어 버리더니 큰 빛을 내비치면서 서쪽으로 가는 것이었다. 그들이 몸을 버린 곳에 절의 중이 정자를 짓고 이름을 치루(置樓)라 했고 지금도 남아있다.

염불사(念佛師)

남산 동쪽 산기슭에 피리촌(避里村)이 있고, 그 마을의 절을 피리사(避里寺)라 했다. 그 절에 이상한 중이 있었는데 이름은 말하지 않았다. 끊임없이 아미타불을 외워 그 소리가 성 안에까지 들려서 360방 17만호에서 그 소리를 듣지 않은 사람이 없었다. 소리는 높고 낮음이 없이 말고 그윽함이 한결같았다. 이로써 그를 이상히 여겨 존경하지 않는 이가 없었다. 모두가 그를 염불사라 불렀다. 그가 죽은 뒤에 찰흙으로 만든 소상을 빚어 민장사(敏藏寺) 안에 모시고 그가 살던 피리사를 염불사로 이름을 고쳤다. 이 절 옆에 또 절이 있는데 이름을 양피사(讓避寺)라 했으니 마을 이름을 따서 얻은 이름이다.

길더 삼국유사

권제5 효선(孝善) 제9

진정사(眞定師) 효선쌍미

진정(眞定) 법사는 신라 사람이었다. 집을 나가기 전 군대에 복무하고 있었는데 집이 가난해서 장가도 들지 못했다. 군대 복무 중 여가에는 품을 팔아 곡식을 얻어서 홀어머니를 모셨다. 집안의 재물이라고는 다리 부러진 오지 솥 하나뿐이었다. 어느 날 스님이 문간에 와서 절을 지을 쇠붙이를 구하므로 어머니가 솥을 바쳤다. 진정이 밖에서 돌아오자 어머니는 그 사실을 말하고 또한 아들의 생각이 어떤가를 살피니, 진정이 기쁜 얼굴을 드러내며 말했다.

"부처님 일에 시주하는 것이 얼마나 좋은 일입니까. 비록 솥이 없다한들 무슨 걱정이 되겠습니까."

이에 기와 조각을 솥으로 삼아 음식을 익혀 어머니를 모셨다. 일찍이 군대에 갔을 때 사람들이 의상법사가 태백산맥에서 불법을 풀이하여 사람을 이롭게 한다는 말을 듣고 이내 가고 싶은 마음이 간절하여 어머니께 말씀드렸다.

"효도를 마친 뒤에는 의상법사에게 가서 머리 깎고 도를 배우려 합니다."

어머니는 말했다.

"불법은 만나기 어렵고, 인생이란 너무나 빠른 것이다. 효도를 마친 뒤라면 또한 늦지 않겠느냐. 그러니 어찌 내 죽기 전에 네가 불도를 아는 것만 하겠느냐. 머뭇거리지 말고 빨리 가는 게 좋을 것이다."

진정은 대답하였다.

"어머님 노년에 오직 제가 옆에 있어야 하는데 어찌 어머님을 버리고 집을 떠날 수 있겠습니까."

어머니는,

"아, 나를 위해서 출가하여 수도를 하지 못한다면 나를 지옥에 떨어지게 하는 것이다. 비록 살아생전에 삼뢰칠정(三牢七鼎, 넉넉한 음식)으로 나를 위한다고 하더라도 어찌 올찬 효도가 되겠느냐. 나는 밥과 옷을 남의 문간에서 얻어먹더라도 또한 내 목숨을 누릴 것이니 꼭 내게 효도를 하고자 하면 그런 말을 말라."

고 하였다. 진정은 오랫동안 망설이고 있는데 어머니가 즉시 일어나서 쌀자루를 모두 털어 보니 쌀 일곱 되가 있었다. 그날 이 쌀로 밥을 짓고서 어머니는 말했다.

"네가 밥을 지어 먹으면서 가자면 더딜까 걱정되니 마땅히 내 눈앞에서 그 한 되 밥을 먹고 엿 되 밥은 싸 가지고 빨리 떠나거라."

진정은 흐느껴 울면서 굳이 사양하며 말했다.

"어머님을 버리고 집을 나감이 그 또한 자식이 된 자로서 차마 하기 어려운 일이거늘, 하물며 며칠 동안의 미음거리까지 모두 싸 가지고 떠난다면 세상이 저를 무엇이라고 하겠습니까."

세 번이나 아니라고 했으나 어머니는 세 번 권했다. 진정은 어머니의 뜻을 어기기 어려워서 길을 떠나 밤낮으로 3일 만에 태백산으로 가 의상 문하로 들어가서 머리 깎고 제자가 되어 이름을 진정이라 했다. 삼 년 뒤 어머니의 별세 소식이 오자 진정은 책상다리 가부좌를 하고 선정(禪定), 묵상 수도에 들어가 7일 만에 나왔다.

설명하는 이는 말하기를, 추모와 슬픔이 지극하여 거의 견딜 수 없었으므로 선정의 물로써 슬픔을 씻은 것이라고 했다. 혹은 선정으로써 어머니께서 사시는 곳을 살폈다고도 하고, 또 어떤 이는, 이것은 실질적으로 어머니의 영원한 안식을 빈 것이라 하였다.

묵상 수도를 하고 난 뒤에 그 일을 의상에게 아뢰었다. 의상은 문도를 거느리고 소백산 추동에 가서 초가를 짓고 제자의 무리 3천 명을 모아 약 90일 동안 화엄경을 풀이했다. 풀이하는 데 따라 문인 지통(智通)이 그 요지를 뽑아 책 두 권을 만들고 이름을 추동기(錐洞記)라 하여 세상에 널리 폈다.[164] 강론을 다 마치고 나니 그 어머니가 꿈에 나타나서 말했다.

"나는 이미 하늘에 다시 태어났다."

---

164 **추동기**(錐洞記)란 소백산의 추동이라는 곳에서 지은 기록이란 뜻이다. 이를 정리한 사람의 법명을 따라 지통기(智通記)라 불리기도 했다. 본디 신라 방언으로 쓴 추동기를 이장용(李藏用)이 다시 정리하여 보급하기도 했다. 그러나 지통기는 고려후기부터 국내에 전해오지 않았다. 일본에 전해진 화엄경문답 곧 지통기의 이본(異本)이라는 사실을 10여 년 전에 밝힌 바 있다. 의상이 입적한 702년에 지통은 48세였다. 따라서 지통은 8세기 전반에도 활동했을 것이지만, 그에 관한 기록이 거의 없다. 소백산에서 의상이 90일 동안 화엄경을 강론했고, 이를 토대로 지통이 정리하여 추동기를 저술했던 소백산의 추동은 나름대로의 중요한 의미를 지닌다. 추동(錐洞, 송곳골)은 지금 풍기읍의 영전동(靈田洞)에 해당한다. 이곳에는 19세기 중반까지도 영전사(靈田寺)가 있었는데, 황준량의 자손들이 이곳에 종택을 지으면서 남아 있던 불상이며 석탑, 석비 등을 땅 속에 묻어버렸다고 한다(삼국유사사전).

대성효이세부모(大城孝二世父母) 신문왕대

모량리(牟梁里, 혹은 부운촌(浮雲村))의 가난한 경조(慶祖) 부인에게 아이가 있었다. 머리가 크고 정수리가 평평하여 마치 성과 같으므로 이름을 대성(大城)이라 했다. 집이 어려워 살아갈 수가 없어 복안(福安)이란 부잣집에 가서 품팔이를 하였다. 그 집에서 약간의 밭을 얻어 밥과 옷을 마련할 수가 없었다. 이때 점개(漸開) 스님이 육륜회를 흥륜사에서 열고자 하여 복안의 집에 가서 보시할 것을 권하니, 복안은 베 50필을 보시하므로 점개는 주문을 읽어 축원했다. 단월(檀越, 신도)이 이바지하기를 좋아하니 천신이 끊임없이 지켜 주실 것이다. 한 가지를 보시하면 일만 배를 얻게 되는 것이니 편안하게 오래 살게 될 것입니다. 대성이 듣고 집으로 달려가 그 어미에게 말했다.

"제가 복안의 집을 찾아 온 스님이 말하는 소리를 들었는데 하나를 보시하면 만 배를 얻는다고 합니다. 생각하건대, 저는 숙선(宿善, 전생에 쌓은 착한 일)이 없어 지금 와서 가난한 것이니 이제 또 시주하지 않는다면 내세에는 더욱 어려워 질 것입니다. 제가 품팔이로 얻은 밭을 법회에 바쳐서 뒷날의 복을 기대하면 어떻겠습니까."

어머니도 좋다고 하였으므로, 이에 밭을 점개에게 주었다.

얼마 지나지 아니하여 대성은 세상을 떠났다. 이날 밤 재상 김문량(金文亮)의 집에 하늘의 소리가 있었다.

"모량리 대성이란 아이가 지금 네 집에 태어날 것이다."

집 사람들이 매우 놀라 사람을 시켜 모량리를 조사하게 하였다. 대성이 정말로 죽었나. 그날 하늘에서 외치던 때와 같았다. 김문량의 아내는 임신해서 아이를 낳았는데 왼손을 꼭 쥐고 있다가 7일 만에야 손을 폈는데 대성 두 자를 새긴 금패가 있었으므로 다시 이름을 대성이라 했다. 그 어미를 집에 모셔 와서 함께 살았다.

대성이 자라자 사냥하기를 좋아했다. 어느 날 토함산에 올라가 곰 한 마리를 잡고 산 밑 마을에서 잤다. 꿈에 곰의 귀신이 싸움을 걸었다.

"네, 어찌하여 나를 죽였느냐. 내가 다시 살아나서 너를 잡아먹겠다."

대성이 두려워서 용서를 구하니 귀신은,

"네가 나를 위하여 절을 세워 주겠느냐."

하고 말했다. 대성은 그러겠다고 다짐했는데 꿈을 깨자 땀이 흘러 자리를 적셨다. 그 뒤로는 들에서 사냥하는 것을 금하고 곰을 잡은 자리에 곰을 위해서 장수사(長壽寺)를 세웠다. 그로 인해 마음에 느낀 바 있어 자비의 발원이 더욱 깊어갔다. 이에 이승의 부모를 위해 불국사를, 전생의 부모를 위해 석불사(石佛寺, 석굴암)를 세웠다. 신림(神琳)과 표훈(表訓) 두 성사를 청하여 각각 머물게 했다. 아름답고 큰 불상을 설치하여 부모가 길러준 은혜를 갚았으니 한 몸으로 전생과 현생의 두 부모에게 효도한 것은 옛적에도 또한 드문 일이었다. 그러니 착한 베풂의 효험을 믿지 않겠는가.

장차 돌부처를 만들고자 하여 큰 돌 하나를 다듬어 작은 집 모양의 감실과 덮개를 만드는데 돌이 문득 세 조각으로 갈라져 버렸다. 대성이 안타깝게 어리둥절하던 가운데 얼핏 졸았다. 한 밤 중에 하늘에서 천신이 내려와 다 만들어 놓고 돌아갔다. 대성은 자리에서 일어나 남쪽 고개로 급히 달려가 향나무를 태워 천신을 예배했다. 마침내 그 곳의 이름을 향령(香嶺)이라고 했다. 불국사의 운제(雲梯, 사다리)와 돌탑은 돌과 나무에 조각한 모습이 서라벌의 여러 절 가운데 이보다 나은 것이 없다. 옛 향전(鄕傳)의 기록은 이상과 같다. 그러나 절 안의 기록에는 이렇게 적었다. 경덕왕 시절 재상이던 대성이 천보 10년(신묘, 751)에 불국사를 짓기 시작했다. 혜공왕 때를 거쳐 대력 9년(갑인, 774) 12월 2일에 대성이 죽자, 나라에서 이를 마무리하였다. 처음에 유가종의 고승 항마(降魔)를 모셔와 이 절에 머물게 했고 이를 이어받아 오늘에 이르렀다. 이렇게 고전(古傳)과 같지 않으니 어느 것이 옳은 것인지 알 수 없다. 기려서 말한다.

모량에 봄이 오니 삼무의 밭을 시주하고,
향령에 가을이 오니 만금을 거두었다.
어머니는 백 년 사이 가난과 부귀를 겪었는데,
재상은 꿈 사이에 이세를 오갔구나.

향득사지(向得舍知) 할고공친(割股供親) 경덕왕대

웅천주(熊川州, 공주)에 향득(向得, 상득) 사지가 있었다. 가뭄이 들어 그 아버지가 거의 굶어 죽게 되자 향득은 다리의 살을 베어 이바지했다. 고을 사람들이 이 사실을 자세히 알리자 경덕왕은 곡식 5백석을 상으로 내려주었다.

손순매아(孫順埋兒) 흥덕왕대

손순(孫順, 고본에 손순(孫舜))은 모량리 사람이었다. 아버지는 학산(鶴山)이었다. 아버지가 돌아가자 아내와 함께 남의 집에 품을 팔아 양식을 마련하여 늙으신 어머니를 이바지 했다. 어머니의 이름은 운오(運烏)였다. 손순에게는 어린 아이가 있었다. 아이가 때때로 어머니의 음식을 빼앗아 먹으니 손순은 이를 안쓰럽게 여겨 그 아내에게 말했다.

"아이는 다시 낳을 수가 있지만 어머니는 다시 구하기 어렵소. 그런데 아이가 어머님의 음식을 빼앗아 먹으니 어머님이 얼마나 허기가 지시겠는가. 이 아이를 땅에 묻어서 어머님 배를 부르게 해드려야 하겠소."

이에 아이를 업고 모량리 취산(醉山) 북쪽들에 가서 땅을 파다가 이상한 돌 종을 얻었다. 부부는 놀라고 이상하게 여겨 잠깐 나무 위에 걸어 놓고 시험 삼아 종을 두드렸더니 그 소리가 메아리쳐서 들을 만하였다. 아내가 말했다.

"이상한 물건을 얻은 것은 틀림없이 이 아이의 복인 듯싶습니다. 그러니 이 아이를 묻어서는 아니 되겠습니다."

남편도 이 말을 옳게 여겨 아이와 돌 종을 지고 집으로 돌아와서 종을 들보에 매달고 두드렸더니 그 소리가 궁궐까지 들렸다.

흥덕왕이 종소리를 듣고 좌우 신하를 보고 말했다. 서쪽들에서 이상한 종소리가 나는데 맑고도 멀리 들리는 것이 보통 종소리 아니니 빨리 가서 살펴보라. 왕을 모시던 신하가 그 집에 가서 조사해 보고 그 사실을 자세히 아뢰니 왕은 말했다.

"옛날 곽거(郭巨)가 아들을 땅에 묻자 하늘에서 금 솥을 내렸다. 이번에는 손순이 그 아이를 묻자 땅 속에서 돌 종이 솟아 나왔으니 전생의 효도와 현생의 효도를 천지가 함께 보시는 것이로구나."

이에 집 한 채를 내리고 해마다 벼 50석을 주어 도타운 효성을 기렸다. 이에 손순은 예전에 살던 집을 기꺼이 내놓아 절로 삼아 홍효사(弘孝寺)라 하고 돌 종을 모셔 두었다.

진성여왕 때에 후백제의 사나운 도둑들이 그 마을에 쳐들어와서 종을 가져가고 절만 남아 있다. 그 종이 나온 땅을 완호평(完乎坪)이라 했는데 지금은 잘못 전해져 지량평(枝良坪)이라고 한다.

빈녀양모(貧女養母)

효종랑(孝宗郎)이 남산 포석정(鮑石亭, 혹은 삼화술(三花述))에서 모이고자 하매 문도들이 모두 급히 달려왔다.[165] 오직 두 사람만이 뒤늦게 오므로 효종랑이 그 까닭을 물으니 그들이 대답했다.

"분황사 동쪽 마을에 어느 계집이 있는데 나이는 20세 안팎이었습니다. 그는 눈이 먼 어머니를 껴안고 서로 목을 놓아 울고 있었습니다. 같은 마을 사람에게 그 까닭을 물으니, 말하기를 저 계집은 집이 가난해서 밥을 빌어다가 어머니를 모신 지가 이제 여러 해가 되었는데 마침 가뭄이 들어 빌어먹기도 어렵게 되었습니다. 이에 남의 집에 가서 품을 팔아 곡식 30석을 얻어서 주인집에 맡겨 놓고 일을 해왔습니다. 날이 저물면 쌀을 가지고 집에 와서 밥을 지어 먹고 어머니와 같이 잠을 자고, 새벽이면 주인집에 가서 일을 했습니다. 이렇게 한 지 며칠이 지났는데 그 어머니가 말하기를,

"앞서 겨 밥을 먹을 때는 마음이 편하더니 요새 쌀밥을 먹어도 애를 찌르는 것 같아 마음이 편치 못하니 어찌된 일이냐."

그 딸이 사실대로 말했더니 어머니는 목을 놓아 우는 것이었습니다. 이에 계집은 자기가 어머니의 이바지만을 생각하고 사정을 말씀드리지 못했음을 뉘우쳐 서로 껴안고 울고 있는 것이었습니다. 이것을 보고 오느라고 이렇게 늦었습니다."

효종랑은 이 말을 듣고 가엾게 여겨 곡식 백 석을 보냈다. 낭의 부모도 또한 옷 한 벌을 보냈으며, 더 많은 화랑의 무리들도 곡식 천 석을 거두어 보내주었다. 이 일이 왕에게 알려지자 그 때 진성왕은 곡식 5백석과 집 한 채를 내려 주고 또 군사들을 보내서 곡식을 훔쳐가지 못하도록 그 집을 지키게 했다. 또 그 마을을 널리 알려 효양리(孝養里)라 했다. 그 뒤에 모녀는 그 집을 기꺼이 내놓아 절을 만들어 양존사(兩尊寺)라 하였다.[166]

---

165 **포석정**(鮑石亭) : 삼국유사 권2 처용랑 망해사조에 헌강왕(875-885)이 포석정에 행차했을 때 남산신이 나타났다고 기록되어 있으므로 통일 신라 시대에 설치한 것으로 추정된다. 또한 이곳은 927년 경애왕이 왕비, 궁녀, 신하들과 제사차 갔다가 견훤의 기습을 받아 돌아간 곳이기도 하다. 포석정은 경주 서쪽 이궁원에서 열리는 연회를 위해 만든 것으로 시냇물을 끌어들여 포어(鮑魚) 곧 전복 모양을 따라 만든 수구에 흐르게 하고 물 위에 술잔을 띄워 시를 읊고 노래를 부르며 술을 마시며 즐겼다고 한다. 이러한 것은 유상곡수라는 시회로 중국 동진시대부터 유행했으며, 통일 신라 시대에 화려했던 생활의 단면을 보여준다. 현재 남아 있는 것은 포어 모양의 수구뿐인데 일제 시기 임의로 보수해서 곡석의 원형이 많이 변형되었다. 일설에는 포석정은 제사를 모시던 성스러운 곳이라고 한다(삼국유사사전).

발문(跋文)

우리나라 삼국의 본사(本史, 삼국사기)나 유사(遺事, 삼국유사) 두 책이 딴 곳에서는 간행된 바 없고 오직 본부(本府, 경주)에만 있었다. 세월이 오래 되매 책이 이지러져 한 줄에 알아볼 수 있는 것이 겨우 네다섯 자밖에 되지 않았다. 생각하건대, 선비가 이 세상에 나서 여러 역사책을 두루 보고 온 누리의 전쟁과 흥망, 그리고 모든 이상한 사실에 대해서 오히려 그 견문과 지식을 넓히려 하는 것인데, 하물며 이 나라에 살면서 그 나라의 일을 알지 못해서야 되겠는가.

이에 이 책을 다시 간행하고자 온전한 완본(完本)을 널리 구하기를 몇 해가 되었어도 이를 얻지 못했다. 그것은 일찍이 이 책이 세상에 드물게 퍼져서 사람들이 쉽게 얻어 보지 못했음을 알 수 있다. 만일 지금 이것을 고쳐 간행하지 않는다면 앞으로 전할 수 없게 되어 우리나라의 지나간 역사를 사람들이 마침내 들어 알 수가 없게 될 것이니 실로 딱한 일이다. 다행히 유학자 성주목사 권주(權輳)공이, 내가 이 책을 구한다는 말을 듣고, 온전한 완본을 구해 얻어서 나에게 보냈다. 나는 이것을 기쁘게 받아 감사 안당(安瑭) 대감과 도사 박후전(朴侯佺)에게 이 소식을 자세히 알렸더니 이들은 모두 좋다고 했다. 이에 이것을 여러 고을에 나누어 간행한 뒤 이를 경주부에 갈무리 해 두게 했다. 아아, 물건이란 오래 되면 반드시 사라지고 사라지면 반드시 생겨나게 마련이다. 이렇게 생겨났다 사라지고 사라졌다가는 다시 생겨나게 되는 것이 그지없는 진리다. 진리의 떳떳함으로 일어날 때가 있는 것을 알고 그 전하는 것을 오래도록 해서 또한 후세의 배우는 이들에게 도움이 되기를 바라노라. 황명 정덕 임신 계동(季冬, 섣달)에 부윤 추성정난공신 가선대부 경주진병마절제사(慶州鎮兵馬節制使) 전평군(全平君) 이계복(李繼福)은 삼가 발문을 쓴다.

---

166 삼국유사(三國遺事)는 일연이 쓰고 이민수 선생이 옮긴 본으로 을유문화사(1994)가 펴낸 역주본(譯註本)을 바탕으로 하여 다시 쉬운 말로 깁고 보태서 옮겨 적었다.

길더 삼국유사

원문

紀異卷第一

叙曰 大抵古之聖人，方其禮樂興邦，仁義設敎，則怪力亂神，在所不語．然而帝王之將興也，膺符命·受圖籙，必有以異於人者，然後能乘大變，握大器，成大業也．故河出圖·洛出書而聖人作.以至虹繞神母而誕羲.龍感女登而生炎.皇娥遊窮桑之野,有神童自稱白帝子,交通而生少昊.簡狄呑卵而生契.姜嫄履跡而生弃.胎孕十四月而生堯.龍交大澤而生沛公．自此而降，豈可殫記．然則三國之始祖，皆發乎神異，何足怪哉．此神異之所以漸諸篇也，意在斯焉．

古朝鮮(王儉朝鮮)

魏書云乃往二千載有壇君王儉，立都阿斯達(經云無葉山，亦云白岳，在白州地，或云在開城東，今白岳宮是)，開國號朝鮮，與高(堯)同時．古記云昔有桓因(謂帝釋也)庶子桓雄，數意天下，貪求人世，父知子意，下視三危太伯可以弘益人間，乃授天符印三箇，遣往理之．雄率徒三千，降於太伯山頂(卽太伯今妙香山)神壇樹下，謂之神市，是謂桓雄天王也．將風伯·雨師·雲師，而主穀·主命·主病·主刑·主善惡，凡主人間三百六十餘事，在世理化．時有一熊·一虎，同穴而居，常祈于神雄，願化爲人．時，神遺靈艾一炷·蒜二十枚曰爾輩食之，不見日光百日 便得人形 熊·虎得而食之忌三七日，熊得女身，虎不能忌而不得人身．熊女者無與爲婚，故每於壇樹下，呪願有孕，雄乃假化而婚之，孕生子，號曰壇君王儉．以唐高(堯)卽位五十年庚寅(唐高卽位元年戊辰，則五十年丁巳，非庚寅也，疑其未實)，都平壤城(今西京)，始稱朝鮮．又移都於白岳山阿斯達，又名弓(一作方)忽山，又今彌達，御國一千五百年．周虎(武)王卽位己卯，封箕子於朝鮮，壇君乃移於藏唐京，後還隱於阿斯達爲山神，壽一千九百八歲．唐·裵矩傳云高麗本孤竹國(今海州)，周以封箕子爲朝鮮．漢分置三郡，謂玄菟·樂浪·帶方(北帶方)通典亦同此說(漢書則眞·臨·樂·玄四郡，今云三郡，名又不同，何耶)

檀君世紀 李嵒撰

古記云王儉父檀雄母熊氏王女辛卯(紀元前37年)五月二日寅時生于檀樹下有神人之德遠近畏服年十四甲辰(紀元前24年)熊氏王聞其神聖擧爲裨王攝行大邑國事戊辰(元年)唐堯時來自檀國至阿斯達檀木之墟國人推爲天帝子混一九桓神化遠曁是謂檀君王儉在裨王位二十四年在帝位九十三年壽一百三十歲戊辰元年大始神市之世四來之民遍居山谷草衣跣足至開天一千五百六十五年上月三日有神人王儉者五加之魁率徒八百來御于檀木之墟與衆奉祭于三神其至神之德兼聖之仁乃能奉詔繼天巍蕩惟烈九桓之民咸悅誠服推爲天帝化身而帝之是爲檀君王儉復神市舊規立都阿斯達建邦號朝鮮詔曰天範惟一弗二厥門爾惟純誠一爾心乃朝天天範恒一人心惟同推己秉心以及人心人心惟化亦合天範乃用御于萬邦爾生惟親親降自天惟敬爾親乃克敬天以及于邦國是乃忠孝爾克體是道天有崩必先脫免禽獸有雙弊履有對爾男女以和無怨無妬無淫爾嚼十指痛無大小爾相愛無胥讒互佑無相殘家國以興爾觀牛馬猶分厥芻爾互讓無胥奪共作無相盜國家以殷爾觀于虎彊暴不靈乃作孼爾無桀驁以戕性無傷人恒遵天範克愛物爾扶傾無陵弱濟恤無侮卑爾有越厥則永不得神佑身家以殞爾如有衝火于禾田禾稼將殄滅神人以怒爾雖厚包厥香必漏爾敬持彝性無懷慝無隱惡無藏禍心克敬于天親于民爾乃福祿無窮爾五加衆其欽哉於是命彭虞闢土地成造起宮室臣智造書契奇省設醫藥那乙管版籍羲典卦筮尤掌兵馬納斐西岬河伯女爲后治蠶淳之治熙洽四表丁巳五十年洪水汎濫民不得息帝命風伯彭虞治水定高山大川以便民居牛首州有碑戊午五十一年帝命雲

師倍達臣設三郎城于穴口築祭天壇於摩璃山今塹城壇是也甲戌六十七年帝遣太子扶婁與虞司空會于塗山太子傳五行治水之法勘定國界幽營二州屬我定淮岱諸侯置分朝以理之使虞舜監其事庚子九十三年帝在柳闕土階自成草茆不除檀木茂陰與熊虎遊觀牛羊茁浚溝開田陌勸田蠶治漁獵民有餘物俾補國用國中大會上月祭天民皆熙皞自樂自此皇化洽被九域遠曁耽浪德敎漸得偉廣先是區劃天下之地分統三韓三韓皆五加六十四族是歲三月十五日帝崩于蓬亭葬于郊外十里之地萬姓如喪考妣奉檀旂晨夕合坐敬拜常念不忘于懷太子扶婁立

二世 檀君 扶婁　在位五十八年

辛丑元年(紀元94年)帝賢而多福居財大富與民共治産業無一民飢寒每當春秋巡省國中祭天如禮察諸汗善惡克愼賞罰浚渠洫勸農桑設寮興學文化大進聲聞日彰初虞舜置幽營二州於藍國之隣帝遣兵征之盡逐其君封東武道羅等以表其功神市以來每當祭天國中大會齊唱讚德諧和於阿爲樂感謝爲本神人以和四方爲式是爲參佺戒其詞曰於阿於阿我等大祖神大恩德倍達國我等皆百百千千勿忘於阿於阿善心大弓成惡心矢的成我等百百千千人皆大弓絃同善心直矢一心同於阿於阿我等百百千千人皆大弓絃同善心直矢一心同於阿於阿我等百百千千人皆大弓一衆多矢的貫破沸湯同善心中一塊雪惡心於阿於阿我等百百千千人皆大弓堅勁同心倍達國光榮百百千千年大恩德我等大祖神我等大祖神　壬寅二年(紀元95年)帝召少連大連問治道先是少連大連善居喪三日不怠三月不懈朞年悲哀三年憂自是擧俗停喪五月以久爲榮此非天下之大聖其能德化之流行如是傳郵之速者乎二連以孝聞亦見稱於孔子夫孝者愛人益世之本放諸四海而準焉癸酉三年(紀元96年)九月下詔使民編髮蓋首服靑衣斗衡諸器悉準於官布苧市價無處有二民不自欺遠近便之庚戌十年(103)四月劃邱井爲田結使民自無私利壬子十二年(105)神誌貴己製獻七回曆邱井圖戊戌五十八年(151)帝崩是日日蝕山獸作隊亂叫山上萬姓慟之甚後國人設祭家内擇地設壇而土器盛禾穀置壇上稱爲扶婁壇地是爲業神又稱佺戒以全人受戒爲業主嘉利人與業俱全之義也太子嘉勒立

三世檀君 嘉勒　在位四十五年

己亥元年(紀元152年)五月帝召三郎乙普勒問神王倧佺之道普勒交拇加右手行三六大禮而進言曰神者能引出萬物各全其性神之所妙民皆依恃也王者能德義理世各安其命王之所宣民皆承服也倧者國之所選也佺者民之所擧也皆七日爲回就三神執盟三忽爲佺九桓爲倧盖其道也欲爲父者斯父矣欲爲君者斯君矣欲爲師者斯師矣爲子爲臣爲徒者亦斯子斯臣斯徒矣故神市開天之道亦以神施敎知我求獨空我存物能爲福於人世而已代天神而王天下弘道益衆無一人失性代萬王而主人間去病解怨無一物害命使國中之人知改妄卽眞而三七計日會全人執戒自是朝有倧訓野有佺戒宇宙精氣粹鍾日域三光五精凝結腦海玄妙自得光明共濟是爲居發桓也施之九桓九桓之民咸率歸一于化庚子二年(153)時俗尙不一方言相殊雖有象形表意之眞書十家之邑語多不通百里之國字難相解於是命三郎乙普勒正音三十八字是爲加臨土其文曰 · ㅣ ㅡ ㅏ ㅓ ㅜ ㅗ ㅑ ㅕ ㅛ ㅠ X ∋ ㅇ ㄱ ∪ ㅁ ㄴ △ ㅈ ㅊ ∧ ∧ ㅎ ∧ ㅁ ∪ ㅣ ⊃ ㄹ ㅐ ㅒ ㅡ ? ∧ ㄱ ㅜ ㅠ ? △ ㄱ ㅈ ∧ ? ㅡ ㅡ ㅍ辛丑三年(154)命神誌高契編修倍達留記甲辰六年(157)命列陽褥薩索靖遷于弱水終身棘置後赦之仍封其地是爲凶奴之祖丙午八年(159)康居叛帝討之於支伯特夏四月帝登不咸之山望民家炊煙少起命減租稅有差申十年(161)豆只州濊邑叛命余守己斬其酋素尸毛犁自是稱其地曰素尸毛犁今轉音爲牛首國也其後孫有陜野奴者逃於海上據三島僭稱天王癸未四十五年(196)九月帝崩太子烏斯丘立

四世 檀君 烏斯丘 在位三十八年

甲申元年(紀元197年)封皇弟烏斯達爲蒙古里汗或曰今蒙古族爲基後云冬十月北巡而回到太白山祭三神得靈草是謂人蔘又稱仙藥自後神仙不死之說與採蔘保精密有關聯間有採得家所傳神異顯靈頗多奇驗云五年(201)鑄圓孔貝錢秋八月夏人來獻方物求神書而去十月朝野記別書于石以公于民庚寅七年(203)設造船于薩水之上壬寅十九年(215)夏主相失德帝命息達率藍眞弁三部之兵往征之天下聞之乃服辛酉三十八年(234)六月帝崩鷄加丘乙立

五世 檀君 丘乙 在位十六年

壬戌元年(紀元235年)命築壇于太白山遣使致祭癸亥二年(236)五月蝗虫大作遍滿田野帝親巡田野呑蝗而告三神使滅之數日盡滅乙丑四年(238)始用甲子作曆己巳八年(242)身毒人流漂到東海濱丁丑十六年(250)親幸藏唐京封築三神壇多植桓花七月帝南巡歷風流江到松壤得疾尋崩葬于大博山牛加達門被選於衆入承大統

六世 檀君 達門 在位三十六年

戊寅元年(紀元251年)壬子三十五年(285)會諸汗于常春祭三神于九月山使神誌發理作誓效詞其詞曰朝光先受地三神赫世臨桓因出象先樹德宏且深諸神議遣雄承詔始開天蚩尤起靑邱萬古振武聲淮岱皆歸王天下莫能侵王儉受大命聲動九桓魚水民其蘇草風德化新怨者先解怨病者先去病一心存仁孝四海盡光明眞韓鎭國中治道咸維新慕韓保其左番韓控其南巉岩圍四壁聖主幸新京如秤錘極器極器白牙岡秤蘇密郎錘者安德鄕首尾均平位賴德護神精興邦保太平朝降七十國永保三韓義王業有興隆興廢莫爲說誠在事天神乃與諸汗立約束曰凡我同約之人以桓國五訓神市五事爲永久遵守之案祭天之儀以人爲本爲邦之道以食爲先農者萬事之本祭者五教之源宜與國人共治爲産先講重族次宥俘囚竝除死刑責禍保境和白爲公事以一施共和之心謙卑自養以爲仁政之始也時執盟貢幣者大國二小國二十墟落三千六百二十四癸丑三十六年(286)帝崩鷄加翰栗立

七世 檀君 翰栗 在位五十四年

甲寅元年(紀元287年)丁未五十四年(340)帝崩于西翰立

八世 檀君 于西翰(或曰烏斯含) 在位八年

戊申元年(紀元341年)定二十稅一之法廣通有無以補不足己酉二年(342)是歲豊登有一莖八穗辛亥四年(344)帝以微服潛出國境視察夏情而還大改官制甲寅七年(347)三足烏飛入苑中其翼廣三尺乙卯八年(348)帝崩太子阿術 述立

九世 檀君 阿述 在位三十五年

丙辰元年(紀元349年)帝有仁德民有犯禁者必曰糞地雖汚降雨露有時置而不論犯禁者乃化其德淳尨之化

大行是日兩日竝出觀者如堵丁巳二年(350)靑海褥薩于捉擧兵犯闕帝避于常春創新宮于九月山南麓命遣于支于粟等討誅之後三年還都 庚寅三十五年(383)帝崩牛加魯乙立

十世 檀君 魯乙 在位五十九年

辛卯元年(紀元384年)始作大養畜外之獸 任辰二年(385)親臨墟落存問駕停野外賢者多歸之 乙未五年(388)宮門外設伸寃木以聽民情中外大悅丙午十六年(399)東門外十里陸地生蓮不咸臥石自起天河神龜負圖而現圖如柶板渤海沿岸金塊露出數量十有三石乙丑三十五年(418)始置監星己丑五十九年(442)帝崩太子道奚立

十一世 檀君 道奚 在位五十七年

庚寅元年(紀元443年)帝命五加擇十二名山之最勝處設國仙蘇塗多環植檀樹擇最大樹封爲桓雄像而祭之名雄常國子師傅有爲子獻策曰惟我神市實自桓雄開天納衆以佺設戒而化之天經神誥詔述於上衣冠帶釰樂效於下民無犯而同治野無盜而自安擧世之人無疾而自壽無歉而自裕登山而歌迎月而舞無遠不至無處不興德敎加於萬民頌聲溢於四海有是請冬十月命建大始殿極壯麗奉天帝桓雄遺象而安之頭上光彩閃閃如大日有圓光照耀宇宙坐於檀樹之下桓花之上如一眞神有圓心持天符印標揭大圓一之圖於樓殿立號居發桓三日而戒七日而講風動四海其念標之文曰天以玄默爲大其道也普圓其事也眞一地以蓄藏爲大其道也效圓其事也勤一人以知能爲大其道也擇圓其事也協一故一神降衷性通光明在世理化弘益人間仍刻之于石丁巳二十八年(470)設所而聚方物以閱珍奇天下之民爭獻陳設如山丁卯三十八年(480)徵民丁皆爲兵送選士二十人于夏都始傳國訓以示威聲乙亥四十六年(488)設作廳于松花江岸舟楫器物大行于世三月祭三神于山南供酒備膳致詞而醮之是夜特賜宣與國人環飮觀百戲罷臟樓殿論經演誥顧謂五加曰自今以後禁殺放生釋獄飯丐竝除死刑內外聞之大悅丙戊五十七年(499)帝崩萬姓慟之如考妣喪三年憂四海停聲樂牛加阿漢立

十二世 檀君 阿漢 在位五十二年

丁亥元年(紀元500年)戊子二年(501)夏四月一角獸見於松花江北邊秋八月帝巡國中至遼河之左立巡狩管境碑刻歷代帝王名號而傳之是金石之最也後滄海力士黎洪星過此題一詩曰村郊稱弁韓別有殊常石臺荒躑躅紅字沒苺苔碧生於剖判初立了興亡夕文獻俱無徵此非檀氏跡乙卯二十九年(528)命菁莪褥薩丕信 西沃沮褥薩高士琛貊城褥薩突盖封爲列汗 戊寅五十二年(551)帝崩牛加屹達立

十三世 檀君 屹達(一云代音達) 在位六十一年

己卯元年(紀元552年)甲午十六年(567)定州縣立分職之制官無兼權政無越則民無離鄕自安所事絃歌溢域是歲冬殷人伐夏其主桀請援帝以邑借末良率九桓之師以助戰事湯遣使謝罪乃命引還桀達之遣兵遮路欲敗禁盟遂與殷人伐桀密遣臣智于亮率畎軍合與樂浪進據關中邠岐之地而居之設官制戊戌二十年(571)多設蘇塗植天指花使未婚子弟讀書習射號爲國子郞國子郞出行頭揷天指花故時人稱爲天指花郞 戊辰五十年(601)五星聚婁黃鶴來棲苑松 己卯六十一年(612)帝崩萬姓絕食而哭不絕仍命釋囚俘禁殺放生過歲而葬之牛加古弗立

十四世 檀君 古弗　在位六十年

庚辰元年(紀元613年)乙酉六年(618)是歲大旱帝親禱天祈雨誓告于天曰天雖大無民何施雨雖膏無穀何貴民所天者穀天所心者人也天人一體天何棄民乃雨滋穀濟化以時言訖大雨立降數千里辛酉四十二年(654)九月枯木生芽五色大鷄生於城東子村家見者誤指爲鳳乙亥五十六年(668)遣官四方査計戶口總一億八千萬口己卯六十年(672)帝崩代音立

十五世 檀君 代音(一云後屹達)　在位五十一年

庚辰元年(紀元673年)殷主小甲遣使求和是歲改八十稅一之制辛巳二年(674)洪水大漲民家多被害帝甚憐恤移其粟於蒼海蛇水之地均給于民冬十月養雲須密爾二國人來獻方物己丑十年(682)帝西幸弱水命臣智禹粟採金鐵及膏油秋七月虞婁人二十家來投命定着于鹽水近地丁未二十八年(700)帝登太白山立碑刻列聖群汗之功己未四十年(712)封皇弟代心爲南鮮卑大人庚午五十一年(723)帝崩牛加尉那立

十六世 檀君 尉那　在位五十八年

辛未元年(紀元724年)戊戌二十八年(751)會九桓諸汗于寧古塔祭三神上帝配桓因桓雄蚩尤及檀君王儉而亨之五日大宴與衆明燈守夜唱經踏庭一邊列炬一邊環舞濟唱愛桓歌愛桓卽古神歌之類也先人指桓花而不名直曰花愛桓之歌有云山有花山有花去年種萬樹今年種萬樹春來不咸花萬紅有事天神樂太平 戊辰五十八年(781)帝崩太子余乙立

十七世 檀君 余乙　在位六十八年

己巳元年(紀元782年)庚申五十二年(833)帝與五加歷巡國中至蓋斯城之境有靑袍老人獻賀曰長生仙人之國樂爲仙人之氓帝德無愆王道無偏民兮隣兮不見愁苦靑禍以信管境以恩城兮國兮不見戰伐帝曰嘉納嘉納朕之修德日淺恐無以報民之輿望丙子六十八年(849)帝崩太子冬奄立

十八世 檀君 冬奄　在位四十九年

丁丑元年(紀元850年)丙申二十年(869)支伯特人來獻方物 乙丑四十九年(898)帝崩太子牟蘇立

十九世 檀君 牟蘇　在位五十五年

丙寅元年(紀元899年)己丑二十四年(922)南裳人入朝己未五十四年(952)支離叔作周天曆八卦相重論 庚申五十五年(953)帝崩牛加固忽立

二十世 檀君 固忽　在位四十三年

辛酉元年(紀元954年)辛未十一年(964)秋白日貫虹丙申三十六年(989)修築寧古塔作離宮 庚子四十年(993)共工工忽製獻九桓地圖 癸卯四十三年(996)四海未寧而帝崩太子蘇台立

二十一世 檀君 蘇台　在位五十二年

甲辰元年(紀元997年)殷主小乙遣使入貢庚寅四十七年(1043)殷主武丁旣勝鬼方又引大軍侵攻索度令支等國爲我大敗請和入貢壬辰四十九年(1045)蓋斯原褥薩高登潛師襲鬼方滅之一群養雲二國遣使朝貢於是高登手握重兵經略西北地勢甚强盛遣人請爲右賢王帝憚之不允屢請乃許號爲豆莫婁 乙未五十二年(1048)右賢王高登薨基孫索弗婁襲爲右賢王帝巡狩國中南至海城大會父老祭天歌舞仍召五加與之議傳位自謂老倦于勤欲委政於徐于餘環薩水百里而封之命爲攝主號曰奇首右賢王聞之遣人勸帝止之帝綜不聽於是右賢王率左右及獵戶數千遂卽位于夫餘新宮帝不得已傳玉册國寶廢徐于餘爲庶人帝隱於阿斯達以終是歲伯夷叔齊亦以孤竹君之子 遜國而逃居東海濱力田自給

二十二世 檀君 索弗婁　在位四十八年

丙申元年(紀元1049年)帝命修築鹿山改官制秋九月親幸藏唐京立廟祀高登王十一月親率九桓之師屢戰破殷都尋和又得大戰破之明年二月追至河上而受捷賀遷弁民于淮岱之地使之畜農國威大振辰丑六年(1054)臣智陸右奏曰阿斯達千年帝業之地大運已盡寧古塔王氣濃厚以勝於白岳山請築城移之帝不許曰新都已宅更何他往乙卯二十年(1068)至是藍國頗强與孤竹君逐諸賊南遷至俺瀆忽居之近於殷境使黎巴達領兵進據岐與其遺民相結立國稱黎與西戎雜處於殷家諸侯之間藍氏威勢甚盛皇化遠及恒山以南之地辛未三十六年(1084)邊將申督因兵作亂帝暫避于寧古塔民多從之癸未四十八年(1096)帝崩太子阿忽立

二十三世 檀君 阿忽　在位七十六年

甲申元年(紀元1097年)命皇叔固弗加治樂浪忽遣熊乫孫與藍國君觀南征之兵置六邑於殷地殷人相爭不決乃進兵攻破之秋七月誅申督還都命釋囚俘乙酉二年(1098)藍國君今達與靑邱君句麗君會于周愷合蒙古里之兵所到破殷城柵深入奧地定淮岱之地分封蒲古氏於淹盈古氏於徐邦古氏於淮殷人望風惶怯莫敢近之戊子五年(1101)召二韓及五加議停寧古塔移都事己亥七十六年(1172)帝崩太子延那立

二十四世 檀君 延那　在位十一年

庚子元年(紀元1173年)命皇叔固弗加爲攝政辛丑二年(1174)諸汗奉詔增設蘇塗祭天國家有大事異災則輒禱之定民志于一庚戌十一年(1183)帝崩太子率那立

二十五世 檀君 率那　在位八十八年

辛亥元年(紀元1184年)丁亥三十七年(1220)箕徙居西華謝絶人事丁酉四十七年(1230)帝在上蘇塗講古禮因問佞臣直臣之分三郎洪雲性進對曰執理不屈者直臣也畏威曲從者佞臣也君源臣流源旣濁矣流豈求淸是爲不可故君聖然後臣直帝曰善哉己酉五十九年(1242)田穀豊登有一莖五穗之粟戊寅八十八年(1271)帝崩太子鄒魯立

二十六世 檀君 鄒魯　在位六十五年

己卯元年(紀元1272年)秋七月白岳山溪谷白鹿二百作隊而來遊癸未六十五年(1336)帝崩太子豆密立

二十七世 檀君 豆密　　在位二十六年

甲申元年(紀元1337年)天海水溢斯阿蘭山崩是歲須密爾國養雲國句茶川國皆遣使獻方物辛卯八年(1344)太旱之餘大雨注下民無收穫帝命發倉周給己酉二十六年(1362)帝崩奚牟立

二十八世 檀君 奚牟　　在位二十八年

庚戌元年(紀元1363年)帝有疾使白衣童子禱天尋瘉庚申十一年(1373)夏四月旋風大起暴雨注下陸上魚類亂墜丁卯十八年(1380)氷海諸汗遣使入貢丁丑二十八年(1390)帝崩摩休立

二十九世 檀君 摩休　　在位三十四年

戊寅元年(紀元1391年)周人入貢乙酉八年(1398)夏地震丙戌九年(1399)南海潮水退三尺辛亥三十四年(1424)帝崩太子奈休立

三十世 檀君 奈休　　在位三十五年

壬子元年(紀元1425年)帝南巡觀靑邱之政刻石蚩尤天王功德西至奄瀆忽會分朝諸汗閱兵祭天與周人修好丙辰五年(1429)匈奴入貢丙戌三十五年(1459)帝崩太子登兀立

三十一世 檀君 登兀　　在位二十五年

丁亥元年(紀元1460年)壬寅十六年(1475)鳳鳴白岳麒麟來遊上苑辛亥二十五年(1484)帝崩子鄒密立

三十二世 檀君 鄒密　　在位三十年

壬子元年(紀元1485年)甲寅三年(1487)鮮卑山酋長們古入貢癸亥十二年(1496)楚大夫李文起入朝甲子十三年(1497)三月日蝕丙寅十五年(1499)農作大饑辛巳三十年(1514)帝崩太子甘勿立

三十三世 檀君 甘勿　　在位二十四年

壬午元年(紀元1515年)癸未二年(1516)周人來獻虎象之皮戊子七年(1521)寧古塔西門外甘勿山之下建三聖祠親祭有誓告文曰三聖之尊與神齊功三神之德因聖益大虛粗同體個全一如智生雙修形魂俱衍眞敎乃立信久自明乘勢以尊回光反躬截彼白岳萬古一蒼列聖繼作文興禮樂規模斯大道術淵宏執一含三會三歸一大演天戒永世爲法乙巳二十四年(1538)帝崩太子奧婁門立

三十四世 檀君 奧婁門　　在位二十三年

丙午元年(紀元1539年)是歲五穀豊熟萬姓歡康作兜里之歌其歌曰天有朝暾明光照耀國有聖人德敎廣被大邑國我倍達聖朝多多人不見苛政熙皞歌之長太平乙卯十年(1548)兩日竝出仍黃霧四塞戊辰二十三年

(1561)帝崩太子沙伐立

三十五世 檀君 沙伐 在位六十八年

己巳元年(紀元1562年)甲戌六年(1567)是歲有蝗蟲大水壬午十四年(1575)虎入宮殿壬辰二十四年(1585)有大水山崩壞谷充塡戊午五十年(1611)帝遣將彦波弗哈平海上熊襲甲戌六十六年(1627)帝遣祖乙直穿燕都與齊兵戰于臨淄之南郊告捷丙子六十八年(1629)帝崩太子買勒立

三十六世 檀君 買勒 在位五十八年

丁丑元年(紀元1630年)甲辰二十八年(1657)有地震海溢戊申三十二年(1661)西村民家牛生八足犢辛亥三十五年(1664)龍馬出於天河背有星文甲寅三十八年(1667)遣陜野侯裵命往討海上十二月三道悉平戊辰五十二年(1681)帝遣兵與須臾兵伐燕燕人告急於齊齊人大擧入孤竹遇我伏兵戰不利乞和而去甲戌五十八年(1687)帝崩太子麻勿立

三十七世 檀君 麻勿 在位五十六年

乙亥元年(紀元1688年) 庚午五十六年(1743)帝南巡至淇水崩太子多勿立

三十八世 檀君 多勿 在位四十五年

辛未元年(1744)乙卯四十五年(1788)帝崩太子豆忽立

三十九世 檀君 豆忽 在位三十六年

丙辰元年(1789)辛卯三十六年(1824)帝崩太子達音立

四十世 檀君 達音 在位十八年

壬辰元年(1825)己酉十八年(1842)帝崩太子音次立

四十一世 檀君 音次 在位二十年

庚戌元年(1843)己巳二十年(1862)帝崩太子乙于支立

四十二世 檀君 乙于支 在位十年

庚午元年(1863) 己卯十年(1872)帝崩太子勿理立

四十三世 檀君 勿理 在位三十六年

庚辰元年(紀元1873年)乙卯三十六年(1908)隆安獵戶于和冲自稱將軍聚衆數萬陷西北三十六郡帝遣兵不克冬賊圍都城急攻帝與左右宮人奉廟社主浮舟而下之海頭尋崩是歲白民城褥薩丘勿以命起兵先據藏唐京九地師從之東西鴨綠十八城皆遣兵來援

四十四世 檀君 丘勿 在位二十九年

丙辰元年(紀元1909年)三月大水浸都城賊大亂丘勿率兵一萬往討之賊不戰自潰遂斬于和冲於是丘勿爲諸將所推乃於三月十六日築壇祭天遂卽位于藏唐京改國號爲大夫餘改三韓爲三朝鮮自是三朝鮮雖奉檀君爲一尊臨理之制而惟和戰之權不在一尊也七月命改築海城爲平壤作離宮丁巳二年(1910)禮官請行三神迎鼓祭乃三月十六日也帝親幸敬拜初拜三叩再拜六叩三拜九叩禮也從衆特爲十叩是爲三六大禮也壬申十七年(1925)遣監察官于州郡糾察吏民擧孝廉戊寅二十三年(1931)燕遣使賀正甲申二十九年(1937)帝崩太子余婁立

四十五世 檀君 余婁 在位五十五年

乙酉元年(紀元1938年)築城長嶺狼山辛丑十七年(1954)燕人侵邊郡守將苗長春擊敗之丙辰三十二年(1969)燕人倍道入寇陷遼西逼雲障番朝鮮命上將于文言禦之眞莫二朝鮮赤派兵來救設伏來攻破燕齊之兵於五道河遼西諸城悉復丁巳三十三年(1970)燕人敗屯連雲島造船將來襲于文言追擊大破射殺其將辛未四十七年(1984)北漢酋長厄尼車吉來朝獻馬二百匹請共伐燕乃以番朝鮮少將申不私率兵一萬合攻燕上谷援之置城邑戊寅五十四年(1991)自上谷役後燕連年來侵至是遣使請和許之復以造陽以西爲界己卯五十五年(1992)夏大旱慮有獄大赦親幸祈雨九月帝崩太子普乙立

四十六世 檀君 普乙 在位四十六年

庚辰元年(紀元1993年)十二月番朝鮮王解仁爲燕所遣刺客所害五加爭立戊戌十九年(2011)正月邑借箕以兵入宮自以番朝鮮王遣人請允帝許之使堅備燕丁巳三十八年(2030)都城大火盡燒避御于海城離宮癸亥四十四年(2036)北漢酋長尼舍獻樂乃受而厚賞乙丑四十六年(2038)韓介率須臾兵犯闕自立上將高列加起義擊破之帝還都大赦自此國勢甚微國用不敷尋帝崩無嗣高列加以檀君勿理之玄孫爲衆愛戴且有功遂卽位

四十七世 檀君 古列加 在位五十八年

丙寅元年(紀元2039年)己卯十四年(2052)立檀君王儉廟于白岳山令有司四時祭之帝歲一親祭己酉四十四年(2082)燕遣使賀正癸丑四十八年(2086)十月朔日蝕是歲冬北漢酋長阿里當夫請出師伐燕帝不從自是怨不朝貢壬戌五十七年(2095)四月八日解慕漱降于熊心山起兵其先稿離國人也癸亥五十八年(2096)帝仁柔不斷令多不行諸將恃勇禍亂頻起國用不敷民氣益哀三月祭天之夕乃與五加議曰昔我列聖肇極垂統種德宏遠永世爲法今王道衰微諸汗爭强惟朕德懦不能理無策招撫百姓離散惟爾五加擇賢以薦大開獄門放還死囚以下諸虜翌日遂棄位入山修道登仙於是五加共治國事六年先是宗室大解慕漱密與須臾約襲

據故都白岳山稱爲天王郎四境之内皆爲聽命於是封諸將陞須臾侯箕丕爲番朝鮮王往守上下雲障蓋北夫餘之興始此而高句麗乃解慕漱之生鄉也故亦稱高句麗也自檀君紀元元年戊辰至今上踐祚後十二年癸卯凡三千六百十六年也是歲十月三日紅杏村臾書于江都之海雲堂

魏滿朝鮮

前漢·朝鮮傳云自始燕時, 常畧得眞番·朝鮮(師古曰, 戰國時(燕)因始略得此地也), 爲置吏築障. 秦滅燕, 屬遼東外徼. 漢興爲遠難守, 復修遼東故塞, 至浿水爲界(師古曰, 浿在樂浪郡), 屬燕. 燕王盧綰反入匈奴, 燕人魏滿亡命, 聚黨千餘人, 東走出塞, 渡浿水, 居秦故空地上下障, 稍役屬眞番·朝鮮蠻夷及故燕·齊亡命者王之, 都王儉(李奇曰, 地名.臣瓚曰, 王儉城在樂浪郡浿水之東), 以兵威侵降其旁小邑, 眞番·臨屯皆來服屬, 方數千里. 傳子至孫右渠(師古曰, 孫名右渠), 眞番·辰國欲上書見天子, 雍閼不通(師古曰, 辰謂辰韓也) 元封二年, 漢使涉何諭右渠, 終不肯奉詔. 何去至界, 臨浿水, 使馭刺殺送何者朝鮮裨王長(師古曰, 送何者名也), 卽渡水, 馳入塞遂歸報, 天子拜何爲遼東東部都尉. 朝鮮怨何, 襲攻殺何. 天子遣樓舡將軍楊僕, 從齊浮渤海, 兵五萬. 左將軍荀彘出遼, 討右渠, 右渠發兵距嶮. 樓舡將軍將齊七千人, 先到王儉, 右渠城守, 規知樓舡軍小, 卽出擊樓舡, 樓舡敗走, 僕失衆遁山中獲免. 左將軍擊朝鮮浿水西軍, 未能破. 天子爲兩將未有利, 乃使衛山, 因兵威往諭右渠, 右渠請降, 遣太子獻馬. 人衆萬餘持兵, 方渡浿水, 使者及左將軍疑其爲變, 謂太子已服, 宜毋持兵, 太子亦疑使者詐之, 遂不渡浿水, 復引歸. 報天子誅山. 左將軍破浿水上軍, 迺前至城下, 圍其西北, 樓舡亦往會居城南. 右渠堅守, 數月未能下. 天子以久不能決, 使故濟南太守公孫遂往征之, 有便宜將以從事. 遂至, 縛樓舡將軍, 並其軍與左將軍, 急擊朝鮮. 朝鮮相路人·相韓陶·尼谿相叄·將軍王唊(師古曰, 尼谿地名, 四人也), 相與謀欲降, 王不肯之, 陶·唊·路人, 皆亡降漢, 路人道死. 元封三年夏, 尼谿相叄, 使人殺王右渠來降, 王儉城未下, 故右渠之大臣成己又反. 左將軍使右渠子長·路人子最, 告諭其民, 謀殺成己, 故遂定朝鮮, 爲眞番·臨屯·樂浪·玄菟四郡

馬韓

魏志云衛滿擊朝鮮, 王準率宮人左右, 越海而南至韓地, 開國號馬韓 甄萱上太祖書云昔馬韓先起, 赫世勃興, 於是百濟開國於金馬山 崔致遠云馬韓, 麗也.辰韓, 羅也(據本紀, 則羅先起甲子, 麗後起甲申, 而此云者, 以王準言之耳. 以此知東明之起, 已幷馬韓而因之矣. 故稱麗爲馬韓. 今人或認金馬山, 以馬韓爲百濟者, 盖誤濫也. 麗地自有馬邑山, 故名馬韓也).四夷,九夷·九韓·穢·貊周禮·職方氏掌四夷·九貊者, 東夷之種卽九夷也.三國史云溟州, 古穢國, 野人耕田得穢王印, 獻之 又春州古牛首州, 古貊國 又或云, 今朔州是貊國, 或平壤城爲貊國淮南子注云東方之夷九種論語·正義云九夷者. 一玄菟, 二樂浪, 三高麗, 四滿飾, 五鳧臾, 六素家, 七東屠, 八倭人, 九天鄙海東安弘記云九韓者. 一日本, 二中華, 三吳越, 四乇羅, 五鷹遊(準), 六靺鞨, 七丹國, 八女眞, 九穢貊

二府

前漢書, 昭帝始元五年己亥, 置二外府, 謂朝鮮舊地平那及玄菟郡等, 爲平州都督府, 臨屯·樂浪等

兩郡之地,置東部都尉府(私曰朝鮮傳則眞番·玄菟·臨屯·樂浪等四,今有平那無眞番, 盖一地二名也)

七十八國

通典云朝鮮之遺民, 分爲七十餘國, 皆地方百里後漢書云西漢以朝鮮舊地, 初置爲四郡, 後置二府, 法令漸煩, 分爲七十八國, 各萬戶(馬韓在西, 有五十四小邑, 皆稱國.辰韓在東, 有十二小邑稱國.卞韓在南, 有十二小邑, 各稱國)

樂浪國

前漢時始置樂浪郡, 應邵曰故朝鮮國也.新唐書注云平壤城, 古漢之樂浪郡也國史云赫居世三十年, 樂浪人來投 又第三弩禮王四年, 高麗第三無恤王伐樂浪滅之, 其國人與帶方(北帶方)投于羅 又無恤王二十七年, 光虎(武)帝遣使伐樂浪, 取其地爲郡縣, 薩水以南屬漢(據上諸文, 樂浪卽平壤城, 宜矣. 或云樂浪, 中頭山下靺鞨之界, 薩水今大同江也, 未詳孰是) 又百濟溫祚之言, 曰東有樂浪, 北有靺鞨, 則殆古漢時樂浪郡之屬縣之地也. 新羅人亦以稱樂浪, 故今本朝亦因之而稱樂浪郡夫人, 又太祖降女於金傅, 亦曰樂浪公主.

北帶方

北帶方, 本竹覃城. 新羅弩禮王四年, 帶方人與樂浪人投于羅(此皆前漢所置二郡名, 其後僭稱國, 今來降)

南帶方

曹魏時始置南帶方郡(今南原府)故云, 帶方之南海水千里, 曰瀚海(後漢建安中, 以馬韓南荒地爲帶方郡, 倭韓遂屬, 是也)

伊西國

弩禮王十四年, 伊西國人來攻金城. 按雲門寺古傳諸寺納田記云貞觀六年壬辰, 伊西郡今郚村零味寺納田, 則今郚村今淸道地, 卽淸道郡古伊西郡.

五伽耶

(按駕洛記贊云, 垂一紫纓, 下六圓卵, 五歸各邑, 一在茲城. 則一爲首露王, 餘五各爲五伽耶之主, 金官不入五數當矣. 而本朝史略, 並數金官而濫記昌寧, 誤)

阿羅(一作耶)伽耶(今咸安), 古寧伽耶(今咸寧), 大伽耶(今高靈), 星山伽耶(今京山, 一云碧珍), 小伽耶(今固城). 又本朝史略云太祖天福五年庚子, 改五伽耶名.一金官(爲金海府), 二古寧(爲加利縣), 三非自火(今昌寧, 恐高靈之訛), 餘二阿羅·星山(同前, 星山或作碧伽耶).

北扶餘

古記云前漢書宣帝神爵三年壬戌四月八日, 天帝降于訖升骨城(在大遼醫州界), 乘五龍車, 立都稱王, 國號北扶餘, 自稱名解慕漱, 生子名扶婁, 以解爲氏焉. 王後因上帝之命, 移都于東扶餘, 東明帝繼北扶餘而興, 立都于卒本州, 爲卒本扶餘, 卽高句麗之始(見下)

北夫餘紀 上,下 范樟 撰

始祖檀君 解慕漱 在位四十五年

壬戌元年帝天姿英勇神光射人望之若天王郎年二十三從天而降是檀君高列加五十七年壬戌四月八日也依熊心山而起築室蘭濱戴烏羽冠佩龍光劍乘五龍車與從者五百人朝則廳事暮登天至是卽位癸亥二年是歲三月十六日祭天設烟戶法分置五加之兵屯田自給以備不虞己巳八年帝率衆往諭故都五加遂撤共和之政於是國人推檀君是爲北夫餘始祖也冬十月立公養胎母之法教人必自胎訓始壬申十一年北漠酋長山只喀隆襲寧州殺巡使穆遠登大掠而去庚辰十九年丕薨子準襲父封爲番朝鮮王遣官監兵尤致力於備燕燕遣將秦介侵我西鄙至滿番汗爲界辛巳二十年命祭天于白岳山阿斯達七月起新闕三百六十六間名爲天安宮癸未二十二年滄海力士黎洪星與韓人張良狙擊秦王政于博浪沙中誤中副車壬辰三十一年陳勝起兵秦人大亂燕齊趙民亡歸番朝鮮者數萬口分置於上下雲障遣將監之己亥三十八年燕盧綰復修遼東故塞東限浿水浿水今潮河也丙午四十五年燕盧綰叛漢入凶奴其黨衛滿求亡於我帝不許然帝以病不能自斷番朝鮮王箕準多失機遂拜衛滿爲博士劃上下雲障而封之是歲冬帝崩葬于熊心山東麓太子慕漱離立

二世檀君 慕漱離 在位二十五年

丁未元年番朝鮮王箕準久居須臾嘗多樹恩民皆富饒後爲流賊所敗亡入于海而不還諸加之衆奉上將卓大擧登程直到月支立國月支卓之生鄕也是謂中馬韓於是弁辰二韓赤各以其衆受封百里立都自號皆廳用馬韓政令世世不叛戊申二年帝遣上將延佗勃設城柵於平壤以備賊滿滿亦厭苦不復侵擾己酉三年以海城屬平壤道使皇弟高辰守之中夫餘一域悉從糧餉冬十月立京鄕分守之法京則天王親總衛戍鄕則四出分鎭恰如柶戲觀戰龍圖知變也辛未二十五年帝崩太子高奚斯立

三世檀君 高奚斯 在位四十九年

壬申元年正月樂浪王崔崇納穀三百石于海城先是崔崇自樂浪山載積珍寶而渡海至馬韓都王儉城是檀君解慕漱丙午冬也癸丑四十二年帝躬率步騎一萬破衛賊於南閭城置吏庚申四十九年一群國遣使獻方物是歲九月帝崩太子高于婁立

四世檀君 高于婁(一云解于婁) 在位三十四年

辛酉元年遣將討右渠不利擢高辰守西鴨綠增强兵力多設城柵能備右渠有功陞爲高句麗侯癸亥三年右渠賊大擧入寇我軍大敗海城以北五十里之地盡爲虜有甲子四年帝遣將攻海城三月而不克丙寅六年帝親率精銳五千襲破海城追至薩水九黎河以東悉降丁卯七年設木柵於坐原置軍於閭以備不虞癸酉十三年漢劉徹寇平那滅右渠仍欲置四郡盛以兵四侵於是高豆莫汗倡義起兵所至連破漢寇遺民四應以助戰軍報大振甲午三十四年十月東明王高豆莫汗使人來告曰我是天帝子將欲都之王其避之帝難之是月帝憂患成疾而崩皇弟解夫婁立之東明王以兵脅之不已君臣頗難之國相阿蘭弗奏曰通河之濱迦葉之原有地土壤膏腴宜五穀可都遂勸王移都是謂迦葉原夫餘或云東夫餘

五世檀君 高豆莫(一云豆莫婁) 在位二十二年在帝位二十七年

癸酉元年是爲檀君高于婁十三年帝爲人豪俊善用兵嘗見北夫餘衰漢寇熾盛慨然有濟世之志至是卽位於卒本自號東明或云高列加之後也乙亥三年帝自將傳檄所至無敵不旬月衆至五千每與戰漢寇望風而潰遂引兵渡九黎河追至遼東西安平乃古稿離國之地甲午二十二年是爲檀君高于婁三十四年帝遣將破裵川之漢寇與遺民并力所向連破漢寇擒其守將拒以有備乙未二十三年北夫餘奉城邑降屢哀欲保帝廳之降封解夫婁爲侯遷之岔陵帝前導鼓吹率衆數萬而入都城仍稱北夫餘秋八月與漢寇屢戰于西鴨綠河之上大捷壬寅三十年五月五日高朱蒙誕降于岔陵辛酉四十九年帝崩以遺命葬于卒本川太子高無胥立

六世檀君 高無胥 在位二年

壬戌元年帝卽位于卒本川與父老會于白岳山立約祭天頒行事例內外大悅帝生而有神德能以呪術呼風喚雨善賑大得民心有小解慕漱之稱時漢寇騷亂遍于遼左屢戰得捷癸亥二年帝巡到寧古塔得白獐冬十月帝崩高朱蒙以遺命入承大統先是帝無子見高朱蒙爲非常人以女妻之至是卽位時年二十三時下夫餘人將欲殺之奉母命與烏伊摩離陜父等三人爲德友行至岔陵水欲渡無梁恐爲追兵所迫告水曰我是天帝子河伯外孫今日逃走追者垂及奈何於是魚鼈浮出成橋始得渡魚鼈乃解

東扶餘

北扶餘王解夫婁之相阿蘭弗, 夢天帝降而謂曰將使吾子孫立國於此, 汝其避之(謂東明將興之兆也), 東海之濱, 有地名迦葉原, 土壤膏腴, 宜立王都 阿蘭弗勸王移都於彼, 國號東扶餘 夫婁老無子, 日祭山川求嗣, 所乘馬至鯤淵, 見大石相對淚流, 王怪之, 使人轉其石, 有小兒金色蛙形. 王喜曰此乃天賚我令胤乎. 乃收而養之, 名曰金蛙. 及其長, 爲太子, 夫婁薨, 金蛙嗣位爲王. 次傳位于太子帶素, 至地皇三年壬午, 高麗王無恤伐之, 殺王帶素, 國除.

東扶餘紀(迦葉原夫餘紀)

始祖 解夫婁 在位三十九年

乙未元年王爲北夫餘所制徙居迦葉原亦稱岔陵宜五穀尤多麥又多虎豹熊狼便於獵丁酉三年命國相阿蘭

弗設賑招撫遠近流民使及時飽暖又給田耕作不數年國富民殷時有時雨滋岔陵民歌王正春之謠壬寅八年先是河伯女柳花出遊爲夫餘皇孫高慕漱之所誘强至鴨綠邊室中而私之仍升天不是父母責其無媒而從之遂謫居邊室高慕漱本名弗離支或曰高辰之孫王異柳花同乘還宮而幽之是歲五月五日柳花夫人生一卵有一男子破殼而出是謂高朱蒙骨表英偉年甫七歲自作弓矢百發百中夫餘語善射爲朱蒙故以名云甲辰十年王老無子一日祭山川求嗣所乘馬至鯤淵見大石相對俠淚王怪之使人轉其石有小兒金色蛙形王喜曰此乃天賚我令胤乎乃收而養之名曰金蛙及其長立爲太子壬戌二十八年國人以高朱蒙爲不利於國欲殺之高朱蒙奉母柳花夫人命東南走渡淹利大水到卒本川明年開新國是爲高句麗始組也癸酉三十九年王薨太子金蛙立

二世 金蛙　在位四十一年

甲戌元年王遣使高句麗獻方物丁酉二十四年柳花夫人薨高句麗以衛兵數萬返葬于卒本命以皇太后禮遷就山陵建廟祠于其側甲寅四十一年王薨太子帶素立

三世 帶素　在位二十八年

乙卯元年春正月王遣使高句麗請交質子高句麗烈帝以太子都切爲質都切不行王恚之冬十月以兵五萬往侵卒本城大雪多凍死乃退癸酉十九年王侵攻高句麗至鶴盤嶺下遇伏兵大敗壬午二十八年二月高句麗擧國來侵王自率衆出戰遇泥淖王御馬陷不得出高句麗上將怪由直前殺之我軍猶不屈圍數重適大霧七日高句麗烈帝潛師夜脫從間道而遁去夏四月王弟與從者數百人奔至鴨綠谷見海頭王出獵遂殺之而取其民走保曷思水濱立國稱王是爲曷思至太祖武烈帝隆武十六年八月都頭王見高句麗日强遂擧國自降凡三世歷四十七年而國絶命都頭爲于台賜第宅以琿春爲食邑仍封爲東夫餘侯秋七月王從弟謂國人曰先王身弑國亡人民無所依曷思偏安不能自國吾亦才智魯下無望興復寧降以圖存以故都人民萬餘口投高句麗高句麗封爲王安置椽那部以其背有絡文賜姓絡氏後稍自立自開原西北徙到白狼谷又近燕之地至文咨烈帝明治甲戌以其國折入于高句麗椽那部絡氏遂不祀

高句麗

高句麗卽卒本扶餘也. 或云今和州又成州等, 皆誤矣. 卒本州在遼東界. 國史·高麗本紀云始祖東明聖帝, 姓高氏, 諱朱蒙. 先是, 北扶餘王解夫婁, 旣避地于東扶餘, 及夫婁薨, 金蛙嗣位. 于時, 得一女子於太伯山南優渤水, 問之, 云我是河伯之女, 名柳花, 與諸弟出遊, 時有一男子, 自言天帝子解慕漱, 誘我於熊神山下鴨淥邊室中私之, 而往不返(壇君記云君與西河河伯之女要親, 有産子, 名曰夫婁. 今按此記, 則解慕漱私河伯之女而後産朱蒙, 壇君記云産子名曰夫婁, 夫婁與朱蒙異母兄弟也), 父母責我無媒而從人, 遂謫居于此 金蛙異之, 幽閉於室中, 爲日光所照, 引身避之, 日影又逐而照之, 因而有孕. 生一卵, 大五升許, 王弃之與犬猪, 皆不食, 又棄之路, 牛馬避之, 弃之野, 鳥獸覆之. 王欲剖之, 而不能破, 乃還其母. 母以物裹之, 置於暖處, 有一兒破殼而出, 骨表英奇. 年甫七歲, 岐嶷異常, 自作弓矢, 百發百中, 國俗謂善射爲朱蒙, 故以名焉. 金蛙有七子, 常與朱蒙遊戱, 技能莫及. 長子帶素言於王曰朱蒙非人所生, 若不早圖, 恐有後患 王不聽, 使之養馬, 朱蒙知其駿者, 減食令瘦, 駑者善養令肥, 王自乘肥, 瘦者給蒙. 王之諸子與諸臣將謀害之, 蒙母知之, 告曰國人將害汝, 以汝才畧, 何往不可 宜速圖之 於時, 蒙與烏伊等三人爲友, 行至淹水(今未詳), 告水曰我是天帝子·河伯孫, 今日逃遁, 追者垂及, 奈何 於是, 魚鼈成橋, 得渡而橋解, 追騎不得渡. 至卒本州(玄菟郡之界), 遂都焉. 未遑作宮室, 但結廬於沸流水上居之, 國號高句麗, 因以高爲氏(本姓解也. 今自言是天帝子承日光而生, 故自以高爲氏) 時年十二歲, 漢孝元帝建昭二年甲申歲, 卽位稱王. 高麗全盛之日, 二十一萬五百八戶.珠琳傳第二十一卷載, 昔寧稟離王侍婢有娠, 相者占之曰貴而當王 王曰非我之胤也, 當殺之 婢曰氣從天來, 故我有娠 及子之産, 謂爲不祥, 捐圈則猪噓, 棄欄則馬乳而得不死. 卒爲扶餘之王(卽東明帝爲卒本扶餘王之謂也. 此卒本扶餘, 亦是北扶餘之別都, 故云扶餘王也. 寧稟離乃夫婁王之異稱也)

靺鞨(一作勿吉) 渤海

通典云渤海, 本粟末靺鞨, 至其酋祚榮立國, 自號震旦, 先天中(玄宗王子)始去靺鞨號, 專稱渤海. 開元七年(己未)祚榮死, 諡爲高王. 世子襲立, 明皇賜典冊襲王, 私改年號, 遂爲海東盛國, 地有五京·十五府·六十二州. 後唐天成初, 契丹攻破之, 其後爲契丹所制(三國史云儀鳳三年, 高宗戊寅, 高麗殘孽類聚, 北依太伯山下, 國號渤海. 開元二十年間, 明皇遣將討之. 又聖德王三十二年, 玄宗甲戌, 渤海靺鞨越海侵唐之登州, 玄宗討之 又新羅古記云高麗舊將祚榮姓大氏, 聚殘兵, 立國於大伯山南, 國號渤海 按上諸文, 渤海乃靺鞨之別種, 但開合不同而已. 按指掌圖, 渤海在長城東北角外) 賈耽郡國志云渤海國之鴨淥·南海·扶餘·橻城四府, 並是高麗舊地也. 自新羅泉井郡(地理志, 朔州領縣有泉井郡, 今湧州)至橻城府, 三十九驛 又三國史云百濟末年, 渤海靺鞨·新羅分百濟地(據此, 則渤海又分爲二國也) 新羅人云北有靺鞨, 南有倭人, 西有百濟, 是國之害也 又靺鞨地接阿瑟羅州. 又東明記云卒本城連靺鞨(或云今東眞). 羅第六祇麻王十四年(乙丑), 靺鞨兵大入北境, 襲大嶺柵, 過泥河後魏書靺鞨作勿吉 指掌圖云挹婁與勿吉皆肅愼也 黑水·沃沮, 按東坡指掌圖, 辰韓之北, 有南北黑水. 按東明帝立十年滅北沃沮·溫祚王四十二年南沃沮二十餘家來投新羅又赫居世五十三年東沃沮來獻良馬, 則又有東沃沮矣. 指掌圖, 黑水在長城北, 沃沮在長城南.

卞韓 百濟(亦云, 南扶餘, 卽泗沘城也)

新羅始祖赫居世卽位十九年壬午, 卞韓人以國來降.新·舊唐書云卞韓苗裔在樂浪之地,後漢書云卞韓在南, 馬韓在西, 辰韓在東, 致遠云卞韓, 百濟也. 按本紀, 溫祚之起, 在鴻嘉四年甲辰, 卽後於赫居世·東明之世四十餘年. 而唐書云卞韓苗裔在樂浪之地云者, 謂溫祚之系, 出自東明故云耳. 或有人出樂浪之地, 立國於卞韓, 與馬韓等並峙者, 在溫祚之前爾, 非所都在樂浪之北也. 或者濫九龍山亦名卞那山, 故以高句麗爲卞韓者, 盖謬. 當以古賢之說爲是. 百濟地自有卞山, 故云卞韓, 百濟全盛之時, 十五萬二千三百戶.

辰韓(亦作秦韓)

後漢書云辰韓耆老自言, 秦之亡人來適韓國, 而馬韓割東界地以與之. 相呼爲徒, 有似秦語, 故或名之爲秦韓. 有十二小國, 各萬戶, 稱國. 又崔致遠云辰韓本燕人避之者, 故取涿水之名, 稱所居之邑里, 云沙涿·漸涿等(羅人方言, 讀涿音爲道. 故今或作沙梁, 梁亦讀道) 新羅全盛之時, 京中十七萬八千九百三十六戶, 一千三百六十坊, 五十五里, 三十五金入宅(言富潤大宅也). 南宅, 北宅, 亐比所宅, 本彼宅, 梁宅, 池上宅(本彼部), 財買井宅(庾信公祖宗), 北維宅, 南維宅(反香寺下坊), 隊宅, 賓支宅(反香寺北), 長沙宅, 上櫻宅, 下櫻宅, 水望宅, 泉宅, 楊上宅(梁南), 漢歧宅(法流寺南), 鼻穴宅(上同), 板積宅(芬皇寺上坊), 別敎宅(川北), 衙南宅, 金楊宗宅(梁官寺南), 曲水宅(川北), 柳也宅, 寺下宅, 沙梁宅, 非上宅, 里南宅(亐所宅), 思內曲宅, 池宅, 寺上宅(大宿宅), 林上宅(靑龍之寺東方有池), 橋南宅, 巷叱宅(本彼部), 樓上宅, 里上宅, 椧南宅, 井下宅.

又四節遊宅

春, 東野宅. 夏, 谷良宅. 秋, 仇知宅. 冬, 加伊宅. 第四十九憲康大王代, 城中無一草屋, 接角連墻, 歌吹滿路, 晝夜不絶.

新羅始祖 赫居世王

辰韓之地, 古有六村.一曰閼川楊山村, 南今曇嚴寺, 長曰謁平, 初降于瓢嵓峰, 是爲及梁部李氏祖(弩禮王九年置, 名及梁部, 本朝太祖天福五年庚子, 改名中興部, 波潛·東山·彼上·東村屬焉). 二曰突山高墟村, 長曰蘇伐都利, 初降于兄山, 是爲沙梁部(梁讀云道, 或作涿, 亦音道)鄭氏祖, 今曰南山部, 仇良伐·麻等烏·道北·廻德等南村屬焉(稱今曰者, 太祖所置也, 下例如). 三曰茂山大樹村, 長曰俱(一作仇)禮馬, 初降于伊山(一作皆比山), 是爲漸梁(一作涿)部又牟梁部孫氏之祖, 今云長福部, 朴谷村等西村屬焉. 四曰觜山珍支村(一作賓之, 又賓子, 又氷之), 長曰智伯虎, 初降于花山, 是爲本彼部崔氏祖, 今曰通仙部, 柴巴等東南村屬焉, 致遠乃本彼部人也, 今皇龍寺南味呑寺南有古墟, 云是崔侯古宅也, 殆明矣. 五曰金山加里村(今金剛山栢栗寺之北山也), 長曰祇沱(一作只他), 初降于明活山, 是爲漢歧部又作韓歧部裵氏祖, 今云加德部, 上下西知乃兒等東村屬焉. 六曰明活山高耶村, 長曰虎珍, 初降于金剛山, 是爲習比部薛氏祖, 今臨川部, 勿伊村·仍仇旀村·闕谷(一作葛谷)等東北村屬焉. 按上文, 此六部之祖, 似皆從天而降. 弩禮王九年始改六部名, 又賜六姓. 今俗中興部爲母, 長福部爲父, 臨川部爲子, 加德部爲女, 其實未詳. 前漢地節元年壬子(古本云建虎元年, 又云建元三年等, 皆誤)三月朔, 六部祖各率子弟, 俱會於閼川岸上, 議曰我輩上無君主臨理蒸民, 民皆放逸, 自從所欲, 盍覓有德人, 爲之君主, 立邦設都乎. 於是, 乘高南望, 楊山下蘿井傍, 異氣如電光垂地, 有一白馬跪拜之狀. 尋撿之, 有一紫卵(一云靑大卵), 馬見人長嘶上天, 剖其卵得童男, 形儀端美. 驚異之, 浴於東泉(東泉寺在詞腦野北), 身生光彩, 鳥獸率舞, 天地振動, 日月淸明, 因名赫居世王(盖鄕言也. 或作弗矩內王, 言光明理世也. 說者云, 是西述聖母之所誕也. 故中華人讚仙桃聖母, 有娠賢肇邦之語, 是也. 乃至雞龍現瑞産閼英, 又焉知非西述聖母之所現耶) 位號曰居瑟邯(或作居西干, 初開口之時, 自稱云閼智居西干一起, 因其言稱之. 自後爲王者之尊稱), 時人爭賀曰今天子已降, 宜覓有德女君配之 是日, 沙梁里閼英井(一作娥利英井)邊, 有雞龍現而左脇誕生童女(一云龍現死, 而剖其腹得之), 姿容殊麗, 然而唇似雞觜, 將浴於月城北川, 其觜撥落, 因名其川曰撥川. 營宮室於南山西麓(今昌林寺), 奉養二聖兒. 男以卵生, 卵如瓠, 鄕人以瓠爲朴, 故因姓朴. 女以所出井名名之. 二聖年至十三歲, 以五鳳元年甲子, 男立爲王, 仍以女爲后, 國號徐羅伐, 又徐伐(今俗訓京字云徐伐, 以此故也). 或云斯羅, 又斯盧, 初王生於雞井, 故或云雞林國以其雞龍現瑞也. 一說, 脫解王時得金閼智而雞鳴於林中, 乃改國號爲雞林, 後世遂定新羅之號. 理國六十一年, 王升于天, 七日後, 遺體散落于地, 后亦云亡. 國人欲合而葬之, 有大蛇逐禁, 各葬五體爲五陵, 亦名蛇陵, 曇嚴寺北陵是也. 太子南解王繼位.

第二南解王

南解居西干, 亦云次次雄, 是尊長之稱, 唯此王稱之. 父赫居世, 母閼英夫人, 妃雲帝夫人(一作雲梯, 今迎日縣西有雲梯山聖母, 祈旱有應), 前漢平帝元始四年甲子卽位, 御理二十一年, 以地皇四年甲申崩, 此王乃三皇之第一云. 按三國史云新羅稱王曰居西干, 辰言王也, 或云, 呼貴人之稱. 或曰次次雄, 或作慈充. 金大問云 次次雄方言謂巫也. 世人以巫事鬼神尙祭祀, 故畏敬之, 遂稱尊長者爲慈充, 或云尼師今, 言謂齒理也. 初, 南解王薨, 子弩禮讓位於脫解, 解云吾聞聖智人多齒, 乃試以餠噬之 古傳如此. 或曰麻立干(立一作袖), 金大問云麻立者, 方言謂橛也. 橛標准位而置, 則王橛爲主, 臣橛列於下, 因以名之 史論曰新羅稱居西干·次次雄者一, 尼師今者十六, 麻立干者四. 羅末名儒崔致遠作帝王年代曆, 皆稱某王, 不言居西干等, 豈以其言鄙野不足稱之也. 今記新羅事, 具存方言亦宜矣. 羅人凡追封者稱葛文王, 未詳 此王代樂浪國人來侵金城, 不克而還. 又天鳳五年戊寅, 高麗之裨屬七國來投.

第三弩禮王

朴弩禮尼叱今(一作儒禮王). 初, 王與妹夫脫解讓位, 脫解云凡有德者多齒, 宜以齒理試之 乃咬餠驗之, 王齒多故先立, 因名尼叱今, 尼叱今之稱, 自此王始. 劉聖公更始元年癸未卽位(年表云, 甲申卽位), 改定六部號, 仍賜六姓, 始作兜率歌, 有嗟辭·詞腦格. 製犂耜及藏氷庫, 作車乘. 建虎十八年, 伐伊西國滅之, 是年高麗兵來侵.

第四脫解王

脫解齒叱今(一作吐解尼師今). 南解王時(古本云壬寅年至者, 謬矣. 近則, 後於弩禮卽位之初, 無爭讓之事.前則, 在於赫居之世, 故知壬寅非也), 駕洛國海中有船來泊, 其國首露王, 與臣民鼓譟而迎, 將欲留之, 而舡乃飛走. 至於雞林東下西知村阿珍浦(今有上西知·下西知村名). 時, 浦邊有一嫗, 名阿珍義先, 乃赫居王之海尺之母. 望之謂曰此海中元無石嵓, 何因鵲集而鳴 拏舡尋之, 鵲集一舡上, 舡中有一櫃子, 長二十尺, 廣十三尺. 曳其船, 置於一樹林下, 而未知凶乎吉乎, 向天而誓爾, 俄而乃開見, 有端正男子, 幷七寶 奴婢滿載其中. 供給七日, 迺言曰我本龍城國人(亦云正明國, 或云琓夏國, 琓夏或作花厦國, 龍城在倭東北一千里), 我國嘗有二十八龍王, 從人胎而生, 自五歲六歲繼登王位, 教萬民修正性命, 而有八品姓骨, 然無揀擇, 皆登大位. 時, 我父王含達婆, 娉積女國王女爲妃, 久無子胤, 禱祀求息, 七年後産一大卵. 於是, 大王會問群臣 人而生卵, 古今未有, 殆非吉祥. 乃造櫃置我, 幷七寶·奴婢載於舡中, 浮海而祝曰 任到有緣之地, 立國成家. 便有赤龍, 護舡而至此矣 言訖, 其童子曳杖率二奴, 登吐含山上作石塚, 留七日. 望城中可居之地, 見一峰如三日月, 勢可久之地, 乃下尋之, 卽瓠公宅也. 乃設詭計, 潛埋礪炭於其側, 詰朝至門云此是吾祖代家屋 瓠公云否, 爭訟不決, 乃告于官. 官曰以何驗是汝家 童曰我本冶匠, 乍出隣鄕, 而人取居之. 請掘地撿看 從之, 果得礪炭, 乃取而居爲. 時, 南解王知脫解是智人, 以長公主妻之,是爲阿尼夫人. 一日, 吐解登東岳, 廻程次, 令白衣索水飮之, 白衣汲水, 中路先嘗而進, 其角盃貼於口不解. 因而噴之, 白衣誓曰爾後若近遙, 不敢先嘗 然後乃解. 自此白衣讋服, 不敢欺罔. 今東岳中有一井, 俗云遙乃井是也. 及弩禮王崩, 以光虎帝中元二年丁巳六月, 乃登王位. 以昔是吾家取他人家故, 因姓昔氏. 或云, 因鵲開櫃, 故去鳥字, 姓昔氏, 解櫃脫卵而生, 故因名脫解. 在位二十三年, 建初四年己卯崩, 葬疏川丘中. 後有神詔愼埋葬我骨. 其髑髏周三尺二寸, 身骨長九尺七寸, 齒凝如一, 骨節皆連瑣, 所謂天下無敵力士之骨. 碎爲塑像, 安闕內. 神又報云我骨置於東岳, 故令安之(一云, 崩後二十七世文虎王代, 調露二年庚辰三月十五日辛酉, 夜見夢於太宗, 有老人貌甚威猛, 曰我是脫解也. 拔我骨於疏川丘, 塑像安於土含山 王從其言, 故至今國祀不絶, 卽東岳神也云)

金閼智 脫解王代

永平三年庚申(一云中元六年, 誤矣. 中元盡二年而已)八月四日, 瓠公夜行月城西里, 見大光明於始林中(一作鳩林), 有紫雲從天垂地, 雲中有黃金櫃, 掛於樹枝, 光自櫃出, 亦有白雞鳴於樹下. 以狀聞於王, 駕幸其林, 開櫃有童男, 臥而卽起, 如赫居世之故事. 故因其言, 以閼智名之, 閼智卽鄕言小兒之稱也. 抱載還闕, 鳥獸相隨, 喜躍蹌蹌. 王擇吉日, 冊位太子, 後讓於婆娑, 不卽王位. 因金櫃而出, 乃姓金氏. 閼智生熱漢, 漢生阿都, 都生首留, 留生郁部, 部生俱道(一作仇刀), 道生未鄒, 鄒卽王位, 新羅金氏自閼智始.

延烏郎 細烏女

第八阿達羅王卽位四年丁酉, 東海濱有延烏郎·細烏女, 夫婦而居. 一日, 延烏歸海採藻, 忽有一巖(一云一魚), 負歸日本, 國人見之曰此非常人也, 乃立爲王(按日本帝記, 前後無新羅人爲王者, 此乃邊邑小王而非眞王也) 細烏怪夫不來, 歸尋之, 見夫脫鞋, 亦上其巖, 巖亦負歸如前. 其國人驚訝, 奏獻於王, 夫婦相會, 立爲貴妃. 是時, 新羅日月無光, 日者奏云日月之精, 降在我國, 今去日本, 故致斯怪 王遣使求二人, 延烏曰我到此國, 天使然也, 今何歸乎 雖然朕之妃有所織細綃, 以此祭天可矣 仍賜其綃. 使人來奏, 依其言而祭之, 然後日月如舊. 藏其綃於御庫爲國寶, 名其庫爲貴妃庫. 祭天所名迎日縣, 又都祈野.

未鄒王 竹葉軍

第十三未鄒尼叱今(一作未祖, 又未古), 金閼智七世孫. 赫世紫纓, 仍有聖德, 受禪于理解, 始登王位(今俗稱王之陵爲始祖堂, 蓋以金氏始登王位故. 後代金氏諸王皆以未鄒爲始祖宜矣), 在位二十三年而崩, 陵在興輪寺東. 第十四儒理王代, 伊西國人來攻金城, 我大擧防禦, 久不能抗, 忽有異兵來助, 皆珥竹葉, 與我軍幷力擊賊破之. 軍退後不知所歸, 但見竹葉積於未鄒陵前, 乃知先王陰隲有功. 因呼竹現陵. 越三十七世惠恭王代, 大曆十四年己未四月, 忽有旋風, 從庾信公塚起, 中有一人乘駿馬如將軍儀狀, 亦有衣甲器仗者四十許人, 隨從而來, 入於竹現陵. 俄而陵中似有振動哭泣聲, 或如告訴之音. 其言曰臣平生有輔時救難匡合之功, 今爲魂魄, 鎭護邦國, 攘災救患之心, 暫無渝改, 往者庚戌年, 臣之子孫無罪被誅, 君臣不念我之功烈, 臣欲遠移他所, 不復勞勤, 願王允之 王答曰惟我與公不護此邦, 其如民庶何 公復努力如前 三請三不許, 旋風乃還. 王聞之懼, 乃遣大臣金敬信, 就金公陵謝過焉, 爲公立功德寶田三十結于鷲仙寺, 以資冥福. 寺乃金公討平壤後, 植福所置故也. 非未鄒之靈, 無以遏金公之怒, 王之護國, 不爲不大矣. 是以, 邦人懷德, 與三山同祀而不墜, 躋秩于五陵之上, 稱大廟云.

奈勿王(一作那密王) 金堤上

第十七那密王卽位三十六年庚寅, 倭王遣使來朝曰寡君聞大王之神聖, 使臣等以告百濟之罪於大王也. 願大王遣一王子, 表誠心於寡君也 於是, 王使第三子美海(一作未吐喜)以聘於倭. 美海年十歲, 言辭動止猶未備具, 故以內臣朴娑覽爲副使而遣之, 倭王留而不送三十年. 至訥祇王卽位三年己未, 句麗長壽王遣使來朝云寡君聞大王之弟寶海秀智才藝, 願與相親, 特遣小臣懇請 王聞之幸甚, 因此和通, 命其弟寶海, 道於句麗, 以內臣金武謁爲輔而送之, 長壽王又留而不送. 至十年乙丑, 王召集群臣及國中豪俠, 親賜御宴, 進酒三行, 衆樂初作, 王垂涕而謂群臣曰昔我聖考, 誠心民事, 故使愛子東聘於倭, 不見而崩. 又朕卽位已來, 隣兵甚熾, 戰爭不息, 句麗獨有結親之言, 朕信其言, 以其親弟聘於句麗, 句麗亦留而不送. 朕雖處富貴, 而未嘗一日暫忘而不哭. 若得見二弟, 共謝於先主之廟, 則能報恩於國人, 誰能成其謀策 時, 百官咸奏曰此事固非易也, 必有智勇方可. 臣等以爲歃羅郡太守堤上可也 於是, 王召問焉. 堤上再拜對曰臣聞, 主憂臣辱, 主辱臣死.若論難易而後行, 謂之不忠.圖死生而後動, 謂之無勇. 臣雖不肖, 願受命行矣 王甚嘉之, 分觴而飮, 握手而別. 堤上簾前受命, 徑趨北海之路, 變服入句麗. 進於寶海所, 共謀逸期, 先以五月十五日, 歸泊於高城水口而待. 期日將至, 寶海稱病, 數日不朝, 乃夜中逃出, 行到高城海濱. 王知之, 使數十人追之, 至高城而及之. 然寶海在句麗, 常施恩於左右, 故其軍士憫傷之, 皆拔箭鏃而射之, 遂免而歸. 王旣見寶海, 益思美海, 一欣一悲, 垂淚而謂左右曰如一身有一臂一面一眼, 雖得一而亡一, 何敢不痛乎 時, 堤上聞此言, 再拜辭朝而騎馬, 不入家而行, 直至於栗浦之濱. 其妻聞之, 走馬追至栗浦, 見其夫已在舡上矣. 妻呼之切懇, 堤上但搖手而不駐. 行至倭國, 詐言曰雞林王以不罪殺我父兄, 故逃來至此矣 倭王信之, 賜室家而安之. 時, 堤上常陪美海遊海濱, 逐捕魚鳥, 以其所獲, 每獻於倭王, 王甚喜之而無疑焉. 適曉霧濛晦, 堤上曰可行矣 美海曰然則偕行 堤上曰臣若行, 恐倭人覺而追之, 願臣留而止其追也 美海曰今我與汝如父兄焉, 何得棄汝而獨歸 堤上曰臣能救公之命, 而慰大王之情則足矣, 何願生乎. 取酒獻美海. 時, 雞林人康仇麗在倭國, 以其人從而送之. 堤上入美海房, 至於明旦, 左右欲入見之, 堤上出止之曰昨日馳走於捕獵, 病甚未起 及乎日昃, 左右怪之而更問焉, 對曰美海行已久矣 左右奔告於王, 王使騎兵逐之, 不及. 於是, 囚堤上問曰汝何竊遣汝國王子耶 對曰臣是雞林之臣, 非倭國之臣. 今欲成吾君之志耳, 何敢言於君乎 倭王怒曰今汝已爲我臣, 而言雞林之臣, 則必具五刑, 若言倭國之臣者, 必賞重祿 對曰寧爲雞林之犬㹠, 不爲倭國之臣子, 寧受雞林之箠楚, 不受倭國之爵祿 王怒, 命屠剝堤上脚下之皮, 刈蒹葭使趨其上(今蒹葭上有血痕, 俗云堤上之血) 更問曰汝何國臣乎, 曰雞林之臣也. 又使立於熱鐵上, 問何國之臣乎, 曰雞林之臣也. 倭王知不可屈, 燒殺於木島中. 美海渡海而來, 使康仇麗先告於國中, 王驚喜, 命百官迎於屈歇驛, 王與親弟寶海迎於南郊, 入闕設宴, 大赦國內, 冊其妻爲國大夫人, 以其女子爲美海公夫人. 議者曰昔漢臣周苛在滎陽, 爲楚兵所虜, 項羽謂周苛曰汝爲我臣, 封爲萬祿侯, 周苛罵而不屈, 爲楚王所殺. 堤上之忠烈, 無輕於周苛矣 初, 堤上之發去也, 夫人聞之追不及, 及至望德寺門南沙上, 放臥長號, 因名其沙曰長沙. 親戚二人, 扶腋將還, 夫人舒脚坐不起, 名其地曰伐知旨. 久後夫人不勝其慕, 率三娘子上鵄述嶺, 望倭國痛哭而終, 仍爲鵄述神母, 今祠堂存焉.

第十八實聖王

義熙九年癸丑, 平壤州大橋成(恐南平壤也, 今楊州) 王忌憚前王太子訥祇有德望, 將害之, 請高麗兵而詐迎訥祇, 高麗人見訥祇有賢行, 乃倒戈而殺王, 乃立訥祇爲王而去.

射琴匣

第二十一毗處王(一作炤智王)卽位十年戊辰, 幸於天泉亭, 時有烏與鼠來鳴. 鼠作人語云此烏去處尋之(或云, 神德王欲行香興輪寺, 路見衆鼠含尾, 怪之而還占之, 明日先鳴烏尋之云云, 此說非也) 王命騎士追之, 南至避村(今壤避寺村在南山東麓), 兩豬相鬪, 留連見之, 忽失烏所在. 徘徊路傍, 時有老翁自池中出奉書, 外面題云開見二人死, 不開一人死. 使來獻之, 王曰與其二人死, 莫若不開, 但一人死耳 日官奏云二人者庶民也, 一人者王也 王然之開見, 書中云射琴匣. 王入宮見琴匣射之, 乃內殿焚修僧與宮主潛通而所奸也, 二人伏誅. 自爾國俗每正月上亥上子上午等日, 忌愼百事, 不敢動作, 以十五日爲烏忌之日, 以糯飯祭之, 至今行之. 俚言怛忉, 言悲愁而禁忌百事也. 命其池曰書出池.

智哲老王

第二十二智哲老王, 姓金氏, 名智大路, 又智度路, 諡曰智證, 諡號始于此. 又鄕稱王爲麻立干者, 自此王始. 王以永元二年庚辰卽位(或云辛巳則三年也) 王陰長一尺五寸, 難於嘉耦, 發使三道求之, 使至牟梁部冬老樹下, 見二狗嚙一屎塊如鼓大, 爭嚙其兩端. 訪於里人, 有一小女告云此部相公之女子洗澣于此, 隱林而所遺也 尋其家檢之, 身長七尺五寸. 具事奏聞, 王遣車邀入宮中, 封爲皇后, 群臣皆賀. 又阿瑟羅州(今溟州)東海中, 便風二日程有于陵島(今作羽陵), 周廻二萬六千七百三十步, 島夷恃其水深, 驕傲不臣, 王命伊湌朴伊宗將兵討之, 宗作木偶師子, 載於大艦之上, 威之云不降則放此獸, 島夷畏降. 賞伊宗爲州伯.

眞興王

第二十四眞興王, 卽位時年十五歲, 太后攝政. 太后乃法興王之女子·立宗葛文王之妃, 終時削髮被法衣而逝. 承聖三年九月, 百濟兵來侵於珍城, 掠取人男女三萬九千, 馬八千匹而去. 先是, 百濟欲與新羅合兵謀伐高麗, 眞興曰國之興亡在天, 若天未厭高麗, 則我何敢望焉 乃以此言通高麗, 高麗感其言, 與羅通好, 而百濟怨之, 故來爾.

桃花女 鼻荊郎

第二十五舍輪王, 諡眞智大王, 姓金氏, 妃起烏公之女·知刀夫人. 大建八年丙申卽位(古本云, 十一年己亥, 誤矣), 御國四年, 政亂荒婬, 國人廢之. 前此, 沙梁部之庶女, 姿容艶美, 時號桃花娘. 王聞而召致宮中, 欲幸之, 女曰女之所守, 不事二夫. 有夫而適他, 雖萬乘之威, 終不奪也 王曰殺之何 女曰寧斬于市, 有願靡他 王戲曰無則可乎 曰可 王放而遣之. 是年, 王見廢而崩. 後三年, 其夫亦死. 浹旬忽夜中, 王如平昔, 來於女房曰汝昔有諾, 今無汝夫可乎 女不輕諾, 告於父母, 父母曰君王之敎, 何以避之 以其女入於房, 留御七日, 常有五色雲覆屋, 香氣滿室, 七日後忽然無蹤. 女因而有娠, 月滿將産, 天地振動, 産得一男, 名曰鼻荊. 眞平大王聞其殊異, 收養宮中. 年至十五, 授差執事, 每夜逃去遠遊, 王使勇士五十人守之, 每飛過月城, 西去荒川岸上(在京城西), 率鬼衆遊. 勇士伏林中窺伺, 鬼衆聞諸寺曉鍾各散, 郎亦歸矣. 軍士以事奏, 王召鼻荊曰汝領鬼遊, 信乎 郎曰然 王曰然則, 汝使鬼衆, 成橋於神元寺北渠(一作神衆寺, 誤. 一云荒川東深渠) 荊奉勅, 使其徒鍊石, 成大橋於一夜, 故名鬼橋. 王又問鬼衆之中, 有出現人間·輔朝政者乎 曰有吉達者, 可輔國政 王曰與來 翌日荊與俱見, 賜爵執事, 果忠直無雙. 時, 角干林宗無子, 王勅爲嗣子, 林宗命吉達創樓門於興輪寺南, 每夜去宿其門上, 故名吉達門. 一日吉達變狐而遁去, 荊使鬼捉而殺之. 故其衆聞鼻荊之名, 怖畏而走. 時人, 作詞曰聖帝魂生子, 鼻荊郎室亭. 飛馳諸鬼衆, 此處莫留停 鄕俗帖此詞以辟鬼.

天賜玉帶

淸泰四年丁酉五月, 正承金傅獻鐫金粧玉排方腰帶一條, 長十圍, 鐫銙六十二, 曰是眞平王天賜帶也, 太祖受之, 藏之內庫.

第二十六白淨王, 諡眞平大王, 金氏, 大建十一年己亥八月卽位. 身長十一尺, 駕幸內帝釋宮(亦名天柱寺, 王之所創), 踏石梯, 三石並折, 王謂左右曰不動此石, 以示後來 卽城中五不動石之一也. 卽位元年, 有天使降於殿庭, 謂王曰上皇命我傳賜玉帶, 王親奉跪受 然後其使上天. 凡郊廟大祀皆服之. 後高麗王將謀伐羅, 乃曰新羅有三寶不可犯, 何謂也 皇龍寺丈六尊像一, 其寺九層塔二, 眞平王天賜玉帶三也, 乃止其謀. 讚曰 雲外天頒玉帶圍, 辟雍龍袞雅相宜. 吾君自此身彌重, 准擬明朝鐵作墀.

善德王知幾三事

第二十七德曼(一作万), 諡善德女大王, 姓金氏, 父眞平王. 以貞觀六年壬辰卽位, 御國十六年, 凡知幾有三事. 初, 唐太宗送畵牧丹三色紅紫白, 以其實三升, 王見畵花曰此花定無香 仍命種於庭, 待其開落, 果如其言. 二, 於靈廟寺玉門池, 冬月衆蛙集鳴三四日, 國人怪之, 問於王, 王急命角干閼川弼呑等, 鍊精兵二千人, 速去西郊, 問女根谷, 必有賊兵, 掩取殺之. 二角干旣受命, 各率千人問西郊, 富山下果有女根谷, 百濟兵五百人來藏於彼, 並取殺之, 百濟將軍亐召者, 藏於南山嶺石上, 又圍而射之殪. 又有後兵一千三百人來, 亦擊而殺之, 一無孑遺. 三, 王無恙時, 謂羣臣曰朕死於某年某月日, 葬我於忉利天中 群臣罔知其處, 奏云何所, 王曰狼山南也 至其月日王果崩, 群臣葬於狼山之陽. 後十餘年文虎大王創四天王寺於王墳之下,佛經云, 四天王天之上有忉利天, 乃知大王之靈聖也. 當時, 群臣啓於王曰何知花蛙二事之然乎 王曰畵花而無蝶, 知其無香. 斯乃唐帝欺寡人之無耦也. 蛙有怒形, 兵士之像, 玉門者女根也. 女爲陰也, 其色白, 白西方也, 故知兵在西方. 男根入於女根則必死矣, 以是知其易捉 於是, 群臣皆服其聖智. 送花三色者, 盖知新羅有三女王而然耶 謂善德·眞德·眞聖是也, 唐帝以有懸解之明. 善德之創靈廟寺, 具載良志師傳, 詳之. 別記云, 是王代, 鍊石築瞻星臺.

眞德王

第二十八眞德女王卽位, 自製太平歌, 織錦爲紋, 命使往唐獻之(一本命春秋公爲使, 往仍請兵, 太宗嘉之許, 蘇定方云云者, 皆謬矣. 現慶前, 春秋已登位, 現慶庚申非太宗, 乃高宗之世. 定方之來, 在現慶庚申, 故知織錦爲紋, 非請兵時也. 在眞德之世, 當矣. 盖, 請放金欽純之時也) 唐帝嘉賞之, 改封爲雞林國王. 其詞曰大唐開洪業, 巍巍皇猷昌. 止戈戎威定, 修文契百王. 統天崇雨施, 理物體含章. 深仁諧日月, 撫運邁虞唐. 幡旗何赫赫, 錚鼓何鍠鍠. 外夷違命者, 剪覆被天殃. 淳風凝幽現, 遐邇競呈祥. 四時和玉燭, 七曜巡萬方. 維嶽降輔宰, 維帝任忠良. 五三成一德, 昭我唐家皇 王之代有閼川公·林宗公·述宗公·虎林公(慈藏之父)·廉長公·庾信公, 會于南山亐知巖, 議國事, 時有大虎走入座間, 諸公驚起, 而閼川公畧不移動, 談笑自若, 捉虎尾撲於地而殺之. 閼川公膂力如此, 處於席首, 然諸公皆服庾信之威. 新羅有四靈地, 將議大事, 則大臣必會其地謀之, 則其事必成. 一東曰青松山, 二曰南亐知山, 三曰西皮田, 四曰北金剛山. 是王代始行正旦禮, 始行侍郎號.

金庾信

虎力伊干之子舒玄角干金氏之長子曰庾信, 弟曰欽純, 姊妹曰寶姬·小名阿海, 妹曰文姬·小名阿之. 庾信公以眞平王十七年乙卯生, 禀精七曜, 故背有七星文, 又多神異. 年至十八壬申, 修劍得術爲國仙. 時有白石者, 不知其所自來, 屬於徒中有年. 郎以伐麗·濟之事, 日夜深謀, 白石知其謀, 告於郎曰僕請與公密先探於彼, 然後圖之何如 郎喜, 親率白石夜出行, 方憩於峴上, 有二女隨郎而行. 至骨火川留宿, 又有一女忽然而至, 公與三娘子喜話之時, 娘等以美菓餽之, 郎受而啖之, 心諾相許, 乃說其情. 娘等告云公之所言已聞命矣, 願公謝白石而共入林中, 更陳情實 乃與俱入, 娘等便現神形曰我等奈林·穴禮·骨火等三所護國之神, 今敵國之人誘郎引之, 郎不知而進途, 我欲留郎而至此矣 言訖而隱, 公聞之驚仆, 再拜而出. 宿於骨火館, 謂白石曰今歸他國, 忘其要文, 請與爾還家取來 遂與還至家, 拷縛白石而問其情. 曰我本高麗人(古本云百濟, 誤矣. 楸南乃高麗之士, 又逆行陰陽亦寶藏王事), 我國群臣曰, 新羅庾信是我國卜筮之士楸南也(古本作春南, 誤矣) 國界有逆流之水(或云雄雌, 尤反覆之事), 使其卜之, 奏曰 大王夫人逆行陰陽之道, 其瑞如此. 大王驚怪. 而王妃大怒, 謂是妖狐之語, 告於王, 更以他事驗問之, 失言則加重刑. 乃以一鼠藏於合中, 問是何物, 其人奏曰 是必鼠, 其命有八. 乃以謂失言, 將加斬罪, 其人誓曰 吾死之後, 願爲大將, 必滅高麗矣. 卽斬之. 剖鼠腹視之, 其命有七, 於是知前言有中. 其日夜大王夢, 楸南入于新羅舒玄公夫人之懷, 以告於群臣, 皆曰 楸南誓心而死, 是其果然. 故遣我至此謀之爾 公乃刑白石, 備百味祀三神, 皆現身受奠. 金氏宗財買夫人死, 葬於青淵上谷, 因名財買谷. 每年春月, 一宗士女會宴於其谷之南澗, 于時百卉敷榮, 松花滿洞府林. 谷口架築爲庵, 因名松花房, 傳爲願刹. 至五十四景明王, 追封公爲興虎大王, 陵在西山毛只寺之北, 東向走峯.

太宗春秋公

第二十九太宗大王, 名春秋, 姓金氏, 龍樹(一作龍春)角干·追封文興大王之子也. 妣眞平大王之女天明夫人, 妃文明皇后文姬, 卽庾信公之季妹也. 初文姬之姊寶姬, 夢登西岳捨溺, 瀰滿京城. 旦與妹說夢, 文姬聞之謂曰我買此夢, 姊曰與何物乎, 曰鬻錦裙可乎, 姊曰諾, 妹開襟受之, 姊曰疇昔之夢, 傳付於汝, 妹以錦裙酬之. 後旬日庾信與春秋公, 正月午忌日(見上射琴匣事, 乃崔致遠之說), 蹴鞠于庾信宅前(羅人謂蹴鞠爲弄珠之戲), 故踏春秋之裙, 裂其襟紐. 請曰入吾家縫之, 公從之. 庾信命阿海奉針, 海曰豈以細事, 輕近貴公子乎 因辭(古本云, 因病不進) 乃命阿之, 公知庾信之意, 遂幸之, 自後數數來往. 庾信知其有娠, 乃嘖之曰爾不告父母而有娠何也 乃宣言於國中, 欲焚其妹. 一日, 俟善德王遊幸南山, 積薪於庭中, 焚火烟起, 王望之問何烟, 左右奏曰殆庾信之焚妹也 王問其故, 曰爲其妹無夫有娠 王曰是誰所爲 時公昵侍在前, 顔色大變. 王曰是汝所爲也. 速往救之. 公受命馳馬, 傳宣沮之, 自後現行婚禮. 眞德王薨, 以永徽五年甲寅卽位, 御國八年, 龍朔元年辛酉崩, 壽五十九歲, 葬於哀公寺東, 有碑. 王與庾信神謀戮力, 一統三韓, 有大功於社稷, 故廟號太宗. 太子法敏·角干仁問·角干文王·角干老旦·角干智鏡·角干愷元等, 皆文姬之所出也, 當時買夢之徵, 現於此矣. 庶子曰皆知文級干·車得令公·馬得阿干幷女五人.王膳一日飯米三斗·雄雉九首. 自庚申年滅百濟後, 除晝膳, 但朝暮而已, 然計一日米六斗·酒六斗·雉十首. 城中市價, 布一疋租三十碩或五十碩, 民謂之聖代. 在東宮時, 欲征高麗, 因請兵入唐, 唐帝賞其風彩, 謂爲神聖之人, 固留侍衛, 力請乃還. 時, 百濟末王義慈乃虎王之元子也, 雄猛有膽氣, 事親以孝, 友于兄弟, 時號海東曾子, 以貞觀十五年辛丑卽位, 耽婬酒色, 政荒國危, 佐平(百濟爵名)成忠極諫不聽, 囚於獄中. 瘐困濱死, 書曰忠臣死不忘君, 願一言而死. 臣嘗觀時變, 必有兵革之事. 凡用兵, 審擇其地, 處上流而迎敵, 可以保全. 若異國兵來, 陸路不使過炭峴(一云沈峴, 百濟要害之地), 水軍不使入伎伐浦(卽長嵓, 又孫梁, 一作只火浦, 又白江), 據其險隘以禦之, 然後可也 王不省. 現慶四年己未, 百濟烏會寺(亦云烏合寺)有大赤馬, 晝夜六時, 遶寺行道.二月, 衆狐入義慈宮中, 一白狐坐佐平書案上.四月, 太子宮雌雞與小雀交婚. 五月, 泗沘(扶餘江名)岸大魚出死, 長三丈, 人食之者皆死.九月, 宮中槐樹鳴如人哭, 夜鬼哭宮南路上. 五年庚申春二月, 王都井水血色, 西海邊小魚出死, 百姓食之不盡, 泗沘水血色.四月, 蝦蟆數萬集於樹上, 王都市人無故驚走, 如有捕捉, 驚仆死者百餘, 亡失財物者無數. 六月, 王興寺僧皆見如舡楫隨大水入寺門.有大犬如野鹿, 自西至泗沘岸, 向王宮吠之, 俄不知所之. 城中群犬集於路上, 或吠或哭, 移時而散.有一鬼入宮中, 大呼曰百濟亡. 百濟亡, 卽入地, 王怪之, 使人掘地, 深三尺許, 有一龜, 其背有文, (曰)百濟圓月輪, 新羅如新月, 問之巫者, 云圓月輪者滿也, 滿則虧. 如新月者未滿也, 未滿則漸盈 王怒殺之. 或曰圓月輪盛也, 如新月者微也, 意者國家盛而新羅寢微乎 王喜. 太宗聞百濟國中多怪變, 五年庚申, 遣使仁問請兵唐, 高宗詔左虎衛大將軍荊國公蘇定方爲神丘道行軍摠管, 率左衛將軍劉伯英字仁遠·左虎衛將軍馮士貴·左驍衛將軍龐孝公等, 統十三萬兵來征(鄕記云, 軍十二萬二千七百十一人, 船一千九百隻, 而唐史不詳言之) 以新羅王春秋爲嵎夷道行軍摠管, 將其國兵, 與之合勢. 定方引兵, 自城山濟海, 至國西德勿島, 羅王遣將軍金庾信, 領精兵五萬以赴之. 義慈王聞之, 會群臣問戰守之計, 佐平義直進曰唐兵遠涉溟海, 不習水, 羅人恃大國之援, 有輕敵之心, 若見唐人失利, 必疑懼而不敢銳進. 故知先與唐人決戰可也 達率常永等曰不然. 唐兵遠來, 意欲速戰, 其鋒不可當也. 羅人屢見敗於我軍, 今望我兵勢, 不得不恐. 今日之計, 宜塞唐人之路, 以待師老, 先使偏師擊羅, 折其銳氣, 然後伺其便而合戰, 則可得全軍而保國矣 王猶預不知所從, 時佐平興首得罪, 流竄于古馬旀知之縣, 遣人問之曰事急矣, 如(之)何 首曰大槪如佐平成忠之說 人臣等不信, 曰興首在縲絏之中, 怨君而不愛國矣, 其言不可用也. 莫若使唐兵入白江(卽伎伐浦), 沿流而不得方舟.羅軍升炭峴, 由徑而不得並馬. 當此之時, 縱兵擊之, 如在籠之雞, 罹網之魚也 王曰然 又聞唐·羅兵已過白江·炭峴, 遣將軍階伯, 帥死士五千出黃山, 與羅兵戰, 四合皆勝之, 然兵寡力盡, 竟敗而階伯死之. 進軍合兵, 薄津口, 瀕江屯兵, 忽有鳥廻翔於定方營上, 使人卜之, 曰必傷元帥, 定方懼欲引兵而止. 庾信謂定方曰豈可以飛鳥之怪, 違天時也 應天順人, 伐至不仁, 何不祥之有 乃拔神劍擬其鳥, 割裂而墜於座前. 於是, 定方出左涯, 垂山而陣, 與之戰, 百濟軍大敗. 王師乘潮, 軸轤含尾, 鼓譟而進, 定方將步騎, 直趨都城一舍止, 城中悉軍拒之, 又敗死者萬餘. 唐人乘勝薄城, 王知不免, 嘆曰悔不用成忠之言, 以至於此 遂與太子隆(或作孝, 誤也), 走北鄙. 定方圍其城, 王次子泰自立爲王, 率衆固守. 太子之子文思謂王泰曰王與太子出, 而叔擅爲王, 若唐兵解去, 我等安得全 率左右縋而出, 民皆從之, 泰不能止. 定方令士起堞立唐旗幟, 泰窘迫, 乃開門請命. 於是, 王及太子隆·王子泰·大臣貞福, 與諸城皆降. 定方以王義慈及太子隆·王子泰·王子演, 及大臣將士八十八人·百姓一萬二千八百七人送京師. 其國本有五部·三十七郡·二百城·七十六萬戶, 至是析置熊津·馬韓·東明·金漣·德安等五都督府, 擢渠長爲都督刺史以理之, 命郎將劉仁願守都城, 又左衛郎將王文度爲熊津都督, 撫其餘衆. 定方以所俘見, 上責而宥之. 王病死, 贈金紫光祿大夫衛尉卿, 許舊臣赴臨, 詔葬孫皓·陳叔寶墓側, 竝爲竪碑. 七年壬戌, 命定方爲遼東道行軍大摠管, 俄改平壤道, 破高麗之衆於浿江, 奪馬邑山爲營, 遂圍平壤城, 會大雪解圍還. 拜凉州安集大使, 以定吐蕃, 乾封二年卒, 唐帝悼之, 贈左驍騎大將軍幽州都督, 謚曰莊(已上唐史文) 新羅別記云文虎王卽位五年乙丑秋八月庚子, 王親統大兵, 幸熊津城, 會假王扶餘隆作壇, 刑白馬而盟, 先祀天神及山川之靈, 然後歃血爲文而盟曰 往者, 百濟先王迷於逆順, 不(敦)隣好, 不睦親姻, 結托句麗, 交通倭國, 共爲殘暴, 侵削新羅, 破邑屠城, 畧無寧歲. 天子憫一物之失所, 憐百姓之被毒, 頻命行人, 諭其和好. 負險恃遠, 侮慢天經, 皇赫斯怒, 恭行吊伐, 旌旗所指, 一戎大定. 固可豬宮汚宅, 作誡來裔, 塞源拔本, 垂訓後昆, 懷柔伐叛, 先王之令典, 興亡繼絶, 往哲之通規. 事必師古, 傳諸曩冊. 故立前百濟王司稼正卿扶餘隆爲熊津都督, 守其祭祀, 保其桑梓, 依倚新羅, 長爲與國, 各除宿憾, 結好和親, 恭承詔命, 永爲藩服. 仍遣使人右威衛將軍魯城縣公劉仁願, 親臨勸諭, 具宣成旨. 約之以婚姻, 申之以盟誓, 刑牲歃血, 共敦終始, 分災恤患, 恩若兄弟. 祗奉綸言, 不敢墜失, 旣盟之後, 共保歲寒. 若有乖背, 二三其德, 興兵動衆, 侵犯邊陲, 神明鑒之, 百殃是降, 子孫不育, 社稷無宗, 禋祀磨滅, 罔有遺餘. 故作金書鐵契, 藏之宗廟, 子孫萬代, 無或敢犯. 神之聽之, 是享是福. 歃訖埋幣帛於壇之壬地, 藏盟文於大廟, 盟文乃帶方都督劉仁軌作(按上唐史之文, 定方以義慈王及太子隆等送京師, 今云會扶餘王隆, 則知唐帝宥隆而遣之, 立爲熊津都督也. 故盟文明言, 以此爲驗) 又古記云總章元年戊辰(若總章戊辰則李勣之事, 而下文蘇定方, 誤矣. 若定方則年號當龍朔二年壬戌, 來圍平壤之時也), 國人之所請唐兵, 屯于平壤郊而通書曰急輸軍資. 王會群臣問曰 入於敵國至唐兵屯所, 其勢危矣. 所請王師粮匱而不輸其料, 亦不宜也. 如何 庾信奏曰 臣等能輸其軍資, 請大王無慮. 於是, 庾信·仁問等率數萬人入句麗境, 輸料二萬斛乃還, 王大喜. 又欲興師會唐兵, 庾信先遣然起·兵川等二人, 問其會期. 唐帥蘇定方紙畫鸞犢二物廻之, 國人未解其意, 使問於元曉法師, 解之曰 速還其兵, 謂畫犢畫鸞二切也. 於是, 庾信廻軍欲渡浿江, 令曰後渡者斬之, 軍士爭先半渡, 句麗兵來掠, 殺其未渡者. 翌日信返追句麗兵, 捕殺數萬級 百濟古記云扶餘城北角 有大巖 下臨江水 相傳云 義慈王 與諸後宮 知其未免 相謂曰 寧自盡 不死於他人手 相率至此 投江而死 故俗云墮死岩 斯乃俚言之訛也 但宮人之墮死 義慈卒於唐 唐史有明文. 又新羅古傳云定方旣討麗·濟二國, 又謀伐新羅而留連. 於是, 庾信知其謀, 饗唐兵鴆之, 皆死坑之. 今尙州界有唐橋, 是其坑地(按唐史, 不言其所以死, 但書云卒何耶 爲復諱之耶 鄕諺之無據耶 若壬戌年高麗之役, 羅人殺定方之師, 則後總章戊辰何有請兵滅高麗之事. 以此知鄕傳無據. 但戊辰滅麗之後, 有不臣之事, 擅有其地而已, 非至殺蘇·李二公也) 王師定百濟, 旣還之後, 羅王命諸將, 追捕百濟殘賊, 屯次于漢山城, 高麗·靺鞨二國兵來圍之, 相擊未解, 自五月十一日至六月二十二日, 我兵危甚. 王聞之, 議群臣曰計將何出 猶豫未決, 庾信馳奏曰事急矣. 人力不可及, 唯神術可救 乃於星浮山設壇修神術, 忽有光耀如大瓮, 從壇上而出, 乃星飛而北去(因此名星浮山. 山名或有別說云, 山在都林之南, 秀出一峯是也. 京城有一人謀求官, 命其子作高炬, 夜登此山擧之, 其夜京師人望火, 人皆謂怪星現於其地. 王聞之憂懼, 募人禳之, 其父將應之, 日官奏曰此非大怪也. 但一家子死·父泣之兆耳 遂不行禳法. 是夜, 其子下山, 虎傷而死) 漢山城中士卒, 怨救兵不至, 相視哭泣而已. 賊欲攻急, 忽有光耀, 從南天際來, 成霹靂·擊碎砲石三十餘所, 賊軍弓箭矛戟籌碎皆仆地, 良久乃蘇, 奔潰而歸, 我軍乃還. 太宗初卽位, 有獻猪一頭二身八足者, 議者曰是必幷呑六合瑞也 是王代始服中國衣冠牙笏, 乃法師慈藏請唐帝而來傳也. 神文王時, 唐高宗遣使新羅曰朕之聖考得賢臣魏徵·李淳風等, 協心同德, 一統天下, 故爲太宗皇帝. 汝新羅海外小國, 有太宗之號, 以僭天子之名, 義在不忠, 速改其號 新羅王上表曰新羅雖小國, 得聖臣金庾信, 一統三國, 故封爲太宗 帝見表乃思儲貳時, 有天唱空云三十三天之一人, 降於新羅爲庾信, 紀在於書, 出撿視之, 驚懼不已, 更遣使許無改太宗之號.

長春郎 罷郎(一作羆)

初與百濟兵戰於黃山之役, 長春郎·罷郎死於陣中. 後討百濟時, 見夢於太宗曰臣等昔者爲國亡身, 至於白骨, 庶欲完護邦國, 故隨從軍行無怠而已. 然迫於唐帥定方之威, 逐於人後爾. 願王加我以小勢 大王驚怪之, 爲二魂, 說經一日於牟山亭, 又爲創壯義寺於漢山州, 以資冥援.

三國遺事 卷第一(終)

三國遺事 卷第二

文虎王 法敏

王初卽位, 龍朔辛酉, 泗沘南海中有死女尸, 身長七十三尺, 足長六尺, 陰長三尺. 或云身長十八尺, 在封乾二年丁卯. 總章戊辰, 王統兵, 與仁問·欽純等至平壤, 會唐兵滅麗, 唐帥李勣獲高臧王還國(王之姓高, 故云高臧. 按唐書·高記現慶五年庚申, 蘇定方等征百濟. 後十二月大將軍契如何爲浿道行軍大摠管, 蘇定方爲遼東道大摠管, 劉伯英爲平壤道大摠管, 以伐高麗. 又明年辛酉正月, 蕭嗣業爲扶餘道摠管, 任雅相爲浿江道摠管, 率三十五萬軍以伐高麗. 八月甲戌, 蘇定方等及高麗, 戰于浿江敗亡.乾封元年丙寅六月, 以龐同善·高侃·薛仁貴·李謹行等爲後援.九月, 龐同善及高麗戰敗之. 十二月己酉, 以李勣爲遼東道行臺大摠管, 率六摠管兵以伐高麗. 總章元年戊辰九月癸巳, 李勣獲高臧王, 十二月丁巳獻俘于帝. 上元元年甲戌二月, 劉仁軌爲雞林道摠管, 以伐新羅. 而鄕古記云, 唐遣陸路將軍孔恭·水路將軍有相, 與新羅金庾信等滅之, 而此云仁問·欽純等, 無庾信, 未詳) 時, 唐之游兵·諸將兵, 有留鎭而將謀襲我者, 王覺之, 發兵之 明年, 高宗使召仁問等讓之曰爾請我兵以滅麗, 害之何耶 乃下圓扉, 鍊兵五十萬, 以薛邦爲帥, 欲伐新羅. 時, 義相師西學入唐, 來見仁問, 仁問以事諭之, 相乃東還上聞, 王甚憚之, 會群臣問防禦策. 角干金天尊曰近有明朗法師入龍宮, 傳秘法以來, 請詔問之 朗奏曰狼山之南有神遊林, 創四天王寺於其地, 開設道場則可矣 時有貞州使走報曰唐兵無數至我境, 廻槧海上 王召明朗曰事已逼至如何 朗曰以彩帛假搆矣 王以彩帛營寺, 草搆五方神像, 以瑜珈明僧十二員, 明朗爲上首, 作文豆婁秘密之法. 時, 唐·羅兵未交接, 風濤怒起, 唐舡皆沒於水. 後改刱寺, 名四天王寺, 至今不墜壇席(國史大改刱在調露元年己卯) 後年辛未, 唐更遣趙憲爲帥, 亦以五萬兵來征, 又作其法, 舡沒如前. 是時, 翰林郎朴文俊, 隨仁問在獄中, 高宗召文俊曰汝國有何密法, 再發大兵, 無生還者 文俊奏曰陪臣等來於上國一十餘年, 不知本國之事. 但遙聞一事爾, 厚荷上國之恩, 一統三國, 欲報之德, 新刱天王寺於狼山之南, 祝皇壽萬年, 長開法席而已 高宗聞之大悅, 乃遣禮部侍郎樂鵬龜使於羅, 審其寺. 王先聞唐使將至, 不宜見玆寺, 乃別刱新寺於其南待之. 使至曰必先行香於皇帝祝壽之所天王寺 乃引見新寺, 其使立於門前曰不是四天王寺 乃望德遙山之寺, 終不入. 國人以金一千兩贈之, 其使乃還奏曰新羅刱天王寺，祝皇壽於新寺而已 因唐使之言，因名望德寺(或系孝昭王代，誤矣) 王聞文俊善奏，帝有寬赦之意，乃命强首先生作請放仁問表，以舍人遠禹奏於唐．帝見表流涕，赦仁問慰送之．仁問在獄時，國人爲刱寺名仁容寺，開設觀音道場．及仁問來還，死於海上，改爲彌陁道場，至今猶存．大王御國二十一年，以永隆陰二年辛巳崩，遺詔葬於東海中大巖上．王平時常謂智義法師曰朕身後願爲護國大龍，崇奉佛法，守護邦家 法師曰龍爲畜報何 王曰我厭世間榮華久矣．若麤報爲畜，則雅合朕懷矣 王初卽位，置南山長倉，長五十步，廣十五步，貯米穀兵器，是爲右倉，天恩寺西北山上，是爲左倉．別本云，建福八年辛亥築南山城，周二千八百五十步，則乃眞德王代始築，而至此乃重修爾．又始築富山城，三年乃畢．安北河邊築鐵城．又欲築京師城郭，旣令眞吏，時義相法師聞之，致書報云王之政教明，則雖草丘畫地而爲城，民不敢踰，可以潔災進福.政教苟不明，則雖有長城，災害未消 王於是囗罷其役．麟德三年丙寅三月十日，有人家婢名吉伊，一乳生三子．總章三年庚午正月七，漢歧部一山級干[一作成山阿干婢]，一乳生四子，一女三子，國給穀二百石以賞之．又伐高麗，以其國王孫還國，置之眞骨位．王一日召庶弟車得公曰汝爲冢宰，均理百官，平章四海 公曰陛下若以小臣爲宰，則臣願潛行國內，示民間徭役之勞逸·租賦之輕重·官吏之淸濁，然後就職 王聽之．公著緇衣·把琵琶爲居士形，出京師，經由阿瑟羅州(今溟州)·牛首州(今春州)·北原京(今忠州)，至於武珍州(今海陽)，巡行里閈，州吏安吉見是異人，邀致其家，盡情供億．至夜安吉喚妻妾三人曰今玆侍宿客居士者，終身偕老 二妻曰寧不並居，何以於人同宿 其一妻曰公若許終身並居，則承命矣 從之．詰旦居士欲辭行時曰僕京師人也．吾家在皇龍·皇聖二寺之間，吾名端午也(俗謂端午爲車衣) 主人若到京師，尋訪吾家幸矣 遂行到京師，居冢宰．國之制，每以外州之吏一人上守京中諸曹，注，今之其人也．安吉當次上守至京師，問兩寺之間端午居士之家，人莫知者．安吉久立道左，有一老翁經過，聞其言，良久佇思曰二寺間一家，殆大內也.端午者，乃車得令公也．潛行外郡時，殆汝有緣契乎 安吉陳其實，老人曰汝去宮城之西歸正門，待宮女出入者告之 安吉從之，告武珍州安吉進於門矣，公聞而走出，携手入宮，喚出公之妃，與安吉共宴，具饌至五十味．聞於上，以星浮山(一作星損乎山)下爲武珍州上守燒木田，禁人樵採，人不敢近，內外欽羡之．山下有田三十畝，下種三石，此田稔歲，武珍州亦稔，否則亦否云．

萬波息笛

第三十一神文大王，諱政明，金氏，開耀元年辛巳七月七日卽位，爲聖考文武大王創感恩寺於東海邊(寺中記云，文武王欲鎭倭兵，故始創此寺，未畢而崩，爲海龍．其子神文立，開耀二年畢排．金堂砌下東向開一穴，乃龍之入寺旋繞之備．蓋遺詔之藏骨處，名大王岩，寺名感恩寺，後見龍現形處，名利見臺) 明年壬午五月朔(一本云，天授元年，誤矣)，海官波珍喰朴夙淸奏曰東海中有小山，浮來向感恩寺隨波往來 王異之，命日官金春質(一作春日)占之，曰聖考今爲海龍，鎭護三韓．抑又金公庾信乃三十三天之一子，今降爲大臣，二聖同德，欲出守城之寶．若陛下行幸海邊，必得無價大寶 王喜，以其月七日，駕幸利見臺，望其山，遣使審之，山勢如龜頭，上有一竿竹，晝爲二，夜合一(一云，山亦晝夜開合如竹) 使來奏之，王御感恩寺宿，明日午時，竹合爲一，天地震動，風雨晦暗七日，至其月十六日風霽波平．王泛海入其山，有龍奉黑玉帶來獻，迎接共坐，問曰此山與竹，或判或合，如何 龍曰比如一手拍之無聲，二手拍則有聲．此竹之爲物，合之然後有聲，聖王以聲理天下之瑞也．王取此竹，作笛吹之，天下和平．今王考爲海中大龍，庾信復爲天神，二聖同心，出此無價大寶，令我獻之 王驚喜，以五色錦彩金玉酬賽之．勅使斫竹出海時，山與龍忽隱不現．王宿感恩寺，十七日，到祇林寺西溪邊，留駕晝饍．太子理恭(卽孝昭大王)守闕，聞此事，走馬來賀，徐察奏曰此玉帶諸窠皆眞龍也 王曰汝何知之 太子曰摘一窠沈水示之 乃摘左邊第二窠沈溪，卽成龍上天, 其地成淵, 因號龍淵. 駕還, 以其竹作笛, 藏於月城天尊庫. 吹此笛則兵退病愈, 旱雨雨晴, 風定波平, 號萬波息笛, 稱爲國寶. 至孝昭大王代, 天授四年癸巳, 因失禮郎生還之異, 更封號曰萬萬波波息笛, 詳見彼傳.

孝昭王代 竹旨郎(亦作竹曼, 亦名智官)

第三十二孝昭王代, 竹曼郎之徒有得烏失(一云谷)級干, 隷名於風流黃卷, 追日仕進, 隔旬日不見. 郎喚其母, 問爾子何在, 母曰幢典牟梁益宣阿干, 以我子差富山城倉直, 馳去行急, 未暇告辭於郎 郎曰汝子若私事適彼, 則不須尋訪, 今以公事進去, 須歸享矣 乃以舌餅一合·酒一缸, 卒左人(鄕云皆叱知, 言奴僕也)而行, 郎徒百三十七人, 亦具儀侍從. 到富山城, 問閽人, 得烏失奚在, 人曰今在益宣田, 隨例赴役 郎歸田, 以所將酒餠饗之, 請暇於益宣, 將欲偕還, 益宣固禁不許. 時有使吏侃珍管收推火郡, 能節租三十石, 輸送城中, 美郎之重士風味, 鄙宣暗塞不通, 乃以所領三十石, 贈益宣助請, 猶不許. 又以能節舍知騎馬鞍具貽之, 乃許. 朝廷花主聞之, 遣使取益宣, 將洗浴其垢醜, 宣逃隱, 掠其長子而去. 時, 仲冬極寒之日, 浴洗於城內池中, 仍合凍死. 大王聞之, 勅牟梁里人從官者, 並合黜遣, 更不接公署. 不著黑衣, 若爲僧者, 不合入鐘鼓寺中. 勅史上亻品珍子孫爲枰定戶孫(長), 標異之. 時, 圓測法師是海東高德, 以牟梁里人故不授僧職. 初, 述宗公爲朔州都督使, 將歸理所, 時三韓兵亂, 以騎兵三千護送之. 行至竹旨嶺, 有一居士, 平理其嶺路. 公見之歎美, 居士亦善公之威勢赫甚, 相感於心. 公赴州理, 隔一朔, 夢見居士入于房中, 室家同夢, 驚怪尤甚. 翌日使人問其居士安否, 人曰居士死有日矣. 使來還告其死, 與夢同日矣. 公曰殆居士誕於吾家爾 更發卒修葬於嶺上北峯, 造石彌勒一軀, 安於塚前. 妻氏自夢之日有娠, 旣誕, 因名竹旨. 壯而出仕, 與庾信公爲副帥, 統三韓, 眞德·太宗·文武·神文四代爲冢宰, 安定厥邦. 初. 得烏谷慕郎而作歌曰 去隱春皆理米, 毛冬居叱沙哭屋尸以憂音, 阿冬音乃叱好支賜烏隱, 皃史年數就音墮支行齊, 目煙廻於尸七史伊衣, 逢烏支惡知乎下是, 郎也慕理尸心未, 行乎尸道尸, 蓬次叱巷中宿尸夜音有叱下是.

聖德王

第二十二聖德王, 神龍二年丙午歲禾不登, 人民飢甚. 丁未正月初一日至七月三十日, 救民給租, 一口一日三升爲式, 終事而計, 三十萬五百碩也. 王爲太宗大王刱奉德寺, 設仁王道場七日, 大赦. 始有侍中職. (一本系孝成王)

水路夫人

聖德王代, 純貞公赴江陵太守(今溟州), 行次海汀晝饍. 傍有石嶂, 如屛臨海, 高千丈, 上有躑躅花盛開. 公之夫人水路見之, 謂左右曰折花獻者其誰 從者曰非人跡所到 皆辭不能. 傍有老翁牽牸牛而過者, 聞夫人言, 折其花, 亦作歌詞獻之, 其翁不知何許人也. 便行二日程, 又有臨海亭, 晝膳次, 海龍忽攬夫人入海, 公顚倒躄地, 計無所出. 又有一老人告曰故人有言, 衆口鑠金, 今海中傍生, 何不畏衆口乎 宜進界內民, 作歌唱之, 以杖打岸, 則可見夫人矣 公從之, 龍奉夫人出海獻之. 公問夫人海中事, 曰七寶宮殿, 所饍甘滑香潔, 非人間煙火 此夫人衣襲異香, 非世所聞. 水路姿容絶代, 每經過深山大澤, 屢被神物掠攬. 衆人唱海歌詞曰龜乎龜乎出水路, 掠人婦女罪何極. 汝若

愣逆不出獻, 入網捕掠㸬之喫 老人獻花歌曰紫布岩乎邊希執音乎手母牛放敎遣, 吾肸不喻慚肸伊賜等, 花肸折叱可獻乎理音如

孝成王

開元十年壬戌十月, 始築關門城於毛火郡. 今毛火村, 屬慶州東南境, 乃防日本塞垣也, 周廻六千七百九十二步五尺, 役徒三萬九千二百六十二人, 掌員元眞角干. 開元二十一年癸酉, 唐人欲征北狄, 請兵新羅, 客使六百四人來還國.

景德王 忠談師 表訓大德

道德經等, 大王備禮受之. 王御國二十四年, 五岳·三山神等, 時或現侍於殿庭. 三月三日, 王御歸正門樓上, 謂左右曰誰能途中得一員榮服僧來 於是, 適有一大德, 威儀鮮潔, 徜徉而行, 左右望而引見之. 王曰非吾所謂榮僧也 退之. 更有一僧, 被衲衣負櫻筒(一作荷簣), 從南而來, 王喜見之, 邀致樓上. 視其筒中, 盛茶具已. 曰汝爲誰耶 僧曰忠談 曰何所歸來 僧曰僧每重三重九之日, 烹茶饗南山三花嶺彌勒世尊, 今茲旣獻而還矣 王曰寡人亦一甌茶有分乎 僧乃煎茶獻之, 茶之氣味異常, 甌中異香郁烈. 王曰朕嘗聞師讚耆婆郞詞腦歌, 其意甚高, 是其果乎 對曰然 王曰然則, 爲朕作理安民歌, 僧應時奉勅歌呈之. 王佳之, 封王師焉, 僧再拜固辭不受.安民歌曰君隱父也, 臣隱愛賜尸母史也, 民焉狂尸恨阿孩古爲賜尸知民是愛尸知古如, 窟理叱大肹生以支所音物生此肹喰惡支治良羅, 此地肹捨遣只於冬是去於丁, 爲尸知國惡支持以, 支知古如, 後句, 君如臣多支民隱如, 爲內尸等焉國惡太平恨音叱如. 讚耆婆郞歌曰咽嗚爾處米, 露曉邪隱月羅理, 白雲音逐于浮去隱安支下, 沙是八陵隱汀理也中, 耆郞矣皃史是史藪邪, 逸烏川理叱磧惡希, 郞也持以支如賜烏隱, 心未際叱肹逐內良齊, 阿耶, 栢史叱枝次高支好, 雪是毛冬乃乎尸花判也.

王玉莖長八寸(前妃) 無子廢之, 封沙梁夫人. 後妃滿月夫人, 諡景垂太后, 依忠角干之女也. 王一日詔表訓大德曰朕無祐, 不獲其嗣, 願大德請於上帝而有之 訓上告於天帝, 還來奏云帝有言, 求女卽可, 男卽不宜 王曰願轉女成男 訓再上天請之, 帝曰可則可矣. 然, 有男則國殆矣 訓欲下時, 帝又召曰天與人不可亂, 今師往來如隣里, 漏洩天機, 今後宜更不通 訓來以天語諭之, 王曰國雖殆, 得男而爲嗣足矣 於是, 滿月王后生太子, 王喜甚. 至八歲王崩, 太子卽位, 是爲惠恭大王. 幼冲故太后臨朝, 政條不理, 盜賊蜂起, 不遑備禦, 訓師之說驗矣. 小帝旣女爲男故, 自期晬至於登位, 常爲婦女之戱, 好佩錦囊, 與道流爲戱, 故國有大亂, 修爲宣德與金良相所弑. 自表訓後, 聖人不生於新羅云.

惠恭王

大曆之初, 康州官署大堂之東, 地漸陷成池(一本大寺東小池), 從十三尺, 橫七尺, 忽有鯉魚五六, 相繼而漸大, 淵亦隨大. 至二年丁未, 又天狗墜於東樓南, 頭如瓮, 尾三尺許, 色如烈火, 天地亦振. 又是年, 今浦縣稻田五頃中, 皆米顆成穗. 是年七月, 北宮庭中, 有二星墜地, 又一星墜, 三星皆沒入地. 先時, 宮北厠圊中, 二莖蓮生, 又奉聖寺田中生蓮. 虎入禁城中, 追覓失之. 角干大恭家梨木上雀集無數, 據安國兵法下卷云, 天下兵大亂, 於是大赦修省. 七月三日, 大恭角干賊起, 王都及五道州郡幷九十六角干相戰大亂, 大恭角干家亡, 輸其家資寶帛于王宮. 新城長倉火燒, 逆黨

之寶穀在沙梁·牟梁等里中者, 亦輸入王宮. 亂彌三朔乃息, 被賞者頗多, 誅死者無算也. 表訓之言國殆是也.

元聖大王

伊飡金周元, 初爲上宰, 王爲角干, 居二宰. 夢脫幞頭·著素笠·把十二絃琴, 入於天官寺井中. 覺而使人占之, 曰脫幞頭者, 失職之兆.把琴者, 著枷之兆.入井, 入獄之兆 王聞之甚患, 杜門不出. 于時, 阿飡餘三[或本餘山]來通謁, 王辭以疾不出. 再通曰願得一見 王諾之. 阿飡曰公所忌何事 王具說占夢之由, 阿飡與拜曰此乃吉祥之夢. 公若登大位而不遺我, 則爲公解之 王乃辟禁左右而請解之, 曰脫幞頭者, 人無居上也.著素笠者, 冕旒之兆也.把十二絃琴者, 十二孫傳世之兆也.入天官井, 入宮禁之瑞也 王曰上有周元, 何居上位 阿飡曰請密祀北川神可矣 從之. 未幾, 宣德王崩, 國人欲奉周元爲王, 將迎入宮, 家在川北, 忽川漲不得渡, 王先入宮卽位, 上宰之徒衆, 皆來附之, 拜賀新登之主. 是爲元聖大王諱敬信, 金武, 盖厚夢之應也. 周元退居溟州. 王旣登極, 時餘山已卒矣, 召其子孫賜爵. 王之孫有五人, 惠忠太子·憲平太子·禮英匝干·大龍夫人·小龍夫人等也. 大王誠知窮達之變, 故有身空詞腦歌(歌亡未詳) 王之考大角干孝讓, 傳祖宗萬波息笛, 乃傳於王, 王得之, 故厚荷天恩, 其德遠輝. 貞元二年丙寅十月十一日, 日本王文慶(按日本帝紀, 第五十五主文德王, 疑是也, 餘無文慶. 或本云, 是王太子), 擧兵欲伐新羅, 聞新羅有萬波息笛退兵, 以金五十兩, 遣使請其笛. 王謂使曰朕聞上世眞平王代有之耳, 今不知所在 明年七月七日, 更遣使, 以金一千兩請之曰寡人願得見神物而還之矣 王亦辭以前對, 以銀三千兩賜其使, 還金而不受. 八月, 使還, 藏其笛於內黃殿. 王卽位十一年乙亥, 唐使來京, 留一朔而還, 後一日, 有二女進內庭, 奏曰妾等乃東池·青池(青池卽東泉寺之泉也. 寺記云, 泉乃東海龍往來聽法之地. 寺乃眞平王所造, 五百聖衆·五層塔, 幷納田民焉)二龍之妻也. 唐使將河西國二人而來, 呪我夫二龍及芬皇寺井等三龍, 變爲小魚, 筒貯而歸. 願陛下勅二人, 留我夫等護國龍也 王追至河陽館, 親賜享宴, 勅河西人曰爾輩何得取我三龍至此 若不以實告, 必加極刑 於是, 出三魚獻之, 使放於三處, 各湧水丈餘, 喜躍而逝. 唐人服王之明聖. 王一日請皇龍寺[注 或本云, 華嚴寺又金剛寺□, 蓋以寺名經名, □混之也.]釋智海入內, 稱華嚴經五旬. 沙彌妙正, 每洗鉢於金光井(因大賢法師得名)邊, 有一黿浮沈井中. 沙彌每以殘食, 餽而爲戲, 席將罷, 沙彌謂黿曰吾德汝日久, 何以報之 隔數日, 黿吐一小珠, 如欲贈遺. 沙彌得其珠, 繫於帶端, 自後大王見沙彌愛重, 邀致內殿, 不離左右. 時有一匝干, 奉使於唐, 亦愛沙彌, 請與俱行, 王許之. 同入於唐, 唐帝亦見沙彌而寵愛, 承相左右莫不尊信. 有一相士奏曰審此沙彌, 無一吉相, 得人信敬, 必有所將異物 使人檢看, 得帶端小珠, 帝曰朕有如意珠四枚, 前年失一个, 今見此珠, 乃吾所失也 帝問沙彌, 沙彌具陳其事, 帝內失珠之日, 與沙彌得珠同日. 帝留其珠而遣之, 後人無愛信此沙彌者. 王之陵在吐含岳西洞鵠寺(今崇福寺), 有崔致遠撰碑. 又刱報恩寺又望德樓. 追封祖訓入匝干爲興平大王, 曾祖義官匝干爲神英大王, 高祖法宣大阿干爲玄聖大王, 玄聖大王, 玄聖之考卽摩叱次匝干.

早雪

第四十 哀莊王, 末年戊子, 八月十五日有雪.

第四十一 憲德王, 元和十三年戊戌, 三月十四日大雪(一本作丙寅, 誤矣. 元和盡十五, 無丙寅)

第四十六 文聖王, 己未五月十九日大雪, 八月一日天地晦暗.

興德王 鸚鵡

第四十二興德大王, 寶曆二年丙午卽位. 未幾, 有人奉使於唐, 將鸚鵡一雙而至, 不久雌死, 而孤雄哀鳴不已. 王使人掛鏡於前, 鳥見鏡中影, 擬其得偶, 乃啄其鏡而知其影, 乃哀鳴而死. 王作歌云, 未詳.

神武大王 閻長 弓巴

第四十五神武大王潛邸時, 謂俠士弓巴曰我有不同天之讎, 汝能爲我除之, 獲居大位, 則娶爾女爲妃 弓巴許之, 協心同力, 擧兵犯京師, 能成其事. 旣簒位, 欲以巴之女爲妃, 群臣極諫曰巴側微, 上以其女爲妃則不可 王從之. 時, 巴在淸海鎭爲軍戍, 怨王之違言, 欲謀亂. 時, 將軍閻長聞之, 奏曰巴將爲不忠, 小臣請除之 王喜許之. 閻長承旨歸淸海鎭, 見謁者通曰僕有小怨於國君, 欲投明公, 以全身命 巴聞之大怒曰爾輩諫於王而廢我女, 胡顧見我乎 長復通曰是百官之所諫, 我不預謀, 明公無嫌也 巴聞之, 引入廳事, 謂曰卿以何事來此 長曰有忤於王, 欲投幕下而免害爾 巴曰幸矣 置酒歡甚, 長取巴之長劍斬之, 麾下軍士, 驚懾皆伏地. 長引至京師, 復命曰已斬弓巴矣 上喜賞之, 賜爵阿干.

第四十八 景文大王

王諱膺廉, 年十八爲國仙. 至於弱冠, 憲安大王召郞, 宴於殿中, 問曰郞爲國仙, 優遊四方, 見何異事 郞曰臣見有美行者三 王曰請聞其說 郞曰有人爲人上者, 而撝謙坐於人下, 其一也.有人豪富而衣儉易, 其二也.有人本貴勢而不用其威者, 三也 王聞其言而知其賢, 不覺墮淚而謂曰朕有二女, 請以奉巾櫛 郞避席而拜之, 稽首而退, 告於父母, 父母驚喜, 會其子弟議曰王之上公主貌甚寒寢, 第二公主甚美, 娶之幸矣 郞之徒上首範敎師者聞之, 至於家問郞曰大王欲以公主妻公, 信乎 郞曰然 曰奚娶 郞曰二親命我宜弟 師曰郞若娶弟, 則予必死於郞之面前.娶其兄, 則必有三美. 誡之哉 郞曰聞命矣 旣而王擇辰而使於郞曰二女惟公所命 使歸以郞意奏曰奉長公主爾 旣而過三朔, 王疾革, 召群臣曰朕無男孫, 窀穸之事, 宜長女之夫膺廉繼之 翌日王崩, 郞奉遺詔卽位. 於是, 範敎師詣於王曰吾所陳三美者, 今皆著矣. 娶長故, 今登位一也.昔之欽艶弟主, 今易可取二也.娶兄故, 王與夫人喜甚三也 王德其言, 爵爲大德, 賜金一百三十兩. 王崩, 諡曰景文. 王之寢殿, 每日暮無數衆蛇俱集, 宮人驚怖, 將驅遣之, 王曰寡人若無蛇不得安寢, 宜無禁 每寢吐舌滿胸鋪之. 乃登位, 王耳忽長如驢耳. 王后及宮人皆未知, 唯幞頭匠一人知之. 然, 生平不向人說, 其人將死, 入道林寺竹林中無人處, 向竹唱云吾君耳, 如驢耳. 其後風吹, 則但聲云吾君耳長(道林寺舊在入都林邊) 國仙邀元郞·譽昕郞·桂元·叔宗郞等遊覽金蘭, 暗有爲君主理邦國之意, 乃作歌三首, 使心弼舍知授針卷, 送大矩和尙處, 令作三歌. 初名玄琴抱曲, 第二大道曲, 第三問群曲, 入奏於王, 王大喜稱賞. 歌未詳.

處容郞 望海寺

第四十九憲康大王之代, 自京師至於海內, 比屋連墻無一草屋, 笙歌不絶道路, 風雨調於四時. 於是, 大王遊開雲浦(在鶴城西南今蔚州), 王將還駕, 晝歇於汀邊, 忽雲霧冥曀, 迷失道路. 怪問左右, 日官奏云此東海龍所變也, 宜行勝事以解之 於是, 勅有司, 爲龍刱佛寺近境, 施令已出, 雲開霧散. 因名開雲浦. 東海龍喜, 乃率七子現於駕前, 讚德獻舞奏樂. 其一子隨駕入京, 輔佐王政, 名曰處容. 王以美女妻之, 欲留其意, 又賜級干職. 其妻甚美, 疫神欽慕之, 變爲人, 夜至其家, 竊與之宿. 處容自外至其家, 見寢有二人, 乃唱歌作舞而退. 歌曰東京明期月良, 夜入伊遊行如可. 入良沙寢矣見昆, 脚烏伊四是良羅. 二肹隱吾下於叱古, 二肹隱誰支下焉古. 本矣吾下是如馬於隱, 奪叱良乙何如爲理古 時, 神現形, 跪於前曰吾羡公之妻, 今犯之矣. 公不見怒, 感而美之, 誓今已後, 見畫公之形容, 不入其門矣 因此, 國人門帖處容之形, 以僻邪進慶. 王既還, 乃卜靈鷲山東麓勝地置寺, 曰望海寺, 亦名新房寺, 乃爲龍而置也. 又幸鮑石亭, 南山神現舞於御前, 左右不見, 王獨見之. 有人現舞於前, 王自作舞, 以像示之. 神之名或曰祥審, 故至今國人傳此舞, 曰御舞祥審, 或曰御舞山神. 或云, 既神出舞 審象其貌, 命工摹刻, 以示後代, 故云象審. 或云霜髯舞, 此乃以其形稱之. 又幸於金剛嶺時, 北岳神呈舞, 名玉刀鈐. 又同禮殿宴時, 地神出舞, 名地伯級干.語法集云于時, 山神獻舞, 唱歌云, 智理多都波都波等者, 盖言以智理國者, 知而多逃, 都邑將破云謂也 乃地神·山神知國將亡, 故作舞以警之, 國人不悟, 謂爲現瑞, 耽樂滋甚, 故國終亡.

眞聖女大王 居陁知

第五十一眞聖女王, 臨朝有年, 乳母鳧好夫人, 與其夫魏弘匝干等三四寵臣, 擅權撓政, 盜賊蜂起. 國人患之, 乃作陁羅尼隱語, 書投路上. 王與權臣等得之, 謂曰此非王居仁, 誰作此文 乃囚居仁於獄. 居仁作詩訴于天, 天乃震其獄囚以免之. 詩曰燕丹泣血虹穿日, 鄒衍含悲夏落霜. 今我失途還似舊, 皇天何事不垂祥 陁羅尼曰南無亡國, 刹尼那帝, 判尼判尼, 蘇判尼, 于于三阿干, 鳧伊娑婆訶 說者云刹尼那帝者, 言女主也.判尼判尼蘇判尼者, 言二蘇判也, 蘇判爵名.于于三阿干也, 鳧伊者, 言鳧好也 此王代阿飡良貝, 王之季子也, 奉使於唐, 聞百濟海賊梗於津島, 選弓士五十人隨之. 舡次鵠島(鄕云骨大島), 風濤大作, 信宿浹旬. 公患之, 使人卜之, 曰島有神池, 祭之可矣 於是, 具奠於池上, 池水湧高丈餘. 夜夢有老人, 謂公曰善射一人, 留此島中, 可得便風 公覺而以事諮於左右曰留誰可矣 衆人曰宜以木簡五十片, 書我輩名, 沈水而鬮之 公從之. 軍士有居陁知者, 名沈水中, 乃留其人, 便風忽起, 舡進無滯. 居陁愁立島嶼, 忽有老人, 從池而出, 謂曰我是西海若, 每一沙彌, 日出之時, 從天而降, 誦陁羅尼, 三繞此池, 我之夫婦·子孫皆浮水上, 沙彌取吾子孫肝腸, 食之盡矣, 唯存吾夫婦與一女爾. 來朝又必來, 請君射之 居陁曰弓矢之事, 吾所長也, 聞命矣 老人謝之而沒. 居陁隱伏而待, 明日扶桑既暾, 沙彌果來, 誦呪如前, 欲取老龍肝. 時居陁射之中, 沙彌卽變老狐, 墜地而斃, 於是, 老人出而謝曰受公之賜, 全我性命, 請以女子妻之 居陁曰見賜不遺, 固所願也 老人以其女, 變作一枝花, 納之懷中, 仍命二龍, 捧居陁知及使舡, 仍護其舡, 入於唐境. 唐人見新羅舡有二龍負之, 具事上聞, 帝曰新羅之使, 必非常人 賜宴坐於群臣之上, 厚以金帛遺之. 既還國, 居陁出花枝, 變女同居焉.

孝恭王

第五十二孝恭王, 光化十五年壬申(實朱梁乾化二年也), 奉聖寺外門東西二十一間鵲巢, 又神德王卽位四年乙亥(古本云天祐十二年, 當作貞明元年), 靈廟寺內行廊鵲巢三十四·烏巢四十. 又三月, 再降霜.六月, 斬浦水與海水波相鬪三日.

景明王

第五十四景明王代, 貞明五年戊寅, 四天王寺壁畫狗鳴, 說經三日禳之, 犬半日又鳴. 七年庚辰二月, 皇龍寺塔影, 倒立於今毛舍知家庭中一朔. 又十月, 四天王寺五方神, 弓弦皆絶, 壁畫狗出走庭中, 還入壁中.

景哀王

第五十五景哀王卽位, 同光二年甲辰二月十九日, 皇龍寺說百座說經, 兼飯禪僧三百, 大王親行香致供, 此百座通說禪教之始.

金傅大王

第五十六金傅大王, 諡敬順. 天成二年丁亥九月, 百濟甄萱侵羅至高鬱府, 景哀王請救於我太祖, 命將以勁兵一萬往救之. 救兵未至, 萱以冬十一月掩入王京, 王與妃嬪宗戚, 遊鮑石亭宴娛, 不覺兵至, 倉卒不知所爲, 王與妃奔入後宮, 宗戚及公卿大夫士女, 四散奔走, 爲賊所虜, 無貴賤匍匐乞爲奴婢. 萱縱兵摽掠公私財物, 入處王宮, 乃命左右索王. 王與妃妾數人匿在後宮, 拘致軍中, 逼令王自盡, 而强淫王妃, 縱其下亂其嬪妾. 乃立王之族弟傅爲王. 王爲萱所擧卽位, 前王尸殯於西堂, 與群下慟哭. 我太祖遣使吊祭. 明年戊子春三月, 太祖率五十餘騎, 巡到京畿, 王與百官郊迎, 入(宮)相對, 曲盡情禮. 置宴臨海殿, 酒酣王言曰吾以不天, 浸致禍亂, 甄萱恣行不義, 喪我國家, 何(痛)如之 因泫然涕泣, 左右莫不嗚咽, 太祖亦流涕. 因留數旬, 乃廻駕, 麾下肅靜, 不犯秋毫, 都人士女相慶曰昔甄氏之來也, 如逢豺虎, 今王公之至, 如見父母 八月, 太祖遣使遺王錦衫鞍馬, 幷賜群僚將士有差. 淸泰二年乙未十月, 以四方(土)地盡爲他有, 國弱勢孤, 不(能)自安, 乃與群下謀, 擧土降太祖, 群臣可否, 紛然不已. 王太子曰國之存亡, 必有天命, 當與忠臣義士收合(民)心, 力盡而後已, 豈可以一千年之社稷, 輕以與人 王曰孤危若此, 勢不能全, 旣不能强, 又不能弱. 至使無辜之民, 肝腦塗地, 吾所不忍也 乃使侍郎金封休齎書, 請降於太祖. 太子哭泣辭王, 往皆骨山, (倚)(巖)(爲)(屋), 麻衣草食, 以終其身. 季子祝髮, 隷華嚴, 爲浮圖, 名梵空, 後住法水海印寺云. 太祖受書, 送太相王鐵迎之. 王率百僚歸(于)我太祖, 香車寶馬, 連亙三十餘里, 道路塡咽, 觀者如堵. 太祖出郊迎勞, 賜宮東一區(今正承院), 以長女樂浪公主妻之, 以王謝自國居他國, 故以鸞喩之, 改號神鸞公主, 諡孝穆. 封爲正承, 位在太子之上. 給祿一千石, 侍從員將皆錄用之, 改新羅爲慶州, 以爲公之食邑. 初王納土來降, 太祖喜甚, 待之(以)厚禮, 使告曰今王以國與寡人, 其爲賜大矣. 願結婚於宗室, 以永甥舅之好 王答曰我伯父億廉(王之考孝宗角干·追封神興大王之弟也)有女子, 德容雙美, 非是無以備內政 太祖娶之, 是爲神成王后金氏(本朝登仕郎金寬毅所撰王代宗錄云, 神成王后李氏, 本慶州大尉李正言爲俠州守時, 太祖幸此州, 納爲妃, 故或云俠州君. 願堂玄化寺三月二十五日立忌, 葬貞陵. 生一子, 安宗也. 此外二十五妃主中不載金氏之事, 未詳. 然而史臣之論, 亦以安宗爲新羅外孫, 當以史傳爲是) 太祖之孫景宗伷, 聘政承公之女爲妃, 是爲憲承皇后, 仍封政承爲尙父. 太平興國三年戊寅崩, 諡曰敬順. 冊尙父誥曰勅, 姬周啓聖之初, 先封呂望, 劉漢興王之始, 首冊蕭何, 自(此)大定寰區, 廣開基業, 立龍圖三十代, 躡麟趾四百年. 日月重明, 乾坤交泰, 雖自無之主, 乃開致理之臣. 觀光順化衛國功臣上柱國樂浪王政承食邑八千戶金傅, 世(處)雞林, 官分王爵, 英烈振凌雲之氣, 文章騰擲地之才, 富有春秋, 貴居茅土, 六韜三略, 恂入胸襟, 七縱五申, 撮歸指掌. 我太祖(始)(修)(睦)(鄰)之好, 早認餘風, 尋頒駙馬之姻, 內酬大節, 家國旣歸於一統, 君臣宛合於三韓. 顯播令名, 光崇懿範, 可加號尙父都省令, 仍賜推忠愼義崇德守節功臣號, 勳封如故, 食邑通前爲一萬戶, 有司擇日備禮冊命, 主者施行. 開寶八年十月日.

大匡內議令兼摠翰林臣翮宣奉行，奉勅如右，牒到奉行．開寶八年十月日．侍中署，侍中署，內奉令署，軍部令署，軍部令無署，兵部令無署，兵部令署，廣坪侍郎署，廣坪侍郎無署，內奉侍郎無署，內奉侍郎署，軍部卿無署，軍部卿署，兵部卿無署，兵部卿署．告推忠愼義崇德守節功臣尚父都省令·上柱國樂浪都王·食邑一萬戶金傅，奉勅如右，符到奉行．主事無名，郎中無名，書令史無名，孔目無名．開寶八月十月日下 史論曰新羅朴氏·昔氏，皆自卵生，金氏從天入金樻而降，或云乘金車，此尤詭怪不可信．然，世俗相傳爲實事．今但原厥初，在上者，其爲己也儉，其爲人也寬，其設官也畧，其行事也簡，以至誠事中國，梯航朝聘之使，相續不絶，常遣子弟，造朝(而)宿衛，入學而誦習．于以襲聖賢之風化，革鴻荒之俗，爲禮義之邦．又憑王師之威靈，平百濟·高句麗，取其地郡縣(之)，可謂盛矣．然而奉浮屠之法，不知其弊，至使閭里比其塔廟，齊民逃於緇褐，兵農浸小，而國家日衰，幾何其不亂且亡也哉 於是時，景哀王加之以荒樂，與宮人左右出遊鮑石亭，置酒燕衛，不知甄萱之至，與(夫)門外韓擒虎，樓頭張麗華，無以異矣．若敬順之歸命太祖，雖非獲已，亦可佳矣．向若力戰守死，以抗王師，至於力屈勢窮，則必覆其宗族，害及于無辜之民，而乃不待告命，封府庫·籍郡縣以歸之，其有功於朝廷，有德於生民甚大．昔錢氏以吳越入宋，蘇子瞻謂之忠臣，今新羅功德，過於彼遠矣．我太祖妃嬪衆多，其子孫亦繁衍，顯宗自新羅外孫卽寶位，此後繼統者，皆其子孫，豈非陰德也歟 新羅旣納土國除，阿干神會罷外署還，見都城離潰，有黍離離嘆，乃作歌，歌亡未詳．

南扶餘 前百濟 北扶餘已見上

扶餘郡者，前百濟王都也，或稱所夫里郡．按三國史記，百濟聖王二十六年戊午春，移都於泗沘，國號南扶餘.[注曰 其地名所夫里.泗沘，今之古省津也.所夫里者，扶餘之別號也．已上注] 又按量田帳籍，曰所夫里郡田丁柱貼，今言扶餘郡者，復上古之名也．百濟王姓扶餘氏，故稱之．或稱餘州者，郡西資福寺高座之上，有繡帳焉，其繡文曰統和十五年丁酉五月日，餘州功德大寺繡帳．又昔者，河南置林州刺史，其時圖籍之內，有餘州二字.林州，今佳林郡也.餘州，今之扶餘郡也.百濟地理志曰後漢書曰三韓凡七十八國，百濟是其一國焉北史云百濟東極新羅，西南限大海，北際漢江，其郡曰居拔城，又云固麻城，其外更有五方城通典云百濟南接新羅，北距高麗，西限大海 舊唐書云百濟扶餘之別種，東北新羅，西渡海(至)越州，南渡海至倭，北高麗．其王所居，有東西兩城新唐書云百濟西界越州，南倭，皆踰海．北高麗 國史本紀云百濟始祖溫祚．其父雛牟王或云朱蒙，自北扶餘逃難，至卒本扶餘，州之王無子，只有三女，見朱蒙知非常人，以第二女妻之．未幾，扶餘州王薨，朱蒙嗣位，生二子，長曰沸流，次曰溫祚．恐後太子所不容，遂與烏干·馬黎等(十)臣南行，百姓從之者多．遂至漢山，登負兒岳，望可居之地．沸流欲居於海濱，十臣諫曰 惟此河南之地，北帶漢水，東據高岳，南望沃澤，西阻大海，其天險地利，難得之勢，作都於斯，不亦宜乎 沸流不聽，分其民歸彌雛忽居之．溫祚都河南慰禮城，以十臣爲輔翼，國號十濟，是漢成帝鴻佳三年也．沸流以彌雛忽土濕水鹹，不得安居，歸見慰禮都邑鼎定，人民安泰，遂慙悔而死，其臣民皆歸於慰禮城，後以來時百姓樂悅，改號百濟．其世系與高句麗同出扶餘，故以解爲氏．後至聖王，移都於泗沘，今扶餘郡(彌雛忽，仁州.慰禮，今稷山) 按古典記云東明王第三子溫祚，以前漢鴻佳三年癸酉，自卒本扶餘至慰禮城，立都稱王.十四年丙辰，移都漢山(今廣州)，歷三百八十九年．至十三世近肖古王，咸安元年，取高句麗南平壤，移都北漢城(今楊州)，歷一百五年.至二十二世文周王卽位，元徽三年乙卯，移都熊川(今公州)，歷六十三年.至二十六世聖王，移都所夫里，國號南扶餘，至三十一世義慈王，歷一百二十年.至唐顯慶五年，是義慈王在位二十年，新羅金庾信與蘇定方討平之．百濟國舊有五部, 分統三十七郡·二百濟城, 七十六萬戶. 唐以(其)地, 分置熊津·馬韓·東明·金漣·德安等五都督府, 仍(以)其酋長爲都督府剌史. 未幾, 新羅盡幷其地, 置熊·全·武三州及諸郡縣. 又虎嵓寺有政事嵓, 國家將議宰相, 則書當選者名或三四, 函封置嵓上, 須臾取看, 名上有印跡者爲相, 故名之. 又泗沘河邊有一嵓, 蘇定方嘗坐此上, 釣魚龍而出, 故嵓上龍跪之跡, 因名龍嵓. 又郡中有三山, 曰日山·吳山·浮山, 國家全盛之時, 各有神人居其上, 飛相往來, 朝夕不絶. 又泗沘崖又有一石, 坐十餘人, 百濟王欲幸王興寺禮佛, 先於此石望拜佛, 其石自煖, 因名㸊突石. 又泗沘河兩崖如畫屛, 百濟王每遊宴歌舞, 故至今稱爲大王浦. 又始祖溫祚乃東明第三子, 體洪大, 性孝友, 善騎射. 又多婁王, 寬厚有威望. 又沙沸王(一作沙伊王), 仇首崩, 嗣位, 而幼少不能政, 卽廢而立古爾王. 或云至樂初二年己未乃崩, 古爾方立.

武王(古本作武康, 非也. 百濟無武康)

第三十武王, 名璋. 母寡居, 築室於京師南池邊, 池龍交通而生, 小名薯童, 器量難測. 常掘薯蕷, 賣爲活業, 國人因以爲名. 聞新羅眞平王第三公主善花(一作善化)美艶無雙, 剃髮來京師, 以薯蕷餉閭里羣童, 羣童親附之, 乃作謠, 誘羣童而唱之云善化公主主隱, 他密只嫁良置古, 薯童房乙, 夜矣卯乙抱遣去如 童謠滿京, 達於宮禁, 百官極諫, 竄流公主於遠方. 將行, 王后以純金一斗贈行, 公主將至竄所, 薯童出拜途中, 將欲侍衛而行, 公主雖不識其從來, 偶爾信悅, 因此隨行, 潛通焉, 然後知薯童名, 乃信童謠之驗. 同至百濟, 出王后所贈金, 將謀計活, 薯童大笑曰此何物也 主曰此是黃金, 可致百年之富 薯童曰吾自小掘薯之地, 委積如泥土 主聞大驚曰此是天下至寶, 君今知金之所在, 則此寶輸送父母宮殿何如 薯童曰可 於是, 聚金積如丘陵, 詣龍華山師子寺知命法師所, 問輸金之計, 師曰吾以神力可輸, 將金來矣 主作書, 幷金置於師子前, 師以神力, 一夜輸置新羅宮中, 眞平王異其神變, 尊敬尤甚, 常馳書問安否, 薯童由此得人心, 卽王位. 一日王與夫人, 欲幸師子寺, 至龍華山下大池邊, 彌勒三尊出現池中, 留駕致敬. 夫人謂王曰須創大伽藍於此地, 固所願也 王許之, 詣知命所, 問塡池事, 以神力一夜頹山塡池爲平地. 乃法像彌勒三·會殿塔廊廡各三所創之, 額曰彌勒寺(國史云王興寺), 眞平王遣百工助之, 至今存其寺(三國史云, 是法王之子, 而此傳之獨女之子, 未詳)

後百濟 甄萱

三國史·本傳云甄萱尙州加恩縣人也. 咸通八年丁亥生, 本性李, 後以甄爲氏. 父阿慈个, 以農自活, 光啓中據沙弗城(今尙州), 自稱將軍. 有四子, 皆知名於世, 萱號傑出, 多智畧李碑家記云眞興大王妃思刀, 諡曰白駮夫人, 第三子仇輪公之子波珍干善品之子角干酌珍, 妻王咬巴里生角干元善, 是爲阿慈个也. 慈之第一妻上院夫人·第二妻南院夫人, 生五子一女, 其長子是尙父萱, 二子將軍能哀, 三子將軍龍盖, 四子寶盖, 五子將軍小盖, 一女大主刀金 又古記云昔一富人居光州北村, 有一女子, 姿容端正. 謂父曰 每有一紫衣男到寢交婚. 父謂曰 汝以長絲貫針剌其衣. 從之至明尋絲於北墻下, 針剌於大蚯蚓之腰. 後因姙生一男, 年十五, 自稱甄萱. 至景福元年壬子稱王, 立都於完山郡, 理四十三年. 以淸泰元年甲午, 萱之三子簒逆, 萱投太祖, 子神劍卽位. 天福元年丙申, 與高麗兵會戰於一善郡, 百濟敗績國亡云. 初萱生孺褓時, 父耕于野, 母餉之, 以兒置于林下, 虎來乳之, 鄕黨聞者異焉. 及壯體貌雄奇, 氣倜儻不凡, 從軍入王京, 赴西南海防戍, 枕戈待敵, 其氣恒爲士卒先, 以勞爲裨將. 唐昭宗景福元年, 是新羅眞聖王在位六年, 嬖竪在側, 竊弄國權, 綱紀紊弛, 加之以飢饉, 百姓流移, 群盜蜂起. 於是, 萱竊有叛心, 嘯聚徒侶, 行擊京西南州縣, 所至響應, 旬月之間, 衆至五千. 遂襲武珍州自王, 猶不敢公然稱王, 自署爲新羅西南都統行全州刺史兼御史中承上柱國漢南郡開國公, 龍化元年己酉也. 一云景福元年壬子. 是時, 北原賊良吉雄强, 弓裔自投爲麾下. 萱聞之, 遙授良吉職爲裨將. 萱西巡至完山州, 州民迎勞, 喜得人心, 謂左右曰百濟開國六百餘年, 唐高宗以新羅之請, 遣將軍蘇定方, 以舡兵十三萬越海, 新羅金庾信卷土歷黃山, 與唐兵合攻百濟滅之. 予今敢不立都, 以雪宿憤乎. 遂自稱後百濟王, 設官分職, 是唐光化三年, 新羅孝恭王四年也. 貞明四年戊寅, 鐵原京衆心忽變, 推戴我太祖卽位. 萱聞之遣使稱賀, 遂獻孔雀扇, 地理山竹箭等. 萱與我太祖陽和陰剋, 獻驄馬於太祖. 三年冬十月, 萱率三千騎, 至曹物城(今未詳), 太祖亦以精兵來與之角, 萱兵銳, 未決勝負. 太祖欲權和, 以老其師, 移書乞和, 以堂弟王信爲質, 萱亦以外甥眞虎交質. 十二月攻取居西(今未詳)等二十餘城, 遣使入後唐稱藩, 唐策授檢校太尉兼侍中判百濟軍事, 依前都督行全州刺史海東四面都統指揮兵馬判置等事百濟王, 食邑二千五百戶. 四年眞虎暴卒, 疑故殺, 卽囚王信, 使人請還前年所送驄馬, 太祖笑還之. 天成二年丁亥九月, 萱攻取近品城(今山陽縣)燒之, 新羅王求救於太祖. 太祖將出師, 萱襲取高鬱府(今蔚州), 進軍於始林(一云雞林西郊), 卒入新羅王都. 新羅王與夫人出遊鮑石亭, 時由是甚敗. 萱强引夫人亂之, 以王之族弟金傅嗣位. 然後, 虜王弟孝廉·宰相英景, 又取國(帑)珍寶·兵仗·子女·百工之巧者. 自隨以歸, 太祖以精騎五千, 要萱於公山下大戰, 太祖之將金樂·崇謙死之, 諸軍敗北, 太祖僅以身免, 而不與相抵, 使盈其貫. 萱乘勝轉掠大木城(今若木(縣))·京山府((今)(星)(州))·康州((今)(晋)(州)), 攻缶谷城((今)(不)(詳)). 又義成府之守洪述, 拒戰而死, 太祖聞之曰吾失右手矣 四十二年庚寅, 萱欲攻古昌郡(今安東(府)), 大擧而石山營寨, 太祖隔百步而郡北瓶山營寨, 累戰萱敗, 獲侍郎金渥. 翌日萱收卒, 襲破順(州)城, 城主元逢不能禦, 棄城宵遁. 太祖赫怒, 貶爲下枝縣(今豐山縣, 元逢本順(州)城人故也) 新羅君臣以衰季, 難以復興, 謀引我太祖結好爲援. 萱聞之, 又欲入王都作惡, 恐太祖先之, 寄書于太祖曰昨者, (新)(羅)國相金雄廉等將召足下入京, 有同鼈應黿聲, 是欲鷃披準翼, 必使生靈塗炭, 宗社丘墟, 僕是以先著祖鞭, 獨揮韓鉞, 誓百寮如皎日諭六部以義風. 不意奸臣遁逃, 邦君薨變, 遂奉景明王表弟獻康王之外孫, 勸卽尊位, 再造危邦, 喪君有君, 於是乎在. 足下勿詳忠告, 徒聽流言, 百計窺覦, 多方侵擾, 尙不能見僕馬首·拔僕牛毛. 冬初, 都頭索湘束手(於)星山陣下. 月內, 左將金樂曝骸(於)美利寺前, 殺獲居多, 追禽不小. 强羸若此, 勝敗可知, 所期者, 掛弓於平壤之樓, 飯馬於浿江之水. 然以前月七日, 吳越國使班尙書至, 傳王詔旨知卿與高麗, 久通和好, 共契隣盟, 比因質子之兩亡, 遂失和親之舊好, 互侵疆境, 不戢干戈. 今專發使臣, 赴卿本道, 又移文高麗, 宜各相親比, 永孚于休. 僕義篤尊王, 情深事大, 及聞詔諭, 卽欲祗承, 但慮足下欲罷不能·困而猶鬪. 今錄詔書寄呈, 請留心詳悉, 且兎獹迭憊, 終心貽譏, 蚌鷸相持, 亦爲所笑, 宜迷復之爲誡, 無後悔之自貽 (天成)二年正月, 太祖答曰伏奉吳越國通(和)使班尙書所傳詔旨書一道, 兼蒙足下辱示長書叙事者. 伏以華軺膚使, 爰到制書, 尺素好音, 兼蒙敎誨. 捧芝檢而雖增感激, 闢華牋而難遣嫌疑, 今託廻軒, 輒敷危衽. 僕仰承天假, 俯迫人推, 過叨將帥之權, 獲赴經綸之會. 頃以三韓厄會, 九土凶荒, 黔黎多屬於黃巾, 田野無非其赤土, 庶幾弭風塵之警, 有以救邦國之災, 爰自善隣, 於爲結好, 果見數千里農桑樂業, 七八年士卒閑眠. 及至癸酉年, 維時陽月, 忽焉生事, 至乃交兵. 足下始輕敵以直前, 若螳蜋之拒轍. 終知難而勇退, 如蚊子之負山. 拱手陳辭, 指天作誓今日之後, 永世歡和, 苟或渝盟, 神其殛矣. 僕亦尙止戈之武, 期不殺之仁, 遂解重圍以休疲卒, 不辭質子, 但欲安民, 此卽我有大德於南人也. 豈期歃血未乾, 凶威復作. 蜂蠆之毒侵害於生民, 狼虎之狂爲梗於畿甸. 金城窘忽, 黃屋震驚, 仗義尊周, 誰似桓·文之霸 乘間謀漢, 唯看莽·卓之奸. 致使王之至尊, 枉稱子於足下, 尊卑失序, 上下同憂. 以爲非有元輔之忠純, 豈得再安社稷 以僕心無匿惡, 志切尊王, 將援置於朝廷, 使扶危於邦國. 足下見毫釐之小利, 忘天地之厚恩,斬戮君主，焚燒宮闕，葅醢卿佐，虔劉士民，姬妾則取以同車，珍寶奪之相載．元惡浮於桀·紂，不仁甚於獍梟．僕怨極崩天，誠深却日，約效鷹鸇之逐，以申犬馬之(勤)．再擧干戈，兩更槐柳，陸擊則雷馳電激，水攻則虎搏龍騰，動必成功，擧無虛發．逐尹卿於海岸，積甲如山，禽雛造於城邊，伏屍蔽野．燕山郡畔，斬吉奐於軍前．馬利(疑伊山郡)城(邊)，戮隨晤於纛下．拔任存(今大興郡)之日，刑積等數百人捐軀．破淸川(尙州領內縣名)縣之時，(直)(心)等四五輩授首，桐藪(今桐華寺)望旗而潰散，京山銜璧以投降．康州則自南而來，羅府則自西移屬．侵攻若此，收復寧遙．必期泜水營中，雪張耳千般之恨，烏江岸上，成漢王一捷之心，竟息風波，永淸寰海．天之所助，命欲何歸．況承吳越王殿下，德洽包荒，仁深字小，特出綸於丹禁，諭戢難於靑丘，旣奉訓謨，敢不尊奉．若足下祇承睿旨，悉戢凶機，不唯副上國之仁恩，抑可紹東海之絶緖．若不過而能改，其如悔不可追(書乃崔致遠作也) 長興三年甄萱臣龔直，勇而有智畧，來降太祖，萱捉龔直二子一女，烙斷股筋．秋九月，萱遣一吉，以舡兵入高麗禮城江，留三日，取鹽·白·眞三州船一百艘，焚之而去(云云) 淸泰元年甲午，萱聞太祖屯運州(未詳)，遂簡甲士，蓐食而至．未及營壘，將軍黔弼以勁騎擊之，斬獲三千餘級，熊津以北三十餘城，聞風自降．萱麾下，術士宗訓·醫者之謙·勇將尙逹·雀弼等降於太祖．丙申正月，萱謂子曰老夫新羅之季，立後百濟名，有年于今矣，兵倍於北軍，尙爾不利．殆天假手爲高麗，盍歸順於北王，保首領矣 其子神劍·龍劍·良劍等三人皆不應．李磾家記云萱有九子，長曰神劍(一云甄成)，二子太師謙腦，三子佐承龍述，四子太師聰智，五子大阿干宗祐，六子闕，七子佐承位興，八子太師靑丘，一女國大夫人，皆上院夫人所生也．萱多妻妾，有子十餘人，第四子金剛，身長而多智，萱特愛之，意欲傳位，其兄神劍·良劍·龍劍知之憂憫．時，良劍爲康州都督，龍劍爲武州都督，獨神劍在側．伊飡能奐使人往康·武二州，與良劍等謀，至淸泰二年乙未春三月，與英順等勸神劍，幽萱於金山佛宇，遣人殺金剛，神劍自稱大王，赦境內(云云) 初，萱寢未起，遙聞宮庭呼喊聲，問是何聲歟 告父曰王年老，暗於軍國政要，長子神劍攝父王位，而諸將歡賀聲也 俄移父於金山佛宇，以巴達等壯士三十人守之．童謠曰可憐完山兒，失父涕連洒 萱與後宮年少男女二人·侍婢古比女·內人能又男等囚繫．至四月，釀酒而飮醉守卒三十人，而與小元甫·香又·吳琰忠質等以海路迎之，旣至，以萱爲十年之長，尊號爲尙父，安置于南宮，賜楊州食邑田庄，奴婢四十口，馬九匹，以其國來降者信康爲衙前．甄萱婿將軍英規密語其妻曰大王勤勞四十餘年，功業垂成，一旦以家人之禍，失地從於高麗．夫貞女不可二夫，忠臣不事二主，若捨己君，以事逆子，則何顔以見天下之義士乎 況聞高麗王公仁厚懃儉，以得民心，殆天啓也．必爲三韓之主，盍致書以安慰我王，兼慇懃於王公，以圖後來之福乎 妻曰子之言是吾意也 於是，天福元年丙申二月，遣人致意於太祖曰君擧義旗，請爲內應，以迎王師 太祖喜，厚賜其使者遣之，謝英規曰若蒙恩一合，無道路之梗，卽先致謁於將軍，然後升堂拜夫人，兄事而姊尊之，必終有以厚報之，天地鬼，神皆聞此語 六月，萱告太祖老臣所以投身於殿下者，願仗殿下威稜，以誅逆子耳．伏望，大人借以神兵，殲其賊亂，臣雖死無憾 太祖曰非不欲討之，待其時也 先遣太子及武將軍述希，領步騎十萬，趣天安府．秋九月，太祖率三軍至天安，合兵進次一善，神劍以兵逆之．甲午，隔一利川相對，王師背艮向坤而陣．太祖與萱觀兵，忽白雲狀如劍戟，起我師向彼行焉．乃鼓行而進，百濟將軍孝奉·德述·哀述·明吉等，望兵勢大而整，棄甲降於陣前．太祖勞慰之，問將帥所在，孝奉等曰元帥神劒在中軍 太祖命將軍公萱等，三軍齊進挾擊，百濟軍潰北，至黃山炭峴，神劍與二弟·將軍富達·能奐等四十餘人生降．太祖受降，餘皆勞之，許令與妻子上京．問能奐曰始與良劍等密謀，囚大王立其子者，汝之謀也．爲臣之義，當如是乎 能奐俛首不能言，遂命誅之．以神劒僭位爲人所脅，非其本心，又且歸命乞罪，特原其死，甄萱憂懣發疽，數日卒於黃山佛舍．九月八日也，壽七十．太祖軍令嚴明，士卒不犯秋毫，州縣安堵，老幼皆呼萬歲．謂英規曰前王失國後，其臣子無一人慰之者，獨卿夫妻，千里嗣音，以致誠意，兼歸美於寡人，其義不可忘 許職左承，賜田一千頃，許借驛馬三十五匹，以迎家人，賜其二子以官. 甄萱起唐景福元年, 至晋天福元年, 共四十五年, 丙申滅. 史論曰新羅數窮道喪, 天無所助, 民無所歸, 於是群盜投隙而作, 若猬毛然. 其劇者弓裔·甄萱二人而已. 弓裔本新羅王子, 而反以家國爲讎, 至斬先祖之畫像, 其爲不仁甚矣. 甄萱起自新羅之民, 食新羅之祿, (而)包藏禍心, 幸國之危, 侵軼都邑, 虔劉君臣若禽獸, 實天下之元惡. 故弓裔見棄於其臣, 甄萱産禍於其子, 皆自取之也, 又誰咎也 雖項羽·李密之雄才, 不能敵漢·唐之興, 而況裔·萱之凶人, 豈可與我太祖相抗歟

駕洛國記

(文廟朝大康年間, 金官知州事文人所撰也, 今略而載之)

開闢之後, 此地未有邦國之號, 亦無君臣之稱. 越有我刀干·汝刀干·彼刀干·五刀干·留水干·留天干·五天干·神鬼干等九干者, 是酋長, 領總百姓, 凡一百戶, 七萬五千人. 多以自都山野, 鑿井而飮, 耕田而食. 屬後漢世祖光武帝建武十八年壬寅三月禊浴之日, 所居北龜旨(是峯巒之稱, 若十朋伏之狀, 故云也)有殊常聲氣呼喚, 衆庶二三百人集會於此, 有如人音, 隱其形而發其音曰此有人否 九干等云吾徒在. 又曰吾所在爲何 對云龜旨也. 又曰皇天所以命我者, 御是處, 惟新家邦, 爲君后. 爲玆故降矣. 你等須掘峯頂撮土, 歌之云龜何龜何, 首其現也. 若不現也, 燔灼而喫也, 以之蹈舞, 則是迎大王·歡喜踴躍之也 九干等如其言, 咸忻而歌舞. 未幾, 仰而觀之, 唯紫繩自天垂而着地, 尋繩之下, 乃見紅幅裹金合子. 開而視之, 有黃金卵六圓如日者. 衆人悉皆驚喜, 俱伸百拜, 尋還裹著, 抱持而歸我刀家, 寘榻上, 其衆各散. 過浹辰, 翌日平明, 衆庶復相聚集開合, 而六卵化爲童子, 容貌甚偉. 仍坐於床, 衆庶拜賀, 盡恭敬止. 日日而大 踰十餘晨昏, 身長九尺則殷之天乙, 顔如龍焉則漢之高祖, 眉之八彩則有唐之高, 眼之重瞳則有虞之舜, 其於月望日卽位也. 始現故諱首露, 或云首陵(首陵是崩後諡也), 國稱大駕洛, 又稱伽耶國, 卽六伽耶之一也. 餘五人各歸爲五伽耶主. 東以黃山江, 西南以滄海, 西北以地理山, 東北以伽耶山, 南而爲國尾. 俾創假宮而入御, 但要質儉, 茅茨不剪, 土階三尺. 二年癸卯春正月, 王若曰朕欲定置京都, 仍駕幸假宮之南新畓坪(是古來閑田, 新耕作故云也. 畓乃俗文也), 四望山嶽, 顧左右曰此地狹小如蓼葉, 然而秀異, 可爲十六羅漢住地. 何況, 自一成三, 自三成七, 七聖住地, 固合于是. 托土開疆, 終然允臧歟 築置一千五百步周廻羅城·宮禁殿宇及諸有司屋宇·虎庫倉廩之地.事訖還宮, 徧徵國內丁壯·人夫·工匠, 以其月二十日資始金陽, 暨三月十日役畢. 其宮闕屋舍, 侯農隙而作之, 經始于厥年十月, 逮甲辰二月而成, 涓吉辰御新宮, 理萬機而懃庶務. 忽有琓夏國含達王之夫人妊娠, 彌月生卵, 化爲人, 名曰脫解. 從海而來, 身長三尺, 頭圍一尺. 悅焉詣闕, 語於王云我欲奪王之位, 故來耳 王答曰天命我俾卽于位, 將令安中國而綏下民, 不敢違天之命以與之位, 又不敢以吾國吾民, 付囑於汝 解云若爾可爭其術 王曰可也. 俄頃之間, 解化爲鷹, 王化爲鷲, 又解化爲雀, 王化爲鸇. 于此際也, 寸陰未移, 解還本身, 王亦復然. 解乃伏膺曰僕也適於角術之場, 鷹之鷲, 雀之於鸇, 獲免焉, 此盖聖人惡殺之仁而然乎. 僕之與王, 爭位良難 便拜辭而出, 到隣郊外渡頭, 將中朝來泊之水道而行, 王竊恐滯留謀亂, 急發舟師五百艘而追之, 解奔入雞林地界, 舟師盡還. 事記所載多異與新羅. 屬建武二十四年戊申七月二十七日, 九干等朝謁之次, 獻言曰大王降靈已來, 好仇未得. 請臣等所有處女絶好者, 選入宮闈, 俾爲伉儷 王曰朕降于玆天命也. 配朕而作后, 亦天之命, 卿等無慮 遂命留天干押輕舟, 持駿馬, 到望山島立待.申命神鬼干就乘岾(望山島, 京南島嶼也. 乘岾, 輦下國也), 忽自海之西南隅, 掛緋帆, 張茜旗, 而指乎北. 留天等先擧火於島上, 則競渡下陸, 爭奔而來. 神鬼望之, 走闕奏之. 上聞欣欣, 尋遣九干等, 整蘭橈, 揚桂楫而迎之, 旋欲陪入內, 王后乃曰我與(爾)等素昧平生, 焉敢輕忽相隨而去. 留天等返達后之語, 王然之, 率有司動蹕, 從闕下西南六十步許地,

山邊設幔殿祇候. 王后於山外別浦津頭, 維舟登陸, 憩於高嶠, 解所著綾袴爲贄, 遺于山靈也. 其地侍從媵臣二員, 名曰申輔·趙匡, 其妻二人, 號慕貞·慕良. 或臧獲幷計二十餘口, 所賫錦繡綾羅·衣裳疋段·金銀珠玉·瓊玖服玩器, 不可勝記. 王后漸近行在, 上出迎之, 同入帷宮, 媵臣已下衆人, 就階下而見之卽退. 上命有司, 引媵臣夫妻曰人各以一房安置, 已下臧獲各一房五六人安置 給之以蘭液蕙醑, 寢之以文茵彩薦, 至於衣服疋段寶貨之類, 多以軍夫遴集而護之. 於是, 王與后共在御國寢, 從容語王曰妾是阿踰陁國公主也. 姓許名黃玉, 年二八矣. 在本國時, 今年五月中, 父王與皇后顧妾而語曰 爺孃一昨夢中, 同見皇天上帝, 謂曰駕洛國元君首露者, 天所降而俾御大寶, 乃神乃聖, 惟其人乎. 且以新莅家邦, 未定匹偶, 卿等須遣公主而配之 言訖升天. 形開之後, 上帝之言, 其猶在耳, 你於此而忽辭親, 向彼乎往矣. 妾也浮海遐尋於蒸棗, 移天夐赴於蟠桃, 螓首敢叨, 龍顔是近 王答曰朕生而頗聖, 先知公主自遠而屆, 下臣有納妃之請, 不敢從焉. 今也淑質自臻, 眇躬多幸 遂以合歡, 兩過淸宵, 一經白晝. 於是, 遂還來船, 篙工楫師共十有五人, 各賜粮粳米十碩·布三十疋, 令歸本國. 八月一日廻鑾, 與后同輦, 媵臣夫妻齊鑣並駕, 其漢肆雜物, 感使乘載, 徐徐入闕, 時銅壺欲午. 王后爰處中宮, 勅賜媵臣夫妻, 私屬空閑二室分入.餘外從者以賓舘一坐二十餘間, 酌定人數, 區別安置. 日給豊羨, 其所載珍物, 藏於內庫, 以爲王后四時之費. 一日上語臣下曰. 九干等俱爲庶僚之長, 其位與名, 皆是宵人野夫之號, 頓非簪履職位之稱, 儻化外傳聞, 必有嗤笑之恥 遂改我刀爲我躬· 汝刀爲汝諧· 彼刀爲彼藏· 五刀爲五常, 留水·留天之名, 不動上字, 改下字留功·留德, 神天改爲神道, 五天改爲五能, 神鬼之音不易, 改訓爲臣貴. 取雞林職儀, 置角干·阿叱干·級干之秩, 其下官僚, 以周判漢儀而分定之, 斯所以革古鼎, 新設官分職之道歟. 於是乎, 理國齊家, 愛民如子, 其教不肅而威, 其政不嚴而理. 況與王后而居也, 比如天之有地·日之有月·陽之有陰, 其功也塗山翼夏, 唐媛興嬌. 頻年有得熊羆之兆, 誕生太子居登公. 靈帝中平六年己巳三月一日后崩, 壽一百五十七. 國人如嘆坤崩, 葬於龜旨東北塢. 遂欲不忘子愛下民之惠, 因號初來下纜渡頭村曰主浦村, 解綾袴高岡曰綾峴, 茜旗行入海涯曰旗出邊. 媵臣泉府卿申輔·宗正監趙匡等到國三十年後, 各産二女焉, 夫與婦踰一二年而皆抛信也. 其餘臧獲之輩, 自來七八年間, 未有玆子生, 唯抱懷土之悲, 皆首丘而沒. 所舍賓館, 圓其無人, 元君乃每歌鰥枕, 悲嘆良多. 隔二五歲, 以獻帝立安四年己卯三月二十三日而殂落, 壽一百五十八歲矣. 國中之人若亡天只, 悲慟甚於后崩之日. 遂於闕之艮方平地, 造立殯宮, 高一丈, 周三百步而葬之, 號首陵王廟也. 自嗣子居登王洎九代孫仇衝, 之享是廟, 須以每歲孟春三之日七之日·仲夏五之日·仲秋初五之日十五之日, 豊潔之奠, 相繼不絶. 洎新羅第三十王法敏, 龍朔元年辛酉三月日, 有制曰朕是伽耶國元君九代孫仇衝王降于當國也, 所率來子世宗之子率友公之子庶云(舒玄)匝干之女,文明皇后寔生我者. 玆故元君於幼冲人, 乃爲十五代始祖也. 所御國者已曾敗, 所葬廟者今尙存, 合于宗祧, 續乃祀事 仍遣使於黍離之趾, 納近廟上上田三十頃, 爲供營之資, 號稱王位田, 付屬本土, 王之十七代孫賡世級干祇稟朝旨, 主掌厥田. 每歲, 時釀醪醴, 設以餠飯茶菓庶羞等奠, 年年不墜. 其祭日不失居登王之所定年內五日也, 芬苾孝祀, 於是乎在於我. 自居登王卽位己卯年置便房, 降及仇衝朝, 未三百三十載之中, 享廟禮典, 永無違者. 其乃仇衝失位去國, 逮龍朔元年辛酉, 六十年之間, 享是廟禮或闕如也. 美矣哉. 文武王(法敏王諡也). 先奉尊祖, 孝乎惟孝, 繼泯絶之祀, 復行之也. 新羅季末有忠至匝干者, 攻取金官高城, 而爲城主將軍, 爰有英規阿干, 假威於將軍, 奪廟享而淫祀, 當端午而致告祠, 堂梁無故折墜, 因覆壓而死焉. 於是, 將軍自謂宿因多幸, 辱爲聖王所御國城之奠, 宜我畫其眞影, 香燈供之, 以酬玄恩 遂以鮫絹三尺, 摸出眞影, 安於壁上, 旦夕膏炷, 瞻仰虔至. 才三日, 影之二目, 流下血淚, 而貯於地上, 幾一斗矣. 將軍大懼, 捧持其眞, 就廟而焚之, 卽召王之眞孫圭林而謂曰昨有不祥事, 一何重疊. 是必廟之威靈, 震怒余之圖畫而供養不孫. 英規旣死, 余甚怪畏. 影已燒矣, 必受陰誅. 卿是王之眞孫, 信合依舊以祭之 圭林繼世奠酹, 年及八十八歲而卒, 其子間元卿, 續而克禋. 端午日, 謁廟之祭, 英規之子俊必又發狂, 來詣廟, 俾徹間元之奠以己奠陳享, 三獻未終, 得暴疾, 歸家而斃. 然, 古人有言淫祀無福, 反受其殃, 前有英規·後有俊必父子之謂乎. 又有賊徒, 謂廟中多有金玉, 將來盜焉. 初之來也, 有躬擐甲冑·張弓挾矢·猛士一人從廟中出, 四面雨射, 中殺七八人, 賊徒奔走. 數日再來, 有大蟒長三十餘尺, 眼光如電, 自廟旁出, 咬殺八九人, 粗得完免者, 皆僵仆而散. 故知陵園表裡, 必有神物護之. 自建安四年己卯始造, 逮今上御圖三十一載, 大康二年丙辰, 凡八百七十八年, 所封美土, 不騫不崩, 所植佳木, 不枯不朽, 况所排列萬蘊玉之片片, 亦不頹坼. 由是觀之, 辛替否曰自古迄今, 豈有不亡之國·不破之墳, 唯此駕洛國之昔曾亡, 則替否之言有徵矣, 首露廟之不毁, 則替否之言, 未足信也. 此中更有戲樂思慕之事. 每以七月二十九日, 土人吏卒, 陟乘岾, 設帷幕, 酒食歡呼, 而東西送目, 壯健人夫, 分類以左右之, 自望山島, 駮蹄駸駸而競湊於陸, 鷁首泛泛而相推於水, 北指古浦而爭趨. 蓋此昔留天·神鬼等望后之來, 急促告君之遺跡也. 國亡之後, 代代稱號不一, 新羅第三十一政明王卽位, 開耀元年辛巳, 號爲金官京, 置太守. 後二百五十九年, 屬我太祖統合之後, 代代爲臨海縣, 置排岸使, 四十八年也. 次爲臨海郡, 或爲金海府, 置都護府, 二十七年也. 又置防禦使, 六十四年也. 淳化二年金海府量田使·中大夫趙文善申省狀稱, 首露陵王廟屬田結數多也, 宜以十五結仍舊貫, 其餘分折於府之役丁. 所司傳狀奏聞, 時廟朝宣旨曰天所降卵, 化爲聖君, 居位而延齡, 則一百五十八年也. 自彼三皇而下, 鮮克比肩者歟. 崩後自先代俾屬廟之壟畝, 而今減除, 良堪疑懼 而不允. 使又申省, 朝廷然之, 半不動於陵廟中, 半分給於鄕人之丁也. 節使(量田使稱也)受朝旨, 乃以半屬於陵園, 半以支給於府之徭役戶丁也. 幾臨事畢, 而甚勞倦, 忽一夕夢見七八介鬼神, 執縲紲, 握刀而至, 云儞有大憝, 故加斬戮. 其使以謂受刑而慟楚, 驚懼而覺, 仍有疾瘵, 勿令人知之, 宵遁而行, 其病不間, 渡關而死. 是故, 量田都帳不著印也. 後人奉使來, 審檢厥田, 才一結十二負九束也, 不足者三結八十七負一束矣. 乃推鞫斜入處, 報告內外官, 勅理足支給焉. 又有古今所嘆息者. 元君八代孫金銍王克勤爲政, 又切崇眞, 爲世祖母許皇后奉資冥福, 以元嘉二十九年壬辰, 於元君與皇后合婚之地創寺, 額曰王后寺, 遣使審量近側平田十結, 以爲供億三寶之費. 自有是寺五百後, 置長遊寺, 所納田柴幷三百結. 於是右寺三剛, 以王后寺在寺柴地東南標內, 罷寺爲莊, 作秋收冬藏之場, 秣馬養牛之廐, 悲夫. 世祖已下九代孫曆數, 委錄于下. 銘曰

元胎肇啓, 利眼初明. 人倫雖誕, 君位未成. 中朝累世, 東國分京. 雞林先定, 駕洛後營. 自無銓宰, 誰察民氓. 遂玆玄造, 顧彼蒼生. 用授符命, 特遣精靈. 山中降卵, 霧裏藏刑. 內猶漠漠, 外亦冥冥. 望如無象, 聞乃有聲. 群歌而奏, 衆舞而呈. 七日而後, 一時所寧. 風吹雲卷, 空碧天靑. 下六圓卵, 垂一紫纓. 殊方異土, 比屋連甍. 觀者如堵, 覩者如羹. 五歸各邑, 一在玆城. 同時同迹, 如弟如兄. 實天生德, 爲世作程. 寶位初陟, 寰區欲淸. 華構徵古, 土階尙平. 萬機始勉, 庶政施行. 無偏無黨, 惟一惟精. 行者讓路, 農者讓耕. 四方奠枕, 萬姓迓衡. 俄晞薤露, 靡保椿齡. 乾坤變氣, 朝野痛情. 金相其躅, 玉振其聲. 來苗不絶, 薦藻惟馨. 日月雖逝, 規儀不傾.

居登王

父首露王, 母許王后. 建安四年己卯三月囗十三日卽位, 治三十九年, 嘉平五年癸酉九月十七日崩. 王妃泉府卿申輔女慕貞, 生太子麻品. 開皇曆云姓金氏, 盖國世祖從金卵而生, 故以金爲姓爾

麻品王

一云馬品, 金氏. 嘉平五年癸酉卽位, 治三十九年, 永平元年辛亥一月二十九日崩. 王妃宗正監趙

匡孫女好仇, 生太子居叱彌.

居叱彌王

一云今勿, 金氏. 永平元年卽位, 治五十六年, 永和二年丙午七月八日崩. 王妃阿躬阿干孫女阿志, 生王子伊品.

伊尸品王

金氏. 永和二年卽位, 治六十二年, 義凞三年丁未四月十日崩. 王妃司農卿克忠女貞信, 生王子坐知.

坐知王

一云金叱. 義凞三年卽位, 娶傭女, 以女黨爲官, 國內擾亂, 雞林國以謀欲伐. 有一臣名朴元道, 諫曰遺草閱閱亦含羽, 況乃人乎. 天亡地陷, 人保何基 又卜士筮得解卦, 其辭曰解而拇, 朋至斯孚, 君鑑易卦乎 王謝曰可 擯傭女, 貶於荷山島, 改行其政, 長御安民也, 治十五年, 永初二年辛酉五月十二日崩. 王妃道寧大阿干女福壽, 生子吹希.

吹希王

一云叱嘉, 金氏. 永初二年卽位, 治三十一年, 元喜二十八年辛卯二月三日崩. 王妃進思角干女仁德, 生王子銍知.

銍知王

一云金銍王, 元嘉二十八年卽位, 明年爲世祖許黃玉王后, 奉資冥福於初與世祖合御之地, 創寺曰王后寺, 納田十結充之. 治四十二年, 永明十年壬申十月四日崩. 王妃金相沙干女邦媛, 生王子鉗知.

鉗知王

一云金鉗王. 永明十年卽位, 治三十年, 正光二年辛丑四月七日崩. 王妃出忠角干女淑, 生王子仇衡.

仇衡王

金氏. 正光二年卽位, 治四十二年, 保定二年壬午九月, 新羅第二十四君眞興王, 興兵薄伐, 王使親軍卒, 彼衆我寡, 不堪對戰也. 仍遣同氣脫知爾叱今留在於國, 王子上孫卒支公等, 降入新羅. 王妃劈水爾叱女桂花, 生三子, 一世宗角干, 二茂刀角干, 三茂得角干.開皇錄云梁中大通四年壬子, 降于新羅 議曰 案三國史, 仇衡以梁中大涌四年壬子, 納土投羅, 則計自首露初卽位東漢建武十八年壬寅, 至仇衡末壬子, 得四百九十年矣. 若以此記考之, 納土在元魏保定二年壬午, 則更三十年, 總五百二十年矣. 今兩存之. 三國遺事卷第二(終)

三國遺事 卷第三 興法第三

順道肇麗(道公之次, 亦有法深·義淵·曇嚴之流, 相繼而興教. 然, 古傳無文, 今亦不敢編次. 詳見僧傳)

高麗本紀云小獸林王卽位二年壬申, 乃東晉咸安二年, 孝武帝卽位之年也. 前秦符堅遣使及僧順道, 送佛像經文(時堅都關中, 卽長安) 又四年甲戌, 阿道來自晋. 明年乙亥二月, 創肖門寺, 以置順道, 又創伊弗蘭寺, 以置阿道. 此高麗佛法之始僧傳作二道來自魏云者, 誤矣, 實自前秦而來. 又云肖門寺今興國, 伊弗蘭寺今興福, 亦誤. 按, 麗時都安市城, 一名安丁忽, 在遼水之北. 遼水一名鴨淥, 今云安民江, 豈有松京之興國寺名. 讚曰 鴨淥春深渚草鮮, 白沙鷗鷺等閑眠. 忽驚柔櫓一聲遠, 何處漁舟客到烟.

難陁闢濟

百濟本紀云第十五(僧傳云十四,誤)枕流王卽位甲申(東晋孝武帝大元九年),胡僧摩羅難陁自晋, 迎置宮中禮敬. 明年乙酉, 創佛寺於新都漢山州, 度僧十人, 此百濟佛法之始. 又阿莘王卽位大元十七年二月, 下敎崇信佛法求福 摩羅難陁, 譯云童學(其異跡詳見僧傳). 讚曰 天造從來草昧間, 大都爲伎也應難. 翁翁自解呈歌舞, 引得旁人借眼看.

阿道基羅(一作我道, 又阿頭)

新羅本紀第四云第十九訥祇王時, 沙門墨胡子, 自高麗至一善郡, 郡人毛禮(或作毛祿), 於家中作堀室安置. 時梁遣使賜衣著香物(高得相詠史詩云梁遣使僧曰元表, 宣送溟檀及經像), 君臣不知其香名與其所用, 遣人齎香遍問國中. 墨胡子見之曰此之謂香也 焚之則香氣芬馥, 所以達誠於神聖. 神聖未有過於三寶, 若燒此發願, 則必靈應(訥祇在晋·宋之世, 而云梁遣使, 恐誤) 時, 王女病革, 使召墨胡子焚香表誓, 王女之病尋愈. 王喜, 厚加賚貺, 俄而不知所歸. 又至二十一毗處王時, 有我道和尚, 與侍者三人, 亦來毛禮家, 儀表似墨胡子, 住數年, 無疾而終. 其侍者三人留住, 講讀經律, 往往有信奉者(有注云, 與本碑及諸傳記殊異. 又高僧傳云西竺人, 或云從吳來) 按我道本碑云我道高麗人也, 母高道寧. 正始間, 曹魏人我(姓我也)堀摩奉使句麗, 私之而還, 因而有娠. 師生五歲, 其母令出家. 年十六歸魏, 省覲堀摩, 投玄彰和尙講下就業, 年十九又歸寧於母. 母謂曰此國于今不知佛法, 爾後三千餘月, 雞林有聖王出, 大興佛敎. 其京都內有七處伽藍之墟, 一曰金橋東天鏡林(今興輪寺. 金橋謂西川之橋, 俗訛呼云松橋也. 寺自我道始基而中廢, 至法興王丁未草創, 乙卯大開, 眞興王畢成), 二曰三川歧(今永興寺, 與興輪開同代), 三曰龍宮南(今黃龍寺, 眞興王癸酉始開), 四曰龍宮北(今芬皇寺, 善德甲午始開), 五曰沙川尾(今靈妙寺, 善德王乙未始開), 六曰神遊林(今天王寺, 文武王己卯開), 七曰婿請田(今曇嚴寺). 皆前佛時伽藍之墟, 法水長流之地, 爾歸彼而播揚大敎, 當東嚮於釋祀矣 道禀敎至雞林, 寓止王城西里, 今嚴莊寺, 于時未雛王卽位二年癸未也. 詣闕請行敎法, 世以前所未見爲嫌, 至有將殺之者, 乃逃隱于續林(今一善縣)毛祿家(祿與禮形近之訛. 古記云 法師初來毛祿家, 時天地震驚, 時人不知僧名而云阿頭彡麽, 彡麽者乃鄕言之稱僧也, 猶言沙彌也)三年. 時, 成國公主疾, 巫醫不效, 勅使四方求醫, 師率然赴闕, 其疾遂理. 王大悅, 問其所須, 對曰 貧道百無所求, 但願創佛寺於天鏡林, 大興佛敎, 奉福邦家爾. 王許之, 命興工, 俗方質儉, 編茅葺屋. 住而講演, 時或天花落地, 號興輪寺. 毛祿之妹名史氏, 投師爲尼, 亦於三川岐, 創寺而居, 名永興寺. 未幾, 未雛王卽世, 國人將害之, 師還毛祿家, 自作塚, 閉戶自絶, 遂不復現. 因此大敎亦廢, 至二十三法興大王, 以蕭梁天監十三年甲午登位, 乃興釋氏, 距未雛王癸未之歲二百五十二年, 道寧所言三千餘月, 驗矣 據此,本紀與本碑, 二說相戾不同如此. 嘗試論之, 梁·唐二僧傳, 及三國本史皆載, 麗·濟二國佛敎之始, 在晋末大元之間, 則二道法師, 以小獸林甲戌, 到高麗明矣, 此傳不誤. 若以毗處王時方始到羅, 則是阿道留高麗百餘歲乃來也. 雖大聖行止出沒不常, 未必皆爾, 抑亦新羅奉佛, 非晩甚如此. 又若在未雛之世, 則却超先於到麗甲戌百餘年矣. 于時, 雞林未有文物禮敎, 國號猶未定, 何暇阿道來請奉佛之事 又不合高麗未到而越至于羅也. 設使暫興還廢, 何其間寂寥無聞, 而尙不識香名哉. 一何大後, 一何大先, 揆夫東漸之勢, 必始于麗·濟而終乎羅. 則訥祇旣與獸林世相接也, 阿道之辭麗抵羅, 宜在訥祇之世. 又王女救病, 皆傳爲阿道之事, 則所謂墨胡者非眞名也, 乃指目之辭. 如梁人指達摩爲碧眼胡, 晋調釋道安爲柒道人類也. 乃阿道危行避諱, 而不言名姓故也. 蓋國人隨其所聞, 以墨胡·阿道二名, 分作二人爲傳爾. 況云阿道儀表似墨胡, 則以此可驗其一人也. 道寧之序七處, 直以創開先後預言之, 兩傳失之, 故今以沙川尾躋於五次, 三千餘月, 未必盡信書. 自訥祇之世, 抵乎丁未, 无慮一百餘年, 若曰一千餘月, 則殆幾矣. 姓我單名, 疑贋難詳. 又按元魏釋曇始(一云惠始)傳云始關中人, 自出家已後, 多有異迹. 晋孝武大元九年末, 齎經律數十部, 往遼東宣化, 現授三乘, 立以歸戒, 盖高麗聞道之始也. 義熙初復還關中, 開導三輔. 始足白於面, 雖涉泥水, 未嘗沾濕, 天下咸稱白足和尙云. 晋末, 朔方凶奴赫連勃勃, 破獲關中, 斬戮無數, 時始亦遇害, 刀不能傷, 勃勃嗟嘆之, 普赦沙門, 悉皆不殺. 始於是潛遁山澤, 修頭陁行. 拓拔燾復剋長安, 擅威關·洛, 時有博陵崔皓, 小習左道, 猜嫉釋敎. 旣位居僞輔, 爲燾所信, 乃與天師寇謙之說燾, 佛敎無益, 有傷民利, 勸令廢之云云. 大平之末, 始方知燾將化時至, 乃以元會之日, 忽杖錫到宮門. 燾聞令斬之, 屢不傷, 燾自斬之亦無傷, 飼北園所養虎, 亦不敢近. 燾大生慚懼, 遂感癘疾, 崔·寇二人, 相次發惡病. 燾以過由於彼, 於是誅滅二家門族, 宣下國中, 大張佛法 始, 後不知所終. 議曰 曇始以大元末到海東, 義熙初還關中, 則留此十餘年, 何東史無文 始旣恢詭不測之人, 而與阿道·墨胡·難陁, 年事相同, 三人中疑一必其變諱也. 讚曰 雪擁金橋凍不開, 雞林春色未全廻. 可怜靑帝多才思, 先着毛郞宅裏梅.

原宗興法(距訥祇世一百餘年) 厭髑滅身

新羅本紀, 法興大王卽位十四年, 小臣異次頓爲法滅身, 卽蕭梁普通八年丁未, 西竺達摩來金陵之歲也. 是年, 朗智法師亦始住靈鷲山開法, 則大敎興衰, 必遠近相感一時, 於此可信. 元和中, 南澗寺沙門一念, 撰髑香墳禮佛結社文, 載此事甚詳. 其畧曰昔在法興大王垂拱紫極之殿, 俯察扶桑之域, 以謂昔漢明感夢, 佛法東流. 寡人自登位, 願爲蒼生, 欲造修福滅罪之處. 於是, 朝臣(鄕傳云, 工目·謁恭等)未測深意, 唯遵理國之大義, 不從建寺之神略. 大王嘆曰 於戱. 寡人以不德, 丕承大業, 上虧陰陽之造化, 下無黎庶之歡, 萬機之暇, 留心釋風, 誰與爲伴 粤有內養者, 姓朴字厭髑(或作異次, 或云伊處, 方音之別也, 譯云厭也. 髑, 頓·道·覩·獨等皆隨書者之便, 乃助辭也. 今譯上不譯下, 故云厭髑, 又厭覩等也), 其父未詳, 祖阿珍宗, 卽習寶葛文王之子也(新羅官爵凡十七級, 其第四曰波珍喰, 亦云阿珍喰也. 宗其名也, 習寶亦名也. 羅人凡追封王者, 皆稱葛文王, 其實, 史臣亦云未詳. 又按金用行撰阿道碑, 舍人時年二十六, 父吉升, 祖功漢, 曾祖乞解大王) 挺竹柏而爲質, 抱水鏡而爲志, 積善曾孫, 望宮內之爪牙, 聖朝忠臣, 企河清之登侍. 時年二十二, 當充舍人(羅爵有大舍·小舍等, 蓋下士之秩), 瞻仰龍顔, 知情擊目. 奏云 臣聞古人, 問策蒭蕘. 願以危罪啓諮. 王曰 非爾所爲. 舍人曰 爲國亡身, 臣之大節.爲君盡命, 民之直義. 以謬傳辭, 刑臣斬首, 則萬民咸伏, 不敢違敎. 王曰 解肉枰軀, 將贖一鳥.洒血摧命, 自怜七獸. 朕意利人, 何殺無罪. 汝雖作功德, 不如避罪. 舍人曰 一切難捨, 不過身命. 然, 小臣夕死, 大敎朝行, 佛日再中, 聖主長安. 王曰 鸞鳳之子, 幼有凌霄之心.鴻鵠之兒, 生懷截波之勢. 爾得如是, 可謂大士之行乎. 於焉, 大王權整威儀, 風刀東西, 霜仗南北, 以召群臣, 乃問 卿等於我欲造精舍, 故作留難(鄕傳云, 髑爲以王命傳下興工創寺之意, 群臣來諫, 王乃責怒於髑, 刑以僞傳王命) 於是, 群臣戰戰兢懼, 傯侗作誓, 指手東西. 王喚舍人而詰之, 舍人失色, 無辭以對. 大王忿怒, 勑令斬之, 有司縛到衙下, 舍人作誓, 獄吏斬之, 白乳湧出一丈(鄕傳云, 舍人誓曰 大聖法王, 欲興佛敎, 不顧身命, 多卻結緣, 天垂瑞祥, 遍示人庶. 於是, 其頭飛出, 落於金剛山頂云云) 天四黯黲, 斜景爲之晦明, 地六震動, 雨花爲之飄落. 聖人哀戚, 沾悲淚於龍衣, 冢宰憂傷, 流輕汗於蟬冕. 甘泉忽渴, 魚鼈爭躍.直木先折, 猿猱群鳴. 春宮連鑣之侶, 泣血相顧, 月庭交袖之朋, 斷腸惜別, 望柩聞聲, 如喪考妣. 咸謂子推割股, 未足比其苦節.弘演刳腹, 詎能方其壯烈. 此乃扶丹墀之信力, 成阿道之本心, 聖者也. 遂乃葬北山之西嶺(卽金剛山也. 傳云, 頭飛落處, 因葬其地, 今不言何也) 內人哀之, 卜勝地, 造蘭若, 名曰刺楸寺. 於是, 家家作禮, 必獲世榮, 人人行道, 當曉法利. 眞興大王卽位五年甲子, 造大興輪寺(按國史與鄕傳, 實, 法興王十四年丁未始開, 二十一年乙卯大伐天鏡林, 始興工, 梁棟之材, 皆於其林中取足, 而階礎石龕皆有之, 至眞興王甲子寺成. 故云甲子,僧傳云七年, 誤), 大淸之初, 梁使沈湖將舍利, 天嘉六年, 陳使劉思幷僧明觀, 奉內經幷次, 寺寺星張, 塔塔鴈行. 竪法幢, 懸梵鏡, 龍象釋徒, 爲寰中之福田, 大小乘法, 爲京國之慈雲. 他方菩薩出現於世(謂芬皇之陳那, 浮石寶蓋, 以至洛山五臺等是也), 西域名僧降臨於境, 由是併三韓而爲邦, 掩四海爲家. 故書德名於天鋇之樹, 影神跡於星河之水, 豈非三聖威之所致也(謂我道·法興·厭髑也) 降有國統惠隆·法主孝圓·金相郎·大統鹿風·大書省眞恕·波珍喰金嶷等, 建舊塋, 樹豐碑, 元和十二年丁酉八月五日, 卽第四十一憲德大王九年也. 興輪寺永秀禪師(于時, 瑜伽諸德皆稱禪師), 結湊斯塚禮佛之香徒, 每月五日, 爲魂之妙願, 營壇作梵 又鄕傳云鄕老每當忌旦, 設社會於興輪寺, 則今(八)月初五, 乃舍人捐軀順法之晨也 嗚呼. 無是君無是臣, 無是臣無是功, 可謂劉·葛魚水, 雲龍感會之美歟 法興王旣擧廢立寺, 寺成, 謝冕旒披方袍, 施宮戚爲寺隷(寺隷至今稱王孫, 後至太宗王時, 宰輔金良圖信向佛法, 有二女曰花寶·蓮寶, 捨身爲此寺婢. 又以逆臣毛尺之族, 沒寺爲隷, 二族之裔至今不絶), 主住其寺, 躬任弘化. 眞興乃繼德重聖, 承衮職處九五, 威率百僚, 號令畢備, 因賜額大王興輪寺. 前王姓金氏, 出家法雲, 字法空(僧傳與諸說亦以王妃出家名法雲, 又眞興王爲法雲, 又以爲眞興之妃名法雲, 頗多疑混)冊府元龜云姓募, 名秦. 初興役之乙卯歲, 王妃亦創永興寺, 慕史氏之遺風, 同王落彩爲尼, 名妙法, 亦住永興寺, 有年而終國史云建福三十一年, 永興寺塑像自壞, 眞興王妃比丘尼卒 按, 眞興乃法興之姪子, 妃思刀夫人朴氏, 牟梁里英失角干之女, 亦出家爲尼, 而非永興寺之創主也. 則恐眞字當作法. 謂法興之妃巴刀夫人爲尼者之卒也, 乃創寺立像之主故也. 二興捨位出家, 史不書, 非經世之訓也 又於大通元年丁未, 爲梁帝創寺於熊川州, 名大通寺(熊川卽公州也, 時屬新羅故也. 然恐非丁未也, 乃中大通元年己酉歲所創也. 始創興輪之丁未, 未暇及於他郡立寺也) 讚曰 聖智從來萬世謀, 區區輿議謾秋毫. 法輪解逐金輪轉, 舜日方將佛日高. 右原宗. 徇義輕生已足驚, 天花白乳更多情. 俄然一釰身亡後, 院院鍾聲動帝京. 右厭髑.

法王禁殺

百濟第二十九法王諱宣, 或云孝順, 開皇十(九)年己未卽位. 是年冬, 下詔禁殺生, 放民家所養鷹鸇之類, 焚漁獵之具, 一切禁止. 明年庚申, 度僧三十人, 創王興寺於時都泗沘城(今扶餘), 始立栽而升遐, 武王繼統, 父基子構, 歷數紀而畢成. 其寺亦名彌勒寺, 附山臨水, 花木秀麗, 四時之美具焉. 王每命舟, 沿河入寺, 賞其形勝壯麗(與古記所載小異, 武王是貧母與池龍通交而所生, 小名薯蕷, 卽位後諡號武王, 初與王妃草創也) 讚曰 詔寬䝘䝘千丘惠, 澤洽豚魚四海仁. 莫辱聖君輕下世, 上方兜率正芳春.

寶藏奉老 普德移庵

高麗本紀云麗季武德貞觀間, 國人爭奉五斗米敎, 唐高祖聞之, 遣道士, 送天尊像來, 講道德經, 王與國人聽之. 卽第二十七代榮留王卽位七年, 武德七年甲申也. 明年遣使往唐, 求學佛·老, 唐帝(謂高祖也)許之. 及寶藏王卽位(貞觀十六年壬寅也), 亦欲併興三敎, 時寵相蓋蘇文, 說王以儒·釋並熾而黃冠未盛, 特使於唐求道敎. 時, 普德和尙住盤龍寺, 憫左道匹正, 國祚危矣, 屢諫不聽, 乃以神力飛方丈, 南移于完山州(今全州也)孤大山而居焉, 卽永徽元年庚戌六月也(又本傳云, 乾封二年丁卯三月三日也) 未幾國滅(以摠章元年戊辰國滅, 則計距庚戌十九年矣), 今景福寺有飛來方丈是也云云(已上國史) 眞樂公留詩在堂, 文烈公著傳行世. 又按唐書云先是, 隋煬帝征遼東, 有裨將羊皿, 不利於軍, 將死有誓曰必爲寵臣滅彼國矣, 及蓋氏擅朝, 以盖爲氏, 乃以羊皿是之應也 又按高麗古記云隋煬帝以大業八年壬申, 領三十萬兵, 渡海來征, 十年甲戌十月, 高麗王(時第三十六代嬰陽王立二十五年也)上表乞降. 時有一人, 密持小弩於懷中, 隨持表使到煬帝舡中, 帝奉表讀之, 弩發中帝胸, 帝將旋師, 謂左右曰 朕爲天下之主, 親征小國而不利, 萬代之所嗤. 時右相羊皿奏曰 臣死爲高麗大臣, 必滅國, 報帝王之讎. 帝崩後, 生於高麗, 十五聰明神武. 時, 武陽王聞其賢(國史榮留王名建武, 或云建成, 而此云武陽, 未詳), 徵入爲臣, 自稱姓盖名金, 位至蘇文, 乃侍中職也(唐書云 盖蘇文自謂莫離支, 猶中書令. 又按神誌秘詞·序云 蘇文大英弘序幷注. 則蘇文乃職名, 有文證, 而傳云文人蘇英弘序, 未詳孰是) 金奏曰 鼎有三足, 國有三敎, 臣見國中, 唯有儒釋, 無道敎, 故國危矣. 王然之, 奏唐請之, 太宗遣叙達等道士八人(國史云 武德八年乙酉, 遣使入唐求佛·老, 唐帝許之. 據此則羊皿自甲戌年死, 而托生于此, 則才年十餘歲矣. 而云寵宰說王遣請, 其年月必有一誤, 今兩存) 王喜以佛寺爲道館, 尊道士, 坐儒士之上. 道士等行鎭國內有名山川, 古平壤城勢新月城也, 道士等呪勑南河龍, 加築爲滿月城, 因名龍堰城, 作讖曰龍堰堵, 且云千年寶藏堵, 或鑿破靈石(俗云都帝嵓, 亦云朝天石, 蓋昔聖帝騎此石, 朝上帝故也) 盖金又奏築長城東北西南. 時, 男役女耕, 役至十六年乃畢. 及寶藏王之世, 唐太宗親統, 以六軍來征, 又不利而還. 高宗總章元年戊辰右相劉仁軌·大將軍李勣·新羅金仁問等攻破國滅, 擒王歸唐, 寶藏王庶子率四千餘家, 投于新羅(與國史少殊, 故幷錄) 大安八年辛未, 祐世僧統到孤大山景福寺飛來方丈, 禮普聖師之眞, 有詩云涅槃方等敎, 傳受自吾師云云, 至可惜飛房後, 東明古國危, 跋云高麗藏王, 惑於道敎, 不信佛法, 師乃飛房, 南至此山. 後有神人, 現於高麗馬嶺, 告人云汝國敗亡無日矣 具如國史, 餘具載本傳與僧傳. 師有高弟十一人, 無上和尙與弟子金趣等,創金洞寺.寂滅·義融二師創珍丘寺.智藪創大乘寺.一乘與心正·大原等, 創大原寺.水淨創維摩寺.四大與契育等, 創中臺寺.開原和尙創開原寺.明德創燕口寺. 開心與普明亦有傳, 皆如本傳. 讚曰 釋氏汪洋海不窮, 百川儒·老盡朝宗. 麗王可笑封沮氵如, 不省滄溟徙臥龍.

三國遺事 卷第三 塔像第四

東京興輪寺金堂十聖

東壁坐庚向泥塑，我道，厭髑，惠宿，安含，義湘，

西壁坐甲向泥塑，表訓，虫也巴，元曉，惠空，慈藏.

迦葉佛宴坐石

玉龍集及慈藏傳與諸家傳紀皆云新羅月城東·龍宮南，有迦葉佛宴坐石. 其地卽前佛時伽藍之墟也. 今皇龍寺之地卽七伽藍之一也. 按國史眞興王卽位十四，開國三年癸酉二月，築新宮於月城99東，有皇龍現其地. 王疑之，改爲皇龍寺. 宴坐石在佛殿後面，嘗一謁焉，石之高可五六尺來，圍僅三肘幢立而平頂. 眞興創寺已來，再經災火，石有拆裂處，寺僧貼鐵爲護. 乃有讚曰惠日沈輝不記年，唯餘宴坐石依然. 桑田幾度成滄海，可惜巍然尚未遷. 旣而西山大兵已後，殿塔煨燼而此石亦夷沒，而僅與地平矣. 按阿含經，迦葉佛是賢去刀第三尊也，人壽二萬歲時，出現於世. 據此以增減法計之，每成去刀初，皆壽無量歲，漸減至壽八萬歲時，爲住去刀之初，自此又百年減一歲，至壽十歲時爲一減，又增至人壽八萬歲時爲一增，如是二十減二十增爲一住去刀. 此一住去刀中，有千佛出世，今本師釋迦是第四尊也. 四尊皆現於第九減中，自釋尊百歲壽時，至迦葉佛二萬歲時，已得二百萬餘歲，若至賢去刀初第一尊拘留孫佛時，又幾萬歲也. 自拘留孫佛時，上至去刀初無量歲壽時，又幾何也. 自釋尊下至于今至元十八年辛巳歲，已得二千二百三十矣. 自拘留孫佛歷迦葉佛時至于今，則直幾萬歲也. 有本朝名士吳世文作歷代歌，從大金貞祐七年己卯，逆數至四萬九千六百餘歲，爲盤古開闢戊寅.又延禧宮錄事金希寧所撰大一曆法，自開闢上元甲子至元豊甲子，一百九十三萬七千六百四十一歲.又纂古圖云，開闢至獲麟，二百七十六萬歲. 按諸經，且以迦葉佛時至于今，爲此石之壽，尚距於去刀初開闢時爲兒子矣. 三家之說，尚不及玆兒石之年，其於開闢之說，疎之遠矣.

遼東城育王塔

三寶感通錄載高麗遼東城傍塔者，古老傳云，昔高麗聖王按行國界次，至此城，見五色雲覆地，往尋雲中，有僧執錫而立，旣至便滅，遠看還現. 傍有土塔三重，上如覆釜，不知是何. 更往覓僧，唯有荒草，掘尋一丈，得杖幷履，又掘得銘，上有梵書. 侍臣識之，云是佛塔. 王委曲問詰，答曰 漢國有之，彼名蒲圖王(本作休屠王，祭天金人) 因生信，起木塔七重，後佛法始至，具知始末. 今更損高，本塔朽壞，育王所統一閻浮提洲，處處立塔，不足可怪. 又唐龍朔中，有事遼左，行軍薛仁貴行至隋主討遼古地，乃見山像，空曠蕭條，絶於行往，問古老，云是先代所現，便圖寫來京師(具在若函) 按西漢與三國地理志，遼東城在鴨綠之外，屬漢幽州，高麗聖王，未知何君. 或云東明聖帝，疑非也. 東明以前漢元帝建昭二年卽位，成帝鴻嘉壬寅升遐，于時漢亦未見貝葉，何得海外陪臣已能識梵書乎. 然稱佛爲蒲圖王，似在西漢之時，西域文字或有識之者，故云梵書爾. 按古傳，育王命鬼徒，每於九億人居地立一塔，如是起八萬四千於閻浮界內，藏於巨石中，今處處有現瑞非一，蓋眞身舍利，感應難思矣. 讚曰 育王寶塔遍塵寰，雨濕雲埋蘚纈斑. 想像當年行路眼，幾人指點祭神墦.

金官城婆娑石塔

金官虎溪寺婆娑石塔者, 昔此邑爲金官國時, 世祖首露王之妃, 許皇后名黃玉, 以東漢建武二十四年甲申, 自西域阿踰陁國所載來. 初公主承二親之命, 泛海將指東, 阻波神之怒, 不克而還, 白父王, 父王命載玆塔, 乃獲利涉, 來泊南涯. 有緋帆茜旗珠玉之美, 今云主浦. 初解綾袴於岡上處曰綾峴, 茜旗初入海涯曰旗出邊. 首露王聘迎之, 同御國一百五十餘年, 然于時海東未有創寺奉法之事, 蓋像敎未至, 而土人不信伏. 故本紀無創寺之文, 逮第八代銍知王二年壬辰, 置寺於其地, 又創王后寺(在阿道·訥祇王之世, 法興王之前), 至今奉福焉, 兼以鎭南倭, 具見本國本紀. 塔方四面五層, 其彫鏤甚奇, 石微赤斑色, 其質良脆, 非此方類也.本草所云點鷄冠血爲驗者是也. 金官國亦名駕洛國, 具載本紀. 讚曰 載厭緋帆茜旆輕, 乞靈遮莫海濤驚. 豈徒到岸扶黃玉, 千古南倭遏怒鯨.

高麗靈塔寺

僧傳云釋普德字智法, 前高麗龍岡縣人也 詳見下本傳. 常居平壤城, 有山方老僧, 來請講經. 師固辭不免, 赴講涅槃經四十餘卷. 罷席, 至城西大寶山嵓穴下禪觀, 有神人來請, 宜住此地. 乃置錫杖於前, 指其地曰此下有八面七級石塔, 掘之果然, 因立精舍, 曰靈塔寺, 以居之.

皇龍寺丈六

新羅第二十四眞興王卽位十四年癸酉二月, 將築紫宮於龍宮南, 有黃龍現其地, 乃改置爲佛寺, 號黃龍寺. 至己丑年, 周圍墻宇, 至十七年方畢. 未幾, 海南有一巨舫, 來泊於河曲縣之絲浦(今蔚州谷浦也), 撿看有牒文云西竺阿育王, 聚黃鐵五萬七千斤·黃金三萬分(別傳云, 鐵四十萬七千斤·金一千兩, 恐誤. 或云三萬七千斤), 將鑄釋迦三尊像, 未就, 載舡泛海而祝曰願到有緣國土, 成丈六尊容 幷載模樣一佛二菩薩像. 縣吏具狀上聞, 勅使卜其縣之城東爽塏之地, 創東竺寺, 邀安其三尊, 輸其金鐵於京師, 以大建六年甲午三月(寺中記云, 癸巳十月十七日), 鑄成丈六尊像, 一鼓而就, 重三萬五千七斤, 入黃金一萬一百九十八分, 二菩薩入鐵一萬二千斤, 黃金一萬一百三十六分, 安於皇龍寺. 明年像淚流至踵, 沃地一尺, 大王升遐之兆. 或云像成在眞平之世者, 謬也. 別本云阿育王在西竺大香華國, 生佛後一百年間, 恨不得供養眞身, 斂化金鐵若干斤, 三度鑄成無功. 時王之太子獨不預斯事, 王使詰之, 太子奏云 獨力非功, 曾知不就. 王然之, 乃載舡泛海, 南閻浮提十六大國·五百中國·十千小國·八萬聚落, 靡不周旋, 皆鑄不成, 最後到新羅國, 眞興王鑄之於文仍林, 像成. 相好畢備, 阿育此翻無憂. 後大德慈藏西學到五臺山, 感文殊現身授訣. 仍囑云 汝國皇龍寺, 乃釋迦與迦葉佛講演之地, 宴坐石猶在. 故天竺無憂王, 聚黃鐵若干斤泛海, 歷一千三百餘年, 然後乃到而國, 成安其寺, 蓋威緣使然也(與別記所載不同) 像成後, 東竺寺三尊亦移安寺中寺記云眞平五年甲辰, 金堂造成, 善德王代, 寺初主眞骨歡喜師, 第二主慈藏國統, 次國統惠訓, 次廂律師云 今兵火已來, 大像與二菩薩皆融沒, 而小釋迦猶存焉. 讚曰 塵方何處匪眞鄕, 香火因緣最我邦. 不是育王難下手, 月城來訪舊行藏.

皇龍寺九層塔

新羅第二十七善德王卽位五年, 貞觀十年丙申, 慈藏法師西學, 乃於五臺感文殊授法(詳見本傳).

文殊又云汝國王是天竺刹利種王, 預受佛記, 故別有因緣, 不同東夷·共工之族. 然以山川崎嶮, 故人性麤悖, 多信邪見, 而時或天神降禍, 然有多聞比丘, 在於國中, 是以君臣安泰, 萬庶和平矣 言已不現, 藏知是大聖變化, 泣血而退. 經由中國太和池邊, 忽有神人出問胡爲至此 藏答曰求菩提故 神人禮拜, 又問汝國有何留難 藏曰我國北連靺鞨, 南接倭人, 麗·濟二國, 迭犯封陲, 隣寇縱橫, 是爲民梗 神人云今汝國以女爲王, 有德而無威, 故隣國謀之. 宜速歸本國 藏問歸鄕將何爲利益乎 神曰皇龍寺護法龍, 是吾長子. 受梵王之命, 來護是寺, 歸本國成九層塔於寺中, 隣國降伏, 九韓來貢, 王祚永安矣. 建塔之後, 設八關會, 赦罪人, 則外賊不能爲害. 更爲我於京畿南岸置一精廬, 共資予福, 予亦報之德矣 言已遂奉玉而獻之, 忽隱不現(寺中記云, 於終南山圓香禪師處, 受建塔因由) 貞觀十七年癸卯十六日, 將唐帝所賜, 經像袈裟幣帛而還國, 以建塔之事聞於上, 善德王議於群臣, 群臣曰請工匠於百濟, 然後方可 乃以寶帛請於百濟. 匠名阿非知, 受命而來, 經營木石, 伊干龍春(一作龍樹)幹蠱, 率小匠二百人. 初立刹柱之日, 匠夢本國百濟滅亡之狀, 匠乃心疑停手, 忽大地震動, 晦冥之中, 有一老僧·一壯士, 自金殿門出, 乃立其柱, 僧與壯士皆隱不現. 匠於是改悔, 畢成其塔. 刹柱記云鐵盤已上高四十二尺, 已下一百八十三尺. 慈藏以五臺所授舍利百粒, 分安於柱中幷通度寺戒壇及大和寺塔, 以副池龍之請(大和寺在阿曲縣南, 今蔚州, 亦藏師所創也) 樹塔之後, 天地開泰, 三韓爲一, 豈非塔之靈蔭乎. 後高麗王將謀伐羅, 乃曰新羅有三寶, 不可犯也, 何謂也 皇龍丈六幷九層塔, 與眞平王天賜玉帶 遂寢其謀. 周有九鼎, 楚人不敢北窺, 此之類也. 讚曰鬼拱神扶壓帝京, 輝煌金碧動飛甍. 登臨何啻九韓伏, 始覺乾坤特地平 又海東名賢安弘撰東都成立記云新羅第二十七代, 女王爲主, 雖有道無威, 九韓侵勞, 若龍宮南皇龍寺建九層塔, 則隣國之災可鎭, 第一層日本, 第二層中華, 第三層吳越, 第四層托羅, 第五層鷹遊, 第六層靺鞨, 第七層丹國, 第八層女狄, 第九層穢貊 又按國史及寺中古記眞興王癸酉創寺後, 善德王代, 貞觀十九年乙巳, 塔初成. 三十二孝昭王卽位七年, 聖曆元年戊戌六月霹靂(寺中古記云, 聖德王代, 誤也. 聖德王代無戊戌), 第三十三聖德王代庚申歲重成.四十八景文王代戊子六月, 第二霹靂, 同代第三重修.至本朝光宗卽位五年癸丑十月, 第三霹靂, 現宗十三年辛酉, 第四重成.又靖宗二年乙亥, 第四霹靂, 又文宗甲辰年, 第五重成.又憲宗末年乙亥, 第五霹靂, 肅宗丙子, 第六重成. 又高宗十六年戊戌冬月, 西山兵火, 塔·寺·丈六殿宇皆災

皇龍寺鐘 芬皇寺藥師 奉德寺鐘

新羅第三十五景德大王, 以天寶十三甲午, 鑄皇龍寺鐘, 長一丈三寸, 厚九寸, 入重四十九萬七千五百八十一斤, 施主孝貞伊干三毛夫人, 匠人里上宅下典. 肅宗朝重成新鐘, 長六尺八寸. 又明年乙未, 鑄芬皇藥師銅像, 重三十萬六千七百斤, 匠人本彼部强古乃末. 又捨黃銅一十二萬斤, 爲先考聖德王欲鑄巨鐘一口, 未就而崩, 其子惠恭大王乾運, 以大曆庚戌十二月, 命有司鳩工徒, 乃克成之, 安於奉德寺. 寺乃孝成王開元二十六年戊寅, 爲先考聖德大王奉福所創也. 故鐘銘曰聖德大王神鐘之銘(聖德乃景德之考典光大王也. 鐘本景德爲先考所施之金, 故稱云聖德鐘爾) 朝散大夫前太子司議郞翰林郞金弼粤奉敎撰鐘銘. 文煩不錄.

靈妙寺丈六

善德王創寺塑像因緣, 具載良志法師傳, 景德王卽位二十三年, 丈六改金, 租二萬三千七百碩(良志傳, 作像之初成之費, 今兩存之)

四佛山 掘佛山 萬佛山

竹嶺東百許里，有山屹然高峙，眞平王九年丁未，忽有一大石，四面方丈，彫四方如來，皆以紅紗護之，自天墜其山頂．王聞之命駕瞻敬，遂創寺嵓側，額曰大乘寺．請比丘亡名誦蓮經者主寺，洒掃供石，香火不廢，號曰亦德山，或曰四佛山．比丘卒旣葬，塚上生蓮．又景德王遊幸栢栗寺，至山下聞地中有唱佛聲，命掘之，得大石，四面刻四方佛，因創寺，以掘佛爲號，今訛云掘石．王又聞唐代宗皇帝優崇釋氏，命工作五色氍毹，又彫沈檀木，與明珠美玉爲假山，高丈餘，置氍毹之上，山有巉嵓怪石澗穴區隔每一區內，有歌舞伎樂列國山川之狀，微風入戶，蜂蝶翱翔，鷰雀飛舞，隱約視之，莫辨眞假．中安萬佛，大者逾方寸，小者八九分，其頭或巨黍者，或半菽者，螺髻白毛，眉目的白歷，相好悉備，只可髣髴，莫得而詳，因號萬佛山．更鏤金玉爲流蘇幡蓋菴羅薝葍花果莊嚴，百步樓閣，臺殿堂榭，都大雖微，勢皆活動．前有旋遶比丘像千餘軀，下列紫金鍾三簴，皆有閣有蒲牢，鯨魚爲撞．有風而鍾鳴，旋遶僧皆仆拜至地，隱隱有梵音，盖關捩在乎鍾也．雖號萬佛，其實不可勝記．旣成，遣使獻之，代宗見之，嘆曰新羅之巧，天造非(人)巧也 乃以九光扇加置嵓岫間，因謂之佛光．四月八日，詔兩街僧徒，於內道場，禮萬佛山，命三藏不空念讚密部眞詮千遍以慶之，觀者皆嘆伏其巧．讚曰 天粧滿月四方裁，地湧明毫一夜開．妙手更煩彫萬佛，眞風要使遍三才．

生義寺石彌勒

善德王時，釋生義常住道中寺，夢有僧引上南山而行，令結草爲標，至山之南洞，謂曰我埋此處，請師出安嶺上 旣覺，與友人尋所標，至其洞掘地，有石彌勒出，置於三花嶺上．善德王十二年甲辰歲，創寺而居，後名生義寺(今訛言性義寺．忠談師每歲重三重九，烹茶獻供者，是此尊也)

興輪寺壁畵普賢

第五十四景明王時，興輪寺南門及左右廊廡，災焚未修，靖和弘繼二僧募緣將修，貞明七年辛巳五月十五日，帝釋降于寺之左經樓，留旬日，殿塔及草樹土石，皆發異香，五雲覆寺，南池魚龍喜躍跳擲，國人聚觀，嘆未曾有，玉帛粱稻施積丘山，工匠自來，不日成之．工旣畢，天帝將還，二僧白曰天若欲還宮，請圖寫聖容，至誠供養，以報天恩．亦乃因玆留影，永鎭下方焉 帝曰我之願力，不如彼普賢菩薩遍垂玄化，畵此菩薩像，虔設供養而不廢宜矣 二僧奉敎，敬畵普賢菩薩於壁間，至今猶存其像．

三所觀音 衆生寺

新羅古傳云中華天子有寵姬，美艶無雙．謂古今圖畫，尠有如此者，乃命善畫者寫眞(畫工傳失其名，或云張僧繇，則是吳人也．梁天監中爲武陵王國侍郎直秘閣知畫事，歷右將軍·吳興太守，則乃中國梁·陳間之天子也．而傳云唐帝者，海東人凡諸中國爲唐爾，其實未詳何代帝王，兩存之) 其人奉勅圖成，誤落筆汚赤毁於臍下，欲改之而不能，心疑赤誌必自天生，功畢獻之．帝目之曰形則逼眞矣，其臍下之誌，乃所內秘，何得知之幷寫 帝乃震怒，下圓扉，將加刑．丞相奏云所謂伊人其心且直，願赦宥之 帝曰彼旣賢直，朕昨夢之像，畫進不差則宥之 其人乃畫十一面觀音像呈之，協於所夢，帝於是意解赦之．其人旣免，乃與博士芬節約曰吾聞新羅國敬信佛法，與子乘桴于海，適彼同修佛事，廣益仁邦，不亦益乎 遂相與到新羅國，因成此寺大悲像，國人瞻仰，禳禱獲福，不可勝記 羅季天成中，正甫崔殷誠久無胤息，詣玆寺大慈前祈禱，有娠而生男，未盈三朔，百濟甄萱襲犯京師, 城中大潰. 殷誡抱兒來告曰鄰兵奄至, 事急矣, 赤子累重, 不能俱免. 若誠大聖之所賜, 願借大慈之力覆養之, 令我父子再得相見 涕泣悲惋, 三泣而三告之, 裹以襁褓, 藏諸猊座下, 眷眷而去. 經半月寇退, 來尋之, 肌膚如新浴, 貌體嫽好, 乳香尚痕於口. 抱持歸養, 及壯聰惠過人. 是爲承老, 位至正匡. 承老生郎中崔肅, 肅生郎中齊顔焉, 自此繼嗣不絶. 殷誡隨敬順王入本朝爲大姓. 又統和十年三月, 主寺釋性泰, 跪於菩薩前, 自言弟子久住玆寺, 精勤香火, 晝夜匪懈, 然以寺無田出, 香祀無繼, 將移他所, 故來辭爾 是日, 假寐夢大聖謂曰師且住無遠離, 我以緣化充齋費 僧忻然感悟, 遂留不行. 後十三日, 忽有二人, 馬載牛馱, 到於門前. 寺僧出問何所而來 曰我等是金州界人. 向有一比丘到我云 我住東京衆生寺久矣, 欲以四事之難, 緣化到此. 是以, 斂施隣閭, 得米六碩, 鹽四碩, 負載以來 僧曰此寺無人緣化者, 爾輩恐聞之誤 其人曰向之比丘率我輩而來, 到此師見井邊曰 距寺不遠, 我先往待之. 我輩隨逐而來 寺僧引入法堂前, 其人瞻禮大聖, 相謂曰此緣化比丘之像也 驚嘆不已. 故所納米鹽, 追年不廢. 又一夕寺門有火災, 閭里奔救, 升堂見像, 不知所在, 視之已立在庭中矣. 問其出者誰, 皆曰不知, 乃知大聖靈威也. 又大定十三年癸巳間, 有僧占崇, 得住玆寺, 不解文字, 性本純粹, 精勤火香. 有一僧欲奪其居, 訴於襯衣天使曰玆寺所以國家祈恩奉福之所, 宜選會讀文疏者主之 天使然之, 欲試其人, 乃倒授疏文, 占崇應手披讀如流. 天使服膺, 退坐房中, 俾之再讀, 崇鉗口無言. 天使曰上人良由大聖之所護也 終不奪之. 當時, 與崇同住者, 處士金仁夫, 傳諸鄉老, 筆之于傳.

栢栗寺

雞林之北岳曰金剛嶺. 山之陽有栢栗寺, 寺有大悲之像一軀. 不知作始, 而靈異頗著. 或云, 是中國之神匠塑衆生寺像時幷造也. 諺云, 此大聖曾上忉利天, 還來入法堂時, 所履石上脚迹至今不刓, 或云, 救夫禮郎還來時之所視迹也. 天授三年壬辰九月七日, 孝昭王奉大玄薩喰之子夫禮郎爲國仙, 珠履千徒, 親安常尤甚. 天授四年(□長壽二年)癸巳暮春之月, 領徒遊金蘭, 到北溟之境, 被狄賊所掠而去. 門客皆失措而還, 獨安常追迹之, 是三月十一日也. 大王聞之, 驚駭不勝曰先君得神笛, 傳于朕躬, 今與玄琴藏在內庫, 因何國仙忽爲賊俘, 爲之奈何(琴笛事具載別傳) 時有瑞雲覆天尊庫. 王又震懼使檢之, 庫內失琴·笛二寶. 乃曰朕何不予, 昨失國仙, 又亡琴·笛 乃囚司庫吏金貞高等五人. 四月募於國曰得琴·笛者, 賞之一歲租 五月十五日, 郎二親就栢栗寺大悲像前, 禋祈累夕, 忽香卓上得琴·笛二寶, 而郎·常二人來到於像後. 二親顚喜, 問其所由來, 郎曰予自被掠爲彼國大都仇羅家之牧了, 放牧於大烏羅尼野(一本作都仇家奴, 牧於大磨之野), 忽有一僧, 容儀端正, 手携琴·笛來慰曰 憶桑梓乎 予不覺跪于前曰 眷戀君親, 何論其極. 僧曰 然則, 宜從我來. 遂率至海壖, 又與安常會. 乃批笛爲兩分, 與二人各乘一隻, 自乘其琴, 泛泛歸來, 俄然至此矣 於是, 具事馳聞, 王大驚使迎郎, 隨琴·笛入內. 施鑄金銀五器二副各重五十兩, 摩衲袈裟五領, 大綃三千疋, 田一萬頃納於寺, 用答慈庥焉. 大赦國內, 賜人爵三級, 復民租三年, 主寺僧移住奉聖, 封郎爲大角干(羅之冢宰爵名), 父大玄阿喰爲太大角干, 母龍寶夫人爲沙梁部鏡井宮主, 安常師爲大統, 司庫五人皆免, 賜爵各五級. 六月十二日, 有彗星孛于東方, 十七日, 又孛于西方, 日官奏曰不封爵於琴·笛之瑞 於是, 冊號神笛爲萬萬波波息, 彗乃滅. 後多靈異, 文煩不載. 世謂安常爲俊永郎徒, 不之審也. 永郎徒, 唯眞才·繁完等知名, 皆亦不測人也(詳見別傳)

敏藏寺

禺金里貧女寶開, 有子名長春, 從海賈而征, 久無音耗. 其母就敏藏寺(寺乃敏藏角干捨家爲寺)觀音前克祈七日，而長春忽至．問其由緖，曰海中風飄舶壞，同侶皆不免，予乘隻板歸泊吳涯．吳人收之，俾耕于野，有異僧如鄕里來，吊慰勤勤，率我同行，前有深渠，僧掖我跳之，昏昏間如聞鄕音與哭泣之聲，見之乃已屆此矣．日哺時離吳，至此纔戌初 卽天寶四年乙酉四月八日也．景德王聞之，施田於寺，又納財幣焉．

前後所將舍利

國史云眞興王大淸三年己巳，梁使沈湖送舍利若干粒．善德王代貞觀十七年癸卯，慈藏法師所將佛頭骨·佛牙·佛舍利百粒，佛所著緋羅金點袈裟一領，其舍利分爲三，一分在皇龍寺，一分在太和塔，一分幷袈裟在通度寺戒壇，其餘未詳所在．壇有二級，上級之中，安石蓋如覆鑊 諺云，昔在本朝，相次有二廉使禮壇，擧石鑊而敬之，前感脩蟒在函中，後見巨蟾蹲石腹．自此不敢擧之，近有上將軍金公利生·庾侍郞碩，以高廟朝受旨，指揮江東，仗節到寺，擬欲擧石瞻禮，寺僧以往事難之，二公令軍士固擧之，內有小石函，函襲之中，貯以瑠璃筒，筒中舍利只四粒，傳示瞻敬．筒有小傷裂處，於是庾公適蓄一水精函子，遂奉施兼藏焉，識之以記，移御江都四年乙未歲也．古記稱百枚分藏三處，今唯四爾，旣隱現隨人多小，不足怪也．又諺云，其皇龍寺塔災之日，石鑊之東面始有大斑，至今猶然，卽大遼應曆三年癸丑歲也，本朝光廟五載也，塔之第三災也．曹溪無衣子留詩云聞道皇龍災塔日，連燒一面示無間 是也．自至元甲子已來，大朝使佐本國皇華，爭來瞻禮，四方雲水，輻湊來叅，或擧不擧．眞身四枚外，變身舍利，碎如砂礫，現於鑊外，而異香郁烈，彌日不歇者，比比有之．此末季一方之奇事也．唐大中五年辛未，入朝使元弘所將佛牙(今未詳所在，新羅文聖王代)，後唐同光元年癸未，本朝太祖卽位六年，入朝使尹質所將五百羅漢像，今在北崇山神光寺．大宋宣和元年己亥(睿廟十四年)，入貢使鄭克永·李之美等所將佛牙，今內殿置奉者是也．相傳云，昔義湘法師入唐，到終南山至相寺智儼尊者處．隣有宣律師，常受天供，每齋時天廚送食．一日律師請湘公齋，湘至坐定旣久，天供過時不至．湘乃空鉢而歸，天使乃至．律師問今日何故遲 天使曰滿洞有神兵遮擁，不能得入 於是，律師知湘公有神衛，乃服其道勝，仍留其供具，翌日又邀儼·湘二師齋，具陳其由，湘公從容謂宣曰師旣被天帝所敬，嘗聞帝釋宮有佛四十齒之一牙，爲我等輩，請下人間爲福如何 律師後與天使傳其意於上帝，帝限七日送與湘公．致敬訖，邀安大內．後至大宋徽宗朝，崇奉左道，時國人傳圖讖曰金人敗國 黃巾之徒，諷日官奏曰金人者，佛敎之謂也，將不利於國家 議將破滅釋氏，坑諸沙門，焚燒經典，而別造小舡，載佛牙泛於大海，任隨緣流泊．于時，適有本朝使者，至宋聞其事，以天花茸五十領·紵布三百疋，行賂於押舡內史，密授佛牙，但流空舡．使臣等旣得佛牙來奏，於是睿宗大喜，奉安于十員殿左掖小殿，常鑰匙殿門，施香燈于外．每親幸日，開殿瞻敬．至壬辰歲移御次，內官悤遽中忘不收檢，至丙申四月，御願堂神孝寺釋蘊光請致敬佛牙，聞于上，勅令內臣遍檢宮中，無得也．時柏臺侍御史崔沖命薛伸，急徵于諸謁者房，皆未知所措．內臣金承老奏曰壬辰年移御時紫門日記推看 從之，記云入內侍大府卿李白全受佛牙函云．召李詰之，對曰請歸家更尋私記 到家檢看，得左番謁者金瑞龍佛牙函准受記，來呈．召問瑞龍，無辭以對．又以金承老所奏云壬辰至今丙申五年間，御佛堂及景靈殿上守等，囚禁問當 依違未決．隔三日，夜中瑞龍家園墻裏，有投擲物聲，以火撿看，乃佛牙函也．函本內一重沈香合，次重純金合，次外重白銀函，次外重瑠璃函，次外重螺鈿函，各幅子如之，今但瑠璃函爾．喜得之，入達于內，有司議，金瑞龍及兩殿上守皆誅，晋陽府奏云因佛事，不合多傷人 皆免之．更勅十員殿中庭特造佛牙殿安之，令將士守之，擇吉日，請神孝寺上房蘊光，領徒三十人，入內設齋敬之．其日入直承宣崔弘·上將軍崔公衍李令長·內侍茶房等侍立于殿庭，依次頂戴敬之，佛牙區穴間，舍利不知數，晋陽府以白銀合貯而安之．時，主上謂臣下曰朕自亡佛牙已來，自生四疑．一疑，天宮七日限滿而上天矣.二疑，國亂如此，牙旣神物，且移有緣無事之邦矣.三疑，貪財小人，盜取函幅，棄之溝壑矣.四疑，盜取珍利，而無計自露，匿藏家中矣．今第四疑當之矣 乃放聲大哭，滿庭皆洒涕獻壽，至有煉頂燒臂者，不可勝計．得此實錄於當時內殿焚修前祇林寺大禪師覺猷，言親所眼見，使予錄之．又至庚午出都之亂，顚沛之甚，過於壬辰，十員殿監主禪師心鑑亡身佩持，獲免於賊難，達於大內，大賞其功，移授名刹，今住氷山寺，是亦親聞於彼．眞興王代天嘉六年乙酉，陳使劉思與釋明觀，載送佛經論一千七百餘卷．貞觀十七年，慈藏法師載三藏四百餘函來，安于通度寺．興德王代大和元年丁未，入學僧高麗釋丘德，齎佛經若干函來，王與諸寺僧徒出迎于興輪寺前路．大中五年，入朝使元弘，齎佛經若干軸來．羅末普耀禪師再至吳越，載大藏經來，卽海龍王寺開山祖也．大宋元祐甲戌，有人眞讚云偉哉初祖，巍乎眞容，再至吳越，大藏成功．賜銜普耀，鳳詔四封，若問其德，白月淸風 又大定中,漢南管記彭祖逖留詩云水雲蘭若住空王，况是神龍穩一場．畢竟名藍誰得似，初傳像敎自南方 有跋云昔普耀禪師始求大藏於南越，洎旋返次，海風忽起，扁舟出沒於波間，師卽言曰 意者，神龍欲留經耶．遂呪願乃誠，兼奉龍歸焉，於是風靜波息，旣得還國．遍賞山川，求可以安邀處，至此山，忽見瑞雲起於山上，乃與高第弘慶經營蓮社．然則，像敎之東漸，實始乎此.漢南管記彭祖逖題 寺有龍王堂，頗多靈異，乃當時隨經而來止者也，至今猶存．又天成三年戊子，黙和尙入唐，亦載大藏經來.本朝睿廟時，慧照國師奉詔西學，市遼本大藏三部而來，一本今在定惠寺(海印寺有一本，許叅政宅有一本) 大安二年，本朝宣宗代，祐世僧統義天入宋，多將天台敎觀而來．此外方冊所不載，高僧信士往來所齎，不可詳記．大敎東漸，洋洋乎慶矣哉．讚曰華月夷風尙隔煙，鹿園鶴樹二千年．流傳海外眞堪賀，東震西乾共一天 按此錄義湘傳云永徽初，入唐謁智儼 然據浮石本碑，湘武德八年生，丱歲出家，永徽元年庚戌，與元曉同伴欲西入，至高麗有難而廻，至龍朔元年辛酉入唐，就學於智儼．總章元年，儼遷化，咸亨二年，湘來還新羅，長安二年壬寅示滅，年七十八．則疑與儼公齋於宣律師處，請天宮佛牙，在辛酉至戊辰七八年間也，本朝高廟入江都壬辰年，疑天宮七日限滿者，誤矣．忉利天一日夜當人間一百歲，且從湘公初入唐辛酉，計至高廟壬辰，六百九十三歲也，至庚子年，始滿七百年而七日限已滿矣．至出都至元七年庚午，則七百三十年．若如天言而七日後還天宮，則禪師心鑑出都時，佩持出獻者，恐非眞佛牙也．於是，年春出都前，於大內集諸宗名德，乞佛牙·舍利，精勤雖切而不得一枚，則七日限滿上天者，幾矣．二十一年甲申，修補國淸寺金塔，國主與莊穆王后，幸妙覺寺，集衆慶讚訖，右佛牙與洛山水精念珠·如意珠，君臣與大衆，皆瞻奉頂戴，後幷納金塔內．予亦預斯會，而親見所謂佛牙者，長三寸許，而無舍利焉．無極記．

彌勒仙花 未尸郞 眞慈師

第二十四眞興王，姓金氏，名彡麥宗，一作深麥宗．以梁大同六年庚申卽位，慕伯父法興之志，一心奉佛，廣興佛寺，度人爲僧尼．又天性風味，多尙神仙，擇人家娘子美艶者，捧爲原花，要聚徒選士，敎之以孝悌忠信，亦理國之大要也．乃取南毛娘·姣貞娘兩花，聚徒三四百人．姣貞者嫉妬毛娘，多置酒飮毛娘，至醉潛舁去北川中，擧石埋殺之，其徒罔知去處，悲泣而散．有人知其謀者，作歌誘街巷小童，唱於街，其徒聞之，尋得其尸於北川中，乃殺姣貞娘．於是，大王下令，廢原花累年，王又念欲興邦國，須先風月道，更下令選良家男子有德行者，改爲花娘，始奉薛原郞爲國仙，此花郞·國仙之始．故竪碑於溟州，自此使人悛惡更善，上敬下順，五常六藝，三師六正，廣行於代(國史，眞智王大建八年庚申，始奉花郞，恐史傳乃誤) 及眞智王代，有興輪寺僧眞慈(一作貞慈也)，每就堂主彌勒像前發原誓言願我大聖化作花郎，出現於世，我常親近睟容，奉以□周旋 其誠懇至禱之情，日益彌篤，一夕夢有僧謂曰汝往熊川(今公州)水源寺，得見彌勒仙花也 慈覺而驚喜，尋其寺，行十日程，一步一禮，及到其寺，門外有一郎，濃纖不爽，盼倩而迎，引入小門，邀致賓軒，慈且升且揖曰郎君素昧平昔，何見待殷勤如此 郎曰我亦京師人也，見師高蹈遠屆，勞來之爾 俄而出門，不知所在. 慈謂偶爾，不甚異之，但與寺僧叙曩昔之夢與來之之意，且曰暫寓下榻，欲待彌勒仙花何如 寺僧欺其情蕩然而見其懃恪，乃曰此去南隣有千山，自古賢哲寓止，多有冥感，盍歸彼居 慈從之，至於山下，山靈變老人出迎曰到此奚爲 答曰願見彌勒仙花爾 老人曰向於水源寺之門外，已見彌勒仙花，更來何求 慈聞卽驚汗，驟還本寺，居月餘. 眞智王聞之，徵詔問其由，曰郎旣自稱京師人，聖不虛言，盍覓城中乎 慈奉宸旨，會徒衆，遍於閭閻間物色求之，有一小郎子，斷紅齊具，眉彩秀麗，靈妙寺之東北路傍樹下，婆娑而遊. 慈迓之驚曰此彌勒仙花也 乃就而問曰郎家何在，願聞芳氏 郎答曰我名未尸，兒孩時爺孃俱歿，未知何姓 於是，肩輿而入見於王，王敬愛之，奉爲國仙. 其和睦子弟，禮義風敎，不類於常，風流耀世幾七年，忽亡所在. 慈哀懷殆甚，然飮沐慈澤，呢承淸化，能自悔改，精修爲道，晩年亦不知所終. 說者曰，未與彌聲相近，尸與力形相類，乃託其其近似而相謎也. 大聖不獨感慈之誠款也，抑有緣于玆土，故比比示現焉. 至今國人稱神仙曰彌勒仙花，凡有媒係於人者曰未尸，皆慈氏之遺風也. 路傍樹至今名見郎樹，又俚言似如樹(一作印如樹). 讚曰 尋芳一步一瞻風，到處栽培一樣功. 驀地春歸無覓處，誰知頃刻上林紅.

南白月二聖 努肹夫得 怛怛朴朴

白月山兩聖成道記云，白月山在新羅仇史郡之北(古之屈自郡，今義安郡)，峯巒奇秀，延袤數百里，眞巨鎭也. 古老相傳云，昔唐皇帝嘗鑿一池，每月望前，月色滉朗，中有一山，嵓石如師子，隱映花間之影，現於池中. 上命畫工圖其狀，遣使搜訪天下，至海東見此山有大師子嵓. 山之西南二步許有三山，其名花山(其山一體三首，故云三山)，與圖相近. 然未知眞僞，以隻履懸於師子嵓之頂，使還奏聞，履影亦現池. 帝乃異之，賜名曰白月山(望前白月影現，故以名之)，然後池中無影. 山之東南三千步許，有仙川村，村有二人，其一曰努肹夫得(一作等)，父名月藏，母味勝.其一曰怛怛朴朴，父名修梵，母名梵摩(鄕傳云雉山村，誤矣. 二士之名方言，二家各以二士心行，騰騰苦節二義，名之爾) 皆風骨不凡，有域外遐想，而相與友善. 年皆弱冠，往依村之東北嶺外法積房，剃髮爲僧. 未幾，聞西南雉山村·法宗谷·僧道村有古寺，可以栖眞，同往大佛田·小佛田二洞各居焉. 夫得寓懷眞庵，一云壤寺(今懷眞洞有古寺基，是也).朴朴居瑠璃光寺(今梨山上有寺基，是也)，皆挈妻子而居. 經營產業，交相來往，棲神安養，方外之志，未常暫廢. 觀身世無常，因相謂曰腴田美歲良利也，不如衣食之應念而至，自然得飽煖也.婦女屋宅情好也，不如蓮池華藏千聖共遊，鸚鵡孔雀以相娛也. 況學佛當成佛，修眞必得眞. 今我等旣落彩爲僧，當脫略纏結，成無上道，豈宜汨沒風塵，與俗輩無異也. 遂唾謝人間世，將隱於深谷. 夜夢白毫光自西而至，光中垂金色臂，摩二人頂. 及覺說夢，與之符同，皆感嘆久之. 遂入白月山無等谷(今南洞也)，朴朴師占北鎭嶺師子嵓，作板屋八尺房而居，故云板房.夫得師占東嶺磊石下有水處，亦成方丈而居焉，故云磊房(鄕傳云，夫得處山北瑠璃洞，今板房.朴朴居山南法精洞磊房，與此相反. 以今驗之,鄕傳誤矣)，各庵而居. 夫得勤求彌勒，朴朴禮念彌陁. 未盈三載，景龍三年己酉四月八日，聖德王卽位八年也，日將夕，有一娘子年幾二十，姿儀殊妙，氣襲蘭麝，俄然到北庵(鄕傳云南庵)，請寄宿焉，因投詞曰行逢日落千山暮，路隔城遙絶四隣. 今日欲投庵下宿，慈悲和尙莫生嗔 朴朴曰蘭若護淨爲務，非爾所取近. 行矣，無滯此處. 閉門而入(記云我百念灰冷，無以血囊見試) 娘歸南庵(傳曰北庵)，又請如前，夫得曰汝從何處，犯

夜而來 娘答曰湛然與太虛同體，何有往來．但聞賢士志願深重，德行高堅，將欲助成菩提耳 因投一偈曰日暮千山路，行行絶四隣．竹松陰轉邃，溪洞響猶新．乞宿非迷路，尊師欲指津．願惟從我請，且莫問何人 師聞之驚駭，謂曰此地非婦女相汚，然隨順衆生，亦菩薩行之一也．况窮谷夜暗，其可忽視歟．乃迎揖庵中而置之．至夜淸心礪操，微燈半壁，誦念厭厭，及夜將艾，娘呼曰予不幸適有産憂，乞和尙排備苫草 夫得悲矜莫逆，燭火殷勤，娘旣産，又請浴．努肹慚懼交心，然哀憫之情有加無已，又備盆槽，坐娘於中，薪湯以浴之．旣而槽中之水春氣郁烈，變成金液．努肹大駭，娘曰吾師亦宜浴此 肹勉强從之，忽覺精神爽凉，肌膚金色，視其傍忽生一蓮臺．娘勸之坐，因謂曰我是觀音菩薩，來助大師，成大菩提矣 言訖不現．朴朴謂肹今夜必染戒，將歸听之，旣至，見肹坐蓮臺，作彌勒尊像，放光明，身彩檀金，不覺扣頭而禮曰何得至於此乎 肹具叙其由，朴朴嘆曰我乃障重，幸逢大聖，而反不遇．大德至仁，先吾著鞭，願無忘昔日之契，事須同攝 肹曰槽有餘液，但可浴之 朴朴又浴，亦如前成無量壽，二尊相對儼然．山下村民聞之，競來瞻仰，嘆曰希有，希有．二聖爲說法要，全身躡雲而逝．天寶十四年乙未，新羅景德王卽位(古記云，天鑑二十四年乙未法興卽位，何先後倒錯之甚如此)，聞斯事，以丁酉歲遣使創大伽藍，號白月山南寺，廣德二年(古記云大曆元年，亦誤)甲辰七月十五日，寺成，更塑彌勒尊像，安於金堂，額曰現身成道彌勒之殿，又塑彌陁像安於講堂，餘液不足，塗浴未周，故彌陁像亦有斑駁之痕，額曰現身成道無量壽殿．議曰，娘可謂應以婦女身攝化者也.華嚴經摩耶夫人善知識，寄十一地生佛如幻解脫門，今娘之桷産微意在此．觀其投詞，哀婉可愛，宛轉有天仙之趣．嗚呼．使娘婆不解隨順衆生語言陁羅尼，其能若是乎 其末聯宜云淸風一榻莫予嗔，然不爾云者，盖不欲同乎流俗語爾．讚曰 滴翠嵓前剝啄聲，何人日暮扣雲扃．南庵且近宜尋去，莫踏蒼苔汚我庭．右北庵．谷暗何歸已暝煙，南窗有簟且流連．夜闌百八深深轉，只恐成喧惱客眠．右南庵．十里松陰一徑迷，訪僧來試夜招提．三槽浴罷天將曉，生下雙兒擲向西．右聖娘.

芬皇寺千手大悲 盲兒得眼

景德王代，漢歧里女希明之兒，生五稔而忽盲．一日其母抱兒詣芬皇寺左殿北壁畫千手大悲前，令兒作歌禱之，遂得明．其詞曰膝肹古召旀，二尸掌音毛乎支內良．千手觀音叱前良中，祈以支白屋尸置內乎多，千隱手□叱千隱目肹．一等下叱放一等肹除惡支，二于萬隱吾羅，一等沙隱賜以古只內乎叱等．邪阿邪也，吾良遺知支賜尸等焉，放冬矣用屋尸慈悲也根古 讚曰 竹馬葱笙戱陌塵，一朝雙碧失瞳人．不因大士廻慈眼，虛度楊化幾社春.

洛山二大聖 觀音正趣 調信

昔，義湘法師始自唐來還，聞大悲眞身住此海邊窟內，故因名洛山，盖西域寶陁洛伽山，此云小白華，乃白衣大士眞身住處，故借此名之．齋戒七日，浮座具晨水上，龍天八部侍從，引入崛內．叅禮空中，出水精念珠一貫給之，湘領受而退．東海龍亦獻如意寶珠一顆．師捧出，更齋七日，乃見眞容，謂曰於座上山頂雙竹湧生，當其地作殿宜矣 師聞之出崛，果有竹從地湧出．乃作金堂，塑像而安之，圓容麗質，儼若天生.其竹還沒，方知正是眞身住也，因名其寺曰洛山．師以所受二珠，鎭安于聖殿而去．後有元曉法師，繼踵而來，欲求瞻禮．初，至於南郊水田中，有一白衣女人刈稻，師戱請其禾，女以稻荒戱答之．又行至橋下，一女洗月水帛，師乞水，女酌其穢水獻之，師覆棄之，更酌天水而飮之．時，野中松上有一靑鳥，呼曰休醍醐和尙，忽隱不現，其松下有一隻脫鞋．師旣到寺,觀音座下又有前所見脫鞋一隻, 方知前所遇聖女乃眞身也. 故, 時人謂之觀音松. 師欲入聖崛, 更覩眞容, 風浪大作, 不得入而去. 後有崛山祖師梵日, 太和年中入唐, 到明州開國寺, 有一沙彌截左耳, 在衆僧之末, 與師言曰吾亦鄉人也. 家在溟州界翼嶺縣德耆坊, 師他日若還本國, 須成吾舍旣而遍遊叢席, 得法於鹽官(事具在本傳), 以會昌七年丁卯還國, 先創崛山寺而傳敎. 大中十二年戊寅二月十五日, 夜夢昔所見沙彌到窗下, 曰昔在明州開國寺, 與師有約, 旣蒙見諾, 何其晚也 祖師驚覺, 押數十人, 到翼嶺境, 尋訪其居, 有一女居洛山下村, 問其名, 曰德耆. 女有一子年才八歲, 常出遊於村南石橋邊, 告其母曰吾所與遊者, 有金色童子 母以告于師, 師驚喜, 與其子尋所遊橋下, 水中有一石佛舁出之, 截左耳, 類前所見沙彌, 卽正趣菩薩之像也. 乃作簡子, 卜其營構之地, 洛山上方吉. 乃作殿三間安其像(古本載梵日事在前, 湘·曉二師在後, 然按湘·曉二師糸(事在)於高宗之代, 梵日在於會昌之後, 相去一百七十餘歲. 故今前却而編次之. 或云, 梵日爲湘之門人, 謬妄也) 後百餘年, 野火連延到此山, 唯二聖殿獨免其災, 餘皆煨燼. 及西山大兵已來, 癸丑甲寅年間, 二聖眞容及二寶珠, 移入襄州城, 大兵來攻甚急, 城將陷時, 住持禪師阿行(古名希玄)以銀合盛二珠, 佩持將逃逸, 寺奴名乞升奪取, 深埋於地, 誓曰我若不免死於兵, 則二寶珠終不現於人間, 人無知者. 我若不死, 當奉二寶獻於邦家矣 甲寅十月二十二日城陷, 阿行不免而乞升獲免. 兵退後掘出, 納於溟州道監倉使. 時, 郎中李祿綏爲監倉使, 受而藏於監倉庫中, 每交代傳受. 至戊午十月, 本業老宿祇林寺住持大禪師覺猷奏曰洛山三珠, 國家神寶, 襄州城陷時, 寺奴乞升埋於城中, 兵退, 取納監倉使, 藏在溟州營庫中. 今溟州城殆不能守矣, 宜輸安御府 主上允可. 發夜別抄十人, 率乞升, 取於溟州城, 入安於內府, 時使介十人各賜銀一斤·米五石. 昔, 新羅爲京師時, 有世逵寺(今興敎寺也)之莊舍, 在溟州㮈李郡(按地理志, 溟州無㮈李郡, 唯有㮈城郡, 本㮈生郡, 今寧越. 又牛首州領縣有㮈靈郡, 本㮈已郡, 今剛州. 牛首州今春州, 今言㮈李郡, 未知孰是), 本寺遣僧調信爲知莊. 信到莊, 上悅(太)守金昕公之女, 惑之深, 屢就洛山大悲前, 潛祈得幸, 方數年間, 其女已有配矣. 又往堂前怨大悲之不遂己, 哀泣至日暮, 情思倦憊, 俄成假寢, 忽夢金氏娘, 容豫入門, 粲然啓齒而謂曰兒早識上人於半面, 心乎愛矣, 未嘗暫忘, 迫於父母之命, 强從人矣. 今願爲同穴之友, 故來爾 信乃顚喜, 同歸鄉里, 計活四十餘霜, 有兒息五, 家徒四壁, 藜藿不給, 遂乃落魄扶攜, 糊其口於四方. 如是十年, 周流草野, 懸鶉百結, 亦不掩體. 適過溟州蟹縣嶺, 大兒十五歲者忽餧死, 痛哭收瘞於道, 從率餘四口, 到羽曲縣(今羽縣也), 結茅於路傍而舍. 夫婦老且病, 飢不能興, 十歲女兒巡乞, 乃爲里獒所噬, 號痛臥於前. 父母爲之歔欷, 泣下數行, 婦乃皺澁拭涕, 倉卒而語曰予之始遇君也, 色美年芳, 衣袴稠鮮, 一味之甘, 得與子分之, 數尺之煖, 得與子共之, 出處五十年, 情鍾莫逆, 恩愛綢繆, 可謂厚緣. 自比年來, 衰病日益深, 飢寒日益迫, 傍舍壺漿, 人不容乞, 千門之恥, 重似丘山. 兒寒兒飢, 未遑計補, 何暇有愛悅夫婦之心哉, 紅顔巧笑, 草上之露, 約束芝蘭, 柳絮飄風. 君有我而爲累, 我爲君而足憂, 細思昔日之歡, 適爲憂患所階. 君乎予乎, 奚至此極, 與其衆鳥之同餧, 焉知隻鸞之有鏡, 寒棄炎附, 情所不堪, 然而行止非人, 離合有數, 請從此辭 信聞之大喜, 各分二兒將行, 女曰我向桑梓, 君其南矣 方分手進途而形開, 殘燈翳吐, 夜色將闌. 及旦鬢髮盡白, 惘惘然殊無人世意, 已厭勞生, 如飫百年苦, 貪染之心, 洒然氷釋. 於是, 慚對聖容, 懺滌無已. 歸撥蟹峴所埋兒, 乃石彌勒也. 灌洗奉安于隣寺, 還京師, 免莊任, 傾私財, 創淨土寺, 懃修白業, 後莫知所終. 議曰 讀此傳, 掩卷而追繹之, 何必信師之夢爲然. 今皆知其人世之爲樂, 欣欣然役役然, 特未覺爾. 乃作詞誡之曰快適須臾意已閑, 暗從愁裏老蒼顔. 不須更待黃粱熟, 方悟勞生一夢間. 治身臧否先誠意,鰥夢蛾眉賊夢藏. 何以秋來淸夜夢, 時時合眼到淸凉.

魚山佛影

古記云萬魚山者古之慈成山也，又阿耶斯山(當作摩耶斯，此云魚也) 傍有呵囉國，昔天卵下于海邊，作人御國，卽首露王. 當此時，境內有玉池，池有毒龍焉. 萬魚山有五羅刹女，往來交通，故時降電雨，歷四年，五穀不成. 王呪禁不能，稽首請佛說法，然後羅刹女受五戒而無後害，故東海魚龍遂化爲滿洞之石，各有鍾磬之聲(已上古記) 又按，大定二十年庚子，卽明宗十年也，始創萬魚寺，棟梁寶林狀奏所稱山中奇異之迹，與北天竺訶羅國佛影事符同者有三.一，山之側近地梁州界玉池，亦毒龍所蟄是也.二，有時自江邊雲氣始出，來到山頂，雲中有音樂之聲是也.三，影之西北有盤石，常貯水不絶，云是佛浣濯袈裟之地是也. 已上皆寶林之說，今親來瞻禮，亦乃彰彰可敬信者有二.洞中之石，凡三分之二皆有金玉之聲，是一也.遠瞻卽現，近瞻不見，或見頁等，是一也. 北天之文，具錄於後. 可函觀佛三昧經第七卷云佛到耶乾訶羅國古仙山，薝葍花林毒龍之側，靑蓮花泉北，羅刹穴中，阿那斯山南. 爾時，彼穴有五羅刹，化作女龍，與毒龍通，龍復降雹，羅刹亂行，飢饉疾疫，已歷四年. 王驚懼，禱祀神祇，於事無益. 時有梵志聰明多智，白言大王伽毗羅淨飯王子，今者成道號釋迦文，王聞是語，心大歡喜，向佛作禮曰云 何今日佛日已興，不到此國 爾時，如來勅諸比丘，得六神通者，隨從佛後，受那乾訶羅王弗婆浮提請. 爾時，世尊頂放光明，化作一萬諸大化佛，往至彼國. 爾時，龍王及羅刹女，五體投地，求佛受戒. 佛卽爲說三歸五戒，龍王聞已，長跪合掌勸請世尊常住此間，佛若不在，我有惡心，無由得成阿耨菩提. 時，梵天王復來禮佛，請婆伽婆爲未來世諸衆生故，莫獨偏爲此一小龍，百千梵王皆作是請. 時，龍王出七寶臺，奉上如來. 佛告龍王 不須此臺，汝今但以羅刹石窟持以施我. 龍歎喜(云云). 爾時，如來安慰龍王 我受汝請，坐汝窟中，經千五百歲. 佛湧身入石，猶如明鏡，人見面像，諸龍皆現，佛在石內，映現於外. 爾時，諸龍合掌歡喜，不出其地，常見佛日. 爾時，世尊結伽趺坐在石壁內，衆生見時，遠望卽現，近則不現. 諸天供養佛影，影亦說法 又云佛蹴嵓石之上，卽便成金玉之聲高僧傳云惠遠聞天竺有佛影，昔爲龍所留之影，在北天竺月支國那竭呵城南古仙人石室中(云云) 又法現西域傳云至那竭國界，那竭城南半由旬有石室，博山西南面，佛留影此中. 去十餘步觀之，如佛眞形，光明炳著，轉遠轉微. 諸國王遣工摹寫，莫能髣髴. 國人傳云，賢劫千佛，皆當於此留影，影之西百步許，有佛在時剃髮剪爪之地(云云) 星函西域記第二卷云昔，如來在世之時，此龍爲牧牛之士，供王乳酪，進奏失宜，旣獲譴嘖，心懷恚恨，以金錢買花供養，授記窣堵婆，願爲惡龍破國害王，特趣石壁，投身而死，遂居此窟爲大龍王. 適起惡心，如來鑑此，變神通力而來至. 此龍見佛，毒心遂止，受不殺戒，因請如來常居此穴，常受我供，佛言 吾將寂滅，爲汝留影，汝若毒忿，常觀吾影，毒心當止. 攝神獨入石室，遠望卽現，近則不現. 又令石上蹴爲七寶(云云) 已上皆經文，大略如此. 海東人名此山爲阿那斯，當作摩那斯，此翻爲魚. 盖取彼北天事而稱之爾.

臺山五萬眞身

按山中古傳，此山之署名眞聖住處者，始自慈藏法師. 初，法師欲見中國五臺山文殊眞身，以善德王代，貞觀十年丙申(唐僧傳云十二年，今從三國本史)入唐，初至中國太和池邊，石文殊處，虔祈七日，忽夢大聖授四句偈，覺而記憶，然皆梵語，罔然不解. 明旦忽有一僧，將緋羅金點袈裟一領·佛鉢一具·佛頭骨一片，到于師邊，問何以無聊 師答以夢所受四句偈，梵音不解爲辭，僧譯之云呵囉婆佐曩，是曰了知一切法.達㘑哆佉嘢，云自性無所有.曩伽呬伽曩，云如是解法性.達㘑盧舍那，云卽見盧舍那 仍以所將袈裟等，付而囑云此是本師釋迦世尊之道具也. 汝善護持 又曰汝本國艮方溟州界有五臺山，一萬文殊常住在彼，汝往見之 言已不現. 遍尋靈迹，將欲東還，太和池龍現身請齋, 供養七日. 乃告云昔之傳偈老僧, 是眞文殊也 亦有叮囑創寺立塔之事, 具載別傳. 師以貞觀十七年來到此山, 欲覩眞身, 三日晦陰, 不果而還. 復住元寧寺, 乃見文殊云, 至葛蟠處, 今淨嵓寺是(亦載別傳) 後有頭陁信義, 乃梵日之門人也, 來尋藏師憩息之地, 創庵而居. 信義旣卒, 庵亦久廢, 有水多寺長老有緣, 重創而居, 今月精寺是也. 藏師之返新羅, 淨神大王太子寶川·孝明二昆弟(按國史, 新羅無淨神·寶川·孝明三父子明文. 然此記下文云神龍元年開土立寺, 則神龍乃聖德王卽位四年乙巳也. 王名興光, 本名隆基, 神文之第二子也. 聖聖之兄孝照名理恭, 一作洪, 亦神文之子. 神文政明字日照, 則淨神恐政明·神文之訛也. 孝明, 乃孝照一作昭之訛也. 記云孝明卽位而神龍年開土立寺云者, 亦不細詳言之爾, 神龍年立寺者乃聖德王也), 到河西府(今溟州及有河西郡是也. 一作河曲縣, 今蔚州非是也)世獻角干之家留一宿, 翌日過大嶺, 各領千徒, 到省烏坪遊覽累日. 忽一夕昆弟二人, 密約方外之志, 不令人知, 逃隱入五臺山(古記云太和元年戊申八月初, 王隱山中 恐此文大誤. 按孝照一作昭, 以天授三年壬辰卽位, 時年十六, 長安二年壬寅崩, 壽二十六. 聖德以是年卽位, 年二十二. 若曰太和元年戊申, 則先於孝照卽位甲辰已過四十五歲, 乃太宗·文武王之世也. 以此知此文爲誤, 故不取之) 侍衛不知所歸, 於是還國. 二太子到山中, 靑蓮忽開地上. 兄太子結庵而止住, 是曰寶川庵. 向東北行六百餘步, 北臺南麓亦有靑蓮開處, 弟太子孝明又結庵而止, 各懃修業. 一日同上五峯瞻禮次, 東臺滿月山, 有一萬觀音眞身現在, 南臺麒麟山, 八大菩薩爲首一萬地藏, 西臺長嶺山, 無量壽如來爲首一萬大勢至, 北臺象王山, 釋迦如來爲首五百大阿羅漢, 中臺風盧山亦名地盧山, 毗盧遮那爲首一萬文殊. 如是五萬眞身一一瞻禮. 每日寅朝, 文殊大聖到眞如院·今上院, 變現三十六種形. 或時現佛面形, 或作寶珠形, 或作佛眼形, 或作佛手形, 或作寶塔形, 或萬佛頭形, 或作萬燈形, 或作金橋形, 或作金鼓形, 或作金鍾形, 或作神通形, 或作金樓形, 或作金輪形, 或作金剛杵形, 或作金甕形, 或作金鈿形, 或五色光明形, 或五色圓光形, 或吉祥草形, 或靑蓮花形, 或作金田形, 或作銀田形, 或作佛足形, 或作雷電形, 或(如)來湧出形, 或地神湧出形, 或作金鳳形, 或作金烏形, 或馬産師子形, 或雞産鳳形, 或作靑龍形, 或作白象形, 或作鵲鳥形, 或牛産師子形, 或作遊猪形, 或作靑蛇形. 二公每汲洞中水, 煎茶獻供, 至夜各庵修道. 淨神王之弟與王爭位, 國人廢之, 遣將軍四人到山迎之. 先到孝明庵前呼萬歲, 時有五色雲, 七日垂覆. 國人尋雲而畢至, 排列鹵簿, 將邀兩太子而歸, 寶川哭泣以辭, 乃奉孝明歸卽位. 理國有年(記云, 在位二十餘年, 盖崩年壽二十六之訛也. 在位但十年爾. 又神文之弟爭位事國史無文, 未詳), 以神龍元年(乃唐中宗復位之年, 聖德王卽位四年也)乙巳三月初四日始改創眞如院, 大王親率百寮到山, 營搆殿堂, 竝塑泥像文殊大聖安于堂中, 以知識靈卞等五員, 長轉華嚴經, 仍結爲華嚴社, 長年供費, 每歲春秋, 各給近山州縣倉租一百石·淨油一石, 以爲恒規. 自院西行六千步, 至牟尼岾·古伊峴外, 柴地十五結, 栗枝六結, 坐位二結, 創置莊舍焉. 寶川常汲服其靈洞之水, 故晩年肉身飛空, 到流沙江外蔚珍國掌天窟停止, 誦隨求陁羅尼, 日夕爲課, 窟神現身白云我爲窟神已二千年, 今日始聞隨求眞詮 請受菩薩戒. 旣受已, 翌日窟亦無形, 寶川驚異. 留二十日乃還五臺山神聖窟, 又修眞五十年, 忉利天神三時聽法, 淨居天衆烹茶供獻, 四十聖騰空十尺, 常時護衛, 所持錫杖一日三時作聲, 遶房三匝, 用此爲鍾磬. 隨時修業, 文殊或灌水寶川頂, 爲授成道記莂. 川將圓寂之日, 留記後來山中所行輔益邦家之事云此山乃白頭山之大脉, 各臺眞身常住之地. 靑在東臺北角下·北臺南麓之末, 宜置觀音房, 安圓像觀音及靑地畫一萬觀音像, 福田五員, 晝讀八卷金經·仁王·般若·千手呪, 夜念觀音禮懺, 稱名圓通社. 赤(在)南臺南面, 置地藏房, 安圓像地藏及赤地畫八大菩薩爲首一萬地藏像, 福田五員, 晝讀地藏經·金剛般若, 夜占察禮懺, 稱金剛社. 白方西臺南面, 置彌陁房, 安圓像無量壽及白地畫無量壽如來爲首一萬大勢至, 福田五員, 晝讀八卷法華, 夜念彌陁禮懺, 稱水精社. 黑地北臺南面, 置羅漢堂, 安圓像釋迦及黑地畫釋迦如來爲首五百羅漢, 福田五員, 晝讀佛報恩經·涅槃經, 夜念涅槃禮懺, 稱白蓮社. 黃處中臺, 眞如院, 中安泥像文殊不動, 後壁安黃地畫毗盧遮那爲首三十六化形, 福田五員, 晝讀華嚴經·六百般若, 夜念文殊禮懺, 稱華嚴社.寶川庵改創華藏寺, 安圓像毗盧遮那三尊及大藏經, 福田五員,長門藏經, 夜念華嚴神衆, 每年設華嚴會一百日, 稱名法輪社. 以此華藏寺爲五臺社之本寺, 堅固護持, 命淨行福田, 鎭長香火, 則國王千秋, 人民安泰, 文虎和平, 百穀豐穰矣. 又加排下院文殊岬寺爲社之都會, 福田七員, 晝夜常行華嚴神衆禮懺. 上件三十七員齋料衣費, 以河西府道內八州之稅, 充爲四事之資, 代代君王, 不忘遵行幸矣.

溟州(古河西府也)五臺山寶叱徒太子傳記

新羅淨神太子寶叱徒, 與弟孝明太子, 到河西府世獻角干家一宿, 翌日踰大嶺, 各領一千人到省烏坪, 累日遊翫, 太和元年八月五日, 兄弟同隱入五臺山. 徒中侍衛等推覓不得, 並皆還國. 兄太子見中臺南下眞如院土基下山末靑蓮開, 其地結草菴而居.弟孝明見北臺南山末靑蓮開, 亦結草菴而居. 兄弟二人禮念修行, 五臺進敬禮拜, 靑在東臺滿月形山, 觀音眞身一萬常住.赤在南臺麒麟山, 八萬菩薩爲首一萬地藏菩薩常住.白方西臺長嶺山,無量壽如來爲首一萬大勢至菩薩常住.黑掌北臺相王山, 釋迦如來爲首五百大阿羅漢常住.黃處中臺風爐山, 亦名地爐山, 毗盧遮那爲首一萬文殊常住. 眞如院地,文殊大聖每日寅朝化現三十六形(三十六形見臺山五萬眞身傳), 兩太子並禮拜, 每日早朝汲于洞水, 煎茶供養一萬眞身文殊. 淨神太子弟副君, 在新羅爭位誅滅, 國人遣將軍四人到五臺山, 孝明太子前呼萬歲, 卽是有五色雲, 自五臺至新羅, 七日七夜浮光. 國人尋光到五臺, 欲陪兩太子還國, 寶叱徒太子涕泣不歸, 陪孝明太子歸國卽位, 在位二十餘年, 神龍元年三月八日始開眞如院(云云). 寶叱徒太子常服于洞靈水, 肉身登空, 到流沙江, 入蔚珍大國掌天窟修道, 還至五臺神聖窟, 五十年修道(云云). 五臺山是白頭山之根脈, 各臺眞身常住(云云).

臺山月精寺五類聖衆

按寺中所傳古記云, 慈藏法師初至五臺, 欲覩眞身, 於山麓結茅而住, 七日不見, 而到妙梵山創淨岩寺. 後有信孝居士者, 或云幼童菩薩化身, 家在公州, 養母純孝, 母非肉不食, 士求肉出行山野, 路見五鶴射之, 有一鶴落一羽而去. 士執其羽, 遮眼而見人, 人皆是畜生, 故不得肉, 而因割股肉進母, 後乃出家. 捨其家爲寺, 今爲孝家院. 士自慶州界至河率, 見人多是人形. 因有居住之志, 路見老婦, 問可住處, 婦云過西嶺有北向洞可居 言訖不現. 士知觀音所敎, 因過省烏坪, 入慈藏初結茅處而住. 俄有五比丘到云汝之持來袈裟一幅今何在 士茫然, 比丘云汝所執見人之羽, 是也 士乃出呈. 比丘乃置羽於袈裟闕幅中相合, 而非羽乃布也. 士與五比丘別, 後方知是五類聖衆化身也. 此月精寺, 慈藏初結茅, 次信孝居士來住, 次梵日門人信義頭陁來, 創庵而住. 後有水多寺長老有緣來住, 而漸成大寺. 寺之五類聖衆, 九層石塔皆聖跡也. 相地者云, 國內名山, 此地最勝, 佛法長興之處云云.

南月山(亦名甘山寺)

寺在京城東南二十許里, 金堂主彌勒尊像火光後記云開元七年己未二月十五日, 重阿喰金志誠, 爲亡考仁章一吉干·亡妃觀肖里夫人, 敬造甘山寺一所·石彌勒一軀, 兼及愷元伊喰·弟懇誠小舍·玄度師·姊古巴里·前妻古老里·後妻阿好里,兼庶兄及漠(漢)一吉喰·一幢薩喰·聰敏大舍·妹首肹買等,同營玆善. 亡妣肖里夫人, 古人成之東海攸友邊散也(古人成之以下, 文未詳其意, 但存古文而已. 下同) 彌陁佛火光後記云重阿喰金志全, 曾以尙衣奉御, 又執事侍郎, 年六十七, 致仕閑居, 奉爲國主大王·伊喰愷元·亡考仁章一吉干·亡妃·亡弟·小舍梁誠·沙門玄度·亡妻古路里·亡妹古巴里, 又爲妻阿好里等, 捨甘山莊田建伽藍. 仍造石彌陀一軀, 奉爲亡考仁章一吉干. 古人成云東海攸友邊散也(按帝系, 金愷元乃太宗春秋之弟·太子愷元角干也, 乃文熙之所生也. 金志誠乃仁章一吉干之子. 東海攸友恐法敏葬東海也)

天龍寺

東都南山之南, 有一峯屹起, 俗云高位山, 山之陽有寺, 俚云高寺, 或云天龍寺.討論三韓集云雞林土內有客水二條·逆水一條, 其逆水·客水二源, 不鎭天災, 則致天龍覆沒之災 俗傳云逆水者, 州之南馬等烏村南流川, 是 又是水之源致天龍寺 中國來使樂鵬龜來見云破此寺則國亡無日矣 又相傳云, 昔有檀越, 有二女, 曰天女·龍女, 二親爲二女創寺因名之. 境地異常助道之場, 羅季殘破久矣. 衆生寺大聖所乳崔殷諴之子承魯, 魯生肅, 肅生侍中齊顔, 顔乃重修起廢, 仍置釋迦萬日道場, 受朝旨, 兼有信書, 願文留于寺. 旣卒, 爲護伽藍神, 頗著靈異. 其信書略曰檀越內史侍郎同內史門下平章事柱國崔齊顔狀. 東京高位山天龍寺殘破有年. 弟子特爲聖壽天長·民國安泰之願, 殿堂廊閣·房舍廚庫, 已來興構畢具, 石造泥塑佛聖數軀, 開置釋迦萬日道場. 旣爲國修營, 官家差定主人亦可, 然當遞換交代之時, 道場僧衆不得安心. 側觀入田, 稠足寺院, 如公山地藏寺入田二百結, 毗瑟山道仙寺入田二十結, 西京之四面山寺各田二十結例. 皆勿論有職·無職, 須擇戒備才高者, 社中衆望, 連次住持焚修, 以爲恒規. 弟子聞風而悅. 我此天龍寺, 亦於社衆之中, 擇選才德雙高大德兼爲棟梁, 差主人鎭長焚修. 具錄文字, 付在剛司, 自當時主人爲始. 受留守官文通, 示道場諸衆, 各宜知悉. 重熙九年六月日 具銜如前署. 按, 重熙乃契丹興宗年號, 本朝靖宗六年庚辰歲也.

鍪藏寺彌陁殿

京城之東北二十許里, 暗谷村之北有鍪藏寺, 第三十八元聖大王之考大阿干孝讓追封明德大王之爲叔父波珍喰追崇所創也. 幽谷逈絶, 類似削成, 所寄冥奧, 自生虛白, 乃息心樂道之靈境也. 寺之上方, 有彌陁古殿, 乃昭成(一作聖)大王之妃桂花王后爲大王先逝, 中宮乃充充焉·皇皇焉, 哀戚之至, 泣血棘心, 思所以幽贊明休, 光啓玄福者, 聞西方有大聖曰彌陀, 至誠歸仰, 則善救來迎, 是眞語者, 豈欺我哉. 乃捨六衣之盛服, 罄九府之貯財, 召彼名匠, 敎造彌陀像一軀, 幷造神衆以安之. 先是, 寺有一老僧, 忽夢眞人坐於石塔東南岡上, 向西爲大衆說法. 意謂此地必佛法所住也, 心秘之而不向人說. 嵒石巉崒, 流澗邀迅, 匠者不顧, 咸謂不臧, 及乎辟地, 乃得平坦之地, 可容堂宇, 宛似神基, 見者莫不愕然稱善. 近古來殿則壞圮, 而寺獨在, 諺傳太宗統三已後, 藏兵鍪於谷中, 因名之.

伯嚴寺石塔舍利

開運三年丙午十月二十九日, 康州界任道大監柱貼云, 伯嚴禪寺坐草八縣(今草溪), 寺僧亻品遊上座, 年三十九, 云寺之經始則不知. 但古傳云, 前代新羅時, 北宅廳基捨置玆寺, 中間久廢, 去丙寅年中, 沙木谷陽孚和尙, 改造住持, 丁丑遷化.乙酉年曦陽山兢讓和尙, 來住十年, 又乙未年却返曦陽.時有神卓和尙, 自南原白嵓藪, 來入當院, 如法住持.又咸雍元年十一月, 當院住持得奧微定大師·釋秀立, 定院中常規十條, 新竪五層石塔, 眞身佛舍利四十二粒安邀. 以私財立寶, 追年供養條.第一當寺護法敬僧嚴欣·伯欣兩明神及近岳等三位前, 立寶供養條(諺傳嚴欣·伯欣二人, 捨家爲寺, 因名曰伯嚴, 仍爲護法神).金堂藥師前木鉢, 月朔遞米條等, 已下不錄.

靈鷲寺

寺中古記云新羅眞骨第三十一主神文王代, 永淳二年癸未(本文云元年, 誤), 宰相忠元公, 萇山國(卽東萊縣, 亦名萊山國)溫井沐浴, 還城次, 到屈井驛桐旨野駐歇, 忽見一人放鷹而逐雉, 雉飛過金岳, 杳無蹤迹. 聞鈴尋之, 到屈井縣官北井邊, 鷹坐樹上, 雉在井中, 水渾血色, 雉開兩翅, 抱二雛焉. 鷹亦如相惻隱而不敢攫也. 公見之惻然有感, 卜問此地, 云可立寺. 歸京啓於王, 移其縣於他所, 創寺於其地, 名靈鷲寺焉

有德寺

新羅太大角干崔有德, 捨私第爲寺, 以有德名之. 遠孫三韓功臣崔彦撝, 掛安眞影, 仍有碑云.

五臺山文殊寺石塔記

庭畔石塔, 盖新羅人所立也. 制作雖淳朴不巧, 然甚有靈響, 不可勝記. 就中一事, 聞之諸古老云昔, 連谷縣人具船沿海而漁, 忽見一塔隨逐舟楫, 凡水族見其影者, 皆逆散四走, 以故漁人一無所得. 不堪憤恚, 尋影而至, 盖此塔也. 於是, 共揮斤斫之而去, 今此塔四隅皆缺者以此也. 予驚嘆無已, 然怪其置塔, 稍東而不中, 於是仰見一懸板云比丘處玄曾住此院, 輒移置庭心, 則二十餘年間寂無靈應. 及日者求基抵此, 乃嘆曰 是中庭地, 非安塔之所, 胡不移東乎 於是, 衆僧乃悟, 復移舊處, 今所立者是也. 余非好怪者, 然見其佛之威神, 其急於現迹利物如此, 爲佛子者詎可默而無言耶 時正豊元年丙子十月日, 白雲子記. 三國遺事 卷第三(終)

三國遺事 卷第四 義解 第五

圓光西學

唐續高僧傳第十三卷載新羅皇隆寺釋圓光, 俗姓朴氏, 本住三韓, 卞韓·辰韓·馬韓, 光卽辰韓人也. 家世海東, 祖習綿遠而神器恢廓, 愛染篇章, 校獵玄儒, 討讎子史, 文華騰翥於韓服, 博贍猶愧於中原. 遂割略親朋, 發憤溟渤, 年二十五, 乘船造于金陵, 有陳之世, 號稱文國, 故得諮考先疑, 詢猷了義. 初, 聽莊嚴旻公弟子講, 素霑世典, 謂理窮神, 及聞釋宗, 反同腐芥. 虛尋名教, 實懼生涯, 乃上啓陳主, 請歸道法, 有勅許焉. 既爰初落采, 卽稟具戒, 遊歷講肆, 具盡嘉謀, 領牒微言, 不謝光景. 故得成實涅槃, 蘊括心府, 三藏釋論, 徧所披尋. 末又投吳之虎(丘)山, 念定相沿, 無忘覺觀. 息心之衆, 雲結林泉, 並以綜涉四含, 功流八定, 明善易擬, 筒直難虧. 深副夙心, 遂有終焉之慮,

於卽頓絶人事，盤遊聖迹，攝想靑霄，緬謝終古．時有信士，宅居山下，請光出講，固辭不許，苦事邀延，遂從其志，創通成論，末講般若，皆思解俊徹，嘉問飛移，兼綵以絢采，織綜詞義，聽者欣欣，會其心府．從此因循舊章，開化成任，每法輪一動，輒傾注江湖．雖是異域通傳，而沐道頓除嫌郗．故名望橫流，播于嶺表，披榛負槖而至者，相接如鱗．會隋后御宇，威加南國，曆窮其數，軍入揚都，遂被亂兵．將加刑戮，有大主將，望見寺塔火燒，走赴救之，了無火狀，但見光在塔前，被縛將殺．旣怪其異，卽解而放之．斯臨危達感如此也．光學通吳越，便欲觀化周秦，開皇九年，來遊帝宇．値佛法初會，攝論肇興，奉佩文言，振績微緖，又馳慧解，宣譽京皐．勣業旣成，道東須繼，本國遠聞．上啓頻請，有勅厚加勞問，放歸桑梓．光往還累紀，老幼相欣，新羅王金氏面申虔敬，仰若聖人．光性在虛閑，情多汎愛，言常含笑，慍結不形．而牋表啓書，往還國命，並出自胸襟．一隅傾奉，皆委以治方，詢之道化，事異錦衣，請(情)同觀國，乘機敷訓，垂範于今．年齒旣高，乘輿入內，衣服藥食，並王手自營，不許佐助，用希專福，其感敬爲此類也．將終之前，王親執慰，囑累遺法，兼濟民斯，爲說徵祥，被于海曲．以彼建福五十八年，少覺不念，經于七日，遺誡淸切，端坐終于所住皇隆寺中，春秋九十有九，卽唐貞觀四年也(宜云十四年) 當終之時，寺東北虛中，音樂滿空，異香充院，道俗悲慶，知其靈感．遂葬于郊外，國給羽儀葬具，同於王禮．後有俗人兒胎死者，彼土諺云，當於有福人墓埋之，種胤不絶，乃私瘞於墳側，當日震此胎屍，擲于塋外．由此不懷敬者，率崇仰焉．有弟子圓安，神忘機穎，性希歷覽，慕仰幽求，遂北趣九都，東觀不耐，又西燕·魏，後展帝京，備通方俗，尋諸經論，跨轢大綱，洞淸纖旨，晩歸心學，高軌光塵．初住京寺，以道素有聞，特進蕭瑀奏請住於藍田所造津梁寺，四事供給，無替六時矣．安嘗叙光云 本國王染患，醫治不損，請光入宮，別省安置，夜別二時爲說深法，受戒懺悔，王大信奉．一時初夜，王見光首，金色晃然，有象日輪，隨身而至，王后·宮女同共觀之．由是，重發勝心，克留疾所，不久遂差．光於辰韓·馬韓之間，盛通正法，每歲再講，匠成後學，䞋施之資，並充營寺，餘惟衣盋而已(載達函)又東京安逸戶長貞孝家在,古本殊異傳載圓光法師傳曰法師俗姓薛氏，王京人也．初爲僧學佛法，年三十歲，思靜居修道，獨居三岐山．後四年有一比丘來，所居不遠，別作蘭若，居二年，爲人强猛，好修呪述．法師夜獨坐誦經，忽有神聲呼其名 善哉善哉．汝之修行．凡修者雖衆，如法者稀有．今見隣有比丘，徑修呪術而無所得，喧聲惱他靜念，住處礙我行路，每有去來，幾發惡心．法師爲我語告而使移遷，若久住者，恐我忽作罪業．明日法師往而告曰 吾於昨夜有聽神言，比丘可移別處，不然應有餘殃．比丘對曰 至行者爲魔所眩 法師何憂狐鬼之言乎 其夜神又來曰 向我告事，比丘有何答乎 法師恐神瞋怒而對曰 終未了說，若强語者，何敢不聽．神曰 吾已具聞．法師何須補說 但可默然見我所爲．遂辭而去．夜中有聲如雷震，明日視之，山頹塡比丘所在蘭若．神亦來曰 師見如何 法師對曰 見甚驚懼．神曰 我歲幾於三千年，神術最壯，此是小事，何足爲驚．但復將來之事，無所不知，天下之事，無所不達．今思法師唯居此處，雖有自利之行，而無利他之功．現在不揚高名，未來不取勝果，盍採佛法於中國，導群迷於東海．對曰 學道中國，是本所願，海陸逈阻，不能自通而已．神詳誘歸中國所行之計，法師依其言歸中國，留十一年，博通三藏，兼學儒術．眞平王二十二年庚申(三國史云，明年辛酉來)，師將理策東還，乃隨中國朝聘使還國．法師欲謝神，至前住三岐山寺，夜中神亦來呼其名曰 海陸途間，往還如何 對曰 蒙神鴻恩，平安到訖．神曰 吾亦授戒於神，仍結生生相濟之約．又請曰 神之眞容，可得見耶 神曰 法師若欲見我形，平旦可望東天之際．法師明日望之，有大臂貫雲，接於天際．其夜神亦來曰 法師見我臂耶 對曰 見已．甚奇絶異．因此俗號臂長山．神曰 雖有此身，不免無常之害．故吾無月日，捨身其嶺．法師來送長逝之魂．待約日往看，有一老狐黑如漆，但吸吸無息，俄然而死．法師始自中國來，本朝君臣敬重爲師，常講大乘經典．此時，高麗·百濟常侵邊鄙，王甚患之，欲請兵於隋(宜作唐)，請法師作乞兵表．皇帝見以三十萬兵親征高麗，自此知法師旁通儒術也．享年八十四入寂，葬明活城西 又三國史·列傳云賢士貴山者牟梁部人也. 與同里箒項爲友, 二人相謂曰 我等期與士君子遊, 而不先正心持身, 則恐不免於招辱, 盍問道於賢者之側乎 時聞圓光法師入隋回, 寓止嘉瑟岬(或作加西, 又嘉栖, 皆方言也. 岬, 俗云古尸, 故或云古尸寺, 猶言岬寺也. 今雲門寺東九千步許, 有加西峴, 或云嘉瑟峴, 峴之北洞有寺基, 是也), 二人詣門進告曰 俗士顓蒙, 無所知識, 願賜一言, 以爲終身之誡. 光曰 佛教有菩薩戒, 其別有十, 若等爲人臣子, 恐不能堪. 今有世俗五戒.一曰, 事君以忠, 二曰, 事親以孝, 三曰, 交友有信, 四曰, 臨戰無退, 五曰, 殺生有擇. 若(等)行之無忽. 貴山等曰他則旣受命矣, 所謂殺生有擇, 特未曉也. 光曰 六齋日春夏月不殺, 是擇時也. 不殺使畜, 謂馬·牛·犬·雞, 不殺細物, 謂肉不足一臠, 是擇物也. 此亦唯其所用, 不求多殺, 此是世俗之善戒也. 貴山等曰 自今以後, 奉以周旋, 不敢失墜. 後, 二人從軍事, 皆有奇功於國家 又建福三十年癸酉(卽眞平王卽位三十五年也)秋, 隋使王世儀至, 於皇龍寺設百座道場, 請諸高德說經, 光最居上首. 議曰 原宗興法已來, 津梁始置, 而未遑堂奧, 故宜以歸戒滅懺之法, 開曉愚迷. 故光於所住嘉栖寺, 置占察寶, 以爲恒規. 時有檀越尼, 納田於占察寶, 今東平郡之田一百結是也, 古籍猶存. 光性好虛靜, 言常含笑, 形無慍色, 年臘旣邁, 乘輿入內, 當時群彦, 德義攸屬, 無敢出其右者, 文藻之贍, 一隅所傾. 年八十餘, 卒於貞觀間, 浮圖在三岐山金谷寺(今安康之西南洞也, 亦明活之西也)唐傳云, 告寂皇隆寺, 未詳其地, 疑皇龍之訛也, 如芬皇作王芬寺之例也. 據如上唐·鄕二傳之文, 但姓氏之朴·薛, 出家之東西, 如二人焉, 不敢詳定, 故兩存之. 然彼諸傳記, 皆無鵲岬璃目與雲門之事, 而鄕人金陟明, 謬以街巷之說, 潤文作光師傳, 濫記雲門開山祖寶壤師之事迹, 合爲一傳, 後撰海東僧傳者, 承誤而錄之, 故時人多惑之. 因辨於此, 不加減一字, 載二傳之文詳矣. 陳·隋之世, 海東人鮮有航海問道者. 設有, 猶未大振, 及光之後, 繼踵西學者憧憧焉, 光乃啓途矣. 讚曰 航海初穿漢地雲, 幾人來往挹淸芬. 昔年蹤迹靑山在, 金谷·嘉西事可聞.

寶壤梨木

釋寶壤傳, 不載鄕井氏族, 謹按淸道郡司籍, 載天福八年癸酉(卯)(太祖卽位第二十六年也)正月日, 淸道郡界里審使順英·大乃末水文等柱貼公文雲門山禪院長栍, 南阿尼岾, 東嘉西峴(云云). 同藪三剛典主人寶壤和尙, 院主玄會長老, 貞座玄兩上座, 直歲信元禪師(右公文淸道郡都田帳, 傳准) 又開運三年丙辰雲門山禪院長栍標塔公文一道長栍十一. 阿尼岾·嘉西峴·畝峴, 西北買峴(一作面知村), 北猪足門等 又庚寅年, 晉陽府貼五道按察使, 各道禪敎寺院始創年月形止, 審檢成籍時, 差使員東京掌書記李僐審檢記載, 正豊六年辛巳(大金年號, 本朝毅宗卽位十六年也)九月, 郡中古籍裨補記准, 淸道郡前副戶長禦侮副尉李則楨戶在古人消息及諺傳記載, 致仕上戶長金亮辛·致仕戶長旻育·戶長同正尹應前·其人珍奇等與時上戶長用成等言語. 時太守李思老·戶長亮辛年八十九, 餘輩皆七十已上, 用成年六十已上(云云, 次不准) 羅代已來, 當郡寺院, 鵲岬已下中小寺院, 三韓亂亡間, 大鵲岬·小鵲岬·所寶岬·天門岬·嘉西岬等五岬皆亡壞, 五岬柱合在大鵲岬. 祖師知識(上文云寶壤), 大國傳法來還, 次西海中, 龍邀入宮中念經, 施金羅袈裟一領, 兼施一子璃目, 爲侍奉而追之, 囑曰于時, 三國擾動, 未有歸依佛法之君主, 若與吾子歸本國, 鵲岬創寺而居, 可以避賊. 抑亦不數年內, 必有護法賢君, 出定三國矣 言訖相別而來還. 及至玆洞, 忽有老僧, 自稱圓光, 抱印櫃而出, 授之而沒(按, 圓光以陳末入中國, 開皇間東還, 住嘉西岬而沒於皇隆, 計至淸泰之初, 無慮三百年矣. 今悲嘆諸岬皆廢而喜見壤來而將興, 故告之爾) 於是, 壤師將興廢寺, 而登北嶺望之, 庭有五層黃塔, 下來尋之則無跡. 再陟望之, 有群鵲啄地. 乃思海龍鵲岬之言, 尋掘之, 果有遺塼無數. 聚而蘊崇之, 塔成而無遺塼, 知是前代伽藍墟也, 畢創寺而住焉, 因名鵲岬寺. 未幾, 太祖統一三國, 聞師至此創院而居, 乃合五岬田東五百結納寺, 以淸泰四年丁酉, 賜額曰雲門禪寺, 以奉袈裟之靈蔭. 璃目常在寺側小潭, 陰隲法化, 忽一年亢旱, 田蔬焦槁, 壤勑璃目行雨, 一境告足. 天帝將誅不識, 璃目告急於師, 師藏於床下. 俄有天使到庭, 請出璃目, 師指庭前梨木, 乃震之而上天. 梨木萎摧, 龍撫之卽穌(一云師呪之而生) 其木近年倒地, 有人作楗椎, 安置善法堂及食堂, 其椎柄有銘. 初師入唐廻, 先止于推火之奉聖寺, 適太祖東征至淸道境, 山賊嘯聚于犬城(有山岑臨水峭立, 今俗惡, 其名改云犬城), 驕傲不格, 太祖至于山下, 問師以易制之述, 師答曰夫犬之爲物, 司夜而不司晝, 守前而忘其後, 宜以晝擊其北 太祖從之, 果敗降. 太祖嘉乃神謀, 歲給近縣租五十碩, 以供香火, 是以寺安二聖眞容, 因名奉聖寺. 後遷至鵲岬, 而大創終焉. 師之行狀, 古傳不載, 諺云, 與石崛備虛師(一作毗虛)爲昆弟, 奉聖, 石崛, 雲門三寺, 連峯櫛比, 交相往還爾. 後人改作新羅異傳, 濫記鵲塔·璃目之事于圓光傳中, 系犬城事於毗虛傳, 旣謬矣. 又作海東僧傳者, 從而潤文, 使寶壤無傳而疑誤後人, 誣妄幾何.

良志使錫

釋良志, 未詳祖考鄕邑, 唯現迹於善德王朝. 錫杖頭掛一布帒, 錫自飛至檀越家, 振拂而鳴, 戶知之納齋費, 帒滿則飛還. 故名其所住曰錫杖寺, 其神異莫測皆類此. 旁通雜譽, 神妙絶比, 又善筆札. 靈廟丈六三尊·天王像幷殿塔之瓦, 天王寺塔下八部神將, 法林寺主佛三尊·左右金剛神等, 皆所塑也. 書靈廟·法林二寺額. 又嘗彫磚造一小塔, 竝造三千佛, 安其塔置於寺中, 致敬焉. 其塑靈廟之丈六也, 自入定以正受所對爲揉式, 故傾城士女爭運泥土. 風謠云來如來如來如, 來如哀反多羅, 哀反多矣徒良, 功德修叱如良來如 至今, 土人舂相役作皆用之, 蓋始于此. 像(初)成之費, 入穀二萬三千七百碩(或(云)(改)金時租). 議曰 師可謂才全德充, 而以大方隱於末技者也. 讚曰 齋罷堂前錫杖閑, 靜裝爐鴨自焚檀. 殘經讀了無餘事, 聊塑圓容合掌看.

歸竺諸師

廣函求法高僧傳云釋阿離那(一作耶)跋摩(一作□), 新羅人也. 初希正教, 早入中華, 思覲聖踪, 勇銳彌增, 以貞觀年中離長安, 到五天, 住那蘭陀寺, 多閱律論, 抄寫貝莢. 痛矣歸心, 所期不遂, 忽於寺中無常, 齡七十餘. 繼此有惠業·玄泰·求本·玄恪·惠輪·玄遊, 復有二亡名法師等, 皆忘身順法, 觀化中天, 而或夭於中途, 或生存住彼寺者, 竟未有能復雞貴與唐室者. 唯玄泰師克返歸唐, 亦莫知所終 天竺人呼海東云矩矩吒磬說羅, 矩矩吒言雞也, 磬說羅言貴也. 彼土相傳云, 其國敬雞神而取尊, 故戴翎羽而表飾也. 讚曰 天竺天遙萬疊山, 可憐遊士力登攀. 幾回月送孤帆去, 未見雲隨一杖還.

二惠同塵

釋惠宿, 沈光於好世郞徒, 郞旣讓名黃卷, 師亦隱居赤善村(今安康縣有赤谷村)二十餘年. 時國仙瞿旵公嘗往其郊, 縱獵一日, 宿出於道左, 攬轡而請曰庸僧亦願隨從, 可乎 公許之. 於是, 縱橫馳突, 裸袒相先, 公旣悅. 及休勞坐, 數炮烹相餉, 宿亦與啖嚼, 略無忤色. 旣而進於前曰今有美鮮於此, 益薦之何 公曰善 宿屛人割其股, 寘盤以薦, 衣血淋漓. 公愕然曰何至此耶 宿曰始吾謂公仁人也, 能恕己通物也, 故從之爾. 今察公所好, 唯殺戮之耽篤, 害彼自養而已, 豈仁人君子之所爲 非

吾徒也 遂拂衣而行. 公大慚, 視其所食, 盤中鮮胾不減. 公甚異之, 歸奏於朝, 眞平王聞之, 遣使徵迎, 宿示臥婦床而寢. 中使陋焉, 返行七八里, 逢師於途. 問其所從來, 曰城中檀越家, 赴七日齋, 席罷而來矣 中使以其語達於上, 又遣人檢檀越家, 其事亦實. 未幾, 宿忽死, 村人轝葬於耳峴(一作硎峴)東. 其村人有自峴西來者, 逢宿於途中, 問其何往, 曰久居此地, 欲遊他方爾 相揖而別, 行半許里, 躡雲而逝. 其人至峴東, 見葬者未散, 具說其由, 開塚視之, 唯芒鞋一隻而已. 今安康縣之北, 有寺名惠宿, 乃其所居云, 亦有浮圖焉. 釋惠空, 天眞公之家傭嫗之子, 小名憂助(盖方言也)公嘗患瘡濱於死, 而候慰塡街. 憂助年七歲, 謂其母曰家有何事, 賓客之多也 母曰家公發惡疾, 將死矣. 爾何不知 助曰吾能右之 母異其言, 告於公, 公使喚來, 至坐床下, 無一語, 須臾瘡潰, 公謂偶爾, 不甚異之. 旣壯, 爲公養鷹, 甚愜公意. 初, 公之弟, 有得官赴外者, 請公之選鷹歸治所. 一夕公忽憶其鷹, 明晨擬遣助取之, 助已先知之, 俄頃取鷹, 昧爽獻之. 公大驚悟, 方知昔日救瘡之事, 皆叵測也, 謂曰僕不知至聖之托吾家, 狂言非禮汚辱之, 厥罪何雪. 而後乃今願爲導師導我也 遂下拜. 靈異旣著, 遂出家爲僧, 易名惠空, 常住一小寺. 每猖狂大醉, 負簣歌舞於街巷, 號負簣和尙, 所居寺因名夫蓋寺, 乃簣之鄕言也. 每入寺之井中, 數月不出, 因以師名名其井. 每出有碧衣神童先湧, 故寺僧以此爲候, 旣出, 衣裳不濕. 晩年移止恒沙寺(今迎日縣吾魚寺, 諺云恒沙人出, 世故名恒沙洞) 時, 元曉撰諸經疏, 每就師質疑, 或相調戲. 一日二公沿溪掇魚蝦而啖之, 放便於石上, 公指之戲曰汝屎吾魚 故因名吾魚寺. 或人以此爲曉師之語, 濫也. 鄕俗訛呼其溪曰芼矣川. 瞿旵公嘗遊山, 見公死僵於山路中, 其屍膨脹, 爛生虫蛆, 悲嘆久之, 及廻轡入城, 見公大醉歌舞於市中. 又一日將草索綯, 入靈廟寺, 圍結於金堂, 與左右經樓及南門廊廡, 告綱司此索須三日後取之 綱司異焉而從之. 果三日善德王駕幸入寺, 志鬼心火出燒其塔, 唯結索處獲免. 又神印祖師明朗, 新創金剛寺, 設落成會, 龍象畢集, 唯師不赴, 朗卽焚香虔禱, 小選公至, 時方大雨, 衣袴不濕, 足不沾泥. 謂明朗曰辱召懃懃, 故玆來矣 靈迹頗多. 及終, 浮空告寂, 舍利莫知其數. 嘗見肇論曰是吾昔所撰也 乃知僧肇之後有也. 讚曰 草原縱獵床頭臥, 酒肆狂歌井底眠. 隻履浮空何處去, 一雙珍重火中蓮.

慈藏定律

大德慈藏, 金氏, 本辰韓眞骨蘇判(三級爵名)茂林之子. 其父歷官淸要, 絶無後胤, 乃歸心三寶, 造于千部觀音, 希生一息, 祝曰若生男子, 捨作法海津梁 母忽夢星墜入懷, 因有娠, 及誕, 與釋尊同日. 名善宗郞, 神志澄睿, 文思日贍, 而無染世趣. 早喪二親, 轉厭塵譁, 捐妻息, 捨田園爲元寧寺, 獨處幽險, 不避狼虎, 修枯骨觀, 微或倦弊. 乃作小室, 周障荊棘, 裸坐其中, 動輒箴刺, 頭懸在梁, 以祛昏暝. 適台輔有闕, 門閥當議, 累徵不赴, 王乃勅曰不就斬之 藏聞之曰吾寧一日持戒而死, 不願百年破戒而生 事聞, 上許令出家. 乃深隱岩叢, 粮粒不恤. 時有異禽, 含菓來供, 就手而喰. 俄夢天人來授五戒, 方始出谷, 鄕邑士女, 爭來受戒. 藏自嘆邊生, 西希大化, 以仁平三年丙申歲(卽貞觀十年也)受勅, 與門人僧實等十餘輩, 西入唐, 謁淸凉山, 山有曼殊大聖塑相. 彼國相傳云, 帝釋天將工來彫也. 藏於像前禱祈冥感, 夢像摩頂授梵偈. 覺而未解, 及旦有異僧來釋云(已出皇龍塔篇), 又曰雖學萬敎, 未有過此 又以袈裟·舍利等付之而滅(藏公初匿之, 故唐僧傳不載) 藏知已蒙聖莂, 乃下北臺, 抵太和池, 入京師, 太宗勅使慰撫, 安置勝光別院, 寵賜頗厚. 藏嫌其繁, 擁啓表入終南雲際寺之東崿, 架嵓爲室, 居三年, 人神受戒, 靈應日錯, 辭煩不載. 旣而再入京, 又蒙勅慰, 賜絹二百匹, 用資衣費. 貞觀十七年癸卯, 本國善德王上表乞還, 詔許, 引入宮, 賜絹一領, 雜綵五百端, 東宮亦賜二百端, 又多禮貺. 藏以本朝經像未充, 乞齎藏經一部, 洎諸幡幢花蓋, 堪爲福利者皆載之. 旣至, 洎擧國欣迎, 命住芬皇寺(唐傳作王芬), 給侍稠渥. 一夏請至宮中, 講大乘論, 又於皇龍寺演菩薩戒本七日七夜, 天降甘澍, 雲霧暗靄, 覆所講堂, 四衆咸服其異. 朝廷議曰佛敎東漸, 雖百千齡, 其於住持修奉, 軌儀闕如也, 非夫綱理, 無以肅淸 啓勅藏爲大國統, 凡僧尼一切規猷, 總委僧統主之(按, 北齊天寶中, 國置十統, 有司卷宜甄異之. 於是, 宣帝以法上法師爲大統, 餘爲通統. 又梁·陳之間, 有國統·州統·國都·州都·僧都·僧正·都維乃等名, 總屬昭玄曹, 曹卽領僧尼官名. 唐初又有十大德之盛. 新羅眞興王十一年庚午, 以安藏法師爲大書省一人, 又有小書省二人. 明年辛未, 以高麗惠亮法師爲國統, 亦云寺主, 寶良法師爲大都維那一人, 及州統九人, 郡統十八人等, 至藏更置大國統一人, 蓋非常職也, 亦猶夫禮郎爲大角干·金庾信太大角干. 後至元聖大王元年, 又置僧官名政法典, 以大舍一人·史二人爲司, 揀僧中有才行者爲之, 有故卽替, 無定年限. 故今紫衣之徒, 亦律寺之別也. 鄕傳云藏入唐, 太宗迎至武乾殿, 請講華嚴, 天降甘露, 開爲國師云者, 妄矣.唐傳與國史皆無文) 藏値斯嘉會, 勇激弘通, 令僧尼五部各增舊學, 半月說戒, 冬春惣試, 令知持犯, 置員管維持之. 又遣巡使, 歷檢外寺, 誡礪僧失, 嚴飾經像爲恒式, 一代護法, 於斯盛矣. 如夫子自衛返魯, 樂正雅頌, 各得其宜, 當此之際, 國中之人, 受戒奉佛, 十室八九, 祝髮請度, 歲月增至. 乃創通度寺, 築戒壇以度四來(戒壇事已出上) 又改營生緣里第元寧寺, 設落成會, 講雜花萬偈, 感五十二女現身證聽, 使門人植樹如其數, 以旌厥異, 因號知識樹. 嘗以邦國服章不同諸夏, 擧議於朝, 簽允曰臧, 乃以眞德王三年己酉, 始服中朝衣冠. 明年庚戌又奉正朔, 始行永徽號. 自後每有朝覲, 列在上蕃, 藏之功也. 暮年謝辭京輦, 於江陵郡(今冥州也)創水多寺居焉. 復夢異僧, 狀北臺所見, 來告曰明日見汝於大松汀 驚悸而起, 早行至松汀, 果感文殊來格, 諮詢法要, 乃曰重期於太伯葛蟠地 遂隱不現(松汀, 至今不生荊刺, 亦不棲鷹鸇之類云) 藏往太伯山尋之, 見巨蟒蟠結樹下. 謂侍者曰此所謂葛蟠地 乃創石南院(今淨岩寺), 以候聖降, 粤有老居士, 方袍襤褸, 荷葛簣, 盛死狗兒, 來謂侍者曰欲見慈藏來爾 門者曰自奉巾箒, 未見忤犯吾師諱者, 汝何人, 斯爾狂言乎 居士曰但告汝師 遂入告, 藏不之覺曰殆狂者耶. 門人出詬逐之, 居士曰歸歟歸歟. 有我相者, 焉得見我 乃倒簣拂之, 狗變爲師子寶座, 陞坐放光而去. 藏聞之, 方具威儀, 尋光而趨登南嶺, 已杳然不及. 遂殞身而卒, 茶毗安骨於石穴中. 凡藏之締構寺塔, 十有餘所, 每日與造必有異祥, 故蒲塞供塡市, 不日而成. 藏之道具布襪, 幷大和龍所獻木鴨枕, 與釋尊田衣等, 合在通度寺. 又巘陽縣(今彦陽)有鴨遊寺, 枕鴨嘗遊此現異, 故名之. 又有釋圓勝者, 先藏西學, 而同還桑梓, 助弘律部云. 讚曰 曾向淸凉夢破廻, 七篇三聚一時開. 欲令緇素衣慚愧, 東國衣冠上國裁.

元曉不羈

聖師元曉, 俗姓薛氏, 祖仍皮公, 亦云赤大公, 今赤大淵側有仍皮公廟. 父談捺乃末. 初, 示生于押梁郡南(今章山郡)·佛地村北, 栗谷裟羅樹下. 村名佛地, 或作發智村(俚云弗等乙村). 裟羅樹者, 諺云, 師之家本住此谷西南, 母旣娠而月滿, 適過此谷栗樹下, 忽分産, 而倉皇不能歸家, 且以夫衣掛樹, 而寢處其中, 因號樹曰裟羅樹. 其樹之實亦異於常, 至今稱裟羅栗. 古傳, 昔有主寺者, 給寺奴一人, 一夕饌栗二枚, 奴訟于官. 官吏怪之, 取栗檢之, 一枚盈一鉢. 乃皈判給一枚, 故因名栗谷. 師旣出家, 捨其宅爲寺, 名初開, 樹之旁置寺曰裟羅. 師之行狀云是京師人, 從祖考也唐僧傳云本下湘州之人 按, 麟德二年間, 文武王割上州·下州之地, 置歃良州, 則下州乃今之昌寧郡也, 押梁郡本下州之屬縣, 上州則今尙州, 亦作湘州也. 佛地村今屬慈仁縣, 則乃押梁之所分開也. 師生小名誓幢, 第名新幢(幢者俗云毛也). 初母夢流星入懷, 因而有娠, 及將産, 有五色雲覆地, 眞平王三十九年，大業十三年丁丑歳也. 生而穎異，學不從師. 其遊方始末，弘通茂跡，具載唐傳與行狀，不可具載，唯鄕傳所記有一二段異事. 師嘗一日風顚唱街云誰許沒柯斧，我斫支天柱 人皆未喩. 時，太宗聞之曰此師殆欲得貴婦，産賢子之謂也. 國有大賢，利莫大焉 時瑤石宮(今學院是也)有寡公主，勅宮吏覓曉引入. 宮吏奉勅將求之，已自南山來過蚊川橋(沙川，俗云年川，又蚊川，又橋名楡橋也)遇之，佯墮水中濕衣袴. 吏引師於宮，褫衣曬晾，因留宿焉，公主果有娠，生薛聰. 聰生而睿敏，博通經史，新羅十賢中一也. 以方音通會華·夷方俗物名，訓解六經文學，至今海東業明經者，傳受不絶. 曉旣失戒生聰，已後易俗服，自號小姓居士. 偶得優人舞弄大瓠，其狀瑰奇，因其形製爲道具，以華嚴經一切無㝵人，一道出生死，命名曰無㝵，仍作歌流于世. 嘗持此，千村萬落且歌且舞，化詠而歸，使桑樞瓮牖玃猴之輩，皆識佛陀之號，咸作南無之稱，曉之化大矣哉. 其生緣之村名佛地，寺名初開，自稱元曉者，蓋初輝佛日之意也. 元曉亦是方言也，當時人皆以鄕言稱之始旦也. 曾住芬皇寺，纂華嚴疏，至第四十廻向品，終乃絶筆. 又嘗因訟，分軀於百松，故皆謂位階初地矣. 亦因海龍之誘，承詔於路上，撰三昧經疏，置筆硯於牛之兩角上，因謂之角乘. 亦表本始二覺之微旨也，大安法師排來而粘紙，亦知音唱和也. 旣入寂，聰碎遺骸，塑眞容，安芬皇寺，以表敬慕終天之志. 聰時旁禮，像忽廻顧，至今猶顧矣. 曉嘗所居穴寺旁，有聰家之墟云. 讚曰角乘初開三昧軸，舞壺終掛萬街風. 月明瑤石春眠去，門掩芬皇顧影空. 廻顧至.

義湘傳敎

法師義湘，考曰韓信，金氏. 年二十九依京師皇福寺落髮. 未幾，西圖觀化，遂與元曉道出遼東，邊戍邏之爲諜者，囚閉者累旬，僅免而還(事在崔侯本傳，及曉師行狀等) 永徽初，會唐使舡有西還者，寓載入中國，初止揚州，州將劉至仁請留衙內，供養豊贍. 尋往終南山至相寺，謁智儼. 儼前夕夢一大樹生海東，枝葉溥布，來蔭神州. 上有鳳巢，登視之，有一摩尼寶珠，光明屬遠. 覺而驚異，洒掃而待，湘乃至，殊禮迎際，從容謂曰吾昨者之夢，子來投我之兆 許爲入室. 雜花妙旨，剖析幽微. 儼喜逢郢質，克發新致，可謂鉤深索隱，藍茜沮本色. 旣而本國丞相金欽純[一作仁問]·良圖等，往囚於唐，高宗將大擧東征，欽純等密遣湘誘而先之. 以咸享元年庚午還國，聞事於朝，命神印大德明朗，假設密壇法禳之，國乃免. 儀鳳元年，湘歸太伯山，奉朝旨創浮石寺，敷敞大乘，靈感頗著. 終南門人賢首撰搜玄疏，送副本於湘處，幷奉書懃懇，曰西京崇福寺僧法藏，致書於海東新羅華嚴法師侍者. 一從分別二十餘年，傾望之誠，豈離心首. 加以烟雲萬里，海陸千重，恨此一身不復再面. 抱懷戀戀，夫何可言. 故由夙世同因，今生同業，得於此報，俱沐大經，特蒙先師授玆奧典. 仰承上人歸鄕之後，開演華嚴，宣揚法界無盡緣起，重重帝網，新新佛國，利益弘廣，喜躍增深. 是知如來滅後，光輝佛日，再轉法輪，令法久住者，其唯法師矣.藏進趣無成，周旋寡況，仰念玆典，愧荷先師. 隨分受持，不能捨離，希憑此業，用結來因. 但以和尙章疏，義豊文簡，致令後人多難趣入，是以錄和尙微言妙旨，勒成義記，近因勝詮法師抄寫還鄕，傳之彼土. 請上人詳檢臧否，幸示箴誨. 伏願當當來世，捨身受身，相與同於廬舍那，聽受如此無盡妙法，修行如此無量普賢願行. 儻餘惡業，一朝顚墜. 伏希上人不遺宿昔，在諸趣中，示以正道，人信之次，時訪存沒 不具(文載大文類) 湘乃令十刹傳敎，太伯山浮石寺，原州毗摩羅，伽耶之海印，毗瑟之玉泉，金井之梵魚，南嶽華嚴寺等，是也. 又著法界圖書印幷畧疏，括盡一乘樞要，千載龜鏡，競所珍佩. 餘無撰述，嘗鼎味一臠足矣.圖成總章元年戊辰，是年儼亦歸寂，如孔氏之絶筆於獲麟矣. 世傳湘乃金山寶蓋之幻身也. 徒弟悟眞·智通·表訓·眞定·眞藏·道融·良圓·相源·能仁·義寂等十大德爲領首，皆亞聖也，各有傳. 眞嘗處下柯山鶻嵒寺，每夜伸臂點浮石室燈.通著錐洞記，蓋承親訓，故辭多詣妙.訓曾住佛國寺，常往來天宮．湘住皇福寺時，與徒衆繞塔，每步虛而上.不以階升，故其塔不設梯磴.其徒離階三尺，履空而旋．湘乃顧謂曰世人見此，必以爲怪，不可以訓世 餘如崔侯所撰本傳．讚曰 披榛跨海冒烟塵，至相門開接瑞珍．采采雜花栽故國，終南·太伯一般春.

虵福不言

京師萬善北里有寡女，不夫而孕，旣産，年至十二歲，不語亦不起，因號虵童(下或作虫也卜，又巴又伏等，皆言童也) 一日其母死，時元曉住高仙寺．曉見之迎禮，福不答拜而曰君我昔日馱經牸牛，今已亡矣，偕葬何如 曉曰諾．遂與到家，令曉布薩授戒．臨尸祝曰莫生兮其死也苦．莫死兮其生也苦．福曰詞煩 更之曰死生苦兮．二公轝歸活里山東麓，曉曰葬智惠虎於智惠林中，不亦宜乎 福乃作偈曰往昔釋迦牟尼佛，裟羅樹間入涅槃，于今亦有如彼者，欲入蓮花藏界寬 言訖拔茅莖，下有世界，晃朗淸虛，七寶欄楯，樓閣莊嚴，殆非人間世．福負尸共入，其地奄然而合，曉乃還．後人爲創寺於金剛山東南，額曰道場寺．每年三月十四日，行占察會爲恒規，福之應世，唯示此爾，俚諺多以荒唐之說託焉，可笑．讚曰 淵默龍眠豈等閑，臨行一曲沒多般．苦兮生死元非苦，華藏浮休世界寬.

眞表傳簡

釋眞表，完山州(今全州牧)萬頃縣人(或作豆乃山縣，或作那山縣，今萬頃，古名豆乃山縣也.貫寧傳釋表之鄕里，云金山縣人，以寺名及縣名混之也) 父曰眞乃末，母吉寶娘，姓井氏．年至十二歲，投金山寺崇濟法師講下，落彩請業．其師嘗謂曰吾曾入唐，受業於善道三藏，然後入五臺，感文殊菩薩現受五戒 表啓曰勤修幾何，得戒耶 濟曰精至則不過一年 表聞師之言，遍遊名岳，止錫仙溪山不思議菴，該鍊三業，以亡身懺(悔得戒)，初以七宵爲期，五輪撲石，膝腕俱碎，雨血嵒崖，若無聖應．決志捐捨，更期七日，二七日終，見地藏菩薩，現受淨戒，卽開元二十八年庚辰三月十五日辰時也．時齡二十餘三矣．然，志存慈氏，故不敢中止，乃移靈山寺(一名邊山，又楞伽山)，又懃勇如初，果感彌勒現授占察經兩卷(此經乃陳·隋間外國所譯，非今始出也． 慈氏以經授之耳)並證果簡子一百八十九介，謂曰於中第八簡子，喩新得妙戒.第九簡子，喩增得具戒．斯二簡子是我手指骨，餘皆沈檀木造．喩諸煩惱，汝以此傳法於世，作濟人津筏 表旣受聖莂，來住金山，每歲開壇恢張法施，壇席精嚴，末季未之有也．風化旣周，遊涉到阿瑟羅州，島嶼間魚鼈成橋，迎入水中，講法受戒，卽天寶十一載壬辰二月望日也．或本云元和六年，誤矣．元和在憲德王代(去聖德幾七十年矣) 景德王聞之，迎入宮闥，受菩薩戒，嚫租七萬七千石．椒庭列岳皆受戒品，施絹五百端，黃金五十兩，皆容受之，分施諸山，廣興佛事．其骨石今在鉢淵寺，卽爲海族演戒之地．得法之袖領，曰永深·寶宗·信芳·體珍·珍海·眞善·釋忠等，皆爲山門祖．深則眞表簡子，住俗離山，爲克家子，作壇之法，與占察六輪稍異修，如山中所傳本規．按唐僧傳云開皇十三年，廣州有僧行懺法，以皮作帖子二枚，書善惡兩字，令人擲之，得善者吉．又行自撲懺法，以爲滅罪而男女合匝，妄承密行．靑州接響，同行官司檢察，謂是妖妄，彼云 此搭懺法依占察經，撲懺法依諸經中．五體投地如大山崩．時以奏聞，乃勅內史侍郎李元撰，就大興寺問諸大德．有大沙門法經·彦琮等對曰 占察經見有兩卷，首題菩提登在外國譯文，似近代所出，亦有寫而傳者．檢勘群錄，並無正名譯人時處，搭懺與衆經復異，不可依行．因勅禁之 今試論之，靑州居士等搭懺等事，如大儒以詩·書發塚，可謂畫虎不成，類狗者矣．佛所預防，正爲此爾．若曰占察經無譯人時處，爲可疑也，是亦擔麻棄金也．何則，詳彼經文, 乃悉壇深密, 洗滌穢瑕, 激昻懶夫者, 莫如玆典. 故亦名大乘懺, 又云出六根聚中. 開元·貞元二釋教錄中, 編入正藏, 雖外乎性宗, 其相教大乘殆亦優矣, 豈與搭·撲二懺, 同日而語哉. 如舍利佛問經, 佛告長者子邠若多羅曰汝可七日七夜悔汝先罪, 皆使淸淨 多羅奉教, 日夜懇惻, 至第五夕, 於其室中, 雨種種物, 若巾若帊若拂箒若刀錐斧等, 墮其目前, 多羅歡喜, 問於佛, 佛言是離塵之相, 割拂之物也. 據此, 則與占察經擲輪得相之事, 奚以異哉. 乃知表公翹懺得簡, 聞法見佛, 可謂不誣. 況此經若僞妄, 則慈氏何以親授表師, 又此經如可禁, 舍利問經亦可禁乎 琮輩可謂攫金不見人, 讀者詳焉. 讚曰 現身澆季激慵聾, 靈岳仙溪感應通. 莫謂翹懃傳搭懺, 作橋東海化魚龍

關東楓岳鉢淵藪石記(此記乃寺主瑩岑所撰, 承安四年己未之石)

眞表律師, 全州碧骨郡都那山村大井里人也. 年至十二, 志求出家, 父許之. 師往金山藪順濟法師處零染, 濟授沙彌戒法, 傳敎供養次第秘法一卷·占察善惡業報經二卷曰 汝持此戒法, 於彌勒·地藏兩聖前, 懇求懺悔, 親受戒法, 流傳於世. 師奉敎辭退, 遍歷名山. 年已二十七歲, 於上元元年庚子, 蒸二十斗米, 乃乾爲粮, 詣保安縣, 入邊山不思議房, 以五合米爲一日費, 除一合米養鼠, 師勤求戒法於彌勒像前, 三年而未得授記. 發憤捨身嵒下, 忽有靑衣童, 手捧而置石上. 師更發志願, 約三七日, 日夜勤修, 扣石懺悔, 至三日手臂折落. 至七日夜, 地藏菩薩手搖金錫, 來爲加持, 手臂如舊. 菩薩遂與袈裟及鉢. 師感其靈應, 倍加精進, 滿三七日, 卽得天眼, 見兜率天衆來儀之相. 於是, 地藏·慈氏摩師頂曰 善哉大丈夫. 求如是戒, 不惜身命, 懇求懺悔. 地藏授與戒本. 慈氏復與二栍, 一題曰九者, 一題八者, 告師曰 此二簡子者, 是吾手指骨, 此喩始本二覺. 又九者法爾, 八者新熏成佛種子, 以此當知果報. 汝捨此身, 受大國王身, 後生於兜率. 如是語已, 兩聖卽隱, 時壬寅四月二十七日也. 師受敎法已, 欲創金山寺, 下山而來, 至大淵津, 忽有龍王, 出獻玉袈裟, 將八萬眷屬, 侍往金山藪, 四方子來, 不日成之. 復感慈氏從兜率駕雲而下, 與師受戒法, 師勸檀緣, 鑄成彌勒丈六像, 復畵下降受戒威儀之相於金堂南壁, □於甲辰六月九日鑄成, 丙午五月一日, 安置金堂, 是歲大曆元年也. 師出金山, 向俗離山, 路逢駕牛乘車者, 其牛等向師前, 跪膝而泣, 乘車人下問 何故此牛等見和尙泣耶 和尙從何而來 師曰 我是金山藪眞表僧, 予曾入邊山不思議房, 於彌勒·地藏兩聖前, 親受戒法眞栍, 欲覓創寺鎭長修道之處, 故來爾. 此牛等外愚內明, 知我受戒法, 爲重法故, 跪膝而泣. 其人聞已, 乃曰 畜生尙有如是信心, 況我爲人, 豈無心乎. 卽以手執鎌, 自斷頭髮, 師以悲心, 更爲祝髮受戒. 行至俗離山洞裏, 見吉祥草所生處而識之. 還向溟州海邊, 徐行次, 有魚鼈黿鼉等類, 出海向師前, 綴身如陸. 師踏而入海, 唱念戒法還出. 行至高城郡, 入皆骨山, 始創鉢淵藪, 開占察法會, 住七年. 時溟州界年穀不登, 人民飢饉, 師爲說戒法, 人人奉持, 致敬三寶. 俄於高城海邊, 有無數魚類, 自死而出, 人民賣此爲食, 得免死. 師出鉢淵, 復到不思議房, 然後往詣家邑謁父, 或到眞門人德房居住. 時俗離山人德永深與人德融宗·佛陀等, 同詣律師所, 伸請曰 我等不遠千里, 來求戒法, 願授法門. 師默然不答. 三人者乘桃樹上, 倒墮於地, 勇猛懺悔. 師乃傳敎灌頂, 遂與袈裟及鉢·供養次第秘法一卷(占)察善惡業報經二卷·一百八十九栍, 復與彌勒眞栍九者·八者, 誡曰 九者法爾, 八者新熏成佛種子. 我已付囑汝等, 持此還歸俗離山, 山有吉祥草生處, 於此創立精舍, 依此敎法, 廣度人天, 流布後世. 永深等奉敎, 直往俗離, 尋吉祥草生處, 創寺名曰吉祥, 永深於此始設占察法會. 律師與父復到鉢淵, 同修道業而終孝之. 師遷化時, 登於寺東大巖上示滅, 弟子等不動眞體而供養. 至于骸骨散落, 於是以土覆藏, 乃爲幽宮, 有靑松卽出, 歲月久遠而枯. 復生一樹, 後更生一樹, 其根一也, 至今雙樹存焉. 凡有致敬者, 松下覓骨, 或得或不得. 予恐聖骨堙滅, 丁巳九月, 特詣松下, 拾骨盛筒, 有三合許, 於大嵒上雙樹下, 立石安

骨焉云云. 此錄所載眞表事跡, 與鉢淵石記, 互有不同, 故刪取瑩岑所記而載之, 後賢宜考之. 無極記.

勝詮髑髏

釋勝詮, 未詳其所自也. 常附舶指中國, 詣賢首國師講下, 領受玄言, 研微積慮, 惠鑒超穎. 探賾索隱, 妙盡隅奧, 思欲赴感有緣, 當還國里. 始賢首與義湘同學, 俱稟儼和尙慈訓. 首就於師說, 演述義科, 因詮法師還鄉寄示. 湘仍寄書(云云). 別幅云探玄記二十卷, 兩卷未成,教分記三卷,玄義章等雜義一卷,華嚴梵語一卷,起信疏兩卷,十二門疏一卷,法界無差別論疏一卷, 並因勝詮法師抄寫還鄉. 頃新羅僧孝忠遺金九分, 云是上人所寄, 雖不得書, 頂荷無盡. 今附西國軍持澡灌一口, 用表微誠, 幸願檢領. 謹宣 師旣還, 寄信于義湘, 湘乃目閱藏文, 如耳聆儼訓. 探討數旬, 而授門弟子, 廣演斯文, 語在湘傳. 按, 此圓融之敎誨, 遍洽于青丘者, 寔師之功也. 厥後有僧梵修, 遠適彼國, 求得新譯後分華嚴經觀師義疏, 言還疏演, 時當貞元己卯. 斯亦求法洪揚之流乎. 詮乃於尙州領內開寧郡境, 開創精廬, 以石髑髏爲官屬, 開講華嚴. 新羅沙門可歸, 頗聰明識道理, 有傳燈之續, 乃撰心源章, 其畧云勝詮法師領石徒衆, 論議講演, 今葛項寺也. 其髑髏八十餘枚, 至今爲綱司所傳, 頗有靈異 其他事迹具載碑文, 如大覺國師實綠中.

心地繼祖

釋心地, 辰韓第四十一主憲德大王金氏之子也. 生而孝悌, 天性冲睿, 志學之年, 落采從師, 拳懃于道, 寓止中岳(今公山). 適聞俗離山深公傳表律師佛骨簡子, 設果證法會, 決意披尋, 旣至後期, 不許衾例. 乃席地扣庭, 隨衆禮懺. 經七日, 天大雨雪, 所立地方十尺許, 雪飄不下, 衆見其神異, 許引入堂地. 撝謙稱恙, 退處房中, 向堂潛禮, 肘顙俱血, 類表公之仙溪山也. 地藏菩薩日來問慰, 洎席罷還山, 途中見二簡子貼在衣褶間, 持廻告於深, 深曰簡在函中, 那得至此 檢之封題依舊, 開視亡矣. 深深異之, 重襲而藏之. 又行如初, 再廻告之, 深曰佛意在子, 子其奉行 乃授簡子, 地頂戴歸山, 岳神率二仙子, 迎至山椒, 引地坐於嵒上, 歸伏嵒下, 謹受下戒. 地曰今將擇衣奉安聖簡, 非吾輩所能指定. 請與三君, 憑高擲簡以卜之 乃與神等陟峯巓, 向西擲之, 簡乃風颺而飛. 時, 神作歌曰礙嵒遠退砥平兮, 落葉飛散生明兮. 覓得佛骨簡子兮, 邀於淨處投誠兮 旣唱而得簡於林泉中. 卽其地構堂安之, 今桐華寺籤堂北有小井是也. 本朝睿王嘗取迎聖簡, 致內瞻敬, 忽失九者一簡, 以牙代之, 送還本寺. 今則漸變同一色, 難卞新古, 其質乃非牙非玉. 按占察經上卷, 叙一百八十九簡之名.一者求上乘得不退, 二者所求果現當證, 第三第四求中下乘得不退, 五者求神通得成就, 六者修四梵得成就, 七者修世禪得成就, 八者所欲受得妙戒, 九者所曾受得戒具(以此文訂, 知慈氏所言新得戒者, 謂今生始得戒也. 舊得戒者, 謂過去曾受, 今生又增受也, 非謂修生本有之新舊也), 十者求下乘未住信, 次求中乘未住信, 如是乃至一百七十二, 皆過現世中, 或善或惡得失事也. 第一百七十三者, 捨身已入地獄(已上皆未來之果也), 一百七十四者, 死已作畜生, 如是乃至餓鬼·修羅·人·人王·天·天王·聞法·出家·値聖僧·生兜率·生淨土·尋見佛·住下乘·住中乘·住上乘·得解脫第一百八十九等是也(上言住下乘至上乘得不退, 今言上乘得解脫等, 以此爲別爾) 皆三世善惡果報差別之相. 以此占看, 得與心所行事相當, 則爲感應, 否則爲不至心, 名爲虛謬. 則此八·九二簡, 但從百八十九中而來者也. 而宋傳但云百八籤子, 何也 恐認彼百八煩惱之名而稱之, 不揆尋經文爾. 又按本朝文士金寬毅所撰王代宗錄二卷云, 羅末, 新羅大德釋冲, 獻太祖以表律師袈裟一領, 戒簡百八十九枚, 今與桐華寺所傳簡子, 未詳同異. 讚曰 生長金閨早脫籠, 儉懃聰惠自天鍾. 滿庭積雪偸神簡, 來放桐華最上峰.

賢瑜珈 海華嚴

瑜珈祖大德大賢, 住南山茸長寺. 寺有慈氏石丈六, 賢常旋繞, 像亦隨賢轉面. 賢惠辯精敏, 決擇了然. 大抵相宗詮量, 旨理幽深, 難爲剖析, 中國名士白居易, 當窮之未能, 乃曰唯識幽難破, 因明擘不開 是以學者難承稟者尙矣. 賢獨判定邪謬, 暫開幽奧, 恢恢游刃, 東園後進, 咸遵其訓, 中華學士, 往往得此爲眼目. 景德王天寶十二年癸巳, 夏大旱, 詔入內殿, 講金光經, 以祈甘霔. 一日齋次, 展鉢良久而淨水獻遲. 監吏詰之, 供者曰宮井枯涸, 汲遠故遲爾, 賢聞之曰何不早云. 及晝講時, 捧爐黙然, 斯須井水湧出, 高七丈許, 與刹幢齊, 闔宮驚駭. 因名其井曰金光井. 賢嘗自號青丘沙門. 讚曰遶佛南山像逐旋, 青丘佛日再中懸. 解敎宮井淸波湧, 誰識金爐一炷烟 明年甲午夏, 王又請大德法海於皇龍寺, 講華嚴經. 駕幸行香, 從容謂曰前夏大賢法師講金光經, 井水湧七丈. 此公法道如何 海曰特爲細事, 何足稱乎. 直使傾滄海, 襄東岳, 流京師, 亦非所難 王未之信, 謂戱言爾. 至午講, 引爐沉寂, 須臾內禁忽有哭泣聲, 宮吏走報曰東池已溢, 漂流內殿五十餘間. 王罔然自失, 海笑謂之曰東海欲傾, 水脉先漲爾 王不覺興拜. 翌日感恩寺奏, 昨日午時海水漲溢, 至佛殿階前, 晡時而還, 王益信敬之. 讚曰 法海波瀾法界寬, 四海盈縮未爲難. 莫言百億須彌大, 都在吾師一指端(石海云) 三國遺事 卷第四(終)

三國遺事 卷第五 神呪 第六

國尊曹溪宗迦智山下麟角寺住持圓鏡冲照大禪師一然撰.

密本摧邪

善德王德曼, 遘疾彌留, 有興輪寺僧法惕, 應詔侍疾, 久而無效. 時有密本法師, 以德行聞於國, 左右請代之, 王詔迎入內. 本在宸仗外, 讀藥師經, 卷軸纔周, 所持六環, 飛入寢內, 刺一老狐與法惕, 倒擲庭下, 王疾乃瘳. 時, 本頂上發五色神光, 覩者皆驚. 又丞相金良圖爲阿孩時, 忽口噤體硬, 不言不遂. 每見一大鬼率小鬼來, 家中凡有盤肴, 皆啖嘗之, 巫覡來祭, 則羣聚而爭侮之. 圖雖欲命撤, 而口不能言. 家親請法流寺僧亡名來轉經, 大鬼命小鬼, 以鐵槌打僧頭仆地, 嘔血而死. 隔數日, 遣使邀本, 使還言本法師受我請將來矣 衆鬼聞之, 皆失色. 小鬼曰法師至將不利, 避之何幸 大鬼侮慢自若曰何害之有. 俄而有四方大力神, 皆屬金甲長戟, 來捉群鬼縛去. 次有無數天神, 環拱而待. 須臾本至, 不待開經, 其疾乃治, 語通身解, 具說件事. 良圖因此篤信釋氏, 一生無怠, 塑成興輪寺吳堂主, 彌勒尊像, 左右菩薩, 竝滿金畫其堂. 本嘗住金谷寺. 又金庾信嘗與一老居士交厚, 世人不知其何人. 于時, 公之戚秀天, 久染惡疾, 公遣士診衛, 適有秀天之舊, 名因惠師者, 自中岳來訪之, 見居士而慢侮之曰相汝形儀, 邪佞人也. 何得理人之疾 居士曰我受金公命, 不獲已爾 惠曰汝見我神通 乃奉爐咒香, 俄頃五色雲旋遶頂上, 天花散落. 士曰和尙通力不可思議, 弟子亦有拙技, 請試之, 願師乍立於前 惠從之, 士彈指一聲, 惠倒迸於空, 高一丈許, 良久徐徐倒下, 頭卓地, 屹然如植橛, 旁人推挽之不動. 士出去, 惠猶倒卓達曙. 明日秀天使扣於金公, 公遣居士往救乃解, 因惠不復賣技. 讚曰 紅紫紛紛幾亂朱, 堪嗟魚目誑愚夫. 不因居士輕彈指, 多小巾箱襲碔砆.

惠通降龍

釋惠通, 氏族未詳. 白衣之時, 家在南山西麓, 銀川洞之口(今南澗寺東里) 一日遊舍東溪上, 捕一獺屠之, 弃骨園中, 詰旦亡其骨. 跡血尋之, 骨還舊穴, 抱五兒而蹲. 郎望見, 驚異久之, 感嘆躕躇, 便弃俗出家, 易名惠通. 往唐謁無畏三藏請業, 藏曰嵎夷之人豈堪法器. 遂不開授, 通不堪輕謝去, 服勤三載, 猶不許. 通乃憤悱立於庭, 頭戴火盆, 須臾頂裂聲如雷. 藏聞來視之, 撤火盆, 以指按裂處, 誦神咒, 瘡合如平日, 有瑕如王字文. 因號王和尙, 深器之, 傳印訣. 時, 唐室有公主疾病, 高宗請救於三藏, 擧通自代. 通受敎別處, 以白豆一斗, 咒銀器中, 變白甲神兵, 逐祟不克, 又以黑豆一斗, 咒金器中, 變黑甲神兵, 令二色合逐之, 忽有蛟龍走出, 疾遂瘳. 龍怨通之逐己也, 來本國文仍林, 害命尤毒. 是時, 鄭恭奉使於唐, 見通而謂曰師所逐毒龍, 歸本國害甚, 速去除之 乃與恭, 以麟德二年乙丑還國而黜之. 龍又怨恭, 乃托之柳, 生鄭氏門外, 恭不之覺, 但賞其葱密, 酷愛之. 及神文王崩, 孝昭卽位, 修山陵, 除葬路, 鄭氏之柳當道, 有司欲伐之, 恭恚曰寧斬我頭, 莫伐此樹 有司奏聞, 王大怒, 命司寇曰鄭恭恃王和尙神術, 將謀不遜, 侮逆王命, 言斬我頭, 宜從所好 乃誅之, 坑其家. 朝議 王和尙與恭甚厚, 應有忌嫌, 宜先圖之. 乃徵甲尋捕, 通在王望寺, 見甲徒至, 登屋, 携砂瓶, 研朱筆而呼之見我所爲.乃於瓶項, 抹一畫曰爾輩宜各見項 視之皆朱畫, 相視愕然. 又呼曰若斷瓶項, 應斷爾項, 如何 其徒奔走, 以朱項赴王, 王曰和尙神通, 豈人力所能圖 乃捨之. 王女忽有疾, 詔通治之, 疾愈, 王大悅. 通因言恭被毒龍之汚, 濫膺國刑, 王聞之心悔, 乃免恭妻孥, 拜通爲國師. 龍旣報寃於恭, 往機張山爲熊神, 慘毒滋甚, 民多梗之, 通到山中, 諭龍授不殺戒, 神害乃息. 初, 神文王發疽背, 請候於通, 通至, 咒之立活. 乃曰陛下曩昔爲宰官身, 誤決臧人信忠爲隷, 信忠有怨, 生生作報. 今玆惡疽亦信忠所祟, 宜爲忠創伽藍, 奉冥祐以解之 王深然之, 創寺號信忠奉聖寺. 寺成, 空中唱云因王創寺, 脫苦生天, 怨已解矣(或本載此事於眞表傳中, 誤) 因其唱地, 置折怨堂, 堂與寺今存. 先是, 密本之後, 有高僧明朗, 入龍宮得神印(梵云文豆婁, 此云神印), 祖創神遊林(今天王寺), 屢禳鄰國之寇. 今和尙傳無畏之髓, 遍歷塵寰, 救人化物, 兼以宿命之明, 創寺雪怨, 密敎之風, 於是乎大振. 天磨之總持嵓·母岳之咒錫院等, 皆其流裔也. 或云, 通俗名尊勝角干, 角干乃新羅之宰相峻級, 未聞通歷仕之迹. 或云, 射得豺狼, 皆未詳. 讚曰 山桃溪杏映籬斜, 一經春深兩岸花, 賴得郎君閑捕獺, 盡敎魔外遠京華.

明朗神印

按金光寺本紀云師挺生新羅, 入唐學道. 將還, 因海龍之請, 入龍宮傳秘法, 施黃金千兩(一云千斤) 潛行地下, 湧出本宅井底, 乃捨爲寺, 以龍王所施黃金飾塔像, 光曜殊特, 因名金光焉(僧傳作金羽寺, 誤) 師諱明朗, 字國育, 新羅沙干才良之子, 母曰南澗夫人, 或云法乘娘, 蘇判茂林之子金氏, 則慈藏之妹也. 三息, 長曰國敎大德, 次曰義安大德, 師其季也. 初母夢呑靑色珠而有娠. 善德王元年入唐, 貞觀九年乙未來歸. 總章元年戊辰, 唐將李勣統大兵, 合新羅, 滅高麗. 後餘軍留百濟, 將襲滅新羅, 羅人覺之, 發兵拒之. 高宗聞之赫怒, 命薛邦興師將討之, 文武王聞之懼, 請師開秘法禳之(事在文武王傳中) 因玆爲神印宗祖. 及我太祖創業之時, 亦有海賊來擾, 乃請安惠·朗融之裔廣學·大緣等二大德, 作法禳鎭, 皆朗之傳系也. 故幷師而上至龍樹爲九祖(本寺記三師爲律祖,未詳), 又太祖爲創現聖寺, 爲一宗根柢焉. 又新羅京城東南二十餘里, 有遠源寺. 諺傳, 安惠等四大德, 與金庾信·金義元·金述宗等, 同願所創也. 四大德之遺骨, 皆藏寺之東峰, 因號四靈山祖師嵒云, 則四大德皆羅時高德. 按埃白寺柱貼注脚載慶州戶長巨川母阿之女, 女母明珠女, 女母積利女之子廣學大德·大緣三重(古名善會)昆季二人, 皆投神印宗. 以長興二年辛卯, 隨太祖上京, 隨駕焚修, 賞其勞, 給二人父母忌日寶于埃白等, 田畓若干結云云 則廣學·大緣二人, 隨聖祖入京者.安師等, 乃與金庾信等創遠源寺者也, 等廣學二人骨, 亦來安于玆爾, 非四德皆創遠源·皆隨聖祖也. 詳之.

三國遺事 卷第五 感通 第七

仙桃聖母隨喜佛事

眞平王朝, 有比丘尼名智惠, 多賢行, 住安興寺. 擬新修佛殿而力未也, 夢一女仙風儀婥約, 珠翠飾鬟, 來慰曰我是仙桃山神母也. 喜汝欲修佛殿, 願施金十斤以助之. 宜取金於予座下, 粧點主尊三像, 壁上繪五十三佛·六類聖衆及諸天神·五岳神君(羅時五岳, 謂東吐含山, 南智異山, 西雞龍, 北太伯, 中父岳亦云公山也), 每春秋二季之十日, 叢會善男善女, 廣爲一切含靈, 設占察法會以爲恒規(本朝屈弗池龍, 託夢於帝, 請於靈鷲山長開藥師道場, □平海途, 其事亦同) 惠乃驚覺, 率徒往神祠座下, 堀得黃金一百六十兩, 克就乃功, 皆依神母所諭. 其事唯存, 而法事廢矣. 神母本中國帝室之女, 名娑蘇. 早得神仙之術, 歸止海東, 久而不還, 父皇寄書繫足云隨鳶所止爲家 蘇得書放鳶, 飛到此山而止, 遂來宅爲地仙, 故名西鳶山. 神母久據玆山, 鎭祐邦國, 靈異甚多. 有國已來, 常爲三祀之一, 秩在群望之上. 第五十四景明王好使鷹, 嘗登此放鷹而失之, 禱於神母曰若得鷹, 當封爵 俄而鷹飛來止机上, 因封爵大王焉. 其始到辰韓也, 生聖子爲東國始君, 盖赫居·閼英二聖之所自也. 故稱雞龍·雞林·白馬等, 雞屬西故也. 嘗使諸天仙織羅, 緋染作朝衣, 贈其夫, 國人因此始知神驗. 又國史, 史臣曰軾政和中, 嘗奉使入宋, 詣佑神館, 有一堂, 設女仙像. 館伴學士王黼曰 此是貴國之神, 公知之乎 遂言曰 古有中國帝室之女, 泛海抵辰韓, 生子爲海東始祖, 女爲地仙, 長在仙桃山, 此其像也. 又大宋國使王襄到我朝, 祭東神聖母文 有娠賢肇邦之句 今能施金奉佛, 爲含生開香火, 作津梁, 豈徒學長生而囿於溟濛者哉. 讚曰 來宅西鳶幾十霜, 招呼帝子織霓裳. 長生未必無生異, 故謁金仙作玉皇.

郁面婢念佛西昇

景德王代康州(今晉州, 一作剛州, 則今順安)善士數十人, 志求西方, 於州境創彌陀寺, 約萬日爲契. 時有阿干貴珍家一婢名郁面, 隨其主歸寺, 立中庭, 隨僧念佛, 主憎其不職, 每給穀二碩, 一夕舂之. 婢一更舂畢, 歸寺念佛(俚言己事之忙, 大家之舂促, 盖出乎此) 日夕微怠, 庭之左右, 竪立長橛, 以繩穿貫兩掌, 繫於橛上合掌, 左右遊之激勵焉. 時有天唱於空郁面娘入堂念佛, 寺衆聞之, 勸婢入堂, 隨例精進. 未幾, 天樂從西來, 婢湧透屋樑而出, 西行至郊外, 捐骸變現眞身. 坐蓮臺, 放大光明 緩緩而逝, 樂聲不撤空中. 其堂至今有透穴處云(已上鄕傳) 按僧傳棟梁八珍者觀音應現也. 結徒有一千, 分朋爲二, 一勞力, 一精修, 彼勞力中知事者不獲戒, 墮畜生道, 爲浮石寺牛. 嘗馱經而行, 賴經力, 轉爲阿干貴珍家婢, 名郁面. 因事至下柯山, 感夢遂發道心. 阿干家距惠宿法師所創彌陀寺不遠, 阿干每至其寺念佛, 婢隨往, 在庭念佛云云 如是九年, 歲在乙未正月二十一日, 禮佛撥屋梁而去, 至小伯山, 墮一隻履, 就其地爲菩提寺. 至山下棄其身, 卽其地爲二菩提寺, 榜其殿曰勗面登天之殿. 屋脊穴成十許圍, 雖暴雨密雪不霑濕. 後有好事者範金塔一座, 直其穴, 安承塵上, 以誌其異, 今榜塔尙存. 勗面去後, 貴珍亦以其家異人托生之地, 捨爲寺曰法王, 納田民, 久後廢爲丘墟. 有大師懷鏡, 與承宣劉碩·小卿李元長, 同願重營之. 鏡躬事土木, 始輸材, 夢老父遺麻葛屨各一. 又就古神社, 諭以佛理, 斫出祠側材木, 凡五載告畢. 又加臧獲, 蔚爲東南名藍, 人以鏡爲貴珍後身. 議曰 按鄕中古傳, 郁面乃景德王代事也, 據徵(徵字疑作珍. 下亦同)本傳, 則元和三年戊子, 哀莊王時也. 景德後歷惠恭·宣德·元聖·昭聖·哀莊等五代, 共六十餘年也. 徵先面後, 與鄕傳乖違, 然兩存之闕疑. 讚曰 西隣古寺佛燈明, 舂罷歸來夜二更. 自許一聲成一佛, 掌穿繩子直忘形.

廣德 嚴莊

文武王代, 有沙門名廣德·嚴莊二人友善. 日夕約曰先歸安養者, 須告之 德隱居芬皇西里(或云, 皇龍寺有西去房, 未知孰是), 蒲鞋爲業, 挾妻子而居. 莊庵栖南岳, 火種力耕. 一日, 日影拖紅, 松陰靜暮, 窓外有聲, 報云某已西往矣, 惟君好住, 速從我來 莊排闥而出顧之, 雲外有天樂聲, 光明屬地. 明日歸訪其居, 德果亡矣. 於是, 乃與其婦收骸, 同營蒿里. 旣事, 乃謂婦曰夫子逝矣, 偕處何如 婦曰可 遂留, 夜將宿欲通焉, 婦靳之曰師求淨土, 可謂求魚緣木 莊驚怪問曰德旣乃爾, 予又何妨 婦曰夫子與我, 同居十餘載未嘗一夕同床而枕, 況觸汚乎. 但每夜端身正坐, 一聲念阿彌陁佛號, 或作十六觀, 觀旣熟, 明月入戶, 時昇其光, 跏趺於上. 竭誠若此, 雖欲勿西奚往 夫適千里者, 一步可規. 今師之觀可云東矣, 西則未可知也 莊愧赧而退, 便詣元曉法師處, 懇求津要, 曉作錚觀法誘之, 莊於是潔己悔責, 一意修觀, 亦得西昇. 錚觀在曉師本傳與海東僧傳中. 其婦乃芬皇寺之婢, 盖十九應身之一德. 嘗有歌云 月下伊底亦, 西方念丁去賜里遣 無量壽佛前乃, 惱叱古音(鄕言云報言也)多可支白遣賜立, 誓音深史隱尊衣希仰支, 兩手集刀花乎白良願往生願往生, 慕人有如白遣賜立阿邪, 此身遺也置遣, 四十八大願成遣賜去.

憬興遇聖

神文王代, 大德憬興, 姓水氏, 熊川州人也. 年十八出家, 遊刃三藏, 望重一時. 開耀元年, 文武王將昇遐, 顧命於神文曰憬興法師可爲國師, 不忘朕命 神文卽位, 曲爲國老, 住三郞寺, 忽寢疾彌月, 有一尼來謁候之, 以華嚴經中善友原病之說爲言曰今師之疾, 憂勞所致, 喜笑可治 乃作十一樣面貌, 各作俳諧之舞, 巉巖成削, 變態不可勝言, 皆可脫頤, 師之病不覺洒然. 尼遂出門, 乃入南巷寺(寺在三郞寺南)而隱, 所將杖子, 在幀畫十一面圓通像前. 一日將入王宮, 從者先備於東門之外, 鞍騎甚都, 靴笠斯陳, 行路爲之辟易, 一居士(一云沙門), 形儀疎率, 手杖背筐, 來憩于下馬臺上, 視筐中乾魚也. 從者呵之曰爾着緇, 奚負觸物耶 僧曰與其挾生肉於兩股間, 背負三市之枯魚, 有何所嫌 言訖起去. 興方出門, 聞其言, 使人追之, 至南山文殊寺之門外, 抛筐而隱, 杖在文殊像前, 枯魚乃松皮也. 使來告, 興聞之嘆曰大聖來戒我騎畜爾 終身不復騎. 興之德馨遺味, 備載釋玄本所撰三郞寺碑. 嘗見普賢章經, 彌勒菩薩言我當來世, 生閻浮提, 先度釋迦末法弟子, 唯除騎馬比丘不得見佛 可不警哉, 讚曰昔賢垂範意彌多, 胡乃兒孫莫切磋. 背底枯魚猶可事, 那堪他日負龍華.

眞身受供

長壽元年壬辰, 孝昭卽位, 始創望德寺, 將以奉福唐室. 後, 景德王十四年, 望德寺塔戰動, 是年有安史之亂, 羅人云爲唐室立玆寺, 宜其應也 八年丁酉, 設落成會, 王親駕辦供, 有一比丘, 儀彩疎陋, 局束立於庭, 請曰貧道亦望齋 王許赴床杪. 將罷, 王戱調之曰住錫何所 僧曰琵琶嵓 王曰此去, 莫向人言, 受國王親供之齋 僧笑答曰陛下亦莫與人言, 供養眞身釋迦 言訖, 湧身淩空, 向南而行. 王驚愧, 馳上東岡, 向方遙禮, 使往尋之, 到南 山叅星谷, 或云大磧川源石上, 置錫鉢而隱. 使來復命, 遂創釋迦寺於琵琶嵓下, 創佛無寺於滅影處, 分置錫鉢焉. 二寺至今存, 錫鉢亡矣. 智論第四云昔有罽賓三藏, 行阿蘭若法, 至一王寺, 寺設大會, 守門人見其衣服麤弊, 遮門不前. 如是數數, 以衣弊故, 每不得前, 便作方便, 假借好衣而來, 門人見之, 聽前不禁. 旣獲詣坐, 得種種好食, 先以與衣, 衆人問言何以爾乎 答曰我比數來, 每不得入, 今以衣故得此座, 得種種食, 宜以與衣爾 事可同按. 讚曰 燃香拜佛 看新繪, 辦供齋僧喚舊知, 從此琵琶嵓上月, 時時雲掩到潭遲.

月明師兜率歌

景德王十九年庚子四月朔, 二日並現, 挾旬不滅. 日官奏請緣僧, 作散花功德則可禳. 於是, 潔壇於朝元殿, 駕幸靑陽樓, 望緣僧. 時有月明師, 行于阡陌時之南路, 王使召之, 命開壇作啓. 明奏云臣僧但屬於國仙之徒, 只解鄕歌, 不閑聲梵 王曰旣卜緣僧, 雖用鄕歌可也 明乃作兜率歌賦之, 其詞曰今日此矣散花唱良巴, 寶白乎隱花良汝隱, 直等隱心音矣命叱使以惡只, 彌勒座主陪立羅良解曰龍樓此日散花歌, 挑送靑雲一片花, 殷重直心之所使, 遠邀兜率大僊家 今俗謂此爲散花歌, 誤矣, 宜云兜率歌. 別有散花歌, 文多不載. 旣而日怪卽滅, 王嘉之, 賜品茶一襲, 水精念珠百八箇. 忽有一童子, 儀形鮮潔, 跪奉茶珠, 從殿西小門而出. 明謂是內宮之使, 王謂師之從者, 及玄徵而俱非. 王甚異之, 使人追之, 童入內院塔中而隱, 茶珠在南壁畫慈氏像前. 知明之至德至誠, 能昭假于至聖也如此. 朝野莫不聞知, 王益敬之, 更贐絹一百疋, 以表鴻誠. 明又嘗爲亡妹營齋, 作鄕歌祭之, 忽有驚飇吹紙錢, 飛擧向西而沒. 歌曰生死路隱, 此矣有阿米次肹伊遣, 吾隱去內如辭叱都, 毛如云遣去內尼叱古, 於內秋察早隱風未, 此矣彼矣浮良落尸葉如一等隱枝良出古, 去奴隱處毛冬乎丁, 阿也, 彌陁刹良逢乎, 吾道修良待是古如 明常居四天王寺, 善吹笛. 嘗月夜吹過門前大路, 月馭爲之停輪. 因名其路曰月明里, 師亦以是著名. 師卽能俊大師之門人也. 羅人尙鄕歌者尙矣. 盖詩頌之類歟 故往往能感動天地鬼神者非一. 讚曰 風送飛錢資逝妹, 笛搖明月住姮娥. 莫言兜率連天遠, 萬德花迎一曲歌.

善律還生

望德寺僧善律, 施錢欲成六百般若, 功未周, 忽被陰府所追, 至冥司, 問曰汝在人間作何業 律曰貧道暮年欲成大品經, 功未就而來 司曰汝之壽籙雖盡, 勝願未終, 宜復人間, 畢成寶典 乃放還. 途中有一女子, 哭泣拜前曰我亦南閻州新羅人, 坐父母陰取金剛寺水田一畝, 被冥府追檢, 久受重苦. 今師若還古里, 告我父母, 速還厥田. 妾之在世, 胡麻油埋於床下, 幷藏緻密布於寢褥間, 願師取吾油點佛燈, 貨其布爲經幅, 則黃泉亦恩, 庶幾脫我苦惱矣 律曰汝家何在 曰沙梁部久遠寺西南里也 律聞之, 方行乃蘇. 時律死已十日, 葬于南山東麓. 在塚中呼三日, 牧童聞之, 來告於本寺, 寺僧歸發塚出之, 具說前事. 又訪女家, 女死隔十五年, 油布宛然, 律依其諭作冥福. 女來魂報云賴師之恩, 亡已離苦得脫矣 時人聞之, 莫不驚感, 助成寶典. 其經秩今在東都僧司藏中, 每年春秋,披轉禳災焉. 讚曰 堪羡吾師仗勝緣, 魂遊却返舊林泉. 爺孃若問兒安否, 爲我催還一畝田.

金現感虎

新羅俗, 每當仲春, 初八至十五日, 都人士女, 競遶興輪寺之殿塔爲福會. 元聖王代有郎君金現者, 夜深獨遶不息, 有一處女, 念佛隨遶, 相感而目送之, 遶畢, 引入屏處通焉. 女將還, 現從之, 女辭拒而强隨之. 行至西山之麓, 入一茅店, 有老嫗問女曰附率者何人 女陳其情. 嫗曰雖好事不如無也. 然遂事不可諫也. 且藏於密, 恐汝弟兄之惡也 把郎而匿之奧. 小選有三虎咆哮而至, 作人語曰家有腥膻之氣, 療飢何幸 嫗與女叱曰爾鼻之爽乎. 何言之狂也 時有天唱爾輩嗜害物命尤多, 宜誅一以徵惡. 三獸聞之, 皆有憂色. 女謂曰三兄若能遠避而自懲, 我能代受其罰 皆喜俛首妥尾而遁去. 女入謂郎曰始吾恥君子之辱臨弊族, 故辭禁爾, 今旣無隱, 敢布腹心. 且賤妾之於郎君, 雖曰非類, 得陪一夕之歡, 義重結褵之好. 三兄之惡, 天旣厭之, 一家之殃, 予欲當之. 與其死於等閑人之手, 曷若伏於郎君刃下, 以報之德乎. 妾以明日入市爲害劇, 則國人無如我何, 大王必募以重爵而捉我矣. 君其無㤼, 追我乎城北林中, 吾將待之 現曰人交人, 彝倫之道, 異類而交, 盖非常也. 旣得從容, 固多天幸, 何可忍賣於伉儷之死, 僥倖一世之爵祿乎. 女曰郎君無有此言. 今妾之壽夭, 盖天命也, 亦吾願也, 郎君之慶也, 予族之福也, 國人之喜也. 一死而五利備, 其可違乎. 但爲妾創寺, 講眞詮, 資勝報, 則郎君之惠莫大焉 遂相泣而別. 次日果有猛虎入城中, 剽甚無敢當, 元聖王聞之, 申令曰戡虎者爵二級 現詣闕奏曰小臣能之 乃先賜爵以激之. 現持短兵, 入林中, 虎變爲娘子, 熙怡而笑曰昨夜共郎君繾綣之事, 惟君無忽. 今日被爪傷者, 皆塗興輪寺醬, 聆其寺之螺鉢聲則可治 乃取現所佩刀, 自頸而仆, 乃虎也. 現出林而託曰今玆虎易搏矣 匿其由不洩, 但依諭而治之, 其瘡皆效. 今俗亦用其方. 現旣登庸, 創寺於西川邊, 號虎願寺, 常講梵網經, 以導虎之冥遊, 亦報其殺身成己之恩. 現臨卒, 深感前事之異, 乃筆成傳, 俗始聞知, 因名論虎林, 稱于今. 貞元九年, 申屠澄自黃冠, 調補漢州什邡縣之尉, 至眞符縣之東十里許, 遇風雪大寒, 馬不能前. 路傍有茅舍, 中有煙火甚溫, 照燈下就之, 有老父嫗及處子, 環火而坐. 其女年方十四五, 雖蓬髮垢衣, 雪膚花臉, 擧止妍媚. 父嫗見澄來, 遽起曰客甚衝寒雪, 請前就火 澄坐良久, 天色已暝, 風雪不止. 澄曰西去縣尙遠, 請宿丁此 父嫗曰苟不以蓬蓽爲陋, 敢承命 澄遂解鞍施衾幃. 其女見客方止, 修容艶粧, 自帷箔間出, 有閑雅之態, 猶過初時. 澄曰小娘子明惠過人甚, 幸未婚, 敢請自媒如何 翁曰不期貴客欲採拾, 豈定分也 澄遂修子婿之禮, 澄乃以所乘馬, 載之而行. 旣至官, 俸祿甚薄, 妻力以成家, 無不歡心. 後秩滿將歸, 已生一男一女, 亦甚明惠, 澄尤加敬愛. 嘗作贈內詩云一宦慚梅福, 三年愧孟光. 此情何所喩, 川上有鴛鴦 其妻終日吟諷, 似黙有和者, 未嘗出口. 澄罷官, 罄室歸本家, 妻忽悵然謂澄曰見贈一篇, 尋卽有和 乃吟曰琴瑟情雖重, 山林志自深. 常憂時節變, 辜負百年心 遂與訪其家, 不復有人矣. 妻思慕之甚, 盡日涕泣, 忽壁角見一虎皮, 妻大笑曰不知此物尙在耶. 遂取披之, 卽變爲虎, 哮吼拏攫, 突門而出. 澄驚避之, 攜二子, 尋其路, 望山林, 大哭數日, 竟不知所之. 噫. 澄·現二公之接異物也, 變爲人妾則同矣, 而贈背人詩, 然後哮吼拏攫而走, 與現之虎異矣. 現之虎不得已而傷人, 然善誘良方以救人. 獸有爲仁如彼者, 今有人而不如獸者, 何哉 詳觀事之終始, 感人於旋遶佛寺中, 天唱徵惡, 以自代之, 傳神方以救人, 置精廬講佛戒, 非徒獸之性仁者也. 盖大聖應物之多方, 感現公之能致精於旋遶, 欲報冥益耳, 宜其當時能受禧佑乎. 讚曰 山家不耐三兄惡, 蘭吐那堪一諾芳. 義重數條輕萬死, 許身林下落花忙.

融天師彗星歌 眞平王代

第五居烈郎·第六實處郎(一作突處郎)·第七寶同郎等三花之徒, 欲遊楓岳, 有彗星犯心大星, 郎徒疑之，欲罷其行．時，天師作歌歌之，星怪卽滅，日本兵還國，反成福慶．大王歡喜，遣郎遊岳焉．歌曰舊理東尸汀叱，乾達婆矣遊烏隱城叱肹良望良古，倭理叱軍置來叱多烽燒邪隱邊也藪耶，三花矣岳音見賜烏尸聞古，月置八切爾數於將來尸波衣，道尸掃尸星利望良古，彗星也白反也人是有叱多，後句，達阿羅浮去伊叱等邪，此也友物比所音叱彗叱只有叱故

正秀師救氷女

第四十哀莊代，有沙門正秀，寓止皇龍寺．冬日雪深，旣暮，自三郎寺還，經由天嚴寺門外，有一乞女産兒，凍臥濱死．師見而憫之，就抱，良久氣蘇．乃脫衣以覆之，裸走本寺，苫草覆身過夜，夜半有天唱於王庭曰皇龍寺沙門正秀，宜封王師 急使人檢之，具事升聞，王備威儀，迎入大內，冊爲國師．

三國遺事 卷第五 避隱 第八

朗智乘雲 普賢樹

歃良州阿曲縣之靈鷲山(歃良，今梁州．阿曲一作西，又云求佛又屈弗，今蔚州置屈弗驛，今存其名)有異僧，庵居累紀，而鄕邑皆不識，師亦不言氏名．常講法華，仍有通力．龍朔初，有沙彌智通，伊亮公之家奴也．出家年七歲時，有烏來鳴云靈鷲去投朗智爲弟子 通聞之，尋訪此山，來憩於洞中樹下，忽見異人出，曰我是普大士，欲授汝戒品，故來爾 因宣戒訖乃隱．通神心豁爾，智證頓圓．遂前行，路逢一僧，乃問朗智師何所住 僧曰奚問朗智乎 通具陳神烏之事，僧莞爾而笑曰我是朗智，今玆堂前亦有烏來報，有聖兒投師將至矣，宜出迎，故來迎爾 乃執手而嘆曰靈烏驚爾投吾，報予迎汝，是何祥也．殆山靈之陰助也 傳云，山主乃辯才天女．通聞之泣謝，投禮於師，旣而將與授戒．通曰予於洞口樹下，已蒙普賢大士乃授正戒 智嘆曰善哉．汝已親稟大士滿分之戒．我自生年來，夕惕慇懃，念遇至聖，而猶未能昭格．今汝已受，吾不及汝遠矣 反禮智通，因名其樹曰普賢．通曰法師住此，其已久如 曰法興王丁未之歲，始寓足焉，不知今幾 通到山之時，乃文武王卽位元年辛酉歲也，計已一百三十五年矣．通後詣義湘之室，升堂覩奧，頗資玄化，寔爲錐洞記主也．元曉住磻高寺時，常往謁智，令著初章觀文及安身事心論，曉撰訖，使隱士文善奉書馳達．其篇尾述偈云西谷沙彌稽首禮，東岳上德高巖前(磻高在靈鷲之西北故，西谷沙彌乃自謂也) 吹以細塵補鷲岳，飛以微滴投龍淵(云云) 山之東有大和江,乃爲中國大和池龍植福所創，故云龍淵．通與曉皆大聖也．二聖而摳衣師之，道邁可知．師嘗乘雲往中國淸凉山，隨衆聽講，俄頃卽還，彼中僧，謂是隣居者，然罔知攸止．一日令於衆曰除常住外，別院來僧，各持所居名花異植，來獻道場 智明日折山中異木一枝歸呈之，彼僧見之，乃曰此木梵號怛提伽，此云赫，唯西竺·海東二靈鷲山有之．彼二山皆第十法雲地菩薩所居，斯必聖者也 遂察其行色，乃知住海東靈鷲也．因此改觀，名著中外．鄕人乃號其庵曰赫木，今赫木寺之北崗有古基，乃其遺趾.靈鷲寺記云朗智嘗云 此庵趾乃迦葉佛時寺基也．堀地得燈缸二隔．元聖王代，有大德緣會來居山中，撰師之傳行于世 按華嚴經第十名法雲地，今師之馭雲，蓋佛陁屈三指·元曉分百身之類也歟．讚曰 想料嵓藏百歲間，高名曾未落人寰．不禁山鳥閑饒舌，雲馭無端洩往還．

緣會逃名 文殊岾

高僧緣會, 嘗隱居靈鷲, 每讀蓮經, 修普賢觀行. 庭池常有蓮數朶, 四時不萎(今靈鷲寺龍藏殿是緣會舊居) 國主元聖王聞其瑞異, 欲徵拜爲國師. 師聞之, 乃棄庵而遁, 行跨西嶺嵓間, 有一老叟今爾耕, 問師奚適, 曰吾聞邦家濫聽, 縻我以爵, 故避之爾 叟聽曰於此可賈, 何勞遠售 師之謂賣名無厭乎. 會謂其慢己, 不聽遂行數里許. 溪邊遇一媪, 問師何往, 答如初. 媪曰前遇人乎 曰有一老叟侮予之甚, 慍且來矣 媪曰文殊大聖也. 夫言之不聽何 會聞卽驚悚, 遽還翁所, 扣顙陳悔曰聖者之言, 敢不聞命乎. 今且還矣, 溪邊媪彼何人斯 叟曰辯才天女也 言訖遂隱. 乃還庵中, 俄有天使齎詔徵之, 會知業已當受, 乃應詔赴闕, 封爲國師(僧傳云憲安王封爲二朝王師, 號照, 咸通四年卒與元聖年代相左, 未知孰是) 師之感老叟處, 因名文殊岾, 見女處曰阿尼岾. 讚曰 倚市難藏久陸沉, 囊錐旣露括難禁. 自緣庭下靑蓮誤, 不是雲山固未深.

惠現求靜

釋惠現, 百濟人, 少出家苦心專志, 誦蓮經爲業, 祈禳請福, 靈應良稠, 兼攻三論, 染指通神. 初住北部修德寺, 有衆則講, 無則持誦, 四遠欽風, 戶外之屨滿矣. 稍厭煩擁, 遂往江南達拏山居焉. 山極嵓險, 來往艱稀. 現靜坐求忘, 終于山中. 同學轝尸置石室中, 虎啖盡遺骸, 唯髏舌存焉, 三周寒暑, 舌猶紅軟. 過後方變, 紫硬如石, 道俗敬之, 藏于石塔, 俗齡五十八, 卽貞觀之初. 現不西學, 靜退以終, 而乃名流諸夏, 立傳在唐, 聲著矣夫. 又高麗釋波若, 入中國天台山, 受智者敎觀, 以神異間山中而滅, 唐僧傳亦有章, 頗多靈範. 讚曰 麈尾傳經倦一場, 去年淸誦倚雲藏. 風前靑史名流遠, 火後紅蓮舌帶芳.

信忠掛冠

孝成王潛邸時, 與賢士信忠, 圍碁於宮庭栢樹下, 嘗謂曰他日若忘卿, 有如栢樹 信忠興拜. 隔數月, 王卽位賞功臣, 忘忠而不第之. 忠怨而作歌, 帖於栢樹, 樹忽黃悴, 王怪使審之, 得歌獻之, 大驚曰萬機鞅掌, 幾忘乎角弓. 乃召之賜爵祿, 栢樹乃蘇. 歌曰物叱好支栢史, 秋察尸不冬爾屋支墮米, 汝於多支行齊敎因隱, 仰頓隱面矣改衣賜乎隱冬矣也, 月羅理影支古理因淵之叱, 行尸浪, 阿叱沙矣以支如支, 皃史沙叱望阿乃, 世理都, 之叱逸烏隱第也 後句亡. 由是. 寵現於兩朝. 景德王(王卽孝成之弟也)二十二年癸卯, 忠與二友相約, 掛冠入南岳, 再徵不就, 落髮爲沙門. 爲王創斷俗寺居焉, 願終身丘壑, 以奉福大王, 王許之. 留眞在金堂後壁是也. 南有村名俗休, 今訛云小花里(按三和尙傳, 有信忠奉聖寺, 與此相混. 然計其神文之世, 距景德已百餘年, 況神文與信忠乃宿世之事, 則非此信忠, 明矣. 宜詳之) 又別記云景德王代, 有直長李俊(高僧傳作李純), 早會發願, 年至知命, 須出家創佛寺. 天寶七年戊子, 年登五十矣. 改創槽淵小寺爲大刹, 名斷俗寺, 身亦削髮, 法名孔宏長老, 住寺二十年乃卒 與前三國史所載不同, 兩存之闕疑. 讚曰 功名未已鬢先霜, 君寵雖多百歲忙. 隔岸有山頻入夢, 逝將香火祝吾皇.

包山二聖

羅時有觀機·道成二聖師, 不知何許人, 同隱包山(鄕云所瑟山, 乃梵音, 此云包也) 機庵南嶺, 成處北穴, 相去十許里, 披雲嘯月, 每相過從. 成欲致機, 則山中樹皆向南而俯, 如相迎者, 機見之而往.機欲邀成也, 則亦如之皆北偃, 成乃至. 如是有年, 成於所居之後·高嵓之上, 常宴坐, 一日自嵓縫間透身而出, 全身騰空而逝, 莫知所至. 或云, 至壽昌郡(今壽城郡)捐骸焉, 機亦繼踵歸眞. 今以二師名命其墟, 皆有遺趾. 道成嵓高數丈, 後人置寺穴下. 大平興國七年壬午, 有釋成梵, 始來住寺, 敞萬日彌陀道場, 精懃五十餘年, 屢有殊祥. 時, 玄風信士二十餘人歲結社, 拾香木納寺, 每入山採香, 劈析淘洗, 攤置箔上. 其木至夜放光如燭. 由是郡人項施其香徒, 以得光之歲爲賀, 乃二聖之靈感, 或岳神攸助也. 神名靜聖天王, 嘗於迦葉佛時受佛囑, 有本誓, 待山中一千人出世, 轉受餘報. 今山中嘗記九聖遺事, 則未詳. 曰觀機·道成·搬師·楪師·道義(有栢岩基)·子陽·成梵·今勿女·白牛師. 讚曰相過踏月弄雲泉, 二老風流幾百年. 滿壑烟霞餘古木, 偃昂寒影尚如迎 搬音般, 鄕云雨木.楪音牒, 鄕云加乙木. 此二師久隱嵓叢, 下交人世, 皆編木葉爲衣 以度寒暑, 掩濕遮羞而已, 因以爲號. 嘗聞, 楓岳亦有斯名, 乃知古之隱淪之士, 例多逸韻如此, 但難爲蹈襲. 予嘗寓包山, 有記二師之遺美, 今幷錄之. 紫茅黃精蒕肚皮, 蔽衣木葉非蠶機. 寒松颼颼石犖确, 日暮林下樵蘇歸. 夜深披向月明坐, 一半颯颯隨風飛. 敗蒲橫臥於憨眼, 夢魂不到紅塵羈. 雲遊逝兮二庵墟, 山鹿恣登人跡稀

永才遇賊

釋永才性滑稽, 不累於物, 善鄕歌. 暮歲將隱于南岳, 至大峴嶺, 遇賊六十餘人. 將加害, 才臨刃無懼色, 怡然當之. 賊怪而問其名, 曰永才. 賊素聞其名, 乃命□□□作歌. 其辭曰自矣心米 皃史毛達只將來呑隱日遠鳥逸□□過出知遣 今呑藪未 去遣省如 但非乎隱焉 破□主次弗□史內於都還於尸朗也 此兵物叱沙過乎好尸曰沙也內乎呑尼 阿耶 唯只伊吾音之叱恨隱潽陵隱安支尙宅都乎隱以多 賊感其意, 贈之綾二端, 才笑而前謝曰知財賄之爲地獄根本, 將避於窮山, 以餞一生, 何敢受焉 乃投之地. 賊又感其言, 皆釋釰投戈, 落髮爲徒, 同隱智異, 不復蹈世. 才年僅九十矣, 在元聖大王之世. 讚曰 策杖歸山意轉深, 綺紈珠玉豈治心. 綠林君子休相贈, 地獄無根只寸金.

勿稽子

第十奈解王卽位十七年壬辰, 保羅國(今固城)·史勿國(今泗州)等八國, 併力來侵邊境, 王命太子棕音·將軍一伐等, 率兵拒之, 八國皆降. 時, 勿稽子軍功第一, 然爲太子所嫌, 不賞其功. 或謂勿稽子此戰之功, 唯子而已, 而賞不及子, 太子之嫌君其怨乎 稽曰國君在上, 何怨人臣 或曰然則, 奏聞于王幸矣 稽曰伐功爭命, 揚己掩人, 志士之所不爲也. 勵之待時而已 二十 年乙未, 骨浦國(今合浦也)等三國王, 各率兵來攻竭火(疑屈弗也, 今蔚州), 王親率禦之, 三國皆敗. 稽所獲數十級, 而人不言稽之功. 稽謂其妻曰吾聞仕君之道, 見危致命, 臨難忘身, 仗於節義, 不顧死生之謂忠也. 夫保羅(疑發羅, 今羅州)·竭火之役, 誠是國之難. 君之危, 而吾未曾有忘身致命之勇, 此乃不忠甚也. 旣以不忠而仕君, 累及於先人, 可謂孝乎 旣失忠孝, 何顔復遊朝市之中乎. 乃被髮荷琴, 入師彘山(未詳), 悲竹樹之性病, 寄托作歌, 擬溪澗之咽響, 扣琴制曲, 隱居不復現世.

迎如師

實際寺釋迎如, 未詳族氏, 德行雙高. 景德王將邀致供養, 遣使徵之. 如詣內, 齋罷將還, 王遣使陪送至寺, 入門卽隱, 不知所在. 使來奏, 王異之, 追封國師. 後亦不復現世, 至今稱曰國師房.

布川山 五比丘 景德王代

歃良州東北二十許里, 有布川山, 石窟奇秀, 宛如人斲. 有五比丘, 未詳名氏, 來寓而念彌陀, 求西方幾十年, 忽有聖衆, 自西來迎. 於是, 五比丘各坐蓮臺, 乘空而逝, 至通度寺門外留連而天樂間奏. 寺僧出觀, 五比丘爲說無常苦空之理, 蛻棄遺骸, 放大光明, 向西而去. 其捐舍處, 寺僧起亭榭, 名置樓, 至今存焉.

念佛師

南山東麓有避里村, 村有寺, 因名避里寺. 寺有異僧, 不言名氏, 常念彌陀, 聲聞于城中, 三百六十坊·十七萬戶, 無不聞聲. 聲無高下, 琅琅一樣, 以此異之, 莫不致敬, 皆以念佛師爲名. 死後泥塑眞儀, 安于敏藏寺中, 其本住避里寺, 改名念佛寺, 寺旁亦有寺, 名讓避, 因村得名.

三國遺事 卷第三 孝善 第九

眞定師孝善雙美

法師眞定, 羅人也. 白衣時, 隸名卒伍, 而家貧不娶. 部役之餘, 傭作受粟, 以養孀母, 家中計產, 唯折脚一鐺而已. 一日有僧到門, 求化營寺鐵物, 母以鐺施之. 旣而定從外歸, 母告之故, 且虞子意何如爾. 定喜現於色曰施於佛事, 何幸如之. 雖無鐺又何患 乃以瓦盆爲釜, 熟食而養之. 嘗在行伍間, 聞人說義湘法師在太伯山說法利人, 卽有嚮慕之志, 告於母曰畢孝之後, 當投於湘法師, 落髮學道矣 母曰佛法難遇, 人生大速. 乃曰畢孝, 不亦晩乎 曷若趂予不死, 以聞道聞. 愼勿因循, 速斯可矣 定曰萱堂晩景, 唯我在側, 弃而出家, 豈敢忍乎 母曰噫. 爲我防出家, 令我便墮泥黎也. 雖生養以三牢七鼎, 豈可爲孝 予其衣食於人之門, 亦可守其天年. 必欲孝我, 莫作爾言 定沈思久之. 母卽起罄倒囊儲, 有米七升, 卽日畢炊, 且曰恐汝因熟食經而營行慢也. 宜在予目下, 喰其一, 槖其六, 速行速行 定飮泣固辭曰弃母出家, 其亦人子所難忍也. 況其杯漿數日之資, 盡裹而行, 天地其謂我何 三辭三勸之. 定重違其志, 進途宵征, 三日達于太伯山, 投湘公剃染爲弟子, 名曰眞定. 居三年, 母之訃音至. 定跏趺入定, 七日乃起. 說者曰, 追傷哀毁之至, 殆不能堪, 故以定水滌之爾.或曰, 以定觀察母之所生處也.或曰, 斯乃如實理薦冥福也. 旣出定, 以後事告於湘. 湘率門徒歸于小伯山之錐洞, 結草爲廬, 會徒三千, 約九十日, 講華嚴大典. 門人智通隨講, 撮其樞要, 成兩卷, 名錐洞記, 流通於世. 講畢, 其母現於夢曰我已生天矣

大城孝二世父母 神文代

牟梁里(一作浮雲村)之貧女慶祖有兒, 頭大頂平如城, 因名大城. 家窘不能生育, 因役傭於貨殖福安家, 其家俵田數畝, 以備衣食之資. 時有開士漸開, 欲設六輪會於興輪寺, 勸化至福安家, 施布五十疋. 開呪願曰檀越好布施, 天神常護持. 施一得萬倍, 安樂壽命長 大城聞之, 跳踉而入, 謂其母曰予聽門僧誦倡, 云施一得萬倍. 念我定無宿善, 今玆困匱矣. 今又不施, 來世益艱, 施我傭田於法會, 以圖後報何如 母曰善 乃施田於開. 未幾, 城物故, 是日夜, 國宰金文亮家, 有天唱云牟梁里大城兒, 今託汝家 家人震驚, 使檢牟梁里, 城果亡. 其日與唱同時, 有娠生兒, 左手握不發, 七日乃開, 有金簡子彫大城二字, 又以名之, 迎其母於第中兼養之. 旣壯, 好遊獵. 一日登吐含山

捕一熊, 宿山下村, 夢熊變爲鬼訟曰汝何殺我, 我還啖汝 城怖懅請容赦. 鬼曰能爲我創佛寺乎 城誓之曰喏, 既覺, 汗流被蓐. 自後禁原野, 爲熊創長壽寺於其捕地. 因而情有所感, 悲願增篤, 乃爲現生二親, 創佛國寺, 爲前世爺孃創石佛寺, 請神琳·表訓二聖師各住焉, 茂張像設, 且酬鞠養之勞. 以一身孝二世父母, 古亦罕聞, 善施之驗, 可不信乎. 將彫石佛也, 欲鍊一大石爲龕盖, 石忽三裂. 憤恚而假寐, 夜中天神來降, 畢造而還. 城方枕起, 走跋南嶺爇木, 以供天神. 故名其地爲香嶺. 其佛國寺雲梯石塔·彫鏤石木之功, 東都諸刹未有加也. 古鄕傳所載如上, 而寺中有記云 景德王代, 大相大城以天寶十年辛卯始創佛國寺, 歷惠恭世, 以大歷九年甲寅十二月二日大城卒, 國家乃畢成之. 初請瑜伽大德降魔住此寺, 繼之至于今, 與古傳不同, 未詳孰是. 讚曰 牟梁春後施三畝, 香嶺秋來獲萬金. 萱室百年貧貴, 槐庭一夢去來今.

向得舍知割股供親 景德王代

熊川州有向得舍知者, 年凶, 其父幾於餒死, 向得割股以給養. 州人具事奏聞, 景德王賞賜租五百石.

孫順埋兒 興德王代

孫順者(古本作孫舜), 牟梁里人, 父鶴山. 父沒, 與妻同傭作人家, 得米穀養老孃, 孃名運烏. 順有小兒, 每奪孃食, 順難之, 謂其妻曰兒可得, 母難再求, 而奪其食, 母飢何甚. 且埋此兒, 以圖母腹之盈 乃負兒歸醉山(山在牟梁西北)北郊, 堀地忽得石鍾甚奇. 夫婦驚怪, 乍懸林木上, 試擊之, 舂容可愛. 妻曰得異物, 殆兒之福, 不可埋也 夫亦以爲然, 乃負兒與鍾而還家, 懸鍾於梁扣之, 聲聞于闕. 興德王聞之, 謂左右曰西郊有異鍾聲, 淸遠不類, 速檢之 王人來檢其家, 具事奏王. 王曰昔郭巨瘞子, 天賜金釜.今孫順埋兒, 地湧石鍾. 前孝後孝, 覆載同鑑 乃賜屋一區, 歲給粳五十碩, 以尙純孝焉. 順捨舊居爲寺, 號弘孝寺, 安置石鍾. 眞聖王代, 百濟橫賊入其里, 鍾亡寺存. 其得鍾之地, 名完乎坪, 今訛云枝良坪.

貧女養母

孝宗郎遊南山鮑石亭(或云三花述), 門客星馳, 有二客獨後. 郎問其故, 曰芬皇寺之東里有女, 年二十左右, 抱盲母相號而哭, 問同里, 曰 此女家貧, 乞啜而反哺有年矣. 適歲荒, 倚門難以藉手, 贖賃他家, 得穀三十石, 寄置大家服役, 日暮橐米而來家, 炊餉伴宿, 晨則歸役大家, 如是者數日矣. 母曰昔日之糠粃, 心和且平. 近日之香秔, 膈肝若刺而心未安, 何哉 女言其實, 母痛哭, 女嘆己之但能口腹之養, 而失於色難也. 故相持而泣. 見此而遲留爾 郎聞之潸然, 送穀一百斛, 郎之二親亦送衣袴一襲, 郎之千徒, 斂租一千石遺之. 事達宸聰, 時眞聖王賜穀五白石, 幷宅一廛, 遣卒徒衛其家, 以儆劫掠. 旌其坊爲孝養之里, 後捨其家爲寺, 名兩尊寺.

三國遺事 卷第五(終)

跋文

吾東方三國本史遺事兩本他無所刊而只在本府歲久刓缺一行可解僅四五字余惟士生斯世歷觀諸

史其於天下治亂興亡與諸異跡尙欲博識況居是邦不知其國事可乎因欲改刊廣求完本閱數載不得焉其曾罕行于世人未易得見可知若今不改則將爲失傳東方往事後學竟莫聞知可嘆也已 幸吾斯文星州牧使權公輳聞余之求求得完本送余余喜受具告監司安相國塘都事朴候佺僉曰善於是分刊列邑令還藏于本府噫物久則必有廢廢則必有興興而廢廢而興是理之常知理之常而有時興以永其傳亦有望於後來之惠學者云皇明正德壬申季冬府尹推誠定難功臣嘉善大夫慶州鎭兵馬節制使全平君李繼福謹跋

生員李山甫

校正生員崔起潼

中訓大夫行慶州府判官慶州鎭兵馬節制都尉李瑠

奉直郎守慶尙道都事朴佺

推誠定難功臣嘉靖大夫慶尙道觀察使兼兵馬水軍節度使安塘

찾아보기

ㄷ

ㅁ

ㅂ

ㅅ

ㅇ

ㅈ

ㅊ

ㅌ

ㅍ

ㅎ

깁더 삼국유사	값 40,000원

2019년 10월 10일 1판 1쇄

저 자	정호완
발 행 인	임삼규
발 행 처	**지문당**
주 소	10881 경기도 파주시 광인사길 85(본사) 03134 서울시 종로구 돈화문로 82(서울사무소)
등 록	1997. 12. 30. 제406 2003 000038호
영 업 부	전화 (02)743-3192~3 팩스 (02)742-4657
전자우편	sale@jimoon.co.kr
편 집 부	전화 (02)743-3096~8 팩스 (02)743-0227
전자우편	edit@jimoon.co.kr
홈페이지	www.jimoon.co.kr

ISBN 978-89-6297-190-3 93910

이 도서의 국립중앙도서관 출판예정도서목록(CIP)은 서지정보유통지원시스템 홈페이지(http://seoji.nl.go.kr)와 국가자료종합목록 구축시스템(http://kolis-net.nl.go.kr)에서 이용하실 수 있습니다.
(CIP제어번호 : CIP2019034529)